ADELPHI!
VOANDO POR JUSTIÇA E LIBERDADE

ELISA COLEPICOLO
PEDRO LUIZ MOREIRA LIMA

ADELPHI!

VOANDO POR JUSTIÇA E LIBERDADE

A história do brigadeiro Rui Moreira Lima,
piloto de aviação de caça da Segunda Guerra Mundial,
militar legalista e defensor da democracia,
da justiça e da liberdade

Copyright © 2021 Elisa Colepicolo e Pedro Luiz Moreira Lima

EDITOR
José Mario Pereira

EDITORA ASSISTENTE
Christine Ajuz

REVISÃO
Luciana Messeder

PRODUÇÃO
Mariângela Felix

CAPA
Miriam Lerner | Equatorium Design

DIAGRAMAÇÃO
Arte das Letras

DADOS INTERNACIONAIS DE CATALOGAÇÃO NA PUBLICAÇÃO
(CIP) (CÂMARA BRASILEIRA DO LIVRO, SP, BRASIL)

Colepicolo, Elisa

Adelphi!: voando por justiça e liberdade / Elisa Colepicolo, Pedro Luiz Moreira Lima. – 1ª ed. – Rio de Janeiro: Topbooks Editora, 2021.

ISBN: 978-65-5897-001-9

1. Aviação civil – Brasil – História 2. Lima, Rui Moreira, 1919-2013 3. Pilotos aéreos – Biografia 4. Segunda Guerra Mundial I. Lima, Pedro Luiz Moreira. II. Título.

21-63176 CDD-629.13092

TODOS OS DIREITOS RESERVADOS POR
Topbooks Editora e Distribuidora de Livros Ltda.
Rua Visconde de Inhaúma, 58 / gr. 203 – Centro
Rio de Janeiro – CEP: 20091-007
Telefax: (21) 2233-8718 e 2283-1039
topbooks@topbooks.com.br/www.topbooks.com.br
Estamos também no Facebook e Instagram.

Existiu um homem que quando garoto sonhou em ser piloto de avião para defender seu país. Cresceu, tornou-se militar e piloto, defendeu seu país, mas acabou tendo que lutar contra injustiças e por seus direitos até morrer.

O Rui jamais foi subversivo, jamais foi comunista. Mas é alucinado pela Força Aérea, um oficial renomado, que possui muitas medalhas, muitas horas de voo, e tem muita cabeça. Por isso precisaram tirá-lo da frente, porque eram incapazes, não sabiam voar e não tinham nada para apresentar. Assim, foram destruindo todos os elementos bons. Isso tudo aconteceu na Força Aérea Brasileira.

Trecho do livro | *Um voo na história*,
do brigadeiro Nero Moura.

SUMÁRIO

A história inspiradora de um grande brasileiro – Dorio Ferman 13
Uma vida dedicada à democracia – Bete Mendes 15
Nota do autor 17
Nota da autora 21

1 – A vida em Picos 25
2 – Terra ou céu 35
3 – Vida nova no Rio 51
4 – Cadete e aspirante 75
5 – Voluntário para a guerra 117
6 – Assumindo posições 167
7 – Vivendo no limite 243
8 – Do céu ao inferno 325
9 – Primeiro ato 383
10 – Cortando as asas 431
11 – Luz no fim do túnel 493
12 – Batalha por batalha 517

Epílogo 539
Referências bibliográficas 547

ANEXOS 559

A HISTÓRIA INSPIRADORA DE UM GRANDE BRASILEIRO

Dorio Ferman

Heroico, correto, persistente, brigão, bem-humorado, reto, amigo. Como é difícil definir ou descrever o brigadeiro Rui!
O brigadeiro Rui soube ser herói na guerra; soube ser firme nas convicções quando, em 1964, face a um momento crítico, manteve-se irredutível diante da ilegalidade e impôs um mínimo de correção; soube conviver com a adversidade de ter sido cassado na Aeronáutica; e, o mais importante, soube perdoar. Cuidou de perdoar sem esquecer os antigos desafetos e, sempre que possível, com muito bom humor. Em uma reunião de oficiais, o brigadeiro fez um longo discurso dizendo que estava na hora de cessarem os conflitos e apertarem as mãos. Quando um antigo desafeto estendeu-lhe a mão, meu amigo estendeu-lhe de volta o dedo mínimo e disse: "Pra você é só o dedinho porque você é ruim demais." Todos riram, inclusive o que apertou o dedinho. Era assim que era, direto. Nunca deixou de ser um militar e, porque amava a Aeronáutica, obrigou a todos que o chamassem de brigadeiro quando finalmente ganhou seus direitos na justiça.

Tornou-se um mito, mas o mito era gente, e gente boa! Era um herói e, antes de tudo, era um brasileiro, e sempre um milico de primeira. Na primeira edição de seu livro, *Senta a pua!*, sobre a participação do 1º Grupo de Aviação de Caça na Segunda Guerra Mundial, o prefácio é do então ministro da Aeronáutica, brigadeiro Délio Jardim de Matos. Aquele que foi banido da Aeronáutica já era um oficial prestigiado pelas mais altas autoridades, um exemplo para todos nós, e não havia burocracia ou formalidade que destruísse isso.

Escreveu o livro *Senta a pua!* com brilhantismo e competência. Na hora de contar aos meus filhos, ainda pequenos, os horrores da Segunda Guerra Mundial, tive a ideia de dizer que o coronel Rui esteve lá e havia vencido os inimigos; e então apresentei-o às crianças. A conexão entre eles foi imediata, ficaram amigos. Meu caçula, ao ver um avião, apontava e exclamava "coronel Ui!". Redigiu para cada um deles uma linda e emocionante carta de *Bar Mitzvah*. Eu ajudei com meus conhecimentos de economia para que sua família tivesse uma vida confortável. Criei uma relação de carinho e respeito com seus filhos.

Fomos amigos por mais de trinta anos. Nós nos víamos pelo menos duas vezes por semana, nos falávamos quase todos os dias por telefone. "E aí, brigadeiro? Qual é a homenagem de hoje? Porque o que velho gosta mesmo é de homenagem", eu brincava, e ele ria e retrucava: "Cretino, sem-vergonha, safado!". Falávamos de tudo, concordávamos com felicidade, discordávamos com afeto.

E ele sempre mereceu todas as homenagens. Sempre é importante relembrar o quanto a postura legalista do brigadeiro – e gostaria muito de frisar o adjetivo legalista; legalista sempre, na busca pelo legal, independentemente de suas convicções, sem achar que o contrário ao errado é o certo – foi importante para ajudar a termos hoje uma democracia sólida.

Cada página que leio neste livro me deixa ainda mais convicto de que o legado do brigadeiro Rui é um dos maiores exemplos para todos os brasileiros. Foi coerente e corajoso como poucos em nossa história. A memória do brigadeiro Rui é um exemplo que deve ser divulgado para que nossa juventude se convença de que temos valor. Lutamos pelo lado certo e construímos a duras penas um país democrático.

Parabéns ao Pedro Luiz e à Elisa por divulgar a vida e a memória de uma pessoa tão nobre, a quem pude chamar de amigo.

UMA VIDA DEDICADA À DEMOCRACIA

Bete Mendes

O privilégio de ter conhecido o brigadeiro Rui Moreira Lima, na difícil, longa e necessária luta pela Anistia Ampla, Geral e Irrestrita, me fez entender e aprender muito. Nós, da Sociedade Civil, comprometidos com a democracia, não tínhamos ideia do quão profundo era o Golpe, especialmente nas Forças Armadas. Tudo o que pude aprender com o brigadeiro, à época, foi essencial para meus valores de defesas.

Hoje, com a leitura de *Adelphi! – Voando por justiça e liberdade*, fiquei muito mais admirada com a trajetória de Rui Moreira Lima. Com sua vida pessoal, familiar, junto à profissional, com precisos e detalhados exemplos de como este herói da Segunda Guerra Mundial foi um líder ativo em defesa da democracia, nos momentos mais delicados de nossa República. Cada situação de caos tinha o brigadeiro Rui Moreira Lima articulando necessárias e urgentes ações, para impedir o pior. Com toda a experiência como piloto, com exemplos belíssimos de sua defesa de nossa Aeronáutica, soube usar sua capacidade em conflitos seríssimos, como soube formar e desenvolver em seus próximos, fossem de igual patente, ou os jovens em início de carreira, na verdadeira função para a qual estavam servindo. E, sem nunca deixar de lutar por valores que defendia, o que resultou de sua ação? Um processo! É inacreditável que o herói Rui Moreira Lima, com tudo o que fez em defesa de nossa nação, tenha sido punido. Em vida, com a certeza de seus princípios, lutou até o fim. Hoje é um símbolo. Exemplo de homem que serviu à pátria brasileira com honra e dignidade.

Parabéns a seu filho, Pedro Luiz Moreira Lima, com Elisa Colepicolo, por *Adelphi! – Voando por justiça e liberdade*. Espero que seja leitura de milhares, milhões de leitores no Brasil, para se entender mais a nossa República e seus conflitos.

Com admiração e aplausos!

NOTA DO AUTOR

Desde cedo conheci tantas histórias como também fui testemunha de vários acontecimentos contados nesta biografia. Ainda bem jovem, já imaginava: "Puxa, que livro e filme dariam todas essas narrativas!".

Já nos finais dos anos 1990, incentivei o pai a escrever suas memórias, e ele me desafiou: "Adoraria que você fizesse!". Assim, assumi a responsabilidade. Junto com o professor de história Fernando Mauro, me equipando ao longo do tempo com gravador, máquina fotográfica e filmadora, começamos a entrevistar o pai, além de cobrir solenidades e eventos aos quais ele era convidado, formando assim um acervo rico em informações para uma futura biografia.

Meu pai era um pesquisador, tudo para ele tinha importância: documentos, jornais, revistas, cartas, fotografias etc. etc. Guardava tudo, preservando em dezenas de caixas de papelão espalhadas em seu escritório, para desespero da superpaciente d. Julinha (verdade seja dita, nem tão paciente assim). "RUI!!! CHEGA!!!", mas nunca chegava. Um dia perguntei à mãe se poderia levar tudo para meu apartamento de dois quartos e, com imensa alegria e total aprovação, as dezenas de caixas foram parar em meu apartamento, ocupando mais da metade da sala. Na época eu morava com meus dois filhos, Clarissa e Pedro Henrique, e o desespero passou para eles: "PAI! CHEGA!", e nunca chegava. A cada dia chegavam mais documentos, vídeos e a sala... que sala?

Fernando Mauro e eu tínhamos como meta gravar e filmar as narrativas do pai; a manipulação e a organização do acervo ficariam "para um dia". Até que o também historiador Alexandre Vallim Ottero, ao me visitar, sugeriu a Elisa Colepicolo e sua empresa Acervo em Casa, com especialização em organizar e preservar acervos pessoais.

A equipe cresceu, Fernando Mauro, Elisa e eu. Com o tempo, houve a mudança para um novo apartamento, maior, e graças à enorme paciência e organização da minha mulher, Jussara, tínhamos um espaço para trabalharmos. Tentávamos manter a mínima ordem possível e "ai de mim" se não cumprisse.

Foram cinco longos anos de trabalho com recursos próprios e sem nenhuma ajuda financeira externa. Já no final, ficamos Elisa e eu; o professor Fernando Mauro, com outros afazeres profissionais, seguiu seu rumo, mas não sem antes deixar um maravilhoso trabalho, tanto no livro *Missão de guerra – tenente Rui Moreira Lima*, escrito a seis mãos (Rui, Fernando Mauro e eu), como também na parte de computação, da qual é um excelente conhecedor.

Nesses cinco anos, imaginava quem seria o biógrafo e dezenas de pessoas me passavam pela cabeça. Na realidade, a resposta estava ao meu lado: Elisa Colepicolo, uma pessoa bela em todos os sentidos, linda, inteligente, amável e doce (nem sempre!), e adotada por mim e pela minha mulher como uma nova filha.

Dei a ela plena responsabilidade sobre a obra, interferindo apenas em correções históricas aqui e ali. Houve muitas escaramuças: "Coloca isso, Elisa! E mais isso!!!", e ela apenas dizia: "Pedro, isto é uma biografia, e não uma bíblia! E ponto final." Eu mordia os lábios mas, enfim, dei a ela a responsabilidade e pronto. Verdade, às vezes conseguia incluir algumas histórias, mas com total aprovação da Elisa!

Dos acervos físicos, organizados 100% e com uns 75% digitalizados, partimos para escrever a biografia. Foram quase dois anos na empreitada, com muito esforço e dedicação.

O resultado é uma biografia escrita de maneira romanceada, mas calcada totalmente em fatos reais e com documentos como provas.

Minha querida amiga de adolescência, Elisabeth Hostermann, professora de inglês e português, se voluntariou nas correções gramaticais necessárias. Um trabalho de fôlego, mas feito com enorme competência e sem ser piegas, com muito amor.

Dedico todo esse esforço aos meus pais, Rui e Julinha, pelos seus exemplos de garra e luta, sempre acreditando num Brasil democrático, justo, fraterno e humano. Foi d. Julinha a responsável, nos momentos mais duros e sofridos, por manter e preservar a união da família. Somente uma MULHER é capaz de não se deixar derrotar em nenhum momento. São elas a verdadeira LUZ da humanidade.

Meu enorme carinho à minha mulher Jussara, sempre me dando apoio e força para esta obra – um sonho a ser realizado desde menino.

Às minhas irmãs, Soninha e Claudinha – esta última que também passou por tempos duros com sua saúde fragilizada por doença autoimune degenerativa – que, ainda hoje, sofrem pela falta de Justiça, com seus legítimos direitos negados de forma cruel pela Força Aérea Brasileira, a mesma que o pai amava e idolatrava.

Aos meus filhos Clarissa e Pedro Henrique, relembrando a frase do seu bisavô, desembargador Bento Moreira Lima: "Rui, meu filho, do direito nunca se abre mão!". Seu avô Rui lutou, conquistou, mas mesmo assim a União e a Aeronáutica se recusam a cumprir o que ganhou na Justiça. São assim os pequenos homens, não perdoam aqueles que se sobressaíram por méritos e, principalmente, pelo caminho da ÉTICA.

Continuo nas lutas e esta obra é uma delas. Caso não esteja mais aqui, a luta será de vocês. "DO DIREITO NÃO SE ABRE MÃO!". Da luta pela liberdade, legalidade e justiça nós nunca devemos abrir mão!

A todos os brasileiros que deram suas vidas na luta pela liberdade: "Presente! Jamais os esqueceremos". E aos que continuam lutando, vocês são exemplos a serem seguidos!

"Qualquer ato, do menor ao maior, contra a opressão, será sempre um ato heroico!"

BERTOLT BRECHT

ADELPHI, SENTA A PUA, BRASIL!

Rio de Janeiro, janeiro de 2020.

NOTA DA AUTORA

Sempre gostei de contar e ouvir histórias. E, na museologia, encontrei a oportunidade e a felicidade de poder fazer isso e – melhor! – com histórias reais.

Quando conheci o Pedro, em 2011, a missão era organizar os milhares de documentos agrupados por seu pai durante toda a vida para um dia virar um livro biográfico. Meu trabalho é esse, organizar coleções particulares e ajudar a contar histórias. Passamos anos catalogando e digitalizando mais de 10 mil documentos, entre cartas (recebidas e enviadas), fotografias, mapas, jornais e revistas, informativos oficiais e extraoficiais, manuscritos, e todo tipo de registro histórico salvo por ele ao longo de 94 anos. Isso sem contar as centenas de horas de depoimentos em vídeo que, felizmente, Pedro gravou com seu pai nos últimos anos de vida. "Quero fazer uma biografia do pai", dizia Pedro pra mim, esperançoso.

Ali, em 2011, eu não conhecia o brigadeiro Rui Moreira Lima, pouco sabia do *Senta a Pua!* e não fazia ideia da cisão entre militares golpistas e legalistas em 1964. Conheci no dia a dia, lendo cada documento, identificando cada foto, assistindo a cada vídeo.

Foi um grande aprendizado para mim mergulhar na participação do Brasil na Segunda Guerra Mundial, na dualidade da Era Vargas, nos conflitos internos dos anos 1950 e 1960, nas arbitrariedades do estado de exceção dos anos de chumbo, na construção tortuosa da redemocratização. E foi muito interessante ver todos esses acontecimentos sob a ótica de alguém que esteve lá e não apenas participou, mas se comprometeu.

Em 2012, tive a honra de conhecer o brigadeiro Rui. Muito amável, me recebeu como sempre recebia a todos: com um grande sorriso e muito bom humor. Ouviu sobre meu trabalho, me contou algumas histórias, me deu um exemplar da terceira edição de seu fantástico *Senta a Pua!* com dedicatória e autógrafo. Infelizmente, no ano seguinte, ele nos deixou.

Pedro, sempre tão dedicado à família e ao legado do pai, ficou ainda mais focado em não deixar a história se perder, e começou a busca pela pessoa que transcreveria todas aquelas memórias para o papel. Convidada por ele, participei das conversas sobre como deveria ser a narrativa e com os possíveis parceiros de empreitada. Chegamos à conclusão de que, apesar de ter sido um apaixonado membro da Força Aérea Brasileira, era importante não ficarmos restritos aos leitores interessados em história militar. Assim como não queríamos que, por ter sido um árduo defensor da democracia, da legalidade e da liberdade, o livro se restringisse ao público que acompanha os movimentos de anistia. Era preciso deixar clara a pluralidade da personalidade de Rui, do seu amor pela FAB à sua repulsa ao autoritarismo, de sua gaiatice à sua petulância, de sua leveza à sua disciplina.

Foi assim, numa dessas reuniões, que tive a honra de ser convidada por Pedro para escrever este livro. Aceitei o desafio, com felicidade e medo, já que, apesar de ter por ofício contar histórias, seria a primeira vez que o faria de forma literária.

Foram meses de estruturação e escrita, muitas horas de transpiração, conversas, leitura e dedicação para conseguir não me alongar nem fazer cortes demais, não ser explicadinha demais nem deixar o leitor às cegas – dificuldades inimagináveis para quem nunca entrou em uma aventura do tipo. Os percalços, entretanto, fizeram o caminho mais especial e me proporcionaram a satisfação de olhar para o resultado com orgulho.

O que posso dizer, depois de tantos anos estudando a vida do brigadeiro Rui Moreira Lima, seus feitos e legado, as implicações históricas e tudo o que sua existência nos proporcionou, é que, assim como eu aprendi muito com ele, espero que você também aprenda. Espero que este livro consiga, pelo menos um pouquinho, provocar reflexões sobre como chegamos aqui e como cada um de nós é importante para a evolução de nossa sociedade.

Adelphi, do grego αδέλφι, é um termo usado para designar uma pessoa de relacionamento muito próximo, algo como um irmão. Sem querer, aquela brincadeira de cadete e de companheiros de guerra pautou a vida de Rui: foi sua grande rede de "irmãos" lhe permitiu atravessar cada turbulência de uma vida cheia delas.

Eu deixo meu *Adelphi!* ao Pedro, que se tornou um grande amigo ao longo desses anos. Também à sua maravilhosa esposa Jussara e ao meu amado marido Julio; à minha família; aos queridos amigos e colaboradores Alexandre Vallim Ottero, Fernando Mauro, Luiz Farat Jr., Luciano Felicio; e a todos os que nos ajudaram, apoiaram e incentivaram ao longo desses anos.

Rio de Janeiro, janeiro de 2020.

1
A VIDA EM PICOS

A história de Rui Barboza Moreira Lima não é uma história comum, e ele nunca foi mesmo muito comum. Filho do advogado Bento Moreira Lima, não tinha como ser. Bento, nascido em 5 de agosto de 1887 em Picos, cidade maranhense quase na divisa com o Piauí, sempre teve o conceito de "direito" muito bem definido: era um legalista convicto, levando a lei e a justiça muito a sério. Isso claramente influenciava sua vida e a de toda a sua família. Segundo de nove filhos, era um homem bem-apessoado, vaidoso e orgulhoso, com cabelos castanhos lisos, bem cortados, que mantinha sempre bem alinhados. Casado com Heloísa, perdeu seu importante cargo de Secretário de Interior do Maranhão por ser eficiente demais, causando um certo desconforto no governador Herculano Nina Parga ao receber democraticamente os adversários políticos do mesmo e ainda fazer questão que publicassem todas as visitas no diário oficial do estado. Seu jeito contestador do que considerava injusto não agradou ao governador, que o afastou do cargo e o fez voltar de São Luís para a Fazenda Cacimbas (que viria a ser renomeada Serra Negra alguns anos adiante), em Picos, com esposa e sua filha caçula, Helosine, para recomeçar a vida – seus dois filhos mais velhos, José Henrique e Carlos Augusto, permaneceram em um internato na capital.

Em 12 de junho de 1919, quando Rui nasceu, Bento já estava há dois anos na fazenda e, apesar do momento de crescimento da região, sua vida não estava lá essas coisas. Ele, sua esposa Heloísa e os filhos Helosine e o recém-nascido Rui moravam numa casinha de sapê, com chão de terra batida, protegida apenas por uma cerca frágil para que os animais não invadissem e incomodassem as crianças. Bento cuidava da produção de algodão, babaçu, coco, arroz e milho junto com seu irmão Sebastião. Advogava de vez em quando, mas definitivamente não era a vida que ele tinha planejado.

Apesar da grande produção da região, da elevação de Picos à categoria de vila e da expansão das linhas férreas pela região, pouco mais que isso se desenvolvia pelo interior. Não havia muitas escolas, nem médicos nem oportunidades. A vida não era fácil por lá e Bento lutava para que seus filhos tivessem a possibilidade de ter uma vida melhor. Por isso, deixou os dois mais velhos, José Henrique e Carlos Augusto, ainda garotos, viverem sozinhos em um internato em São Luís para que pudessem ter uma educação boa o suficiente para cursar uma universidade, assim como ele teve.

Não que a família fosse pobre, pelo contrário. Bento era filho de Filomena e José Moreira Lima, família de origem cearense, com posses, e que pôde dar ao filho a oportunidade de estudar na Universidade do Ceará, onde se formou advogado em 1909. Heloísa era filha de Leodegária Gomes do Rego, a dona Lalá, que, por sua vez, era filha de Cândido Gomes do Rego, que fora Presidente do Banco Central do Ceará, e esposa de dr. Henrique Leite Barbosa, médico militar, filho do senador Miguel Leite. Porém, após o casamento, Bento assumiu completamente a responsabilidade por sua família, tendo apenas as terras recebidas em Picos como apoio. Orgulhoso, mesmo na adversidade, ele fez questão de nunca pedir um centavo a ninguém.

Viam-se pouco, aliás. Os familiares de Heloísa principalmente, já que continuaram no Ceará, enquanto os Moreira Lima viviam no Maranhão. Bento e Heloísa iam de vez em quando, em longos dias de viagem de barco, visitar os Barbosa Leite em Fortaleza.

Foi em uma dessas viagens de barco para São Luís, onde a família toda embarcaria para o Ceará para que os pais de Heloísa pudessem finalmente conhecer Rui e Helosine, seus netos mais novos, que uma lamparina entornou sobre Rui, espalhando querosene em chamas por seu corpinho de menos de 2 anos de idade. O desespero foi geral, especialmente porque estavam distantes de tudo, no meio da noite, ainda longe de São Luís e sem nenhum médico a bordo. A sabedoria popular dos tripulantes, entretanto, foi essencial para salvar Rui: os barqueiros sugeriram espalhar clara de ovo sobre as queimaduras usando penas de galinha; também forraram sua cama com folhas de bananeira verde bem macias, e se revezaram dia e noite, cuidando de suas queimaduras com tanto cuidado que, quando chegaram à capital, correram ao médico com o pequeno Rui, mas nada mais precisou ser feito, e nenhuma cicatriz ficou para contar história.

Nessa busca por mais oportunidade para sua família e com mais um bebê, Heloisinha, Bento decidiu se arriscar e abrir um escritório de advocacia em São Luís, em 1923. Conversou com o irmão e sócio, Sebastião, que aceitou tocar a fazenda em sua ausência. Com a família toda a tiracolo, a vida não seria fácil na capital, mas Bento sabia que precisava tentar. A família mudou-se para uma boa casa, Rui e Helosine foram finalmente matriculados na escola e os mais velhos voltaram a morar com os pais, para a felicidade de Heloísa.

Mas o momento não era muito bom, na verdade. Com a Revolta dos tenentes no Rio de Janeiro, contra o governo de Epitácio Pessoa e a eleição de Artur Bernardes, num movimento que ficaria conhecido como os "18 do Forte", veio o decreto de estado de sítio para o país e a instabilidade política instalada se refletiu no desenvolvimento geral, em especial para o meio jurídico; afinal, advogados não são muito úteis em um estado de exceção. Para piorar, a fazenda em Picos não ia muito bem e perigava falir. Sem aguentar manter seu escritório aberto e pressionado por Sebastião a voltar para ajudá-lo, Bento decidiu que a família deveria retornar a Picos. Isso significava que eles iriam novamente se separar e dar um passo para trás. Heloisinha ainda era um bebê, Rui e Helosine eram pequenos demais para ficarem sozinhos em São Luís, logo tiveram que deixar a escola e seguir com os pais para a fazenda, enquanto José Henrique e Carlos Augusto, a duras penas, voltaram para o internato. Heloísa ficou tão contrariada de sair de São Luís que só a presença de sua mãe, dona Lalá, como parte da mudança de volta ao interior, fê-la aceitar a proposta do marido.

Dona Lalá ajudava Heloísa a cuidar das crianças. Rui já era bem arteiro e a avó dava-lhe uns cascudos, vez por outra. Numa das broncas, Rui se esquivou e dona Lalá acertou a mesa com a mão, que acabou inchando muito, deixando-a possessa. Mas como eram companheiros, principalmente de baralho, as mágoas sempre passavam. Jogavam Três Setes e Rui, mesmo tão garoto, sempre ganhava. Seus pais pediam: "Deixa a vovó Lalá ganhar uma vez", mas ele se negava: "Eu não! Ela foi me dar um cascudo! Eu que não deixo."

Rui mal tinha 7 anos quando voltou a morar na Fazenda Cacimbas, mas a situação era tão crítica por lá que todos tiveram que encarar o trabalho para recuperar o negócio, inclusive ele e sua irmã Helosine. Os dois, com diferença de apenas dois anos de idade, pequenos demais para o trabalho braçal, ficavam no armazém da família ajudando com os pagamentos, mas não demorou muito para Rui também começar a fazer parte da lida com o gado e do beneficiamento do algodão.

Rui havia tido impaludismo e acabou crescendo um menino franzino. Helosine aproveitava-se disso para lhe dar uns cascudos e mandar no irmão mais novo. Bento costumava brincar nessa época que Helosine é que deveria ter nascido menino e Rui menina, de tanto que ela batia no irmão. Mesmo magrelinho, Rui era muito ativo. Passava muito tempo tratando com o gado, brincava enquanto pastoreava os bois, corria pelos pastos com os outros meninos. Seus amigos, na grande maioria, eram os filhos dos funcionários e meeiros da fazenda. Brincavam felizes sem compreender hierarquias. Um dos garotos que ajudava a pastorear dava medo em Rui porque era mais velho e mais forte, mas ele fingia não temer, estufava o peito e seguia. Talvez o garoto respeitasse a postura de Rui, talvez fosse só porque era o filho do patrão.

Na volta do pastoreio, Rui retornava o gado para a fazenda pelo centro da vila. Passava sempre na frente do cemitério ao entardecer e sua imaginação não lhe dava trégua: ouvia o eco de seus próprios passos e jurava que era assombração a lhe perseguir. Quanto mais apertava o passo, mais próximo pensava estar a assombração e mais medo tinha, e quanto mais medo tinha, mais rápido corria, e mais a assombração aumentava. No fim das contas, Rui passava sempre voando na frente do cemitério.

Entre brincadeiras e trabalho, Rui foi entendendo aos poucos o que estava se passando com a família e com o Brasil, explicado por Bento, que ignorava a pouca idade do filho e lhe falava sobre a justiça, a legalidade e os grandes prejuízos que as ditaduras traziam para um país. Com a posse de Washington Luís, o fim do estado de sítio, a liberação dos presos políticos e a perspectiva de estabilidade política e econômica, Bento se animou. Tanto que em 1928, durante a passagem do então ministro da Fazenda Getúlio Vargas pelo Maranhão, fez questão de levar Rui para mostrar-lhe como a democracia era importante.

– Rui, a única coisa em que podemos confiar é na Justiça – dizia ele ao filho de 9 anos, com esperança de ver o Brasil crescer após anos do regime autoritário de Artur Bernardes.

Infelizmente, o buraco ainda era profundo.

Já era 1929 quando, em uma partida de futebol, Rui caiu sobre uma pilha de ferros e machucou gravemente a perna direita. O ferimento rapidamente foi piorando e começou a gangrenar. Picos naquela época não contava com posto de saúde e nem mesmo com um consultório médico; o atendimento mais próximo se dava em

Caxias, quase dois dias em lombo de burro dali. Rui só não teve sua perna amputada por muita sorte, pois passava pela região naquele momento um médico itinerante, que tratou os ferimentos e evitou a amputação.

A mesma sorte não teve Heloisinha, a caçulinha da família: repentinamente foi ficando fraca, sem apetite, com febre, pálida... Os sintomas não eram fáceis de diagnosticar, podia ser tanta coisa! O médico apostou em meningite, mas era sezão tipo 2, como eles chamavam a malária, e foi tão fulminante que a matou em poucos dias.

A família obviamente ficou devastada e, ainda tentando se recuperar da perda, viu-se diante de outro grande baque: a Fazenda Cacimbas não aguentou a crise de 1929, iniciada nos Estados Unidos e que se alastrou pelo mundo, e faliu. A quebra da Bolsa de Nova York, que levou à ruína as relações comerciais do Brasil com o mercado internacional, somada à eleição turbulenta de Julio Prestes para a sucessão de Washington Luís, fora uma intempérie forte para os produtores brasileiros: safras encalhadas, colheitas estragando no pé, ninguém comprava, ninguém vendia. A dívida da fazenda foi crescendo e chegou a 148 contos de réis – uma pequena fortuna na época – e os Moreira Lima não tinham condições de pagar.

Como Sebastião tinha mais filhos que o irmão para sustentar, Bento decidiu assumir a fazenda e, claro, as dívidas. Ficou com as beneficiadoras de algodão e arroz e foi vendendo os produtos aos poucos no armazém da família. Arroz, milho, babaçu, coco e, principalmente, algodão, que eram produzidos e beneficiados ali, com o trabalho braçal da família inteira, lentamente foram sendo despachados pelo porto de Picos no rio Itapecuru.

E, naquela situação, Bento sentiu que não podia parar de tentar avançar com sua carreira no direito, já que ela poderia ser, inclusive, a solução para seus problemas financeiros. Candidatou-se e, em 1930, finalmente conseguiu uma vaga para juiz itinerante na cidade de Caxias, a mais de 200 quilômetros de Picos. Em busca de seu sonho e com a perspectiva de melhorar os rendimentos da casa, Bento decidiu se mudar para Caxias e assumir seu posto, mesmo sabendo que dividiria ainda mais a família. A essa altura José Henrique, o filho mais velho, já estava cursando a Faculdade Nacional de Medicina no Rio de Janeiro. Carlos ainda estava em São Luís, no cursinho preparatório para a Escola Militar, mas visando também a se mudar para a capital do país.

Aos 11 anos, Rui viu seu pai se mudar para Caxias e seu tio Lili assumir o comando da fazenda e da família. Henrique Leite Barbosa Filho, ou Lili, tinha toda a confiança de Bento. Bem mais novo que a irmã Heloísa, mudou-se para o Maranhão com ela e de certa forma foi "adotado" e criado por ela e Bento como se fosse um filho. Era uma espécie de falso primogênito, naturalmente o substituto na ausência do chefe da casa. Entretanto, diferentemente de Bento, Lili era um homem da terra. Meio chucro, porém com grande coração, começou a vida em um pedaço de terra que ganhou da família e, com a ajuda de meeiros, foi produzindo, aumentando suas posses até se tornar proprietário de praticamente metade das terras da região. Depois distribuía os lucros entre os meeiros e, influenciado pelas ideias de justiça social de Bento, deixava que eles comprassem as terras nas quais produziam.

Tio Lili tornou-se uma espécie de ídolo para Rui. Seu tio preferido. Sabia lidar com a gente, com a terra e com os bichos. Era bem-humorado e contava para Rui muitas histórias incríveis – como a vez que enfrentou sozinho soldados desertores do braço de Juarez Távora na Coluna Prestes. Recordava ele que um dia estava em sua fazenda quando cinco homens apareceram, dizendo-se "homens da revolução". Insistiam que Lili tinha que lhes ceder tudo o que precisavam e, assim que a revolução fosse vitoriosa, tudo lhe seria ressarcido. Os homens foram entrando pela casa e cismaram com a vaca de estimação de Lili, que lhes disse que aquela não seria entregue. Os homens ignoraram sua advertência e mataram o animal. Tio Lili então, sem demora, mesmo ardendo em febre de impaludismo, teria rendido sozinho, apenas com um punhal, o líder dos homens, amarrado todos em lombo de burros e os entregado ao comandante do braço da Coluna a sete léguas dali. E, segundo ele, o comandante teria dito: "Esse Lili foi um dos homens mais valentes que já conheci". Rui vibrava e, longe do pai, cada vez mais almejava ser assim, intempestivo e forte como o tio Lili.

Foi o tio Lili, inclusive, que ensinou Rui a atirar. Tinha ele mandado vir da Europa uma vara de porcos de raça para criação, mas os porcos não se adaptaram bem. Sem lucros, Lili resolveu soltá-los. Quem diria, soltos, os bichos se adaptaram muito bem e passaram a procriar. Lili então começou a organizar caçadas para abater os porcos nos dias de festa. Montava estratégias, ia cercando os animais até que Rui, entocado em cima de uma árvore, tivesse mira para atirar. Rui tinha ordem de matar só os que iam comer. Caçavam e depois, felizes, preparavam os porcos para a ceia em família.

E, sob esta influência, Rui, ainda moleque, ia se preparando para gerenciar a fazenda. Aos 12 anos, já sabia tudo sobre os negócios. Lidava com a gente, com a produção e com os bichos. Tocava os bois pela estrada, sempre correndo quando passava em frente ao cemitério, fugindo da assombração de seus próprios passos. De vez em quando montava no lombo de um burro com Helosine e, com uma espingarda Winchester papo amarelo nas mãos, cruzava horas de estrada mata adentro, em companhia de um funcionário de confiança da família, para ir a Caxias visitar seu pai. O trajeto era difícil e perigoso, com trilhas em mata fechada, o que obrigava os viajantes a pernoitar por ali. Rui, Helosine e o jagunço paravam nas fazendas do caminho, onde pediam guarida. Montavam acampamento e recebiam água e alimentos de cortesia dos proprietários. E dali eles seguiam, quase dois dias de estrada, o jagunço na frente, Helosine no meio e Rui atrás, até Caxias. Nos encontros com o pai vinha o choque de realidade: Bento queria que o filho estudasse, não que fosse um fazendeiro. Falava de direitos, de justiça, do Brasil, e deixava Rui hipnotizado. Contava que sua postura justa, de sempre defender as sentenças, independentemente dos ditadores, fizera com que dois interventores do Maranhão, Lourival Seroa da Mota e Antonio Martins de Almeida, fizessem a longa viagem de um dia e meio de trem e sete dias de barco até chegar a Caxias só para conhecer pessoalmente "o famoso juiz itinerante". E Rui voltava para casa orgulhoso do pai, que fazia os poderosos aceitarem a justiça.

Com a produção melhorando e a contribuição do salário de juiz de Bento, em 1931 a fazenda finalmente negociou suas dívidas e saiu da falência, mas sem crédito nenhum na praça. Bento conseguiu finalmente comercializar com um português chamado Lima Faria, que compraria 35 contos em mercadorias, e os negócios voltaram a deslanchar. Toda a família trabalhava no negócio, mas Rui já tinha quase 13 anos e Bento decidiu que estava na hora de ele e Helosine estudarem em uma escola de verdade. Desde que voltaram a morar em Picos os dois eram ensinados por uma prima de Bento, em casa, o que era bom, pois não ficaram sem estudo. Entretanto, não seria o suficiente para que entrassem em uma universidade.

Eles precisavam se mudar para São Luís.

2
TERRA OU CÉU

A saída de Picos em 1931 não foi nada fácil para Rui. Apesar de já ter morado em São Luís antes, ele era pequeno demais para ter laços com a cidade. Desta vez era diferente, Rui tinha cotidiano, tinha amigos.

No dia de sua despedida, seus amigos todos foram para o cais lhe dizer adeus. Abraçaram-se e choraram, recordação que levou para o resto de sua vida. Muitos anos depois Milton Nascimento lançou a música "Morro velho", que vestiu como uma luva em suas memórias tão caras:

Filho do senhor vai embora, tempo de estudos na cidade grande / Parte, tem os olhos tristes, deixando o companheiro na estação distante / Não esqueça, amigo, eu vou voltar, some longe o trenzinho ao deus-dará.

Emocionado, Rui ouvia a canção e os olhos marejavam, sempre.

E tinha a família. Rui sabia que dificilmente voltaria a compartilhar os dias com sua mãe, com o tio Lili. Estava indo para a capital para ser doutor, como seu pai.

Depois de horas de viagem de barco e trem – com direito a parada em uma fábrica de chocolates no caminho, onde comeram de se empanturrar iguaria tão incomum naquela época –, Rui e Helosine chegaram a São Luís. Já tinham estado ali muitas vezes, mas nunca sozinhos. E dessa vez estariam ainda mais sozinhos, já que teriam de ficar em casas diferentes. Rui foi alojado na casa de um fornecedor de caixas para algodão de seu pai, o sr. Martins. Era a primeira vez que estavam sozinhos de verdade, tanto Rui como Helosine. Ela, já uma mocinha, ouvira todos os conselhos da mãe, e seguia à risca as regras da pensão e do Liceu Maranhense. Já ele...

Rui chegou ainda no 4º ano primário. Foi estudar no Colégio Nina Rodrigues para se preparar para o teste de admissão. Sua professora, dona Maroquinha Menezes, já tinha ajudado Helosine a entrar para o Liceu e agora seria sua vez. Maroquinha era solteira e tinha muitos irmãos – entre eles o tenente Armando Serra de Menezes, autor do Hino da Aviação "Contato Companheiro", que Rui viria a reencontrar vários anos depois. Muito assertiva, era excelente professora e foi de extrema importância para a formação ética de Rui e para prepará-lo para o Colégio Modelo, onde foi admitido para cursar o ginásio.

No Colégio Modelo tornou-se um garoto muito levado. Gostava de espezinhar sua professora, dona Chiquinha, de todas as formas possíveis. Certa vez arrumou uns carrapichos e, disfarçadamente, jogou nos longos cabelos castanhos e cacheados da moça, que só observava as crianças rindo, sem entender. Ao mesmo tempo que provocava, era provocado intelectualmente por ela, que apresentou a Rui em suas aulas as riquezas do Brasil, seu extenso território, sua história e geografia, sua diversidade. Muitos anos depois se reencontraram e Rui pediu desculpas – que foram prontamente aceitas pela professora. – Ora, Rui!... Mas era só peraltice de criança! – disse ela, para alívio da consciência do homem já formado.

Finalmente havia chegado a época dos exames para o Liceu Maranhense. Rui tinha sido muito bem preparado por dona Maroquinha e dona Chiquinha e estava confiante. Bento foi de Caxias a São Luís só para assistir aos exames do filho. A prova era surpresa, com temas sorteados na hora pelo examinador. Escolhido o assunto, o estudante tinha que desenvolver o tema o máximo que conseguisse. No exame de história caiu no sorteio a Guerra do Paraguai e Rui, que já se mostrava um grande amante da matéria, saiu-se muito bem. Passou para o Liceu Maranhense com a grande nota 8,8, empatando na primeira colocação com outros três alunos, entre eles Maria Célia Vianna, a filha do dr. Vianna, médico, grande amigo de seu pai, a qual depois viria a se tornar engenheira formada pela Faculdade de Engenharia do Largo de São Francisco, no Rio de Janeiro.

A excelente colocação na admissão para o Liceu encheu Bento de orgulho. Logo contratou o ilustre Gilberto Costa para dar aulas de francês para o filho – afinal, francês era essencial para um homem letrado – e fez uma conta em duas livrarias de São Luís, permitindo que Rui pegasse lá quaisquer livros que desejasse. Nomeou como procurador o amigo dr. Pedro de Oliveira, para que Rui o procurasse quando precisasse de dinheiro para pagar a pensão ou artigos para os estudos.

Mas não demorou muito para Rui perceber que essa mudança toda tinha um lado bom: ninguém mais mandava nele. Seu pai em Caxias, sua mãe e o tio Lili em Picos, os irmãos no Rio e Helosine... bom, Helosine nunca tivera esse poder todo. Rui estava livre em São Luís para viver como bem entendesse, afinal.

As aulas começaram a perder lugar para a vadiagem. As amizades do Liceu passaram a ser relegadas aos garotos mais velhos da rua, do futebol, da noite. Rui aprendeu a dançar, fazendo grande sucesso nos bailes de São Luís, encantando as mocinhas e também as mulheres mais velhas com seu charme e pé de valsa. Rui aprendeu a beber, enchendo a cara pelas ruas da cidade ao lado dos colegas, com qualquer teor alcoólico que lhe fosse oferecido. Rui aprendeu a brigar, arrumando confusão com outros jovens pelos motivos mais fúteis e pela honra de quase homem. Seu bom humor constante, a disponibilidade para a briga e a criatividade para as brincadeiras logo lhe renderam a liderança junto à garotada.

As brigas rendiam histórias. Uma delas com Terror, o rapazinho jornaleiro, magro, ágil, esperto e temido pela molecada por ser muito bom de briga. Um dia Terror provocou tanto Rui que acabaram saindo na mão ali, na descida da rua Afonso Pena, perto da *Pacotilha*, jornal de São Luís onde o grande jornalista Neiva Moreira começou como foca. Rui já não era mais aquele magrelinho, estava tomando corpo, o esporte lhe fazendo bem aos músculos. Entre socos e pontapés, tapas e sopapos, foram se estapeando rua abaixo. Até que Rui conseguiu segurar Terror e o derrubou, cabeça virada para o chão. Luta ganha, Rui aclamado à boca pequena:

– Sabe quem o Rui bateu? O Terror! – impressionavam-se.

Mas Terror afinal era um garoto engraçado e boa-praça, que fazia malabarismos com bolas e conhecia toda a cidade. Tornaram-se amigos, assim como Rui tornou-se amigo de tantos outros garotos com quem brigou: Moacir, Pedro Ferreira, Zé Carvalho... Ali não havia ódio, era pura molecagem.

A briga com Zé Carvalho, por exemplo, foi por causa de uma garota. Ela se chamava Yolanda Maranhão e jogava vôlei com Helosine. Rui e Zé Carvalho foram colegas no Colégio Modelo, mas Rui tinha ido para o Liceu e Zé para o Colégio Militar de Fortaleza. Na volta das férias, fardado, Zé Carvalho tomou-lhe a namorada. Tapas e socos trocados, dois garotos ainda franzinos, o deixa-disso acabou prevalecendo e Yolanda voltou para Rui. Mas as férias voltaram e, de novo, Zé tomou Yolanda de Rui. Saíram de novo na mão por conta da garota e, mais uma vez, o deixa-disso prevaleceu. Mas aí vieram as terceiras férias e a terceira briga. Um ano passado, Rui já tinha tomado corpo e aprendido a brigar pelas ruas, e o deixa-disso não rolou. Zé Carvalho saiu bem machucado e as famílias resolveram intervir. O pai de Zé, o desembargador Constâncio Carvalho, telegrafou para Bento pedindo uma reunião entre os quatro. Essa selvageria precisava acabar. Bento despencou-se para São Luís e, com Rui quieto ao lado, encontraram os Carvalho num restaurante perto do cinema. Depois de um bom prato de bife com ovos do Pataquinha foi selada a paz. Rui e Zé não brigaram mais – e acabaram juntos, amigos, na Escola Militar de Realengo, anos depois, no Rio de Janeiro.

São Luís era seu parque de diversões. Rui habitava todas as turmas – as da pesada, as mais ou menos, as dos mais velhos, as do esporte. Jogava vôlei e futebol, sendo titular do time de várzea no qual entrou quando nem 15 anos tinha. Tinha completa paixão pelos esportes. Mas com José Aragão, o Verruga (um cara meio grudento mas engraçado e boa-praça), e o José de Assis, o Cheira Bobó (grande amigo uma idade adiante), Rui formou sua principal turma.

Andavam muito pelo cais, invadindo os barcos que faziam paradas para subir a bordo e apresentar qualquer tipo de bobagem em troca de algum dinheiro. Certa vez, viu a apresentação de um mágico que estava de passagem pela cidade, chamado Tarrara Bhay. O homem misterioso tinha uma jovem assistente com quem atuava. Ele encarava a multidão, escolhia uma pessoa, se concentrava e a mandava se concentrar. Então sua assistente o questionava: "Quem é este senhor? O que faz? Onde vive?", e o mágico ia acertando tintim por tintim. Truque tão bem planejado que Rui cismou em ser mágico também. Passou a apresentar-se pelas ruas e pelos barcos com uma sátira do indiano, usando molecamente o apelido de "Dr. Tinrra Bei", que acabou virando Tinrra.

Verruga, Cheira Bobó e Dr. Tinrra aprontaram todas em São Luís.

No cais ficavam de olho nos estivadores da Prensa. Homens enormes, fortes, que carregavam 15 a 20 arrobas sobre as cabeças descarregando barcos que paravam no meio da baía de São Luís, todas as terças e quintas, assim que a maré baixava. Enquanto esperavam a maré, jogavam víspora (um ancestral do bingo) num clube perto dali, numa rua escura. Tinrra, Verruga e Cheira Bobó fugiam dos estudos e ficavam à espreita, no breu, esperando o momento certo de agir. O narrador ia cantando as pedras – "I 17, G 38, O 45…" – até que um dos garotos gritava:

– VÍSPORAAAAAAA!!!

E o jogo parava. Quem levou? Mas ninguém tinha completado a linha. E se davam conta da molecagem vinda de fora. Botavam os três para correr, mas eles sempre voltavam. Tentavam armar para pegar os meninos, mas eles sempre escapavam. E o jogo parava. E eles riam.

Azucrinar os mais velhos era a grande diversão do trio. Uma de suas vítimas frequentes era um condutor de bonde, de cerca de um metro e oitenta, forte, mas muito feio. Tão feio que o apelido do homem era Bicho Feio. Quando descobriram o apelido, os garotos não o deixaram mais em paz.

O bonde que fazia o maior circuito saía da praça João Lisboa, subia a rua Grande, pegava o Canto da Viração, depois o largo do Quartel, descia a rua do Sol e depois a avenida São João até a Beira-Mar. Passava em frente ao Liceu Maranhense e voltava rumo à rua Afonso Pena. Durante o caminho os três ficavam sentados quietos, até chegar à praça São João. Então levantavam um quadro-negro aos passageiros:

– Vocês sabem o que está escrito aqui?

– Bicho Feio! – respondiam, desavisados, para a ira do condutor.

Os três caíam na gargalhada e saltavam correndo do bonde, o coitado do homem ficava ali, enraivecido, sem poder deixar seu posto e seguir atrás dos diabinhos.

Acabaram descobrindo por intermédio de um colega bilheteiro do Cinema Eden, o Vará, que o passatempo do Bicho Feio era as sessões de filmes. Passavam na frente e o cupincha avisava:

– O Bicho Feio entrou!

Tinrra, Verruga e Cheira Bobó escalavam a parede do cinema até a janela e assobiavam umas cinco vezes um assobio igual ao já famoso bordão "Bicho Feio!". E era o fim da sessão para aquele homem, que saía enlouquecido do cinema atrás dos malfeitores, que àquela altura já corriam e gargalhavam bem longe dali.

Até que um dia, numa ida ao Sítio dos Diamantes, um refúgio de amigos de sua família num lugar longe mas muito bonito, Rui se meteu numa briga com um dos dezesseis filhos do dono do lugar e acabou tomando uma pedrada no rosto, que lhe rasgou o lábio. Ainda tonto pelo golpe, sentiu sua camisa ser agarrada: era Bicho Feio. Sem poder reagir e pronto para tomar a maior surra do grandalhão enfurecido, ouviu:

– Olha aqui, branquinho filho da puta, só não te dou uma surra por consideração a sua irmã e ao doutor Odorico! Mas se me chamar de novo desse nome, eu te mato!

Assim que o soltou, Rui já saiu correndo... e gritando: Bicho Feio!

O condutor, já no seu limite, foi falar com o doutor Odorico e ele deu um pito no trio, acabando com a brincadeira. Contou para Rui que o rapaz era um bom homem, tinha filhos aos quais atendia de graça, e que merecia ser tratado com respeito. E assim foi.

Doutor Odorico era cunhado de Rui. Helosine casou-se logo. Chegou a São Luís com Rui, entrou para o Liceu e conheceu Odorico, um jovem e dedicado médico. A família Moreira Lima fez gosto do casamento e doutor Odorico, como era conhecido, passou a ser como um irmão mais velho de Rui, tanto na colaboração como nas broncas.

Foram justamente doutor Odorico e Helosine que alertaram Bento sobre o comportamento de Rui.

– Ele está impossível, papai – avisou Helosine.

– Não para de aprontar – completou doutor Odorico. – Tem faltado às aulas, não estuda como deveria. Fica de vadiagem com os garotos da rua, mexendo com gente humilde. Há pouco tive que intervir porque estavam tornando a vida de um pobre condutor de bonde um inferno. E também ficam enchendo a cara sem parar, perambulando pelas ruas à noite, sabe lá Deus por onde.

– Rui é um bom garoto, papai, mas está precisando de conselhos – defendeu a irmã.

E Bento então deslocou-se de Caxias até São Luís atrás de Rui.

– O que você está fazendo com sua vida, Rui? – inquiriu o pai.

– Helosine está exagerando, papai.

– Não está, não. Acredito em sua irmã. Ela só quer o melhor pra você. Nós todos queremos o melhor pra você, Rui, e é por isso que você está aqui em São Luís. Você está tendo uma oportunidade rara, filho. Você pode estudar e ser o que você quiser, pode dar uma vida decente e digna para sua futura esposa e filhos, pode dar orgulho para mim, para sua mãe e seus irmãos.

Rui só ouvia.

– O que você espera que vá acontecer com você se continuar assim, na vadiagem? Acha que vai conquistar o quê para sua vida? Vai fazer o quê pela vida dos outros? Você tem que fazer a diferença na vida das pessoas, filho. Você tem que ser alguém honrado, digno, e isso não se constrói enchendo a cara na rua, arrumando brigas e atormentando as pessoas.

– O senhor está falando do Bicho Feio? Era brincadeira... Rui tentou se defender, sendo imediatamente interrompido por Bento.

– Não importa mais, Rui. Você não entende? O que está feito, está feito. Mas e agora? O que você quer para o seu futuro? Eu achei que você queria ser alguém que faz a diferença, mas se você não quiser, você não vai pro Rio de Janeiro como seus irmãos, e pode voltar para Picos, continuar na lida. Não existe demérito algum em ser um homem do campo, Rui. Cuidar da fazenda é algo muito digno, mas eu não consigo entender que você não ache isso pouco pra você. Eu realmente acreditava que você, inteligente e esperto do jeito que é, ia querer fazer a diferença...

– Eu quero, pai – reagiu Rui.

– Então mude, Rui! Encare que você já é um homem! Você tem responsabilidades pelos seus atos. Você está aqui para estudar, então estude! Cresça! Comece agora a fazer a diferença!

Rui mal conseguia falar. Sabia que seu pai estava certo, mas ele ia fazer a diferença como?

A resposta apareceu rápido, pouco depois.

O Maranhão recebeu a visita do presidente Getúlio Vargas. Ele estava fazendo uma grande excursão pelo Nordeste, no navio *Almirante Jaceguai*, sendo recebido com festa em todas as cidades por onde passava, com as pessoas nas ruas aplaudindo a comitiva que antecipava sua chegada. Rui, claro, como boa parte dos maranhenses, foi às ruas de São Luís ver a chegada do presidente e foi tomado por uma emoção que não esperava sentir. De repente, surgiram no céu, rompendo as nuvens num orquestrado balé, três aeronaves da Marinha: Petit, Carl e Menescal. Os três biplanos B-12 faziam acrobacias aéreas sob aplausos da massa, enquanto Rui, boquiaberto, atentava para cada detalhe, cada movimento. Voavam baixo, faziam barulho, impressionando a todos os que, em sua maioria, nunca tinham visto um avião antes – assim como Rui. Subiram, desceram, dançaram pelo céu e se foram. E ali, depois daquela apresentação militar, Rui descobriu: ia ser piloto.

A descoberta lhe deu novo ânimo para os estudos, afinal precisava passar para a Escola Militar e isso não seria tarefa fácil. Passou a ficar mais tempo em casa usando a biblioteca do sr. Martins. Começou a ajudá-lo com as encomendas que iriam para a Fazenda Cacimbas também, produzindo as caixas sem ganhar nada em troca – para não dizer nada, Rui ganhou do sr. Martins uma coleção de livros de Emílio Salgari, de aventuras no Oriente Médio, com xeiques, odaliscas e todo tipo de confusão. Da mesma forma, acabou se interessando pelas histórias de Arthur Conan Doyle e seu astuto Sherlock Holmes. Então, um dia, acabou descobrindo as aventuras da vida real: as biografias. Primeiro comprou a de Napoleão, escrita por Emil Ludwig, a qual devorou com um mapa à sua frente, marcando o local de cada batalha, indignado com a forma como Napoleão fora traído pelos ingleses, que não cumpriram o acordo de rendição e o colocaram no porão de um navio rumo à ilha de Santa Helena. Depois veio a biografia de Joseph Fouché, ministro durante a Revolução Francesa e o Império napoleônico, que, com sua falta de caráter, conseguiu se safar dos períodos mais conturbados da história da França. Então leu a biografia de Danton, advogado no período da Revolução Francesa. Depois, *Noventa e três*, último livro de Victor Hugo, e *Maria Antonieta – Retrato de uma mulher comum*, de Stefan Zweig. E logo Rui era um jovem fascinado, grande entendedor da Revolução Francesa e um amante dos livros.

Seu entusiasmo pelos estudos não o afastou completamente das ruas, mas o fez mudar de turma. De dia, convivia com os esportistas: passou a integrar times de futebol, vôlei e basquete. À noitinha, se encontrava com os rapazes mais politizados e logo se viu engendrado na Aliança Nacional Libertadora, ANL. Filiou-se e passou a frequentar encontros, nos quais discutiam a situação do país depois da nova Constituição; com a eleição de Vargas por voto indireto e a ditadura instalada, não se falava em outra coisa.

Era abril de 1935 e o Brasil começou a pegar fogo. Por todo o país a Aliança Nacional Libertadora passou a se mobilizar para combater a ditadura. A ANL enviou para o Maranhão um representante do Rio de Janeiro com a missão de comandar a juventude e ajudar na organização de um comício de Luiz Carlos Prestes. Era um rapaz de uns 30 anos, elegante, sempre trajando terno preto, que falava bem e sabia como ninguém estimular os garotos. Marcou reunião com a juventude para organizar uma ação: na véspera do discurso de Prestes, eles deveriam colar lambe-lambes pelos muros da cidade. Os integralistas provavelmente entrariam em confronto, por isso ele distribuiu um punhal para cada um dos líderes dos grupos e um porrete com pregos na ponta para os outros garotos. Rui, que tinha sido escalado para liderar um grupo, o questionou:

— Mas e você, não vai?

— Não... isso é coisa de jovem — respondeu o homem, marotamente.

— Não estou gostando dessa história... — retrucou Rui. — A gente vai pra rua perigando tomar pau de integralista e de polícia à toa? Se fosse tão importante assim, você também iria.

O homem ficou mudo por um tempo. Não esperava ser contestado, ainda mais por "crianças". Mas, vendo a inquietação que o comentário de Rui causou no grupo, o homem achou melhor não se indispor.

— É uma tarefa muito importante, sim, mas realmente perigosa. Quem não estiver pronto não precisa ir, pode voltar pra casa. Mas quem quiser lutar pela liberdade e sair amanhã pra colar os cartazes vai estar fazendo um grande bem à ANL e ao Brasil.

A maioria dos jovens voltou para casa, mas quatro deles ficaram para articular o plano que seria efetivado no dia seguinte.

A movimentação do partido, entretanto, acabou por irritar o governo e Getúlio decretou sua ilegalidade com base na Lei de Segurança Nacional. Obviamente o fechamento da ANL não foi bem recebido por seus filiados e simpatizantes, e revoltas foram organizadas pelo Brasil, especialmente nos quartéis. A mais conhecida aconteceu no Rio de Janeiro, onde oficiais e suboficiais comunistas da Escola Militar da Praia Vermelha insurgiram-se contra o governo num levante que ficou conhecido como Revolta Comunista de 1935, e que deixou vários mortos e feridos. Diziam na época que os legalistas tinham sido covardemente atacados enquanto dormiam, mas Rui soube anos mais tarde por Sócrates, tenente que estava no confronto, que, quando os jovens comunistas anunciaram o levante, seus companheiros de quartel, legalistas, negaram-se a aderir e avisaram que, se o fizessem, iriam combatê-los. Todos ali eram contra as medidas de Vargas, mas divergiam sobre se insurgir ou não contra o governo. Era noite e todos estavam acordadíssimos quando entraram em confronto direto. Foi uma batalha igualitária entre adversários ideológicos e não inimigos, na qual ambos os lados tentavam convencer os companheiros opositores a ceder para que não se machucassem ou morressem, o que acabou realmente acontecendo com muitos deles. Sócrates, por exemplo, foi ferido na perna; e um colega que lutava contra a ocupação dos comunistas o tirou do confronto e o colocou em um táxi para o hospital:

– Chega, Sócrates! Acabou! Vocês perderam. Melhor você sair daqui e ir cuidar dessa perna, porque, se ficar, vai acabar morrendo.

Quando o confronto já estava acabado, a polícia foi acionada e Filinto Müller e sua equipe chegaram ao local para ver os estragos. No dia seguinte, com vários mortos e feridos de ambos os lados, o delegado responsável pelo inquérito, indicado por Müller, tomou a decisão de colocar os mortos – revoltosos ou não – sobre as camas como sinal de respeito e para melhor identificação, mas o disse-me-disse gerou uma série de falatórios, especialmente na imprensa, que corromperam a verdade dos fatos, gerando o tal mito do ataque aos que dormiam. Dessa revolta, Luiz Carlos Prestes, um dos líderes, saiu preso e vários outros insurgentes também foram detidos, perseguidos, torturados e até cassados.

A onda de perseguições veio forte, seguida de milhares de prisões, entre elas as apreensões dos quatro jovens amigos de Rui que não abandonaram o plano e foram às ruas colar os lambe-lambes. As notícias que surgiam eram de que tinham sido levados para o Rio de Janeiro, estavam sendo torturados e um deles desaparecera, para o pavor de todos.

Preocupado com sua segurança, Rui embarcou no primeiro trem que passou rumo a Caxias, um trem de carga. Que lugar melhor para estar numa situação dessas que não ao lado de seu pai, juiz respeitado em todo o país? Bento, quando soube das apreensões, ficou horrorizado. Como podiam ter levado jovens, assim, para outro estado, sem mandado? Ora, era preciso intervir!

Deixando o filho bem protegido em Caxias, Bento seguiu rumo a São Luís para falar com o interventor, Roberto Carneiro de Rebouças. Pontos explicados, o interventor se comprometeu a não mais perseguir os jovens, para a surpresa de Rui, e pouco tempo depois os colegas apreendidos retornaram às suas casas. Rui, agradecido e orgulhoso do pai, voltou a São Luís e deu por encerrada sua participação em partidos políticos. A lição de seu pai era clara: não é preciso ser político para fazer política.

A atuação de Bento, inclusive, estava cada vez mais em evidência. Continuava não se dobrando aos desmandos políticos e isso lhe rendia a admiração de muitos por seu respeito às leis, e também críticas por parecer arbitrário e contra os interesses da nação (que, naquele momento, especificamente, tinha interesses bem arbitrários, podemos dizer). Uma dessas críticas, feita por um delegado da Receita Federal num artigo para o jornal *Imparcial*, foi tão feroz contra Bento que deixou Rui completamente indignado. Como podia um sujeitinho difamar homem tão justo e correto quanto seu pai?

Rui tratou de juntar seus amigos de briga – Eurípedes Pires Chaves e Zé Maria Alves Barros – e procurar o tal sujeito, Jorge Caetano de Alencar. Encontraram-no saindo de uma reunião com o secretário de Interior, sr. Máximo Ferreira. Rui o viu de longe.

– Vou esfregar esse jornal na cara dele! – disse, furioso, aos amigos, partindo em direção ao homem.

Alencar, que caminhava com a ajuda de uma bengala, assim que viu Rui se aproximar, preparou-se. Já conhecia o filho do juiz Bento e sabia de sua fama de esquentado.

– O senhor que escreveu isso, não foi? – disse Rui, erguendo o jornal.

– Eu falo o que eu quiser sobre seu pai!

Rui lhe deu um tapa na cara e uma lambada que o derrubou no chão. Alencar ainda tentou revidar com a bengala, mas Eurípedes arrancou-a da mão dele e jogou para longe. Logo estavam os dois agarrados no chão, trocando socos e cascudos. Partiu para cima do sujeito, mordendo-lhe com tanta força a barriga que, quando o policial chegou para apartar a briga, a camisa de Alencar estava toda suja de sangue.

Briga apartada, Alencar foi levado para o hospital. Para a sorte de Rui, o policial era Eugênio Barros, um rapaz muito bom e admirador de seu pai, que o levou direto para o juiz de menores e não para a delegacia.

– Você não é filho do Bento, rapaz? – questionou o juiz. – Você está maluco? Foi brigar na rua com um senhor!...

Para sua sorte, o juiz o enviou para seu pai, em Caxias, que lhe deu uma bronca tremenda. Mas não foi o suficiente, Rui ainda não se sentia vingado. Chamou então os garotos do Liceu e, com um grupo de uns quarenta rapazes, foi até a porta do *Imparcial* atrás de Alencar.

Quando viu a multidão chegando, Pires, o dono do jornal, foi tentar amenizar o problema:

– Meu filho, vai embora, ele não está mais aqui...

Rui acabou cedendo, irritado porém satisfeito: já tinha dado uma corrida no Alencar. Estava combatendo as injustiças, do jeito que sabia.

O ginásio finalmente chegou ao fim e em breve Rui seguiria para o Rio de Janeiro, assim como seus irmãos. Foi passar as últimas férias em casa, ao lado da mãe e dos irmãos mais novos – a essa altura Rui já tinha mais cinco irmãos: os gêmeos Maria Cecília e Clodomir; Abelardo, Bento Junior e Raimundo. Heloísa e as crianças finalmente tinham se mudado para Caxias, e a família vivia sob o mesmo teto novamente. Rui aproveitou para dar um último abraço no tio Lili e em seus velhos amigos em Picos e, antes mesmo da virada do ano, embarcou no porto de São Luís num Ita, o navio *Itanajé*.

As viagens para o Rio de Janeiro eram longas. Saindo de São Luís, os navios da Companhia Costeira de Navegação faziam algumas paradas antes de seguir para o destino. Eram paquetes confortáveis, com cabines de 1ª, 2ª e 3ª classes e um grande deque onde os passageiros passavam o tempo entre conversas, banhos de sol e jogos animados.

Nessa época do ano, o navio se enchia de jovens que, assim como Rui, sonhavam em entrar num bom curso na capital do país. Em cada porto que o Ita parava subia mais um grupo de jovens cheios de expectativas e energia – e o navio se tornava uma grande festa.

Rui viajou numa cabine de 2ª classe acompanhado de outro jovem, o filho do governador do Ceará, Francisco Meneses Pimentel, que também estava indo ao Rio para tentar a Escola Militar de Realengo – e era tão fraco academicamente quanto Rui.

No *Itanajé*, Rui conheceu vários rapazes que, assim como ele, iam para o Rio de Janeiro. Alguns eram transferidos do Colégio Militar de Fortaleza; outros, já veteranos, voltavam das férias em casa; e outros, assim como Rui, partiam em busca de uma das tão disputadas vagas na Escola Militar de Realengo. Não era uma missão fácil, mas, naquele momento, nenhum deles estava ligando muito para os exames: a ordem ali era se livrar do tédio, que fosse numa corrida de sacos ou num grande porre – e como aqueles garotos bebiam! Rui descobriu as modas entre os rapazes mais velhos: fumar muito e beber chope no bar do navio.

Rui inventou alguns passatempos e aderiu a outros durante a viagem. Um deles era pular da popa do navio em movimento e depois se agarrar à escada presa à proa para subir para o deque e, de novo, correr até a popa e novamente saltar no mar. Era uma diversão coletiva e a tripulação não se importava com a peraltice dos rapazes. Competiam pelo salto mais espetacular e depois ficavam posicionados na água, esperando a escada passar. Num desses saltos, entretanto, um dos rapazes não conseguiu agarrar a escada e se desesperou. Rui, que também estava na água e era o próximo da fila, percebeu a gravidade e decidiu ficar.

– Pare de se debater! Você vai se afogar! – aconselhou Rui ao rapaz em desespero.

– Mas nós ficamos para trás! O navio está indo embora e nós vamos morrer aqui!...

– Não vamos, não. Eles sabem que pulamos. Daqui a pouco alguém avisa a tripulação e a Capitania dos Portos manda resgate. Mas você tem que ficar calmo senão você vai se afogar.

– Eles não vão voltar! Olha o navio! Já está longe demais! NÓS VAMOS MORRER AQUI!

Rui foi nadando até o rapaz calmamente.

– Qual o seu nome?

– Alberto Murad – disse o rapaz ainda se debatendo, aos prantos.

– Alberto, você tem que se acalmar. – Rui foi se aproximando. – Você tem que guardar energia até eles chegarem.

Alberto então agarrou Rui pelos ombros e o afundou, num movimento desesperado tentando se salvar. Rui conseguiu voltar à tona e passar para trás de Alberto, que ainda se debatia.

– Para! Para com isso! Você vai matar nós dois!

Rui segurou o rapaz por trás, controlando-o.

– Confia em mim! Eles vão voltar!

Alberto enfim parou. Passou a flutuar amparado por Rui, e ali ficaram por algumas horas até que finalmente a lancha da Capitania dos Portos apareceu. Os marinheiros puxaram os dois a bordo e lhes ofereceram abrigos, água e comida, enquanto os transportavam de volta ao *Itanajé*. Quando pisaram novamente no navio, Alberto chamou Rui.

– Ei, Rui, obrigado. Eu achei mesmo que eu ia morrer ali. Se você não estivesse comigo, eu, com certeza, teria morrido.

Rui sorriu e deu-lhe um abraço. Sabia que a viagem estava só começando.

3
VIDA NOVA NO RIO

Quando o *Itanajé* apitou e aportou na Praça Mauá, Rui já estava completamente embasbacado. Quanta beleza, quanta gente, quanta novidade! Eram 9 horas da manhã e a Capitania dos Portos logo estava tomada de passageiros vindos de diversos estados para a capital do país. No meio daquela confusão estava Rui, com seu terno de brim branco HJ, tipo jaquetão, feito pelo alfaiate Carlos Souza, o melhor de São Luís. Olhou ao redor, procurou, mas nada de seu irmão Carlos. Ele havia prometido para Bento que buscaria Rui no porto, afinal era a primeira vez de Rui no Rio de Janeiro, mas o saguão foi esvaziando, esvaziando, quase uma hora passada até Rui ficar praticamente sozinho. Tomou um bolo de Carlos.

Sabia que a pensão de Carlos ficava no Catete: rua Correa Dutra, 131-A. Depois de uma hora parado naquele saguão, também ficou sabendo que precisaria se virar sozinho.

Parou um catraieiro e negociou o envio de sua mala para a pensão. Deu o endereço, pagou 15 mil-réis (um verdadeiro abuso, mas o que poderia fazer?) e despachou sua grande mala. De quebra, perguntou como chegar à pensão.

– De bonde. Pegue um na avenida Central que vá para o Flamengo. Passam na frente da Galeria Cruzeiro.

Sem mala e com muita surpresa, Rui foi caminhando devagar rumo à avenida Central. Já na Praça Mauá, parou para admirar o Edifício A Noite, nunca tinha visto um arranha-céu antes. Ao redor, outros arranha-céus abriam caminho para a avenida elegante e movimentada. Tudo o surpreendia, especialmente a quantidade de gente – como tinha gente! Em São Luís não era assim. Gente elegante, bem-comportada e bem-vestida dentre aqueles prédios luxuosos em estilo eclético inspirados em Paris. Não que São Luís fosse ruim... mas o Rio de Janeiro era quase Paris.

Caminhou atentamente por muitas quadras até chegar à indicada Galeria Cruzeiro. Era um grande encontro de duas galerias aos pés do Hotel Avenida, onde se concentravam um grande polo de comércio e também uma recém-inaugurada estação de bondes, que passavam por dentro do prédio.

Bares e restaurantes, lojas elegantes e passageiros indo e vindo faziam daquela galeria um grande ponto de encontro da cidade. Rui ficou tão confuso por não conseguir encontrar um único bonde com destino Flamengo que, assim que um com destino Gávea portando um aviso "via Flamengo" passou a sua frente, ele subiu, sem nem se dar conta que era um bonde misto, de carga e passageiros, um taioba. Os taiobas passavam apenas em alguns poucos horários do dia e neles era possível que os passageiros carregassem cargas. Era nesses bondes que as pessoas iam à praia, pois ali podiam embarcar de calção. Por conta dessas exceções costumavam ser mais baratos – e mais bagunçados também.

Rui aproximou-se do motorneiro:

– Este bonde passa mesmo no Flamengo?

– Não é o que está escrito? – resmungou o motorneiro, um português impaciente.

– O senhor poderia me avisar quando chegarmos à rua Correa Dutra, por favor?

A resposta foi um olhar atravessado que Rui considerou ser um sim. Ficou ali, ao lado do português durante todo o trajeto, observando cada detalhe daquela cidade tão deslumbrante: o Palácio Monroe e o grande aterro que estava sendo construído logo à frente, o Passeio Público, o Outeiro da Glória e os jardins do Palácio do Catete. Obviamente não sabia nada disso, mas era encantador ainda assim. Já na charmosa Praia do Flamengo o motorneiro resmungou um "Vai, rapaz!" e ele rapidamente entendeu: ali era seu ponto final.

Saltou na praia em frente à rua Correa Dutra e, sem pressa, foi subindo a rua. Quando atravessou a rua do Catete se perguntou onde seria o Palácio, sede do governo. Era tão emocionante estar tão próximo do prédio mais importante do país! Na quadra seguinte, quase no fim da rua, finalmente o número 131-A.

A pensão ficava em um casarão, com escadas e pisos de tábuas corridas e sancas de gesso pelos cantos do teto. Era um ambiente simples, mas aconchegante. Logo que entrou, já deu de cara com uma senhora de feições fortes: era dona Carmen, a dona da pensão.

– Bom dia, senhora. Meu nome é Rui Barboza Moreira Lima. Meu irmão Carlos está morando aqui...

– Ah! Irmão do Carlinhos!... – disse a senhora animadamente. – Estava esperando você. Te coloquei numa vaga no quarto da frente. Sua mala já chegou, já está no quarto, mas as roupas têm que ir pro armário e a mala depois tem que sair.

– Sim, senhora. Obrigado. A senhora sabe onde está meu irmão?

– Ele foi para a praia. Olha, acho que ele está namorando – disse, enquanto preenchia o livro de hóspedes.

Ao ouvir isso, o sangue de Rui ferveu. Onde já se viu não ter ido buscá-lo para ir à praia? Pediu licença à dona Carmen, trocou de roupas em seu quarto e desceu a Correa Dutra toda de novo até a Praia do Flamengo.

Era quase meio-dia, verão, sol a pino. Rui chegou à mureta da praia já suando. Procurou Carlos por todos os lados até avistá-lo ainda longe, mas se aproximando, acompanhado de uma garota vestida em um leve sarongue.

– Olha você aí! – disse Carlos num largo sorriso, assim que viu Rui.

– Poxa, Carlos! Você nem foi me buscar... – bronqueou Rui.
– Pra que te buscar? Você já tá um rapaz, já pode fazer tudo sozinho. Essa é a Leda.
– Prazer, Rui – sorriu Leda, simpática e tímida, tirando a oportunidade de Rui demonstrar todo o seu desapontamento com Carlos.

Na volta, deixaram Leda na pensão onde ela estava hospedada, no número 55 da mesma rua. Falaram pouco, sobre a família, sobre São Luís. Não tinham muito assunto já que Carlos era seis anos mais velho que Rui e, como tinha se mudado para São Luís para estudar quando Rui ainda era muito pequeno, mal tinham convivido até então. Eram dois irmãos e dois estranhos ao mesmo tempo. Tanto que em seu primeiro final de semana no Rio de Janeiro foi um primo distante que o convidou para conhecer a cidade. Rui estava sonhando em visitar logo Copacabana, mas o primo o levou para ver a obra da monumental Estação Dom Pedro II, a Central do Brasil. A decepção transformou-se em entusiasmado espanto diante da quantidade de plataformas, trilhos e pelo tamanho do prédio que se formava. Era muito maior do que qualquer coisa que já tinha visto. Sentiu-se grande: estava afinal na capital do país.

Rui deixou Caxias com um recado do pai para Carlos: ele deveria voltar para a Faculdade de Medicina. Depois de seis anos de curso, ele simplesmente comunicou à família que o estava abandonando porque queria ser aviador da Reserva Naval Aérea da Marinha. Bento ficou uma fera e mandou que Rui lhe dissesse que ele estava fazendo uma grande asneira, que ao menos terminasse o curso e então mudasse de carreira – faltava-lhe tão pouco para o diploma! Rui veio durante toda a viagem pensando como teria a tal conversa com o irmão que ele mal conhecia. Como é que ele poderia dar uma bronca no irmão mais velho? Mas, quando chegou ao Rio, respirou aliviado ao saber que não precisaria ter a tal conversa difícil, pois Leda já o tinha feito: ao aceitar o noivado, impôs a condição de que só se casariam se ele se formasse em médico e não fosse aviador.

Ele até chegou a tentar a Marinha, mas Leda ficou tão brava que ele acabou desistindo e, como prometido, terminou a faculdade.

Bento controlava os filhos a distância da forma que podia – através do dinheiro. Mandava para cada um uma mesada de 220 mil-réis para que pagassem a pensão, os estudos e o que mais precisassem. Mandava cartas pedindo notícias e contava com parentes que moravam no Rio para saber o que não lhe contavam nas cartas. Mas confiava na educação que tinha dado a cada um deles. Com Rui, vez ou outra tinha longas conversas sobre justiça, política e sobre o Brasil. Foi através de Bento que Rui aprendeu sobre as questões do ferro e do manganês (nesta época ainda não se falava em petróleo), das riquezas naturais e da soberania nacional. Bento dizia a Rui:

– A única coisa boa que existe no Brasil, mesmo com a ditadura do presidente Vargas, é a justiça. Eu, como juiz, não me guio por ninguém, apenas pelos autos.

Rui aprendia e concordava: a justiça e a legalidade estão acima de tudo.

As cartas de Bento eram firmes, mas eram só cartas; Carlos não estava nem um pouco interessado no cotidiano de Rui, e José Henrique, médico formado, já tinha retornado ao Maranhão, então o controle da vida de Rui dependia só dele mesmo. Mas Rui rapidamente se acostumou com a cidade, fez amigos e passou a dividir o tempo entre os estudos preparatórios para a Escola Militar e os encantos da Cidade Maravilhosa.

De cara, os encantos deram uma lavada nos estudos. Rui estudava um pouco de manhã e ao meio-dia já estava de calção e camisa com seus amigos em cima de um taioba rumo à praia de Copacabana. Mais tarde, comprava um litro de leite e um saco de pão e se enfiava no Cinema Politheama, onde ficava até meia-noite vendo repetidamente o mesmo filme até o cinema fechar.

Não foi difícil fazer amizades já que havia muitos conhecidos maranhenses por perto que lhe foram apresentando mais e mais gente. E também tinha os rapazes da pensão, a maioria estudante ou músico. A amizade com os músicos era uma maravilha, mas para os estudos era uma lástima, já que eles passavam o dia todo ensaiando para suas apresentações na Rádio Nacional, nos bares e nos cassinos e não deixavam Rui estudar. Só quando finalmente caía a noite e eles saíam para o trabalho é que ele conseguia se concentrar nos livros, o que geralmente o levava a estudar madrugada adentro. Mas eram todos tão camaradas que não dava nem para se chatear.

A galera da boemia era a mais presente na vida de Rui. Animados, adoravam um samba e volta e meia o arrastavam para a Rádio Nacional ou para os jantares dançantes no Cassino da Urca.

Zé Nava, um maranhense ligado à Marinha, era inteligente e gente boa, mas bebia sempre demais.

Zé Bezerra, um acreano de dois metros de altura bem-apessoado mas cheio de espinhas, vinha de uma família criadora de gado zebu que tinha se estabelecido em Barretos, no interior de São Paulo. O pai lhe mandava uma generosa mesada de 600 mil-réis que ele torrava desmedidamente e mal conseguia fechar o mês. Quando isso acontecia, empenhava alguma de suas roupas feitas pelos melhores alfaiates da cidade na loja de um chinês que pagava 100 mil-réis em média pelo traje. Sempre prometia que voltaria para pegar, mas, como torrava todo o dinheiro, vivia se escondendo do chinês. Zé Bezerra era tão apaixonado pela namorada, a cantora da Rádio Nacional Silvinha Hering, que, quando ficava sem dinheiro, ia a pé do Catete à Rádio Nacional, no Edifício A Noite, só para vê-la cantar.

Gaspar era um estudante, assim como Rui, com o mesmo sonho de entrar para a Escola Militar de Realengo, mas não conseguiu passar e acabou entrando na Faculdade de Engenharia do Largo São Francisco.

Zimbisco, um estudante da Faculdade de Medicina de Niterói (para onde Rui nunca o viu ir), era o cara mais magro que ele já tinha conhecido. Comia muito para alimentar uma tênia da qual tentava sem sucesso se livrar constantemente à base de vermífugo. Seu apelido advinha de um húngaro parrudo que lutava em uma arena na rua Santa Luzia, perfil completamente oposto ao do colega, e tinha esse nome. Dormia o dia inteiro e, à noite, ia para a Lapa tocar seu violino com Canela, seu parceiro na boemia e nas apresentações na Rádio Nacional. Zimbisco e Canela, aliás, eram uma das duplas mais consagradas do momento junto com Joel e Gaúcho (os mais consagrados) e o grupo Quatro Ases e Um Coringa, formado por quatro irmãos cearenses nos vocais e um quinto rapaz no pandeiro.

Com eles, Rui às vezes saía da rotina e caía na noite. Isso não era muito frequente porque, além de ficar chafurdado nos livros, o dinheiro era bem contado para passar o mês e não lhe rendia muitas extravagâncias. Mas, de vez em quando, não tinha como resistir; afinal, todo mundo frequentava a Cinelândia. Era um lugar mágico, com suas salas de cinema, o grande Teatro Municipal, a Biblioteca Nacional, restaurantes e sorveterias. O burburinho era certo e a paquera corria solta. A agitação continuava pelas redondezas, com muitas butiques, bares, hotéis, cassinos e casas noturnas – os famosos *dancings*.

Certa vez, Zé Nava convidou Rui para ir ao *dancing*. Rui quase nunca saía da pensão, estava com 17 anos e só pensava em estudar para recuperar o atraso e conseguir passar na prova da Escola Militar. Mas Zé Nava sabia ser persuasivo quando queria e, com todo seu charme, convenceu Rui a botar um belo traje para curtir a noite.

– Mas eu não tenho dinheiro pra isso não, Zé!
– Você paga agora, mas eu te pago depois, Rui. Deixa de bobagem! Um rapaz da sua idade também tem que se divertir!

Levaram junto o José Meira de Vasconcellos, o Meirinha, um rapaz piauiense, cerca de dois anos mais jovem que Rui, que morava em outro pensionato de estudantes na rua Correa Dutra.

Existiam vários pensionatos na região e cada um deles acabava reunindo jovens de algum lugar do país, principalmente vindos do Norte e do Nordeste. Enquanto a pensão da d. Carmen agrupava os maranhenses, a de Meirinha recebia os piauienses. Assim como Meirinha, outros rapazes como Antonio Meira (o Meirão), o Dante Pires Ribeiro e o Goethe também tinham vindo do Piauí com o objetivo de se tornarem militares da Reserva Aérea Naval.

Logo de cara, o Meirinha teve que voltar para a pensão: os seguranças não pediam documento, mas ele tinha tanta cara de criança que destoava dos demais. Entraram Rui e Zé Nava. Lá dentro, um grande salão de baile, mesas ao redor e uma banda tocando para toda aquela gente animada que dançava sem parar. Zé Nava logo encontrou seus conhecidos, gente da noite, e os olhos de Rui se cruzaram com o de uma linda jovem oriental. Zé Nava, astuto, não demorou a notar.

– Rui, essa é a Xangai. Ela dança que parece um anjo – apresentou Zé Nava.

Ambos sorriram, se cumprimentaram, trocaram uma curta conversa e partiram para a pista de dança. E Zé Nava tinha razão: Xangai dançava com uma leveza que deixou Rui encantado. E foram emendando uma dança na outra, e na outra, e na outra... até quase o fim da noite.

Já eram três da madrugada, o salão quase vazio, quando decidiram parar. Zé Nava já tinha sumido, mas a sua turma da noite continuava por ali. Rui e Xangai estavam indo rumo à porta do grande elevador quando ele foi puxado pelo braço. Sem entender, olhou já irritado para trás e deu de cara com um grande brutamontes da turma do Zé.

– Você já pagou a moça? – questionou o homem.

– Pagar? – Rui só então entendeu que ela era uma "parceira profissional", daquelas que ficam no salão para acompanhar os solitários dançarinos em troca de dinheiro por cada dança. – Não. Mas, claro, vou pagar agora.

Xangai sorriu e o brutamontes deu um passo para trás assim que viu Rui tirar a carteira do bolso. Uma noite inteira de danças era mais caro do que ele imaginava e lá se foi todo o dinheiro do aluguel. Mas estava dançado, o que poderia fazer? Entregou o dinheiro à moça.

— Já que a noite chegou ao fim, posso te acompanhar até sua casa — sugeriu Rui.

— Já deu por hoje, moleque. Chega de papo. Segue seu rumo — o brutamontes cortou a conversa sem nem pestanejar.

— Mas por que eu não posso falar com a moça? Dancei com ela a noite inteira! Não amola, você não é dono dela! — retrucou Rui, abusado.

De repente, surgiu um soco que Rui nem viu de onde veio mas, quando se deu conta, já estava no chão com aquele brutamontes parado, impávido, em pé diante dele, pronto para continuar. Circulou o salão com os olhos à procura de Xangai, mas ela já estava longe. Definitivamente aquela não era uma briga que merecia ser travada e, antes que o brutamontes dissesse mais um "A" sequer, Rui entrou no elevador e zuniu para casa.

No dia seguinte, não encontrou o Zé Nava. Os amigos não sabiam dele, mas "sabe como é o Zé, às vezes ele some mesmo". No outro dia também nada nem no dia seguinte. Teve que procurar dona Carmen e lhe contar a história.

— E o que eu tenho com isso, rapaz? Você precisa pagar seu aluguel como todos os que moram aqui.

— Sim, claro, eu sei. Mas o Zé Nava está me devendo, a senhora não ouviu? Ele tem que me pagar pra eu poder pagar a senhora.

— Esse é um problema entre vocês, eu não posso esperar — disse, impassível, dona Carmen. — Ou você paga ou entrega a vaga.

— Dona Carmem, por favor... Meu irmão mora aqui há quanto tempo? Nós nunca lhe demos trabalho. Prometo que isso nunca mais vai acontecer — implorou Rui.

A cara de desespero de Rui deve ter sido bem tocante para dona Carmen, já que ela decidiu não botá-lo na rua. Também não lhe deixou com a vaga, para que aprendesse a ter mais responsabilidade com o próprio dinheiro e não confiasse nesse tipo de amigo: durante um mês pôs Rui para dormir embaixo da escada, num colchonete.

– Não vou te botar na rua, porque você é um garoto bom, Rui. E assim os outros aprendem também.

Rui aprendeu e não se meteu mais lá pelo *dancing*. E logo acabou descobrindo que a pensão da dona Nina, onde frequentemente almoçava, promovia "Rádio-Baile" nos finais de semana. Os "Rádio-Bailes" eram festas estimuladas pelas rádios Nacional e Mayrink Veiga para propagandear seus artistas e programações, sempre regadas a muita música e quentão. Assim era melhor: perto de casa, sem brutamontes, sem torrar todo o dinheiro do mês – e, pé de valsa do jeito que era, ainda sendo disputado pelas garotas como par na pista de dança.

Mas nenhuma garota tinha interessado Rui até o dia em que Ana, sua prima maranhense que também estava no Rio com o objetivo de se tornar modista, disse que ele precisava conhecer uma garota da pensão onde ela morava. Tinha conhecido a menina porque quando estudou moda no Espírito Santo ficou hospedada na casa dos tios dela, Anita e Olavo, e agora, que ela morava no Rio, tinham se tornado amigas.

– Ela é muito bonitinha, Rui! Acho que você vai querer namorar... – insinuou Ana, ao convidá-lo para ir à sua casa. Marcaria com ela lá, para que se conhecessem.

Rui ficou surpreso ao encontrar, na casa da prima, Julinha, uma garota falante de 13 anos. Com um belo penteado prendendo seus sedosos cabelos castanho-claros, brilhantes olhos azuis, vestido muito bem ajeitado, a menina realmente chamava a atenção. Extrovertida, nem demorou e já engatou uma conversa com Rui.

– E o que você pretende ser? – perguntou Julinha.

– Militar. Estou estudando para entrar na Escola Militar de Realengo.

– Por que você não vai ser integralista? Eles têm umas paradas tão empolgantes, uns uniformes tão bonitos!... Olha, vale a pena – retrucou sorridente e infantil.

– Não, não quero. – E fechou a cara.

Rui tinha verdadeiro horror aos integralistas desde os tempos de mobilização política em São Luís. Ainda mais agora que, diante de uma suposta ameaça de "golpe comunista" alardeada pelos integralistas (conhecida com Plano Cohen), tinha sido decretado estado de sítio por Getúlio Vargas, o que acabou levando ao Estado Novo. Rui, avesso às ditaduras como lhe ensinara seu pai, não queria ver integralistas na sua frente nem pintados de ouro.

Decidido a ir embora, Ana perguntou ao primo o que tinha achado de Julinha.

– Ana, essa sua amiga é muito bobinha demais. Me perguntar se eu não quero ser integralista? Ah, por favor!...

– Ah, Rui, ela é um pouco infantil, sim... mas ela é muito querida. Tenho certeza de que vocês ainda vão se entender.

O primo não retrucou, e como Julinha confidenciara para Ana que tinha achado Rui bonitinho, ela ficou entusiasmada para que se encontrassem de novo e passou a promover encontros dos dois em sua casa. Quebrada a primeira má impressão, logo Rui se encantou pela alegria e pela força de Julinha. Apesar de passarem horas conversando, ela não percebia que Rui tinha algum interesse nela, até que um dia Rui se virou para ela e disse:

– Julinha, você sabe que eu gosto muito de você.

– Eu também gosto muito de você, Rui – respondeu ela, com um sorriso suave.

– Então, você quer casar comigo?

Apesar de surpresa, Julinha não hesitou.

– Quero.

– Então vou falar para sua mãe.

Alguns dias passados, Julinha levou Rui para conhecer dona Sílvia, sua mãe. Elas moravam em uma casa de vila perto do Cinema Azteca, no Catete, a qual transformaram em uma pensão. Rui, nervoso e animado, apresentou-se para dona Sílvia e, sem pensar muito, disparou:

– Eu queria que a senhora soubesse que eu gosto muito de sua filha e pretendo me casar com ela. A senhora concederia a mão de sua filha a mim? Posso me casar com ela?

Olhando para aquele rapaz, tão novinho e magro, quase uma criança na sua percepção, sua primeira reação foi rir. Depois olhou para o casalzinho, que a encarava aflito de ansiedade, na expectativa de uma resposta positiva, e respondeu:

– Tudo bem, rapaz, você vai poder se casar com minha filha. Mas primeiro você precisa ser alguém na vida. Por enquanto, vocês vão namorar sob minha tutela, aqui em casa ou por telefone. E quando você passar nesse exame, eu permito que vocês se tornem noivos. Mas só casam quando você se formar militar, entendeu?

As orientações de dona Sílvia foram levadas muito a sério. Durante a semana eles não podiam se ver, então conversavam apenas por telefone. Nos finais de semana, se encontravam na casa de dona Sílvia e, vez ou outra, ela permitia que eles fossem juntos ao cinema, na matinê, e com hora marcada para voltar para casa.

O namoro com Julinha motivou Rui: sabendo que só poderia se casar quando se formasse em militar, mais do que nunca sua missão virou estudar. Sabia que estava defasado e precisava muito melhorar. Ainda nos primeiros meses de 1937, tentou a prova para a Escola Naval. Fez, sabendo que não estava preparado, que havia apenas dez vagas para muitos candidatos, mas resolveu tentar mesmo assim. A prova de redação pedia para "descrever uma luta entre dois possantes atletas". Rui contou a história de uma luta de boxe a que assistira, no Maranhão, entre o Leão da Noite, um ensacador de algodão do porto, e o Pantera Negra, um boxeador magrinho da Marinha. Rui era interno no Liceu e pediu à direção que permitisse que ele e outros garotos pudessem sair e assistir à luta. O diretor consentiu, dando a responsabilidade de cuidar de todos a Rui, que era o maior e mais velho deles. Compraram ingressos e foram. A luta se passou dentro de um jardim. O Pantera Negra bateu muito no Leão da Noite, mas no 8º *round* o Pantera deu um direto no queixo do Leão, que caiu apagado no chão. Inconformada, a irmã do Leão da Noite subiu no ringue e passou a bater no Pantera Negra, instituindo uma confusão generalizada que fez com que ele se jogasse no mar, em fuga, para não ser linchado. A redação agradou, mas as notas nas outras matérias passaram longe do ideal, o que levou Rui a procurar um cursinho preparatório.

Já era final de 1937 quando seu amigo Gaspar, que pretendia também entrar para a Escola Militar de Realengo ou talvez para a Faculdade de Engenharia, indicou um cursinho preparatório muito intenso, onde já estudava há uns dois anos, conhecido por qualificar bem os alunos nas provas.

O curso custava 120 mil-réis por mês, um valor bem alto, e as aulas diárias eram ministradas pelo professor Paulo Vaz Lobo, reitor da Faculdade de Engenharia do Largo São Francisco. Era preciso fazer um teste para ser admitido e Rui foi reprovado, sem conseguir resolver uma soma de frações.

– Olha, meu jovem, eu não quero você aqui – disse, objetivo, o professor, cortando uma tentativa de justificativa de Rui. – Nem mais uma palavra! Você não sabe nada. Este curso é pra quem quer ir pra Escola Militar ou pra Engenharia, eu tenho orgulho de ter o curso que mais coloca alunos no vestibular e você, com esse conhecimento, não vai entrar.

Rui sentiu-se arrasado, mas sabia que aquela era sua única chance de sair do atraso em que estava.

– Professor, tá certo, o senhor não quer me aceitar... mas e se eu ficar aqui como ouvinte? Eu pago os 120 mil-réis.

O professor refletiu um pouco.

— Tudo bem... mas calado, hein! Sem falar uma palavra! Você não pode me atrapalhar. Você vai sentar lá no fundo, naquela cadeira, e não pode mesmo me atrapalhar — disse, apontando para a última carteira da sala, encostada à parede, no canto.

E assim Rui passou todo o ano de 1938: calado, no fundo da sala, anotando tudo que o professor dizia. As aulas eram todas ditadas, Rui as anotava em um caderno de rascunho e, quando chegava em casa, passava a limpo para um caderno — ou ganhava tal tarefa de presente de Julinha, que caprichava muito na caligrafia. Às vezes a correria era tanta e sua falta de base tão profunda que ele sequer entendia o que tinha escrito e, em desespero, chorava. Os próprios colegas, vendo a dificuldade de Rui, o desestimulavam ainda mais.

— Ô Rui, vai te empregar, porque esse exame é muito difícil e você não vai passar mesmo. Nisso aqui ninguém passa — diziam.

Nem o Gaspar se animava muito.

— Eu tô aqui há quase três anos e não passo, e você sabe que eu sou até professor de matemática.

Se não era uma missão fácil acompanhar a turma, ser aprovado na Escola Militar de Realengo então parecia fora do horizonte, mas como desistir? A alternativa à Escola Militar ou à faculdade era um trabalho qualquer, talvez voltar para Picos e virar fazendeiro. E o que diria ao seu pai? E como desistir de pilotar um avião um dia na vida?

Em janeiro de 1938, Rui fez seu primeiro exame para a Escola Militar e, claro, não passou. Ao analisar as notas totais, ele e outros estudantes se deram conta de que um rapaz tinha tido a mesma nota que a deles, mas tinha sido aprovado, o que gerou uma grande revolta. Souberam então que o rapaz era um protegido da família do general Dutra e se mobilizaram em bando até a porta de dona Santinha, esposa do general, para cobrar explicações. Souberam então que, diferentemente de quase todos ali, o rapaz não tinha zerado nenhuma das provas, o que justificava sua aprovação, mas não a frustração do grupo. Acabaram batendo boca com dona Santinha, foram expulsos da porta da casa sob ameaça de polícia e Rui, que era o mais exaltado, só não foi detido porque os colegas se recusaram a contar seu nome para ela.

Sabendo o que lhe aguardava, Rui passou o ano de 1938 mergulhado em livros e cadernos. Saía pouco, chorava muito. Até que em novembro o professor anunciou em sala:

– A partir de agora só quero em sala o pessoal da Escola Militar. A prova é em janeiro e eu quero dar uma força pra quem vai fazer o exame. Vou dar um simulado, então se preparem.

No dia seguinte, a grande sala de aula foi reduzida a nove estudantes, sendo Rui um deles. O professor distribuiu o calhamaço aos alunos, que passaram horas respondendo todas as perguntas.

Alguns dias depois, o professor divulgou o resultado: cinco, dos nove alunos, teriam sido aprovados na Escola Militar se aquele simulado fosse real – e Rui era o quinto. Depois da aula, o professor o chamou em sua mesa.

– Poxa, isso é um milagre, menino! Eu não lhe devolvo o dinheiro, porque você já pagou, mas você merecia. Estou encabulado. Eu peço desculpas porque eu disse que você não ia andar. Mas você pode, sim, passar nessa escola.

Apesar da retratação, Rui não ficou tão seguro sobre sua qualificação. Quinto lugar era o último e, provavelmente, não seria o suficiente para ser aprovado na escola.

Em janeiro, Rui prestou mais uma vez o exame e desta vez não passou por muito pouco. Na volta às aulas do cursinho, mais uma vez, teve de encarar o descrédito do professor e dos colegas até o dia em que o professor questionou quem saberia resolver um exercício de geometria analítica. Rui se voluntariou, mas alertou que solucionaria do seu jeito e que, se alguém palpitasse, ele iria embora. O professor riu, fez troça e mandou Rui ao quadro. Ele foi resolvendo o exercício de forma meio confusa e atravessada, mas correta, até que outro aluno não aguentou e falou:

"Por que você não faz assim?", propondo outro jeito de solucionar. Rui ficou tão irritado que bateu o apagador na própria cabeça e depois o passou na cara do colega antes de deixar a sala de aula. No fim do dia, já na pensão, se surpreendeu com o anúncio de que o professor estava lá para vê-lo.

– Por que você foi embora, Rui? O exercício estava meio confuso, mas estava certo.

– Eu pedi que não palpitassem. É como sei fazer. Se não serve, pra mim chega – desabafou Rui, exausto.

O professor sorriu, compreensivo.

– Não entra nessa, garoto. Você já provou que é esforçado e tem potencial, mas tem que ter cabeça fria. Volta pro curso. Vou te dar uma bolsa pra você fazer mais uns meses. Você vai passar, Rui.

Rui agradeceu pelo crédito e pela bolsa, mas, em poucas semanas, notou que já tinha aprendido ali tudo o que tinham para lhe ensinar, o que lhe faltava era treino e, para treinar, não precisava estar no cursinho, podia fazer isso em casa, numa biblioteca, em qualquer lugar.

Começou a frequentar a Biblioteca Nacional, onde passava horas lendo livros sobre assuntos que achava mais difíceis, como os da *École de Guerre* francesa, e fazendo e refazendo exercícios matemáticos até que entendesse exatamente o porquê de cada etapa e o resultado. Às vezes se encontrava com o amigo maranhense Josué Montelo, que lhe dava dicas de português e redação e o estimulava a treinar e treinar para o exame.

Com mais tempo sobrando, passou a dar aulas de matemática para uns garotos de Picos que moravam perto, Jadiel e Wilton Carvalho, que eram um pouco mais novos e também estavam no Rio para tentar uma boa colocação em um curso. Rui ajudava-os com as lições e em troca os pais deles pagavam sua pensão. Também passou a dar aulas de matemática para um amigo que conheceu no cursinho, o Hélio Fonseca, e recebia como recompensa roupas, sapatos, almoços e coisas desse tipo.

Com as aulas extras, passou a economizar o dinheiro que seu pai mandava do Maranhão e ficou "rico" em comparação com os colegas. O dinheiro extra lhe rendeu roupas melhores e passeios mais caros com Julinha, como ida a jantares dançantes no Cassino da Urca ou no salão nobre do Fluminense. Claro que o dinheiro não era tanto assim: no cassino, por exemplo, a entrada dava direito ao jantar, ao baile e nada mais; no Fluminense nem jantar havia, era só a entrada mesmo e o que sobrava do dinheiro Rui gastava com guaraná de rolha que, romanticamente, tomavam entre as danças animadas.

O dinheiro extra, entretanto, não adiantou para convencer a dona da pensão a deixá-lo ficar. A clientela tinha mudado ao longo dos meses e a pensão estava cheia de casais que começaram a se incomodar com a presença de um rapaz solteiro – e agora bem-vestido – circulando pelos corredores. Foi então morar com o amigo Osmar, numa casa na rua Visconde de Santa Isabel, em Vila Isabel.

Mas, mesmo estudando muito, o medo de não passar ainda era grande. Cogitando essa possibilidade e disposto a aproveitar melhor seu tempo livre, Rui decidiu mais uma vez entrar para o curso de tiro de guerra. Tinha começado o curso ainda em São Luís, mas deixou a cidade antes de terminá-lo. Desta vez, já na idade do serviço militar obrigatório, pensou que ser atirador do Exército talvez fosse uma boa alternativa a um emprego comum, caso fracassasse nos exames do ano seguinte.

O curso, que durava cerca de um ano, era uma espécie de "privilégio" para duzentos rapazes que podiam pagar pelo uniforme e então não precisavam prestar o serviço militar padrão. Os treinamentos aconteciam aos sábados e domingos no Castelo, bairro do centro do Rio de Janeiro, numa área baldia próxima aos recém-construídos prédios imponentes dos Ministérios. A região tinha sido aterrada há pouco, o mato tomado conta dela, e tudo ainda era muito escuro e deserto por ali. Já as aulas de tiro aconteciam na Vila Militar, em Deodoro, bairro na Zona Norte da cidade.

As aulas contemplavam treinamento físico e, claro, tiro. A maioria dos treinamentos era dada pelo sargento Pires, um homem muito irritadiço e violento, que tinha como padrão castigar fisicamente os recrutas que lhe desobedeciam – e que Rui simplesmente detestava. Ao final do dia de treinamento, quando finalmente eram autorizados a sair de formação, todos gritavam: "Boa!", e dispersavam, mas um dia alguém surpreendentemente gritou "Bééé!", imitando um bode, no lugar de "Boa!". Todos os rapazes riram, tirando ainda mais o sargento Pires do sério, que logo intimou que o "Bode" se entregasse ou fosse entregue. Os risos pararam, o silêncio vigorou por algum tempo, mas, sob a pressão do sargento, um rapaz acabou entregando o brincalhão, que levou um grande puxão de orelha e uma bela bronca diante de todos.

Na saída, rumo à estação de bonde na rua São José, Rui comentou com um colega o quanto tinha achado errado terem dedurado o "Bode" e acabou sendo ouvido pelo delator, que lhe veio tomar satisfações. Rui ainda tentou fugir do bate-boca, mas o rapaz insistiu tanto que acabou ganhando logo um soco na cara. Rapidamente uma grande confusão se formou, com rodinha e furor em volta da briga, que teria ficado feia se não tivesse aparecido outro sargento e apartado tudo, punindo os brigões apenas com advertências verbais.

No dia seguinte, ao ter que se apresentar para o sargento Pires durante um exercício, ouviu de longe, aos gritos, a voz do delator:

– Foi ele quem começou! – gritou inconformado o rapaz, achando que Rui estava dando queixa dele. – Olhe o meu rosto! Foi ele quem me bateu! – E apontava para um sinal roxo inchado perto dos olhos.

Rui olhou para o rapaz, mas não conseguiu sequer abrir a boca e, quando se voltou novamente para o sargento, deu de cara com sua mão em riste, pronta para virar-lhe um tapa, como já tinha feito com outros dois atiradores.

– Seu cachorro! – o sargento Pires exclamou com ódio, preparando o movimento, e foi surpreendentemente interrompido pela fala grave de Rui.

– Sargento, abaixe essa mão. Não me bata.

A reação de Rui irritou ainda mais o sargento, que foi ficando vermelho de tanto ódio.

– E por que é que eu não posso te bater, rapaz?! Não posso te bater ou o quê? O que você vai fazer?

E Rui, imóvel, respondeu:

– Nada. Só estou pedindo. Por favor, abaixe esta mão e não me bata.

Completamente desconcertado pela reação de Rui, com os olhos vermelhos vidrados, o sargento engoliu o ódio, guardou sua mão no bolso e dispensou Rui.

O comportamento do sargento, que já era nitidamente ofensivo, depois disso só piorou, passando a persegui-lo, chegando a apelidá-lo de "Olho de Boi". Rui tentava ignorar e não se deixar abater, concentrando-se em treinar e treinar.

Ele foi ficando cada vez melhor até ser condecorado como "Melhor Atirador", ou seja, melhor aluno da turma. O reconhecimento era feito numa cerimônia diante de todos, com a presença dos oficiais superiores, entre eles o capitão Inspetor, o sargento Marinho e o sargento Pires. A satisfação dos dois primeiros era visível, enquanto no terceiro tudo o que se via era nojo, mesmo quando se sentiu obrigado a elogiar Rui como seus pares tinham acabado de fazer. Ficou claro que o sargento Pires tinha uma questão pessoal com Rui.

Eis que chegou janeiro de 1939 e Rui mais uma vez prestou exame para a Escola Militar de Realengo. No ônibus, na ida para a prova, todos os garotos, transbordando energia, irritavam uns aos outros para extravasar a ansiedade. Desta vez resolveram implicar com um passageiro, um judeu que usava quipá. O rapaz foi ficando irritado e o chamou para briga. Rui então fingiu uns golpes de capoeira, apenas brincando, que deixaram todos os garotos impressionados, incluindo o rapaz judeu, que acabou desistindo.

A prova, como sempre, foi difícil, mas uma questão em especial, de geometria, foi tão difícil que se tornou chave para aprovação – quem tinha conseguido respondê-la podia considerar que estava dentro. Foi o assunto, na volta do ônibus, "a questão de geometria que ninguém tinha respondido".

– Eu respondi – disse Rui.

– Ah, tá bem, garoto! Você não respondeu nada – retrucou um dos candidatos.

– Respondi, sim – contestou.

– Você com essa cara de burro, tá na cara que não respondeu – desdenhou o garoto.

Rui ficou tão, mas tão irritado, que se pendurou nas barras do ônibus e lançou um chute voado no sujeito, que caiu do banco, atônito. Quando olhou em volta, todos estavam murmurando entre eles, impressionados com Rui, "o capoeirista perigoso". Rui não confirmou ser capoeirista (e não era, apenas tinha muitas manhas de briga de rua da época de São Luís), mas também não negou. No meio de tanto encrenqueiro era melhor que lhe tivessem respeito mesmo, afinal ele já tinha visto, naquela viagem de *Ita*, que os rapazes da Escola Militar não eram nada fáceis.

Alguns dias depois, Rui se deu conta de que o teste físico seria no sábado, mesmo dia da aula do curso de tiro de guerra, e que precisaria faltar. Antes de ir para o teste, passou no curso e explicou ao sargento Marinho que os testes para a Escola Militar de Realengo eram coletivos e por isso não poderiam ser remarcados, e este gentilmente lhe abonou a falta. Mas, no meio do dia, o sargento Pires percebeu a ausência de Rui e, diante de toda a turma, anunciou que não permitiria que Rui se formasse porque era um irresponsável. Ao chegar para a aula de domingo, foi surpreendido pela notícia dada pelo próprio sargento Pires, que o impediu de participar das atividades. Inconformado com a injustiça da qual estava sendo vítima, foi procurar o capitão Inspetor – o mesmo que tanto lhe havia elogiado na premiação de "Melhor Atirador" – e explicou a situação. Depois de ele conversar com o sargento Marinho, voltou para falar com Rui.

– Você não tem culpa, rapaz. O sargento Marinho confirmou que você o avisou com antecedência. Esse sargento Pires já passou dos limites. Já estou cheio dele e do seu cheiro de cachaça. Você não é o primeiro atirador a dar queixa de perseguição contra esse sujeito. Mas pode ficar sossegado que sua falta vai ser, sim, abonada. E o sargento Pires vai ser afastado. Agora, vá para sua aula.

Naquele dia Rui não viu mais o sargento Pires nem nos outros dias, e assim foi até o final do curso.

Demorou, a ansiedade foi grande, mas finalmente, em 25 de março, saiu o resultado da seleção no jornal *Diário de Notícias* e estava lá: Rui Barboza Moreira Lima com 5.660 pontos e 35ª colocação – aprovado! Dos dois mil e seiscentos inscritos, apenas duzentos e oito conseguiram passar e oito deles ainda ficaram sem vaga.

A primeira coisa que fez para comemorar foi, com o jornal embaixo do braço, ir comer um suculento bife a cavalo com uma tulipa de chope no Bife de Ouro, restaurante que ficava em frente à Galeria Cruzeiro. Comeu sozinho, feliz, admirando aquelas letrinhas pequenininhas no jornal.

Dali foi contar para Julinha. Eles se abraçaram muito e, bastante emocionados, falaram do futuro que agora poderiam ter. Rui, então, pediu para falar com dona Sílvia.

– Eu disse pra senhora que eu ia ser do Exército. A senhora disse que eu não tinha futuro nenhum, mas está aqui, olha – mostrando o jornal a ela – eu fui aprovado e tenho muito futuro. A senhora pode ficar sossegada que eu vou dar uma vida maravilhosa para a sua filha. Inclusive, estou aqui pedindo para oficializarmos o noivado.

Ela pegou o jornal das mãos dele e leu com atenção.

– Parabéns pelo resultado, rapaz. Fico satisfeita em saber que você está honrando com as promessas que fez à minha filha e a mim. Eu permito que vocês fiquem noivos agora, só não vai ter festa. Eu não tenho dinheiro pra desperdiçar e você não passa de um estudante, então esqueçam pompa, fru-fru, convidados. Se for assim, que seja.

Disse e logo foi se virando, mas, antes que saísse, Julinha interveio:

– Mamãe, agora que Rui vai entrar pra Escola Militar e nós vamos mesmo nos casar, a senhora podia deixá-lo morar aqui na pensão. A gente vai se ver tão pouco com ele a semana toda lá em Realengo, então pelo menos nos finais de semana a gente ficaria mais perto.

Dona Sílvia olhou de soslaio, um tanto desconfiada.

– Sob a supervisão da senhora, claro – completou Julinha.

Diante da notícia e do brilho nos olhos dos dois jovens, ela acabou cedendo e, para a felicidade do casal, Rui poderia morar lá quando não estivesse na Escola Militar.

Os dias que antecederam o início das aulas foram muito agitados com mudança de endereço, exames médicos, carta de bons antecedentes (que Rui conseguiu com dois amigos de seu pai, o tenente Antonio Martins de Almeida e o capitão de mar e guerra José Maria Magalhães de Almeida, que haviam sido interventores no Maranhão) e mais um série de preparos. Mas três coisas aconteceram de diferente nesses dias.

A primeira foi o noivado. Dona Sílvia comprou um par de alianças simples – Rui não tinha dinheiro, estava gastando tudo o que tinha juntado com os materiais e uniformes para a Escola Militar – e eles fizeram uma cerimônia simples, na sala da pensão, só entre os três. Julinha colocou a própria aliança e colocou a outra no dedo de Rui diante da mãe. Foi tudo muito rápido, mas para eles era um passo a mais rumo a um grande sonho.

A segunda foi um telefonema:

– Bom dia. Gostaria de falar com Rui Barboza Moreira Lima – disse a voz um pouco hesitante do outro lado da linha.

– Está falando com ele.

— Aqui quem fala é o sargento Pires, do curso de tiro de guerra. Estou ligando pra informar que a sua carteirinha está pronta e o senhor pode vir buscar, mas ainda é preciso pagar uma taxa referente à capa.

— Enfia essa carteira no cu, sargento Pires — disse Rui, com gosto. — Eu não vou aí buscar nada, aliás, eu nunca mais ponho meus pés aí.

Do outro lado, silêncio.

— Eu passei na Escola Militar de Realengo, sargento Pires. Daqui a poucos dias vou ser cadete da melhor Escola Militar do Brasil, mas o senhor nunca vai saber o que é isso. E, quando eu me formar oficial, eu vou procurar o senhor, onde quer que o senhor esteja, pra te mostrar o que é ser um militar de verdade, sargento Pires. E, mais uma vez, enfia essa carteira no cu.

Desligou logo em seguida, com a autoestima batendo no teto e a satisfação de poder provar que realmente era um bom aluno na mão de um mau instrutor.

A terceira foi uma carta que lhe chegou pelo correio ainda antes que mudasse para a pensão de dona Sílvia. Era de seu pai, Bento, e dizia o seguinte:

Caxias, 31 de março de 1939
Rui
És cadete, amanhã, depois, mais tarde... general.
Agora deves dobrar os teus esforços, estudar muito...
Obediência aos teus superiores, lealdade aos teus companheiros, dignidade no desempenho do que te for confiado, atitudes justas e nunca arbitrárias.
Sê um patriota verdadeiro e não te esqueças de que a força somente deve ser empregada ao serviço do Direito.
O povo desarmado merece o respeito das forças armadas. Estas não devem esquecer que é este povo que deve inspirá-las nos momentos graves e decisivos.

Nos momentos de loucura coletiva deves ser prudente, não atentando contra a vida dos teus concidadãos.
O soldado não pode ser covarde e nem fanfarrão. A honra é para ele um imperativo e nunca deve ser mal compreendida.
O soldado não conspira contra as instituições pelas quais jurou fidelidade. Se o fizer, trai os seus companheiros e pode desgraçar a nação.
O soldado nunca deve ser delator, se não quando isso importar em salvação da Pátria. Espionar os companheiros, denunciá-los, visando interesses próprios, é infâmia, e o soldado deve ser digno.
Aí estão os meus pontos de vista.

Deus te abençoe.
Bento Moreira Lima

A primeira vez em que a leu foi no dia em que a recebeu, logo antes de dormir. Ficou um tempo parado, impressionado com a carta do pai legalista – que nunca quis que o filho fosse militar – sem saber muito como reagir àquelas palavras. Guardou-a então sob o travesseiro e, a duras penas, dormiu. Assim que o dia amanheceu, mal abriu os olhos e voltou a reler a carta. Desta vez, tudo pareceu mais claro e profundo. Entendeu a gravidade de tudo o que seu pai lhe dizia, a responsabilidade que estava prestes a assumir, a importância de ser um militar legalista e proteger sua instituição e seu país.

Foi então a uma loja e mandou que gravassem em nanquim sobre metal aquela carta, igualzinho como tinha recebido, com o desenho da letra de seu pai. Afinal, aquilo era mais do que uma carta, era uma bula.

"Esse vai ser meu manual de instruções para a vida daqui pra frente", pensou.

4
CADETE E ASPIRANTE

Em 1º de abril, as aulas da Escola Militar de Realengo começaram para a turma de alunos de 1939. Rui chegou com sua malinha na mão junto com outros cento e noventa e nove novos estudantes que descobriram apenas no primeiro dia de aula que o curso de formação, que até então durava três anos, agora duraria quatro. Fazer o quê?

A escola, localizada na Zona Oeste da cidade, no bairro longínquo do centro chamado Realengo, tinha como função formar oficiais militares para o Exército. Eles teriam aulas como em uma universidade, mas em vez de formar médicos ou engenheiros, ali se estudava para ser tenente, a primeira patente de oficial aspirante.

Rui foi entrando pelo portão, já fardado conforme as regras que tinha recebido durante sua inscrição, e se posicionou no pátio junto com todos os novatos, para receber as instruções. Todos receberam dois folhetos com as letras das canções que precisariam decorar, "Avante, Camarada!" e "Canção da Infantaria", além das normas de conduta. Depois foram sendo distribuídos para seus alojamentos. As atividades importantes começariam apenas no dia seguinte.

Os alojamentos misturavam novatos e veteranos em grandes quartos, sem divisórias, de cerca de noventa metros. No de Rui, ficavam os calouros da 3ª Companhia e os veteranos da 2ª Companhia, que já tinham suas armas definidas. Ele escolheu uma cama entre as que estavam vagas e guardou suas coisas num pequeno armário ao qual tinha direito. Achou que poderia descansar um pouco, mas, assim que o oficial fechou as portas, os veteranos começaram os trotes. Rui foi convocado por Coutinho, um rapaz parrudo e agressivo, que era chefe dos veteranos do seu alojamento, a fazer o que chamavam de "máximos e mínimos": tinha que cruzar todo o alojamento numa corrida de obstáculos, revezando entre passar por cima e por baixo das camas. Rui entrou no clima e começou a maratona. Pulou e se arrastou por baixo de umas cinquenta camas, mas nada de o trote acabar, até que parou e, esbaforido, interpelou Coutinho:

— Cadete, agora que o senhor sabe que eu sou capaz de fazer, já deu, né? Não é justo.

— Então para e a gente vai resolver isso, na mão, lá no banheiro.

Climão instalado no dormitório. Sua primeira lição informal na Escola Militar era que, ali, todas as pendências eram resolvidas com brigas no banheiro. Não tinha jeito, Rui tinha que ir para a briga. Os rapazes foram ficando eufóricos, fizeram um grande corredor e, aos gritos, empurraram Rui para o banheiro. Os poucos que cabiam lá fizeram uma roda e ao centro Rui e Coutinho se encararam. Brigar estava longe de ser uma novidade para ele, mas assim, logo de cara, na primeira noite de Escola Militar, era um tanto inesperado. Rui posicionou-se e Coutinho, quando partiu em sua direção, escorregou sozinho no piso molhado e caiu, batendo com a testa na pia, cortando-se. Muito sangue espalhou-se rapidamente, outros veteranos vieram acudir e em poucos segundos ninguém nem mais se lembrava da existência de Rui. Botaram uma toalha na cabeça de Coutinho e correram com ele para a enfermaria, para que fossem dados pontos. Quando voltaram, por volta das nove da noite, Rui já estava dormindo. O cadete o acordou:

— Acorda, moleque! Bora resolver isso no banheiro!

Rui o olhou ainda sonolento, olhos quase cerrados.

— Deixa disso, camarada. Nós já brigamos. Já acabou.

— Não acabou, não! Eu vou dar uma surra em você, seu magrelo idiota! Seja homem! Levanta dessa cama e vamos pro banheiro!

Percebendo que o cadete não o deixaria em paz, não pensou duas vezes e puxou de uma vez só o curativo da cabeça dele. O ponto abriu, o sangue rapidamente começou a escorrer pelos olhos do rapaz e, mais uma vez, os veteranos partiram para acudi-lo, esquecendo a existência de Rui. Voltaram para a enfermaria e Rui voltou a dormir sem ser mais incomodado por nenhum dos veteranos do dormitório.

No dia seguinte, começaram de vez as aulas. Matemática, física, química, geometria... tudo sempre aplicado às funções militares. Rui gostava de história e de matemática, e, como praticava esporte desde garoto, se deu bem nas aulas de educação física.

Na primeira aula de educação física, o professor colocou os duzentos novatos na quadra, dividiu em duas equipes com cem de cada lado, uma com suéter e a outra sem. Rui ficou na equipe sem suéter. Com todos posicionados antes das traves, o objetivo era fazer gol com uma bola grande e leve posicionada no meio do campo. Dado o apito, os duzentos rapazes correram ao mesmo tempo em direção à bola. Rui foi o primeiro a chegar, deu um chute e logo estava completamente cercado de rapazes ansiosos por mostrar o quanto eram mais espertos, mais esforçados, mais especiais que todos os outros ali. Na confusão do empurra-empurra, um rapaz o puxou pelo braço:

— Olha aqui o que você me fez! – disse Burnier, apontando para a própria barriga.

Sem entender, Rui displicentemente respondeu:

— Você não sabe se fui eu nada!

— Você fez, sim! Você me bateu com seu cotovelo!

— Rapaz, eu nem te conheço! Estamos aqui lutando – disse Rui, logo em seguida dando as costas para Burnier.

Inconformado, o rapaz foi atrás de Rui e o segurou novamente pelo braço.

– Então vamos para o banheiro!

O banheiro mais uma vez, pensou Rui. Olhou ao redor buscando o oficial mais próximo, por eles chamado de Frango e, ao perceber que ele estava longe, não pensou duas vezes e deu um murro na cara de Burnier, que ficou completamente desnorteado. Rui mais uma vez deu as costas e voltou para o jogo. Ao final da partida, o olhar dos dois se cruzou mais uma vez. Já sabendo como eram as coisas por ali, Rui desafiou Burnier:

– Então tá certo! Vamos para o banheiro!

E se impressionou com a resposta.

– Não! Você é um covarde! Me pegou distraído não sei por quê. Você não merece que eu te dê a chance de uma luta justa porque você não foi justo. – E se foi, deixando o assunto pendente.

O professor de educação física anunciou que estava abrindo uma vaga para a equipe de atletismo que participaria da Taça Lages, uma competição organizada por Henrique Lages, dono dos navios Itas, e que era conhecido por ser patrono dos cadetes, dando-lhes passagens para que fossem ver suas famílias. A vaga era de Walter de Almeida, o melhor atleta da escola, o "fita azul", mas ele estava lesionado e não poderia correr nem a prova individual dos 100 metros, nem a prova em grupo, o revezamento 4 x 100 metros.

– Quem aqui já correu 100 metros? – perguntou o professor.

Vários cadetes levantaram a mão e Rui, gaiato, comentou com seu colega, o Dantas:

– Correr 100 metros eu já corri. Corri atrás de vaca, atrás de cavalo, de burro...

Zé Maria, veterano escolhido para sargento de dia, ouviu a brincadeira de Rui e ficou tão irritado que o chamou para a briga – no banheiro, claro. Os sargentos de dia eram veteranos do 3º ano que tomavam conta dos mais novos. Abaixo deles estavam os cabos de dia, veteranos do 2º ano, e acima, os oficiais de dia, ou Frangos, que eram os tenentes já formados. Rui ficou chateado do camarada não ter entendido que era só uma brincadeira, tentou se explicar, mas não teve conversa. Já escolado com a insistência em brigar dos rapazes ali e com medo de não ter como escapar dessa vez, já que não era um simples cadete, foi para a sala do sargento de Dia com uma mochila nas costas contendo uma pá, uma picareta e um picão-martelo. Entrou na sala onde estava ele e um outro cadete, Alberto Liege Brava, conhecido de Rui dos tempos do Maranhão, e interrompeu o sargento de Dia, que escrevia no livro de fatos:

– Peço licença, senhor.

– Não dou licença não, Moreira Lima. O senhor siga para o banheiro e a gente acerta as contas lá.

– Senhor, vamos acabar logo com isso. Me bata agora, aqui, e pronto. Mas tem uma coisa: não vai ficar como o senhor tá fazendo aí com os outros bichos, não. Eu tenho minha ferramenta, que é uma picareta. Quando o senhor estiver dormindo, eu vou dar uma picaretada no senhor pro senhor não dar mais nos outros.

O rapaz parou de escrever, atônito com a audácia e a ameaça de Rui. Buscou cumplicidade no olhar de Brava, mas acabou ouvindo:

– Senhor, eu conheço esse menino lá do Maranhão. Quando ele diz que vai te dar com a picareta é melhor o senhor tomar cuidado, porque ele vai te dar uma picaretada mesmo.

Desconcertado, o sargento de Dia nem pensou e expulsou Rui de sua sala. A briga do banheiro, claro, não aconteceu, e a notícia se espalhou feito pólvora: Moreira Lima era o perigoso capoeirista que podia te dar uma picaretada no meio do sono, cuidado!

Mesmo depois da brincadeira mal interpretada, Rui decidiu participar dos testes para a vaga na equipe de atletismo. Ele, que só corria atrás de vaca e para fugir de assombração de cemitério, concorreu com garotos de todo o país que tinham efetivamente treinado em suas escolas, no tiro de guerra e até no Fluminense Football Club, e ganhou – não só a vaga na equipe como as duas provas na Taça Lages.

E, de repente, Rui, o novato, era o atleta "fita azul" da Escola Militar de Realengo.

Ser "fita azul" gerava uma grande admiração nos colegas e professores, o que lhe dava um crédito a mais para se safar de brigas e de pressões nos exames. Quando participava das provas, seus colegas o ovacionavam com palmas e gritos: "Moreira Lima! Moreira Lima! Moreira Lima!". Além disso, era o responsável por ser o porta-bandeira nos desfiles da escola, à frente de todos os cadetes, o que era considerado a maior honra de todas. O prestígio era tanto que sua espada de cadete lhe foi entregue pelo secretário de Estado dos Estados Unidos, Cordell Hull, que estava no Brasil para negociar o uso das bases militares brasileiras no Nordeste pelo Exército estadunidense.

Fora da escola, o prestígio se mantinha. Passou a frequentar os encontros dos atletas e sambistas que aconteciam todas as sextas-feiras no Bar Brahma ou no Bar Nacional, na Galeria Cruzeiro. A maioria dos atletas era do futebol, como Leônidas da Silva e o Batatais, que cantavam e jogavam papo fora por longas horas. Rui, ainda um garoto, pedia só um café e ficava ali, acompanhando tudo, inebriado pelo clima descontraído, tão diferente do que pautava seu dia a dia dentro dos muros da Escola Militar. A popularidade e os bons resultados lhe renderam também um convite do Fluminense para que treinasse lá como aspirante, e assim ficasse pronto para representar o Rio de Janeiro e o Brasil em competições. Era mesmo para se empolgar.

Só que o que era empolgação virou decepção bem rápido: as aulas tão esperadas da Escola Militar eram fracas, com professores que não se empenhavam em ensinar e, ao mesmo tempo, eles eram rígidos demais com as notas, levando os alunos a brincarem que as avaliações eram feitas em "grau de farmácia", batalhando cada décimo possível. Era como se eles não quisessem que ninguém ali se formasse.

Física, por exemplo, era aplicada no primeiro e no segundo anos para eliminar os alunos mais fracos, mas o professor Átila não era muito estimulante e boa parte dos alunos, incluindo Rui, ficou em segunda época já no primeiro ano. Para compensar, eles ficavam estudando para os exames nas salas de aulas vazias, até a madrugada, tentando se ajudar o quanto podiam. Numa das noites, já por volta de uma da manhã, Rui foi até a sala de aula estudar e encontrou outro cadete, o Albuquerque, e mais alguns gatos pingados na mesma situação. Folhearam os livros, os cadernos, foram falando sobre tudo o que ainda não sabiam, até que Rui parou em uma página.

— Esse gráfico de Andrews eu nem me atrevo.

— Esse eu sei fazer. Posso tentar ensinar — sugeriu Albuquerque, já levantando da cadeira e indo até o quadro-negro com um compasso e giz colorido nas mãos.

Ficaram todos ali, devorando todas as palavras de Albuquerque até quase de manhã.

No dia seguinte, na hora de Rui sortear o ponto da matéria que responderia no exame, o professor Átila lhe disse:

— Senhor Rui... O senhor é o campeão de cem metros da escola, fita azul... eu vi o senhor correr no Fluminense, uma bela corrida! O senhor é muito veloz, meus parabéns! Agora eu queria que o senhor corresse tão bem aqui em física. Vamos sortear um ponto — e puxou um papelzinho dobrado dentre vários outros num potinho sobre sua mesa — ... e seu ponto é o gráfico de Andrews.

— Coronel, o senhor poderia me arrumar um compasso e um giz de cor? — disse Rui, com um sorriso maroto imbuído de confiança nos lábios.

O coronel, impressionado, pediu ao bedel:

— O cadete quer um giz de cor! Traga!

E Rui começou a explicação exatamente como Albuquerque havia lhe ensinado. Enquanto ia falando, o coronel ia intervindo com frases como "Você está subindo o morro muito bem" e "Está no cume do morro, não escorregue!". Ao final, explicação toda dada, veio a avaliação final:

— Olhe, você me surpreendeu. Eu vou lhe dar um 7.

Rui saiu do exame numa felicidade que só, afinal uma nota 7 em física era praticamente um 10, e agradeceu demais ao Albuquerque – que anos depois viria a se tornar professor de física daquela mesma escola.

O primeiro ano da Escola Militar teve seus altos e baixos. Além de se tornar o "fita azul", ganhando o respeito dos outros cadetes e professores, também ganhou bons amigos que levaria para a vida, como o Oldegard Sapucaia e o Luiz Lopes Dornelles. O Dornelles, na verdade, não era de muitos amigos nessa época. Conhecido pelos colegas por "Picão-Martelo", ele parecia fazer tudo para não agradar a ninguém. Diferentão, de pouca conversa, chegava a ser desagradável, mas mantinha uma relação respeitosa com Rui, coisa que só foi mudar alguns anos depois. Com Oldegard Olsen Sapucaia já foi simpatia à primeira vista. Havia facilmente também o Theobaldo Antonio Kopp, que era veterano, mas com quem a amizade aconteceu fácil nas aulas e competições esportivas em que representavam a escola (Rui no atletismo e Kopp no polo aquático); o Haroldo Coimbra Veloso, rapaz franzino e calado mas muito companheiro; e o Josino Maia de Assis, com quem foi facinho se juntar, uma vez que já se conheciam de Recife. Juntos, suportavam a dureza dos estudos, a rigidez das normas e compartilhavam as escapadas e diversões.

Também fez amizade com aquele rapaz da briga na primeira aula de educação física, o João Paulo Moreira Burnier. Mas ele era um cara alto, forte, e um tanto emburrado, e vez ou outra se desentendia com os rapazes por causa de brincadeiras. Era muito comum os rapazes se desentenderem por coisas pequenas naquele lugar: além da pressão dos estudos, ainda havia o isolamento e a testosterona de um bando de jovens reunidos. Nem sempre era fácil de lidar, mas no geral as cabeças esfriavam, as amizades acabavam refeitas e tudo voltava ao normal. Com Rui e Burnier não era diferente. Em poucos dias, estavam em paz novamente.

Apesar do toque de recolher, quase todo mundo pulava o muro de vez em quando para se divertir do lado de fora. Afinal, não se tem 20 anos a vida toda e os hormônios não costumam obedecer muito ao cérebro nesta fase. Saíam, às vezes sozinhos, às vezes em grupos, e iam para o Clube Bangu curtir o baile. Os rapazes civis não gostavam muito da presença dos cadetes ali se engraçando com as garotas, e volta e meia rolava briga entre eles. Como costumavam ir em grupo, deixavam as diferenças dentro dos muros da escola e defendiam uns aos outros. Se estivessem em menor número na briga, sempre tinha um para correr de volta para a escola e buscar reforços. Rui volta e meia ia dar reforço e, por isso, quase não apanhava, já que dali para a frente já eram maioria – quase nunca estava lá para começar as brigas, porque seu interesse passava longe do Clube Bangu.

Rui pulava o muro para visitar Julinha, claro. Tinha que sair cedo, afinal Realengo ficava bem longe do Catete, e não dava para dar mole, porque, se um Frango o pegasse, era detenção na certa. Deixava tudo pronto desde cedo e, assim que acabavam as atividades, discretamente pulava o muro e corria para o ponto de ônibus rumo ao Centro. Do Centro, mais um bonde para chegar no Catete no início da noite, para poder passar algumas poucas horas com a noiva. Depois de matar as saudades era hora de refazer o trajeto e voltar para Realengo, geralmente já de madrugada. Nem sempre dava certo e, algumas vezes, os Frangos botavam Rui na detenção, mas, pegando as manhas com os outros cadetes, os riscos de ser pego foram diminuindo. Em todo tempo de curso pegou, se muito, cinco dias de prisão.

Nos finais de semana ia ao cinema com Julinha, às vezes ao baile no salão nobre do Fluminense ou aos jantares dançantes do Cassino da Urca, onde dançavam e riam até cansar. Ia também aos cassinos com os amigos para jogar na roleta (apostando sempre só no preto ou no vermelho), aproveitar o jantar a que o ingresso dava direito e assistir ao show de Aurora ou Carmen Miranda acompanhada do conjunto dos seus amigos, Quatro Ases e Um Coringa.

O segundo ano na Escola Militar não foi mais fácil que o primeiro. Rui agora era veterano e isso lhe dava um pouco mais de tranquilidade, mas não muita. Quando chegaram os novatos, os "bichos", Rui foi recebê-los. Viu um rapaz com o pai e os abordou, dizendo que faria as honras. Não perdeu a oportunidade de, já longe da vista de pais e oficiais, começar o trote. Provocou o rapaz o mais que pôde e ele, destemido, não aceitou as provocações chamando para a briga. Antes de irem para o banheiro, Rui o parou.

– Qual é seu nome mesmo?
– John Richardson Cordeiro e Silva.
– Então, John, não vou aceitar seu desafio. E sabe por quê? Porque o bom do trote é fazer contato entre veterano e calouro, entendeu? Quando eu cheguei aqui me chamaram pra briga, eu fui, e não foi bom. A gente vai ser colega quando sair daqui, então não tem por que a gente se conhecer saindo na mão. Eu não te conheço e você não me conhece, que tal a gente tentar começar como colegas?

John ficou um pouco surpreso e, sem saber exatamente como reagir, apenas recuou e disse:
– Certo. Desculpa.

Rui soube com o tempo que aquele pedido de desculpas havia sido um ponto fora da curva, mas foi o princípio de uma amizade sincera.

Tendo se livrado dos problemas com a física, desta vez o impasse era com a química. O professor, Eurico Sampaio, muito rigoroso e pouco didático, era um aficionado por pólvora e dava aulas relacionadas a ela, e só. Os alunos decoravam e faziam os exercícios mecanicamente, entediados pela falta de conteúdo. Chegada a última prova do período, todos tensos, Rui ouviu Regino Jesus de Aguiar discretamente lhe pedir cola. Rui negou com a cabeça disfarçadamente, notando que o professor os observava, mas não teve muito jeito.

– Moreira Lima e Aguiar, entreguem suas provas e fora da minha sala – decretou o professor.

Rui levantou-se na hora, frustrado, e colocou sua prova na mesa do professor. Regino, olhando a decepção de Rui, antes de entregar a prova, interveio:

– Professor Eurico, eu sou um vagabundo. Não sei nada de química. Eu vou pedir meu desligamento, pagar minhas despesas com a escola. Mas esse cara não, veja as notas dele e veja as minhas! Fui eu que pedi a cola, não faça isso com o Rui.

Mas o professor, sem hesitar, apontou a mesa para Regino, que apenas obedeceu.

– Resolva isso na prova oral – sentenciou.

A prova oral seguia a velha estrutura do ponto sorteado. Rui sorteou "Quais são os gases atmosféricos?" e sabia a resposta.

– Está errado. Você os citou fora da ordem de grandeza.

– Mas o senhor não pediu que fossem em ordem de grandeza – questionou, inconformado pela reprovação.

– Não quero saber.

– Mas os gases estão corretos!

O professor simplesmente ignorou a argumentação, mas, antes de começar a próxima pergunta, foi interrompido por Rui:

– Não vou responder mais nenhuma questão, já que o senhor está decidido a me reprovar independentemente das respostas que eu dê. Faça o seguinte, coloque um zero então pra mim aí e eu faço segunda época.

Saiu da sala enfurecido e ali ficou, bufando, sozinho. Aos poucos, outros alunos foram saindo e, no final, Moura, Macuco e Afonso Ferreira acabaram se juntando a ele, também em segunda época, sentindo-se perseguidos por Sampaio.

Na segunda época, por coincidência, Rui tirou o mesmo ponto: "Quais são os gases atmosféricos?". Escolado, respondeu, de pronto, em ordem de grandeza.

– Errou. Tinha que começar pelo oxigênio.

Já sem nenhuma paciência, enfrentou o professor:

– O senhor quer mesmo me reprovar, não é, professor? Mas eu não vou ficar aqui na sua aula, não vou lhe dar o gosto de me perseguir.

Rui, enfurecido, deixou a sala, sendo seguido pelos três colegas na mesma situação. Foram direto conversar com outro professor, o Miquimba, para quem explicaram todo o caso. O professor fez uma pequena sabatina com os rapazes e, percebendo que realmente sabiam o conteúdo, garantiu que eles seriam aprovados. Alguns dias depois, entretanto, ao procurarem por suas notas no quadro de resultados, um bedel os chamou para conversar com o professor Eurico que, após ameaçar os rapazes dizendo que estavam em sua lista negra, olhou para Rui e disse: "Ninguém cola na minha sala de aula."

Enfurecidos, os quatro encararam o professor, anunciando que pediriam desligamento. Deixaram a sala de Sampaio e seguiram diretamente para a secretaria, a fim de preencher seus requerimentos.

O secretário, ao ver quatro alunos pedirem desligamento de uma só vez, quis entender os motivos. Rui contou o ocorrido, de como estavam sendo perseguidos e prejudicados pelo professor Sampaio. Ao fim da história, o secretário recolheu os formulários, pediu que esperassem e saiu. Voltou alguns minutos depois: tinha ido conversar com o comandante Alcio Souto, também professor e coordenador do curso, para quem contara o episódio.

– O comandante disse para cada um de vocês voltar pro alojamento, que ele vai resolver isso. Vocês vão ter que ficar dependentes em química, mas tenho certeza de que vão passar no ano que vem – disse, enquanto rasgava os requerimentos preenchidos.

Voltaram para seus alojamentos e as promessas foram cumpridas. Sampaio não mais os perseguiu, mas também evitou encará-los até o final do curso. Melhor assim.

A verdade é que os ânimos estavam cada vez mais exaltados. Desde setembro de 1939, todas as atenções estavam voltadas para a Alemanha de Hitler e a guerra que se consolidava na Europa com a invasão da Polônia. O clima estava cada vez mais tenso entre os países e o mundo observava tudo, ainda sem esboçar muita reação, apesar de algumas situações já estarem respingando para fora da área de conflito.

No Brasil, a posição de Vargas era manter-se neutro, mas não era bem assim que os estudantes da Escola Militar estavam encarando a questão. As notícias que chegavam do Velho Continente eram preocupantes. Vindos de uma sequência de eventos repressores, como o Levante Comunista de 1935 com o fechamento da ANL, a implantação do Estado Novo e a perda dos direitos em 1937, e também a ascensão do integralismo em 1938, os jovens estavam se rebelando por todo o país, especialmente no Rio de Janeiro, em São Paulo, Pernambuco, na Bahia, no Paraná e no Rio Grande do Sul. Os cadetes estavam se sentindo amordaçados e, não demorou muito, essa inquietação começou a aflorar.

Em meados de 1940, o diretor da Escola Militar, Fiúza de Castro, e seu vice-diretor, capitão Menezes Cortes, organizaram um grande evento para receber o embaixador e o adido militar da Alemanha que estavam em visita oficial ao Brasil. Iniciado com desfile militar e almoço especial regado a guaraná e Romeu e Julieta de sobremesa, o ápice seria uma cerimônia no Cinema Bangu, que ficava ali mesmo em Realengo e tinha sido apelidado pelos rapazes de Cine Milímetro, em comparação ao Cinema Metro Boa Vista, que ficava na Cinelândia. As recomendações eram claras: todos ordeiros e respeitosos com os convidados que estavam ali para ver a jovem força militar brasileira. Para inspirá-los, os alemães trouxeram um filme demonstrando como brilhantemente tinham tomado a Áustria sem dar um tiro sequer.

Cadetes sentados, convidados apresentados, discursos feitos, deu-se início à projeção. Cenas de militares ordeiramente tomando as ruas da Áustria logo foram sucedidas pela imagem de Adolf Hitler discursando para seu povo. Foi quando veio a primeira vaia, tímida. E, de repente mais uma, já não tão tímida assim. E a terceira juntou-se ao coro. E a quarta, a quinta, uma dezena. E alguém lançou no ar, em alto e bom som "Fora, ditador!", levando os cadetes à algazarra, que foi controlada rapidamente com o acender das luzes e a pausa na projeção.

Luzes acesas, capitão Menezes Cortes irritadíssimo.

– O comandante está muito triste com os senhores. Vaia é a arma dos moleques, e cadete com espadim de Caxias não pode ser moleque. Então nós vamos descobrir quem começou essas vaias e botar pra fora. Vou apagar a luz e começar outra vez.

Luzes novamente apagadas, filme novamente projetado na tela, e imediatamente uma grande vaia coletiva tomou conta do cinema diante da imagem de Hitler.

Luzes novamente acesas, oficiais e convidados constrangidíssimos, era o fim do evento. O capitão ordenou que todos saíssem ordeiramente e em silêncio, e que voltassem para a escola.

O clima da volta foi de suspense. Ninguém falava com ninguém, ninguém sabia o que esperar. Foram mandados para o segundo pátio, de frente para o sol a pino, posição de sentido.

– Quem foi que começou a vaia? – inquiriu o capitão Menezes Cortes.

Silêncio. Todos imóveis olhando para o sol.

– Eu só vou perguntar mais uma vez. Se ninguém se manifestar, vai ter consequência.

Silêncio absoluto. Ninguém se mexeu, se virou, se entreolhou. Ninguém nem cogitou se manifestar, o que deixou o capitão extremamente irritado. A consequência foi imediata e todos os cadetes permaneceram ali, imóveis, por mais de duas horas. Mas, como ninguém dedurou ninguém, não passou disso.

O terceiro ano da formação militar começou com uma grande novidade: em 20 de janeiro de 1941, foi criado por Getúlio Vargas, através do decreto de lei nº 2.961, o Ministério da Aeronáutica encabeçado pelo ministro Salgado Filho, dando autonomia à aviação que antes ficava subordinada à Marinha e ao Exército. E, para dar corpo à atuação do novo Ministério, foi criada uma escola preparatória específica para a formação de pilotos, incorporando os alunos aspirantes a pilotos dos cursos formadores de oficiais da Marinha e do Exército. Nascia a Escola da Aeronáutica.

A notícia soou como música aos ouvidos de Rui. A empolgação era tanta que ele mal podia se conter. Correu para encontrar Moura, Macuco e Afonso e, sem pestanejar, decidiram ir até a sede do novo Ministério, no Campo dos Afonsos, para pedir logo transferência para o novo curso.

Quando chegaram, encontraram tudo ainda meio desarrumado, mesas e cadeiras vazias, e poucos oficiais trabalhando. Perguntaram com quem falar.

– Fala com o *Ministrinho* – alguém respondeu, apontando para um homem totalmente compenetrado em seu trabalho. – É o capitão Nero Moura.

Os quatro se aproximaram, tentando controlar a ansiedade, que era totalmente visível.

– Com licença, capitão. Meu nome é Rui Barboza Moreira Lima, eu e meus colegas somos cadetes da Escola Militar de Realengo e ouvimos que o Ministério da Aeronáutica vai ter uma escola para a formação de pilotos. Nós queríamos pedir transferência.

O capitão parou o que estava fazendo e olhou atentamente para os jovens.

– Vocês estão em qual ano? – questionou calmamente.

– Finalizamos o segundo ano, senhor. Estamos com pendência em química para o próximo ano mas não é culpa nossa, senhor. Fomos perseguidos pelo professor e o coordenador já nos garantiu que vamos ser aprovados, senhor.

– Vocês são vagabundos? – questionou o capitão, já retomando suas atividades.

– Não, senhor! – responderam os três juntos, rapidamente, em uníssono.

O capitão riu.

— Na Aeronáutica não tem Química, então vocês não precisam se preocupar. Vocês sabem escrever?

Confusos, os quatro se entreolharam discretamente antes de responderem juntos mais uma vez, dessa vez um pouco mais desconfiados.

— Sim, senhor.

— Perfeito. Então preencham o requerimento — disse, apontando uma pilha de papéis em um balcão do outro lado da sala. — Se preencherem direitinho, estão aceitos.

Os quatro mal podiam se conter nos dias seguintes à inscrição. Esperavam ansiosamente, conferindo todos os dias as publicações no diário oficial à espera da confirmação, que não demorou a sair. Mas para a surpresa de todos o nome de Afonso não estava na lista. Voltaram então ao Ministério.

— Senhor, meu nome não está na lista publicada. Eu queria saber por que eu não fui aceito, capitão — questionou Afonso.

O capitão parou o que estava fazendo para dar atenção mais uma vez aos jovens cadetes. Procurou entre as fichas.

— Você preencheu o requerimento, cadete?

— Preenchi, senhor. No mesmo dia que meus colegas.

— Você tem certeza de que sabe escrever, cadete? — disse, com bom humor.

— Sim, senhor — respondeu Afonso, um pouco desconcertado com a brincadeira.

— Bom, não está aqui. Mas não tem problema. O senhor preenche a ficha de novo e eu aprovo agora.

Afonso pegou uma nova ficha e começou a preencher, quando o capitão subitamente o interrompeu:

— Está aqui. Estava dentro da ficha de outro candidato, Rui Barboza Moreira Lima. Pode parar de preencher, está tudo certo. Vocês começam no 2º ano da Escola da Aeronáutica. Vão ter que voltar um ano, porque a formação é diferente.

– Sim, senhor! – responderam sorridentes em uníssono mais uma vez, antes de deixarem a sala do *Ministrinho*.

As aulas na Escola da Aeronáutica começaram algumas semanas depois. Rui, Afonso, Moura, Macuco e mais alguns outros colegas fizeram suas malas e deixaram a Escola Militar rumo à Base Aérea dos Afonsos, numa espécie de sub-bairro denominado Campo dos Afonsos, não muito longe dali, também no bairro de Realengo. O local até então abrigava a Escola Brasileira de Aviação e era o berço da aviação brasileira. Por ali tinham passado Santos Dumont e os primeiros pilotos brevetados no Brasil. Ali tinha praticamente começado a nossa Aeronáutica. Agora, o lugar abrigava também o 1º Regimento de Aviação.

O ambiente ainda estava sendo adaptado. As longas pistas de pouso e decolagem, a perder de vista, deixavam à mostra a imensidão do lugar e tudo o que ainda precisava ser erguido. Algumas construções estavam sendo reaproveitadas para abrigar a escola, enquanto os cadetes foram instalados em casas de vários dormitórios coladas à base, que eles carinhosamente apelidaram de Pombal.

Logo os cadetes foram apresentados aos seus novos superiores, major Dario Azambuja, comandante da Base, e major Fontenelle, comandante da Escola da Aeronáutica. Ali souberam também que não precisariam mais pular o muro, já que estavam livres para entrar e sair quando quisessem – inclusive era tudo aberto, nem muro tinha. As normas de conduta baseavam-se em "disciplina consciente", ou seja, todos deveriam saber quais eram seus direitos e deveres; então, que fossem adultos honestos e fizessem o que deveria ser feito.

A ansiedade com as aulas de voo veio acompanhada de um certo receio, já que tudo ali era um tanto experimental, da estrutura física ao curso.

A parte estrutural ainda estava em construção ou reforma. A pista era precária, com uma biruta e uma espécie de pirâmide que ficava maleável ao vento para orientar os pilotos sobre qual direção pousar. A cabeceira ficava voltada para o bairro de marechal Hermes, a nordeste, e o fim voltado para uma enorme pedreira, a sudoeste; à direita, a Vila Militar e a Caverosa,[1] e à esquerda os prédios todos que compunham a base.

A parte do curso tinha sido inventada há pouco tempo, por profissionais que, em sua maioria, nunca tinham dado uma única aula. Assim como na Escola Militar, as aulas teóricas eram fracas, e as aulas práticas chegavam a ser uma aventura, já que os professores não tinham prática de instrução de voo.

Sem parâmetros, tudo podia: professor sentado do lado de fora do avião em movimento, gente na pista, voar sem orientação. Não que os professores fossem negligentes, eles simplesmente não sabiam naquele momento inicial o que era negligência e o que não era. Eram desbravadores.

Dentre os professores de pilotagem tinha de tudo. O Saião, por exemplo, não gostava muito de voar. A explicação para a contradição estava no fato de ele ser um dos veteranos do Correio Aéreo Nacional, o primeiro serviço de transporte aéreo do país, que voava aos lugares mais isolados, sem qualquer tipo de instrumento ou apoio de terra. Saião tinha cruzado todo o céu do Brasil, muitas vezes, corrido muitos riscos, então tinha se tornado um cara precavido. Acrobacias aéreas nem pensar. Foi convidado para dar aulas porque tinha muita experiência, mas só tinha aceitado porque o convenceram de que não havia professores suficientes para a tarefa.

Tinha o Zé Firmino, sujeito animado que dava aulas em um avião secundário, o *Vultee*. Era um aviãozinho "de perna dura", como diziam, mas que tinha modernidades incríveis para a época, como radiotransmissor. Tinha mania de chamar todo mundo de Zé – o que transformou Rui em "Zé Rui" – e os que não conhecia viravam "Zé Maria". Cara empolgado, sempre que subia nos caminhões de transporte, mandava para o motorista:

---

[1] "Caverosa" é o apelido dado pelos cadetes ao Maciço de Gericinó.

— Senta a pua, Zé Maria!

E os cadetes sorriam do professor espirituoso.

Tinha também o Edmundo Lagosta, responsável pelas aulas no avião principal, o *Stieglitz*, junto com o Amaral. Começavam com uma breve aula teórica em terra e, sem muita demora, levavam as conversas para a prática, no ar.

A escola tinha aviões *M9*, *Stearman* e *Fairchild*, mas o principal era o *Stieglitz*. Ele tinha dois assentos, o aprendiz ia na frente e o instrutor atrás. Nas primeiras lições, Lagosta ia sentado na fuselagem, do lado de fora do avião, ao lado do cadete dando-lhe instruções. Quando finalmente voavam, ele ficava atrás, controlando o avião para que o cadete não fizesse nenhuma besteira nem colocasse a vida dos dois em risco. Quando sentia que o cadete já estava habituado aos comandos, só então era hora da avaliação para começar a voar solo.

Voar solo não era lá um grande desafio para ninguém, mas as acrobacias aéreas eram o terror dos cadetes e instrutores. Saião e Zé Firmino, por exemplo, recusavam-se a fazer (o Zé inclusive, em certo momento, admitiu para Rui que não sabia fazer, e foi o aprendiz que dessa vez ensinou o professor); então sobrava principalmente para o Lagosta e para o Amaral instruir os cadetes para que não se matassem – e isso não era uma tarefa fácil, já que a juventude pode ser bem inconsequente.

Muitas vezes as orientações pareciam tão absurdas quanto as acrobacias. Rui, em suas aulas com Saião no *Stieglitz*, precisava aprender a retomar o avião quando este entrava em parafuso. Tentativas e mais tentativas aconteciam e ele simplesmente era incapaz de seguir as orientações de Saião.

— É só largar o avião, Rui, e ele retoma sozinho – dizia Saião.

Os colegas reforçavam, mas como acreditar numa sandice dessas? Como largar o avião em parafuso, em pleno voo?

Depois de duas quase quedas, Rui se viu no ar, avião em parafuso completamente descontrolado, já perto do chão, ia bater. "Vou morrer!", pensou e largou o avião, resignado. Para sua surpresa, o avião reverteu sozinho, voltando para a posição de voo. Quando finalmente pousou, Rui mal conseguia andar, de tão trêmulo que estava. Desconcertado, ouviu de Saião ao passar por ele:

– Boa retomada, cadete, mas muito próximo do chão. Não repita isso.

As aulas teóricas abrangiam tudo, inclusive paraquedismo. O problema é que muitas delas não tinham aulas práticas, inclusive o paraquedismo. E aí, com aqueles aviões velhos, alguns quase desmontando, um monte de jovens corajosos e professores recém-formados, os dias se tornavam intensos na Escola da Aeronáutica.

Muito empenhado e apaixonado, Rui foi se tornando um ótimo piloto, inclusive em acrobacias. Aprendeu logo a fazer uma das que eles consideravam mais difíceis, que era o turnô lento, quando o avião gira no seu próprio eixo horizontalmente sem perder velocidade ou altura. A fama do catete que sabia fazer a tal manobra se espalhou. Um dia, Amaral chamou Rui:

– O comandante Lemos quer voar com você.

– Por quê? Eu fiz alguma coisa errada? É uma avaliação? – questionou Rui.

– Eu não sei, ele só falou pra eu te avisar.

Foram. Durante o voo, o comandante quieto enquanto Rui pilotava. Em certo ponto finalmente falou:

– Faça um turnô lento para a esquerda – ordenou, sendo prontamente atendido por Rui.

– Agora faça um turnô lento para a direita – continuou, mais uma vez tendo pronta resposta do cadete que pilotava o avião.

Depois de mais dois turnô lentos, o comandante mandou pousar. E só. Desceu do avião sem fazer um comentário sequer, o que deixou Rui bem encucado. Foi saber quase trinta anos depois, num encontro casual com o comandante Lemos, o motivo do voo.

– É que o Amaral disse que nunca tinha voado com um cadete que conseguia fazer o turnô lento sem perder altura, aí ouvi os outros cadetes dizerem que você sabia e eu resolvi ver se você era o cara que sabia fazer o turnô lento. E era.

– E por que não me disse? – questionou, um tanto orgulhoso, Rui.

– Porque se agora você já tá com esse peito inflado, imagina lá, você com 20 anos, como ia ficar. Ia acabar morrendo.

O comandante tinha razão. O excesso de confiança era uma das grandes ameaças dos pilotos, principalmente os inexperientes. Ainda mais aliado às condições precárias daquele início de aviação; tudo podia acontecer. Em apenas oito meses de curso, 19 cadetes morreram em acidentes aéreos. Alguns muito feios, outros muito simples, e que poderiam ter sido evitados. Um deles foi um colega gaúcho, homônimo, chamado Rui Lima que, ao sobrevoar a área de Jacarepaguá – nesta época um grande matagal a perder de vista –, tentou fazer uma manobra, mas o avião entrou em parafuso e caiu. As aulas daquele dia foram suspensas e Rui foi um dos designados para acompanhar o enterro no cemitério São João Batista, na Zona Sul da cidade. Antes de ir, ligou para o irmão Carlos:

– Carlos, morreu um cadete aqui hoje. O nome dele era Rui Lima. Não sou eu, eu tô falando com você.

Mas, nas horas seguintes, Carlos recebeu tantos telefonemas com condolências, tantas flores, que ficou encucado. Pegou um táxi e foi até o cemitério, só para se certificar. Quando Rui viu o irmão entrando, quase saiu da posição de sentido, num misto de raiva e graça.

– O que você veio fazer aqui, Carlos? Eu não te disse que eu não morri? – disse ao irmão, disfarçadamente, tentando manter as honras do funeral.

– Sei lá, foi tão estranho todo mundo ligando... achei melhor ter certeza.

E assim, como Carlos, começaram a aparecer vários amigos de Rui, "só para ter certeza". Era gente da Escola Militar, da Aeronáutica, amigos do Maranhão... chegavam, viam Rui vivo e em guarda, riam aliviados e começavam a provocação com Rui, tentando desmontar sua guarda. Rui manteve-se firme em homenagem ao colega: parecia piada, mas poderia, sim, ser ele; afinal, acidentes estavam mesmo acontecendo – e muito.

Rui passou por quatro. O primeiro foi o da retomada do *Stieglitz*, quando quase se chocou com o chão. Os outros três foram no período de avaliação para tirar sua licença de voo, o brevê.

Marcada a avaliação, Rui entrou no avião junto com o capitão Vitor Marcelo. Decolaram e, quando estavam sobrevoando a Vila Militar, o avião se chocou de frente com um grande urubu. Foi sangue para todo lado, sujando os dois completamente e espalhando um cheiro insuportável. O capitão ordenou que Rui voltasse imediatamente.

Coberto de sangue, o oficial foi andando rumo à base, o cadete atrás.

– Capitão, vamos pegar outro avião?

O capitão não respondeu, andando em passos largos rumo ao hangar.

– capitão, vamos pegar outro avião? – insistiu, na esperança de que ele não tivesse ouvido.

O capitão, sem nem parar nem olhar para trás, respondeu ríspido:

– Não. Psicologicamente você não está preparado hoje, só amanhã.

E fechou a porta atrás de si em uma sala no hangar, deixando Rui com frustração e restos de urubu.

No dia seguinte, foi atrás do capitão para fazerem nova avaliação, mas ele estava ocupado. No outro dia, ele não estava na base. E a demora começou a preocupar Rui, até porque ele tinha prazo para fazer a avaliação, senão seria automaticamente reprovado no curso. Ansioso, passou a rondar a sala dos instrutores e a fazer "*tour de pista*", um treinamento em que o piloto decola e aterra logo em sequência. Tudo para não perder a mão.

Alguns dias depois, finalmente o capitão pôde novamente voar. Decolaram na pista marechal Hermes-Pedreira, mas logo no começo da avaliação um dos motores parou. O capitão assumiu o controle junto com Rui, ordenando que fizesse uma curva fechada e voltassem para a base. Desceram de novo. Ao saírem do avião, o instrutor alertou:

– Cadete, não faça isso sozinho. É preciso experiência para fazer curvas fechadas, ainda mais sem um motor. Fizemos isso porque eu teria experiência suficiente para reverter a situação caso algo desse errado. Quando der pane no avião não vire, senão você entra em parafuso e cai. Você deve seguir em frente e procurar um lugar para pousar.

Rui assentiu com a cabeça e, imediatamente, já perguntou mais uma vez: "Vamos pegar outro avião?", e mais uma vez ouviu a negativa do oficial e a mesma justificativa: "Psicologicamente, você não está preparado hoje, só amanhã."

Mais uma vez adiada, no dia seguinte o capitão Vitor Marcelo passou a missão para Clóvis Costa. Levantaram voo e, como primeiro exercício, Costa mandou que Rui aterrasse. Quando foram aterrar, o avião começou, literalmente, a se desmanchar. As peças iam ficando pela pista enquanto o avião ia diminuindo a velocidade e, quando finalmente pararam, os dois estavam sentados em nada mais do que um monte de sucatas.

A frase reapareceu, dessa vez da boca de Clóvis Costa: "Psicologicamente você não está preparado hoje, só amanhã." Rui, frustrado e já aterrorizado com a possibilidade de perder seu prazo de avaliação, voltou aos treinamentos.

Com o prazo de 14 horas (se ultrapassasse o limite de 15 horas de voo seria eliminado), ele passou a fazer pressão junto aos coordenadores. Precisava ser avaliado, não podia perder o curso todo. Falou, mas falou tanto que mandaram um chefe de classe para avaliá-lo. Fortunato, um cara engraçado e boa-praça, finalmente fez toda a avaliação com Rui, que se saiu muito bem. Era agora um aspirante "brevetado", como eles chamavam quem tinha licença para fazer voos solo. Brevetado com muito orgulho.

Não era porque tinham brevê que os aspirantes deixavam de ser inconsequentes e os voos deixavam de ser perigosos. Já instruídos, em casa, esperando missões, muitas vezes eram estimulados a pegar aviões para sair por aí, "reforçar o treinamento". Mas faziam essas coisas mesmo sem condições de voo, sem apoio de terra, sem comandante. Certa vez, saíram em um bando num dia de tempo ruim, sobrevoando o Rio de Janeiro, sem plano de voo. As dezenas de aeronaves se viram de repente precisando pousar devido ao mau tempo e seguiram rumo à Base Aérea do Galeão, na Zona Norte da cidade. Foram pousando como podiam, mas, sem espaço para todos nas pistas, alguns tiveram que se virar e pousar em campos abertos na região. Neste dia ninguém morreu, mas nem todos os dias foram assim, de sorte. Desbravar é sempre muito perigoso.

Em 30 de setembro de 1942, a poucos dias de completar 23 anos, Rui deixou de ser aspirante para se tornar um segundo-tenente e piloto da Aeronáutica.

Quinze dias antes de sua formatura, entretanto, o navio brasileiro de carga e passageiros *Baependi* foi afundado por um submarino alemão na costa do Sergipe. Os ataques não eram novidade: desde fevereiro, navios brasileiros vinham sendo atacados por submarinos alemães. Eles já rondavam a Costa Atlântica da América do Sul desde 1939, mas, enquanto o Governo Vargas se mantinha neutro sobre a guerra que acontecia na Europa, os navios brasileiros, assim como os argentinos e chilenos, iam sendo poupados. Mas as relações cordiais Brasil-Alemanha foram azedando rapidamente com a pressão dos Estados Unidos e de grupos organizados brasileiros (como estudantes, militares, estivadores do porto de Santos, entre outros) para que o Brasil aderisse aos Aliados e entrasse na guerra. Os alemães começaram a dar "avisos", afundando navios brasileiros, até que, em 15 de agosto de 1942, o torpedeamento do *Baependi* levou à morte de 270 das 306 pessoas a bordo, grande parte era composta de militares e seus familiares que levavam armamentos e munições para Recife, onde se instalariam. O incidente atiçou os ânimos em todo o país, o que estimulou o governo brasileiro a se unir aos Aliados e declarar guerra ao Eixo em 22 de agosto de 1942 e firmar acordo oficial no dia 31 seguinte.

Recém-formado e inconformado com a ofensiva alemã em águas brasileiras, Rui só pensava em se alistar, para combater os invasores, na Patrulha Aérea, um grupo de militares aviadores que vinha fazendo rondas para defender a costa brasileira. Dirigiu-se ao Departamento de Pessoal e soube da novidade.

– Infelizmente não podemos transferir o senhor.

– Mas por que não? Já estou formado, o que me impede de ser transferido para a Patrulha Aérea?

– O major Fontenelle, senhor.

Rui foi atrás do diretor da Escola da Aeronáutica e, para sua surpresa, ouviu-lhe dizer:

– Preciso de você aqui, Moreira Lima. Você é um dos nossos melhores pilotos, sabe bem a prática e compreende de verdade a técnica. Preciso que você fique para treinar novos pilotos.

– Mas eu quero servir o meu país, major.

– O senhor está servindo, rapaz, formando outros pilotos tão bons quanto você.

– Major...

– Fique pelo menos um ano. Depois conversaremos novamente sobre isso. É bem provável que até lá a guerra até já tenha terminado.

Sem negociações, Rui Moreira Lima se tornou, aos 23 anos, instrutor da Escola da Aeronáutica. Enquanto dava aulas, contava os dias para que o ano passasse e ficava atento a todas as notícias sobre os confrontos que o Brasil estava travando. Não se achava um bom instrutor, mesmo porque não queria realmente ser um instrutor, mas não deixava de cumprir sua função com o máximo de responsabilidade e correção.

Nesse meio-tempo foi escalado para, com outros 26 pilotos, ir aos Estados Unidos buscar aeronaves que fariam parte na nova frota da FAB. Eram *Vultees BT-15* e *Fairchilds PT-19*, que não eram novas; ao contrário, eram aeronaves já usadas pela United States Air Force, a USAF, ou até mesmo que os Estados Unidos tinham preparado para seus aliados, e que passava para o Brasil estrategicamente como esforço de guerra.

A viagem de ida foi tranquila, de navio. Passaram uns dias em Nova York até a transação ser efetuada, e Rui, Lamerão, Corrêa Netto e Moura, aproveitando o restinho de tempo livre, aproveitaram para comprar seus enxovais de casamento, por que não? Como voltariam pilotando, contrataram frete de navio, mas só depois pensaram que, com a guerra no Atlântico e os ataques aos navios, seus enxovais poderiam parar no fundo do mar. Por sorte, todos chegaram inteiros.

Também tiveram a oportunidade de presenciar uma cena raríssima para qualquer pessoa naquela época: estiveram frente a frente com a reserva de ouro do Brasil nos cofres do American Bank. Por intermédio de um amigo português, conseguiram agendar uma visita ao banco que até então guardava toda a riqueza dos países do mundo. A segurança era fortíssima – para entrar no cofre do Brasil, por exemplo, eram necessárias três chaves: uma que ficava com o segurança, uma com o dono do banco e outra com o prefeito da cidade. Lá dentro, barras de ouro de um quilo empilhadas, reluzentes, impressionantes, sob o olhar atento e desconfiadíssimo de um segurança, que não tirava a mão da arma por um momento sequer, enquanto ciceroneava os militares brasileiros pelo banco. Rui, brincalhão que só ele, não perdeu a oportunidade de azucrinar um pouquinho o segurança neurótico e, de tempos em tempos, se aproximava das pilhas de barras de ouro mais do que o permitido, só para ver os olhos do sujeito se esbugalharem de tensão. Os rapazes riam do exagero, claro, afinal eles achavam que alguém conseguiria sair daquele lugar com uma barra de ouro debaixo do braço?

A estadia teve suas diversões, mas a volta foi de uma tensão tremenda. Nunca nenhum daqueles pilotos tinha voado para tão longe e por tanto tempo. Rui, por exemplo, tinha 300 horas de voo apenas e a viagem dos Estados Unidos para o Brasil durou 29 dias e 103 horas. Era muita responsabilidade já que tinha que, sozinho, tomar decisões importantes durante o trajeto. Apesar da viagem difícil e da inexperiência da maioria dos pilotos, apenas 3 dos 26 aviões não chegaram ao seu destino no Brasil – felizmente, sem nenhuma morte.

Um ano exato passado e finalmente o major Fontenelle o liberou para a transferência para a Patrulha Aérea. Como os conflitos vinham acontecendo ao norte, pediu para ser transferido para a Base Aérea de Salvador.

– Salvador, Ruizinho? – questionou Julinha, num misto de estranhamento e tristeza.

– O mundo está em guerra, Julinha. Estão precisando de mim lá. Preciso ir.

– Você está fugindo de mim? Não quer mais se casar? Você disse que nos casaríamos assim que você se formasse oficial. Já faz um ano e continuamos na mesma.

– Eu não vou desistir de você nunca, Julinha. É só que estou com a cabeça na guerra. Mas, assim que acabar tudo isso, eu volto e a gente se casa. Te prometo.

De coração partido, se mudou para Salvador em outubro de 1943. Chegou cedo e foi alojado numa unidade volante da Base Aérea de Salvador. Conheceu a base e logo já era hora do almoço. Seu anfitrião o levou para o refeitório, onde almoçariam com outros oficiais. Foi quando chegou Nei Gomes da Silva. Muito ativo no grupo, ele e Rui tinham sido apresentados poucas horas antes.

– Eu quero um copiloto para fazer a patrulha – declarou Nei, diante de todos com seus pratos cheios e quentes.

– Poxa, Nei. Isso é hora de chamar pra fazer patrulha? – apontou para os pratos na mesa. – Ninguém vai, não. Não agora.

– Capitão Nei, se o senhor me aceitar, eu posso ir – respondeu surpreendentemente o novato.

Os oficiais todos se olharam, alguns riram, outros já estavam tão entretidos com seus almoços que não deram a mínima.

– Ele acabou de chegar, já está liberado para missão? – perguntou para Aquino, responsável pelo pessoal.

– Ele já assinou a ficha, já tá oficialmente na base... então pode.

Imediatamente, Rui se levantou da mesa deixando seu prato intacto e seguiu junto ao capitão Nei rumo ao seu primeiro voo pela Patrulha Aérea. Permaneceram sete horas no ar até que um dos motores entrou em pane e os obrigou a passarem três dias na cidade de Caravelas, no sul do estado, quase divisa com o Espírito Santo. Praticamente um trote involuntário para o novato. Mas o capitão Nei e Rui fizeram uma boa patrulha; durante a missão, interceptaram um comboio e fizeram o plano de cobertura dele em Abrolhos muito bem. Tudo era feito no olho e Rui, completamente novato, não viu nada do que o capitão Nei apontou.

Essa, aliás, era uma prática extremamente comum nos voos brasileiros. Uma vez formados, os pilotos, além de ficarem disponíveis para seus cargos, ainda ficavam a serviço do Correio Aéreo Nacional e isso significava que poderiam ter de voar para qualquer lugar. Como as aeronaves eram defasadas, às vezes até sem sistema de comunicação com a terra, os pilotos ficavam isolados no ar e tinham que aprender a se virar "no olho". Fosse sobre mata fechada da Amazônia, onde tudo parecia uma grande e infinita plantação de brócolis a perder de vista, ou sob o mar, um grande tapete azul igual para todos os lados em que se olhava, o piloto precisava usar e abusar de seu senso de localização e, claro, da boa visão para buscar pontos de referência e distinguir amigos de inimigos.

A organização da Patrulha Aérea, aliás, conseguia ser tão ou mais precária do que a da Escola da Aeronáutica. Eram exigidas apenas 16 horas de voo para a formação de patrulheiro, o que definitivamente não era o ideal. Mas, sem uma coordenação firme, a formação ficava nas mãos dos pilotos: alguns voavam só as 16 horas mesmo e, muitas vezes, iam como observadores, no nariz do avião (junto com a metralhadora no local apelidado por eles carinhosamente de "meleca"); outros, como Rui, Ivo Gastaldoni, Jataí, Aquino e Nei Gomes da Silva, voavam porque gostavam e faziam questão de aprender tudo o que podiam. Só que apenas dois dos pilotos tinham feito nos Estados Unidos um curso específico de patrulha aérea: Ivo Gastaldoni e Roberto Holl. Os demais ficavam atrás de dicas dos dois colegas, tentando adaptar tudo, como dava dentro dentro da realidade deles.

Em um mês, Rui se deu conta de que, já que era para ficar ali em Salvador vivendo no limite, melhor seria então ter Julinha ao lado. Aproveitou uma missão dada para fazer uma viagem ao Rio de Janeiro pelo Correio Aéreo Nacional e apareceu na casa de dona Sílvia, sem aviso, para se casar.

Praticamente não houve preparativos e o casamento foi bem simples, rápido, na igreja apenas. Dona Sílvia recusou-se a fazer qualquer recepção, afinal, a família de classe média alta não aceitava realizar uma "festa pobre" – o que os parentes iriam dizer? Como o pai dela já era falecido, foi seu irmão Hélio que a acompanhou até o altar. Além dele, na igreja, apenas uns tios de Julinha e o simpático padre. A igreja estava linda, iluminada, assim como os olhos dos noivos, que brilhavam por poderem finalmente ficar juntos, todos os dias, depois de cinco anos entre namoro e noivado. E assim, de uma hora para a outra, no dia 26 de outubro de 1943, Rui e Julinha finalmente se tornaram marido e esposa.

A noite de núpcias aconteceu na casa de dona Sílvia mesmo e a lua de mel teve que ficar para depois, já que Rui estava a serviço do CAN e precisava voltar para Salvador. Julinha fez rapidamente suas malas, despediu-se da mãe e do irmão e partiu com o marido rumo à nova casa num avião de carga, junto com o copiloto da missão e sua recém-esposa, que aproveitaram e fizeram a mesma coisa.

Foram morar num apartamentinho pequeno e pobrezinho, mas muito simpático, em Salvador. Rui tinha assumido a coordenação da Patrulha Aérea mesmo sendo tenente, mas isso acrescentava muito pouco ao seu soldo. Julinha não ligava para o dinheiro apertado. Adaptou-se rapidamente ao lugar, decorou tudo com seu jeitinho, fez amigos, e podia passar mais tempo ao lado do homem que amava como há tanto tempo esperava.

Ter Julinha perto era um refúgio para Rui, já que a vida na Base Aérea não era nada fácil. Controlava a Patrulha Aérea com a ajuda do cabo Bittencourt, um engenheiro civil que era o responsável pela "sala de informações". Ali ficava um mapa impresso da América do Sul em escala 1 para 1 milhão, com direito a miniaturas, também em escala, de submarinos, navios e o que mais fosse preciso para instruir as equipes que saíam para as missões. Dali, ele e Rui identificavam a área de patrulha, que ia da foz do Rio São Francisco até Abrolhos e Caravelas. As varreduras eram feitas por regiões, uma cobrindo o São Francisco e a outra cobrindo Abrolhos.

Bittencourt era muito organizado e começou a induzir que Rui, como chefe da Patrulha, fizesse parte da organização. A principal providência demandada pelo engenheiro foi a padronização do livro das missões.

Toda vez que um piloto saía para uma missão, ele tinha de anotar em um livro de capa dura todas as informações pertinentes a ela: o nome do avião, quem estava na tripulação, o tipo de missão, a data e se algo extraordinário havia ocorrido. Depois esse papel era destacado e entregue para o Quartel-general, o QG. Só que cada piloto fazia as anotações do seu jeito, o que deixava o cabo Bittencourt quase maluco. Fez com que Rui instruísse os pilotos a padronizar as anotações.

— Não tem cabimento "Varredura do São Chico", né, tenente? – questionava, indignado, a Rui. – Tem que ser sério. Estamos em guerra!

Os dois, então, debruçados no mapa, inventaram códigos e cifras para cada uma das situações, dos locais, das informações: eram as Ordens de Missão. No começo, houve uma certa resistência, mas o cabo era firme em seu propósito e todo mundo acabou colaborando. No fim das contas, os Livros de Ordens de Missões ficaram tão bons que chegaram aos ouvidos do brigadeiro Eduardo Gomes.

O brigadeiro era responsável pelo Comando das I e II Zona Aérea. A I abrangia os estados do Amazonas, Pará, Maranhão, e territórios de Guaporé, Acre, Rio Branco e Amapá. A II abrangia oito estados do Nordeste do país, indo do Piauí à Bahia, com sede em Recife. A escolha de Gomes para o comando das regiões foi bastante controversa, já que ele e o Presidente da República eram opositores políticos desde o Estado Novo; mas Vargas, muito esperto, sabia da respeitabilidade do brigadeiro junto aos membros da FAB e, principalmente, de sua firmeza em relação à manutenção do controle da região na mão do governo brasileiro, não cedendo nenhum milímetro às tentativas dos Estados Unidos em dominar a região sob justificativa da guerra. Para o brigadeiro Eduardo Gomes a soberania nacional estava acima de tudo.

Pois um dia o oficial apareceu na base à procura do comandante da Patrulha Aérea, o tal que padronizou os livros. Rui o encaminhou para a sala do cabo Bittencourt, eles lhe apresentaram todo o trabalho feito e observaram o olhar de satisfação do oficial.

– Excelente! Que belo trabalho vocês criaram!

– Obrigado, senhor – Rui e Bittencourt responderam, envaidecidos.

– Isso deveria ter sido feito assim desde o princípio. Muito mais claro, muito mais lógico. Acho importante que tudo fique padronizado assim. Está autorizada então a padronização de toda a documentação da base.

O silêncio pairou no ar por alguns segundos. Rui e Bittencourt se olharam para ter certeza se tinham entendido certo o que o oficial tinha acabado de dizer.

– Como assim toda a documentação, senhor? – questionou Rui.

– Vocês vão padronizar todos os livros da base, desde a criação dela. Vou providenciar para que os relatórios sejam enviados a vocês o mais breve possível.

Um certo desespero dominou a mente e o olhar dos dois.

– Mas, brigadeiro, com todo respeito, como é que nós vamos passar mais de um ano de missões? Eu nem estava aqui.

– Então, se você não estava, você vai fazer todas essas missões, ouviu? Elas agora são suas, tenente. Senão, você não sai mais dessa base.

Pouco tempo depois que o brigadeiro deixou a base, Rui e Bittencourt receberam a grande pilha de relatórios prometida. Missões voadas desde 5 de novembro de 1942, escritas de qualquer forma, uma grande bagunça.

– Eu vim pra cá pra defender meu país, não para preencher relatório! E a patrulha acontecendo lá fora? Vou deixar de pilotar pra ficar aqui trancado? E você vai deixar de planejar as missões pra fazer o trabalho que esses desordeiros não fizeram? – irritou-se Rui ao se deparar com a inglória tarefa.

– Mas, se os livros não forem feitos, o brigadeiro não vai deixar a gente voltar pra patrulha, tenente. Alguém vai ter que fazer isso.

"Alguém", ecoou na cabeça de Rui. Não precisava ser ele e nem mesmo o cabo Bittencourt. Bastava ser uma pessoa organizada e que soubesse identificar as cifras e códigos. Alguém esperto e com tempo livre: Julinha.

– Ruizinho, você tem certeza? Eu não sou militar. Não vai dar confusão eu ficar lá na base? – questionou a esposa quando Rui lhe expôs sua ideia.

– Não se preocupe, Julinha. Você vai chegar comigo, vai ficar numa sala só pra você, perto do cabo Bittencourt. Ninguém vai te incomodar. Eu vou te explicar tudo, você é boa em matemática, em lógica, vai pegar rápido. E, se você tiver qualquer dúvida, o cabo vai estar pertinho, você pergunta pra ele. Você vai estar fazendo um trabalho importante não só pra mim, mas para o seu país.

No dia seguinte foram os dois para a base. Julinha, de peito estufado, não se aguentava em si mesma de tanto orgulho. Ia trabalhar para o país. Rui, de braço dado com a esposa, sentia-se feliz ao vê-la tão entusiasmada e ao mesmo tempo aliviado de não precisar parar as missões para dar conta da burocracia. No primeiro dia, Rui passou boas horas com Julinha e os relatórios, ensinando como tudo funcionava, as áreas, as regiões, os tipos de missões, códigos e cifras. Ela, com sua letra impecável, ia anotando tudo e aprendendo a "língua dos pilotos". Preencheram algumas Ordens de Missão juntos e, em pouco tempo, Julinha já dominava o serviço. E, surpreendendo Rui e Bittencourt, terminou o trabalho mais rápido do que previam. "É danada essa Julinha...", Rui comentou com Bittencourt quando conferiram os livros.

Rui e Julinha estarem casados era obra do brigadeiro Eduardo Gomes, inclusive. Isso porque, alguns anos antes, dona Santinha, esposa do general Dutra, tinha o feito instituir uma regra nas o orientara a Forças Armadas que proibia que oficiais com menos de 25 anos se casassem. A regra era geral, mas visava a uma única pessoa, João, o filho do casal. E assim era, em todos os lugares, menos na II Zona Aérea. O brigadeiro Eduardo Gomes tinha ótima relação com seus comandados – todos o queriam bem e o respeitavam, e ele retribuía tal respeito à altura dando atenção e condições dignas a todos. Para os que serviam longe, por exemplo, não faltava transporte (jipe, caminhão ou até cavalo) e uma boa casa com mosquiteiros para proteger contra a malária. E para os apaixonados abaixo dos 25 anos, sempre cedia aos pedidos para que permitisse que se casassem. "Assim não ficam por aí, sozinhos, perdidos nos cabarés da Bahia", comentava, assinando a autorização.

Também era um entusiasta dos esportes, especialmente do vôlei. Mandou construir 32 quadras na Base Aérea de Salvador e, claro, nunca foram todas usadas. Mas essa paixão não saía barato para seus comandados, já que ele volta e meia dava umas "incertas" pelas bases para saber se seu programa esportivo estava sendo levado a sério. Dos comandados havia os que realmente gostavam de praticar e os que faziam pela mais pura obrigação, mas quase nunca o programa era levado à risca por nenhum dos dois grupos. Logo, o intendente da Base Aérea de Salvador criou um código com os colegas para avisar sobre a fiscalização que estava chegando. Como o brigadeiro costumava chegar em um avião pequeno à noite, para poder aparecer "de surpresa" durante os treinos esportivos da manhã, o intendente sobrevoava a área residencial dos militares com o brigadeiro a bordo para avisar, disfarçadamente, sobre a chegada do comandante e, no dia seguinte, todos estarem pontualmente na base praticando seus exercícios.

Numa dessas aparições do comandante, quando Rui chegou ao ponto de transporte para a base, descobriu que tinha sido deixado para trás. Enraivecido, conseguiu uma carona com um intendente, mas, quando conseguiu chegar, todos já estavam no centro esportivo sob o olhar orgulhoso do brigadeiro. Birrento do jeito que era, Rui não conseguiu ficar quieto. Fardado, passou a andar de um lado para o outro, passando sempre na frente do brigadeiro e prestando continência, até que fosse chamado.

– Tenente, por que o senhor não está jogando com os outros? – perguntou a brigadeiro.

– Se o senhor me permite, isso tudo que o senhor está vendo aí é uma farsa – disse exaltado, apontando para os colegas se exercitando. – Eles têm um esquema: toda vez que o senhor está chegando, o seu piloto passa sobre as nossas casas para que a gente saiba que é o senhor e aí todo mundo vem fazer essa cena só pro senhor ver. Dá pra contar nos dedos da mão quantos aí se exercitam de verdade com frequência.

O brigadeiro ficou um pouco curioso e impressionado com a exaltação de Rui.

– E por que o senhor não veio com eles se conhece o esquema?

– Hoje eles me deixaram pra trás, senhor, por isso estou dando uma lição neles. Eu sou atleta, me exercito com prazer todos os dias, mas a maioria aí não liga. Estão fazendo isso só porque o senhor está aqui.

O brigadeiro ficou quieto por alguns instantes, olhando para Rui exaltado à sua frente. Pensou e então disse:

– Certo. Então vá trocar de roupa e fazer ginástica.

A resposta do brigadeiro fez o sangue de Rui subir. Como ele podia, depois do que tinha dito, simplesmente ignorar tudo? Como aqueles lambe-botas iam ficar impunes mesmo com toda a farsa que tinham montado? Se não fazia diferença ser esportista ou não, então pronto!

– Hoje eu não faço ginástica, não – respondeu Rui, seco.

– Mas eu estou dando ordem – retrucou o brigadeiro, já sem paciência com a insolência do tenente.

– Mas eu não vou cumprir a ordem porque eu resolvi que não vou fazer ginástica hoje. – Bateu o pé numa birra quase infantil.

Então o brigadeiro virou-se para outro oficial da base e ordenou:

– Pires, prenda esse menino por oito dias. Ele está precisando se acalmar. Tenho certeza de que depois disso ele não vai se negar a fazer esportes; faz tão bem à saúde!

Rui ficou preso durante os oito dias e prometeu que nunca mais ia agir de forma tão passional.

Era muito difícil não se envolver com todos os problemas da base. Comandar a Patrulha Aérea, então, era uma missão extremamente desgastante. Primeiro, pelo baixo grau de treinamento dos pilotos para a função, o que os deixava mais vulneráveis do que o necessário; segundo, porque toda a estrutura, tanto física quanto logística, era bastante improvisada.

A maioria dos pilotos tinha o primeiro contato com a aeronave em que voariam ali e precisavam aprender a pilotá-la pouco antes das missões. O principal avião usado pelos brasileiros era o *Lockheed Hudson*, uma aeronave americana adaptada para os pilotos ingleses, passando o freio dos pés para as mãos, o que dificultava ainda mais a adaptação dos brasileiros. Além dela, outras aeronaves "de segunda mão" eram disponibilizadas, como os *B-18* (geralmente utilizados mais em Recife e que tinham um raio de ação muito maior, com mais autonomia de voo) e os *P-40 Warhawk* (uma aeronave ágil que não alcançava grande altitude, mas tinha ótimo raio de ação).

O *P-40* foi o primeiro avião a realizar missões de caça no Brasil. Seu treinamento não era muito simples e, mais uma vez, os pilotos aprendiam quase tudo na prática. Em sua apresentação aos pilotos, apenas algumas instruções técnicas e depois seguiam, um a um, para testar a nova aeronave. Rui foi depois de Cícero, que no seu primeiro solo tinha feito um turnô (o giro da aeronave no próprio eixo). Ele, que sempre tinha sido muito bom em turnô, quis fazer também. Deu partida no avião – que demorou a embalar – e, pouco depois de sair da pista, fez a manobra, mas o avião ainda estava muito baixo e passou muito perto das dunas e do mar. Teve a impressão de que as ondas da praia molharam a ponta de sua asa. Com o avião estabilizado novamente, bateu o nervoso e Rui começou a tremer pelo que tinha acontecido. "Não morri. Agora preciso dominar esse bicho aqui", pensou, enquanto respirava fundo tentando se recuperar. Colocou a aeronave a 15 mil pés e começou a fazer as manobras que sabia (especialmente o turnô lento) até cansar. Ficou uma hora seguida fazendo acrobacias; então voltou, pousou. Quando desceu do avião, todos os oficiais estavam na beira da pista assustados: todos pararam para ver se ele tinha batido e só conseguiram voltar ao trabalho quando souberam que tudo estava bem. Numa outra ocasião com o mesmo *P-40*, por um engano na regulagem do avião, uma hélice acabou batendo no chão e entortando durante o pouso de Rui. Conforme mandava o regulamento, ele se apresentou ao brigadeiro Eduardo Gomes para relatar o ocorrido.

– Então você bateu o avião, Moreira Lima?

– Não bati, senhor, foi um problema mecânico – disse Rui, já na defensiva.

– Sei... Mas foi durante o seu pouso, certo?

– Sim, senhor. Mas, como eu disse, não tive culpa. Foi um erro de regulagem.

– Claro – disse, analisando alguns documentos e mantendo um breve silêncio no ar. – Vamos abrir um inquérito para averiguar então.

Sentindo-se totalmente injustiçado, Rui se transtornou.

– Senhor, já disse que eu não bati! Por que abrir um inquérito? Quem responde inquérito é bandido!

O brigadeiro levantou os olhos e encarou Rui, com certa estranheza.

– A aeronave está avariada, é preciso abrir um inquérito.

– Eu não sou bandido, senhor! Vai abrir um inquérito contra mim por causa disso?! – revoltou-se Rui, para o espanto dos presentes na sala.

O brigadeiro olhou calmamente para outro oficial da sala e indicou:

– Tenente, leve seu colega para uma nova estadia na prisão. Quinze dias acho que vão ser suficientes pra ele se acalmar mais uma vez.

Nesses quinze dias de prisão, Rui entendeu que inquéritos, diferentemente do que estava acostumado a ler nos jornais em sua vida civil, eram apurações de incidentes quando relacionados a situações militares. Aprendeu, mas nunca se acostumou com a ideia.

Para se ter uma noção dos desgastes pelos quais passavam, os pilotos faziam voos de acompanhamento dos navios que navegavam pela costa brasileira a fim de dar apoio em caso de ataque dos submarinos alemães. Acontece que nem sempre os navios ficavam tão próximos da costa assim, o que fazia da viagem algo bem arriscado, já que muitas vezes os pilotos perdiam completamente contato com a terra. Em mar aberto, o senso de localização ficava completamente comprometido, uma vez que ainda não havia aparelhos de geolocalização; dois deles se perderam sem mais voltar, o Estrela e o Iverson. Nessas viagens, geralmente iam dois oficiais: um pilotando e outro empunhando uma metralhadora na "meleca". Até os pilotos mais experientes costumavam enjoar voando na meleca, de tão instável que era o posicionamento naquele ponto da aeronave. Além disso, não faziam ideia real do poder de fogo de um submarino e do risco que corriam estando ali no caso de um ataque.

Ao sair para as missões, os pilotos levavam em suas aeronaves um kit de sobrevivência, que nada mais era do que uma pequena garrafa d'água e uma caixa de sapatos contendo doze sanduíches de queijo com goiabada e algumas bananas. Rui achava o tal kit uma verdadeira insanidade: se caíssem no mar, obviamente a caixa de sapatos se desfaria na água rapidamente. Além disso, comer goiabada daria sede e, com uma quantidade tão pequena de água potável a bordo, o piloto certamente se desidrataria rapidamente até a morte. Por curiosidade, pediu a um colega, que falava fluentemente inglês, para que perguntasse a um dos pilotos dos Estados Unidos que utilizava a base junto aos brasileiros como era o kit de sobrevivência dele. O rapaz contou que, além de um colete salva-vidas (apelidado pelos brasileiros de "papo-amarelo" ou "Mae West"), eles também levavam botes salva-vidas, duas a quatro pranchinhas infláveis para permanência na água (apelidadas de "dinos") e uma pipa com fio de cobre que emitia sinal de localização – o que imediatamente respondeu outra questão que Rui nunca tinha entendido, que era a necessidade de os americanos na torre de comando ficarem pedindo a localização dos aviões a cada trinta minutos. Levavam também dez galões de água lacrados vindos dos Estados Unidos e um kit de mantimentos formado com rações específicas para suportar uma queda na água. Ao ouvir a lista do colega americano, Rui ficou num misto de bronca e revolta.

Como podiam os americanos requisitarem o Brasil como aliado, usarem as bases, os pilotos e todo o conhecimento geográfico e militar local e não darem em troca o conhecimento e os equipamentos que eles tinham e que seriam essenciais para salvar a vida de um piloto em situação de perigo?

Rui, claro, requisitou imediatamente ao comando o mesmo tipo de kit de sobrevivência para todos os pilotos da Base Aérea de Salvador. Diante do comparativo e da justificativa, não havia como negarem e, alguns dias depois, todos já contavam com o kit americano.

Os americanos, inclusive, tiveram importância significativa para a melhoria da Patrulha Aérea Brasileira. Quando Rui recebeu o comando, assumindo que muito pouco sabia sobre o assunto, foi conversar com os responsáveis pela equipe americana na Base Aérea de Salvador para ganhar experiência. Com eles viu pela primeira vez um *Gibson Girl*, transmissor usado para transmitir pequenos códigos de localização em caso de queda, além do kit de sobrevivência e dos jingles, os botes infláveis de tamanhos diferentes que iam nos aviões durante as missões. Trocaram informações técnicas sobre as aeronaves e também sobre a região, o que foi importantíssimo para as duas equipes. Numa dessas conversas, por curiosidade, Rui quis saber por que é que sempre o fotografavam quando ele estava a caminho de seu avião para sair em nova missão.

– Porque o senhor é tão inconsequente em suas manobras aéreas que nós contamos sempre que será seu último voo. Estamos nos antecipando ao seu acidente. É tanta acrobacia, tanto rasante, tanta bobagem, que um dia cai. Depois poderemos mostrar a foto e dizer: "Este era o comandante da Patrulha Aérea do Brasil – sujeito maluco aquele!".

Rui deu uma banana com os braços para eles, saiu resmungando, mas não tirou aqueles argumentos da cabeça, nunca tinha pensado nisso. Na verdade, tinha saído da Escola da Aeronáutica, onde tudo era feito daquele jeito quase "selvagem", fora instrutor repetindo o que aprendera e logo tinha caído ali, em missão de guerra, voando horas sobre a floresta ou sobre o mar aberto. As ideias de moderação, de cautela ou resguardo não faziam parte do manual de uma rapaz enérgico de 24 anos já com tantas responsabilidades – pelo menos, não até aquele momento. Colocava a vaidade no manche do avião.

Naquele dia, voltou para casa e passou a noite em claro, olhando Julinha dormir. Seu dever era defender seu país, mas queria voltar para casa e cuidar de sua família. E também tinha que voltar e fazer outras missões, então, para que serve um piloto morto? Decretou, pois, o fim do exibicionismo.

Com kit de sobrevivência, papo-amarelo, jingles, *Gibson Girl* e prudência, Rui mudou a forma de fazer as patrulhas: as suas e a de seus comandados. A ordem era cumprir a missão e ficar vivo.

As missões misturavam a Patrulha Aérea e o Correio Aéreo Nacional. Às vezes, era acompanhar um navio que cruzava a costa; outras vezes, levar uma encomenda a outro estado; outras, resgatar um companheiro doente numa das pequenas bases do interior. Era muito comum militares serem acometidos por malárias violentas, especialmente os lotados nas cidades muito afastadas. Quando isso acontecia, um piloto levava um substituto e, ao mesmo tempo, buscava o enfermo para que fizesse um bom tratamento em um hospital de grande centro urbano. Os americanos também passavam por isso, obviamente. Mas não tinham tanto domínio geográfico e nem a tal "selvageria", que permitia aos pilotos brasileiros se arriscarem de todos os modos. Numa dessas situações, um oficial americano chamado Sam Allen adoeceu em Belmonte, no interior de Pernambuco. A base tinha uma pista de terra muito precária e, para piorar, estava alagada por causa das chuvas que vinham caindo torrencialmente. Diante das dificuldades e do estado já avançado da doença do oficial, os americanos desistiram do resgate. Rui, ao saber da situação, se ofereceu e foi, com muitas dificuldades, buscar o rapaz, levando-o a tempo para uma clínica em Recife, onde ele pôde fazer o tratamento. Ao voltar, como não entendia bem inglês, não entendeu nem metade dos agradecimentos que recebeu, mas ficou muito satisfeito com a caixa de uísque que Allen lhe mandou algumas semanas depois.

A relação com os americanos, em geral, era muito cordial. Dentro da base se tratavam com respeito e sem muita intimidade. Fora da base, a maioria não se misturava aos brasileiros, o que lhes rendia uma certa fama de antipáticos. Rui, que lidava muito com eles devido ao seu cargo, não os encarava de forma tão dura e, aos poucos, conforme foi melhorando seu inglês, a convivência foi ficando ainda mais fácil. Mas poucos deles se misturavam aos locais, apenas alguns "sabidos", como os chamava Julinha, apareciam e se aproveitavam de um baile animado pela orquestra americana, que tinha vindo no navio do vice-almirante Jonas Ingram, para se integrar.

Mas apesar de estarem em solo brasileiro, era guerra e os americanos sabiam bem disso: já haviam acontecido confrontos com submarinos alemães e aeronaves americanas tinham sido abatidas. Os brasileiros, com menor poder de combate, faziam patrulhas muitas vezes "de mentira", acompanhando os navios sem um cartucho de munição sequer, apenas para afugentar o inimigo. Apesar do risco que corriam caso fossem atacados, eles acreditavam que, da distância que estavam, era improvável que os alemães identificassem se estavam municiados ou não. Também acreditavam que dificilmente atirariam em um navio com escolta, pois denunciariam sua localização levando ao confronto inevitável.

Às vezes com, às vezes sem munição, Rui fez ao todo dezenove missões de Patrulha Aérea pela Base Aérea de Salvador, recebendo mais tarde as condecorações de Medalha de Campanha do Atlântico Sul e da Campanha da Itália e da Cruz de Aviação – Fita B, por sua atuação neste momento – segundo ele, o mais perigoso de sua vida.

Sua última missão pela Patrulha Aérea foi um voo que fez para Natal, para levar um *P-40* que precisava de reparos. Ao chegar à base, foi questionado pelo comandante dali a respeito do problema da aeronave e Rui, com seu jeito direto característico, respondeu "Não sei, não sou mecânico." O comandante, que não o conhecia, ficou tão ultrajado com a petulância de Rui que já quis partir para a briga. Chegaram a trocar alguns sopapos, mas foram separados pelos colegas, que se esforçaram para deixar claro que "era tudo um mal-entendido". A briga acabou, mas os dois não conseguiam mais se olhar, de tanta raiva que ficaram um do outro. Como tinha que esperar o avião ser consertado, Rui foi circular pela base e encontrar alguns amigos. Foi nesse momento que ouviu a conversa que mudaria sua vida.

5
VOLUNTÁRIO PARA A GUERRA

Era 18 de dezembro de 1943. Um grupinho de oficiais conversava quando Rui se aproximou. Queria dar um abraço em Dantas, rapaz gente fina que conhecia desde os tempos de escola e que, alguns anos depois, tornou-se seu cunhado ao se casar com Cecília. Chegou no meio do assunto.

– Disseram que as inscrições são voluntárias. É negócio sério. Vai ter um treinamento diferente e parece que o grupo vai mesmo lá pra guerra, na Europa – dizia um deles.

– Inscrições pra quê? – perguntou Rui, já se antenando.

– Pra um Grupo de Aviação de Caça. A FAB abriu inscrição hoje – respondeu outro.

– Vai ter um grupo só pra Caça? – se interessou Rui.

– Parece que sim. Não são eles que vão escolher, é por voluntariado. Os pilotos que estiverem a fim vão lá e se inscrevem. Aí eles vão dar treinamento e tudo. E, pelo que ouvi, vão mandar pra lutar na Europa.

– Eu é que não quero sair do Brasil – comentou um deles. – Quero lutar pelo Brasil daqui mesmo, continuar na Patrulha Aérea, defender nosso território – alguém comentou.

– Mas alguém tem que ir pra lá acabar com esses nazistas, senão a guerra não acaba – contrapôs Rui.

– Então você devia se voluntariar, Rui – comentou Dantas. – É só procurar o comandante.

E foi o que fez. Despediu-se dos rapazes e seguiu para a sala do comandante Souto, responsável pela Base Aérea de Natal. Pediu licença e foi logo ao ponto:

— Comandante, vim me voluntariar pro Grupo de Caça. Quero que o senhor me coloque na lista, por favor.

O comandante ficou realmente surpreso com o assunto trazido por Rui.

— Tenente, mas o senhor não é desta base, por que está se remetendo a mim? O senhor não é lá da Bahia?

— Não, senhor, eu sou da FAB. Eu defendo meu país em qualquer lugar.

— Mas seu registro está lá, tenente, você não está sob meu comando, não tenho responsabilidade sobre você. O que quer que eu faça?

— Então, mande por favor um telegrama para a Base Aérea de Salvador, comandante. Sou um ótimo piloto e sei que posso fazer muito pelo meu país num Grupo de Caça.

O comandante estranhou, mas cumpriu o pedido de Rui. Telegrama enviado, assim que o *P-40* foi consertado, Rui pôde voltar para Salvador. Lá, teve a notícia de que sua inscrição para o grupo tinha sido aceita e que ele voltaria para o Rio de Janeiro até a chamada para o início do treinamento.

— Abriu um grupo novo de aviadores e me voluntariei. Devo ser mandado pra guerra na Europa — contou Rui, com voz suave, assim que chegou em casa.

— Não! Você tá maluco?! Como assim ir pra guerra? Nós acabamos de nos casar!

Julinha ficou transtornada. Rui tratou de abraçá-la e foi tentando acalmá-la.

— Julinha... não se preocupe. A guerra já está acabando. E ainda tem um tempo para treinamento. Você vai ver, quando eu chegar lá, a guerra já vai ter acabado.

Julinha, com dificuldade, acreditou em Rui, mas de qualquer forma a notícia a pegou desprevenida. Deixar Salvador depois de apenas três meses não estava nos seus planos, pelo menos não tão cedo. Entendeu que seria assim a vida de esposa de militar: seguir o marido para onde fosse transferido, não importa por quanto tempo. Pelo menos estavam voltando para casa. Mas, como seria depois?

A chamada não saiu de imediato para todo mundo. Um pequeno grupo partiu com o comandante Nero Moura para a Escola de Tática, em Orlando, nos Estados Unidos, enquanto os outros esperaram a chamada no Brasil. Como não tinham notícias sobre o que aconteceria a partir de então, se ficariam no Rio ou se mudariam para outra cidade, Rui e Julinha decidiram não procurar um lugar próprio, mas sim voltar a morar na pensão de dona Sílvia, pelo menos até saberem mais detalhes. Morar com a sogra não era muito fácil para Rui, já que ela se intrometia em praticamente todos os assuntos do casal, mas "era por pouco tempo", pensava.

Era janeiro e a espera acabou se transformando na lua de mel que o casal não tivera. Com os dias lindos de verão, eles passavam os dias na praia e à noite iam se divertir no Cassino da Urca (ou no Atlântico, no de Copacabana ou no de Icaraí). A entrada era gratuita e eles combinavam apostar apenas 10 cruzeiros, geralmente na roleta, jogando no preto ou no vermelho para não ficarem tão suscetíveis ao azar. Jantavam, dançavam, viam o show, se divertiam. Viveram cada momento daquele mês coladinhos, namorando, numa felicidade que parecia não ter fim e que nem as intromissões de dona Sílvia conseguiam estragar.

E foi então que, em 27 de janeiro de 1944, Rui recebeu o chamado do Departamento Pessoal para se apresentar no Ministério da Aeronáutica e finalmente ser incorporado ao 1º Grupo de Aviação de Caça, ficando a serviço do Estado-Maior. Na convocação, avisaram que o treinamento seria no Panamá e que, de lá, buscariam algumas aeronaves nos Estados Unidos e iriam direto para combater na Itália.

Rui aproveitou que tinha algum tempo de espera e fez uma viagem rápida ao Maranhão para ver sua família. Contou aos pais e irmãos sobre como estava feliz recém-casado e prometeu que em breve a conheceriam. Contou as aventuras da Patrulha Aérea e viu seu pai enfurecido ao falar sobre Hitler. Contou tudo o que havia se passado nos últimos meses, mas foi incapaz de contar que estava indo como voluntário para a guerra. Por algum motivo, não conseguiu. Tentou muitas vezes, mas sempre perdia a coragem. Voltou ao Rio e contou apenas a Carlos e Cecília, que acharam loucura do irmão, mas, se era sua vontade, que assim fosse.

A partida só aconteceu nos primeiros dias de março. A preparação foi bastante silenciosa. Enquanto faziam as malas, Rui e Julinha trocavam olhares carinhosos, mas pouco falavam. "A guerra vai acabar logo", ele dizia, e ela apenas concordava com a cabeça, tentando acreditar no marido.

Foram de mãos dadas no banco de trás do carro até o Aeroporto Santos Dumont. No banco da frente, Carlos e Cecília, irmãos de Rui, tentavam fingir que tudo estava bem, mas a ansiedade pelo futuro incerto não ajudava muito. Estacionaram e acompanharam Rui até o saguão do aeroporto, cheio de oficiais e suas famílias, e também fotógrafos, que registravam cada momento para que depois os rapazes pudessem levar com eles as lembranças de seus parentes amados.

– Não vá fazer besteira! – Carlos disse enquanto dava um grande abraço no irmão.

– Rui, obedeça seu irmão. Ele é mais velho e sabe o que diz – disse Cecília, abraçando o irmão, com um sorriso nervoso. – Fique bem.

Carlos e Cecília notaram os olhares de Rui e Julinha e, sutilmente, deram um passo atrás, deixando os dois sozinhos. Eles se olhavam ternos, amorosos e, ao mesmo tempo, com a angústia de talvez estarem se olhando pela última vez. Rui pegou a mão de Julinha e a envolveu em suas duas mãos.

– Vou te escrever o tempo todo. Vai parecer que eu estou ali, em Salvador.

– Vou responder todas as suas cartas. Mas, fique tranquilo, Ruizinho, vou ficar bem. Você precisa se concentrar em fazer tudo direitinho para dar tudo certo e você voltar logo pra casa. Não fique preocupado comigo que eu vou estar bem aqui, te esperando – disse Julinha, olhando fixamente nos olhos de Rui, enquanto acariciava seu rosto.

– Se você precisar de qualquer coisa, liga pro Carlos ou praquele meu amigo, o João Paulo Burnier. Eles vão te ajudar em qualquer coisa.

– Tá certo, mas eu vou ficar bem, Ruizinho.

– Vou passar a receber em dólar, e tem adicional por estar em missão de guerra, então vou ganhar quase três vezes mais do que o normal. Vou mandar o dinheiro todo pra você, tá bem? Não vai te faltar nada.

– Não, senhor! Você vai me mandar o suficiente, o dinheiro que sempre ganhamos e sempre foi suficiente pra nos manter. O resto você vai gastar como se fosse o primeiro dia da sua vida, tá ouvindo? Eu vou ficar bem e você vai ficar bem também.

Soou então uma chamada pelos alto-falantes do aeroporto, convocando todos para o embarque. Rui puxou Julinha para junto de seu corpo e lhe deu um longo abraço. Ela viveu com intensidade cada segundo daquele pequeno momento sendo abraçada, recostando a cabeça sobre seu ombro, sentindo seu perfume, a aspereza de seu uniforme, o macio de sua pele, a pressão de seu braço puxando-a contra seu corpo.

Beijaram-se de leve e pela última vez se despediram. Rui pegou sua bolsa e seguiu portão adentro, não vendo as lágrimas de Julinha, que só caíram de seus olhos quando estes o perderam de vista.

Embarcou juntamente com mais oficiais em uma aeronave da USAF. Fariam escalas em Fortaleza e Natal para que mais homens se juntassem ao grupo. Só então, com todos reunidos, seguiriam rumo ao Panamá.

Pousaram em Fortaleza quando já era noite e, percebendo que demorariam para retomar voo, Rui teve a ideia de se despedir de sua avó Lalá. Como não era bom no inglês, pediu ajuda ao Cox, conhecido da época de Escola da Aeronáutica, para que ajudasse na tradução junto ao oficial americano responsável pela missão. Rui pediu ao oficial que lhe arrumassem um jipe para ir à cidade. O oficial negou, o que deixou Rui enfurecido. Chamou o americano de gringo e disse que aquela base era brasileira e os americanos tinham apenas uma autorização para que a usassem no período da guerra e que, portanto, ele tinha direito a um jipe para ir ver sua avó. Cox, um pouco reticente, ia traduzindo, cada vez mais constrangido por se indispor com os oficiais por conta de Rui. Sentindo que a rispidez dos americanos aumentava, perguntou se Rui estava certo de que queria sair naquele momento, se não seria melhor ficar e descansar. Olhando para o colega constrangido e percebendo o clima entre os oficiais, Rui decidiu não sair mais, cancelando o jipe. Passou a noite em claro, no alojamento da base junto aos outros oficiais, e na manhã seguinte seguiram todos para Natal. Com os últimos oficiais a bordo, o 1º Grupo de Aviação de Caça estava finalmente reunido e o avião enfim pôde partir para o Panamá em 5 de março de 1944.

A maior parte do grupo já se conhecia. Uns eram realmente amigos, companheiros desde a Escola Militar, como Rui e Sapucaia, mas a maioria não chegava a ser amigo para valer, eles apenas tinham feito a Escola da Aeronáutica na mesma época; então, no mínimo, já tinham se esbarrado pelos corredores da FAB. E todos ali conheciam seu comandante, coronel Nero Moura, o *Ministrinho*. Falaram pouco durante o voo, pois o oficial responsável recomendou que descansassem – o primeiro dia seria longo, então era melhor não desperdiçar energia.

Depois de escalas na Guiana e em Trinidad, o avião pousou alguns dias depois, em 17 de março de 1944, em Albrook Field, uma base aérea panamenha controlada pelos americanos. Eles ficariam ali esperando Nero Moura e o resto do grupo chegar ao Panamá para finalmente se deslocarem para Aguadulce, na Base Aérea, onde os pilotos brasileiros passariam por treinamentos específicos para se tornarem "caçadores" (termo usado para designar pilotos de caça) e também para se entrosarem com todas as regras e estratégias da USAF.

Durante a breve estada em Albrook, tudo foi muito tranquilo. Sem obrigações, Rui e os outros rapazes passavam o dia se divertindo, jogando futebol e conversa fora. Com a chegada de Nero Moura e seu grupo de oficiais, seguiram todos para a Base Aérea de Aguadulce. Foram alojados e, logo de cara, descobriram as regras da casa: ali brancos e pretos não se misturavam. O primeiro conflito aconteceu no uso da piscina, quando oficiais americanos proibiram que brasileiros pretos entrassem na água. Depois de um início de bate-boca, os brasileiros decidiram ir diretamente a quem poderia resolver.

– Senhor, os americanos estão proibindo nossos homens de usar a piscina! Dizem que não se misturam com pretos! – afirmou um dos rapazes.

– Eu imaginei que alguma coisa assim fosse acontecer. Eles não são como nós, eles realmente acreditam nessa segregação. Não sei se tenho como contornar esta situação – explicou o comandante Nero Moura.

– Mas, senhor, se estamos todos aqui para lutar juntos pela mesma causa, como podemos ser tratados de formas diferentes? – questionou Rui.

– Você tem toda razão, tenente. Vou conversar com o comandante deles e ver o que pode ser feito.

Nero Moura saiu e voltou pouco tempo depois. Seu semblante já anunciava o problema.

– O comandante deles foi até bem solidário, mas disse que não tem como impor isso ao grupo. É uma questão cultural deles. O receio é que, impondo a convivência, eles encrencar com todos vocês e isso prejudique o treinamento.

O silêncio foi geral. Ninguém ali acreditava que aquilo fosse possível.

— Se eles não me aceitam como eu sou, então não tenho por que lutar por eles, comandante. Prefiro ir embora — disse um dos suboficiais pretos, sendo seguido imediatamente pelo resto do grupo.

Nero Moura ainda tentou acalmá-los, procurou intervir mais uma vez junto ao comando americano, mas nada adiantou e, poucos dias após chegarem, sete militares brasileiros, todos pretos, defendendo sua dignidade, pegaram um avião de volta para o Brasil.

O treinamento começou apesar de o grupo de brasileiros não estar completo. Foram mandados outros oficiais do Brasil e, com eles, vieram notícias.

— Vocês sabem como estão chamando a gente lá na Base Aérea de Santa Cruz? Primeiro Grupo de Caça-Níqueis! — contou indignado John Richardson Cordeiro e Silva. — Eles dizem que estamos aqui só por causa do dinheiro!

A revolta foi geral. O burburinho só passou quando o comandante interveio.

— Não importa o que eles falam. Vocês estão aqui para cumprir a missão de vocês e, junto dos aliados, terminar com essa guerra. Então não quero ouvir mais reclamações sobre isso, está entendido? O que falam no Brasil não muda em nada o que estamos fazendo aqui.

Em 22 de março, finalmente, o grupo estava completo e o treinamento pôde começar. Além deles também chegou um grupo de oficiais da reserva para treinamento, que ficou conhecido como "Asa Branca" que, diferentemente dos oficiais do 1º Grupo de Caça, não tinham vínculo fixo com a FAB. Foi nesta ocasião que conheceram o oficial americano que passaria a ser o grande companheiro do 1º Grupo de Aviação de Caça brasileiro durante o treinamento: coronel Gabriel P. Disosway.

Os brasileiros tinham aulas de voo no *Curtiss P-40*, além de aulas de estratégia e patrulhamento, sempre sob o olhar atento de Disosway. Para Rui, que servia na Patrulha Aérea, pouca coisa era novidade. Como exercício, todos ajudavam na defesa aérea do Canal do Panamá. Inicialmente, faziam o acompanhamento das aeronaves americanas, mas, a partir de 11 de maio, as patrulhas brasileiras passaram a voar sozinhas.

Então começou, do nada, a brincadeira do "Senta a pua", lembrando o instrutor Zé Maria, da Escola da Aeronáutica, e bem rapidamente passou a fazer parte do palavreado obrigatório do grupo. Era comum se ouvirem frases assim: "Hoje vou sentar a pua no voo noturno", ou então um berro através do rádio durante uma instrução de combate: "Senta a pua!, número quatro, estás atrasado". E daí o 1º Grupo de Aviação de Caça passou a ser conhecido como "Senta a pua", treinando no *P-40*, sentando a pua dia após dia.

Em 6 de junho, entretanto, uma dúvida pairou no ar. Ao ouvirem no rádio que as tropas americanas tinham desembarcado na Normandia, ninguém sabia dizer se seria o fim da guerra. Todos passaram o dia colados no rádio, à espera de confirmações. "Que chateação!", pensava Rui, "Vir até aqui pra voltar pra casa". Mas depois chegou a informação de que ainda não tinha sido daquela vez que os nazistas tinham se rendido; então, nada de amolecer, ainda era preciso treinar – e, principalmente, combater.

Rui e Julinha cumpriram suas promessas e trocavam cartas constantemente. Rui contava como era o treinamento e, principalmente, como estava se adaptando aos novos colegas brasileiros e estrangeiros. Julinha mandava notícias do Brasil, inclusive sobre a família dele – que ela ainda não tinha tido a chance de conhecer; embora eles não tivessem muita simpatia por ela, chegando mesmo a culpá-la por Rui ter se voluntariado para a guerra. E foi numa dessas cartas que ela mandou a grande novidade: eles estavam grávidos.

Rui ficou com empolgação tal que saiu aos gritos, contando para a base toda. Respondeu para Julinha que queria que o bebê se chamasse Rui, como ele, ou Napoleão, se fosse um menino. Ela nem se deu ao trabalho de responder as sugestões: em sua família não existia essa história de dobrar nomes, cada um era cada um; então, para ela, o bebê se chamar Rui não fazia o menor sentido e Napoleão... ora, nem pensar. Além disso, ela tinha certeza de que seria uma menina e bastava isso para desconversar sobre os nomes propostos pelo marido. Ia ser menina, dizia ela, e linda.

O 1º Grupo de Aviação de Caça brasileiro treinou em Aguadulce até 22 de junho, com cerca de 100 saídas brasileiras para defesa aérea e muitas horas de estudos táticos, com uma baixa: a do oficial Dante Gastaldoni que, por uma falha mecânica, perdeu o controle de sua aeronave e entrou em parafuso até cair em um dos treinamentos. Ao final, foram diplomados e condecorados com o *Badges* (aqueles broches pequenos, de lapela) de Silver Wings. Elogiados pelo comando americano, ficaram em Albrook novamente em descanso até que, em 27 de junho, deixaram o Panamá rumo aos Estados Unidos para completar a segunda etapa da viagem: buscar os aviões comprados pelo governo brasileiro e se juntar às tropas americanas rumo à Itália.

O navio panamenho com todo o grupo de brasileiros, não se sabe por que, seguiu sem escolta para o norte, apesar de, na ocasião, vários outros navios já terem sido atacados por submarinos alemães. Rui dividiu a cabine com Meirinha, Coelho, Medeiros, Goulart e Cordeiro. Entre amigos os dias pareciam mais leves, apesar de tudo. A viagem foi ligeiramente tensa, mas em 4 de julho de 1944 os brasileiros finalmente chegaram ao porto em Nova York, de onde foram levados em algumas barcaças para Camp Shank, onde ficaram retidos em quarentena sanitária de 48 horas antes de poderem circular pela cidade.

Em 16 de julho, enfim, o grupo partiu em um trem velho, lento e desconfortável rumo à Base de Suffolk Field, em Long Island, numa viagem que durou mais de dezessete horas.

Era a primeira vez que o Brasil poderia escolher os aviões que compraria dos Estados Unidos, e essa sensação de segurança se espalhou pelo grupo. O responsável pela escolha seria o comandante Nero Moura, mas todos pareciam empolgados como se fossem eles mesmos escolher.

Foram apresentados o *Lockheed P-38*, o North American *P-51 Mustang*, mas o que ganhou a confiança do comandante foi o *P-47 Thunderbolt*, cuja fábrica ficava ali mesmo em Long Island.

Escolhido o avião, mais uma vez era preciso treinar, da mesma forma que tinham feito no *P-40* no Panamá. Mas ali todos participavam de cada função como uma maneira de entender todo o funcionamento das missões. Voavam como líderes e também como ala (que faz a retaguarda do líder); participavam das equipes de solo nos carros de pista acompanhando o trabalho dos fiscais; assistiam ao funcionamento da torre de comando; observavam o trabalho dos mecânicos para entender melhor o funcionamento da aeronave, entre tantas outras coisas. O importante era ter o máximo domínio da maior quantidade de situações possíveis.

Nem sempre era fácil. Em Suffolk, por exemplo, constantemente a pista era tomada por uma bruma densa e seca, que dificultava decolagens e, principalmente, pousos. Em um dos dias de treinamento, Roberto Brandini, Leon R. Lara de Araújo e o piloto do grupo de apoio Rube Canabarro Lucas decolaram para treinamento mas, na hora de pousar, a bruma amedrontou Canabarro que, depois de algumas tentativas frustradas, começou a atrapalhar os outros dois pilotos e preocupar o pessoal em terra. Rui estava no carro de pista, conferindo a abertura dos trens de pouso dos aviões, e começou a temer pela segurança dos pilotos pelo tempo que passava. Horácio Monteiro Machado, capitão do grupo, que estava na cabine de comando junto com os americanos, em certo momento ficou tão tenso com a situação que se formava que assumiu o rádio e deu-lhe um grande pito e mandou que pousasse de qualquer jeito – ordem que prontamente foi obedecida. Depois, no jantar, Canabarro, já mais calmo e sem ciência da quantidade de pessoas do grupo envolvidas com seu pouso, comentou com o comandante Nero Moura: "Eu devo ter feito muita besteira hoje, comandante, porque até os americanos da torre me mandaram tomar no cu." Todos riram.

Eles riam, mas sabiam da gravidade e da seriedade de tudo o que acontecia ali. A cumplicidade, em situações com grande tensão, passa a ser uma grande aliada contra o estresse.

Depois de meses juntos, o grupo já tinha muita intimidade e, apesar das diferenças, as amizades já tinham se estabelecido. Rui, muito extrovertido e gozador, acabava por se dar bem com quase todos os membros, mas tinha estreitado vínculos com Fortunato, o cara engraçado que o tinha salvado de não ser brevetado; com José Meira de Vasconcellos, o Meirinha, que conhecia desde a época pré-Escola Militar, nas pensões do Catete; com Assis e Dornelles, além de Pedro de Lima Mendes (o Lima Mendes), Marcos E. Coelho de Magalhães (o Coelho), John Richardson Cordeiro (o Cordeiro) e Aurélio Vieira Sampaio (o Aurélio), que eram seus colegas na Escola Militar de Realengo; e Renato Goulart Pereira (o Goulart), seu colega na Escola da Aeronáutica. Era com eles que dividia, além das piadas, seus medos e frustrações. Com Cordeiro também dividia o quarto e as conversas mais sensíveis.

A turma sentava a pua no treinamento, mas também nas horas vagas, tanto nos *night clubs* como nos passeios pela região, em carros alugados. Teve até quem comprasse carro para despachar depois, de navio, para o Brasil. Rui acompanhava os colegas nos momentos de farra, não na mesma intensidade, afinal tinha Julinha e um bebê à sua espera no Brasil, mas aproveitava bem, "como se aquele fosse o primeiro dia de sua vida" – não era esse o conselho da própria Julinha?

Foi no treinamento nos Estados Unidos que Rui e vários de seus companheiros reencontraram um cara que conheciam da Pa-

Família Moreira Lima, em fevereiro de 1934. Em pé, da esquerda para a direita: Abelardo, Cecilia, Helosine, José Henrique, Leodegária (Vovó Lalá), Carlos, Rui, Clodomir, Bento Junior. Sentados: Heloísa e Bento (ainda não eram nascidos Raimundo e Antonio)

Helosine, 3 anos, e Rui, 1 ano. São Luís, 1920

Rui aos 15 anos em São Luís, 1933

No navio Itahite, voltando das férias no Maranhão, em 27 de janeiro de 1941

Rui e seus colegas na Escola Militar de Realengo, em setembro de 1939

Elegante no uniforme completo de cadete, em agosto de 1939

Na equipe de atletismo da Escola Militar de Realengo durante competição entre Marinha e Exército, em 1940

O "Fita Azul" conquista a prova dos 100 metros rasos, disputada no Fluminense, pela Escola Militar de Realengo, em 1940

Carteira da Escola Militar de Realengo, de 1939

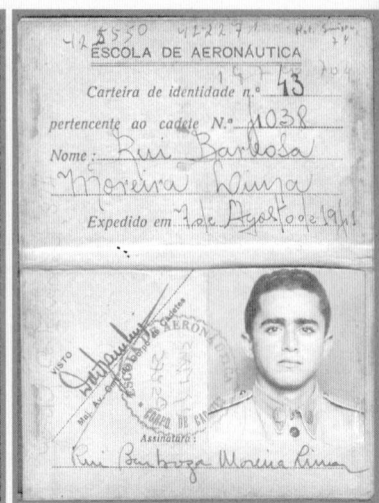

Carteira da Escola da Aeronáutica, de 1941

Turma de formandos da Escola da Aeronáutica, em 30 de setembro de 1942. De cima para baixo, esquerda para direita: Abiai, Duque Estrada, Oldegar, Vassalo, José Guilherme, Macedo, Matos, Afonso, Pires de Sá, Eustórgio, Lucena, Guilherme, Perez, Miranda, Dantas, Nascimento, Rui, Luiz Carlos, Espíndola, Aceadyno e Arquimedes

Cadete da Escola da Aeronáutica no Campo dos Afonsos, em 28 de setembro de 1941

Julinha em 29 de maio de 1938

Rui e Julinha na porta de sua primeira casa, em Salvador. Novembro de 1943

A primeira foto de casados, em 26 de outubro de 1943

Foto em São Luís, na última visita que fez à família antes de seguir para a guerra, em 31 de dezembro de 1943. Na ocasião, não teve coragem de contar que havia se voluntariado. Em pé: Heloisa, Rui, Antonio, Bento, Cecília e Helosine; agachados: Raimundo e Abelardo

Rui se despede de Julinha, no Aeroporto Santos Dumont, a caminho da guerra; atrás, os irmãos Cecília e Carlos. Rio de Janeiro, 1944

Rui e seu amigo John Richardson Cordeiro deixando Suffolk, nos Estados Unidos, após treinamento para a guerra, em julho de 1944

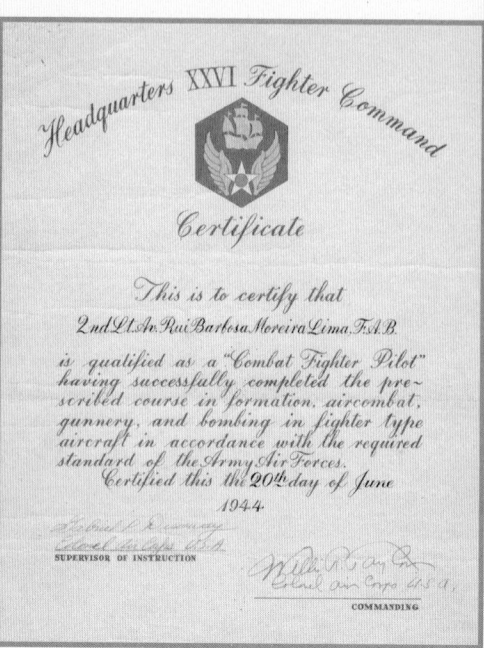

Certificado de Piloto de Aviação de Caça, concedido após treinamento pela United States Air Force (USAF), em junho de 1944

Esquadrilha Verde (Meirinha, Assis, Rui e o comandante Lagares) recebendo as últimas instruções para mais uma missão de guerra, em 1944

Rui na cabine de pilotagem do seu P-47 Thunderbolt D-4, o "Birrento", em 2 de maio de 1945, após a rendição alemã e italiana

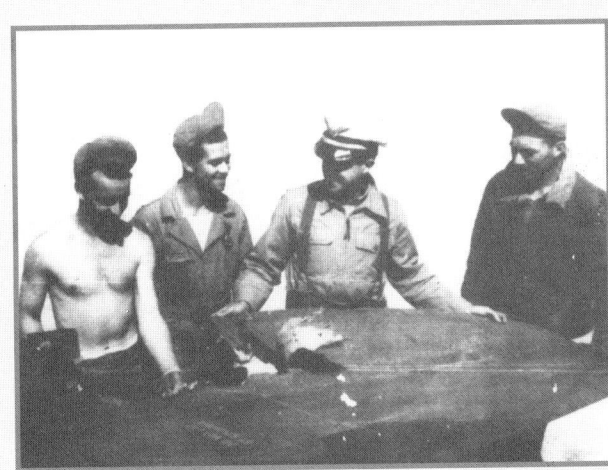

Rui e os mecânicos do D-4: Trautmann, Ferreira dos Santos e Jaime Medeiros Coutinho conferem o estrago causado pela artilharia alemã na fuselagem de seu D-4 após atacar uma posição da Flack alemã. Pousou com muita dificuldade numa base aérea polonesa e, na celebração por ter sobrevivido, entrou em coma alcoólica em 23 de abril de 1945

Sobre a asa do D-4. Na fuselagem é possível ver os desenhos das bombas, marcando cada uma de suas missões cumpridas

Rui e o pai de seu amigo tenente Cordeiro na repatriação dos restos mortais deste para o Monumento dos Pracinhas, no Aterro do Flamengo, em 1962

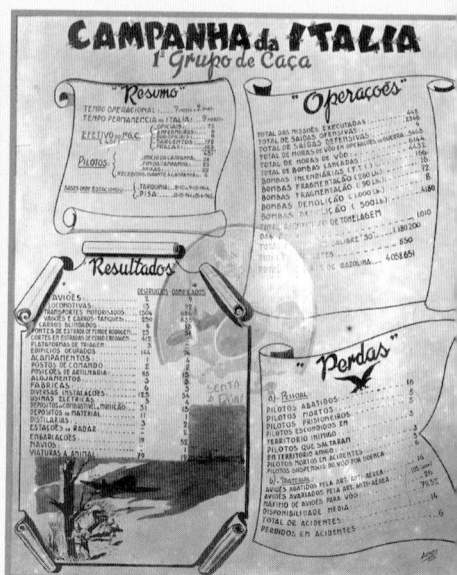

Quadro feito pelo tenente Bochetti contando as atuações do 1º Grupo de Caça na Itália em 1944-1945

Presidente Getúlio Vargas, ministro Salgado Filho e toda a comitiva riem da intervenção de Rui durante sua condecoração com a Medalha da Campanha da Itália, no retorno da guerra, em 16 de julho de 1945

No colo de Julinha, a pequena Sonia, nascida em 13 de dezembro de 1944, enquanto Rui servia na Itália. (1945)

Julinha com Verinha; Rui; a prima de Julinha, Madalena, com Soninha no colo; e uma amiga. Na pensão de D. Silvia, no Catete, em 1947

Major Keller, major Rui, ministro Nero Moura e outros oficiais no Gabinete do Ministério da Aeronáutica durante o Governo Vargas, em 1951

Meirinha e Rui, amigos e instrutores para novos pilotos de caça da Base Aérea de Santa Cruz, em 1946

Os então amigos Rui, Lafayette e Burnier na BASC, em 1948

Rui serve como "modelo de fêmur" para a equipe de Orlando Villas-Bôas e da FAB, na busca pelos restos mortais do aventureiro inglês Percy Fawcett, em 1951

Chefe da equipe de atletismo da Delegação Brasileira, no Campeonato Sulamericano de Atletismo em Buenos Aires, maio de 1952

Na cabine de pilotagem do Gloster Meteors, ainda durante o treinamento na Inglaterra, em 1953

Durante a operação de retomada de Jacareacanga e demais bases do Centro-Oeste e Norte, após tentativa de golpe por alguns oficiais da Aeronáutica, em fevereiro de 1956

Rui, criador e primeiro comandante do Grupo de Transporte Especial (GTE), recebe a visita de Julinha no trabalho, em 1959

Major Rui (de barba, em pé), entre militares e locais, durante a missão em Cachimbo, no Pará, em fevereiro de 1956

Rui e seu filho, Pedro Luiz, em Washington DC, Estados Unidos, em 1957

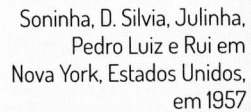

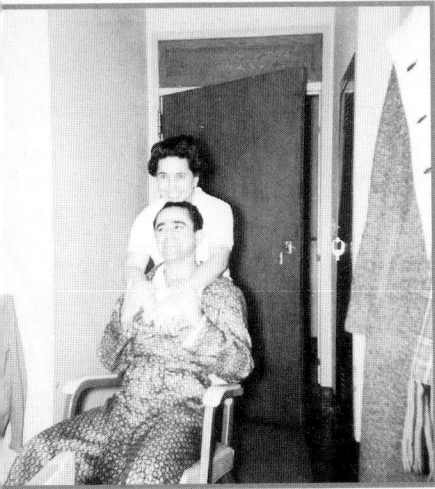

Soninha, D. Silvia, Julinha, Pedro Luiz e Rui em Nova York, Estados Unidos, em 1957

Rui, ainda de cadeira de rodas, acompanhado por Julinha após operação de hérnia de disco lombar, nos Estados Unidos, em 1959

No primeiro voo como copiloto, após a cirurgia na coluna, o susto no acidente com o avião Beechcraft, em 1961

Rui e demais oficiais enviados para o treinamento em contraespionagem em Munique, Alemanha Ocidental, 1962

O filho Pedro Luiz; a mãe, Heloísa; Rui com a filha caçula Claudia no colo; e seu pai, Bento. Rio de Janeiro, 1962

trulha Aérea, na Base Aérea de Recife, e que tinha ficado conhecido por ser o americano mais brasileiro de todos. John W. Buyers, um ruivo de pele branca e olhos claros, filho de americano, nascido em Juiz de Fora, Minas Gerais, era um cara descolado que, depois de estudar nos Estados Unidos, fora convocado pela USAF para servir no Brasil e usava de todo seu carisma e português fluente para articular acordos informais entre as forças do Brasil e dos Estados Unidos. Com o 1º Grupo de Aviação de Caça não poderia ser diferente: Buyers tinha sido convocado para ser o oficial de ligação entre a FAB e a USAF durante a guerra. Foi recebido com muitos abraços e risadas de reencontro, e fez a felicidade de muitos que não falavam inglês, virando intérprete nas horas vagas.

O fato de muitos deles não falarem inglês fez com que ganhassem um apelido engraçado do coronel-aviador Geraldo Guia Aquino: *ostriches*, ou avestruzes. Para os americanos, ingleses e canadenses, brasileiro era um ser que andava sempre em bando e comia qualquer coisa que via pela frente. Na realidade, os grupos se formavam em volta de qualquer um deles que falasse bem inglês seguido por vários outros que, geralmente, por não entenderem nem serem entendidos, repetiam o que ele falava ou fazia. Então não era incomum que, na hora de comer, por exemplo, o "líder" bilíngue pedisse um prato e os demais apenas repetissem *"the same thing"*, mesmo sem saber o que ele havia pedido. Era mesmo um bando.

Foi no dia 10 de setembro que o bando e Buyers partiram para Patrick Henry, na Virgínia, para aguardar pelo embarque para a Europa. E, finalmente, em 20 de setembro, o grupo embarcou no navio *UST Colombie* com destino à Itália.

O grupo era grande e contava com dezenas de pilotos, um grupo de apoio com mais pilotos, capelão, médicos (entre eles, o filho do presidente Getúlio Vargas, Lutero Sarmanho Vargas) e mais uma porção de especialistas, também formados em cursos técnicos com militares de países como Estados Unidos, Inglaterra e Canadá; além de, claro, a 1ª Esquadrilha de Ligação e Observação, a 1ª ELO.* Essa esquadrilha tinha sido formada por um aviso do ministro Salgado Filho e tinha como objetivo realmente ligar os acontecimentos aos oficiais do Exército através de observações aéreas. Era formada por apenas um comandante e seus pilotos-sargentos e pilotos-oficiais, que eram orientados a fazer missões muito arriscadas, voando muito alto e sem proteção, para poder relatar o posicionamento do inimigo. Eram os espiões aéreos do Exército brasileiro.

A viagem de navio levou longos 17 dias. Mais uma vez, Rui e Cordeiro dividiram a mesma cabine e aprofundaram ainda mais a amizade. John contava sobre sua família, o carinho por suas irmãs, tristezas e ansiedades. Sua narrativa era tão carismática que Rui era capaz de ficar ouvindo por horas. Um dia, John lhe disse:

– Essa missão vai nos marcar para a vida inteira. Quem sobreviver viverá em torno disso. Vamos ter decepções. A inveja e a calúnia são armas do bicho homem e, como somos poucos, vão usá-las contra nós.

A bordo, se entretiam como podiam. Faziam jogos, cantavam e desenvolviam todo tipo de distração para não pensar no que vinha pela frente. Rui contou que, ainda cadete de Realengo, ele e o então primeiro-tenente do Exército José Ribamar Raposo tinham passado por situação bem parecida durante uma viagem do *Itanajé* para Fortaleza. Entediados a bordo, criaram jogos e toda vez que algum dos participantes cumpria uma tarefa, os outros reproduziam o jingle de uma marca de cigarros, sucesso nas rádios da época: uma palma seguida por outras três e ao final o grito: "Adelphi!". Os colegas caçadores aderiram à brincadeira e apresentaram ao comandante, que achou graça. A partir de então, todas as comemorações, homenagens e zoeiras entre eles vinham acompanhadas da entusiasmada saudação.

---

* A 1ª ELO embarcou para a Itália a partir do Rio de Janeiro, junto com o 1º Escalão da FEB.

Logo nos primeiros dias, observando que os grupos americanos tinham nomes e escudos, alguém levantou a bandeira de que o 1º Grupo de Aviação de Caça também precisava dos seus. O nome não foi difícil de escolher – na verdade já estava informalmente escolhido há bastante tempo: *Senta a Pua!*.

– Mas nós precisamos bolar um símbolo! – Rui levantou a bola.

– Ficou difícil – respondeu Assis. – Como é que se faz um símbolo?

– O capitão Fortunato faz! – apontou o Torres. – Ele é bom de desenho.

– Faço. Mas o que vai ser? – questionou animado Fortunato, já providenciando lápis e papel.

– Tem que ser alguma coisa que identifique a gente – propôs Rui.

E, depois de uma série de clichês jogados ao vento, Meirinha sugeriu:

– Acho que o que mais caracteriza a gente aqui é aquele lance de que o coronel Aquino falou, que nós parecemos um bando de avestruzes.

A risada foi geral e a concordância também.

– E quem é que tem mais cara de avestruz aqui? – desafiou o Brandini, rindo.

– Ah, é o tenente Lima Mendes! Com certeza! – apontou Rui, de bate-pronto, para o delírio e a concordância geral.

Lima Mendes começou a desfilar entre os colegas, pescoço esticado, fazendo bico, levando todos às gargalhadas.

– Então para aí, ô avestruz! Fica parado um pouquinho pra eu desenhar você – ordenou logo Fortunato, lápis a postos sobre o papel.

Lima Mendes ficou paradinho em sua simulação de avestruz, enquanto Fortunato foi fazendo uma caricatura dele sob os olhares atentos e divertidos dos colegas. Aos poucos, foi saindo um rascunho de um cara engraçado, meio gente e meio bicho.

— Agora vou terminar e depois eu trago pra vocês — avisou o desenhista, deixando a roda em direção à sua cabine.

No dia seguinte, ele apareceu com um grande rascunho do que seria o símbolo do 1º Grupo de Aviação de Caça. A aprovação foi imediata e a empolgação foi grande. O rascunho logo virou arte-final, que foi apresentada pelo grupo para o comandante Nero Moura que, obviamente, riu.

— Então esse vai ser o símbolo do 1º Grupo de Aviação de Caça? — divertiu-se.

— É assim, olha: a borda verde-amarela representa o Brasil. O avestruz é uma homenagem à cara feia do Lima Mendes e aos nossos estômagos e ignorância. Ele está de quepe porque, claro, é piloto e também por isso está em cima de uma nuvem. O escudo, que tem o azul dos céus do Brasil com o Cruzeiro do Sul, representa o *P-47*, que vai nos defender e proteger nos céus da Itália. A pistola é o poder de fogo do *P-47*. O céu está vermelho porque estamos em guerra, e é uma homenagem aos mortos e feridos em combate. E o escrito "Senta a Pua!", bom, esse eu não preciso nem explicar, né comandante? — disse Fortunato, para a surpresa de Nero Moura, que não imaginava que aquele desenho tinha tantos significados.

— Está certo, então. Vamos mandar bordar pro uniforme de vocês — afirmou o comandante.

— E pintar nos aviões! — lembrou Rui.

— Claro, e pintar nos aviões — concordou Nero, sorrindo, para a satisfação de todos.

Alguns dias depois, todos tinham um emblema bordado em seus casacos. Os aviões também ganharam o escudo do grupo na parte da frente, perto das numerações, assim como faziam os americanos.

Conforme iam chegando mais perto, a ansiedade e a tensão aumentavam. Até que, no dia 27 de setembro de 1944, o navio finalmente chegou a Livorno, na Itália.

A situação não era simples. A cidade tinha sido bombardeada, então as docas estavam inacessíveis devido à quantidade de navios naufragados junto à costa, com apenas parte dos mastros para fora d'água; então os 5 mil homens deveriam descer pelas escadas móveis diretamente na água. Para piorar, chovia muito, o que deixava o desembarque ainda mais tumultuado. A ordem era para que cada um pegasse sua mala, um kit de mantimentos dado pela USAF (com um sanduíche, uma barra de chocolate, um refrigerante, uma camisa verde, uma cueca, um sabonete, escova e pasta de dentes) e, levando na mão seu cartão de identificação, se apresentasse ao pessoal de terra.

Obviamente, Rui e todos aqueles 5 mil homens chegaram em terra completamente ensopados. Ele apresentou seu cartão para um oficial americano que, rispidamente, ordenou:

– Siga em frente! Mantenha-se em fila!

Em volta, tudo era caótico. Aquela grande quantidade de oficiais se movimentando em meio à cidade destruída pelos bombardeios. O ar pesado, a paisagem entristecia a visão. Rui ficou tocado com tudo aquilo e foi seguindo as ordens até que viu um casal de uns 50 anos, sujo e molhado, mas bem-vestido, revirando um tonel de petróleo usado como lixeira pelos americanos. Saiu da fila e foi caminhando até o casal.

– Oficial, volte para a fila! – gritou um oficial americano irritado, mas foi completamente ignorado por Rui, que continuou andando. – Oficial, volte agora para a fila ou vou atirar!

– Quer atirar num oficial aliado? Atira! Eu só estou indo ajudar – respondeu Rui, tão ríspido quanto ao americano enfurecido.

Finalmente se aproximou do casal, que o olhou com um olhar triste e amedrontado.

– Sinto muito, senhor. O senhor não precisa nos machucar, nós já vamos embora. Só estamos com fome – disse o homem, enquanto entrava na frente de sua mulher, protegendo-a.

– Eu não vou machucar vocês. Vocês estão procurando comida no lixo? – impressionou-se Rui.

– A cidade está arrasada, não há nada para comer. E, por causa dos bombardeios, apenas os Exércitos passam por aqui, então temos dependido de vocês – do que sobra de vocês. Eu sinto muito, senhor, eu realmente não quero causar problemas.

Rui ficou mudo por um segundo, encarando o casal. Abriu seu kit, tirou seu sanduíche e o chocolate e deu na mão do homem.

– Não é muito, mas é o que tenho.

O homem o olhou comovido. Rui pôde ver que a mulher, mesmo de cabeça baixa, estava emocionada.

– Volte pra fila agora, oficial! Isso é uma ordem! – gritou novamente o enfurecido oficial americano.

Rui acenou com a cabeça para o casal e voltou para a fila, sem perder a oportunidade de fechar a cara para o oficial ao passar por ele. Foi encaminhado para um banco na caçamba de um caminhão junto com outros membros do grupo, onde sentou sem nem questionar. Só pensava no casal faminto.

– O que foi, Rui? – perguntou Sapucaia, sentado ao seu lado.

– É a guerra, Sapucaia. A gente tem que terminar com essa guerra.

Os caminhões seguiam em comboio até a estação de trem, onde todos desembarcaram e foram sendo encaminhados para vagões em um trem de bitola estreita que, de tantos buracos de tiro, parecia uma peneira. Não havia espaço, que dirá bancos. Foram orientados a formar grupos de oito para que se apoiassem durante o saculejar da viagem. Assim foram, ensopados, colados uns aos outros, durante algumas horas até finalmente chegar à estação de Tarquínia, uma pequena cidade mais ao sul, em 7 de outubro.

Foram mais uma vez encaminhados para caminhões e assim levados à Base Aérea de Tarquínia. Era uma área pantanosa, mas a única na região com área suficiente para receber uma pista de pouso, que foi apelidada de *Runaway Island*, ou Pista Ilhada. A pista era a única parte do terreno realmente seco, todo o resto era charco – alguns pontos mais, outros pontos menos. Como o grupo brasileiro foi o último a chegar, eles não tiveram a chance de escolher.

– É uma lagoa, pô! – exclamou em alto e bom som o tenente Newton Neiva de Figueiredo assim que ficaram de cara com sua parte da base.

Ninguém ousou rir nem sequer repreendê-lo. Era mesmo tanta água que parecia uma lagoa, como contestar? Mas era o que tinha. Era a guerra.

O comandante Nero Moura logo começou a organizar tudo. Chamou um engenheiro hidráulico (um rapaz, civil, que havia se alistado na FAB assim que foi criada), que montou um grande plano para drenar a água do solo. Foi preciso que o grupo todo botasse a mão na massa, abrindo grandes valas por onde a água escoava. Em alguns dias, o terreno finalmente estava pronto para receber as tendas do acampamento ou o "setor brasileiro" da base.

Nesse período foi feita a distribuição das equipes e dos equipamentos. Foram divididas quatro esquadrilhas (Verde, Amarela, Azul e Vermelha) e Rui foi encaminhado para a esquadrilha verde. Também lhe foi designado sua "garça", seu avião Thunderbolt P-47 226786 com identificação de linha de voo "D-4" pintada na carenagem lateral ao motor, na parte da frente do avião junto ao brasão do grupo desenhado pelo Fortunato, e sua equipe de manutenção e apoio. O primeiro mecânico da equipe foi o segundo-sargento Oswaldo de Oliveira Contente que, apesar do sobrenome, era um cara emburrado e calado, mas que tinha sido o primeiro colocado no curso de Thunderbolt feito nos Estados Unidos junto aos outros alunos de diversas nacionalidades. Ele era tão bom que logo foi chamado para uma função maior e em seu lugar entrou o terceiro-sargento José Alves Cansado que, contrariando o sobrenome, era um cara disposto e ativo. Além dele faziam parte da equipe de cuidados do D-4 o auxiliar de mecânico soldado Octávio Ferreira dos Santos que, mais uma vez, contrariando o nome, não era lá tão santo e sim um grande namorador, e o mecânico de armamentos terceiro-sargento Hugo Manso, que, também, contrariando o sobrenome, era um cara bem esquentado.

Além dos aviões, os uniformes e equipamentos dos brasileiros mudaram nesse contato com os Estados Unidos. Até então tudo o que os brasileiros usavam era de péssima qualidade. O tecido dos uniformes, de cor cáqui, era muito incômodo e sem caimento. Não era possível, por exemplo, fazer vinco nas calças – que levavam uma costura no local do vinco para dar a sensação de que estavam vincadas. Então os brasileiros aproveitaram para comprar também uniformes dos americanos quando se aliaram. Tudo foi comprado – das cuecas aos capacetes. Os uniformes continham um distintivo metálico de bronze de piloto (brevê) no lado direito do peito, e no braço esquerdo um distintivo de tecido escrito "Brasil". Também entraram no cotidiano dos nossos militares certos equipamentos, como os capacetes com receptor de rádio embutido, por exemplo – foi a primeira vez que os pilotos brasileiros tinham capacetes paramentados para voo e podiam se comunicar com o pessoal de terra facilmente, o que era um grande alívio para todo mundo.

No dia 18 de outubro, tudo estava pronto e no dia 31 o 1º Grupo de Aviação de Caça pôde começar as operações. Como eram subordinados ao *350th Fighter Group* da USAF que, por sua vez, era subordinado ao *62th Fighter Wing*, o 1º Grupo de Aviação de Caça hierarquicamente passou a ser um Esquadrão dentro do grupo americano, ou *1st Brazilian Fighter Squadron*. Após reuniões entre os comandos, os comandantes brasileiros fizeram seu primeiro voo acompanhados dos oficiais americanos.

Durante essa fase, os pilotos foram proibidos de voar. Ficavam assistindo à exibição dos pilotos americanos sobre a base, ansiosos para fazer o mesmo. Quando enfim foram informados de que fariam os primeiros testes de voo, foram advertidos pelo comandante que era terminantemente proibido se exibirem sobre a base.

– Teu amigo será preso amanhã após o voo. Vou desmanchar a barraca do comandante com meu P-47.

– Tá maluco, Cordeiro? O comandante vai te matar! Não faz isso não – rogou Rui.

No dia seguinte, antes de entrar no seu *P-47*, avisou os colegas de que faria mesmo o prometido e, contrariando os apelos dos colegas, deu vários rasantes sobre a barraca do comandante tentando fazê-la voar.

A estripulia rendeu a Cordeiro alguns dias de prisão e uma introspecção que encucou Rui. Não queria mais se reunir com os amigos, não ria, mal falava. Tentou tirar do amigo o porquê da reclusão, mas nada o fez falar. "Deve ser culpa por ter cometido a indisciplina, esse tipo de coisa nunca foi do feitio dele", cogitou Rui para si mesmo, tentando não se preocupar.

Em 6 de novembro, depois da estreia do grupo nos céus da Itália, foi a vez da estreia dos tenentes – e de Rui. Sua primeira missão, como acontecia com todos os pilotos, foi de aprendizagem, mas ainda assim estava nervoso. Na pista, encontrou Cordeiro a caminho de seu avião que partiria com outra esquadrilha. Sem palavras, apenas se abraçaram, emocionados.

Rui e a esquadrilha verde subiram aos céus junto com uma esquadrilha americana com a missão de bombardear uma estrada de ferro entre Módena e Parma. Rui era o 8º piloto dentre oito pilotos; então, por incrível que pareça, seu maior medo era "ficar para trás", se perder por aí em território desconhecido. Os americanos eram conhecidos por seu arrojo e sua experiência no combate, por isso não respeitavam qualquer tipo de insegurança, amadorismo ou inexperiência. Ficou tenso durante toda a missão, jogou sua bomba na água, mas não se perdeu e voltou a salvo para a base. Era finalmente um piloto de guerra.

Assim que deixou o D-4, foi interceptado por um jornalista da BBC de Londres que acompanhava o grupo brasileiro. Seu nome era Francis Hallawell, tinha sido professor de inglês – de Rui, inclusive – na Escola Militar de Realengo e, por seu contato com os militares e seu português fluente, fora mandado como correspondente da emissora junto do Brasil na Itália. "Chico" (como era conhecido pelos colegas brasileiros) cumprimentou Rui e lhe pediu uma entrevista. Mal tinham começado, foram interrompidos por um oficial brasileiro que trazia a notícia da morte de John Richardson Cordeiro e Silva: seu avião havia sido atingido pelo fogo da artilharia antiaérea inimiga e, sem ter altura o suficiente para que o paraquedas abrisse, explodiu ao tocar o solo em uma tentativa de pouso forçado. Rui e Chico pararam de falar, embargados. A primeira morte do grupo em batalha era de um grande amigo, conhecido de ambos desde Realengo. Rui pediu licença para Chico, e saiu para um canto onde, sozinho, chorou. Cordeiro não poderia ver o final de Mussolini e Hitler que tanto esperava.

Mais tarde, o comandante fez questão de homenagear Cordeiro e motivar seus companheiros, que ficaram muito abatidos. Os alemães iriam pagar caro por isso. A guerra estava ali, acabou o treinamento.

Em sua 27ª missão, um jipe inimigo cruzou seu campo de visão e acabou por tornar-se seu alvo. De seu avião, usando uma metralhadora .50 a 350 metros, acertou o alvo e matou todos os homens que tinham saído de dentro do carro. Pela primeira vez, atirava conscientemente em um ser humano. Missão cumprida, sua esquadrilha voltou para a base. Ao sair do avião, Rui foi sozinho para um canto e vomitou. Era uma tristeza tão grande a que sentia que teve febre naquela noite. Seus companheiros, preocupados, cuidaram dele, mas sabiam do que se tratava, já que, de alguma forma, também tinham passado por isso: não era simples matar um homem, um desconhecido, alguém que também tinha uma vida, uma família, uma história.

– Não tem jeito, Rui. Somos nós ou eles – comentou Lima Mendes.

– Mas a gente podia acertar só o arsenal, acabar com os carros, os caminhões, mas pra que matar os caras? – questionou Rui, arrasado.

– Aí ele pega outro carro, outro caminhão, outro avião e vem atrás da gente, como fizeram com o Cordeiro. Não tem jeito, Rui, guerra é guerra. Quem volta vivo leva mais gente pra atacar o outro lado. Se eles não morrerem, a gente morre. Vai ser assim até que alguém se renda – complementou Meirinha.

– Vai medrar agora, Arataca? – provocou Dornelles.

– Esse troço é ingrato demais... – resmungou Rui.

Rui passou a noite tendo pesadelos. Dormia e acordava suando, mesmo com o frio que fazia. Não conseguia tirar aquilo da cabeça, mas eles tinham razão: aquilo tudo era uma porcaria, mas guerra é guerra. E se era para não morrer mais nenhum dos seus, então não podia deixar passar nenhum dos deles.

E assim foram as missões de Rui dali para a frente: mirava o alvo e atirava, sem dó. Na maior parte das vezes atingia, algumas vezes era também atingido. Quando voltava para a base, fazia os relatórios de suas missões e acompanhava o tratamento de sua "garça", o D-4. Rui e sua equipe eram responsáveis por tudo o que acontecia com o "birrento", como ele costumava chamar seu avião, fosse seu péssimo hábito de beber combustível mais do que devia ou consertar a carenagem avariada por tiros e artilharia. Faziam o que podiam e o que não podiam para que o D-4 cumprisse bem a função dele e para que Rui pudesse cumprir a sua.

Os *P-47 Thunderbolt* eram aviões de 2.000cv, com motor com injeção de metanol (injeção d'água) de 15 segundos que aumentava em 350cv, com um supercompressor que mantinha a potência conforme o avião subia. E o mais difícil: a cabine ainda não tinha pressurização, o que fazia com que os pilotos, apesar do frio de -54ºC, tirassem suas luvas quando alcançavam 40 mil pés (ou 10 mil metros) de altitude para que eles pudessem saber quando estava na hora de descer, já que as unhas começavam a ficar roxas quando começava a faltar oxigênio e dali para a frente era um minuto para a morte. Sem máscara nem macacões especiais (que só vieram a ser implementados na Guerra da Coreia) no bombardeio picado, quando o avião descia, o piloto desmaiava por uma fração de segundos, então acordava e retomava o voo

– com risco também de borrar as calças. Então, além da missão em si, ainda tinha todas as questões de voar nessas condições; logo, ser um piloto de caça era um risco constante. E, para piorar, devido à tensão e à baixa oxigenação em altitude e pressão, ainda era acometido por terríveis enxaquecas assim que pousava. Disfarçava para os colegas, mas dava um jeito de escapar assim que podia e, sem dizer nada para ninguém, se enfiava na enfermaria, onde, medicado, ficava um tempo chorando e esperando a dor passar. Recomposto, voltava como se nada tivesse acontecido. Numa dessas, não foi encontrado para posar diante de um dos P-47 para a foto do grupo reunido, que depois se tornaria icônica, já que ninguém ficava sabendo onde Rui estava quando "sumia".

Rui, como era de costume, aprontava das suas. Não bastassem os riscos intrínsecos, ainda fazia suas loucas acrobacias até que Lagares, que era o líder dos pilotos por ser o melhor deles, começou a se irritar.

– Temos que ir embora todos vivos daqui! – Lagares dava bronca em Rui, sem sucesso.

As peripécias se repetiram até que um dia Lagares se irritou e botou Rui de molho, sem voar, por quinze dias. Rui reclamou, pediu para o comandante Nero Moura interferir, mas nada feito – e a lição foi aprendida na marra.

E Lagares tinha razão: todo cuidado era pouco em missão. Quando estavam prontos para bombardeios, por exemplo, tinham que se concentrar a ponto de meditar e não pensar em absolutamente nada, para que o avião não tremesse e a bomba errasse o alvo. Esse momento, apesar de ser muito rápido, era também extremamente perigoso, porque deixava o piloto completamente suscetível a contra-ataques, uma vez que paravam de prestar atenção no entorno. Um dos pilotos brasileiros chegou a ter o canopi (a cúpula de vidro de proteção do piloto) acertada exatamente neste momento, mas, por sorte, conseguiu sobreviver.

Os pilotos brasileiros, inclusive, eram vistos com certa "desconfiança" pelos colegas americanos, especialmente no começo. Era difícil para eles entenderem que aquele grupo tão reduzido de homens fosse ter alguma relevância para as batalhas. Mas não demorou muito para essa primeira impressão negativa ser quebrada, com a atuação muitas vezes impressionante dos pilotos brasileiros. Rui e seus colegas, versados em voar sem instrumentos nem apoio de solo sobre mata fechada, sobre o mar ou em péssimas condições de tempo por todo o território brasileiro pelo Correio Aéreo Nacional, muitas vezes viam o que os americanos não viam, se safavam de situações quase impossíveis, e eram assertivos e corajosos como poucos.

Claro que existiam exceções que deram origem a uma esquadrilha informal intitulada "O Que Que Há Com Teu Peru". Ali eram "alistados" quem, por qualquer motivo, não conseguia levantar voo ou sair em missão. Podia ser por covardia, por problemas técnicos, por falta de habilidade profissional, não importava. O que acontecia era que os outros oficiais se gabavam e azucrinavam os "problemáticos" jogando-os para a tal esquadrilha, o que gerava uma bronca enorme em seus "membros". O Prates foi um deles. Sem voar – não por medo, porque ele não era de ter medo – mas tendo problemas constantes, ele acabou ficando alguns dias em terra e passou a fazer parte da esquadrilha. Já na bronca, decidiu voar de qualquer jeito. Pegou seu avião e decolou, mas acabou batendo no muro de contenção que ficava no final da pista, fazendo o avião tombar e explodir. A explosão foi tão forte que a torre acabou demorando a mandar a equipe de apoio de incêndio. Prates então apareceu andando, paraquedas nas costas, todo injuriado por causa da demora. Quando os colegas chegaram até ele, depois que viram que estava bem, Rui, bem sério, falou:

– Mas Prates... O que que há com teu peru?

Prates xingou Rui de tudo quanto foi nome e saiu andando em meio à gargalhada geral.

O bom humor dos brasileiros e suas destrezas aéreas fizeram com que o *1st Brazillian Fighter Squadron* passasse a ser mais respeitado aos olhos dos americanos. Por seus bons resultados, receberam a visita de um oficial americano, comandante da *12th Tactical Air Force*, general J.K. Cannon. Saudado em formação por todo o grupo, foi surpreendido pela homenagem proposta por Nero Moura:

– Tenente Rui, saia de forma e dê o nosso grito de guerra em homenagem ao general.

Rui demorou alguns segundos para saber se Nero estava falando sério, afinal o Adelphi – que eles vinham usando frequentemente desde o navio – não passava de uma brincadeira entre eles, sem um significado específico. Olhou desconfiado para o comandante, que se mantinha sério, à espera. Rui então deu seu comando:

– Atenção, tropa!

Todos se colocaram em prontidão para ouvir a sequência de palmas e, ao final, em uníssono, gritaram "Adelphi!".

O general Cannon, satisfeito, agradeceu aos brasileiros pela entusiasmada homenagem e questionou o comandante sobre seu significado. Nero inventou que aquela era uma saudação honrosa da caça brasileira, utilizada para saudar apenas grandes personalidades. Não era, mas a partir daquele momento passou a ser. E o "Adelphi" foi elevado de reles brincadeira à homenagem oficial do 1º Grupo de Aviação de Caça.

Com as boas missões realizadas, acabaram avançando para o Norte e, em 21 de novembro de 1944, todo o *350th Fighter Group* foi deslocado para a Base Aérea de San Giusto, em Pisa.

A vida em Pisa era menos improvisada do que em Tarquínia. Eles estavam na cidade, então em vez de ficarem acampados, foram todos alojados em uma hospedaria chamada Albergo Nettuno. Tomaram conta das estruturas locais e surgiram os Clubes de Oficiais por vários bares da cidade.

Os clubes de oficiais eram espaços onde todos iam para relaxar depois de longos dias de missão. Cada país tinha seu próprio clube, com suas regras e personalidade. Alguns, como o dos Estados Unidos, faziam um estilo bordel para literalmente "aliviar" os combatentes; outros já eram mais familiares e aceitavam a entrada dos pisanos e suas famílias. Mas, em todos eles, "as meninas" estavam presentes: moças italianas se prostituindo, algumas por vontade e muitas por necessidade, já que geralmente tinham comida e chocolate enquanto estavam ali – até mesmo moças fascistas controlavam seus impulsos políticos e ali permaneciam para não passar fome.

Os brasileiros tinham um certo pé-atrás com os americanos desde antes de o Brasil entrar para a guerra. Isso porque eles já tinham se posicionado nas bases brasileiras e seu comportamento gerava incômodo por se portarem não como convidados, mas como se fossem "donos do pedaço". Depois, quando foram para a Itália, brasileiros e americanos dividiam o mesmo espaço no *350th Fighter Group*, mas eram vistos de forma diferente pelos italianos: da mesma forma como ocorria no Brasil, os americanos se comportavam de forma "arrogante" com os italianos, diferentemente dos brasileiros que, talvez por serem latinos, lidavam de modo mais fácil com os locais.

Os clubes eram bons exemplos disso: quando o grupo brasileiro estava decidindo sobre a fundação de seu clube na Itália, Nero Moura perguntou se eles queriam um clube mais "livre" ou um clube para a "sociedade local". De início, os brasileiros responderam "mais livre", mas acabaram cedendo à sugestão do comandante de fazer algo mais "familiar", que confrontava o clube dos americanos e era mais bem receptivo aos italianos.

A relação dos brasileiros com os pisanos foi funcionando a ponto de eles darem comida aos necessitados e até de o Dornelles manter uma porção de crianças órfãs sem que ninguém do grupo soubesse. Rui, Dornelles e seus colegas de grupo acabaram fazendo amizade com um garoto de uns 12 anos chamado Romano, adotando-o durante a guerra, dando-lhe tudo o que podiam para que ficasse bem. Recebiam os partisanos (civis italianos da Resistência que ajudavam os militares aliados), davam comida e eram retribuídos com afeto.

A relação entre eles também foi ficando afetuosa com o tempo. O comandante Nero Moura, sempre controlado, calmo e tranquilo, não ligava muito para pequenas indisciplinas dos seus homens, como bagunças e bebedeira, desde que não interferissem nas missões – neste caso ele arrancava a caderneta de voo do sujeito e o metia na cadeia por alguns dias. Mas a estratégia do comandante de revezar as lideranças das esquadrilhas nas missões (fazendo com que fossem ao mesmo tempo líderes e liderados, e com isso entendessem e respeitassem mais uns aos outros) os aproximou intensamente, fazendo com que, aos poucos, fossem se tratando apenas pelo primeiro nome ou pelos apelidos e se tornassem realmente amigos por toda a vida. Foi o comandante Nero Moura, inclusive, que num final de dia de missões convocou todos os membros do grupo para propor que mantivessem o 1º Grupo de Aviação de Caça quando voltassem para casa – proposta prontamente aceita por todos.

Rui, Fortunato e Pessoa Ramos eram dos mais animados do grupo e inventavam de tudo: brincadeiras, gritos de guerra e até canções. Quando Danilo Moura, piloto e irmão do comandante Nero Moura, retornou depois de semanas desaparecido nas linhas inimigas, Perdigão, inspirado pela inauguração da Real Ópera de Roma no Teatro Thunderbolt de Pisa, sugeriu que compusessem uma ópera em homenagem ao companheiro. Juntaram-se a ele Rui, Rocha, Pessoa Ramos, Coelho, Cauby, Meirinha e Tormin para compor a "Ópera do Danilo", um espetáculo que contava as aventuras vividas pelo colega. Rui puxava as canções, as palmas, as risadas. Era o grande provocador e o mais brincalhão. De uma certa forma, era considerado uma espécie de líder natural do grupo, especialmente nessas questões sociais, a ponto de Disosway ter dito ao comandante Nero Moura em certa ocasião: "Não deixe esse rapaz morrer, porque é ele quem vai levar todos até o final."

A preocupação de Disosway não era à toa. O *1ˢᵗ Brazilian Squadron* tinha um número muito pequeno de oficiais em comparação ao grupo americano, o que de início foi visto como uma fraqueza, mas que logo passou a ser encarada como uma característica de bravura, já que, de tempos em tempos, depois de cumprir um certo período de serviço ou número de missões, os americanos eram mandados de volta para casa e os brasileiros não. O "recompletamento", como essa substituição era chamada, não veio para o 1º Grupo de Aviação de Caça brasileiro e isso foi deixando todos exaustos. O comandante Nero Moura pedia, reclamava, mas a resposta do Ministério era sempre "em breve", e nunca vinha. O ministro Salgado Filho chegou a ir até à Itália ver como andavam as coisas e acabou sendo parcialmente ignorado pelos brasileiros, o que lhe gerou uma mágoa que anos depois foi revelada em sua biografia. Dizia que a culpa era do presidente Vargas, que só dizia "a guerra está perto do fim", sempre que era questionado sobre o assunto, e não liberava o treinamento nem o envio de novos oficiais.

As famílias no Brasil também pressionavam o ministro. Assim que Salgado Filho voltou da Itália, convocou uma reunião com as parceiras dos oficiais em serviço. A ideia era dar notícias de seus namorados, noivos e maridos e dar-lhes fotografias recentes, mas o encontro não aconteceu como o previsto. Julinha, impaciente e inconformada com o floreio do ministro, questionou:

– Ministro, fotos do Rui eu tenho muitas. Eu só quero saber do senhor quando vai ter recompletamento.

O ministro ficou sem graça, as outras mulheres fizeram coro, mas a única resposta que conseguiram levar para casa, como sempre, foi "em breve", e tudo continuou exatamente como estava.

Rui e Julinha trocavam muitas cartas. Escreviam quase que diariamente um para o outro. No começo, Rui escrevia com detalhes tudo o que acontecia por lá, mas o governo intervinha tanto, as cartas chegavam às mãos de Julinha quase que "uma renda" de tão censuradas, que ele passou a escrever apenas sobre seus sentimentos. Para tentar burlar a censura, as mães, irmãs, namoradas e esposas dos membros do Grupo se encontravam quase que diariamente para trocar notícias, mas nem sempre isso era o suficiente.

O carteiro chegava sempre animado quando trazia correspondências de Rui e de Hélio, irmão de Julinha que também estava combatendo com o Exército na Itália, e não conseguia esconder a tristeza nos raros dias que não levava nada. Sempre que entregava uma carta, perguntava, pedia notícias, e era atualizado por Julinha com notícias da Itália, que ouvia emocionado. Nas cartas, Rui e Julinha tentavam não falar de problemas, de tristezas, de incertezas. Mandavam na maior parte das vezes cartões curtos com mensagens de amor. Tanto que ela fez questão de não contar ao marido sobre um incidente acontecido durante sua gravidez na padaria perto de sua casa.

Julinha frequentava uma padaria que ficava próxima à pensão de sua mãe, na rua do Catete, perto do Cinema Azteca. Grávida, ia todos os dias, caminhando lentamente enquanto cumprimentava os vizinhos, e voltava para casa com o pão fresquinho. Numa dessas manhãs, entretanto, foi surpreendida pela mudança de atitude da dona da padaria. A senhora de forte sotaque alemão, que sempre a tinha tratado com muita gentileza, de repente passou a agredi-la:

– Sua vagabunda! Vá comprar pão em outro lugar! – gritava a senhora, enquanto afugentava a jovem assustada para fora do seu comércio. – Para você só pão velho e duro! Você, sua vagabunda, é mulher de assassino do povo alemão! Saia daqui!

Julinha, muito assustada, deixou a padaria às pressas, chorando pela rua e não mais voltou. Quando contou para dona Sílvia o ocorrido, ouviu da mãe:

– Alguém deve ter contado a ela que Rui está combatendo na Itália. Não se abale por isso, minha filha.

Contar sobre o marido, que era um grande orgulho, passou a ser, a partir de então, uma preocupação para Julinha. E se fosse insultada novamente? E se agredissem seu bebê?

A preocupação deu uma amenizada logo na semana seguinte: Julinha soube que a padaria fora fechada pela polícia, que descobriu que em seu interior havia um improvisado centro de espionagem alemã que transmitia informações sobre os navios ancorados no Rio de Janeiro e seu destino.

Julinha sabia que tinha essa missão importante na vida do marido: amenizar as angústias da guerra, então por que contar histórias como essa? Ele já tinha muitas preocupações por lá e qualquer carta daquela poderia ser a última, então, que fosse linda e cheia de felicidade. Rui retribuía da mesma forma.

Rui também evitava contar suas mazelas para a esposa. Não contava quando era alvejado nem dos horrores que via. Quando muito, falava sobre os momentos de folga com os colegas e raramente das mensagens que também recebia de seus pais e irmãos. Em certa carta, Rui contou que sua irmã, Cecília, havia lhe pedido para passar um tempo na casa deles, no Rio de Janeiro, e a resposta de Julinha foi uma carta de duas páginas onde estava escrito apenas "não, não, não, não, não...". Rui entendeu e nunca contestou. A guerra não era um bom momento para tratar de assuntos delicados.

Foi então que, em 13 de dezembro de 1945, chegou para Rui a notícia que ele tanto esperava: tinha nascido a primeira filha do casal, Sonia. Uma linda e saudável menina. A notícia veio de seu mecânico, Cansado, assim que Rui pousou de uma missão:

– Nasceu! – disse Cansado enquanto abria o canopi.

– Menino ou menina? – questionou, já com os olhos arregalados.

– Menina! O nome dela é Sonia!

Rui correu para o telefone, ligou para Julinha e perguntou tudo o que podia. Depois, pulou e gritou como um doido pela base. Chamou os companheiros, abraçou todos os que passavam pela frente, riu e chorou de felicidade. Tomou um porre naquela noite, afinal, era pai. Estava a milhares de quilômetros de distância e no meio da guerra, não fazia ideia de quando conheceria sua primeira filha – o que lhe trazia um certo amargor –, mas tinha amor e isso lhe bastava.

A notícia feliz, entretanto, fez com que os dias que se seguiram ficassem mais difíceis. Era Natal e passar o período de festas em combate não era nada agradável. O cansaço parecia aumentar, acompanhado de saudade e de uma vontade enorme de acabar com tudo aquilo e voltar para casa. Passaram o Natal em Pisa, comeram, celebraram o que era possível celebrar.

A tomada de Pisa tinha dado uma certa tranquilidade para o grupo. Os pilotos passaram a ter folga de cinco dias a cada 15 missões realizadas. Nesse período, ficavam livres para fazer o que quisessem, inclusive viajar – de preferência, para territórios já tomados pelos Aliados. Rui aproveitava suas folgas para conhecer a região: foi para Roma e algumas outras cidades nas redondezas. Ia de carona de avião ou caminhão, se hospedava em qualquer estalagem por 50 centavos a diária, enchia a cara e namorava algumas partisanas. Não era como viajar de férias, já que a maioria das cidades estava sem luz e um ataque inimigo (individual ou em grupo) poderia acontecer a qualquer momento, mas era bom o suficiente para comer bem, restaurar um pouco as energias e "fingir" que não estava em uma guerra. No último dia do descanso, se dirigia ao aeroporto mais próximo e ficava por ali, fardado, pedindo carona. "Pisa? Pisa?", ia perguntando a todos até conseguir uma carona para a base para, no dia seguinte, começar tudo de novo.

Mas, com o passar dos dias, as missões foram ficando mais difíceis – porque os inimigos estavam mais impiedosos, perdendo território; porque todos estavam chegando ao limite da exaustão; porque, apesar da manutenção, as avarias nos equipamentos iam deixando-os mais instáveis; porque a ansiedade em terminar com a guerra adicionada à experiência nas missões deixavam os pilotos mais ousados e, ao mesmo tempo, mais vulneráveis.

Alguns pilotos foram fatalmente atingidos, outros tiveram que saltar de seus aviões em território inimigo e foram capturados, outros se machucaram, outros acabaram internados por exaustão. As baixas no grupo seguiam a estatística prevista, de "perder um homem por semana", mas com o índice baixíssimo de recompletamento, o grupo foi ficando cada vez menor e mais pressionado.

Quando entrou 1945, as previsões eram realmente preocupantes: naquele ritmo, o grupo duraria, se muito, até maio, depois não teria mais condições de atuar por falta de pessoal. O comandante Nero Moura não se cansava de pedir reforços e a tal resposta "a guerra está acabando" se repetia sempre, para a decepção de todos. Com as baixas, os pilotos que ainda se mantinham na ativa passaram a fazer duas, até três missões de guerra por dia, algo impensável para os americanos, por exemplo.

Rui foi um dos 22 pilotos, dentre 45, que conseguiu se manter ativo até o final da guerra. Conseguiu por pouco, já que teve três incidentes gravíssimos, que podiam tê-lo matado.

O primeiro incidente aconteceu quando, em uma missão, após bombardear o alvo, tentou arremeter o avião, mas estava tão baixo e tão rápido que, mesmo puxando o manche com toda a força contra seu peito para não se chocar contra o chão, bateu com a asa direita em uma árvore e um poste. O choque diminuiu drasticamente sua velocidade, o que lhe ajudou a retomar o voo, mas o impacto foi forte o suficiente para machucar-lhe as costas, na região da coluna lombar. Conseguiu voltar à base e foi medicado por Lutero Vargas. Como estava no auge de sua forma física e, de alguma forma, anestesiado por tudo o que estava vivendo, aceitou a dor e seguiu em frente.

O segundo aconteceu em sua 59ª missão. Sua esquadrilha verde e a marrom saíram para um ataque a uma ponte no Vale do Pó. A missão era destruir a ponte, mas a área estava altamente protegida pela artilharia antiaérea alemã (Flak), então, assim que chegaram, foram atacados. Rui, que era o 3º piloto da verde, conseguiu detectar uma bateria de 88mm alemã localizada perto da ponte, avisou que faria o ataque e, sob aval do líder Lagares, partiu para cima. Obviamente foi recebido com muitos tiros, não só da bateria, mas de todo tipo de armas que eles tinham à mão, e quando estava já muito próximo, foi atingido no motor, que começou a pegar fogo. Rui avisou ao líder que terminaria o ataque e então pularia de paraquedas e, sem aguardar a resposta, desceu ainda mais e, além de eliminar todo o fogo inimigo, ainda teve a sorte de conseguir atingir um trem carregado de munições exatamente quando passava sobre a tal ponte. A sorte veio com o azar de estar voando baixo o suficiente para ser atingido pelos destroços da explosão, o que fez 28 buracos no D-4, alguns do tamanho de bolas de futebol.

Subindo o avião às cegas, Rui chamou sua esquadrilha no rádio:

– Jambock Verde, é o Jambock Verde 3. Vou saltar, a visibilidade é zero pois, além do fogo, há óleo sobre o para-brisa, cobrindo também o canopi, e fumaça na nacele – disse, já se preparando para saltar.

– Não vai saltar coisa nenhuma! – respondeu imediatamente Lagares. – O fogo antiaéreo te pegará durante a queda. Toma o rumo 150 graus, que te avisarei quando deves saltar.

– E o fogo? Achas que devo virar churrasco ou explodir feito o trem lá embaixo? – preocupou-se Rui.

– É uma ordem. Não salta agora. Há Flaks demais em torno do teu avião, estão te caçando, é burrice saltar agora.

Pelo rádio, Rui pôde ouvir o coro de todos os seus companheiros endossando a ordem do líder Lagares. Os apelos deram segurança e começaram a acalmar Rui.

– Está bem, Jambock Verde, leve-me para outro local que o canopi está começando a fundir e eu já estou vendo a hora de dar o último grito.

Lagares foi guiando Rui pelo rádio até saírem do alcance dos Flaks. Quando finalmente chegaram ao mar Adriático, Lagares deu a ordem a Rui:

– Agora salta. Estás sobre o Adriático. Já pedi socorro e dentro de duas horas terás uma equipe de resgate que te apanhará. Usa bem a cabeça e teu barco de emergência.

Mas, depois de tanto tempo voando com fogo, óleo e fumaça, e com a consciência de não ser um paraquedista, Rui caprichou no tom de voz para disfarçar o nervosismo e avisou:

– Não vou saltar antes de tentar uma manobra para apagar o fogo do motor.

– Você tá louco?! Obedeça minhas ordens, Rui! – intimou Lagares.

– Vai tomar no cu, Arataca! Salta desse avião! Você vai morrer! – esbravejou Tormin.

– Tá com medo de saltar? Você vai virar churrasco! – alertou Coelho.

E, num instante entre um xingamento e outro, Rui simplesmente anunciou:

– Estou a 12 mil pés, vou cortar a bateria, mistura, gerador e magnetos. Picarei em seguida até atingir 350/mph. O fogo deve apagar. Darei partida outra vez; se o fogo voltar, saltarei. Caso contrário, voarei até onde der.

Fez-se silêncio total. Todos observando enquanto Rui executava a manobra planejada que, como esperado, cortou o fogo do motor, mas que aumentou a fumaça e o vazamento de óleo na repartida.

Lagares então passou a guiar Rui até a base mais próxima, que estava sob o comando dos poloneses da Força Aérea Inglesa, a RAF, na cidade de Forli. Na descida para a pista, entretanto, sabendo que pousaria de barriga, Rui quis tentar conferir o caminho indicado pelo líder, colocou os óculos de voo, abriu o canopi e, ao colocar a cabeça para fora, foi atingido por um jato de óleo quente. Mal raciocinando, tirou os óculos sujos para tentar novamente e dessa vez a rajada de óleo quente lhe acertou em cheio o olho esquerdo. Sem enxergar direito, acatou as ordens de Lagares, desligou o motor e conseguiu pousar de barriga. Pediu que Lagares pousasse também, que não o deixasse em território desconhecido, mas, como se tratava de uma base aliada, o líder se recusou e partiu para Pisa. Rui rapidamente deixou o avião e correu para longe, temendo uma explosão.

Quando sentiu que estava longe o suficiente, sentou no chão para esperar socorro. Estava todo sujo de óleo, tremendo, amedrontado quando a primeira viatura chegou. Era um jipe e, sobre seu capô, um oficial da RAF, muito bem-apessoado, loiro, uniforme impecável cheio de condecorações.

— Brasileiro? — perguntou o oficial, em bom e claro português, enquanto descia do jipe.

Rui, ainda atordoado e sem entender por que um oficial inglês falaria com ele em português, respondeu:

— *Yes*.

— *Yes* coisa alguma, seu sacana! Como vão as mulheres de Copacabana? Que é que houve contigo? — brincou o oficial, enquanto se aproximava de Rui, que ficou visivelmente aliviado ao ouvir uma brincadeira, ainda mais não sendo em inglês com sotaque polonês.

— E tu? O que é que está fazendo com esse uniforme da RAF?

— Sou filho de inglês, nasci em Curitiba, e aqui estou nessa merda dessa guerra maluca.

Conversaram então sobre como ele tinha ido parar lá, fazendo defesa aérea para a cidade depois de um ataque surpresa alemão e finalmente se apresentaram: Rui, do Maranhão, e Frederick C. Tate, do Paraná, tão louco quanto a guerra louca que estavam enfrentando.

Rui recebeu atendimento médico ainda na pista, onde teve a sensação de que perderia o olho, de tanto que a retirada do óleo doeu. Recebeu rapidamente um tampão e ficou sem saber se estava cego ou não, o que lhe provocou uma grande angústia, por mais que o médico lhe dissesse que tudo ficaria bem. Só pensava que voltaria para casa caolho. Depois, foi levado ao centro médico de emergência, onde ganhou uma bela "faxina" e roupas limpas.

— Agora é que vai começar a tua guerra com os poloneses! — alertou Fredy. — Toda vez que alguém se safa de uma dessas como você se safou é obrigado a tomar um pileque — e a bebida deles é vodca!

Rui foi levado por Fredy para o Clube de Oficiais Poloneses na cidade de Forli, onde lhe serviram um copo de *Spirit*, uma mistura de uísque com vodca, cheio até a boca. Cantaram uma bela canção de guerra polonesa e Rui tomou tudo em um fôlego só. Voltaram a encher o copo, sob protestos de Rui, mas logo estavam cantando a canção novamente, e a mistura da tremedeira, que ainda não tinha passado, com a angústia de talvez estar caolho, com a alegria dos colegas poloneses e com o efeito do primeiro copo de vodca foram o impulso para que Rui virasse o segundo.

Não houve reação. Rui caiu imediatamente sobre o balcão e acordou apenas no dia seguinte, no Hospital Central de Livorno, aos cuidados de Lutero Vargas. Tinha entrado em coma alcóolico e não morreu por muita sorte, socorrido pelo amigo Marcílio Gibson Jacques, o Gibi.

Ficou pensando como mandariam a notícia:

— Morreu na guerra?

— Sim.

— Em combate?

— Não, de porre de vodca.

Sentiu vergonha, mas tudo logo passou, assim que Lutero trocou seu curativo e ele percebeu que estava enxergando. Não ficaria caolho! Inclusive já deveria voltar para a base para sua próxima missão.

O terceiro incidente aconteceu já no final da guerra. Era sua 92ª missão numa região conhecida como Passo de Brenner, onde os inimigos tinham recuado e se encontravam fortemente armados. Rui avistou do avião uma coluna com três tanques alemães. Quando atirou no primeiro tanque, imediatamente foi atingido de volta. O tiro acertou seis cilindros de oxigênio do seu D-4 e causou uma miniexplosão. Ainda assim, mesmo com toda a fumaça, mergulhou novamente e acertou o segundo e depois o terceiro tanque, cumprindo a missão. Só então saiu da linha de ataque e começou a se socorrer.

— Rui, você está bem? – perguntou Rocha, pelo rádio, acompanhando Rui o mais próximo que podia, apesar da grande cortina de fumaça.

– Estou bem, mas o D-4 não. O que você vê, como está meu avião?

– Tem um buraco enorme na base, praticamente uma couve-flor gigante. Não sei como você ainda está voando.

– Vou tirar o canopi e vou saltar – avisou Rui, tenso.

– Espera, Rui! Essa área é muito perigosa, tem muita artilharia antiaérea, é perigoso você voar sem canopi. E não dá pra saltar aqui, é área inimiga.

– Não tem jeito, Rocha. Ou eu morro asfixiado ou morro de tiro. Asfixiado eu posso evitar – disse, soltando de sua aeronave a proteção de vidro conhecida como canopi. – Eu vou saltar!

– Espera, Rui! Rui! Rui?

Foi então que fez-se silêncio no rádio do Rocha. Rui tinha tirado o capacete para poder pular. Sem resposta, Rocha entrou em contato com a base.

– Atenção. O avião de Rui foi gravemente atingido. Ele saltou, mas não consigo vê-lo. Acho que o paraquedas dele não abriu.

Os segundos que se seguiram foram de tensão e apreensão de Rocha e da equipe de solo. Rocha procurava o paraquedas de Rui por todos os lados, mas nada. Até que percebeu que o D-4 se mantinha reto no ar. Passada a área de artilharia, Rocha recebeu uma mensagem no rádio.

– Rocha, não saltei. O avião ainda responde. Vou tentar seguir – respondeu Rui assim que recolocou o capacete.

Rocha, aliviado, avisou a base e continuou acompanhando Rui. A preocupação era que o avião caísse ou explodisse a qualquer momento. Avistaram então uma pequena pista de pouso já em área amiga.

– Piloto do *1st Brazilian Squadron* falando. Meu avião foi atingido. Peço permissão para pousar – comunicou à pista.

– Permissão negada. Não há como pousar aqui neste momento. Procure outra pista, piloto – responderam, para a perplexidade de Rui e Rocha.

– Você vai conseguir, Rui! A gente vai chegar em Pisa! – estimulou Rocha.

Os dois seguiram em atenção total, sentindo cada segundo passar, até avistarem a pista da Base Aérea de Pisa. Sem trem de pouso, Rui fez um pouso de emergência, de barriga, e conseguiu sair do avião rápido o suficiente para não se machucar, mas teve certeza de que, mais uma vez, escapara vivo por muito pouco.

O final da guerra foi especialmente difícil para Rui. Estava mentalmente exausto, suas costas doíam, sua vista esquerda ainda não tinha se recuperado totalmente, e o pensamento de morrer logo no final da guerra lhe causava uma angústia enorme. Para piorar, um dia lhe informaram que ele e os outros participariam do teste de uma nova bomba. Rui subiu em seu D-4 e, lá de cima, a viu explodir e se espalhar em chamas por todos os lados, como nada visto antes. Desceu horrorizado. Ao questionar Manso, soube que era gasolina gelatinosa, mais conhecida como napalm. Ainda teve que fazer mais algumas missões da nova bomba, sempre a contragosto. Realmente, guerra era um negócio muito ingrato.

Em 1º de maio de 1945, Rui fez a missão mais simples até então em seu D-4. O clima era de fim de confronto. Por onde passava, via italianos e alemães acenando com bandeiras brancas. No dia 2, ao se apresentar na sala de operações para nova missão na base, ouviu soar em todos os alto-falantes:

– *Attention! Attention! The war is over! The war is over!*[2]

Um silêncio leve instalou-se por alguns instantes por todos os lugares. Todos se olhavam na tentativa de confirmar se realmente tinham ouvido a mesma coisa. Assimilada a notícia, os sorrisos foram se transformando em gritos, em abraços e em choro emocionado. Rui pulou, chorou e abraçou todos os que viu pela frente. A guerra tinha realmente acabado e ele estava vivo – ia voltar para casa, para sua mulher, e poderia conhecer sua filha.

---

[2] "Atenção! Atenção! A guerra acabou! A guerra acabou!".

Depois de um ano e sete meses, de quatro países, 19 missões de patrulha aérea, 94 missões de guerra sendo em nove delas gravemente atingido até quase morte, sua participação na guerra finalmente estava chegando ao fim.

A noite do dia 2 de maio foi de muita comemoração no Clube de Oficiais do grupo, em Pisa. Rui, como prometido, levou *My Mother*, a garrafa de uísque que tinha roubado de Nero Moura antes da guerra e que, orgulhoso, mostrava para todos durante a época de confrontos, dizendo: "Esta a gente vai abrir no dia da vitória!". Chegado o dia, todos juntos abriram *My Mother*, brindaram e comemoraram a felicidade de estarem vivos e a caminho de casa.

No Rio, eram 3 horas da manhã quando Julinha e dona Sílvia acordaram assustadas com o telefone tocando. Julinha atendeu apavorada, temendo más notícias.

– Dona Julinha, mil desculpas por ligar a essa hora.

Ela imediatamente reconheceu a voz – era o carteiro.

– Boa noite, seu Antonio. Está tudo bem? – perguntou ainda aflita.

– Calma, calma… está tudo ótimo! Tudo maravilhoso! Acabo de receber um telegrama da Itália dizendo que a guerra acabou! A guerra acabou, dona Julinha!

Do outro lado da linha, ela não conseguiu responder. Com os olhos cheios d'água, só conseguia sorrir.

– A senhora está bem?

– Sim, estou, seu Antonio. Estou ótima – disse, com a voz embargada.

– Eu ia ligar para a senhora de manhã, para não dar susto, mas não me aguentei. Me desculpe. Eu queria compartilhar com a senhora antes de todos: o seu marido Rui e seu irmão vão voltar pra casa! Seu marido vai voltar pra senhora e pra sua filha!

Choraram os dois ao telefone. Faltava muito pouco para Julinha ter seu marido em casa.

Na verdade, eles não tinham pensado que a volta não seria imediata. Era preciso desfazer as instalações, organizar a logística para que tudo e todos pudessem voltar para o Brasil – era muita coisa e isso não se fazia da noite para o dia. Rui mandou carta para Julinha dizendo que estava bem, mas que demoraria ainda algum tempo para chegar – ele tinha sido um dos convocados para levar os aviões para o Brasil, então precisaria passar pelos Estados Unidos antes de ir para casa. Tudo bem, a saudade poderia esperar mais um pouquinho.

Os dias que se seguiram na Itália foram uma espécie de férias para os oficiais. Tinham liberdade para irem para qualquer lado, circular pela Europa tomada pelos Aliados. Rui aproveitou para conhecer Atenas, Paris, Casablanca e o Cairo, onde realizou seu sonho de conhecer as pirâmides.

Apenas no dia 16 de junho, o 1º Grupo de Aviação de Caça finalmente estava pronto para começar o retorno. Rui fazia parte da primeira turma que deixaria a Europa, mas rumo aos Estados Unidos e não ao Brasil. A sua missão e de mais dezoito pilotos era buscar dezenove aviões P-47 Thunderbolts novos na Base de Kelly Field para levar para o Brasil. O que tinha sobrado dos aviões usados na guerra voltaria de navio, com os outros membros do grupo, que deixaram Pisa em 26 de junho rumo a Nápoles e embarcaram no navio *general Meighs* apenas no dia 6 de julho.

Rui e seus dezoito colegas ficaram até 14 de julho na Base de Kelly Field, finalizando as transações para finalmente poderem voltar para casa. O longo trajeto contou com escalas em Paramaribo, no Suriname, no Amapá e também em São Luís, a pedido de Rui. Chegaram fazendo acrobacias e foram recebidos com festa por toda a cidade. Na rápida parada que fizeram na Base Aérea de São Luís, Rui ganhou muitos beijos e abraços, muitas lágrimas e sorrisos de seus pais, Bento e Heloísa, e de alguns de seus irmãos.

Até que, em 16 de julho de 1945, os dezenove aviões finalmente cruzaram os céus do Rio de Janeiro. A chegada dos colegas embarcados no navio *general Meighs* estava marcada apenas para dois dias depois; aqueles dezenove oficiais seriam a representação do retorno da FAB para casa.

Em festa, pousaram no Campo dos Afonsos, onde uma grande solenidade esperava por todos: banda de música, todos os familiares, gente importante, incluindo o presidente da República. Os heróis que ajudaram a libertar a Europa do nazifascismo estavam chegando!

Rui pousou seu P-47 com o coração disparado. Olhou toda aquela algazarra pela janela e começou a procurar por Julinha no meio da multidão, mas não a viu. Abriu o canopi, desceu da aeronave e pisou bem firme no chão. Olhou para o céu, olhou para o chão e pensou: "Agora eu estou em casa. Voltei!". Mas mal teve tempo de se emocionar e já ouviu o comandante chamando todos para entrar em formação.

Formou-se junto com seus colegas e, ao som da banda e de aplausos, viu se aproximar o ministro Salgado Filho e o presidente Getúlio Vargas. Fizeram discursos, elogiaram a bravura dos homens e mulheres que lutaram na Europa. Rui mal ouvia o que falavam, percorrendo a multidão com seus olhos atrás de Julinha, só se acalmando quando finalmente seus olhares se cruzaram. Ela, linda, com seu chapéu, no meio de tanta gente desconhecida. Sentiu paz finalmente e pôde ouvir o que todos aqueles homens diziam.

Anunciaram que entregariam condecorações: a Cruz de Guerra. O presidente, o ministro e o comandante iam caminhando diante de cada homem na formação, anunciavam seu nome e a quantidade de missões realizadas. Eram aplaudidos enquanto o presidente ou o ministro colocavam uma medalha em seus uniformes. Pararam finalmente na frente de Rui.

– Tenente Rui Barboza Moreira Lima. Oitenta e cinco missões de guerra e três estrelas – anunciou o locutor oficial.

– Correção! Noventa e quatro missões, e muito bem-feitas! – corrigiu Rui.

Por uma fração de segundo, o evento parou. Até que Vargas caiu no riso, sendo imediatamente acompanhado por todos ao redor. Rui prestou continência aos superiores, e apertou a mão do presidente.

– Você tem toda razão, meu filho. Toda a razão – comentou Getúlio Vargas, com um sorriso de cumplicidade.

O locutor corrigiu o erro, dando a Rui mais uma estrela referente às suas 94 missões de guerra e seguiram com as condecorações.

Quando finalmente a pompa acabou e a formação recebeu a permissão para se desfazer, Julinha partiu, correndo do meio da multidão diretamente para os braços de Rui. Ficaram ali, no meio da pista, abraçados, por um bom tempo. Sentiam finalmente o calor do outro, o carinho, a sensação de paz e conforto de que há quase um ano e meio estavam privados. Beijaram-se delicadamente e discretamente.

– Vamos para casa – pediu Rui.

E assim o fizeram.

A FAB disponibilizou um carro com chofer para cada um dos oficiais voltar para casa. Rui e Julinha foram durante todo o trajeto de mãos dadas, em silêncio. Olhavam-se com amor. De vez em quando, algo do lado de fora chamava a atenção dele e ela aproveitava para contar alguma novidade sobre a vida da cidade, falava de trivialidades. Estava feliz de poder conversar de novo com seu marido sobre a vida, sobre a rua, sobre tudo – estava feliz e não escondia de forma alguma isso. Rui a olhava, terno: era aquela menina falante, cheia de energia, pela qual tinha se apaixonado.

Quando finalmente chegaram à vila da pensão de dona Sílvia, no Catete, Rui tomou um susto: a vizinhança tinha preparado uma grande recepção de boas-vindas ao vizinho herói. Aplaudiram quando desceu do carro e os mais íntimos logo se aproximaram para um grande abraço. Rui cumprimentou todos com um grande sorriso, ao mesmo tempo em que se sentia quase anestesiado. Por um lado, tudo aquilo parecia quase surreal, mas racionalmente conseguia compreender a emoção que gerava seu retorno. Agradeceu a todos, travou pequenas conversas com os amigos próximos, prometeu encontros para um chope, um café, uma prosa. Então percebeu que Julinha carinhosamente dispersava a multidão: "Ele precisa descansar, mas obrigada pelo carinho", ela dizia apertando a mão de cada um. Era sua Julinha, sua garota, ele pensou. E a multidão se foi.

Enquanto olhava as pessoas indo embora e reconhecia cada canto daquela vila, sentiu a mão de Julinha tocar na sua. Ela não precisou dizer nada e, de mãos dadas, eles entraram na pensão. Julinha foi na frente, conduzindo Rui escada acima, e abriu a porta de um dos quartos. Lá dentro, através de uma leve penumbra, ele pôde ver um berço coberto por um dossel. Olharam-se mais uma vez.

– Vai lá – disse Julinha quase sussurrando, um leve sorriso nos lábios, os olhos brilhantes.

Rui soltou a mão de sua esposa e, lentamente, foi se aproximando do berço. Sentiu o cheiro doce e suave de talco que pairava no ar, observou cada fita, cada babado tão delicadamente arrumados pela jovem mãe. Abriu o dossel e viu, pela primeira vez, sua filha Soninha.

Achou que seu coração fosse parar, não sabia o que fazer. Então a pequena garotinha, a que ele não tinha visto nascer, mas na qual pensava todos os dias desde que soube da gravidez, lhe abriu um sorriso e estendeu os braços, pedindo colo. O sorriso daquela pequena de 6 meses de vida imediatamente foi retribuído, acrescido de lágrimas que desciam por seu rosto, tamanha a emoção. Rui pegou Soninha no colo, olhou seu rostinho nos mínimos detalhes, pegou sua pequena mão, encontrou seus traços e os de Julinha nos olhos, no nariz, nos dedos. Soninha sorria. Abraçou-a sob o olhar carinhoso de Julinha. Enfim, eram uma família.

Mas para Rui, a família só poderia ficar completa quando Julinha e Soninha conhecessem seus pais e irmãos, no Maranhão.

Avisou a esposa, logo no dia seguinte, que aproveitariam as férias de quarenta dias decretadas a todos os que voltaram da guerra e fariam a primeira viagem em família para Colinas. A pequena Soninha precisava conhecer os avós e a família Moreira Lima precisava finalmente conhecer Julinha – e acabar com essa birra que tinham dela.

Partiram de Ita até São Luís, curtindo cada momento no mar. Rui ia contando algumas histórias engraçadas que tinha passado com os colegas e Julinha contando cada momentinho da vida da filha durante aqueles seis meses. Mas, assim que chegaram à estação ferroviária de São Luís, o clima de romance se desfez. Ao ver aquele trem caindo aos pedaços, com as portas laterais abertas para tentar amenizar o calor, sem bancos para os passageiros, com muita sujeira e bagunça, ela ficou horrorizada e se recusou a entrar. Rui tentou remediar, comprando duas redes, e assim convenceu Julinha a embarcar. Só que, assim que o trem começou a se movimentar, a situação voltou a azedar. Julinha se recusava a ficar na rede, com medo de Soninha cair, de tanto que o trem balançava. Como não havia bancos, ela se escorou em uma das paredes e ficou lá, de pé, emburrada, abraçando sua filha com toda força. Rui tentou de todo jeito dissuadi-la da ideia de viajar de pé, afinal, seriam 12 horas durante o dia e mais 6 horas durante a noite, mas ela não cedeu. Acabaram passando a viagem toda os dois em pé, revezando-se com o colo da pequena. O trem fez uma parada durante a noite, quando puderam descer e dormir um pouco em uma estalagem, mas seguiram mesmo em pé até a estação ferroviária de Caxias.

Quando desembarcaram, foram surpreendidos por uma grande celebração esperando por Rui. "O Herói de Colinas", voltando para casa depois de lutar bravamente na guerra, fez com que boa parte da cidade fosse até lá para cumprimentá-lo. Bento e Heloísa deram um grande abraço no filho e, enquanto eram apresentados à Julinha e à neta Sonia, Rui foi cercado pelas moças da cidade, que enlouquecidas como tietes, ignoravam a presença de sua esposa e de sua filha.

— Mas que falta de modos! — reclamou Bento, constrangido, observando o comportamento lânguido das moças junto a Rui. — Que vergonha! Sinto muito, Julia, essas moças são umas despudoradas.

— Não se preocupe, doutor. Bento. Conheço meu Rui. Ficamos um ano e meio afastados por um oceano e uma guerra, não vai ser um bando de oferecidas que vai nos separar. — disse, calmamente, enquanto acomodava Sonia no colo de Heloísa — A neta de vocês viajou muito para chegar aqui e está cansada, não há nada mais importante do que ela agora.

— Com certeza não! — concordou Heloísa, feliz, com a neta nos braços. — Vamos, Bento, tire o Rui do meio da gente toda e vamos levar nossa netinha pra casa. Diga às pessoas que nos visitem com calma depois.

E assim foi feito. Foram acomodados em um bom quarto da Fazenda Serra Negra. Mas logo entenderam que aquelas férias não iam ser lá muito calmas — Rui agora era o herói da cidade e todos queriam cumprimentá-lo. Como o calor era muito forte, o dia começava muito cedo na cidade, à tarde todos permaneciam em suas casas, então jantava-se e dormia-se cedo, para cedo começar o dia seguinte novamente e aproveitá-lo enquanto o sol deixava. Isso significava que todas as manhãs, às vezes antes mesmo do café, alguém batia à porta da fazenda para visitar o herói e sua jovem família. Eram quase sempre surpreendidos sem aviso, e a promessa de Rui de mostrar cada canto de suas memórias de infância para Julinha começou a ficar comprometida, já que não conseguiam sair de casa — ou por conta das visitas, ou por conta do sol.

— Se eles acordam cedo, Ruizinho, a gente tem que acordar mais cedo que eles ou não vamos fazer mais nada aqui a não ser fazer sala pras visitas — sugeriu Julinha.

— Mas a gente vai acordar com o galo. Tudo bem pra você? — confabulou Rui.

— Se isso significar a gente ter um pouquinho de espaço, eu acordo até no meio da noite. Mas eu quero ter férias com meu marido!

No dia seguinte, na mesa do café da manhã, ninguém sabia dos três. Quando as visitas – mais uma vez sem avisar – chegaram, Bento e Heloísa, um tanto envergonhados, só conseguiram dizer:

– Parece que acordaram mais cedo e saíram. Não sabemos para onde foram, mas devem voltar logo, daqui a pouco o sol esquenta e eles estão com a bebê. Vocês não se importam em esperar um pouco, não é?

Enquanto isso, Rui apresentava o rio Itapecuru, com suas águas calmas e leves, junto com todas as suas memórias de infância para suas duas garotas. Obviamente, Rui não escapou da chamada de seu pai quando voltou, mas recebeu as visitas com gentileza e, no dia seguinte, para o desconforto da família, a situação se repetiu.

– Eles estão no rio. Parece que adoram tomar banho naquele rio... – era o que conseguia dizer, com um leve constrangimento, Bento às visitas.

Pelos cantos da casa diziam que era ela, Julinha, que virava a cabeça de Rui. Por algum motivo, por mais que desmentido, ainda pairava no ar a ideia de que ele tinha se voluntariado influenciado por ela. "É cheia de si, né?", alguém chegou a comentar na surdina.

Julinha era mesmo cheia de si. Fora criada praticamente só pela mãe, já que seu pai morreu quando ainda era muito pequena. Com o nome em homenagem a ele, Julio, logo ela se tornou Julinha. Tomou gosto e passou a exigir que sempre fosse chamada assim, no diminutivo, inclusive por Rui, que imediatamente acatou seu pedido. Uma mulher tão jovem de personalidade forte e decidida já impressionava no Rio de Janeiro, imagine então no interior do Maranhão. Julinha causava alvoroço na sociedade colinense.

Num almoço oferecido por Bento aos senhores de Colinas para celebrar o filho herói, Julinha se arrumou toda e, ao sair de seu quarto, foi avisada de que o evento era só para homens.

– Mas isso não faz o menor sentido! – disse ela, enfurecida. – Ele é meu marido, pai da minha filha, por que não posso estar na mesa com ele?

As mulheres todas da família se entreolharam sem saber muito bem como agir. Era natural para elas a existência de almoços só para os homens, não entendiam a fúria de Julinha.

— Veja bem, menina, é assim que as coisas são por aqui. Se lá no Rio de Janeiro é diferente, então você se sente à mesa dos homens quando voltar pra lá – disse Cecília que, até então, não tinha engolido a negativa de hospedagem da cunhada durante a guerra.

— Por Deus, Cecília! Não fale assim com Julinha – se intrometeu Heloísa. – Querida, é realmente um almoço só para os homens, mas como você é visita, você pode ir lá e sentar ao lado do seu marido, se você quiser. Acho que todos vão entender.

— Mas a senhora não vai, dona Heloísa? Nenhuma outra mulher vai? – questionou Julinha, recebendo em resposta a negativa de todas as presentes. – Vocês não se incomodam de ficar de fora desse jeito?

— Não, minha querida. É costume por aqui – respondeu Heloísa, gentilmente.

— Então não vou. Se nenhuma de vocês vai, não tem por que eu ir. Não acho certo, mas se é o costume, fazer o quê?

Durante todo o almoço, Julinha ficou na cozinha, junto com as outras mulheres da casa, ouvindo os risos e conversas que vazavam da sala de jantar. Foi então que, de lá, alguém gritou:

— Magnóóóóólia!

Julinha olhou um pouco confusa para as outras mulheres. Levantou-se então a esposa de José Henrique e seguiu para a sala de jantar. Retornou alguns minutos depois e voltou a sentar-se. Pouco depois mais um grito, desta vez de Bento:

— Heloiiiiiiisa!

E Julinha acompanhou com o olhar a sogra entrar na sala de jantar, como ordenado. Quando ela voltou, Julinha não se aguentou de curiosidade.

— O que está acontecendo, dona Heloísa?

– Não é nada, minha querida. Eles são homens, sabe como é, gostam de se mostrar. Nos chamam lá para nos mostrar para os outros. São como galos querendo provar que mandam no galinheiro.

Mal deu tempo de Julinha arregalar seus olhos, estarrecida, quando ouviu outro grito:

– Juuuulia!

Saiu da cozinha rumo à sala de jantar tão enfurecida que as outras mulheres chegaram a temer que o almoço acabasse em catástrofe, mas Julinha apenas se dignou a fuzilar Rui com os olhos.

Naquela noite, todos da casa ouviram o grande monólogo de Julinha que vazava do quarto do casal. No dia seguinte, para o espanto de todos, eles mais uma vez não estavam na mesa do café da manhã – já tinham saído para o banho de rio.

– Eles realmente se amam, Bento. Essa moça tem fogo nas ventas igual ao nosso Rui. Ele escolheu direitinho – comentou Heloísa, rindo, enquanto servia o café.

Nos dias que se seguiram as coisas acalmaram. Heloísa conseguiu amansar a filha Cecília, que passou a ser mais gentil com a cunhada. Acabaram descobrindo afinidades, afinal.

Na despedida, todos já tinham se entrosado muito bem. A "moça com fogo nas ventas" fora aprovada pela família e todos estavam completamente apaixonados por Soninha. Estava finalmente unida a família Moreira Lima.

Rui voltou feliz para o Rio. Agora estava pronto para recomeçar.

6
ASSUMINDO POSIÇÕES

A promessa de manter o 1º Grupo de Aviação de Caça unido com o fim da guerra foi levada bem a sério pelo comandante Nero Moura. Estava tão certo da ideia que conseguiu convencer o presidente Getúlio Vargas a não desfazer o grupo, provando que treinar novos pilotos seria mais dispendioso e problemático do que manter tudo como já estava. Não foi uma tarefa fácil, já que Vargas, temendo que os militares que tinham voltado da guerra se insurgissem contra seu governo ditatorial, tinha dado férias de quarenta dias para todos os que retornavam da Itália e mandado desmembrar todos os grupos militares que de lá retornaram. Mas o comandante, que tinha toda a confiança do presidente, tendo sido leal por toda a sua carreira, convenceu Vargas da importância de se manter o grupo de caça para que não fosse preciso viajar ao exterior para treinar novos pilotos e prometeu que manteria seu grupo longe desse tipo de conflito político; assim, a aprovação foi dada.

Na volta das férias, no início de setembro de 1945, Nero Moura, que agora também era o comandante da Base Aérea de Santa Cruz, organizou uma grande confraternização por lá, incluindo todos os membros do grupo e suas famílias. Rui foi com Julinha e Soninha, e lá conheceu esposas e filhos de seus companheiros de tantos dias difíceis. Riram, comemoraram, e ao fim do dia todos dormiram por lá mesmo. Não havia como negar, eles eram, literalmente, um grupo.

Foi organizada também uma sessão de cinema na base para reunir todo o grupo pela primeira vez. Todos estavam muito animados, felizes por estarem de volta e pelo grupo estar unido. Todos foram se posicionando em seus lugares e, quando Rui e o comandante Nero Moura se dirigiram ao girau do cinema, encontraram-no cheio de soldados, apesar da placa *"Officers Only"*. Era dia de festa, mas Rui não se conteve:

— Soldados, vocês não viram o aviso? – disse, apontando para a tal placa restritiva.

O comandante colocou a mão no ombro de Rui, num discreto sinal de "deixa-disso", mas Rui continuou:

— Está na placa. Aqui é área de oficiais.

— Poxa, tenente! Hoje é dia de festa! Estamos só comemorando a vitória! Lutamos todos juntos na Itália – tentou justificar um soldado.

— Fico muito satisfeito de termos lutado todos juntos, mas isso não justifica quebrarmos as regras. Aqui é área de oficiais. Foram vocês que instalaram essa placa aqui, não lembram? Regras devem ser cumpridas – decretou Rui.

— Mas, tenente, é só uma confraternização... – apelou outro soldado.

— Vocês não estão vendo o comandante de vocês aqui? Vão desrespeitá-lo? Vamos, desçam e se juntem aos outros sargentos.

O grupo levantou-se e foi deixando o girau, um pouco decepcionado, um pouco irritado.

Nero Moura, percebendo a bronca que Rui causara (os homens ficaram bronqueados) nos soldados, comentou:

— Tu és danado... não dispensas nada. Os rapazes ficaram bronqueados contigo.

— Poxa, coronel. Como é que eu vou dispensar uma coisa dessas? O que é justo é justo – finalizou Rui, acomodando-se em uma das poltronas para a divertida sessão, que veio em seguida.

A calmaria, entretanto, durou muito pouco. Como o presidente previa, o fim da guerra trouxe à tona o espírito de revolta contra governos ditatoriais e, num golpe orquestrado pelos generais Góes Monteiro e Eurico Gaspar Dutra, Getúlio Vargas foi deposto, dando posse provisória a José Linhares e colocando fim ao Estado Novo.

Começou então a caça a todos os aliados do presidente deposto. Em 24 de outubro de 1945, quando o golpe ainda não tinha sido noticiado ao povo, um grupo de oficiais liderados pelo brigadeiro Sá Earp, então comandante da 3ª Zona Aérea, marcou uma reunião com o comandante Nero Moura no Quartel-general. Foi imediatamente questionado pelo brigadeiro:

— coronel Nero Moura, as Forças Armadas estão depondo o presidente Vargas. Então te pergunto: o senhor está conosco ou com o presidente?

O comandante respondeu sem hesitar:

— É evidente que estou com o presidente Vargas.

— Então, em nome das Forças Armadas do Brasil, o senhor está preso. Ficará detido aqui mesmo.

Até aquele momento, a maioria dos veteranos não sabia o que estava acontecendo. Rui, que morava na rua do Catete, bem próximo ao Palácio, sede da Presidência da República, percebeu a movimentação de militares do Exército — inclusive com tanques de guerra. Telefonou para alguns companheiros e marcaram um encontro naquela noite, no Leblon.

Kopp, Horácio, Meirinha e Rui conversaram sobre os rumores de deposição já espalhados pelas rádios e decidiram seguir diretamente para a BASC.

Assim que entraram no Cassino de Oficiais, foram abordados pelo major Ari Neves, que naquele momento respondia interinamente pelo comando do 1º Grupo de Aviação de Caça. Ele estava acompanhado por dois majores estranhos à base.

— Onde vocês estão indo, tenentes?

– Estamos chegando para o trabalho, estamos indo para o hangar. Qual o problema, major? – respondeu Rui.

– Vocês não vão a lugar nenhum. Vocês vão ficar aqui comigo até segunda ordem.

Os três se olharam surpresos. O major não era a figura mais popular do grupo e os três sabiam que ele não tinha autorização do comandante para agir daquela forma.

– Major, você vai nos dar licença, que a gente tem muito o que fazer – confrontou Rui.

– Vocês me ouviram: vocês são suspeitos, não vão a lugar nenhum até segunda ordem.

– Nós somos suspeitos? – indagou Meirinha. – Suspeitos de quê?

– Vocês são amigos do comandante Nero Moura. Ele acabou de ser preso por traição, porque está mancomunado com o ditador deposto.

– Isso é um absurdo! – irritou-se Rui. – Nós fomos até a Itália combater os fascistas e os nazistas! Você acha que a gente vai apoiar ditadura no Brasil?

Horácio então apontou para dois homens, que não eram da base, parados de prontidão.

– Olha aí, Rui. Você conhece esses dois? – perguntou Horácio.

– Quem são esses caras, major? Cadê o Keller e o Corrêa Netto que deviam estar aqui, de prontidão? – Rui foi se irritando cada vez mais.

– Eles estão dormindo – respondeu o major Neves, claramente mentindo.

Sem nem pensar, Rui sacou sua arma e apontou para os dois homens de prontidão.

– Vocês dois! Quero as armas de vocês agora! Nessa base só atira quem é lotado aqui.

Os dois homens, assustados pela reação de Rui e notando que Horácio, Meirinha e Kopp já se colocavam em ponto de defesa, tiraram suas armas e entregaram-nas ao grupo.

– Major, quero esses dois fora daqui agora. A gente tem pessoal da base pra fazer prontidão, não precisa trazer ninguém de fora. Essa base é nossa, major, e ninguém vai abrir mão dela. Nós vamos defender a FAB e a BASC de toda e qualquer ameaça, entendido?

O major, percebendo-se acuado, concordou com Rui e ordenou que os homens obedecessem. Rui devolveu as armas e os mandou embora.

– Agora o senhor vá trabalhar, major, que todos aqui têm o que fazer.

A confusão foi dispersada e, assim que amanheceu o dia 30 de outubro, o Subcomandante da BASC voltou do Quartel-general e encontrou o ambiente sob forte tensão. Assim que soube do incidente, o subcomandante se colocou contra a posição do major Ari Neves.

– Todos os veteranos merecem nossa inteira confiança – proferiu.

– Só que o major Ari Neves não pensa dessa forma – ponderou Rui.

O major, fitando Rui com raiva, reagiu aos gritos:
– A afirmação do tenente Rui é capciosa!

Rui saltou de onde estava, segurou-o pela gravata e, ameaçando agredi-lo, o fez recuar da afirmação, causando um grande burburinho. Ao fim, Nero Moura finalmente, foi libertado e o major Ari Neves acabou transferido para outra unidade.

Mas a queda de Vargas não passou impune. Nero Moura juntou-se aos seus comandados e anunciou que, devido à gratidão e à lealdade que mantinha por Getúlio Vargas, tinha concordado em renunciar ao seu posto e ir para a reserva. Era isso ou continuar preso. Ouviu muitos protestos dos comandados, mas todos entendiam a postura dele, afinal todos eram gratos e leais a ele da mesma forma.

– Vocês me prometeram na Itália que vão manter esse grupo unido. Não aceito que quebrem essa promessa, entenderam?

Todos despediram-se do comandante com tristeza. Eram novos tempos no Brasil e no 1º Grupo de Aviação de Caça.

Nos meses que se seguiram após a guerra, tanto Rui quanto seus colegas receberam várias condecorações para as quais foram indicados, algumas ainda durante a guerra, outras já no Brasil. Rui recebeu, além da Cruz de Guerra com três estrelas por suas 94 missões na Itália das mãos do presidente Vargas, a *Croix de Guerre Avec Palm*, em 18 de setembro de 1945, da Embaixada francesa, referente à libertação da França dos nazistas; a Cruz de Aviação com três estrelas em 22 de outubro de 1945; a Medalha da Campanha da Itália, em 27 de outubro de 1945 (que recebeu sob protesto, "jogando-a fora", por perceber que alguns militares estavam sendo condecorados indevidamente, já que não foram atuantes na guerra).

Rui aproveitou o clima instável e resolveu tirar mais dois meses de férias vencidas que tinha ainda da época da Patrulha Aérea. Nero Moura já estava fora, não havia muito a ser feito apesar de sua indignação, então era melhor deixar a poeira baixar para não arrumar confusão. Só voltaria ao trabalho de novo em fevereiro de 1946.

Aproveitou os momentos em casa para cuidar do início da segunda gravidez de Julinha. Descobriram no final do ano que ela estava grávida novamente, o que foi uma grande alegria para a família. Com mais um bebê, era preciso organizar a vida, sair da pensão da dona Sílvia, estabelecer a família.

Primeira providência: precisavam de um casa. Rui juntou então um grupo de dezenove colegas e propôs comprarem um terreno da rua Raul Pompeia, 240. Era uma área grande e dava para construir um bom prédio com grandes apartamentos para cada um deles. Tinham dinheiro guardado para o terreno e para a construção, graças ao major Beraldo que, logo no primeiro dia de pagamento, surpreendeu a todos ao pagar apenas 10% do que tinham direito a receber, que era o soldo acrescido de uma bonificação em dólar por estarem em guerra. Alguns revoltaram-se, mas major Beraldo foi enfático:

– Você não precisa desse dinheiro aqui. Vou guardar o dinheiro de vocês muito bem guardado, pode ter certeza. Se acontecer qualquer coisa, esse dinheiro será enviado para a sua família. Se não, no fim da guerra, eu entrego a poupança para cada um, combinado?

Alguns torceram o nariz, mas sabiam que o raciocínio de Beraldo fazia sentido. De vez em quando, pediam um extra, que algumas vezes era liberado, outras não, mas durante toda a guerra tiveram seus salários poupados pelo major. Quando a guerra acabou, no pagamento final, cada militar ouviu do colega que entregava uma bolada de soldos em dólar acumulados por meses:

– Agora, você compra uma casa para sua família.

E assim fizeram. Os vinte colegas juntaram-se na empreitada e começaram a levantar o Edifício Jambock. O apartamento 502 seria da família Moreira Lima. Mudaram-se para lá alguns meses depois – descobrindo na mudança que dona Sílvia havia queimado quase todas as cartas trocadas por Rui e Julinha durante a guerra "para que não sofressem mais", o que deixou Julinha uma fera. Dona Sílvia definitivamente não era fácil.

Neste ano Rui foi promovido a capitão-aviador por antiguidade. O aumento no soldo devido à promoção veio bem a calhar, pois em julho de 1946 finalmente nasceu Vera Moreira Lima, a Verinha. Uma menininha pequena e doce, que trouxe ainda mais felicidade para o casal.

O ano de 1946, entretanto, apesar de ter sido muito feliz para Rui, Julinha e sua jovem família, não foi muito feliz para seus colegas de grupo. Além de não ter mais Nero Moura como comandante – na reserva, ele fora contratado pela companhia de aviação Aerovias Brasil como Chefe de Operações –, o grupo teve de se reestruturar completamente pelo pior motivo possível: a falta de segurança para o exercício de suas funções.

Assim que voltaram da Itália, grande parte dos pilotos do 1º Grupo de Aviação de Caça se dedicou a formar novos pilotos. As aulas eram dadas como no início, praticamente sem preparo e com pouca infraestrutura. Mas logo de cara, em 10 de abril, durante um voo de instrução, Menezes sofreu um acidente grave e faleceu. Os colegas mal conseguiram superar sua morte e no dia 29 do mesmo mês Tormin teve problemas durante uma manobra aérea e também veio a óbito. Em 31 de julho, foi a vez de Pedro de Lima Mendes, um dos melhores amigos de Rui, falecer ao se acidentar durante uma manobra de pouso.

Rui, que tinha assumido em maio de 1946 como Chefe de Operações do 2º Esquadrão do 1º Grupo de Aviação de Caça, não conseguia acreditar que, depois de tudo o que tinham passado na guerra, era assim que iam morrer – em casa, por falta de segurança. Ele se lembrava dos treinamentos que tinham tido no Panamá e nos Estados Unidos para a guerra e comentava com os companheiros como ainda não tinham profissionalizado seus métodos. As funções de Rui implicavam prontidão para defesa aérea e, principalmente, treinamento de novos pilotos; mas, incomodado com as condições, ficou na função apenas até o final de junho. Com três mortes de pilotos muito experientes em menos de três meses e as reclamações dos outros membros do grupo, veio a ordem do comando da Base Aérea de Santa Cruz: finalmente foram revistas as rotinas de treinamentos, definindo melhor as regras e revisando os equipamentos. Profissionalizava-se, enfim, a formação de piloto de caça. Rui foi nomeado Chefe de Operações mais uma vez, no final do mesmo ano, desta vez do 1º Esquadrão do 1º Grupo de Aviação de Caça, ainda com a função de manter prontidão aérea e treinar os pilotos. Com as novas regras, a situação ficou menos tensa.

O general Eurico Gaspar Dutra tinha sido eleito presidente e, ainda em seu primeiro ano, já promulgou a 4ª Constituição Brasileira formatada por um grupo constituinte eleito, derrubando em setembro daquele ano a famosa "Polaca", que embasava o Estado Novo de Getúlio Vargas. O governo do presidente Dutra mostrou-se bastante militarizado, ampliando inclusive as relações com os Estados Unidos, com uma visita de 15 dias do presidente brasileiro à capital americana e com a formalização de Vernon Walters, agente da CIA e adido militar americano na América Latina, na função de correspondente para questões brasileiras nos Estados Unidos. Era o início de uma relação duradoura entre Walters, os militares e o governo brasileiro. Rui conheceu-o durante uma cerimônia de condecoração, quando recebeu condecoração de Plínio Pitaluga, enquanto Walters foi condecorado pelo ministro do Exército, Góes Monteiro.

A estreita relação com os Estados Unidos rendeu ao Brasil mais uma leva de aviões *P-47 Thunderbolt*. Rui mais uma vez fez parte da equipe designada à viagem de entrega dos aviões, em setembro de 1946.

Rui voltou a tempo do encontro marcado para comemorar o aniversário do 1º Grupo de Aviação de Caça em 6 de outubro de 1946. Ocasião especial, dois anos de grupo, pouco mais de um ano do fim da guerra. Alugaram o salão do Automóvel Clube do Brasil, mandaram fazer convites, montaram uma grande festa. Praticamente todos os membros foram, pilotos e pessoal de terra, acompanhados de suas famílias. Jantaram, dançaram, cantaram, e Rui fez até um poema em homenagem aos companheiros:

CONVERSANDO APENAS...

Eu nada tendo a contar
então tão guapa reunião
resolvi-me a entabolar
com vocês conversação,
para dizer o que o peito
tem vontade de dizer.

*Confesso, estou satisfeito
de a atenção lhes prender,
agora é questão de jeito
para ao final eu chegar
há cadeiras, pão, manteiga
que vocês podem usar
contra meu corpo sereno
belo, rosado, moreno,
sou o Moreira Infernal.
A maneira é original
naturalmente já viram,
e se não viram é porque
ninguém é obrigado a ver
aquilo que não quer ver.
Em suma vamos ao fim
do nosso papo amistoso,
saudando primeiro a mim
depois ao Paulo Bodoso,
ao Joelito Ardoroso,
ao QUALIRA lá no canto,
não há motivo de espanto
por saudar o nosso amigo,
afinal é rapaz bom
talvez igual ao Cylon,
melhor, posso jurar.
Ora viva seu Goulart!
de traseira tão famosa,
famosa lá e aqui.
Que me dizes Cauby?
E você, Corrêa Netto,
que tantas vezes chorou
e tantos danos causou
a quem sempre o consolou...*

Pobre Neiva, pobre "bicha",
descobriram tua ficha
ainda no Panamá
e deste tempo pra cá
o grupo todo debocha,
até mesmo o velho Rocha
diz assim de boca cheia:
– "O que vi entre eles dois
foi coisa muito da feia."
Continuando a falar
vamos homenagear
nosso querido Bochetti,
o Canário e o Lafaiette,
Dr. Clóvis de Moraes,
o "Inteligence" Miranda,
de comprida cabeleira
e nariz tão aquilino,
que mereceu, com justiça,
o apelido correto
de "Príncipe Submarino".
Estes versos, meus amigos,
saíram do coração,
e diante de tanta homenagem
paremos, por um momento,
recordando o LIMATÃO
e os bravos que morreram
pelo bem deste Brasil.
Cada um chora ao seu modo,
não há medida pra dor
para saudade ou valor
de quanta falta nos faz
a perda de um irmão.
Para medir tal sentimento

só existe a consciência,
juiz de todo cristão.
Antes do assunto trocar,
um ADELPHI pra encerrar!
Passando a novo programa
dos vivos do lado de cá.
Recomeço com Assis,
e o Ismar que é "BAGUAL"
Motta Paes, o Mocellin
Hélio Cox, general
(das mentiras já se vê)
Kopp, Horácio e outros que
só honram a reunião:
Dall'Agnol, o Portinari,
GRANDE PAPO, Perdigão,
o Bloise, o Milton Prates,
(que quase formou na Esquadrilha
"QUE QUE HÁ COM TEU PERU")
Jaime Flores, o BOLO CRU,
Beraldo, major GIBI
comandante Nero Moura,
o Careca CANOPY,
o filho de Enelita,
o Furtado BRINCALHÃO,
gente da mesma marmita,
amigos do coração.
Estes, sim, valem por muitos,
gente que não dá pra trás,
gente alegre, gente boa,
Thomas, Lucídio, Albernaz,
Fernando, Wilson, Pessoa,
de falar não tenho medo
do Morgado, do Lagares

do Camargo, do Berredo
pois é gente da coroa,
trabalhadores de fato.
Ia esquecendo, senhores
de falar no Fortunato
criador do AVESTRUZ,
do "SENTA A PUA" famoso
que logo caiu no gosto
e a Itália chegou,
mudando o Meira em GAROTO
e o Keller em MATADOR
em garanhão tornou
o Pradinho, que incrível!
Que coisa rara e horrível
virou também nosso Lara.
Lá viveu, hoje não vive
com a mulher do detetive,
que com o Rocha quis brigar,
não fosse Clara e Danilo
o corpo forte do Eudo
e Luthero e o Oscar,
menos um estaria aqui.
Deixemos isso de banda,
foi coisa que já passou,
é o caso do menino,
filho de Clara e Danilo,
que na Itália ficou.
Como o papo é de menino,
não de Jesus, do Jesus
eu agora vou falar
pois ele deixou por lá
bambinos em profusão,
Pisa, Livorno e Florença,

durante sua presença,
ganharam população.
Não quero citar o caso
do Coelho com a Luisina,
ou do Joel com a Franca,
nada disso e além não vou,
não sou de briga e de "fufa"
já fui, agora não sou.
Caso alguém esteja zangado,
não se faça de idiota,
pois tenho sempre ao meu lado
o Eudo da Candiota.
E terminando a leitura
deste comprido papel,
saúdo a todos do Grupo
do Poucinhas ao coronel.**

* * *

**EXPLICAÇÃO

A maioria dos fatos narrados não passa das gozações feitas na época, pois todos nós sabemos que:

– O Joelito é "ardoroso" mas nunca deu em cima da Franca.
– A traseira do Goulart nunca teve essa fama cantada nos versos, aliás, nunca foi notada nem lá nem aqui.
– O Corrêa Netto nunca chorou.
– O Neiva não é "Bicha", nunca "desmunhecou", tendo se destacado na BLUE pela coragem e pela determinação com que atacava o inimigo.
– A cabeleira do Miranda nunca foi comprida, porque desde criança que ela é rala.

— O saudoso Eustórgio gostava apenas de enfeitar suas histórias mas nunca mentiu.

— O GRANDE PAPO do velho Sabrosa era mais uma invenção criada pelo Cauby.

— O Prates nunca pertenceu ao bloco do "Que Que Há", muito pelo contrário, por forçar uma decolagem em que seu P-47 estava em pane, sofreu um acidente grave com perda total do material, que quase lhe custou a vida.

— O Guizan nunca entrou numa cozinha para fazer o Bolo Cru.

— O Pamplona, na época, tinha "vastíssima cabeleira", logo sua alcunha de Canopy é uma tremenda injustiça.

— O Furtado sempre foi um cidadão sério, daí não proceder seu apelido de BRINCALHÃO, apesar de que gostava de dar as coisas, até receita, somente de brincadeira.

— O Meira, desde que nasceu até hoje, tem essa cara de GAROTO, logo não mudou nada por causa do AVESTRUZ do Fortunato.

— O Keller é o "coração de pomba" e, se matou algumas crianças em Milão, seu apelido de MATADOR não é muito justo.

— O Prado nunca foi garanhão.

— O Lara, meu querido compadre Lara, só teve mesmo uma namorada, sua noiva Baby, com quem casou logo após o regresso do Grupo ao Brasil.

— A única briga séria que o Rocha teve na Itália e continua tendo até hoje é com o ovo que traz na boca quando fala.

— O Danilo, na época em que a pobre Clara engravidou, estava realizando "sua longa viagem de volta".

— O saudoso Felino vivia entre Pisa e Caserta, procurando manter nosso serviço de correio a tempo e a hora, não tendo tempo, portanto, para cumprir a lei de Deus: Crescei e multiplicai-vos.

– O Coelho, como bom católico, tinha realmente certa predileção pela Luisina, por ser a mesma uma estudante de religião da Universidade de Pisa.

CONCLUSÃO

As gozações existiam e eu tive que forçar as rimas na pesada. Como ninguém de fora entende as canções, os Adelphis e as brincadeiras dos veteranos do 1º Grupo de Caça, é que pedimos para não difundirmos O CONVERSANDO APENAS fora do nosso âmbito.

* * *

A reunião foi tão bem-sucedida que todos ficaram se perguntando quando seria a próxima. Um ano era tempo demais para esperar para rever os amigos.

A relação dos pilotos com Nero Moura, apesar da reserva, não mudou. Rui era um que fazia questão de sempre visitar o amigo. Às sextas-feiras, geralmente conseguia sair um pouco mais cedo e passava no escritório da Aerovias Brasil para visitá-lo. Certo dia, enquanto conversavam sobre a amizade do grupo, Rui instigou Nero:

– Se você gosta tanto dos caras e sente falta, por que você não nos recebe na sua casa um vez por semana? Ou por mês, pelo menos?

Nero primeiro riu.

– Não tenho tempo, Rui. Você sabe que tenho trabalhado demais. O único dia que tenho livre é o domingo e é meu dia sagrado de jogar golfe.

– Mas não precisa ser no final de semana. E a segunda? Você não trabalha nas segundas. E nem o Golfe Clube abre nas segundas!

– Segunda? E quem é que vai poder se reunir em plena segunda? – questionou Nero.

– Nós vamos! Pode deixar que eu dou um jeito e vamos estar lá! – confirmou Rui, feliz.

Nero acabou topando e fecharam a primeira data. Como a reunião era em sua casa, o uísque era por sua conta, fez questão. E como prometido por Rui, quase todos foram. Conversaram e riram muito, contaram histórias, lastimaram a morte dos colegas Menezes, Tormin e Lima Mendes, beberam e brindaram. O grupo estava reunido novamente. Ou quase.

– A gente tá aqui mas tem os extras, né? Tá faltando gente – comentou Rui.

– Como assim? – perguntou Fortunato.

– Ah, nós somos os "membros oficiais", os Jambocks, o grupo. Mas tinha tanta gente que fez parte da nossa história e que poderia estar aqui...

– Ah, é. Tem uma porção de "quase Jambocks" – disse o Kopp.

– Por exemplo, deveria estar aqui hoje o Buyers! – sugeriu Nero Moura.

– Claro, com certeza! O Buyers é tão Jambock quanto a gente! – concordou seu irmão Danilo.

– E tem o Gibi também – comentou Meirinha.

– Com certeza! – enfatizou Torres.

– E o Chico da BBC? – questionou Rui.

– Sem dúvida! – concordou Nero.

E assim foram fazendo a primeira lista dos que chamaram de "Jambocks Honorários": pessoas que, de alguma forma, foram ligadas ao 1º GAvCa ou à FAB e que foram importantes para suas lutas. Tiveram a ideia de mandar fazer um diploma que entregariam a cada um dos membros.

John Buyers, claro, foi o primeiro. Organizaram outro almoço, convidaram o homenageado e lhe fizeram a honraria. Ele ficou muito comovido e o grupo entendeu que era só o primeiro de muitos "Jambocks Honorários" – eles tinham muitas pessoas a agradecer.

A união do grupo foi se mostrando um pouco diferente com o passar dos encontros. Nem sempre todos podiam estar presentes, alguns moravam em outros estados, outros não se dedicavam tanto assim. Mas, no geral, quase todos estavam sempre lá, mensalmente, na casa de Nero Moura. Bebiam uísque, cantavam as canções criadas na guerra, como o "Carnaval em Veneza", falavam da vida. Era um momento importante porque só eles sabiam pelo que tinham passado. As famílias eram fantásticas, mas certas memórias não podiam ser compartilhadas – só quem esteve lá conseguiria entender. A guerra tinha acabado, mas, ao mesmo tempo, tinha se tornado o elo de ligação daqueles homens. Eles tinham viajado de uma forma e voltado diferentes, só eles sabiam como.

Rui manteve a forte amizade com Meirinha, Torres, Assis, Coelho, Goulart e Fortunato. Alguns viraram seus vizinhos no Edifício Jambock, companheiros de praia, famílias amigas.

Quando virou 1947, Rui tinha 28 anos, estava feliz, bem casado, pai de duas lindas meninas, com a carreira em bom andamento. Como prêmio, ainda teve a felicidade de, logo no mês de janeiro, ser convocado pela Confederação Brasileira de Desportos, a CBD, para representar o Brasil como competidor de corrida no XV Campeonato Sul-Americano de Atletismo. A escalação aconteceu por puro mérito, já que estava em plena forma, treinando quase que diariamente na Base Aérea de Santa Cruz e também novamente no Fluminense.

O campeonato aconteceu no Rio de Janeiro mesmo, o que foi ótimo para Rui, que não teve que deixar Julinha sozinha com as duas filhas pequenas em casa – melhor ainda, ela pôde ir ao estádio com as filhas e acompanhar algumas provas do marido. Os amigos também compareceram ao Estádio do Fluminense nas Laranjeiras e assistiram a algumas provas.

Rui competiu nas corridas de 100 e 200 metros rasos, e ainda no revezamento 4 por 100 metros, no qual a equipe brasileira conseguiu o segundo lugar. Não ganharam por pouco, mas atletismo era assim mesmo, questão de muito pouco.

Em compensação, algumas semanas depois, na temporada internacional de atletismo promovida no Pacaembu, em São Paulo, pelo Departamento de Esportes do Estado de São Paulo e pela Federação Paulista de Atletismo, Rui bateu o recorde Sul-Americano dos 50 metros rasos em pista coberta com o tempo de 5 minutos e 8 segundos.

Em julho de 1947, quando sua caçula, Verinha, completou 1 ano, Rui e Julinha perceberam que algo estava diferente. Levaram-na no médico e, após alguns exames, foi detectado um câncer de vagina na bebê. Perdidos, toda aquela vida tranquila e perfeita simplesmente ruiu de uma hora para a outra. Rui conversava com os amigos que o apoiavam, mas ainda não sabia o que fazer. Até que um dia, no café da manhã, Julinha lhe falou:

– Falei com Pedro. O Pedro de Lima Mendes.

Rui parou de comer. Olhou para Julinha, tentou entender.

– Eu sei que parece estranho, não sei se você vai acreditar em mim, mas ele apareceu no meu sonho e eu falei com ele.

– Eu não sei, Julinha... O que ele te falou? – perguntou Rui, um pouco confuso. Por que Julinha estava sonhando com um de seus melhores amigos?

– Ele me disse que Verinha está doente, mas que tem um médico que pode ajudar. Me disse um nome... Doutor Rezende, acho. Disse que ele conhece um bom tratamento pra nossa menina. Ele me disse, Ruizinho, não sei por que, mas ele me disse.

Rui ficou um tempo imóvel, mudo, olhando para a xícara de café. Não sabia o que dizer. Olhou para Julinha, que tinha os olhos marejados, aflitos.

– Se você diz... vamos procurar esse médico então.

Assim o fizeram. Encontraram o doutor Rezende indicado, levaram Verinha e iniciaram o tratamento. Verinha melhorou por alguns meses, mas ainda demandava muita atenção e, não querendo deixar Julinha sem apoio neste momento, decidiram que seria melhor mudarem todos para a Base Aérea de Santa Cruz. Morando todos lá, Rui poderia estar mais presente no dia a dia das filhas, ajudar Julinha e acompanhar o tratamento.

Mas a melhora durou pouco. Um dia, num cochilo depois do almoço no final de 1947, Julinha ouviu a voz de Lima Mendes:

– Cuidado com Verinha! Cuidado com Verinha! Cuidado com Verinha!...

Julinha acordou de supetão e correu para o quarto da filha, que ardia em febre. Ligou para Rui, que foi avisado da ligação da mulher dentro de um P-47. Pousou imediatamente e ligou para casa.

– Ruizinho, Verinha está ardendo em febre. Quero levar ela pra cidade.

– Arruma ela, estou indo pra casa.

A doença tinha mesmo voltado com força total.

A situação dentro de casa começou a ficar tensa, com Rui e Julinha muito aflitos, assustando Soninha, a filha mais velha. Acharam por bem que ela passasse a semana na casa de dona Sílvia, para ser poupada das aflições. Nos finais de semana, os três voltavam para Copacabana e juntavam toda a família. Não era fácil terem que se separar, mas era ainda mais difícil deixar Soninha ser afetada por tudo aquilo.

Até que, certa noite, Julinha acordou no meio da madrugada angustiada. Sentou-se na cama, tensa, e sua movimentação acabou acordando Rui.

– Está tudo bem? – perguntou, pousando a mão no ombro da esposa.

– Era o Lima Mendes de novo... – Julinha olhou para Rui, seus olhos rapidamente se encheram de lágrimas e, chorando, disse: – Ele falou que, apesar de termos feito tudo o que podíamos, ela vai ter que partir.

Rui a abraçou e os dois ficaram ali, chorando abraçados por um bom tempo. Não dormiram mais naquela noite. Mal dormiram nas noites que se seguiram.

Verinha foi ficando cada vez mais fraca. Percebendo que o pior poderia aconteceu, mandaram buscar Soninha para visitar a irmã. As duas ficaram muito felizes em se encontrar e, mesmo fraca, Verinha chamou Soninha para brincarem. Sentaram-se na cama, e Soninha começou a cantar:

— Atirei o pau no gato-to, mas o gato-to não morreu-eu-eu...

Verinha olhou para Rui, que observava a brincadeira das irmãs, e perguntou, suave:

— Papai, eu vou morrer?

Rui ficou tão desconcertado que mal conseguiu responder, não conseguia juntar palavras. Gaguejou, pegou Soninha no colo dando-lhe uma bronca porque estava sobrecarregando a irmã. "Verinha está fraquinha! Não pode fazer isso com ela!", disse embargado. Levou-a para o colo de Julinha, que a pegou sem entender, e saiu. Do lado de fora da casa, chorou.

Ir ao trabalho passou a ser uma tortura para Rui. Não conseguia se concentrar, não podia pensar em mais nada que não fosse Verinha. Os amigos amenizavam o peso, faziam seu trabalho sem nem sequer falar. Rui saía para trabalhar com medo de voltar.

Numa tarde, voltou e viu Julinha com Verinha no colo na porta de casa o esperando. Sorriu, terno, assim que as viu. Ao se aproximar, Verinha abriu os braços:

— Meu pai!... – disse orgulhosa, abraçando-o e deitando sua cabecinha sobre seu ombro.

Rui a abraçou com carinho e a levou para seu berço. Estava já tão fraquinha que mal conseguia levantar a cabeça do ombro do pai. Ele a segurou como se fosse um pequeno cristal e a deitou com cuidado. Ela, doce e delicada, sorriu vendo seu pai e sua mãe em pé ao lado de seu berço. Julinha segurou a mão de Rui e juntos ficaram ali, nó na garganta, admirando a filha em toda a sua fragilidade.

Com um 1 ano e 9 meses de vida, apenas nove meses após a descoberta da doença, em abril de 1948, Verinha faleceu. Rui e Julinha pediram para que dona Sílvia cuidasse de Soninha, não queriam que ela sentisse o peso do velório e do enterro da irmã. Estavam profundamente tristes e abalados. Os amigos compareceram, mas Rui não enxergou ninguém. A vida tinha perdido o sentido no momento em que ela se foi.

Os dias que se seguiram foram ainda mais difíceis. Contaram para Soninha sobre a partida da irmã, mas ainda estavam abalados demais para que pudessem dar a atenção que ela merecia, então pediram para que dona Sílvia a acolhesse por mais uns dias. Ficaram mudos, sem reação, por alguns dias, até que, em uma manhã, Julinha disse a Rui durante o café:

– Ela falou comigo, Ruizinho...

Rui olhou-se com surpresa.

– No meu sonho, essa noite. Ela estava no meu colo, eu estava tão agarradinha a ela... mas aí ela se soltou. Eu tentei segurá-la mas ela foi subindo, Ruizinho... Ela me disse: "Tudo bem, mamãe, está tudo bem, eu preciso ir", e foi subindo... Ela se foi, Rui. Ela se foi.

Abraçaram-se e choraram juntos. Verinha tinha ido.

Diante do ocorrido, vendo o estado do colega, o comandante do Grupo deu a Rui um mês de licença. Sem conseguir encarar a própria casa, Rui sugeriu a Julinha que passassem um tempo fora, só os três. Partiram para São Luís. José Henrique, irmão mais velho de Rui, emprestou uma casinha que tinha numa colônia de pescadores em Ponta da Areia. Ficaram os três lá, sozinhos, incomunicáveis, por um mês, comendo todos os dias os peixes que eles mesmos pescavam, brincando com Soninha, tentando recuperar a serenidade. Rui ainda procurou distrair a cabeça e começou a rascunhar suas histórias de missões de guerra. "Posso escrever um livro", chegou a comentar com a esposa, mas não conseguiu se concentrar e os rascunhos acabaram voltando para casa, incompletos como eles.

De volta ao Rio, ao apartamento, à vida cotidiana, nada fazia com que voltassem ao normal. Julinha, que tinha um grande prazer em costurar as roupas das filhas, sempre cheias de rendas e fitas, não conseguia nem se aproximar da máquina de costura. Rui parou de se exercitar, não tinha ânimo para nada, mal conseguia se concentrar no trabalho. Por conselhos dos colegas, acabou procurando ajuda do médico capitão Thomas Girdwood, companheiro dos dias de guerra, que, diante do que ouviu e da profunda tristeza que via nos olhos do amigo, o aconselhou a ficar em casa mais um mês para curar o luto.

Rui passou os primeiros dias em casa, mas sentia tanta angústia que mal conseguia respirar. Irritava-se com tudo e acabava discutindo com Julinha e até com Soninha. A própria esposa o incentivou a sair, a ir fazer outra coisa. Estava difícil para os dois, mas ficar ali, naquela panela de pressão, só ia piorar a situação.

Ele começou a sair para conversar com os amigos sobre o mundo, sobre as coisas, para tentar se refugiar da dor que sentia. Foi convidado por alguns para participar de uma série de conferências que estavam acontecendo no Clube Militar sobre a abertura do mercado do petróleo brasileiro ao capital estrangeiro. A descoberta de petróleo já não era tão recente, mas a alteração da lei sobre a exploração, permitindo a participação de empresas estrangeiras na cadeia do petróleo, na Constituição de 1946, fez com que as discussões ficassem cada vez mais acaloradas. Rui aceitou o convite e foi assistir à fala do general Juarez Távora. No evento, enquanto explanava os motivos pelos quais era favorável à abertura aos estrangeiros, o major Luiz Felipe Perdigão, amigo de Rui do 1º GAvCa, começou a ficar muito incomodado com a fala, até que não se aguentou e parou a conferência para fazer perguntas. Rui olhou-o com um certo espanto de início, mas os questionamentos sobre como a exploração de petróleo no Brasil poderia expor o território nacional e sua soberania a estrangeiros passaram a fazer sentido para Rui e para a maioria dos outros presentes também. Ao final da conferência, depois de muitas intromissões do major Perdigão, o auditório em uníssono vaiou Távora que, extremamente irritado, reagiu dando um forte soco na mesa, enquanto bradava: "Comunistas!". A reação só piorou o conflito e ele acabou saindo do clube tendo que passar por um corredor de militares que o vaiava sem parar.

Coronel Francisco Teixeira, diretor cultural do clube, percebendo a orientação da maioria de seus membros, decidiu convidar o general Horta Barbosa para também fazer uma conferência, desta vez defendendo como solução o monopólio estatal, que foi recebida com grande sucesso.

Os ânimos exaltavam-se cada vez mais e os militares, em sua maioria, entenderam que o Estado deveria ser o detentor dos direitos de extração, pois exploração do território do país era uma questão de defesa da soberania nacional, e passaram a rejeitar o "Estatuto do Petróleo". Começaram a se mobilizar e acabaram aderindo ao Centro de Estudos e Defesa do Petróleo (CEDPEN), que também juntava jovens de todo o país através da União Nacional dos Estudantes (UNE), intelectuais, civis, técnicos da área e também membros do extinto Partido Comunista. Os militares, obviamente, se incomodavam com a participação dos partidários, mas suas manifestações nas ruas, junto aos estudantes, vinha bem a calhar para a causa. Lançaram então a "Campanha do Petróleo" com o slogan "O Petróleo É Nosso" e nomearam como presidentes de honra o ex-presidente Artur Bernardes e os militares Horta Barbosa e José Pessoa. A mobilização alcançou também o Judiciário e cinco importantes juízes no cenário nacional assinaram o manifesto pela causa, entre eles, claro, Bento Moreira Lima, que nessa época já tinha carreira consolidada como juiz na cidade de São Luís, no Maranhão.

A mobilização animou Rui. De volta ao trabalho como oficial de operações do 1º Esquadrão, só pensava na campanha do petróleo e em convencer os ainda indecisos de como era importante defender a soberania nacional. Em suas viagens de Correio Aéreo Nacional para o interior do país passou a levar livros e panfletos sobre a Amazônia, sobre o petróleo e sobre soberania nacional para distribuir entre militares e estudantes fora das áreas já politizadas. Com o tempo, passou a ver muros pichados com frases como "O Petróleo É Nosso" por onde passava, do interior do Acre ao do Rio Grande do Sul. E, no final de 1948, voltou a assumir o controle do 2º Esquadrão de Caça – Rui estava de volta à forma, pelo menos como militar.

Em casa, as coisas apenas seguiam. Julinha cuidava de Soninha, mas Rui sentia que ela não tinha se recuperado completamente. A máquina de costura, empoeirada, era um sinal disso. Nas conversas que tinham falavam sobre a saudade que sentiam da caçula, mas a mágoa era grande e quase nunca se aprofundavam demais no assunto. Quando perguntavam à Julinha sobre aumentar a família, ela negava veementemente: "Não. Chega. Já temos Soninha e é dela que precisamos cuidar." Rui ouvia as negativas de aumentar a família sem interferir, entendia as angústias da esposa. Sempre que escutava a esposa dizer algo assim, Rui sentia uma tristeza que não sabia explicar. A família estava ali, ele amava muito Julinha e Soninha, mas tinha ficado um buraco que não sabia como preencher. Assim, a vida em casa tornou-se lenta, apenas ia levando.

Em fevereiro de 1949, o Clube Militar organizou um seminário, desta vez com o general Felicíssimo Cardoso, chamado de "Emancipação". A reação foi tão forte que seu discurso serviu de base para que Getúlio Vargas criasse o projeto de lei que apresentaria para a criação da Petróleo Brasileiro S.A., a Petrobras.

O país fervia e Rui começou a ficar cada vez mais na rua do que em casa. Participava das articulações, debatia, movimentava-se pelo Brasil. Passava horas e horas treinando na base para melhorar sua qualificação e conseguir alcançar o sonho de ser comandante do 1º Grupo de Aviação de Caça. Tinha se qualificado em 9º lugar e assim se tornado comandante do 2º Esquadrão do Grupo, mas queria mais. Treinava tanto que, em 25 de junho de 1949, acabou sofrendo um acidente com seu *P-47*, e teve algumas lesões corporais.

O acidente preocupou ainda mais Julinha. O grupo e as atividades políticas o estavam consumindo demais. Ela passou a sentir a ausência do marido e, quando estavam juntos, percebia em seu olhar o vazio. Ela o estava perdendo e precisava fazer alguma coisa para trazê-lo de volta para casa: estava na hora de ter outro filho.

Quando anunciou a Rui que estava disposta a engravidar novamente ele nem soube o que dizer, mas seus olhos brilharam tanto que ela entendeu que tinha tomado a decisão certa. Ele passou a voltar mais para casa, afinal, precisavam trabalhar pelo novo membro da família. Os sorrisos foram voltando a fazer parte da rotina aos poucos até que, em outubro de 1949, os planos se concretizaram e a notícia se espalhou pela família: estava a caminho um novo bebê.

A notícia deu novo gás à vida de Rui. No trabalho era só alegria, ainda mais quando os amigos decidiam palpitar sobre o nome do novo membro da família. E finalmente, em janeiro de 1950, quando foi condecorado com a Fita B da Cruz de Aviação pelas 14 missões de patrulhamento feitas durante a guerra, veio a sondagem para que assumisse o Comando do 1º Grupo de Aviação de Caça. A felicidade da realização de um sonho foi quebrada ao ser chamado pelo comandante da BASC, coronel Gabriel Grum Moss, para uma conversa:

– Capitão Rui, vou precisar de sua ajuda. Quero que o senhor assuma como chefe de operações da Base.

– Comandante, eu agradeço muito pelo convite, mas a base não precisa de um plano de defesa. Os esquadrões estão sempre de prontidão, não há riscos. Além disso, eu vou ter a possibilidade de assumir o Comando do 1º Grupo de Aviação de Caça neste ano e também pretendo fazer o curso de Estado-Maior. Ser chefe de operações da Base neste momento não seria bom para mim – respondeu Rui, tentando ser delicado.

– Capitão, eu sei que o senhor ama o 1º Grupo de Caça, mas estamos em um momento muito delicado, precisamos nos preparar para combater os comunistas e o senhor é o nosso melhor estrategista. Isso vai, inclusive, ajudar o senhor a conseguir uma vaga no curso de Estado-Maior.

Rui ficou mudo por um tempo.

– O senhor precisa crescer, capitão. O senhor é inteligente demais para ficar como comandante de Grupo. A Escola Superior de Guerra é o seu destino. O senhor tem capacidade para ser mais, é só se dedicar às coisas certas.

Ao mesmo tempo em que via seu sonho de ser comandante do 1º Grupo de Aviação de Caça escorrer por entre os dedos, Rui percebia que não podia negar o chamado do comandante e que, provavelmente, ele estava certo e o novo cargo o deixaria mais perto da Escola Superior de Guerra. Era preciso aceitar. O sonho dava lugar à realidade.

Rui aproveitou o momento para fazer o curso de Tática Aérea da FAB e, como chefe de operações da Base Aérea de Santa Cruz, organizou o tal plano para combater os comunistas, apesar de achar a possibilidade de ataque uma piada. Mas o plano, chamado de Jato, era sério e bom: uma logística de contatos que acionava todos os oficiais e militares lotados na base e os colocava em prontidão em apenas 45 minutos. O plano deixou o comandante Moss muito satisfeito.

Sem comando do 1º Grupo de Aviação de Caça nem Escola de Estado-Maior, Rui aproveitou para se dedicar ao evento mais importante do ano de 1950: o nascimento do novo filho. Em 19 de abril nasceu o bebê, um garoto. O nome não foi difícil de escolher. Apesar da tendência de Rui por Napoleão, na época da guerra, enquanto cogitavam nomes para seu primeiro bebê, Luiz Lopes Dornelles o chamou em um canto e lhe disse: "Acho que você deveria colocar meu nome no seu filho, Luiz. Porque é um nome muito bom, nunca tive problema com ele. Ele fica no meio do alfabeto, longe do a e do z, é um nome fácil, não dá problemas. Vai por mim, é um bom nome, se for garoto." Julinha tinha concordado, mas nasceu menina e a ideia adormeceu. Dessa vez era, sim, um garoto; o casal decidiu que, depois de tudo o que tinham passado, era preciso homenagear outro amigo: Pedro de Lima Mendes.

– Pedro Luiz, assim, junto, é um lindo nome, Ruizinho – confirmou Julinha com o pequeno bebê no colo.

– Sim, Pedro Luiz Moreira Lima – sorriu Rui, segurando a pequena mãozinha de seu filho. – Pedro...

– Pedro, não! Pedro Luiz! – insistiu Julinha. – Não adianta nada colocar nome composto se não for usar. Ou é Pedro, ou é Luiz, ou é Pedro Luiz.

– Tudo bem, você está certa! Pedro Luiz! – disse, rindo. – Esse seu gênio, Julinha...

– Não é gênio. É só o que é certo. O que é certo é certo, não é assim que você diz?

Pedro Luiz foi apresentado aos amigos pouco mais de um mês depois, durante a cerimônia de condecoração com a Medalha do Atlântico Sul, concedida aos aviadores que patrulharam a costa brasileira durante a guerra. Cada um que sabia a referência da escolha dos nomes ficava comovido. Ao final do evento, todos se despediram do bebê com orgulho e, na saída, alguém gritou: "Esse aí vai ser um grande caçador!".

Em outubro, poucos dias depois do almoço dos veteranos, no dia 11, Rui recebeu mais uma promoção: tornava-se major-aviador por merecimento. Tinha tido um ótimo ano, estava muito bem recomendado dentro da FAB e isso lhe dava esperanças de conseguir a tão pleiteada vaga no curso de Estado-Maior da Escola Superior de Guerra. Mas o ano agitado de 1950, com a desastrosa final da Copa do Mundo de Futebol no Maracanã contra o Uruguai, com a primeira transmissão de tevê brasileira e a vitoriosa campanha para presidente de Getúlio Vargas, não reservou para Rui esta boa notícia.

Só que Vargas no poder, de novo, dessa vez por eleição direta por votação popular, trouxe novidades à vida de Rui.

A primeira delas Rui soube em uma visita ao amigo Nero Moura, na Aerovias Brasil, onde ele era diretor técnico de operações do Grupo de Voo.

– Rui, acabo de ser convidado para ser o futuro ministro da Aeronáutica do futuro governo democrático do presidente Vargas – Rui sorriu e, antes que conseguisse parabenizar o amigo, Nero falou: – Quero você em meu gabinete.

– coronel Nero, fico muito orgulhoso e honrado com seu convite. O senhor conhece minha posição sobre o presidente Vargas, inclusive, nessa eleição, cometi dois pecados, o de não votar nele e o de repetir meu voto no brigadeiro Eduardo.

– Mas não estou cobrando seu voto, você vai servir ao Brasil e a mim diretamente. Desejo modernizar a Aeronáutica e quero contar com você.

Rui, que andava cansado da aviação de caça e dos velhos P-47 (inclusive seu D-4, que ainda estava em atividade), tinha pedido transferência para a aviação de bombardeio, em Recife. Com o convite foi à Diretoria de Pessoal e pediu anulação da transferência. Mas, alguns dias depois, Nero chamou Rui na Aerovias Brasil.

– Acabo de me desquitar de Marieta e, como desquitado, não terei condição de conviver socialmente com a família oficial da Força Aérea Brasileira. O futuro ministro será o brigadeiro Vasco Alves Seco e você ficará no gabinete dele.

Decepcionado, Rui agradeceu.

– Obrigado, coronel Nero, mas com o senhor eu estaria servindo ao amigo, com a liberdade e a franqueza do irmão mais moço com o mais velho. Com o brigadeiro Seco não será a mesma coisa. Peço que o senhor me ajude novamente e me transfira para Recife.

Já arrumando as malas para o Nordeste, Nero o chamou novamente alguns dias depois.

– Olha, Rui, quando comuniquei ao presidente que havia me desquitado, deixando-o à vontade para nomear outro ministro, ele sorriu e disse simplesmente: "Não estou interessado em sua vida particular, o senhor continua fazendo parte do meu futuro Ministério como o meu ministro da Aeronáutica, desquitado ou não".

Quando Rui foi pela segunda vez à Diretoria de Pessoal pedir a anulação de sua transferência foi uma gozação só. E, em 31 de janeiro de 1951, deixou o 2º Esquadrão de Caça para trabalhar no gabinete do ministro da Aeronáutica, na Seção de Aviões de Comando.

O ministro, logo de cara, informou Rui de seu primeiro plano: criar o Comando de Transporte Aéreo, o COMTA, que, além de assumir o trabalho de monitoramento das rotas aéreas, naquele momento dirigido pelo brigadeiro Eduardo Gomes, também englobaria o monitoramento de todas as aeronaves em território brasileiro. À boca pequena, diziam que a criação do COMTA era uma forma encontrada por Nero e Vargas para dar ao brigadeiro Eduardo Gomes um cargo à sua altura, mas isso não tirava a importância do projeto. E, em 9 de abril de 1951, por orientações do ministro, Rui assumiu o cargo de oficial de operações na Seção de Aviões de Comando do Ministério da Aeronáutica, o que lhe incumbia de missões especiais do governo.

À frente da Seção de Aviões de Comando, Rui percebeu que o fato de cada brigadeiro ter um avião de uso exclusivo contrariava toda a norma de manutenção, já que eles ficavam parados, esperando seus respectivos oficiais, e acabavam por sofrer depreciação. Rui levou o caso ao Ministério.

– Creio que devemos reunir toda a Seção de Comando, todos os aviões dos brigadeiros, e dar a eles a mesma liberdade de solicitar o avião. "Quero um avião para ir a tal lugar", isso não se nega. Ele pega o avião que estiver disponível e vai, mas não precisa ser mais aquele avião, com o nome dele gravado na lataria. Assim a gente consegue manter a manutenção de todas as aeronaves em dia sem problemas, porque os aviões que estiverem ruins podem servir de base de peças para os bons e ninguém fica sem voar.

– Mas você não vai conseguir isso – alguém do Ministério comentou.

Rui convocou todos os brigadeiros para uma conversa, explicou que a tripulação era deles quando em viagem – eles davam o nome do piloto e também dos ajudantes de ordens se quisessem, logo tudo continuava como antes –, mas a manutenção passava a ser feita corretamente e de forma igual para todos. Ao fim da reunião, todos entenderam e aceitaram a sugestão, que foi implementada rapidamente.

Uma de suas funções era pilotar para a família Vargas, levá-los a lugar do país que fosse preciso. Geralmente quem voava com Rui era Darci Vargas, a esposa do presidente. Ela sabia que Rui e seu filho Lutero tinham servido juntos na guerra e isso os aproximava de alguma forma. No caminho, tinham longas conversas a respeito do país, de família, ou de qualquer assunto do momento. Rui sentia-se extremamente honrado em poder pilotar para a primeira-dama e volta e meia lhe dizia:

– Este avião é seu, você quem manda nele, vou para onde quiser. Mas dentro da cabine quem manda sou eu. Tenha certeza de que eu vou sempre pilotar esse avião com segurança para você.

Ela sorria suavemente, simpática, e assim seguiam.

Rui nunca chegou a pilotar para o presidente, tendo inclusive tido contato direto com ele uma única vez, numa festa na casa de Nero Moura. Depois de contar uma história boba para o brigadeiro Fontenelle, que gargalhou muito, foi levado sob muita insistência para recontar a história ao presidente. Vargas riu, assim como todos, talvez por educação, talvez pela ocasião, mas certamente não pela história boba, e o contato acabou por aí. Notou que o presidente não era uma pessoa muito acessível, apesar de popular. Quando chegou em casa, contou para Julinha, que estava muito curiosa sobre o encontro:

– Ele é uma pessoa estranha, distante. Não sei explicar. Bom, ele chamou o Nero de "ministro Nero", a noite toda, mesmo estando na casa dele. E olha que eles se conhecem há anos! Deve ter os motivos dele mas... sei lá.

Outra missão especial aconteceu entre março e abril de 1951, quando rumores de que as ossadas dos corpos do coronel inglês Percy Fawcett, de seu filho Jack e de seu amigo Raleigh Rimmel finalmente tinham sido localizadas por índios, na serra do Roncador, em Xavantina, no Mato Grosso. Os Fawcett, acreditando na lenda da cidade perdida de Eldorado (à qual o coronel chamava apenas de "Z"), se aventuraram em mata fechada no ano de 1925 e desapareceram. Alguns rumores diziam que tinham sido mortos pelos índios, outros que eles realmente tinham encontrado a cidade de ouro e ficado por lá.

Até que um dia Orlando Villas-Boas, um dos três irmãos sertanistas que desbravavam a região desde 1943, quando foi iniciada a Expedição Roncador-Xingu, avisou o governo de que os índios da tribo Kalapalo, do Alto Xingu, tinham finalmente revelado o paradeiro da ossada de Fawcett. A notícia movimentou a imprensa brasileira e estrangeira e fez com que os governos se mobilizassem.

Rui voluntariou-se para comandar a missão de resgate. Voou para a região mais desconhecida da selva sul-americana acompanhado do copiloto capitão Felix Celso, do jornalista americano Bud, correspondente do jornal *Times* e da revista *Life*, e de Orlando Villas-Boas.

Pousaram em uma pequena pista aberta pela expedição alguns anos antes, no meio da floresta. Com a ajuda de caboclos da região, fizeram todo o trajeto pela mata densa até chegar a um local chamado Campo do Cavalo Morto, onde Fawcett, seu filho e seu amigo teriam sido vistos pela última vez. Lá voltaram a fazer contato com os índios Kalapalo, que os levaram para a cova rasa no alto de um barranco onde estaria enterrado Percy Fawcett. O local, próximo a uma sinistra lagoa formada pelas águas do Rio Culuene, já tinha sido escavado pelo próprio Orlando, na ocasião da revelação dos índios, e a ossada já se encontrava recolhida. Rui e os demais membros fotografaram o local e a ossada para poder levar para a perícia na capital. Mas ainda faltava descobrir o paradeiro de Jack Fawcett e de seu amigo Raleigh Rimmel.

Já era noite escura e nada de os índios darem respostas às perguntas da equipe. O ambiente da lagoa foi tomado por uma grande nuvem de mosquitos, que só não os atacavam pelo cheiro forte da cobertura de urucum na pele dos nativos e dos forasteiros. Rui já não tinha mais esperanças de qualquer revelação, quando percebeu um burburinho no grupo. De repente, fez-se um enorme silêncio e um deles sussurrou algo no ouvido de Orlando que, imediatamente, reagiu balançando afirmativamente a cabeça. Ao final da conversa íntima, o grupo voltou ao normal e Orlando acenou para que seus colegas se reunissem com ele mais tarde.

Foi apenas quando já era alta madrugada que Orlando conseguiu contar para os colegas as novidades: aquele indígena Kalapalo tinha lhe dito que entre eles contavam a história de três exploradores que foram mortos por um desentendimento qualquer. O homem mais velho, Fawcett, teria sido morto e enterrado na cova rasa; os dois homens jovens teriam sido mortos, esquartejados e jogados na lagoa verde.

No dia seguinte, Rui, Felix, Orlando, Bud, uma equipe de apoio e um intérprete mestiço chamado Narro se reuniram na casa do chefe do posto de Xavantina, doutor Guerrero, onde durante cinco horas inquiriram o líder dos Kalapalo, cacique Comatzi, e o arisco e desconfiado Iruca. As perguntas iam sendo feitas intercaladamente de forma a não pressionar demais os silvícolas, que se mostravam bastante arredios. Desta forma, Comatzi acabou relatando que Fawcett fora trucidado por um índio de nome Cavicuiri com uma bordunada no nariz e enterrado no mesmo local por ordem de seu pai, Tzarari, então cacique da tribo. Relatou também que o filho de Fawcett e Rimmel foram mortos e esquartejados por índios Aravo e Arrevirra às margens da lagoa, onde seus restos mortais foram jogados.

Diante das novas informações, decidiram vasculhar a lagoa em busca de provas para a tal história. Com redes de pesca, vasculharam as águas durante horas, mas tudo o que encontraram foi um crânio e uma tíbia. Ficava óbvio que alguém havia sido "enterrado" lá, mas não havia realmente uma ossada que pudesse provar nada sobre os dois ingleses. Tiraram mais fotos, recolheram suas coisas e voltaram para a capital.

Enviado o esqueleto para peritos do Museu Nacional, no Rio de Janeiro, e para o Royal Anthropological Institute, em Londres, logo foi revelado que aquela ossada definitivamente não era do explorador desaparecido, o que deixou Rui, a família Fawcett e especialmente a imprensa muito decepcionados. A imprensa ainda mandou uma missão jornalística no ano seguinte, acompanhando Orlando e o filho mais novo de Percy Fawcett, Brian, para tentar de alguma forma desvendar aquele mistério, mas nada mudou. Apenas Orlando não acreditou nos exames, já que cria que a palavra dos índios era incontestável. Apesar de a ciência afirmar que a estatura não batia e a arcada dentária não condizia, ele passou o resto de sua vida defendendo que todos estavam enganados. Levou a ossada para sua casa na cidade de São Paulo e a guardou em uma mala, embaixo de sua cama, até que, muitos anos mais tarde, foi convencido por sua esposa a doar a ossada para o Instituto Médico Legal da cidade. E assim se perpetuou o mistério.

As missões especiais do Ministério frequentemente estavam ligadas à região Centro-Oeste do país, já que o presidente Vargas tinha iniciado, ainda no Estado Novo, um plano para desbravamento local que contava com sertanistas, como os irmãos Villas-Boas, médicos como Noel Nutels e sua esposa, e antropólogos como Darcy Ribeiro. Frequentemente, Rui fazia voos para a região para levar equipamentos, pessoal e suprimentos.

Algumas vezes, fazia o caminho inverso, e levava os indigenistas e também os indígenas para a capital, para reuniões sobre os andamentos das missões. Num desses encontros que reuniu o casal Nutels, indígenas, Rui e o ministro Nero Moura no Ministério da Aeronáutica, ao posarem para uma foto do grupo, um dos índios levantou a saia da senhora Nutels para saber se ela era mesmo loira por inteiro. Rui correu para socorrer a senhora, que ria da inocente curiosidade do nativo.

Depois das missões, Rui voltava para casa e contava para Julinha como eram admiráveis aquelas pessoas, que se desprendiam de tudo para cuidar de gente tão escondida nos recônditos do país.

Mas as missões no Centro-Oeste não eram fáceis. Sobrevoar a mata fechada, sem a ajuda de equipe de solo para orientação, requeria muita habilidade e treino. Apesar de se virar bem, foi graças a outros pilotos "com cheiro de mato" (como brincava Rui) que lhe davam dicas e orientações, que as missões não acabaram em tragédia. Vários militares atuavam ajudando na manutenção das missões indigenistas, e alguns se destacavam, como o major Veloso, piloto da FAB, que voava bem, não tinha medo da floresta, lidava bem com índios e caboclos e ainda tinha grandes habilidades para suportar situações extremas. Atuar no Centro-Oeste não era missão para qualquer um e sempre que voltava para casa – com algum presente exótico, que podia ser uma arara ou um artesanato de uma tribo isolada – Rui, Julinha, Soninha e Pedro Luiz respiravam aliviados.

As viagens constantes pelo Ministério deixavam Rui muitos dias longe de casa. Isso significava fazer pouco duas coisas que amava muito: ficar com sua família e praticar esportes. Em 1952, ele se sentia destreinado, quase sedentário quando, numa solenidade de inauguração de uma pista de atletismo, foi estimulado por Geraldo José de Almeida, locutor do evento, a "dar uma corridinha".

– Que é isso, Geraldo! Já sou um pai de família de 33 anos, não tenho treinado, quer me botar de bucha? – debochou Rui.

– Que nada, major! Faixa azul é sempre faixa azul! Correr é como andar de bicicleta, tenho certeza de que o senhor não desaprendeu nada! – continuou a estimular o locutor.

Diante de mais alguma insistência, Rui acabou cedendo e, mesmo sem preparo, acabou fazendo o melhor resultado do dia dos 50 metros em pista de carvão.

A surpresa foi tão grande que Julinha e o coronel Jerônimo Bastos, treinador da FAB, estimularam para que Rui voltasse ao treinamento de atletismo. Depois de seis anos parado, a relutância foi grande, mas ele acabou cedendo.

Era abril e a seletiva da FAB para a próxima competição, o Troféu Brasil de Atletismo, que aconteceria na cidade de São Paulo, seria em 18 dias e o coronel Bastos insistiu que Rui deveria participar. Todos os dias, depois de seu expediente no gabinete, Rui ia para o Fluminense e ficava sozinho treinando na pista.

Esforçou-se muito, mas, na véspera da seletiva interna da FAB, ele adoeceu com uma baita gripe. Com febre e tudo, competindo com os atletas principais da equipe, Rui conseguiu fazer o mesmo tempo de Ivan Zanoni Hausen, 10 segundos e 9 décimos na corrida de 100 metros, mas com desempate a favor de Zanoni. Ainda assim, o resultado o classificou para o Troféu Brasil.

Rui e a delegação carioca da FAB viajaram em seguida para São Paulo, para a competição no Clube Tietê. Na equipe, grandes nomes como José Telles da Conceição, Alberto Murbio e Ari Fassanha de Sá.

— coronel, como é que eu faço pra correr aqui com esses caras todos? — perguntou Rui, olhando em volta e dando-se conta do nível de preparo de seus colegas. — Eu sou praticamente um velho perto deles.

— Você é experiente, major, e isso é um trunfo. Se concentre que tudo vai dar certo. Vou te botar pra correr o revezamento que você vai sentir menos, ok? — acalmou o treinador.

A prova de revezamento 4 por 100 metros foi exatamente com José Telles, Murbio e Fassanha de Sá, o que tornava a equipe bem forte. Rui deu tudo de si para não decepcionar os companheiros e o resultado surpreendeu a todos, quase alcançando o recorde sul-americano. Outra equipe conseguiu vantagem ao usar um recurso novo na época, o *handicap*, que coloca o receptor do bastão 10 metros antes da área de recepção para que ele ganhe velocidade já antes da passagem, o que lhes deu uma pequena vantagem, deixando a equipe de Rui em segundo lugar por muito pouco. Mas, com a colocação e o tempo, voltaram para casa animados com a quase certa convocação para os Jogos Sul-Americanos daquele ano, que aconteceriam na Argentina.

De volta para casa, troféu em punho e orgulho no peito, Rui tomou um grande susto quando, já na segunda-feira, foi abordado no gabinete por um colega, que lhe apontava o jornal:

– Ô major! Você não disse que tinha se classificado? Cadê seu nome que não tá aqui?

Ao tomar o jornal da mão do colega, Rui constatou que seu nome não constava na lista de convocados pela Confederação Brasileira de Desportos (CBD) para o campeonato. Em seu lugar havia outro nome, o de um marinheiro com participação inferior, o qual inclusive ele tinha enfrentado e vencido nas provas.

O sangue lhe subiu à cabeça tão rápido, que simplesmente se fardou, colocou sua pistola .45 no coldre e partiu para a CBD para falar com Atlas, Rubão e Correia da Costa, os diretores de atletismo.

Lá chegando, ele sentou em frente aos três, colocou sua arma sobre a mesa, e disse:

– Olha, vocês estão acostumados a tratar com esses moleques que estão aí mas eu estou longe de ser moleque! Me levaram daqui sabendo que eu estava doente, como ainda estou, com uma gripe filha da puta. Eu ganhei as duas eliminatórias e a final, todas com o mesmo tempo. Fui pro 4 por 100... entrei na equipe do 4 por 100 que bateu o recorde, apesar de não ter sido considerado, e agora vocês me tiram? Quem foi que me tirou? Porque eu estou aqui para eliminar um de vocês pra vocês aprenderem a respeitar os outros! Qual vai ser eliminado? – bradou Rui, fanho e endemoniado.

Os dirigentes gelaram na hora.

– Calma, Rui! Não faça uma coisa dessas... – disse Rubão.

– Isso... Vamos conversar, deve ter sido um engano... – concordou, tremendo, o Atlas.

– Não há necessidade de ninguém ser eliminado aqui, não é, senhores? Nem nós nem você, Rui – disse Correia da Costa, sério, respirando profundamente. – Vamos analisar seu tempo. Aparentemente, foi só um erro.

Conversaram, telefonaram para Marco Polo, o diretor da CBD, então e, ao final, decidiram pela convocação de Rui.

Mais tarde, ao chegar para o treino, foi recebido com pesar pelo treinador, que ainda achava que ele estava fora. Rui lhe contou sobre a visita à CBD. coronel Bastos não sabia se ria ou se ficava assustado.

– Eu não ia machucar ninguém, coronel. Longe disso! Mas eu não suporto covardia e injustiça. E comigo essas coisas não passam em branco, não! – comentou Rui.

– Mas tu é danado, major... Foi injusto mesmo, mas eles devem ter tomado um susto e tanto.

– Melhor. Assim aprendem a não serem mais injustos com ninguém.

Rui usou os dez dias que tinha antes do campeonato para tentar se preparar o melhor que podia. Ficou triste por não poder levar Julinha, mas Pedro Luiz ainda era muito pequeno e seria muito difícil para ela cuidar de duas crianças sozinha em outro país.

Em 2 de maio de 1952, a equipe brasileira embarcou para Buenos Aires. Instalaram-se na cidade e já no dia seguinte participaram da abertura dos jogos. Rui, para sua surpresa, foi eleito capitão da equipe e entrou na frente da delegação carregando a bandeira do Brasil, sendo anunciado pelo locutor argentino: "Capitão da equipe, major da Força Aérea Brasileira, Rui Moreira Lima." Imediatamente passou a ser sacaneado pelos colegas civis e militares por onde passava:

– Ué, mas o Rui é capitão ou major? – riam.

– Eu sou o líder! – respondia Rui, brincando.

Em pouco tempo, descobriu por que tinha sido eleito: além de participar das provas, como capitão de equipe, Rui tinha a função de intermediar a comunicação entre os atletas na pista e os técnicos, que ficavam no banco. Era uma função que ninguém queria, porque dava trabalho e os desconcentrava das provas. Mas Rui não achou ruim não, já estava bem acostumado a ter que tomar conta dos outros e mediar situações. E se era para ser o capitão, então ele ia ser para valer.

Antes de começar as provas, notou que um juiz resmungava sobre os brasileiros o tempo todo. Olhava para a equipe e reclamava de algo com alguém. Rui percebeu que o comportamento daquele juiz prejudicaria os resultados da equipe brasileira e, rapidamente, botou um plano em prática: assim que começou a tocar o Hino Argentino, Rui o cantou do início ao fim. Ao final, um dos juízes prestou continência para ele, emocionado. Fingindo-se de sonso, questionou:

– Por que o senhor está prestando continência para mim, senhor juiz?

– Porque você cantou o Hino Argentino inteiro, com respeito – disse o homem, com certo orgulho.

– Nós, na Força Aérea Brasileira, somos ensinados na Escola Militar a cantar os hinos de todos os nossos irmãos – disse, assertivo.

O juiz, orgulhoso, cumprimentou-o e saiu, sem mais reclamar dos atletas brasileiros. Um dos atletas do grupo, civil, que estava por perto, não aguentou e perguntou, assim que o juiz se foi:

– Que coisa fantástica! Quer dizer que vocês militares aprendem o hino dos outros países na Escola Militar?

Rui deu uma boa gargalhada e, com um sorriso gaiato, respondeu:

– De jeito nenhum! Eu aprendi com uns cadetes argentinos que estavam de passagem pelo Brasil quando eu era cadete na Escola Militar de Realengo. Imagina que iam ensinar pra gente qualquer hino que não os nossos!... Mas esse juiz estava tão azedo que achei que podia dar certo, e deu!

O juiz era só uma pequena amostra da hostilidade que estava por vir. O público argentino manifestava-se de forma tão raivosa contra os brasileiros que isso começou a causar mal-estar na equipe. Rui, como capitão, sentiu que era sua obrigação intervir. Passou a mediar os conflitos, a criar formas de estimular seus colegas.

A primeira coisa que fez foi criar uma música. Era craque em criar músicas, e sabia por sua experiência na guerra como elas ajudavam a acalmar os ânimos. Então, toda vez que um atleta ia para a pista, Rui puxava o coro:

> *Um ponto, camarada!*
> *Um ponto, camarada!*
> *Um ponto, um ponto, um ponto!*
> *Um ponto, camarada!*
> *Um ponto, camarada!*
> *Um ponto, um ponto a mais!*
> *José Telles da Conceição não morreu... não, não, não, não... não, não, não, não!*
> *Vai lutar como um leão, com a força do seu coração!*
> *Um ponto, camarada!*
> *Um ponto, camarada!*
> *Um ponto, um ponto, um ponto!*

A canção, cantada em coro pelo time brasileiro, causava tanto impacto que a torcida se calava para ouvir e o atleta na pista, mais concentrado com o estímulo e sem as ofensas dos adversários, acabava conseguindo um bom resultado.

Mas quando se tratava de atletas pretos, a situação ficava mais grave. A torcida não tinha o menor pudor de proferir ofensas racistas. Rui se viu obrigado a interferir em duas situações, uma no masculino e outra no feminino.

Na prova de salto com vara do masculino, quando Raimundo Dias Rodrigues estava se preparando para saltar, a torcida argentina começou a gritar: "Negro Macaco! Negro Macaco! Vai comer banana!". Ele ficou tão consternado, entre raiva e opressão, que tremeu e não saltou. Rui foi falar com ele:

— Raimundo, olha, eu sempre te respeitei, sempre falei contigo com muito carinho, mas você é um Negro Macaco. Esses comedores de carne filhos da puta ficam gritando "Negro Macaco" e você se sujeita a isso? Dá a resposta pra eles! Salta seus 3,70 lá! Você sempre saltou seus 3,70! Não deixa esses idiotas te ofenderem! Você é melhor que todos eles!

Raimundo ouviu com atenção e então voltou para a pista. Saltou 3,50 m, depois 3,60 m e depois 3,70 m, ficando em quarto lugar. Ao final da prova, olhou para Rui com confiança, agradecendo.

Na prova de 200 metros rasos do feminino, houve um empate entre a brasileira Deise Jurdelin de Castro e uma atleta chilena, e ficou definido que fariam uma segunda prova de desempate. No intervalo entre as provas, Rui puxou papo com o árbitro, um argentino, que disse:

— *Es una lastima, Mayor...*

— O que é uma lástima?

— Que a negra vá perder para a branca.

— Por quê? — Rui, encucado, perguntou.

— Exatamente porque ela é negra. E você sabe que negro não tem aquela fibra... — respondeu o juiz, com um ar de desdém.

— Só se for aqui na Argentina! — bradou Rui, raivoso.

Rui então gritou pela Deise pela pista e, soltando fogo pelas ventas, contou para ela a conversa que acabara de ter.

— Esse comedor de carne tá dizendo que você não ganha da chilena está porque você é preta!

Ela olhou fixamente para Rui e, com firmeza, respondeu:

— Manda esse cretino ver o hino que vai tocar lá.

Saiu altiva e foi para a pista. A torcida começou a gritar contra. Ela se concentrou, correu e ganhou, por muito pouco, mas ganhou.

Feliz, passou desfilando na frente dos colegas com as mãos sobre os grandes seios, que lhe tinham dado a diferença da vantagem, e olhando para Rui gritou:

– Aquele cretino disse que eu não tenho fibra? Eu não tenho só fibra, eu tenho peito!

Eles riram, de felicidade e alívio.

A pressão de uma competição internacional já era puxada e, com uma grande torcida agressiva contra, tudo ficava ainda pior. Alguns conseguiam se concentrar e reverter – Geraldo da Luz levou até uma galinha preta para fazer um despacho na Argentina, e assim resolveu seus anseios. Mas não era assim para todo mundo.

Antes de uma das provas, Rui foi informado de que um dos atletas estava passando mal, enjoado e vomitando, e que tinha dito que não tinha condições de disputar. Rui foi até ele no vestiário levando junto outros três atletas bem fortes.

– O que você tem? – perguntou Rui.

– Eu estou que não posso!... – respondeu o rapaz, estirado em um dos bancos do vestiário.

– Então tira a sua camisa aí, que eu não sou médico, mas eu quero ver a tua condição.

O rapaz, já percebendo que não tinha justificativa para sua situação, tentou desconversar e se negou a tirar a camisa. Rui, com a experiência das missões de combate, sacou na hora: era medo, e medo de competir era a última coisa que ele deixaria passar. Já chegou até ali, vai ter medo de quê?

Olhou sério para o rapaz e disse:

– Escolhe agora entre o Nardim, o Dambroise e o Miguel com quem é que você vai brigar. Porque eles vão te cair de porrada até você dizer que vai pular.

O rapaz arregalou os olhos em pânico.

– Mas eu não posso, eu estou doente! Chama um médico! Chama o doutor Marco Polo! – disse já se levantando do banco, encaminhando-se para a porta, mas sendo parado pelos colegas.

— Você pode chamar quem você quiser, mas daqui você só sai quando disser que vai pular. E, se não pular, nós vamos te matar aqui de cassetada. Um deles vai te dar um murro e você nem sabe aonde você vai parar, seu moleque safado! Você tem que pular! Você tá com covardia aí na frente desses argentinos, seu safado? Você vai pular e nós vamos cantar "Um ponto" pra você!

Já sentindo a força das mãos dos colegas segurando os seus braços, um de cada lado, o rapaz timidamente cedeu. Foram todos para a pista, ele se posicionou e Rui puxou o coro do "Um ponto". Concentrado, ele pulou e acabou em terceiro lugar, sendo largamente aplaudido pelos colegas. Assim que passou por Rui, parou e apertou-lhe a mão, firme e feliz.

E, além de todas as atribuições de capitão, Rui ainda tinha que se concentrar em suas provas. Nas corridas de 100 metros e de 200 metros, infelizmente ele não obteve bons resultados – estava destreinado demais para se equiparar a atletas que treinavam há tanto tempo. Mas no revezamento 4 por 100 metros, a história mudava. Tinha feito uma ótima parceria com Zé Telles, Murbio e Fassanha de Sá, e estavam confiantes em conseguir uma boa colocação.

Na manhã do dia da prova, entretanto, Rui foi chamado ao quarto de Marco Polo, diretor da CBD.

— Olha, major, nada contra o senhor. Soube que voltou a treinar tem pouco tempo e até que está se saindo muito bem apesar disso. Mas o treinador Gonçalves me procurou preocupado porque você não fez tempos muito bons nas provas de 100 e 200 metros... Ele me disse que quer testar um outro atleta para a prova de revezamento. É um rapaz que vem treinando há muito tempo e é possível que ele esteja mais preparado e possa correr mais do que você.

Rui imediatamente contestou:

— Olha, senhor diretor, eu não estou aqui por acaso, não. Não caí de paraquedas. Esse é meu segundo Campeonato Sul-Americano.

E eu posso ter ficado muito tempo sem treinar, mas eu ganhei as eliminatórias, por isso estou aqui. O Gonçalves já fez isso comigo antes, querendo me tirar sem justificativa, querendo me prejudicar. E eu vou dizer pro senhor que eu não vou admitir que tomem a vaga que eu conquistei com meu esforço.

Marco Polo até tinha notícias sobre o temperamento de Rui, mas não imaginava que o rapaz teria coragem de encará-lo daquela forma. Depois de um breve silêncio, continuou:

– Rapaz, entenda a minha situação. Eu sou o diretor, não sou o treinador. Cada treinador sabe de sua modalidade, entende? Se o Gonçalves me pede para testar um atleta, como eu posso dizer não pra ele? Vamos fazer o seguinte: você me ajuda, faz o teste com o rapaz agora de manhã mesmo, e o melhor fica com a vaga.

Rui percebeu que não tinha escolha e, mesmo muito contrariado, foi para a pista fazer o tal teste. Na primeira corrida, ele cravou seus 10 segundos e 9 décimos, ganhando do rapaz. O treinador, nitidamente contrariado, imediatamente começou a explicar para Marco Polo que a questão era a curva, que o rapaz correria melhor em curvas. Fariam uma segunda corrida. Outro teste feito e Rui correu melhor na curva também, cravando seus 10 segundos e 9 décimos. Imediatamente ao fim da corrida, Rui se posicionou diante do treinador e de Marco Polo e, sem hesitar, decretou:

– Está resolvido então. Como tínhamos combinado, quem fosse melhor ficaria com a vaga. Então os senhores me dão licença, que eu tenho que me preparar para a prova de hoje.

Saiu sem olhar para trás e foi direto para o vestiário, num misto de orgulho e raiva. Agora mesmo que ele ia correr como o vento naquela prova! No meio da tarde, ao som de "Um ponto", a equipe de revezamento terminou a prova na terceira colocação, que foi muito comemorada especialmente por Rui. O treinador não ficou muito animado, mas o ponto daquela qualificação fazia uma grande diferença para o resultado final de equipes; então, manteve-se quieto, engoliu em seco e cumprimentou Rui pelo feito.

Ao final, mesmo diante de todas as provocações argentinas, o Brasil voltou para casa com a segunda colocação geral no ranking, atrás apenas dos donos da casa, e Rui com uma grande medalha de bronze, que exibiu para Julinha, Soninha e Pedro Luiz com toda a satisfação do mundo.

De volta e animado com os esportes, Rui foi convocado para ser juiz em uma competição de *B-25* que aconteceria em Fortaleza. A competição incluía provas que iam de esportes, como vôlei e futsal, até tiro terrestre e bombardeio horizontal. Ganharia a equipe que fizesse mais pontos e a prova de desempate era o bombardeio. Graças a Paulo Costa, o "Bodoso", ala de Rui durante a guerra e exímio atirador, a *B-25* de Salvador levou o primeiro lugar, ultrapassando a equipe de Fortaleza. Na comemoração – regada a cerveja, uísque e cachaça – o comandante da unidade de Fortaleza, João Paulo Burnier, surpreendeu a todos e não apareceu. A festa seguiu noite adentro e, gaiato como sempre, Rui se inspirou na música de Luiz Gonzaga que tocava e botou a própria letra:

– Fortaleza, Fortaleza, tu não sabes atirar. Fortaleza, Fortaleza, deixa o Salvador ganhar.

Aí entrava o coral:

– Ai, Fortaleza, tu não sabes atirar – então todos faziam uma coreografia e diziam – ai, Fortaleza, deixa o Salvador ganhar.

Final de festa, todos foram entrando nos ônibus para irem para casa ou para o alojamento. No ônibus de Rui, a cada um que era deixado em casa, todos iam para as janelas e cantavam "Fortaleza, Fortaleza...". Ao deixar o major Aroldo Martins Teixeira em casa, ele comentou:

– A casa do Burnier é ali!

– Então vamos chatear o Bubu lá! – alguém exclamou.

Pararam o ônibus em frente à casa e todos, já bêbados, seguiram a cantoria puxada por Rui com um megafone de papelão. Em alguns minutos, Burnier saiu, seguido por sua mulher e os dois filhos. Irritado com a baderna, apontou a pistola para o ônibus e deu dois tiros, causando um grande silêncio de espanto.

— O que foi isso?! Burnier, você tá maluco?! Atirando no ônibus? — questionou Rui, olhando então para seus colegas. — Tá todo mundo bem? Tem alguém ferido aí?

Todos se olharam, conferindo se estavam todos ali. Estavam. Burnier ali, parado, com a pistola na mão.

— Porra, Burnier! E se você tivesse matado um cara? Rapaz, que coisa! Deixa eu ver tua arma aqui. — Rui tirou a arma dele, apertou e tirou o carregador, tirou a bala da agulha. — Te entrego na base, amanhã.

Rui entrou no ônibus com os outros e foram embora, agora sem cantoria. No dia seguinte, na Base Aérea, Burnier pediu a palavra e se desculpou, dizendo que aquele estava sendo um momento de reflexão. Rui então lhe devolveu sua pistola e o carregador. Antes de ir, um major veio comentar com ele:

— Esse major Burnier é meio pancada, né?

— Ele é um cara emotivo. Faz as coisas com raiva, depois muda de ideia. É isso.

Algumas horas depois, pegou um avião de volta para o Rio de Janeiro. Nem todos tinham espírito esportivo.

O ano de 1953 já começou com uma grande felicidade: receber a Medalha Militar com passadeira de bronze, uma condecoração por dez anos de serviços prestados às Forças Armadas. Rui, então com 34 anos, mal tinha sentido passar o tempo. Muita coisa tinha acontecido, mas a sensação era de que tudo ainda estava só começando — e ele não estava errado: a tensão política dentro da FAB estava aumentando consideravelmente e, cada vez mais, transparecendo.

Desde a posse do presidente, em 1951, já havia um certo mal-estar pairando no ar nas Forças Armadas. O retorno de Vargas desagradava boa parte dos militares e conforme seu governo foi progredindo, com propostas populares e nacionalistas, a rejeição foi aumentando. O brigadeiro Eduardo Gomes era um dos grandes opositores de Vargas, e suas ideias rapidamente se propagaram na FAB, gerando um grupo que, estimulado pelos discursos do jornalista Carlos Lacerda, apoiava um golpe de Estado para recolocar o país nos eixos, longe do que eles consideravam "avanços comunistas". E, por ter o comando direto do brigadeiro, o COMTA se tornou um agrupamento de golpistas.

Rui, que continuava seguindo os ideais ensinados por seu pai legalista, era completamente contra a ideia de um golpe de Estado em um presidente democraticamente eleito. E, na maior parte das questões, acabava por concordar com as diretrizes do presidente, como no caso da criação da Petrobras e da estatização do petróleo. Sua lealdade a Nero Moura, amigo e ministro de Vargas, também o deixava mais perto do governo. Mas indícios de corrupção envolvendo membros próximos ao presidente fizeram as tensões aumentarem e Rui se viu, de repente, sufocado pelos golpistas em seu trabalho no COMTA.

Nesta época soube do acordo Brasil-Inglaterra para a aquisição de aviões de caça a jato modelo Gloster Meteor: a Inglaterra tinha aviões a jato que o Brasil desejava e o Brasil uma grande safra de algodão de que as tecelagens inglesas precisavam. A FAB enviaria uma equipe especial para a Europa para receber treinamento especial de pilotagem, manutenção dos aviões e trazê-los para casa. Era a oportunidade de que precisava para sair do COMTA sem causar problemas, nem para sua carreira nem para o governo. Foi diretamente ao ministro e pediu para ser exonerado do gabinete e voluntário na missão. Nero Moura atendeu seu pedido e Rui foi remanejado novamente para o 1º Grupo de Aviação de Caça. Em 9 de fevereiro, pisou em terras britânicas.

A equipe de Rui contava com mais sete oficiais, que rapidamente foram apelidados pelos colegas de "Soldados da Rainha". A brincadeira não era à toa: apesar de serem oficiais consolidados da FAB, na Royal Air Force (RAF), eles foram recebidos como meros estagiários. Estavam ali para aprender, afinal.

A primeira etapa do treinamento era na fábrica da Rolls Royce em Manchester, um curso sobre motores Derwent que durou dez dias. Aprenderam tudo sobre a mecânica dos Glosters, como consertar, como montar e desmontar. Os mecânicos da equipe brasileira tiravam as aulas de letra, mas Rui fazia questão de aprender o máximo possível, mesmo que aquele não fosse seu nicho.

Depois foram transferidos para Londres. A equipe foi instalada num pequeno hotel, no Centro, daqueles com apenas um banheiro para todos os quartos, no final do corredor. Rui chegou tão cansado da viagem de Manchester que foi para seu quarto e dormiu, sem nem falar com ninguém. No dia seguinte, ainda muito sonolento, foi direto para o banheiro tomar um banho para despertar e se preparar para se juntar ao resto da equipe. Assim que abriu a porta do banheiro, ainda de toalha, tomou um grande susto: uma nuvem de fumaça tinha tomado o corredor dos quartos. Com a toalha enrolada na cintura, saiu correndo batendo nas portas e gritando *"Fire! Fire!"*,[3] até chegar à recepção, onde os funcionários do hotel e outros hóspedes o olharam com estranheza. Fogo? O gerente foi o primeiro a entender a situação e começar a rir, o que causou uma reação em cadeia, com todo o saguão rindo de uma hora para a outra. Rui paralisou, sem entender a reação daquelas pessoas: o hotel estava pegando fogo, por que estavam todos rindo?

O gerente, educadamente, se aproximou de Rui e, conduzindo-o levemente pelo ombro de volta ao seu quarto, lhe informou:

– Senhor, isso não é fumaça. Apesar da semelhança às vezes, é apenas uma densa névoa, muito característica de nossa cidade, que chamamos de *foggy*. Fique tranquilo, ela é inofensiva e tudo vai ficar bem.

Pararam diante da porta do quarto de Rui, ele de toalha amarrada na cintura e o educado gerente inglês. E, numa fração de segundos, ao se dar conta do ocorrido, Rui soltou uma grande gar-

---

[3] "Fogo! Fogo!".

galhada, que foi acompanhada pelo sorriso do gerente. Agradeceu, arrumou-se e se encontrou com seus colegas de equipe que, obviamente, não deixaram passar o incidente, fazendo chacota do *foggy* até a volta ao Brasil.

As novas aulas aconteciam em uma base aérea na região de Londres e, claro, o *foggy* virou o grande inimigo da equipe brasileira. A visibilidade era péssima, mal se enxergava a pista, o que era um grande problema para quem estava aprendendo a pilotar um avião. Rui foi o primeiro a taxiar o avião com facilidade, o que causou uma falsa impressão ao piloto de testes da Gloster Meteor de que ele já o tinha dominado.

– major, vejo que o senhor já está bastante familiarizado com nossa aeronave. Que tal o senhor ir até Bridgetown, fazer umas acrobacias e voltar?

– Não tem como, oficial... o tempo não permite. Sabe que no Brasil nosso teto de voo é bem diferente do de vocês. Lá são 150 metros de altura e 1.500 metros de frente. Aqui vocês usam GCA (*Ground Control Approvement*), esses controladores de pista, o tempo todo, senão ninguém pousa. Não tem condições.

– Está com medo, major? – perguntou o piloto de testes, com um leve sorriso irônico.

– Não é medo, oficial, é responsabilidade – respondeu Rui, já irritado. – Esse não é o teto em que sabemos voar.

– Então, os senhores vão parar o treinamento?

Rui pensou por uns instantes. Realmente parar não era o ideal. Teve a ideia de ir ao GCA e fazer um treinamento simulado, gravando o procedimento da controladora trazendo Rui para a pista, completamente cego. Fizeram o treinamento mais de dez vezes antes de Rui entrar no avião e seguir para Bridgetown. Na volta, como na simulação, ela foi trazendo Rui de volta completamente sem visibilidade, mas acabou não fazendo um bom procedimento e aterrou mal o avião de Rui. A controladora desculpou-se por ter estragado o pouso dele, mas a situação o deixou muito cabreiro.

Se com tanta simulação ele quase tinha se acidentado, por que deveriam se arriscar tanto?

Convocou os companheiros de equipe para uma conversa.

– Eu não voo mais nesse avião.

– Que é isso, Rui! – indagou o Keller.

– Vai abandonar o treinamento? – perguntou Pessoa Ramos.

– Não. Mas enquanto não abrir o tempo, eu não sento mais a bunda nesse avião.

– É, o tempo tá uma merda pra gente mesmo... – concordou o Assis.

– E, se eu fosse você, se eu fosse o comandante dessa equipe, eu não deixaria ninguém mais voar até essa fumaça baixar – disse Rui para Pessoa Ramos.

– Mas os ingleses voam, Rui – insistiu o comandante Pessoa Ramos.

– Isso é problema deles! Eles são pilotos de teste e estão acostumados a voar com mau tempo. É de mau tempo que eles gostam! Mas a gente no Brasil não tem essa porcaria desse *foggy*, a gente não precisa correr risco por causa desses malucos. Já falei e vou repetir: não deixa voar, comandante – insistiu Rui, contundentemente.

– Ah, vai, Rui... vocês podem dar um jeitinho! – intrometeu-se Magalhães Motta. – Se você quiser, eu posso instruir vocês – zombou.

O sangue de Rui subiu em segundos e ele reagiu imediatamente, irado:

– Qual é a tua, cara? Você nem está aqui pra pilotar, teu negócio é receber os aviões! Vai colocar a vida dos outros em risco a troco de quê? Tá querendo se quebrar, então pode deixar que eu quebro você! Vamos lá pro quarto, que você vai brigar comigo hoje! Eu vou quebrar sua cara, seu filho da puta!

Os outros imediatamente tentaram apartar o conflito, mas Rui estava completamente fora de si.

— Você está se metendo em lugar que você não deve! Você não tem motivo, mas eu tenho uma pinimba antiga contigo e eu vou te dar uma porrada! – continuou Rui.

Magalhães Motta, que era um cara grande, simplesmente não reagiu. Rui foi até o quarto dele, começou a quebrar tudo, e ele, parado. Rui tentava bater nele e ele, imóvel.

— Qual teu problema, cara? – incitou Rui.

— Não quero brigar com você, Rui – respondeu sério o Magalhães Motta.

Rui ainda insistiu, explodindo sua raiva pelos lados, mas diante da recusa do colega, parou.

— Se você não quer brigar, então não se meta no meu voo, seu sacana!

E assim foi. Magalhães Motta não se intrometeu mais nas questões de voo e Pessoa Ramos avisou aos ingleses que a equipe brasileira só voltaria ao treinamento quando fosse possível enxergar a pista. A decisão atrasou um pouco o prazo do treinamento, mas, assim que o tempo firmou, eles logo se adaptaram aos aviões e em abril puderam voltar para casa.

Cada um dos oito integrantes voltou pilotando uma aeronave. Vieram, como sempre, pelo Nordeste, parando na Base Aérea de Belém. Só que chovia muito e a torre não autorizava o pouso de jeito nenhum. Sobrevoaram a região durante um tempo, mas começaram a ficar sem combustível. Estavam a 40 mil pés e sem nenhuma visibilidade, então decidiram se afastar uns dos outros à espera de uma possibilidade de descer. Foi quando Pessoa Ramos notou uma abertura sobre a cidade de Mosqueiro. Sugeriu que todos descessem por ali e que fossem até o aeroporto sobrevoando o rio. Desceram todos, um de cada vez, até ficarem muito próximos à água, e usaram o rio como trilha, tendo que desviar no susto das grandes embarcações que transportavam toras de madeira. A duras penas chegaram e, assim que falaram com a FAB, uma das primeiras coisas que pediram foi a instalação de um radiocompasso nos aviões, um receptor de rádio que indicava a direção da torre de controle que emitia sinais para que os aviões se orientassem durante mau tempo. Quando chegaram ao Rio de Janeiro, a solicitação foi aceita e os radiocompassos foram instalados nos aviões pelo major Temporal.

Foi só em 14 de agosto de 1953, depois de muitos imprevistos e paradas, que a equipe finalmente chegou ao Rio de Janeiro, se apresentando pelos céus de Copacabana como um grande balé aéreo.

De volta ao seu posto na Base Aérea de Santa Cruz, os oito oficiais foram escalados para um sobrevoo no país, divididos em duas equipes com quatro pilotos cada: uma que iria para o Norte e outra para o Sul. Rui foi para o norte e quando já estava próximo à Fortaleza, após ter feito testes de voo de altitudes bem baixas (próximas de zero) e medianas, ele e os outros pilotos foram subindo até chegar a 37 mil pés. No ar rarefeito, o avião se tornava muito difícil de pilotar, com o controle muito sensível, e o respirador liberava oxigênio puro apenas. Foi quando o canopi da cabine pressurizada do avião de Rui estourou, jogando estilhaços sobre ele, que desmaiou. Seu avião começou uma curva para a esquerda e entrou em um processo de descida circular, por sorte não entrando em espiral. Rui ficou desacordado sendo acompanhado pelos outros três aviões, que tentavam se comunicar com ele e lhe prestar socorro. Quando chegou a 6 mil pés, ele finalmente acordou. No rádio, seus companheiros gritavam:

– Salta, Rui! Salta agora!

Ainda tomando consciência, Rui respondeu:

- Não vou saltar não. Tá tudo sob controle aqui. Consigo voar normalmente até a Base Aérea de Fortaleza e pousar.

Para o espanto de todos, ele assim o fez.

Na base, encomendou outro canopi para a Base de São Paulo, executado pelo Janjão, e assim que o novo canopi foi entregue e instalado, seguiu viagem de volta para casa.

De volta ao Rio, Rui se encontrou com o ministro Nero Moura e com Pamplona, comandante da Base Aérea de Santa Cruz, e foi contar indignado sobre o problema técnico no canopi:

– Ô Rui, não fica espalhando essa história... onde já se viu estourar o canopi e bater na sua cabeça? Não faz sentido isso – comentou o Pamplona.

– A cabeça é minha, o galo tá aqui! – respondeu Rui, irritado.

– Tá, tá bom... – resmungou Pamplona impaciente.

Rui ficou ainda mais irritado, deu uma banana com os braços para cada um deles e foi embora.

Em casa, Rui evitava contar sobre os acidentes que sofria, ou só contava muito tempo depois, para não assustar Julinha e as crianças. Depois de meses fora, ele estava morrendo de saudades, apesar das cartas e telefonemas trocados com certa frequência. Julinha já sabia, desde a época de Salvador, que a vida de esposa de piloto teria longos períodos de espera, mas para as crianças a ausência do pai por tanto tempo era especialmente sofrida. Julinha fazia de tudo para que entendessem e para entretê-los, mas volta e meia um "quero meu pai" aos prantos rolava pela casa. Ainda mais porque, quando voltava de missão, Rui fazia questão de passar bastante tempo com os filhos. Iam à praia, tomavam sorvete e ele contava cada uma das incríveis histórias por que tinha passado enquanto estava fora. Pedro Luiz era o mais deslumbrado, sempre, apesar da pouca idade. "Esse aí vai ser Caçador!", os amigos brincavam, para orgulho do pai.

Com felicidade, Rui voltou ao 1º Grupo de Aviação de Caça, desta vez como instrutor de motores e pilotos para Gloster Meteors. Dava aulas em terra e no ar, então foi um dos primeiros a saber quando o tenente Rosa Filho sofreu um acidente muito parecido com o seu: o canopi estourou em pleno voo e os estilhaços cortaram os fios de comunicação de seu capacete. Rui, sem pestanejar, agarrou aqueles fios e levou para Nero Moura, para mostrar que sim, o canopi tinha estourado mais uma vez. A resposta foi um pouco vaga mas, pouco tempo depois, foi a vez do tenente Rui Mendonça, e logo em seguida do tenente Palujio passarem pelo mesmo problema, mas desta vez com machucados sérios – Palujio foi resgatado já no mato no final da pista, pois não conseguiu pousar completamente o avião antes de desmaiar, de tanto que sangrava. E a cada um desses acidentes Rui recolhia o capacete avariado dos pilotos e levava a Nero Moura. Depois do acidente do Palujio, ficou claro que o defeito era sério e que as consequências poderiam ser fatais. Então a FAB entrou em contato com a fabricante do canopi, uma empresa holandesa, e relatou o problema. Foi constatado que era mesmo um defeito de fabricação, as correções foram feitas e nunca mais aconteceu outro acidente daqueles. Rui continuou firme com a segurança de seu pessoal e foi responsável pela formação deles até o final de 1953.

Além de instrutor no grupo, Rui continuou fazendo missões no CAN e também missões especiais para o governo. Uma delas foi a busca por uma localidade que pudesse abrigar colônias japonesas que tinham finalmente sido oficializadas no país após terem assinado tratado de paz e comércio entre os países no ano anterior. Rui e uma equipe, que contava até com um agrônomo que coletava amostras do solo para estudo de viabilidade agrícola baseado na cultura nipônica, sobrevoaram todo o país atrás dos melhores locais para os assentamentos. Foram criadas colônias em vários estados, como Mato Grosso, Bahia e São Paulo, num processo de relações internacionais entre os países que durou vários anos a partir de então.

Rui, apesar das missões, só pensava no grupo, e sonhava com o dia em que seria nomeado comandante do 1º Grupo de Aviação de Caça. Só que quando esse dia finalmente chegou, em 29 de dezembro de 1953, uma outra oportunidade que há tempos ele esperava tinha acabado de bater na porta: em outubro, ele finalmente tinha sido aprovado para uma vaga no Curso de Estado-Maior da Escola Superior de Guerra, a ECEMAR, com duração de três anos.

A decisão foi muito sofrida, apesar de saber que não tinha escolha. Simplesmente não podia deixar passar a oportunidade de crescer profissionalmente, de fazer um curso que lhe abriria portas até então inalcançáveis. O Comando do Grupo era quase um sonho infantil quando comparado ao nível que sua carreira havia alcançado, mas não deixava de ser um sonho – que, estava certo, jamais seria realizado. Durante o curso, Rui continuou membro do 1º Grupo de Aviação de Caça, não no comando mas como S3, ainda atrelado à área de instrução.

O ano de 1954 acabou sendo mais tumultuado do que Rui previa. Aluno da ECEMAR, ainda assim cumpria suas funções como instrutor e piloto da FAB. Numa dessas missões, ao manobrar um avião Fairchild no Aeroporto Santos Dumont, deparou-se com um tratorista, logo à sua frente, que adentrou a pista sem autorização. O choque foi inevitável e a hélice do avião acabou acertando o braço do pobre homem. Assim que conseguiu parar o avião, Rui correu para socorrê-lo, levando-o para a enfermaria do quartel-general do aeroporto, mas os ferimentos eram graves demais para a limitada capacidade técnica do local. Sem hesitar, Rui o colocou dentro de um carro e o levou diretamente para o Hospital da Cruz Vermelha, onde uma tia de Julinha trabalhava, para que, sem demora, o rapaz pudesse receber a atenção necessária. Depois de algum tempo de espera nos corredores, a tia de Julinha veio acalmá-lo, dizendo que tudo estava sob controle e o tratorista ficaria bem.

Ainda bastante atordoado pelo acidente, Rui tomou um grande susto ao abrir o jornal *O Globo* no dia seguinte e dar de cara com uma matéria intitulada: "Herói de Guerra atropela tratorista e foge." Julinha teve que se desdobrar para acalmar o marido, que bufava de ódio enquanto se fardava para o trabalho.

– Não se preocupa com isso, Ruizinho, todos sabem que não é verdade. Fala com o comandante pra ele pedir retratação ao jornal e pronto.

– Não, Julinha! Não tem como não me preocupar! Estão dizendo que eu não socorri aquele homem! Como é que alguém atropela alguém de avião e não presta socorro? Meus colegas vão saber que a história não foi assim, mas e o resto? Vou ficar tachado pra todo mundo como um irresponsável, desumano? Vou na padaria com as crianças e vão me apontar como o atropelador que não acudiu o pobre homem? Não! De jeito nenhum, Julinha! Isso não é justo! Eu vou lá!

Julinha, conhecendo o temperamento do marido e vendo seu estado de nervos, ainda tentou dissuadi-lo sem sucesso. Rui partiu diretamente para a redação do jornal, onde entrou já chamando muita atenção.

– Quem foi que escreveu isso? – bradou, apontando para a matéria do jornal.

A redação imediatamente parou e o silêncio tomou conta do local. Ninguém sabia o que fazer.

– Vocês são surdos ou idiotas? Eu quero saber quem foi que escreveu isso!

– O senhor não pode entrar aqui e xingar todo mundo e dizer isso... – contestou um jornalista, de sua mesa.

– Posso, sim. Porque ele é um covarde de falar mentiras e não se apresentar. Ele não vai se apresentar? Não vai assumir o que fez? – Olhou em volta esperando alguma reação, que não veio. – Então o senhor vai ser o responsável pelo que aconteceu.

Rui dirigiu-se até a mesa do jornalista, que imediatamente se inquietou na cadeira, assustado. Jogou o jornal e uma carta datilografada sobre a mesa, sacou sua arma e com ela apontou para a carta.

– Eu não quero nada, apenas que o senhor publique essa nota desmentindo essa matéria infame. E eu não estou brincando. Ou o senhor publica isso ou vai se encontrar comigo de qualquer modo.

Guardou o revólver no coldre e, com o dedo em riste, chegou bem perto da cara do jornalista.

– E se botar o que aconteceu aqui, eu digo que é mentira.

O rapaz respirou profundamente e concordou com a cabeça, sem mais nada dizer. No dia seguinte estava lá a retificação da matéria, dizendo que Rui havia sim socorrido o tratorista e que, em acidentes aéreos, não existe "fuga do local". Rui ficou satisfeito com a retratação e nem chegou a contar aos seus superiores sobre o ocorrido – todo mundo já estava bem ocupado por lá.

É que 1954 começou ainda pior para o Governo Vargas. Vindo de uma série de acusações, de corrupção à tentativa de instalação do socialismo no país, o presidente viu seu ministro do Trabalho, João Goulart, renunciar após uma fracassada tentativa de aplicar 100% de aumento ao salário-mínimo.

A pressão contra o governo veio forte, especialmente de parte dos militares "eduardistas" e "lacerdistas", e os bochichos sobre um golpe de Estado foram se tornando cada vez mais intensos. Carlos Lacerda, aproveitando-se do momento de notoriedade, se lançou em campanha para deputado federal e passou a fazer forte oposição ao governo em seu jornal *Tribuna da Imprensa*. Em consequência disso, dizendo-se ameaçado de morte por opositores, acabou angariando suporte de um grupo de oficiais das Forças Armadas, com maior participação de oficiais da FAB, que passaram a fazer sua escolta durante seus comícios.

Em maio de 1954, em uma festa de aniversário de um oficial da FAB, alguns colegas da Diretoria de Rotas (COMTA), um dos pontos da Força Aérea que mais aglutinava insatisfeitos com o governo, tentaram cooptar Rui para entrar para a tal escolta de Lacerda.

– É muito caro para a nação contratar um major para guarda-costas particular de um político. Esse político é inimigo da família Vargas e não duvido de que alguém da guarda pessoal do presidente possa matar o Lacerda. Como vocês são amadores e bala não tem endereço, pode acontecer que uma delas bata na sua testa – disse, tocando o dedo na testa do Souza Leão – e aí o Cotonifício Bezerra de Melo vai perder um sócio ilustre.

– Ah, qual é Rui! – resmungou um dos apoiadores de Lacerda.
– Eu realmente acho que a função de major-Aviador merece tratamento mais digno. Vocês me dão licença.

Rui deixou a festa sentindo que tinha se colocado em oposição declarada àquele grupo tão sedento de poder – e isso poderia não ser bom.

Mas suas observações sobre o amadorismo dos guarda-costas militares se mostraram realistas. Foi no retorno de um desses eventos, ocorrido no dia 5 de agosto de 1954, que Lacerda, acompanhado de seu filho adolescente e do major Rubens Florentino Vaz, foi abordado por um homem armado já na porta de seu prédio, que ficava na rua Tonelero, em Copacabana. A emboscada levou ao assassinato do major que, ao tentar buscar sua arma no porta-luvas do carro, foi alvejado pelas costas.

A situação caiu como uma bomba no governo e, obviamente, dentro do Ministério da Aeronáutica. A pressão pela renúncia ou pelo golpe se intensificou drasticamente. Alguns dias após a morte do major, houve uma reunião no Clube da Aeronáutica com a presença do brigadeiro Eduardo Gomes para homenagear Rubens Vaz. Nesse dia, Rui estava na BASC e, por coincidência, era o mais antigo na escala hierárquica. Rui recebeu o rádio do Presidente do Clube da Aeronáutica, brigadeiro Loyola, convidando os oficiais para a tal reunião pranteando a memória do major. Rui reuniu os oficiais presentes, leu o telegrama e os alertou de que aquela reunião não tinha o intuito de prestar homenagens ao companheiro assassinado e sim fazer política, cujo fim era pedir a renúncia do presidente. Disse aos jovens oficiais e aos demais presentes:

– Irei à reunião por obrigação, pois todos os superiores na hierarquia de comando estão ausentes da base. Vocês irão, se quiserem.

Mal dispensou os oficiais, outro rádio chegou, também assinado por Loyola, negando o rádio anterior: "Não autorizei a reunião citada, a mesma está cancelada". Horas depois mais um rádio, novamente do Loyola, confirmando a reunião. A cada rádio que chegava, Rui reunia os oficiais e os lia em voz alta, deixando claro o teor político do encontro.

A reunião aconteceu sob forte emoção dos presentes, especialmente dos oradores. O último deles, o coronel-Aviador José Vaz (que não era parente do major) propôs que todos marchassem para a porta do Palácio do Catete, para pedir a renúncia do presidente. Nesse instante, um colega de turma, o major-aviador Celso Rezende Neves, tomou a palavra e apelou ao brigadeiro Eduardo Gomes que impedisse que o ato fosse realizado, tecendo comentários sobre as consequências danosas que adviriam, concluindo que esta marcha poderia provocar a perda de outro Rubens Vaz. O brigadeiro ouviu o apelo, tomou o microfone e disse: "Está encerrada a reunião. Quero todos em casa", fez uma pausa, "Agora", e todos obedeceram.

Na FAB foi instalada uma caça às bruxas contra o mandante e o assassino do major. Pressionaram o ministro e o presidente por todos os lados para que instaurassem uma investigação severa, de preferência comandada pelo brigadeiro Loyola Daher e pelo coronel Adhemar Scaffa, dois "eduardistas" conhecidos por sua agressividade. A pressão vinha especialmente da Diretoria de Rotas, comandada pelo brigadeiro Eduardo Gomes, conhecida por ser um dos principais redutos de opositores ao governo. Sabendo que estavam certos quanto ao pedido de investigações, mas temendo o uso dela para autorizar torturas e embasar o golpe de Estado, o ministro e seu chefe de gabinete, coronel Amarante, indicaram nomes para a função de chefe de investigações de oficiais que eles sabiam que seriam contra qualquer tipo de tortura. O nome escolhido pelo presidente dentre os indicados foi o do coronel Adil de Oliveira, um antigo conhecido seu do Rio Grande do Sul, com fama de ser um homem muito assertivo e justo. Para lhe dar suporte técnico, foi mantido o nome do coronel Scaffa, profissional muito versado em inquéritos. Eles assumiram as investigações no dia 8 de agosto.

Rui, o major Corrêa Netto e o coronel Francisco Teixeira foram para o gabinete do ministro logo que acabou o horário de expediente. Eles e alguns outros oficiais tinham esse hábito, de frequentar o Ministério após o trabalho, para trocar informações. Naquele dia não seria diferente. Estavam todos reunidos na sala de espera quando adentraram os majores-aviadores Gilberto Toledo e Wilson França. major Toledo foi recebido pelo coronel Amarante, enquanto o major França ficou na sala de espera, cercado por Rui e os outros oficiais apoiadores do ministro. O clima era nitidamente tenso e a situação rapidamente piorou quando todos ouviram o diálogo que se travou no gabinete:

– Coronel Amarante, vim aqui protestar em nome dos majores da Diretoria de Rotas contra a nomeação do coronel Adil como Presidente do IPM Rubens Vaz.

– O senhor vai protestar preso por ordem do ministro, no Quartel-general da 3ª Zona Aérea. coronel Ortegal, escolte o major Toledo e o entregue preso ao brigadeiro comandante da 3ª Zona Aérea.

Assim que ouviram o exaltado diálogo, todos encararam o major França que, sem nem pestanejar, saiu fugido. Amarante abriu a porta de sua sala e todos viram o major Toledo ser levado pelo coronel Ortegal.

– Acho, Amarante, que essa prisão provocará uma crise de adesão dos majores da DR que talvez complique mais a situação – argumentou o coronel Teixeira, seguido por um silêncio um pouco constrangedor.

– Penso de modo diferente. O Toledo estava acompanhado do major Wilson França e o França não apoiou o Toledo, ou porque não quis ser preso com ele ou por divergir de sua ideia. Ninguém me perguntou, mas acho que a decisão do coronel Amarante, prendendo o Toledo em nome do ministro, é a certa – argumentou Rui.

Major Toledo foi levado para a prisão no Aeroporto Santos Dumont. Ao chegarem lá e indicarem o motivo da prisão, o coronel-aviador Geraldo Guia de Aquino telefonou para o coronel Amarante. Pediu que a prisão de Toledo fosse relaxada com os mesmos argumentos do coronel Teixeira, que prisão era demais, uma vez que ele tinha ido apenas conversar. Amarante levou o caso ao ministro Nero Moura, que sugeriu então que o prisioneiro fosse liberado sob condição de voltar ao gabinete e, perante todos, pedir desculpas formalmente ao coronel Amarante e ao ministro Nero Moura por sua indisciplina emocional e leviana. A decisão foi prontamente acatada por todos – por alguns, como Rui, um pouco a contragosto, desconfiado de que o excesso de benevolência dentro do contexto que estavam vivendo poderia abrir precedentes para outros insurgentes.

E Rui estava certo. Poucos dias depois da liberação do major Toledo, com a investigação sendo comandada pelos coronéis Adil e Scaffa, a pressão dentro da FAB pela renúncia do presidente – acusado pelos eduardistas e lacerdistas de ser o mandante do atentado contra Carlos Lacerda – foi ficando cada dia mais complicada com a notícia de que estava circulando um abaixo-assinado de altos oficiais das Forças Armadas apoiando a renúncia do presidente.

Foi quando Rui recebeu uma convocação, em 17 de agosto, para uma reunião do Estado-Maior da Base Aérea de Santa Cruz na sala do coronel Pamplona, então comandante da unidade. Ali naquela sala, diante de Rui, Kopp, Assis, Keller, Pantojia Figueiredo Guedes, oficiais de sua confiança, Pamplona confidenciou, emocionado:

– Acabo de chegar da cidade e constatei que o Ministério da Aeronáutica está vivendo um verdadeiro caos. A cadeia de comando está quebrada. Exagerando, quem está mandando na FAB é a Diretoria de Rotas e seus majores. Como sugestão e ordem também, a qualquer momento poderá surgir meu substituto. Se isso acontecer, lhe entregarei "a chave da base".

Houve um silêncio imediato, causado pela surpresa das palavras do comandante, que foi quebrado por Rui, o terceiro da hierarquia, então comandante do 2º Esquadrão de Caça.

– Coronel, permita-me uma ponderação. Na deposição do presidente Getúlio Vargas, em outubro de 1945, apareceram aqui dois majores estranhos à base que, sem nos consultar – nós na época éramos tenentes –, passaram a intervir em nossas decisões. Reagimos com bastante energia e eles foram embora. Em minha opinião, se a cadeia de comando quebrou por falta de autoridade, no Quartel-general da 3ª Zona Aérea e até na pessoa no ministro Nero Moura, vamos retomá-la, recebendo ordens do comandante Supremo das Forças Armadas, o presidente Getúlio Vargas. Assim, me recuso a entregar "a chave do meu esquadrão" a quem quer que seja.

O coronel Pamplona fuzilou Rui com o olhar e disse:

– Você é um fanfarrão. Como não dispomos de um avião equipado para voo noturno, você irá amanhã para o Parque de Marte, em São Paulo, e só regressará quando essa situação estiver resolvida.

– Negativo – impôs Rui. – O senhor disse que os majores estão no comando da FAB. Sou major e não vou entregar a chave do esquadrão, repito, a ninguém.

Pamplona ficou atônito. Não estava esperando tal reação, uma vez que todos ali eram bons amigos e irmãos de guerra. Emocionado, perguntou aos outros:

– Vocês estão vendo a loucura do Rui?

– Não sou louco nem fanfarrão! – retrucou Rui na hora. – Você me respeite!

– O que vocês acham dessa loucura? – perguntou Pamplona aos outros, praticamente ignorando Rui.

– Coronel, sugerimos que o senhor reúna os oficiais no Cassino, exponha francamente o que está acontecendo e que, daqui em diante, passaremos a receber ordens somente vindas do Catete

– sugeriu Assis, apoiando Rui. – Se o presidente renunciar, obedeceremos à nova ordem. É o que reza a Constituição.

Todos concordaram com Rui e Assis, para a surpresa de Pamplona. E assim foi feito. coronel Pamplona mandou reunir a todos e fez um grande e firme discurso de apoio à legalidade, deixando claro que não admitiria revoltas. Ninguém ousou se mexer e, mesmo diante de toda a tensão, a Base Aérea de Santa Cruz manteve-se em ordem.

As investigações do caso foram comprometendo cada vez mais o governo. Rapidamente, os acusados foram identificados. Dois dos três eram da guarda pessoal do Presidente e indicaram como mandante do atentado o filho de Vargas: o médico e oficial da FAB Lutero Vargas. Com as provas incriminando o governo, não havia como conter a pressão crescente pela renúncia.

Preocupado com o andamento do caso, o governo começou a promover reuniões para tentar articular uma solução. Foi quando Nero Moura soube que Alzira Vargas, filha e assessora pessoal de Getúlio, tinha feito uma reunião com o ministro da Guerra, Zenóbio da Costa, e com o ministro da Marinha, Renato Guilllobel, sem a sua participação, e que Zenóbio a tinha convencido a ficar do seu lado. Sentindo-se traído e desprestigiado, Nero se apresentou para Vargas e entregou seu cargo, contando que os outros ministros militares já tinham inclusive escolhido um novo nome para substituí-lo. Vargas aceitou sua demissão, mas disse que quem daria o nome para a substituição seria o próprio Nero, que escolheu o brigadeiro Fontenelle – um nome que agradaria à FAB, por ser uma figura muito atuante e leal, e que agradaria ao brigadeiro Eduardo Gomes. Ele sabia que um nome conflituoso aos eduardistas talvez acelerasse a tentativa de golpe. Vargas concordou com a indicação. Nero Moura então entrou em contato com o brigadeiro Fontenelle, que agradeceu pela indicação e disse que manteria o gabinete sem alterações.

No dia seguinte, 18 de agosto, o governo anunciou que quem assumiria o Ministério da Aeronáutica seria o brigadeiro Epaminondas, um nome quase irrelevante dentro da FAB, para a surpresa de todos – especialmente de Nero Moura. Era claro que outros oficiais das Forças Armadas estavam muito bem articulados e conseguindo contornar a situação para enfraquecer ainda mais o governo.

O oficial durou apenas quatro dias no cargo, sendo exonerado no dia 22 de agosto. A essa altura, os militares já tinham conseguido reunir as assinaturas para o abaixo-assinado pela renúncia do presidente, que ficou conhecido como "O Manifesto dos Generais", reunindo nomes como Castelo Branco, Juarez Távora e Henrique Lott.

No dia seguinte, 23 de agosto, em reunião de emergência do presidente com seus ministros, Vargas foi aconselhado a pedir afastamento temporário até o fim das investigações, e o presidente concordou, com a condição de que as Forças Armadas contivessem as insurgências. Mas, poucas horas após o fim da reunião, o presidente foi informado de que, apesar do acordo, os ministros militares se negavam a controlar os oficiais e, desta forma, davam base para um golpe militar por sua deposição.

Era ainda madrugada do dia 24 de agosto quando o presidente recebeu tal notícia. Comentou com o mensageiro: "Só morto sairei do Catete!", e recolheu-se a seu quarto. Algumas horas depois, pouco antes das 8 horas da manhã, todos no Palácio puderam ouvir o estampido seco que soou do terceiro andar. Darci, Alzira e Lutero Vargas, além do general Caiado, que era chefe de gabinete militar da Presidência, e Tancredo Neves, ministro da Justiça, foram os primeiros a entrar no quarto, onde encontraram Getúlio com um tiro no peito, mas ainda vivo. Tentaram conter o sangramento, mas o presidente não resistiu e faleceu.

A notícia da morte de Getúlio Vargas gerou uma grande movimentação em todas as partes. A população em massa foi para as ruas – e se concentrou diante do Palácio do Catete, aos prantos. O jornal *Última Hora*, de Samuel Weiner, único aliado do governo, ajudou a intensificar o clima de comoção popular, enquanto seus concorrentes – incluindo Carlos Lacerda – viam-se obrigados a manter o silêncio sob risco de serem expurgados pelo povo. Os militares, que contavam em assumir o poder, viram-se obrigados a recuar e deixar que o vice-presidente, Café Filho, assumisse a Presidência com a promessa de convocar novas eleições.

Rui estava na Base Aérea de Santa Cruz quando soube do incidente. O clima de incerteza imediatamente tomou o lugar e os apoiadores do golpe planejado tentaram forçar a entrega imediata do comando da base, alegando que os militares estariam, sim, no poder a partir de então, e que os apoiadores de Vargas deveriam abdicar. Apoiado por Rui e seus companheiros leais, o coronel Pamplona resistiu e conseguiu manter a ordem, alegando que quem assumiria o governo seria o vice-presidente e somente ele poderia dizer a quem entregaria o comando – e que qualquer militar que não seguisse a lei seria preso por insubordinação.

Rui, preocupado com o clima de tensão nas Forças Armadas, ligou para casa e pediu que Julinha fosse com as crianças para a pensão de sua mãe, dona Sílvia. Não foi fácil para ela chegar com duas crianças ao Catete, tomado pela multidão emocionada, mas permaneceram ali, do lado de dentro dos portões da vila, vendo a multidão passando rumo ao Palácio.

Rui sugeriu que o Grupo de Caça sobrevoasse o cortejo popular que levaria o caixão do Palácio do Catete ao Aeroporto Santos Dumont. Era uma homenagem justa ao presidente que criou a Força Aérea, em 20 de janeiro de 1941, e a reequipou com novos caças em janeiro de 1953, tendo inclusive voado como passageiro-observador do comandante da BASC, coronel-aviador Pamplona, no primeiro dos novos caças montados na Fábrica do Galeão. A primeira reação foi de negação, mas, ao fim, chegaram ao consenso e um grupo de aviões de caça sobrevoou o cortejo.

A família Vargas não aceitou que a FAB cedesse um avião para levar o corpo do presidente para São Borja, no Rio Grande do Sul, fretando um avião comercial que saiu do Aeroporto Santos

Dumont, após o longo cortejo. No enterro, em São Borja, no Rio de Janeiro e em diversas cidades do país, inúmeras homenagens foram realizadas, o que fez com que o novo governo começasse bem mais lento do que esperava. A grande comoção pela morte de Getúlio Vargas fez com que as investigações sobre o atentado a Carlos Lacerda não se aprofundassem, levando à condenação apenas os envolvidos já confessos enquanto Vargas ainda era vivo.

Café Filho começou políticas públicas já voltadas ao liberalismo, mas como já era um homem com saúde comprometida não se dispôs muito, tendo como principal objetivo terminar o mandato e convocar novas eleições para 1955. Passou a articular para que seus aliados, de base conservadora e contrária às políticas getulistas, ganhassem destaque durante a campanha, continuando as diretrizes de seu mandato.

Nas Forças Armadas o clima era de expectativa. Coronel Pamplona foi pressionado a entregar o comando da base para o brigadeiro Eduardo Gomes, que assumiu o Ministério da Aeronáutica. Apesar de suas ideias contrárias ao governo anterior, Gomes era um oficial sério, então manteve a ordem durante todo o período do governo de transição. As ações da FAB, no geral, ficaram estagnadas durante o ano de 1955, já que o governo basicamente se resumia a organizar a próxima eleição.

Existia entre os golpistas um clima de "já ganhou" em relação às eleições marcadas para o final 1955. Sabiam da dificuldade de superar o populismo de Vargas, mas contavam com a ressonância dos grandes escândalos ocorridos e com a combatividade de Lacerda e seus aliados. Mas o candidato oficial do governo, Juarez Távora, perdeu para o então governador de Minas Gerais, Juscelino Kubitscheck, tendo como vice o ex-ministro do Trabalho de Getúlio Vargas, João Goulart.

Imediatamente após as eleições o clima parecia tranquilo. A BASC funcionava sem problemas, o que dava aos oficiais a sensação de que, após um período turbulento, finalmente tudo ficaria

sob controle. Mas então, um dia, Rui foi questionado por Marcos Pinheiro, um colega e vizinho de prédio:
– Como está a base em relação ao golpe que vem por aí?
Rui, apesar de surpreso, respondeu com certa naturalidade:
– A maioria lá não é golpista... está tudo normal por lá.
– Rui, acho que você está um pouco por fora. Você tem tempo pra ir comigo a um lugar? – instigou Pinheiro.

Rui aceitou o convite e, levado pelo colega, foi junto do coronel Belizário Vargas (primo de Getúlio) e de Vargas Neto (dono do *Jornal dos Esportes*) à casa de Alexínio Bittencourt, oficial de cavalaria que Rui conhecia, assim como seu irmão Alberto, desde a época da Escola Militar de Realengo. Lá os irmãos mostraram para o grupo que tinham tudo armado para um golpe, com estratégias de ação marcadas num mapa do Brasil e tudo o mais. Tentando não demonstrar sua repulsa, Rui se despediu do grupo dizendo que era muito para ele.

Ao chegar em casa, imediatamente ligou para os coronéis Teixeira e Azambuja, dizendo que tinham que ir à casa de Alexínio para ver o que estava acontecendo: o golpe era "adoecer" Café Filho para que o presidente da Câmara, deputado Carlos Luz, tomasse posse da Presidência Interina; Luz exoneraria o marechal Henrique Lott, conhecido defensor da legalidade, de sua posição de ministro da Guerra, colocando em seu lugar o major Fiúza de Castro, que abriria espaço para udenistas e para Carlos Lacerda cancelarem o resultado das eleições presidenciais.

Teixeira e Azambuja foram à casa de Alexínio e comprovaram a informação de Rui; os três então se dirigiram ao marechal Lott para informá-lo sobre o golpe.

Já era 9 de novembro, Café Filho já havia pedido afastamento por problemas de saúde no dia anterior e passado a Presidência da República a Carlos Luz. Ao saber dos planos golpistas pelos três oficiais, marechal Lott questionou a validade da informação, mas agradeceu a Rui, Teixeira e Azambuja pela lealdade.

No dia seguinte, o presidente interino o convocou para uma reunião e anunciou sua demissão. O marechal, concretizando as informações recebidas na véspera, disse que sairia imediatamente, mas Luz, sem saber do conhecimento de Lott sobre o golpe, não quis perder a sensação de normalidade no governo e ordenou que ele cumprisse todos os trâmites de passagem de cargo (ordem do dia, anúncio de tropas etc.), que seriam feitos no dia seguinte.

Assim que deixou o Palácio do Catete, marechal Lott voltou imediatamente ao Palácio Duque de Caxias, sede do Ministério, e expôs todas as informações que tinha e o que havia acabado de acontecer ao general Denniz. O general, sabidamente volúvel como a direção do vento, mostrou-lhe que estava mesmo acontecendo um golpe e o incentivou a não entregar o comando. Foi quando o marechal teve a ideia de dar um contragolpe ou, como ele viria a chamar mais tarde, um "golpe preventivo".

Rui estava trabalhando quando recebeu o telefonema do capitão-aviador João Milton Prates, seu companheiro de Senta a Pua, que na ocasião exercia a função de ajudante de ordens e piloto do então ex-governador de Minas Gerais e recém-eleito presidente da República, Juscelino Kubitschek.

— Rui, o Juscelino está preocupado com o destino de sua candidatura e deseja saber como andam as coisas por aí.

Rui pediu um tempo e fez algumas ligações, informando-lhe de volta que estava tudo aparentemente calmo. Já eram 21:30. Pouco depois, foi atualizado que o marechal Lott tinha decidido não dar possibilidade ao golpe e retornou novamente ao Prates.

— O general Lott assumiu o poder, agora está tudo na mão dele. Se passar legalmente e permanecer como ministro, seu chefe não correrá perigo, ao contrário, ele deverá assumir a Presidência de acordo com as regras.

— Você acha que ele deve ir para o Rio?

— Sim, mas não deve correr o risco de chegar de avião, pois os aeroportos do Rio de Janeiro estão sob controle da Diretoria de

Rotas e essa gente toda é golpista, com destaque para o Lacerda e até o nosso brigadeiro Eduardo.

Prates passou o recado a Juscelino, que seguiu de carro para o Rio de Janeiro pela estrada Niterói-Magé – escondido e de peruca, disseram depois.

Na manhã seguinte, Rui foi para a Escola de Comando e Estado-Maior do Exército (ECEME) participar de uma manobra combinada entre Força Aérea e Terrestre para o curso de Estado-Maior, que fazia na Escola de Comando e Estado-Maior da Aeronáutica (ECEMAR). Estavam todos a postos na Praia Vermelha quando o general Castelo Branco chegou, os cumprimentou e os dispensou, alegando que aguardava novas ordens. Rui e seus colegas, que estavam em dois carros – o do Meirinha e o do major Claudio Carvalho – foram todos para a casa do Meirinha e lá decidiram que parte deveria seguir para a prontidão na ECEMAR do Galeão e parte deveria ir para o Ministério da Guerra, no Centro, tomar pé da situação.

Rui, Meirinha, Eudo e Pessoa Ramos foram os designados ao Quartel-general no Centro da cidade enquanto Claudio, Vassalo, Carrão e Souza Mendes foram para o Galeão.

Ao chegarem lá, encontram mais de cinquenta oficiais da FAB (de brigadeiros a Segundos-tenentes) espalhados em uma sala de espera ampla, e a cada momento outros iam chegando, até que o local ficou ocupado por uns setenta homens. Em comum, Rui notou que eram todos contrários aos golpistas, lacerdistas, eduardistas e udenistas.

O único brigadeiro presente, o major-brigadeiro Vasco Alves Seco, imediatamente passou a fazer parte do Estado-Maior do general Lott – era o ministro da Aeronáutica naquele local. Individualmente ou em pequenos grupos, os oficiais iam sendo chamados para alguma das salas, até que por volta das cinco da tarde Rui foi chamado sozinho ao gabinete do brigadeiro Seco.

– Major, estamos sob uma tentativa de golpe. O presidente interino está articulado com um grupo de militares e políticos para impedir a posse do presidente e do vice-presidente. O senhor está aqui porque já deu muitas demonstrações de estar do lado da legalidade e da democracia. Estamos articulando um contragolpe. A primeira coisa que fizemos foi mandar prender os militares que temos conhecimento de que estão diretamente envolvidos na liderança do golpe. Agora precisamos estancar a onda de insurgentes. A Base Aérea de Santa Cruz está repleta deles. Mesmo com a prisão do líder golpista da base, os insurgentes não se entregaram e ela não está sob nosso comando. Você, como grande influenciador e defensor da FAB, vai voltar para Santa Cruz agora, se apresentar ao general Sucupira, comandante do Grupo Tático do Quartel de Engenharia Vilagran Cabrita, com a missão de atacar e ocupar a base. Você substituirá o atual comandante da BASC, coronel-aviador Ari Presser Bello.

Apesar de já saber dos planos do golpe, Rui ficou extremamente surpreso com a fala do brigadeiro. Não esperava que estivesse sendo chamado para uma resistência e muito menos que pediriam que ele tomasse o comando de sua base.

– Espera. Vamos devagar. Tem uma distância hierárquica grande entre nós. Eu o conheci ainda no Maranhão, eu era um estudante e ele já era primeiro ou segundo-tenente. Eu não vou mexer com um sujeito desses. Fui cadete de Presser Bello na Escola de Aeronáutica, ele já era major-chefe de Instrução em 1942. É uma distância muito grande, eu não vou fazer isso, não. E se ele disser que não dá o comando? Olha aí onde eu vou me meter! Aí é outra coisa, outra fala, outra conversa! Mas há o Pessoa Ramos, que é tenente-coronel. O outro é coronel, mas o Pessoa Ramos é mais antigo do que eu, tem três turmas na minha frente. Assim como eu, ele serviu na BASC no pós-guerra. Ele pode ir e aí eu vou com ele. Ele comanda a base e eu o Grupo de Caça. Eu comando o Grupo de Caça e garanto a segurança de tudo.

— Tá bem — respondeu o brigadeiro, após refletir um pouco. — Então chame o tenente-coronel Pessoa Ramos e tragam a BASC de volta pra gente.

Resolvido, Rui, Pessoa Ramos e o major-aviador Magalhães Motta, que também tinha sido piloto de caça do Senta a Pua e de Santa Cruz e era credenciado para assumir qualquer função, seguiram para a BASC munidos de um ofício que mandava o coronel passar o comando para eles.

Quando chegaram lá, encontraram o general Sucupira no Grupo Tático, instalado no Vilagran Cabrita, o Setor de Engenharia da base. Juntaram-se ao seu Estado-Maior, onde já estavam o coronel de Artilharia Ariel Paca da Fonseca e o capitão de Infantaria Sá Campelo, o velho e conhecido "Rigorosa", instrutor exigente e enquadrado na Escola Militar de Realengo.

O brigadeiro Eduardo Gomes, antes de ir para a capital paulista, tinha dado ordens para que todas as Unidades Aéreas se deslocassem para a Base Aérea de Cumbica, deixando as aeronaves sob seu comando. A ideia era neutralizar qualquer risco de reação de golpistas ou contragolpistas que pudessem tomar a BASC.

Rui fez contato com a BASC, através do veterano do Senta a Pua, Suboficial de Armamento Adalberto José do Espírito Santo, pedindo-lhe que desse a situação dos aviões que ainda não tinham decolado para São Paulo. O tenente-coronel Ernani Carneiro Ribeiro, então comandante do 1º Grupo de Aviação de Caça, tinha se esquivado da ordem e entregado a missão a outro veterano do Senta a Pua, major-aviador Renato Goulart Pereira, que levou cerca de 18 caças Gloster Meteor, deixando quatro indisponíveis em Santa Cruz para seguirem depois. Ficaram ainda na base quatro aviões *T-6 North American*, que só seriam conduzidos para São Paulo no dia seguinte. Goulart cumpriu a ordem, mas foi incisivo com o comandante da BASC, afirmando que não usaria qualquer avião em combate contra seus colegas.

Essas oito aeronaves se mostraram um problema porque o coronel Ari Presser Bello tinha se comprometido com o brigadeiro Eduardo Gomes de só entregar a base após enviar as aeronaves, mas o tempo estava inviável para voos e, mesmo que parasse de chover tanto, já era noite e alguns dos aviões não tinham equipamentos para voos noturnos. Diante da pressão do general Sucupira e do grupo enviado por Lott, Presser Bello prometeu articular uma forma de resolver a situação. Mas o tempo foi passando e nada acontecia.

Bello voltou para conversar com Sucupira às oito, às onze e à meia-noite, sem nenhuma solução, sempre altivo e jogando forte com o general. Rui, Pessoa Ramos e Magalhães Motta intermediavam a situação com o Ministério da Guerra, mas, após a visita da meia-noite, o general Lott se irritou – a BASC era a única unidade da Força Aérea no Rio que ainda não estava sob seu controle – e ordenou que a atacassem às duas da manhã.

Levaram a ordem do general Lott para o general Sucupira, que passou a evitá-los, determinando que Sá Campelo elaborasse as ordens fragmentárias para sua artilharia, blindados, para o Batalhão de Engenharia de Combate, e elementos especiais do Regimento Escola de Infantaria (REI), da Vila Militar, Unidade Padrão da Infantaria do Exército.

Diante do confronto iminente, Rui foi ao coronel Paca e lhe pediu que evitasse destruir o Hangar do Zeppelin, o único remanescente da era dos dirigíveis alemães no mundo, obra de arte com 270 metros de comprimento, 53 metros de altura e 52 de largura. Sugeriu:

– Atire na pista interditando-a para pouso e decolagem de aeronaves de asa fixa.

Paca sorriu.

– Fique tranquilo, major. O hangar não será molestado. E sabemos que a base é guardada por uma Companhia de Infantaria, cujo efetivo permanente é constituído por um capitão e poucos sargentos instrutores. O restante é formado por recrutas, sem experiência em combate. Fique calmo, não vamos usar armas de fogo nem armas brancas, vamos lutar a tapa.

Rui sabia que não era bem assim. Conhecia a Companhia de Infantaria e tinha conhecimento de que os recrutas eram jovens civis de baixo padrão de escolaridade que, após um ano de caserna, eram devolvidos à sociedade civil. Não eram combatentes nem tinham instrução para isso. Esses homens, citados pelo coronel, naquele momento estavam em casa, nas duas vilas situadas dentro da base, com suas famílias, e fariam de tudo para protegê-las. Provavelmente haveria mortes e as cicatrizes desse tipo de confronto, entre irmãos, ficariam por muito tempo.

Como as horas estavam passando e as ordens de Lott teriam de ser cumpridas, Rui pensou em uma artimanha para evitar o ataque noturno. Foi ao general Sucupira e lhe pediu permissão para telefonar ao brigadeiro Seco. Concedida a autorização, rodou a manivela do antigo telefone, fingiu pedir à telefonista para falar com o número que correspondia ao da sala onde se encontrava o general Lott e seu Estado-Maior e aguardou. Sem ninguém do outro lado da linha começou a falar alto, para que todos ouvissem:

– Alô? É do Ministério da Guerra? Por favor, aqui é o major Rui Moreira Lima, desejo falar com o brigadeiro Seco – fez uma pausa, então continuou: – Brigadeiro, que bom que consegui falar com o senhor. Por favor, peça ao general Lott que passe o horário do ataque para as seis da manhã. Se fizer agora, às duas, com essa escuridão e essa chuva, será um massacre aos civis – parou, fingindo ouvir uma resposta. – Tudo bem, brigadeiro, não desligarei, ficarei na linha esperando uma resposta.

Todos ficaram acompanhando Rui que, por uns quatro minutos, manteve-se em silêncio, "aguardando" a tal resposta. Então, dramaticamente, falou alto:

– Graças a Deus! Obrigado, brigadeiro.

Tapou o microfone do aparelho com a mão e disse aos presentes:
— O general Lott adiou a hora do ataque. — E, olhando firme nos olhos do general Sucupira, perguntou: — General, o senhor deseja ouvir do brigadeiro Seco a ordem do general Lott?

— Não é necessário, a operação será realizada às seis — respondeu e saiu da sala, logo em seguida.

Assim que todos saíram, Pessoa Ramos comentou:
— Que bom que o general concordou. Estava muito preocupado com esse confronto.

Rui respondeu sussurrando:
— O general não concordou.

— Como assim, Rui? — questionou também sussurrando o Magalhães Motta.

— Eu não liguei pra ninguém, só fingi. Precisava tentar adiar o ataque. Tenho esperança de que eles entreguem a base antes das seis.

— Você é maluco, Rui? — sussurrou impressionado o Pessoa Ramos. — E se o general Sucupira quisesse falar com o brigadeiro?

— Eu imaginei que ele não ia querer. Ele não gosta de falar ao telefone porque não ouve bem.

— Você tem cada uma, Arataca... — comentou Magalhães Motta rindo.

A chuva diminuiu na madrugada e o coronel Camarão decolou com os quatro *T-6* já às cinco e meia da manhã. Como o problema dos Glosters eram pneus que tinham sido esvaziados de propósito pelos suboficiais do grupo e não havia compressor na BASC para enchê-los, a missão foi dada como cumprida pelo brigadeiro Eduardo Gomes e poucos minutos antes das seis horas, o coronel Ari Presser Bello apareceu pessoalmente para convidar o general Sucupira para tomarem um café na base. O general aceitou o convite, mas levou seu Grupo Tático, ação desnecessária que soava como uma agressão diplomática e política. Rui, Pessoa e Motta, para não compactuar com a decisão do general, se negaram a participar da reunião e, imediatamente, telefonaram para o comandante da 3ª Zona Aérea, brigadeiro Correia de Melo, pedindo sua presença imediata na BASC para que ele mesmo fizesse a passagem de comando para o Pessoa Ramos, e assim aconteceu. Rui se preocupou que tudo fosse o mais digno possível para o coronel Ari Presser Bello, que apenas cumpria as ordens recebidas do brigadeiro Eduardo Gomes e protegia sua base. "Eu agiria da mesma forma", pensou Rui.

Assim que o brigadeiro Correia de Melo pousou na base, por volta das dez da manhã, os comandos foram trocados. Antes de sair, Bello cruzou com Rui e disse:

– Moreira Lima, se não fosse essa chuva, a história seria bem diferente.

– É que até Deus está do nosso lado mandando o mau tempo que evitou a tragédia que causaria um ataque à nossa base.

Carlos Luz acabou deposto no próprio dia 11 de novembro, exposto pela tentativa de golpe, e em seu lugar assumiu o vice-presidente do Senado, Nereu Ramos. Em 31 de janeiro, o golpe morreu de vez, com marechal Lott cumprindo suas obrigações e passando o comando para os dois eleitos.

Depois da participação no que ficou conhecido como "Novembrada" ou "Movimento 11 de Novembro", Rui começou a ficar ainda mais "famoso" dentro das Forças Armadas. Boatos começaram a correr e falaram até que Rui tinha pilotado um tanque para entrar dentro da base. Rui ficou bravo com o boato, forçou a barra para descobrir quem o tinha espalhado, mas ninguém se entregou. Ele acabou até saindo na porrada com alguns deles, mas ficou por isso mesmo. E dali para a frente o falatório tornou-se inevitável. De um lado, seus companheiros louvavam sua lealdade às instituições e seu senso de justiça; do outro, os golpistas condenavam sua intransigência e o acobertamento à "dominação comunista" no governo, apesar de respeitarem sua atuação profissional. E, de uma hora para outra, Rui passou a ser uma figura controversa no meio militar.

7
VIVENDO NO LIMITE

Depois da morte de Getúlio, o clima entre os militares não amenizou. Ainda mais depois da efetiva tentativa de golpe de 1955, ficou muito claro que havia uma cisão dentro das Forças Armadas e que o grupo dissidente estava disposto a tudo para alcançar seu objetivo de tomar o governo. E quem ficava conhecido por defender algum dos dois lados virava alvo.

Marechal Lott nomeou Rui, ainda em novembro de 1955, como 2º oficial nas operações do Comando de Transporte Aéreo, o COMTA, e, pouco tempo depois, com a transferência do 1º oficial, major Flávio Castro, para os Estados Unidos junto com coronel Alvarez, Rui foi promovido a Chefe de Subseção de Operações e Controle. Passou a trabalhar em uma grande sala de controle aéreo, onde tinha acesso a todas as aeronaves do país, monitorando as escalas de voo de todas elas com a ajuda de um grupo de auxiliares. Era um trabalho que requeria atenção e estratégia, além de muita responsabilidade.

Percebendo-se sua dedicação à ECEMAR e ao COMTA, Rui também foi indicado para virar membro da Comissão de Investigação de Acidentes Aeronáuticos Graves, sendo nomeado em 1º de janeiro de 1956. Ficou claro que o brigadeiro Seco, que havia assumido como ministro da Aeronáutica na transição de governo, confiava muito em Rui.

Tanto confiava que, no dia 11 de fevereiro, primeiro dia de Carnaval de 1956, mandou que encontrassem Rui para uma reunião urgente. O oficial designado o encontrou no meio de uma confusão na matinê de Carnaval do Clube da Aeronáutica: ele tinha levado os filhos Soninha e Pedro Luiz ao baile, mas a provocação de um grupo de golpistas presente foi tanta que o oficial teve que se intrometer para evitar uma briga. Logo cedo na manhã de domingo, Rui se apresentou ao ministro:

— Major, tem um grupo de golpistas tentando tomar o Centro-Oeste do país. São militares muito bem treinados, aviadores experientes em voar na região, conhecem bem o local, e estão fechando nossas pistas de pouso da Rota Rio-Manaus, incluindo Mato Grosso, Goiás, Pará e Amazonas.

— Quem está envolvido, brigadeiro?

— Pelo que fui informado, as lideranças são os majores Haroldo Veloso e Paulo Victor, acompanhados do capitão Lameirão e do tenente Petit, além de um tenente de Infantaria. Eles dizem que só vão devolver a região quando o presidente Juscelino e o vice-presidente João Goulart renunciarem.

— E o que o senhor quer de mim, brigadeiro?

— Sei que o senhor já voou bastante para aquela região, major, pelo Correio Aéreo Nacional, fazendo missões com os irmãos Villas-Boas no Xingu... e também sei que o senhor é um defensor da legalidade e das instituições. Preciso que o senhor vá atrás do major Veloso, que aparentemente é o principal líder dos insurgentes. Ele precisa ser preso ou sair do país antes que os golpistas tenham a sensação de que podem nos chantagear de verdade. Se eles fecharem o Centro-Oeste, eles vão achar que podem tomar também as bases do Norte e do Nordeste e aí vão nos dar muito trabalho.

— Mas o major Veloso é muito esperto, brigadeiro. Ninguém domina melhor a região do que ele. É homem do mato, sabe se orientar na floresta fechada, aprendeu a se comunicar com os indígenas de tanto tempo que trabalhou com os irmãos Villas-Boas. Não vai ser fácil prendê-lo, senhor.

– Por isso confio nas suas habilidades, major. O senhor pode partir amanhã mesmo.

Rui hesitou um pouco, mas resolveu dizer:

– Brigadeiro, o senhor vai mesmo me fazer uma coisa dessas? Pela primeira vez eu estou atuando numa unidade de transporte, uma unidade que precisa de uma pessoa como eu pra dizer pros caras "vai pra cá, vai pra lá..." Ninguém deixou de voar e eu estou escalando gente superior a mim.

– Mas você é um oficial brilhante e corajoso – interrompeu o brigadeiro.

– Brigadeiro, nada disso me comove. Seus olhos estão vendo um sujeito que não é nada disso – então mudou de tom, decidido –, mas vou te dizer que eu sou da lei e vou defender a lei uma vez que isso está sendo um golpe. Não vou pelos seus olhos nem vou pelas suas ordens. Mas eu quero que o senhor me dê agora um código, uma portaria, sei lá, me designando pra isso e vou te dizer uma coisa: depois que eu estiver lá quem manda lá sou eu! O senhor vai se arrepender disso, porque eu não vou deixar imprensa entrar lá, não vou deixar ninguém entrar lá pra explorar, ou qualquer outra coisa. Eu sou amigo do Veloso há muitos anos e é lamentável que eu vá fazer uma coisa dessas. Eu estou lamentando isso porque o Veloso é um camarada sério, ele não está lá brincando. Ele está lá fazendo o que ele acha que é direito. Eu estou fazendo o que eu estou achando que é direito, combater qualquer desserviço ao país. É isso que eu tô achando. Agora, se acontecer isso, nós vamos nos encontrar. Isso que é lamentável, que são dois amigos que vão se respeitar mas um não vai ser preso pelo outro – pelo menos eu não vou ser preso pelo Veloso. E isso pode não acabar bem, brigadeiro. Então, é melhor o senhor ter certeza do que está me pedindo.

O brigadeiro concordou e deu carta branca para que Rui tomasse todas as decisões que achasse melhor para cumprir sua missão.

Rui tinha conhecido Veloso ainda na Escola Militar de Realengo e se tornaram bons amigos. Diferentemente de Rui, que sempre fora extrovertido, Veloso era na dele, bem quieto, mas muito observador e já deixava transparecer a aptidão que tinha com as coisas da natureza. Pelos colegas era conhecido pelo apelido de "Espigoff", numa sátira que o comparava a uma espiga de milho magrinha como ele. Quando pipocou a guerra, ele também se voluntariou e, juntos, voaram para o treinamento no Panamá, mas Veloso não se adaptou aos aviões de caça e acabou desligado do grupo e mandado de volta ao Brasil, para a Base Aérea de Belém, onde já atuava. Enquanto Rui pilotava na Itália, ele voava pelo Correio Aéreo Nacional, fazendo transportes para a FAB na Expedição Roncador-Xingu, responsável por desbravar o Brasil Central. Rapidamente se tornou muito querido pelos índios, caboclos e toda a gente da floresta. Profissionalmente, reencontraram-se no gabinete do ministro Nero Moura, quando Rui recebeu a missão de resgatar Percy Fawcett, Veloso então já voava com os irmãos Villas-Boas há anos, sendo um dos pilotos mais qualificados das missões indigenistas e responsável por várias instalações da FAB pelo Projeto Fundação Brasil Central, uma parceria firmada entre Brasil e Estados Unidos com o objetivo de desbravar e modernizar a região a fim de criar uma rota aérea mais curta entre os dois países. Depois do feliz reencontro, passaram a frequentar a casa um do outro, juntando as famílias em animados almoços em que contavam histórias incríveis de suas aventuras. Quando Rui contava sobre o Veloso para algum desconhecido costumava dizer que era um "sujeito que cheirava a mato", de tão íntimo que era da floresta, e que "está pra nascer piloto que domine mais essa mata do que ele". Tinham um enorme respeito um pelo outro, como pessoas e profissionais, e de repente estavam em lados opostos da história.

Na segunda-feira logo cedo, dia 13, Rui beijou seus filhos ainda dormindo e deu um longo e carinhoso abraço em Julinha antes de sair. Ela ficou preocupada, porque não era sempre que via o marido tão incomodado. Chegou a perguntar-lhe de que se tratava a missão, por que estava tão tenso, mas ele se reservou apenas a dizer que estava indo prender um amigo, que era tão cabeça-dura quanto ele.

– Não é o Velosinho, é? – ainda perguntou Julinha.

Mas Rui apenas abaixou a cabeça e saiu, dando a entender a resposta.

Ao chegar à Base Aérea de Santa Cruz já havia um avião Loadstar reservado para ele, assim como um capitão para copiloto, um rapaz novo escolhido pelo próprio ministro Seco dentre os seus oficiais de gabinete. Ao examinar a ficha do capitão, chamou-lhe a atenção o rapaz estar lotado no Departamento de Rotas Aéreas, uma espécie de covil golpista do brigadeiro Eduardo Gomes, o que já o incomodou. E assim que foram apresentados, o capitão disse:

– Major, estou aqui a mando do ministro, mas gostaria de pedir para que o senhor me dispensasse desta missão.

Rui imediatamente ergueu as sobrancelhas, desconfiado. O rapaz emendou:

– Minha esposa está grávida, major, está precisando de mim, e...

– O senhor não quer combater golpistas porque é um deles, isso sim! – interrompeu-o Rui, irritado. – Suma da minha frente e não ouse chegar perto do meu avião!

O capitão, sem conseguir reagir, apenas seguiu os comandos de Rui e saiu do hangar. Pediu que um oficial de guarda ficasse atento a qualquer movimentação perto de seu avião e correu ao telefone, para ligar para o ministro.

– Esse capitão que o senhor me mandou para copiloto é um golpista, brigadeiro! Um eduardista! Mandei que ele não se aproximasse do meu avião porque a última coisa que preciso é ter um voo sabotado, mas se o senhor não afastá-lo de seu gabinete eu nem saio do chão! Esse rapaz vai bater todos os nossos movimentos para os golpistas, vai entregar toda a missão. Ou ele sai ou eu não saio! – decretou Rui.

– O senhor está certo, major. Vou afastá-lo hoje mesmo. O capitão tem boa reputação como piloto, por isso o enviei, mas então o senhor fique à vontade para escolher sua equipe como achar melhor. Como já disse, te dou carta branca para fazer o que for preciso.

Mais satisfeito, mas ainda muito cabreiro, Rui pediu ao coronel Nicoll, oficial que sabia com certeza não ser da ala dos golpistas, que o ajudasse a escolher um bom copiloto e homem de confiança. Foi-lhe mandado o primeiro-tenente-Aviador Hilton de Farias, oficial do COMTA, originalmente um Asa Branca, mais velho que Rui e bastante experiente, além de dois mecânicos, Laurindo e Machado. Pediu também ao coronel uma metralhadora .50 com tripé e um especialista para operá-la. O equipamento chegou junto com seu responsável, o sargento de Infantaria Martins, comandando um cabo e nove soldados, além de um manual de codificação de mensagens. Apesar de todos serem profissionais e indicados por um colega de confiança, Rui ainda ficava cabreiro sobre o quanto podia confiar neles – afinal, se o próprio ministro tinha um golpista infiltrado em sua equipe, como garantir que os outros também não o seriam?

A ideia era partirem em dois aviões: o primeiro grupo faria as observações e as passaria para o segundo grupo, de Rui, que tomaria as decisões conforme o cenário se desenhasse. Sabiam que várias pistas da sequência Brasil Central, ou Rota Rio-Manaus, estavam sob observação do pessoal de Veloso, algumas até interditadas, então era preciso ter cautela. A rota seguia por parte do Centro-Oeste até o Norte do país, seguindo por Goiânia, Aragarças, Xavantina, Villas-Boas, Xingu, Cachimbo, Jacareacanga, Porto de Moz, Santarém, até chegar a Manaus e Boa Vista. Fora Veloso, inclusive, o responsável pela implantação de várias dessas bases, já que era engenheiro formado pelo ITA. Rui sabia que seria um intruso na área de Veloso: não só porque o amigo conhecia o território muito bem, mas porque conhecia seus moradores melhor ainda e isso fazia deles seus possíveis aliados.

Ainda desconfiado após o incidente com o "espião", a equipe levantou voo rumo à primeira parada, Aragarças. Antes de Rui, o avião da equipe do capitão Francisco de Assis Lopes, o Chicão, já tinha decolado levando também o copiloto tenente Thomaz Peçanha e dois sargentos – um deles mecânico e outro, chamado Ferraz Correa, rádio – para iniciar a missão e informar sobre a situação que iam encontrando. Chicão lhe passava a situação pelo rádio e já partia para o próximo ponto da rota. Logo, assim que Rui e sua equipe pousaram em Aragarças, Chicão partiu para Xavantina; e assim que Rui voou para Xavantina, Chicão foi para Cachimbo. A informação que tinham era de que em dez dias, desde o começo da revolta, major Haroldo Veloso, major Paulo Victor da Silva e capitão José Chaves Lameirão já controlavam as localidades de Cachimbo, Belterra, Itaituba e Aragarças, além da cidade de Santarém, com barricadas interditando as pistas e contando inclusive com o apoio das populações locais.

Já se aproximando o fim do dia e conhecendo um pouco da precariedade e posicionamento das bases, Rui decidiu por armar seu QG em Xavantina mesmo, que já tinha rádio, uma casa de pilotos e um mínimo de estrutura. Ali poderiam passar a noite e seguir conferindo a situação das bases adiante.

Mas, assim que tentaram partir na manhã seguinte, Rui identificou o que já suspeitava: uma sabotagem no seu avião, um "furo" no motor que não permitia que levantassem voo. Ainda mais desconfiado de todos, Rui entrou em contato com o Rio de Janeiro, fez questão de falar apenas com um oficial amigo seu, de confiança, e pediu que ele pessoalmente lhe entregasse o novo motor. A sabotagem lhe custou alguns dias parado, esperando, já que era necessária a aprovação do pedido e não era qualquer um que poderia ficar sabendo do fato.

Assim que o amigo pousou o avião trazendo o novo motor, diante de todos Rui ordenou de maneira ríspida que ele seguisse diretamente para a casa de pilotos. Entraram, Rui trancou a porta e disse quase aos sussuros para o homem perplexo:

— Desculpe, camarada, não me leve a mal. É uma cena. Não sei exatamente em quem posso confiar nessa missão, então preciso me precaver. Eu vou te deixar trancado aqui para sua segurança, para que ninguém atente contra você e, assim que trocarem o motor, você volta direto pro Rio levando o motor ruim. Eu vou lá pra fora fingir que você está acuado, botar uma banca nesses homens e supervisionar todo o trabalho bem de perto. Não vou deixar que cheguem perto do seu avião, fique tranquilo. Vou fazer tudo para que a gente voe em segurança, mas você vai ter que ficar aqui esperando até a hora de ir embora, certo?

O amigo entendeu e prontamente concordou em participar do teatro. Rui então trancou a casa de pilotos e passou a coordenar a troca dos motores, bancando o "comandante Mau". Quando finalmente o serviço estava terminado, destrancou o amigo, despachou-o de volta para casa e partiu com sua equipe rumo à próxima base.

Quando chegou a Cachimbo, Chicão já tinha conseguido desfazer as barricadas, tomado a base e o esperava bastante impressionado. Guiou Rui até o rio Braço Norte, onde lhe apresentou uma miniusina hidrelétrica, feita com uma turbina instalada numa queda d'água, produzida por Veloso para alimentar um gerador que, vinte e quatro horas por dia, abastecia um alojamento com uma equipe de cerca de oitenta pessoas, entre militares e civis locais. Ali Rui entendeu a dimensão do domínio de Veloso na região e como a FAB não fazia ideia do que se passava tão longe das capitais.

Ainda fazendo a figura do "comandante Mau", Rui saiu desfazendo as ordens de Veloso e reordenando toda a base a seu favor. Verificou e organizou os aviões que tinha à disposição, pediu apoio para as bases próximas e, em pouco tempo, começaram a chegar outros oficiais.

O primeiro a chegar foi Zé Guilherme Bezerra de Menezes, um rapaz de Belém muito religioso que estava em uma missão de padres alemães instalada em São Francisco do Cururu. Ele informou o grupo sobre o local, que contava com duzentas cabeças de gado, um barco com hélice para mais de quarenta pessoas, estruturas físicas muito bem montadas e um grande grupo de "índios civilizados" que viviam e trabalhavam por lá. A informação era valiosíssima: ficou claro para Rui que, para se movimentar pela região, Veloso se beneficiava muito da estrutura de Cururu; logo, era preciso dominá-la. Serviço prestado, Zé Guilherme foi dispensado para voltar a Belém.

Começaram então as missões de reconhecimento: Rui e seus pilotos sobrevoavam as áreas ocupadas pelos golpistas e depois anotavam num mapa da região feito à mão pelo próprio Rui o que tinham avistado. Ao longo dos dias, conforme ia sobrepondo os mapas, percebia a movimentação de aviões, carros e tratores em cada uma das bases. Assim conseguiu perceber quais áreas eram mais valiosas para o grupo como ponto de apoio e passou a traçar um plano de como tomá-las.

Com equipe reduzida, em desvantagem sobre o domínio do local e do povo, a estratégia passou a ser confundir o inimigo e conquistar a população. Com os mapas, passaram a saber mais sobre as movimentações de Veloso, e a comunicação via rádio tornou-se estratégica para desnortear os golpistas: informações erradas eram transmitidas, exagerando quantos homens tinha à sua disposição e também quantos Veloso tinha à disposição dele, além de exagerar a quantidade de equipamentos e armamentos, e os resultados das missões.

Com a entrada do brigadeiro Henrique Fleiuss no lugar de Seco no Ministério da Aeronáutica vieram também as ordens do brigadeiro Anísio Botelho para tentar cooptar a população para a causa do governo. Em alguns dias chegou em Cachimbo uma série de panfletos que foram jogados dos aviões sobre as vilas da região de Jacareacanga, pedindo para a população colaborar com os militares, não apoiando os golpistas e, de preferência, dando informações e os entregando. Diziam que não valia a pena perder suas casas e até entes queridos por uma guerra que não era deles. A estratégia foi boa e a relação com os moradores começou a melhorar, mas, na maior parte das vezes, sem "trair" Veloso, evitando informações sobre seu paradeiro ou de seu grupo.

Rui então passou a comandar a região do Rio da Morte, uma área com uma pista de pouso em areia de rio, aberta pelos irmãos Villas-Boas, entre os rios Tapajós e Teles Pires, repleta de índios hostis que atiravam flechas nos aviões que pousavam. Os ataques a flechas não eram novidade para ele, já que os irmãos Villas-Boas já os tinham introduzido em várias tribos na região que tinham o mesmo hábito. Rui ficava impressionado como eles eram capazes de calcular direitinho a trajetória e a velocidade do avião para que as flechas os acertassem de forma perfeita. Orlando Villas-Boas, inclusive, foi acionado por Rui mais uma vez para que ajudasse nas intermediações com as tribos que ficavam nas regiões das bases, o que ele fez de bom grado.

Apesar de não ter participado ativamente do contato de pacificação com as tribos, Rui tinha muitas histórias em conjunto com os irmãos, que realmente se divertiam e amavam sua missão. Rui normalmente levava mantimentos e ferramentas, que deixava em algum ponto no meio da floresta, para que eles pudessem se manter e trocar com os índios que faziam contato. Espelhos, facões e ferramentas faziam muito sucesso com os nativos e ajudavam na aproximação. Rui normalmente só se aproximava quando o contato já estava firmado, mas ainda assim tinha que passar pelo ritual de cuspir na mão e passar no rosto do indígena como sinal de afeto e receber o mesmo cumprimento de volta, o que nem sempre era agradável, mas que levava os irmãos às gargalhadas.

Rui guardava lembranças diferentes de cada um dos irmãos. De Leonardo, lembrava a forma como falava com os indígenas.

Em uma das missões que fez com Leonardo, o paraquedista que fazia parte da missão pediu para fazer uma fotografia de um índio. Quando ele estava montando o equipamento, o índio jogou um pedaço de pau e derrubou a câmera. Leonardo então virou para o índio e seriamente lhe disse:

– Você fez muito mal. Você está de castigo. Atravessa o rio, você vai ficar lá do outro lado de castigo... e vai deixar tirar a fotografia.

O índio imediatamente obedeceu, ficando parado, na outra margem, enquanto o paraquedista tirava a fotografia. Rui ficou cismado com a forma como Leonardo agia. O índio perguntava:

– Eu já posso voltar?

– Não, você ainda está de castigo por ter jogado o pau na máquina – dizia firmemente.

Quando o fotógrafo já tinha feito alguns disparos, Leonardo permitiu que o índio voltasse e ordenou que posasse para mais fotos, o que foi prontamente acatado. Satisfeito, o paraquedista avisou que já podiam ir e eles simplesmente seguiram caminho.

De Claudio, lembrava-se do suporte que dava aos pesquisadores que o Instituto Butantan mandava para coletar veneno de cobra, para produzir soro antiofídico. Rui, muitas vezes, era convocado para levar um pesquisador de São Paulo até o Xingu, onde se embrenhava na mata durante meses atrás de novas espécies de cobras. Depois era chamado para resgatar o pesquisador, que muitas vezes levava com ele algumas serpentes no avião (sob protesto da maioria dos pilotos). O próprio Claudio chegou a capturar uma surucucu de mais de dois metros em uma caixa para enviar ao Instituto através dos aviões da FAB. Com essa parceria entre o Butantan e FAB foram coletadas e catalogadas centenas de cobras.

De Orlando, lembrava-se da barba e da forma como negociava com os indígenas. Tinha paciência, compreendia os nativos. E era o irmão que mais interagia com a FAB com informações, exatamente por ser o mais paciente para consegui-las. Por ele tinham chegado ao suposto Percy Fawcett e agora por ele estavam chegando aos planos de Veloso.

Orlando apareceu um dia na base, de passagem. Foi recebido com muita alegria por Rui:

– Que prazer ter você aqui, no meio dessa confusão de golpe, Orlando! – recebeu-o, dando-lhe um abraço. – Que veio fazer no meio dessa confusão?

– Bom revê-lo, Rui! Estou a caminho do SPI[4] que fica a algumas horas daqui. Fui chamado porque tem um sujeito por lá abusando das índias da região. Vou tentar conversar com ele e resolver a questão.

– Desculpa perguntar, mas de onde você está vindo?

– De Aragarças. Também está tudo bem confuso por lá.

Rui tomou um grande susto.

– Aragarças? Lá é área dominada pelo Veloso! Você o encontrou por lá? Encontrou o pessoal dele? Você não está com eles, está, Orlando?

– Porra, Rui, eu não tenho nada a ver com essas merdas de golpes de vocês! Meu negócio é tratar do interesse dos índios, dar assistência a eles.

– Eu sei, meu amigo, e de qualquer forma eu seria incapaz de te prender. Mas eu preciso que você não volte pra lá por enquanto. É que o Veloso está tentando tomar toda a região e, você conhece o cara, ele é mateiro, ele domina tudo isso aqui. Se ele se enfia na floresta, ele sabe se guiar, sabe sobreviver. Eu, ao contrário, se entro nessa mata só saio daí morto. Eu preciso da sua ajuda, preciso de toda ajuda, quanto mais, melhor. Eu sei que você é amigo do Veloso, eu também sou. Conheço o cara desde a Escola Militar, é um cara sério, honrado. Nunca entrei no banheiro pra brigar com ele e nem nunca entraria porque ele não é um cara pra brigar e sair impune. Fora que ele tem uma lábia forte, difícil demais não cair na conversa

---

[4] Serviço de Proteção ao Índio.

dele! Só que andaram fazendo a cabeça dele pras coisas erradas e agora eu tenho que impedir que ele faça bobagem e inicie um derramamento de sangue, entendeu? Eu não sei o que vocês sabem do mato, tô assustado, perdido, e do outro lado tem ele, que está muito mais preparado que eu para essa peleia. Então eu te peço: por favor, Orlando, fica aqui com a gente no Cachimbo por enquanto. Preciso do teu conhecimento. Não vai te faltar nada, eu te garanto.

Orlando pensou por alguns instantes.

— Olha, Rui, já te falei que não tenho nada com essas merdas de golpes que vocês inventam, mas eu compreendo seus argumentos e posso te ajudar, sim. Mas vou precisar de ajuda também com o caso do SPI. Uma mão lava a outra, pode ser?

— Opa! Se pode! Vamos lá imediatamente botar esse filho da puta abusador de índias pra correr!

Rui intimou o sargento Martins a acompanhá-los ao posto do SPI.

Lá chegando, Rui e Martins mal puderam disfarçar a surpresa ao serem apresentados ao sujeito: era um homem de mais de um metro e noventa, muito forte, com a pele negra reluzente — talvez descendente direto dos reis zumbis quilombolas. Rui fuzilou Orlando com o olhar. Como lhe tinha escondido detalhe tão importante? Estavam ali os três brancos diante de uma montanha de músculos. De supetão, Rui montou-se em postura e bradou em tom forte:

— É você então o cabra safado? Cabra safado! Está molestando as índias do pai Orlando?

Sem nem pestanejar o sujeito respondeu, duro e seco, numa voz grave como o trovão:

— Sou eu, sim senhor.

Rui lançou mais uma vez um olhar atravessado para Orlando como quem diz "em que merda você me meteu?". Por dentro estava congelado, mas por fora mantinha a postura de "homem forte". Orlando deu as costas, deixando claro que quem mandava ali era

Rui. Valendo-se então de sua posição e da companhia de Martins (que não tinha a mesma proporção do sujeito, mas pelo menos era fisicamente bem mais amedrontador que Rui), continuou:

– Ajoelha, cabra safado! Ajoelha agora e abaixa a cabeça! – intimou o sujeito. – E você, sargento, me passe seu facão!

O sujeito foi se ajoelhando, encarando fixamente Rui nos olhos. Quando seu joelho finalmente tocou o chão, vendo Rui com o facão na mão, ele desafiou:

– Dê, major. Mas é melhor o senhor dar PARA MATAR!

– Cala a boca, cabra safado! Quem fala aqui sou eu! E abaixa a cabeça, cabra, que eu tô mandando!

De repente, fez-se um grande silêncio. Ficaram todos atentos, receosos com o que estava prestes a acontecer. Depois de alguns segundos de suspense, Rui levantou o facão para o céu e, imitando os movimentos de batismo dos cavaleiros ingleses, tocou de leve com o facão os ombros e a cabeça do sujeito.

– Em nome da Força Aérea Brasileira te declaro defensor da Pátria e defensor desse posto do SPI e do Brasil! Levanta, homem, e de agora em diante não é mais um cabra safado, e sim um homem representando a FAB na defesa do Brasil!

A perplexidade foi geral. E Rui continuou:

– sargento, me passe seu bibico[5] e seu cinturão!

Martins então tirou seu bibico e seu cinturão e, sem dizer uma única palavra, entregou-os a seu comandante.

Rui primeiro colocou o bibico na cabeça do sujeito, depois o cinturão em sua cintura e, por último, deu o facão em suas mãos.

– Está pronto, como soldado e homem, para defender o Brasil e seu povo?

Num misto de orgulho e surpresa, o sujeito se perfilou, prestou continência à sua maneira, e, com entusiasmo, respondeu:

– Estou pronto, meu major!

---

[5] Gorro de soldado, de costura única e reta em cima, fazendo dois bicos.

Ao final da cerimônia improvisada, Rui o orientou sobre como sua participação na defesa da região e de todos os brasileiros, sem distinção, era importante para a FAB. Ele ouviu tudo com muita atenção, prometeu cumprir seu dever com honra e foi embora cheio de orgulho.

Passada a tensão, Orlando comentou:

– Poxa, Rui! Jamais ia esperar algo assim! De onde veio essa ideia louca? Foi muita presença de espírito!

– Eu fui criado no interior do Maranhão, Orlando, entre caboclos. Fui ensinado por meu pai e meu tio a comandá-los, desde criança, e os comando até hoje. E uma coisa que aprendi é que dando dignidade, respeito e consideração ao caboclo você terá em troca um grande cidadão brasileiro.

Orlando agradeceu pela ajuda do amigo e, juntos, voltaram a Cachimbo, para seguir com a caçada aos golpistas.

O próximo passo era a tomada da Base de Cururu, local próximo à fazenda dos padres missionários alemães, para desestabilizar a movimentação do pessoal de Veloso. O primeiro desafio foi a pista de pouso, que precisou de muitos reparos para poder ser usada com segurança, já que estava cheia de grandes formigueiros. Depois, foi feita a manutenção geral do local, além da retomada do pessoal da região que tinha se bandeado para o lado dos golpistas.

Nessa época Carlos, irmão mais velho de Rui, esteve na base para ajudar a missão. Ao chegar, a hélice de seu avião se prendeu em um formigueiro, o que causou fortes avarias. Ele foi o segundo piloto a pousar ali, sendo que o primeiro havia também se encontrado com um formigueiro, mas com a roda. Carlos trouxe mantimentos e notícias, inclusive cartas e mimos de Julinha e dos filhos, mas teve que esperar sua hélice ser consertada no martelo para poder voltar para o Rio.

Com a ajuda dos índios, a pista de Cururu foi limpa, a sede do Serviço de Proteção ao Índio foi retomada e o contato com os padres alemães foi firmado. Muito solícitos, eles deram guarida para toda a equipe, além de informações preciosas sobre a região e sua gente. Rui não pensou duas vezes e mandou que anotassem cada gasto que os padres estavam tendo para recebê-los, para que fossem reembolsados pela FAB, o que não agradou muito o Comando.

Rui já tinha tido um problema de verba com a FAB pouco antes. Recebera um ofício do coronel Afonso Costa, através do Gabinete do ministro, pedindo prestação de contas de mais de mil cartuchos de fuzil e 80 de pistola .45. Ao ler o documento, Rui apenas escreveu "Vá à merda!", e devolveu, o que obviamente levou a um puxão de orelha do ministro em Rui. Inconformado, ele telefonou diretamente ao ministro:

– O senhor me desculpe, brigadeiro, mas esse oficial é um deboche! Eu estou há 22 dias enfrentando cascavel, passando vara de porco, e todos os perigos no meio da floresta. Me mandaram pra cá com quatro barbeiros – não tem que cortar cabelo de ninguém aqui, pô! Ninguém quer vir pra cá segurar esse rojão, e aí vem esse coronel me cobrar isso?!

– Mas foi em reservado, major... – tentou amenizar o brigadeiro.

– Não foi reservado não, não tem nem carimbo de reservado!

– Mas foi aqui pelo Gabinete... – tentou justificar mais uma vez.

– Olha, ministro, se ele escrever outro eu vou escrever "Vá à merda!" outra vez e peço, por favor, que o senhor não endosse isso. Porque isso é o maior desaforo, a maior ofensa. Eu não estou aqui a passeio, não!

– major, eu não pretendo endossar. Mas, se o senhor ficou incomodado com o coronel, o senhor pode falar diretamente com ele, ele está aqui no gabinete.

– Então, chama ele que eu vou mandar ele à merda aqui!

O coronel foi chamado ao telefone e, em tom de mágoa, confirmou:

– O senhor me desacatou publicamente.

– Não desacatei publicamente, não, desacatei no ofício. Agora eu posso contar essa história publicamente. Quando eu voltar, todos vão adorar saber que o senhor regulou munição para os seus homens lutarem contra um golpe de Estado.

O coronel engoliu o embate e acabou dispensando a tal prestação de contas. Também não ficou feliz quando recebeu a conta dos missionários alemães, mas não teve coragem de encarar Rui e acabou topando pagar a conta.

Com Xavantina, Cachimbo e agora Cururu tomadas, as rotas de movimentação e abastecimento dos golpistas foram sendo inviabilizadas. Os mapas das missões de reconhecimento mostravam que cada vez menos os aviões e tratores se movimentavam, o que era um bom sinal para ele. A tentativa de golpe já estava ficando sem fôlego com a missão revertendo boa parte das conquistas de Veloso, Paulo Silva e Lameirão, o que significava que eles provavelmente optariam entre duas possibilidades: atacar ou fugir. Conhecendo Veloso, Rui sabia que era só questão de tempo para que os golpistas tentassem retomar Cururu.

No dia 27 de fevereiro, finalmente, veio a notícia: sargento Araújo, responsável pela guarda da missão São Francisco de Cururu, tinha prendido três homens de Veloso, que tinham ido sondar a área para saber sobre a movimentação dos homens de Rui. Manoel, um caboclo ribeirinho, Henrique e Joaquim, dois índios, chegaram à missão sem saber que Rui tinha deixado alguns dos seus homens lá. No interrogatório, sargento Araújo descobriu que uma grande parte do grupo dos golpistas pretendia tomar novamente a base de Cururu no dia seguinte porque ela estava ficando desguarnecida. Só que o sargento Araújo passou a informação para um piloto da equipe que, em vez de voltar diretamente para Cachimbo e reportar o ocorrido, decidiu primeiro terminar sua missão. Quando chegou em Cachimbo, já no início da noite, reportou a Rui sobre as prisões e tomou uma senhora bronca por não ter dado prioridade à informação tão importante. Com o tempo apertado, era preciso tomar atitudes urgentes.

Já era noite, mas Rui decidiu ir até Cururu conversar com os padres para montar uma estratégia. Keller, que fazia o transporte de combustíveis do grupo, tentou dissuadir Rui do plano, uma vez que pousar à noite em pistas iluminadas apenas por tochas no meio da mata fechada era perigoso demais, mas não houve conversa: aquela era a hora – ou atacariam ou seriam atacados. Rui pousou em Cururu no risco e não bateu em uma árvore por um triz. Foi recebido pelos padres e por seus homens e pôde extrair o planejamento de ataque do bando do Veloso: eles tinha um acampamento no meio da mata próxima à fazenda cheio de homens (incluindo um matador famoso na região chamado Getúlio), liderado por um militar desertor, cercado de armadilhas; de lá sairiam em um grupo com muitos homens, muito mais do que os de Rui, na noite seguinte, para tomar Cururu.

Rui se lembrou então do livro de Rafael Sabatini chamado *capitão Blood*, em que o protagonista, percebendo que estava em menor número, simulou um grandioso transporte de homens: indo com barcos cheios de homens em pé e voltando com os mesmos homens deitados para não serem vistos, repetindo o trajeto por diversas vezes para que seu adversário achasse que seu exército era maior do que realmente era. A ideia era a mesma: fazer diversas viagens pelo rio em voadeiras[6] de Cachimbo para Cururu com homens visíveis, fingir desembarque e voltar de Cururu para Cachimbo com homens escondidos, para dar a sensação de que estavam formando um exército para defender Cururu, e só então atacariam. Os padres imediatamente intervieram: não queriam derramamento de sangue no rio deles, ainda mais de pessoas que eles estimavam tanto. Ficou decidido então que um dos padres

---

[6] Barco de metal movido a motor usado para transporte fluvial de passageiros.

acompanharia toda a movimentação de Rui e seus homens pelo rio, numa voadeira que iria na frente do grupo e que, antes do ataque, negociaria a rendição com o líder local, um militar desertor chamado sargento Alencar. Rui não gostou muito da intromissão dos padres, mas acabou concordando, com a condição de que, se em até meia hora o padre não voltasse com Alencar rendido, eles atacariam, tentando evitar o confronto direto e possíveis mortos.

Na tarde do dia seguinte, deram início ao plano. Usando três voadeiras, seguiram com o padre na frente e os militares atrás, fazendo viagens Cachimbo-Cururu-Cachimbo numa encenação para ser vista pelos homens de Alencar. Fizeram várias viagens, até anoitecer. Finalmente se posicionaram onde sabiam que seria mais fácil emboscar os golpistas: próximo ao sistema de trincheiras em frente ao rio criado pelo grupo do Veloso, com barris de combustível prontos para serem acionados com flechas incendiárias dos índios em caso de ataque, como haviam informado os três presos. A partir daí, o padre seguiu sozinho pelo caminho normal para o acampamento de Alencar, enquanto Rui e seus homens ficaram do outro lado do rio esperando notícias. Meia hora passada e nada do padre. Sem confirmação da rendição, o plano de ataque entrou em vigor.

Rui e seus homens seguiram pela margem oposta do rio até uma região onde poderiam acessar o acampamento por trás. Na frente Manoel, um dos homens de Alencar, amarrado ao braço de Chicão, para mostrar o caminho e avisar sobre possíveis armadilhas. Atravessaram o rio no escuro, com água na altura da cintura, temendo serem atacados por animais ou mesmo por indígenas à espreita. A tensão era grande, maior até do que nos combates da Itália. Adentraram a mata e foram cercando a parte de trás do acampamento. Rui e Chicão eram seguidos por um pequeno grupo de homens munidos de algumas armas, dois apitos de futebol por pessoa e um corneteiro para anunciar a chegada. A ordem era que todos fizessem muito barulho assim que Rui desse o primeiro tiro. Logo que Manoel avistou a silhueta do matador Getúlio, avisou Rui, que deu dois tiros próximos a ele: era o sinal para que imediatamente começassem uma barulheira intensa de apitos, corneta, gritos e tiros para o alto feita por seus homens. Getúlio se jogou ao chão gritando "Eu me entrego, major! Não me mate!", seguido pelos dezenove homens de Alencar que, imediatamente, também se renderam. Quando os golpistas se deram conta de como poucos participavam do contra-ataque já era tarde demais e estavam todos sob a mira de armas, com exceção de Alencar, que ainda negociava com o padre.

Rendidos, foram desarmados e levados para a margem do rio, próximo ao barco. Um deles perguntou:

– O senhor que é o major Rui? O major Paulo Vitor disse que se a gente fosse pego pelo senhor a gente tava fodido.

– Não, rapaz, vocês não estão fodidos, não. Olha, eu sei que falaram pra vocês que isso é melhor pro Brasil, mas eu tenho que dizer que não é. Eles estão sozinhos, vocês não estão vendo? O Exército, a Marinha, a FAB, ninguém está com eles. Eu estou aqui pela FAB pra comprovar isso. Esses caras estão iludidos por uma ideia errada e vão levar vocês junto de bobeira. Vocês não precisam disso. Eu não quero prender nenhum de vocês, não quero revanche, vingança nem nada disso. Se vocês ajudarem a gente, a FAB, o governo do país de vocês, a vida de vocês volta ao normal. Nós sabemos quem são os responsáveis, vocês podem ficar sossegados que a lealdade de vocês ao país não vai ser ignorada. Vocês dizem pra gente onde eles estão e todo mundo volta pra casa em segurança e numa boa.

Eles concordaram e acabaram libertados. Rui então pediu a Getúlio que ele levasse a notícia da rendição de seus homens a Veloso, Silva e Lameirão, e o orientou para que depois fosse para sua casa, com sua família, e deixasse tudo isso para trás.

Missão quase cumprida, Rui mandou seus homens atrás do padre e de Alencar, que acabou se rendendo e foi levado para o barco, preso. No caminho de volta para a fazenda, Alencar chorava lamentando ter traído os companheiros e o grupo comemorava o fim do golpe embalado pela forte cachaça goiana – que de tão forte geralmente os homens ferviam antes de tomar. Rui, mesmo sem gostar muito da bebida, entrou na comemoração e, como forma de respeito, ofereceu uma dose para Alencar, que a cuspiu assim que percebeu a bomba que estava prestes a engolir, o que deixou Rui muito irritado.

– Estamos saindo daqui hoje todos vivos e bem, meus homens e os seus. Você deveria agradecer por essa merda que vocês inventaram não ter virado um banho de sangue, e por nenhum desses caboclos e desses índios terem deixado a família desamparada. Você devia ter mais respeito pelos seus oponentes. Mas se não quer tomar, não toma. Também não vai tomar mais nada até amanhã.

Ao chegarem a Cururu, Rui estava tão cansado e tonto da cachaça que pediu para Keller, que tinha ficado protegendo a base, interrogar Alencar sobre o paradeiro de Veloso, Silva e Lameirão, e foi dormir. No dia seguinte, Keller lhe contou que no interrogatório Alencar confirmara que eles ainda estavam na Base de Jacareacanga, sem condições de fugir, pois seus aviões estavam quebrados. Rui mandou que ele o levasse imediatamente para o Rio, para responder ao inquérito do Exército, já que ele era desertor, e passou a planejar a prisão dos três líderes golpistas.

O que Rui não esperava era que, durante a madrugada, assim que Getúlio chegou com a notícia da queda do acampamento, Silva e Lameirão fizessem contato com golpistas na FAB pedindo ajuda para fugirem do país.

Quando soube que estavam mandando, sem sua autorização, peças para consertar os aviões deles e assim pudessem fugir, Rui ficou furioso. Planejou uma reação forte contra os envolvidos (brigadeiro Aboim, o Chefe de Materiais da FAB, majores Becker, Rebelo e Délio Jardim de Matos.) Chegou a mandar seus comandados comprarem cordas para prender os oficiais que estavam trazendo os aviões, enquanto ele mesmo levaria o carburador para Veloso, para poder prendê-lo, mas achou melhor não entrar em confronto pois lembrou que, em sua primeira conversa com o brigadeiro Seco, ele já se dava por satisfeito com a solução do exílio dos líderes.

Pediu imediatamente apoio do Exército e organizou então uma missão imediata com um grupo de paraquedistas para tomar a Base de Jacareacanga e prendê-los.

Rui saiu ainda naquele dia 29 para Jacareacanga com uma tropa de paraquedistas comandada por um FEBiano, irmão de seu amigo Goulart, para tomar o local. Rui foi pilotando o avião com Goulart e os paraquedistas a bordo rumo à Base de Jacareacanga, como combinado. Ao sobrevoar a área, viu que a pista estava livre de tambores e que seria possível pousar, e assim o fez. Ao fim da manobra, percebeu que não havia mais nenhum paraquedista no avião, apenas seu copiloto.

– Esses homens são loucos! Todos saltaram do avião! – disse seu copiloto, perplexo.

– Mas por que não falaram comigo? Por que não me perguntaram? Já estava terminando de taxiar, não precisavam ter saltado!

– Quando eu vi, já estavam todos enfileirados e pulando. O senhor vai ter que perguntar pra eles depois.

Quando entraram no prédio da base estavam todos já dentro das salas com os sargentos golpistas presos, para a surpresa dos dois. Rui mandou soltá-los, mas não sem antes fazer o mesmo discurso que tinha feito aos homens de Alencar, convencendo-os a abandonar o golpe e seguir suas vidas.

Não demorou nada para que os sargentos contassem que, infelizmente, Silva e Lameirão tinham conseguido consertar o avião com as peças enviadas pelos comparsas do Rio de Janeiro e já estavam rumo ao exílio. Veloso, entretanto, como estava em outro esconderijo, não pôde ser avisado a tempo e ficou para trás.

Com essa informação era a hora de prender Veloso. Rui, de cara fechada pela traição dentro de sua missão, mandou os paraquedistas seguirem com o plano, depois virou as costas e se foi, dando sua missão como cumprida. Voltou para a Base de Cachimbo, preferindo não fazer parte da prisão de seu amigo.

Rui estava praticamente embarcando para casa quando soube da prisão do amigo e, sem pestanejar, partiu para Belém a fim de visitá-lo na Parque Aeronáutico, onde estava como preso incomunicável. Assim que entrou o viu sentado; calmo, mas visivelmente decepcionado. Veloso se levantou assim que viu o amigo. Estavam em pé, frente a frente finalmente, separados por uma grade.

– E aí, Veloso? Que é que te deu? – perguntou inconformado.

– Nada, Arataca. Pra te dizer a verdade, nem sei por que estou preso incomunicável.

– Por que você inventou de fazer essa maluquice?

– Não foi maluquice. Era o plano.

– Plano de quem? Só seu? Ou seus parceiros não cumpriram o plano?

– Era um plano grande, Rui. Quando eu tomasse Santarém e o presidente mandasse que as Forças Armadas retomassem a cidade, ninguém reagiria, deixando o presidente sozinho e sem condição de governar. Mas o governo mandou você e você veio. E os caras não se articularam o suficiente para que você não viesse, para que sua missão não andasse, para que a minha missão andasse. Foi assim.

– No fim das contas, você tá sozinho.

– Eu não estou sozinho não, Rui, e você sabe bem disso. Olha, metade da FAB não veio aqui pra não se comprometer, a outra metade não veio porque não cumpriu o acordo. Mas eu cumpri minha palavra, eu fiz minha parte. Não tenho vergonha porque fiz o que acreditava que era certo, e ainda acredito. E a FAB está comigo, Rui, daqui a pouco eu volto pra casa.

Conversaram, tomaram um café juntos, depois se abraçaram e, após 22 dias de sua mais árdua missão, Rui voltou finalmente para sua família. Soube pouco depois que Veloso conseguira uma anistia e estava de volta à sua casa e às suas funções. Lembrou-se da conversa na cadeia e teve certeza: ele não estava mesmo sozinho.

Na verdade, a certeza veio antes da notícia sobre o amigo. Assim que voltou para casa, Rui passou a receber telefonemas anônimos, a qualquer hora do dia ou da noite, quando o chamavam de "traidor". De volta ao trabalho no COMTA em meados de março, foi alocado no cargo de A3, pois seu antigo cargo já havia sido ocupado. O comandante havia mudado, assumindo a função coronel Gabriel Grum Moss que, pela influência de seu colega o coronel Bordeaux, tinha se tornado um "eduardista". Sentia que era julgado o tempo inteiro, que era um estranho no ninho de golpistas. Foi ficando desanimado, e não tinha mais vontade de entrar naquela sala de controle. Foi quando, ao fazer a contagem das aeronaves disponíveis para o transporte de autoridades, no Esquadrão de Transporte Especial, percebeu que já tinha número suficiente para deixar de ser considerado esquadrão ou esquadrilha e se tornar um grupo. Fez um ofício fazendo a sugestão e mandou aos seus superiores. Criar esse grupo poderia ser a mudança que o ajudaria a sair daquele problema.

De primeira, o ofício de Rui caiu na mão de um desafeto golpista e a criação do grupo de Transporte Especial, o GTE, foi negada. Mas não demorou muito para que a ideia caísse nos ouvidos de outros oficiais que, de pronto, concordaram com a sugestão e oficializaram o grupo em abril, designando o próprio Rui como seu comandante.

A função do GTE era transportar autoridades em aviões turbo-hélices (a jato, com hélices), comprados especialmente para a função. Foi uma grande responsabilidade naquele momento, já que Juscelino Kubitschek havia assumido sob grande pressão e, logo no começo de seu mandato, anunciou a construção de uma cidade planejada para ser a nova capital do país, no coração de Goiás.

Além de cumprir suas funções como comandante e piloto – extremamente intensas devido às circunstâncias – aproveitou o período para se aperfeiçoar, fazendo curso para pilotar aviões C-82, além de virar membro da Comissão de Exame para Concessão de Certificado de Voo por Instrumentos. E ainda encontrou tempo para se responsabilizar pela praça localizada na frente do Aeroporto Santos Dumont, que estava completamente abandonada: pessoalmente plantou quatro árvores e comandou o plantio de várias outras, tocando um projeto de revigoração. Para completar, conseguiu que seu nome fosse trocado para praça 22 de Abril[7] e que a FAB assumisse definitivamente sua manutenção.

Apesar de ocupado e comprometido com a FAB, ainda assim era constantemente pressionado e julgado pela participação em Jacareacanga, o que o deixava bastante irritado e frustrado – especialmente porque incomodavam também sua família com os tais telefonemas e insultos. Sabendo da situação do colega, Lino Teixeira e Renato Goulart Pereira, que estavam trabalhando no Gabinete da Presidência, decidiram interceder por ele junto ao presidente. Marcaram uma reunião e apresentaram a situação de Rui, contando que ele tinha acabado de voltar de uma missão em que fora proteger o mandato do presidente, mas agora estava sofrendo represálias, e sugeriram que ele fosse enviado para uma vaga recém-aberta na Comissão Aeronáutica Brasileira, a CAB, nos Estados Unidos.

Sensibilizado, Juscelino acionou o ministro da Aeronáutica, brigadeiro Fleiuss, que informou ao presidente que o tenente-coronel Vassalo já havia sido enviado para o cargo. JK não abriu mão, ordenou que Rui também fosse nomeado e que então fossem enviados dois oficiais para a CAB nos Estados Unidos.

Em 11 de junho de 1956, Rui recebeu a notícia de que havia sido nomeado pelo presidente da República para a Comissão Ae-

---

[7] Anos depois, o nome da praça foi trocado para Senador Salgado Filho.

ronáutica Brasileira em Washington D.C., o que o surpreendeu muito, mas ainda mais Julinha.

— Mas, Ruizinho, como é que a gente vai fazer? Vamos mudar de país assim, em menos de um mês? E as crianças?

— Julinha, é uma oportunidade e tanto. Estão praticamente abrindo um cargo pra mim em consideração ao que eu fiz pelo presidente. Fora que vou passar a ganhar em dólar e com direito a adicional. As crianças vão adorar e vai ser bom pra elas, vão aprender inglês. E é só por um tempo, são só dois anos e a gente volta.

— Parece ótimo, Ruizinho! E vai ser ótimo também dar um tempo da mamãe! Dois anos sem ter que ficar ouvindo ela me criticar o dia inteiro!

— Enfim sós!

Começaram as preparações: fazer as malas, deixar o apartamento preparado, avisar aos amigos... e à dona Sílvia. No dia em que Julinha foi conversar com a mãe, Rui chegou do trabalho e encontrou a esposa sozinha, sentada na cozinha à mesa, séria.

— O que houve, Julinha?

— Não, Ruizinho, não dá. Como é que eu vou pra outro país, falando desse jeito torto a língua deles e vou ficar sozinha com duas crianças pequenas? Soninha está com 11 anos, as aulas de inglês que ela faz devem ajudar, mas Pedro Luiz tem só 6 anos, mal se adaptou à escola, como vai se adaptar à escola em outra língua que ele não entende? Como vou dar conta dos dois? A mamãe tem que ir junto.

A sentença de Julinha bateu em cheio em Rui. Desde que tinha queimado as cartas que eles trocaram durante a guerra, dona Sílvia lhe ficara atravessada na garganta. Não arrumava brigas porque a própria Julinha se encarregava dos quiproquós com a mãe. Não podia negar que ela tinha sido muito prestativa no período da doença de Verinha, mas volta e meia se via obrigado a engolir algum sapo vindo da sogra. Agora estava claro que ela tinha inventado mais um sapo para ser engolido.

– Julinha, sua mãe não vai querer... ela tem a pensão pra tomar conta. Você acha que sua mãe vai abrir mão da pensão para mudar para os Estados Unidos? – disse, tentando justificar de alguma forma a permanência dela no Brasil.

– Ela disse que vai, que se sacrifica pra nos ajudar. Até porque eu vou mesmo precisar de ajuda morando num lugar desconhecido, me comunicando mal em inglês, e com duas crianças pequenas.

– Se sacrifica? Foi ela quem botou esse monte de caraminholas na sua cabeça, não foi? Você não vai estar sozinha, eu vou estar lá. Vamos conseguir, Julinha!

– Você vai estar ocupado, Rui. Ela tem razão, eu vou precisar de ajuda.

Rui não encontrou jeito de dissuadir Julinha. Dona Sílvia disse ao casal que estava mesmo cansada, querendo se aposentar, que os hóspedes davam muito trabalho e seria ótimo passar um tempo fora do Rio – para surpresa e infelicidade de Rui. Estava decidido que dona Sílvia iria, agora faltava a permissão da FAB para levar a sogra.

Profissionalmente, Rui continuava no meio do fogo cruzado. Ao mesmo tempo em que recebera uma página inteira de elogios sobre sua atuação no COMTA vindos de coronel Gabriel Grum Moss, as provocações continuavam. Abelardo, irmão de Rui, que também era piloto, passou a ser perseguido e na casa da família os telefonemas anônimos eram diários. Em um deles, quando faltavam poucos dias para a mudança, Julinha estava arrumando as malas já à noite e o telefone tocava, sempre com uma mulher chamando-a de "traidora" e fazendo ameaças. No meio da madrugada, quando Julinha finalmente acabou de arrumar as malas, atendeu pela última vez o telefone e disse:

– Olha, eu não perdi minha noite acordada à toa, não estou acordada por sua causa: eu estava arrumando as malas porque Rui foi transferido para a CAB nos Estados Unidos. Então, agora que as malas já estão prontas, eu vou tirar o telefone do gancho e vou dormir. Fica você aí com a sua raiva.

E finalmente, no dia 2 de julho de 1956, Rui, Julinha, Soninha e Pedro Luiz embarcaram rumo aos Estados Unidos. Como a autorização para dona Sílvia ainda não tinha saído, ficou combinado que ela iria sozinha assim que a papelada estivesse pronta. Foram de navio, o argentino *Rio Jacal*. Apesar de Rui já ter feito a rota aérea Brasil-Estados Unidos algumas vezes, para viagens pessoais, os aviões ainda não eram uma boa pedida: eram desconfortáveis e as passagens muito caras, e ainda tinha restrição de bagagem. Ao contrário, o navio argentino era extremamente luxuoso e confortável, com cabines amplas e ótimos deques para recreação. A bagagem da mudança podia acompanhá-los no mesmo navio, então não sentiriam falta de nada nem um dia.

Depois de 15 dias de viagem, finalmente chegaram a Washington D.C. Rui tinha oito dias para instalar a família antes de começar a trabalhar e achou melhor que ficassem por um tempo em um hotel – tempo suficiente para pedir dicas sobre os melhores bairros e procurar uma boa casa para alugar com preço justo. Era verão, os funcionários do hotel eram extremamente prestativos (o que ajudava Julinha na adaptação à nova cidade) e seria mesmo melhor esperar dona Sílvia chegar para ajudar na arrumação da casa nova.

No dia 25 de agosto, Rui se apresentou ao trabalho na sede da CAB, também conhecida como CABW, instalada na região de Bolling Field, próxima a Bolling Field Force Base, na região central da cidade, em um pequeno prédio de quatro andares e subsolo. Ali, não mais que três dúzias de funcionários trabalhavam fazendo contatos entre a FAB, o governo e empresas americanas. A instituição, criada na década anterior pelo presidente Getúlio Vargas, tinha como objetivo facilitar negociações comerciais entre os países.

Os funcionários chegavam para trabalhar às 9 horas da manhã. Primeiro dirigiam-se à sala do comandante, no segundo piso, para bater continência, cumprimentá-lo e talvez receber alguma orientação. Então tomavam um cafezinho, conversavam um pouco sobre a vida e sobre o trabalho, e finalmente cada um seguia para sua seção, em sua maioria, localizada no primeiro piso.

A CABW estava configurada em três seções: compras, controle e administração. Rui foi alocado na seção de controle devido à sua patente de major. Percebeu logo de cara que estava cercado de golpistas, o que foi muito frustrante, mas todos, de alguma forma pelo menos, fingiam tolerância. Entretanto a conversa não era fácil: assim que chegou, descobriu que um colega estava roubando, deu parte dele de todas as formas que pôde, mas não viu resultado. E notou logo que não poderia confiar no comandante Osvaldo Lima.

Recebeu como função ser controlador de contas, ou seja, era o responsável por controlar o que chegava e o que era enviado nos aviões e navios da CABW. Também era responsável pelos oficiais em trânsito nos Estados Unidos, providenciando transporte, diárias nos hotéis, pagando as despesas de serviço e liberando o "bônus" mais desejado: os dois dias de descanso em Nova York como recompensa pelo tempo perdido em viagem.

O poder relacionado ao controle do que os oficiais em trânsito poderiam ou não receber logo mostrou sua cara: militares golpistas, que por costume o destratavam no Brasil, passaram a tratá-lo a pão de ló durante suas estadas nos Estados Unidos, afinal tratava-se do "cara do dinheiro".

Logo Rui descolou um carro e passou a transportar pessoalmente os oficiais em trânsito. Quando não com seu carro, com uma caminhonete da CABW. Fazia questão de ir ao aeroporto recebê-los e os tratava como um ótimo anfitrião... desde que não o destratassem. Golpista, mau-caráter ou arrogante não entravam no seu carro. Chegou a ponto de parar no meio da avenida dos Museus, em Washington, para expulsar um oficial de seu carro por sentir-se ofendido por suas palavras. Como sempre, com ele não tinha "veja bem": respeitava quem o respeitava e não tinha a menor cerimônia de embarreirar quem quer que fosse, mesmo que em público, o que não agradou muito ao comandante.

De cara, Rui teve dois grandes entraves para resolver. Primeiro, recebeu a notícia pelo adido coronel Ajalmar Mascarenhas de que a mudança de sua sogra tinha sido vetada.

– Mas, coronel, já estava tudo combinado! Ela já está com as malas prontas, só estamos esperando os documentos e as passagens.

– Sinto muito, major. Não tem como.

– Por que não? – questionou, já inconformado.

O adido ficou um pouco reticente e então disse, seco:

– Ela é uma mulher desquitada, major. A FAB não pode aceitar esse tipo de comportamento. Não condiz com nossas normas de conduta.

Em frações de segundo, o sangue de Rui subiu de um jeito que chegou a assustar o adido. Seus olhos se arregalaram, vermelhos, e sem pestanejar um segundo, retrucou:

– Isso é um absurdo! Vocês não têm vergonha de me perseguir desta forma, não? Dona Sílvia não é desquitada, ela é viúva!

O adido tentou dialogar, mas foi interrompido pela ira de Rui:

– E, mesmo que fosse desquitada, isso não seria motivo para que a FAB não permitisse a vinda dela, já que não faz parte do quadro da FAB. Ela é minha família! EU sou do quadro da FAB, é o MEU comportamento que tem que fazer jus ao regulamento, e o senhor pode ter certeza de que poucos defendem essa instituição como eu! – disse, intenso, batendo no próprio peito.

O adido ficou algum tempo em silêncio, calculando o que fazer. Rui o olhava ainda com raiva quando ele, em tom baixo, respondeu:

– Entendi a situação, major. Deve ter havido algum mal-entendido com a documentação. Vou providenciar para que tudo seja revisto e liberado. O senhor me perdoe pelo equívoco. A sua sogra será liberada para viajar em breve.

Dias depois, Rui recebeu mais dois telefonemas de retratação, um do coronel Amaral Peixoto e outro de Alzira Vargas, que soube da explosão de Rui e tentou amenizar a situação:

— Não se preocupe, major Rui, tudo está certo, foi apenas um mal-entendido. O adido devia estar mal informado.

— A senhora me perdoe, dona Alzira, mas se ele estava mal informado devia ter vindo se informar comigo antes de julgar a mim e à minha família.

Seu segundo entrave veio do Comando da CAB. Logo em seus primeiros dias, ele foi chamado à sala do comandante, coronel Passos, para uma conversa particular.

— major, preciso que o senhor acompanhe nosso despachante em Nova York, o tenente-coronel Vicente Bonard.

— O Bonard, Asa Branca?

— Exato. Preciso que o senhor monitore o trabalho dele. Ele é muito benquisto por todo mundo, mas aparentemente tem usado o nome da FAB para fazer procedimentos irregulares.

— Mas o senhor tem provas, coronel?

— Não, major. É exatamente isso que eu quero que o senhor faça: consiga provas.

Rui se remexeu na cadeira, incomodado. Entendeu que precisaria se impor ou ficaria nas mãos do comandante para fazer coisas talvez duvidáveis.

— Coronel, eu não sou espião nem fui enviado para cá para ser um. O senhor conte com outro. Se a minha função é trabalhar com o controle, é o que vou fazer. Se ele trabalhar mal, eu peço a saída dele e peço outro despachante, mas eu não vou lá ver o que ele tá fazendo.

O coronel emudeceu na hora, estava escrito nos seus olhos que ele não tinha gostado nada da recusa de Rui, mas tanto ele como Rui sabiam que nada podia ser feito, já que o que ele estava pedindo não tinha como ser reportado.

— Ok, major. O senhor pode ir.

Naquele momento, ficou claro para Rui que ele estava sozinho, mais uma vez. Tinha conseguido se livrar das perseguições no Brasil, mas a mudança para os Estados Unidos não tornaria sua vida mais fácil.

Em algumas semanas, finalmente, dona Sílvia chegou para se juntar à família. Rui e Julinha passaram a procurar casas, mas o hotel tinha uma série de vantagens para quem estava em adaptação, então não tinham pressa.

Sonia, após uma pequena prova de idioma, mostrou que tinha aproveitado bem o curso de inglês e pôde ser matriculada em uma escola comum, onde se adaptou muito bem.

Já Pedro Luiz, de repente, se tornou uma preocupação para a família: não entendia uma palavra do idioma e parecia se esforçar para não entender. Foi matriculado em uma escola comum mas tinha muita dificuldade de se adaptar, não só ao idioma, mas também às diferenças culturais.

Julinha passou a ser chamada na escola para tentar ajudar na interação do filho. Primeiro, ele não conseguia entender que tinha que deixar casaco, chapéu e a mochila na entrada da sala, como faziam as outras crianças. Depois, foi chamada porque Pedrinho decidiu desenhar no quadro-negro sem autorização. Os demais alunos começaram a rir e provocá-lo, então a professora interveio dizendo que, se ele não se sentasse, ficaria para fazer tarefas depois da aula. Ele não entendia o que ela dizia, mas sabia que "*after school*" era algo ruim, então começou a chorar, gritar e se debater, dando chutes e socos em quem se aproximasse, inclusive na professora. Quando Julinha chegou, o filho ainda estava em crise, que diminuiu com a presença da mãe, mas não passou. Em casa, apesar de muitas horas passadas, a agitação continuava e logo virou febre. Julinha, preocupada, ligou para o marido, que mandou um médico da FAB para o hotel, a fim de examinar o menino. Tomou um susto quando recebeu outro telefonema da esposa dizendo que o médico estava encaminhando Pedrinho ao hospital, onde ficou cinco dias internado, fazendo todos os tipos de exames. Nada foi encontrado, a febre baixou e ele recebeu alta. Mas a "não doença" não fez com que se acalmassem.

– Acho que foi estresse – disse Julinha, preocupada.

– Com a professora? – perguntou Rui.
– Com tudo. Ele é muito sensível, você o conhece. Ele não entende o que as pessoas falam, não consegue fazer amigos, não consegue entender a aula... acho que isso tudo está deixando ele muito nervoso, com medo. Ele tem só 6 anos, Ruizinho.
– Eu sei... ele está tristinho, dá pra ver. A mudança não está fácil pra ele. Está muito magrinho, chega a me partir o coração.
– E o que vamos fazer, Ruizinho? Eu não quero que ele volte praquela escola. Ele vai ter outro ataque daquele, tenho certeza! Não posso fazer isso com ele.
– Não vamos – disse, abraçando Julinha. – Ele fica sem escola por enquanto. Fica com você e com dona Sílvia. Vamos agilizar a busca pela casa, pra ele sentir que tem casa de novo, ter o quartinho dele. Enquanto isso, a gente contrata uma professora particular, ela vem em casa e ensina inglês pra ele. Quando ele estiver mais calmo, mais seguro, a gente tenta a escola de novo, o que você acha?

Julinha o abraçou fortemente e chorou. Rui lembrou-se de Verinha, pensou em Soninha. Era preciso fazer o que fosse preciso. *"Do what you gotta do"*, pensou. Tinha que dar certo.

Em algumas semanas, encontraram uma casa simples, num bairro comum, bem tradicional americano, o "bairro do presidente Nixon". Finalmente, depois de quase cinco meses instalada no hotel, a família tinha uma casa de verdade. A mudança veio bem a calhar, já que o inverno estava chegando e o frio já não tornava o hotel tão confortável.

A casa permitiu que a família pudesse ter vida social, o que ajudou bastante na recuperação de Pedrinho. Ele fez amigos na vizinhança, que sempre apareciam para filar o almoço farto de comida brasileira, oferecido por Julinha. Passaram também a surrupiar cigarros de dona Sílvia, o que deixou Pedrinho tão furioso que, de birra, lascou um banho de mangueira nos amigos já no fim do outono, sem grandes ressentimentos. Soninha também fez amigos na escola e na vizinhança, que passaram a frequentar a casa da família. Julinha foi bem recebida pelas vizinhas, mas não se identificava muito com o jeito contido demais delas. E Rui, vez ou outra, convidava seus companheiros para jantar com sua família. Às vezes colegas de CAB, às vezes oficiais em trânsito, mas volta e meia a família promovia um jantar animado, bem brasileiro.

Certa vez, Brandini e João Rodrigues, companheiros de Rui no Senta a Pua, e Becker, colegas de longa data, foram junto com a tripulação de um avião para Washington. Rui, animado, os convidou para um jantar. Antes de chegarem, contou para Soninha e Pedro que as visitas eram amigos de longa data do papai, mas um deles nem tanto, e assim que entraram na casa Pedro Luiz encarou os três emburrado e disse:

– Qual de vocês é o inimigo do meu pai?

Todos se olharam e riram. Sem resposta, Pedrinho escolheu Becker e chutou-lhe a canela. Correu, antes que Rui o pegasse para dar uma bronca, mas o amigo riu sem se importar com a peraltice. No jantar Pedro Luiz encarou Becker como um vilão de filme e, mesmo sob protestos de Julinha, não o deixou em paz.

– Ele está agitado desde que mudamos pra cá. Desculpe nosso filho, ele está tentando se adaptar.

Com o tempo, Pedrinho finalmente se adaptou. Foi matriculado em uma nova escola e passou a ter novos amigos. As aulas particulares de inglês não eram fáceis para ele, mas foram suficientes para que conseguisse acompanhar a turma.

Soninha, ao contrário do irmão, se sentia em casa desde sempre. Deu-se muito bem com os colegas e com a escola, só tendo que se adaptar a algumas diferenças culturais e de visão de mundo. Ficou chocada, por exemplo, de ser chamada de comunista pelos colegas de turma quando a professora, durante uma aula, perguntou a ela o que achava a respeito de intervenção em outros países. Filha e neta de quem era, obviamente respondeu:

– Eu acho que nenhum país deveria sofrer intervenção externa porque todos têm direito à sua soberania.

Diante da balbúrdia, a professora desconversou, desviando a atenção da turma, e nunca mais perguntou nada parecido para Soninha. Ser "respondão" era uma característica da família – por parte de pai e mãe – e os americanos, acostumados à polidez, muitas vezes se incomodavam com o pragmatismo da família Moreira Lima.

Já Rui, para não sofrer com a adaptação, teve como uma de suas primeiras providências se inscrever em um curso de voo para aviões esportivos, diferentemente da maioria de seus colegas que simplesmente deixava de voar quando se mudava para lá. Dizia aos colegas que era pela autonomia, já que nas missões com distância um pouco maiores ele poderia alugar um pequeno avião, em vez de ir como passageiro, sendo reembolsado pela CABW; mas, no fundo, era uma forma de não perder o contato com o que mais gostava de fazer: pilotar.

Em dezembro de 1956, Rui foi promovido para tenente-coronel por antiguidade, com formalização da patente em 25 de janeiro de 1957. A patente também era importante para justificar sua colocação na CAB, já que muitos se incomodavam em ter um major em função tão importante na Comissão. Rui continuava incomodando, mesmo sem fazer nada para isso.

Não demorou muito e seu temperamento incisivo já se pôs à mostra junto aos colegas da CABW. Por ali passavam também muitos oficiais americanos, que intermediavam as relações entre os dois países. Um deles, o coronel Robert Johnson, tinha o hábito de descer ao porão do prédio para fumar. O local servia de depósito de materiais e nele sempre havia produtos inflamáveis como tintas e outros produtos químicos para limpeza e manutenção. Todos sabiam da péssima escolha de local do coronel mas era "O" coronel Johnson, responsável pelas relações diplomáticas da CAB com os Estados Unidos, quem é que ia se indispor com ele?

– Com licença, coronel. Gostaria de pedir ao senhor gentilmente que não viesse aqui para fumar. Temos muitos produtos inflamáveis nesse depósito, o que faz com que seja perigoso não só para o senhor, mas para todo o prédio e os vizinhos. O Brasil vai ficar pobre se tiver que pagar todas as casas e pessoas incendiadas – disse um dia Rui, ao passar pelo homem, que fumava tranquilamente.

Ele nem olhou para Rui. Terminou de fumar seu cigarro, apagou a bituca num canto da parede, jogou-a numa lixeira comum e se foi, lançando para o brasileiro um olhar de desdém.

Rui ainda chegou a pensar que, apesar daquele comportamento um tanto arrogante, o coronel entenderia a gravidade da situação e encontraria outro local para fumar, mas não foi isso o que aconteceu. Os dias se passaram e ele continuava voltando ao porão para tranquilamente fumar seu cigarro. Rui, inconformado, levou o caso ao adido brigadeiro Loyola, pedindo que notificasse oficialmente o coronel por carta, para que isso não mais ocorresse, o que foi feito. Dias depois recebeu uma resposta do coronel Johnson dizendo que pensaria a respeito e também que andava pensando que era melhor o Brasil não mais ocupar aquele prédio no bairro de Bolling Field e sim em Langley, um bairro muito mais distante, já que os brasileiros mal falavam inglês. Ainda espezinhou: "E tem a Casa Branca aqui, o Congresso... quando chega avião de vocês é um transtorno, tem que parar tudo. Então, os aviões brasileiros deveriam usar outra pista."

A resposta caiu como uma bomba na CABW e o coronel Passos mandou chamar Rui.

– Tá vendo o que você fez?! – contestou irritadíssimo. – Você é idiota? O coronel Johnson não pode ser contestado assim.

– Idiota, não! Toma cuidado com o que você fala, você não sabe com quem está falando, isso pode acabar em porrada – ameaçou Rui, tentando manter a seriedade. – Eu não fiz nada demais. A carta dele é uma carta indelicada... Se eu fosse adido, eu ia lá falar uns desaforos pra ele, mas eu não sou. Mas, de qualquer forma, eu quero responder essa carta.

– Então vai te entender lá com o Loyola.

Rui procurou o brigadeiro Loyola pedindo para responder a carta e foi autorizado a ir no Pentágono acompanhado pelo Secretário da Embaixada, o tenente-coronel Gentil. Rui o procurou para marcarem a visita e acabou descobrindo que ele tinha ouvido um telefonema entre o brigadeiro e o coronel Passos. Segundo ele, o brigadeiro tinha acabado a conversa dizendo: "Se o Rui disse que vai te dar porrada, ele vai mesmo te dar porrada." Ambos riram e, antes de ir, o Gentil comentou:

– Tu não é fácil, né, Moreira Lima?

– Eu só quero o que é certo, Gentil. Eu não gosto de sair na mão não, saio só quando não tem saída. Pode ter certeza de que minha reputação briga mais do que eu.

No dia marcado, Rui e Gentil se dirigiram ao Pentágono. Foram recebidos num salão imenso, com uma mesa comprida, com o coronel Johnson sentado à cabeceira, um major e uma Capitã o acompanhando. Apesar de Gentil falar inglês muito melhor, Rui pediu para que só ele falasse durante a reunião.

– Olha, coronel, eu vim tratar com o senhor sobre essa correspondência que o adido escreveu porque eu pedi para que ele escrevesse. Aí o senhor mandou a gente ir lá pra não sei onde, que se quisesse uma casa lá teria uma porção de casas em obras que estão velhas, que se a gente quisesse poderia fazer um depósito da CAB lá. O senhor vai me desculpar, mas eu não sou um diplomata. O senhor também não é, porque quem escreve uma carta dessa não é um diplomata de jeito nenhum. Somos dois Coronéis, eu sou tenente-coronel e o senhor é coronel. Somos da Força Aérea mas eu uso essa medalha aqui, a *Distingued Flying Cross*, que acho que o senhor até nem tem... Eu queria discutir com o senhor, olhando nos olhos, sem ninguém se ofender.

– Pode falar – disse o coronel Johnson, já se remexendo na cadeira.

– É que o meu inglês, como o senhor já viu, é péssimo. Então eu queria que me arranjassem um bloco de papel.

Trouxeram um bloco e uma caneta para Rui, que agradeceu e continuou:

– Coronel, o senhor já esteve na América do Sul alguma vez?

– Não, nunca estive na América do Sul.

Rui, então, pegou o bloco e fez um rascunho do mapa da América do Sul e direcionou ao coronel.

– A América do Sul é isso aqui. Dentro da América do Sul tem vários países: tem Argentina, Colômbia, Venezuela, Uruguai... e tem o Brasil! O senhor não imagina o tamanho do Brasil. É do tamanho dos Estados Unidos quase em área. Então dentro da América do Sul isso é o Brasil – disse, enquanto marcava no rascunho de mapa o que seria o Brasil. – E esse restinho aqui é o que sobra pros outros países.

O coronel Johnson assentia, assistindo ao relato.

– Então, como todo país que tem um governo, um Congresso, nós temos também uma capital, seria o D.C. de lá, e a nossa capital se chama Rio de Janeiro. Não sei se o senhor já ouviu falar dela, porque às vezes as pessoas a confundem com Buenos Aires, que é a capital da Argentina.

Assim, Rui fez uma rodinha no mapa e disse:

– Aqui é o Rio de Janeiro.

Rui então trocou a folha e começou outro rascunho, da região central da cidade do Rio.

– Dentro do Rio de Janeiro, uma cidade de mais ou menos 3 ou 4 milhões de habitantes, tem um aeroporto internacional que é lá no Galeão. Mas é um aeroporto longe, fica numa ilha. E tem o Aeroporto Santos Dumont, em que todo mundo pousa – falou marcando no mapa. – Aqui no Santos Dumont existe um hangar; cada aeroporto tem um hangar. Esse hangar é grande para os termos do Rio de Janeiro, então a metade dele serve à Força Aérea Brasileira, ao GTE. Um quarto dele é dado aos senhores, para os aviões do acordo Brasil-Estados Unidos. O outro quarto a gente cede para uma companhia aérea que tomamos dos alemães. Então daqui, para o senhor ir até a sede atual de nosso acordo, o senhor, andando bem preguiçosamente, gasta 12 minutos. Do Santos Dumont pro senhor ir para a Embaixada Americana, também andando preguiçosamente e também a pé, o senhor vai gastar uns 25 minutos.

Rui, mais uma vez, trocou de folha e começou outro rascunho, dessa vez da cidade toda:

– Então aqui tem esse Aeroporto Santos Dumont, onde te mostrei essas facilidades, e aqui o Aeroporto do Galeão. Agora bem aqui, mais ou menos, na distância daqui a Langley, talvez mais, tem um aeroporto chamado Base Aérea de Santa Cruz, que também está cheio de casas; no tempo da guerra, os americanos usavam muito essa base e fizeram essas casinhas. E tem umas que estão velhas e a gente pode aproveitar pros senhores. É fácil, qualquer coisa a gente pode até fazer uma nova, mas podem aproveitar as antigas também... Se o senhor tá dizendo que a gente pode aproveitar uma daqui... entendeu?

A expressão de desconforto no rosto do coronel ficou nítida imediatamente. E Rui continuou, plácido:

– Então agora eu vou lhe dizer uma coisa; não se pode espalhar essas coisas, mas o Gentil não vai contar pra ninguém: a gente, quando vem pra cá, pro exterior, vem por escolha do presidente da República. É um prêmio vir para cá, pros Estados Unidos. Eu fiz a guerra, me destaquei com 94 missões. O presidente lá, que é um sujeito que gosta de voar e gosta de avião, disse: "Vou botar esse coronel na CAB!" e me mandou pra cá. Então vou pedir pra ele botar a Brasil-Estados Unidos lá na Base de Santa Cruz. Olha, é longe pra caramba, dá mais ou menos uma hora e meia ou duas de carro porque você vai passando por todo o subúrbio do Rio de Janeiro até chegar ao Centro. Não é como daqui a Langley, que se vai em quarenta e cinco minutos numa estrada que vai direto, e se paga até pedágio.

O coronel Johnson apenas ouvindo, mudo.

– Então eu vim aqui para avisar isso ao senhor, que eu vou fazer uma forcinha... o ministro é meu padrinho, meu amigo, não vai ser problema.

Finalmente, o coronel rompeu o desconforto e se manifestou:

– *Wait a minute*... coronel, vamos conversar. Dê-me uma semana. Não mexa nisso não, me dá uma semana.

– Claro, coronel. Nossos países são amigos, conversar resolve tudo entre amigos, certo?

Uma semana depois, Rui foi convidado para voltar lá acompanhado do brigadeiro Loyola e do coronel João dos Passos. Estavam lá o general comandante de Bolling Field, o general Darcy (um velho conhecido do Rui e o primeiro a ser visitado depois da mudança de país), mais uma autoridade do Campo além, claro, do coronel Johnson. Foram recebidos com muita animação.

– Coronel Lima! Que bom vê-lo! – disse o comandante da Base, apertando-lhe a mão com um sorriso de satisfação. – Convidamos o senhor para almoçar aqui porque houve um mal-entendido por correspondência... Queríamos dizer pra você que vocês podem escolher a casa que vocês quiserem aqui em Bolling Field, perto aqui do centro de operações, pra não ficar longe. – Puxou Rui mais para perto e, quase, sussurrando, comentou: – É que o coronel Johnson aqui não compreendeu isso – e, animadamente, continuou – e eu quero dar pra você um sargento com muita experiência pra você não ocupar um funcionário seu para receber coisas. Ele fica aqui e é só telefonar pra ele avisando que vai chegar coisa aí da CAB. O caminhão vem, traz aqui, deixa e ele toma conta. O senhor pode ficar certo de que vai ser assim.

Rui agradeceu. O coronel Johnson ficou mudo e com cara de tacho durante toda a visita, mas ficou por isso mesmo.

Alguns dias depois, o sargento escalado foi mandado à sede da CAB para se apresentar. Rui então o chamou e perguntou:

– Diga, sargento, o senhor é um *Bourbon Man* ou um *Scotch Man*[8]?

– *Bourbon Man*.

– E o senhor prefere aquele das estrelas ou o Jack Daniels?

– Jack Daniels.

– E charuto? O sargento fuma um bom charuto? Gosta de cubanos?

– Cubanos são bons charutos.

– Pois bem. Por mês, o senhor vai ter uma caixa de uísque e charutos. Porque eu não posso pagar o senhor pelo que está fazendo, mas quando eu precisar do senhor lá, o senhor vai ter que estar lá, senão eu vou chamar outro.

– Claro, coronel, sim senhor!

O sargento não decepcionou, cumpriu sua promessa e passou a ser o braço direito de Rui dentro de Bolling Field. Como agradecimento, sempre *Bourbon* e charutos cubanos. Acabou se tornando amigo de Rui e um grande parceiro dos oficiais da CABW.

Além do trabalho de enviar e receber pequenas mercadorias, Rui também recebia missões maiores, que envolviam grandes decisões sobre acordos comerciais, como promover a troca dos aviões brasileiros Catalina 5, que estavam em péssimo estado, estacionados em Belém do Pará.

Rui foi informado que a FAB tinha recebido uma proposta para trocar as aeronaves por modelos Catalina 5A, o que lhe soou muito estranho, afinal quem trocaria aviões velhos por aviões novos?

Resolveu então ir pessoalmente conhecer os aviões. Na primeira visita ao pátio, pela manhã, fez perguntas para o encarregado, que mostrou que os aviões estavam ótimos. Rui perguntou o porquê do "A" no modelo, o encarregado desconversou e a pulga atrás da orelha cresceu. Achou melhor voltar à tarde e fez as mesmas

---

[8] *Bourbon* e *Scotch* são tipos de uísque.

perguntas para outro encarregado. Dessa vez, o rapaz acabou assumindo que os aviões estavam alienados para um banco e que o "A" era referente a um controle hidráulico na cauda que facilitava manobras. Segundo ele, em vez de serem necessários piloto e copiloto para a execução de manobras, com o controle as manobras podiam ser feitas por um único piloto, com uma única mão. Parecia fantástico, só tinha um porém: quando o sistema dava defeito, travava a cauda completamente, o que já havia derrubado duas ou três aeronaves daquelas.

Rui voltou para a CABW e imediatamente entrou em contato com a FAB no Brasil desaconselhando o acordo. Sugeriu abrir uma concorrência para contratar o serviço de reestruturação dos aviões defeituosos, solução que foi bem-aceita.

Rui, com a ajuda de Jacques Ferris, um ex-adido militar aeronáutico, abriu a licitação. Como não entendia a legislação americana, achou por bem contratar um advogado local, o sr. Shaw, para ajudar na formulação do edital e na formatação do contrato. A notícia sobre a licitação rapidamente se espalhou. Com tudo organizado, começou a sondar empresas.

Durante mais de três meses, Rui e Ferris procuraram vinte e uma empresas para fazer o serviço, receberam dezessete orçamentos dos quais selecionaram os cinco melhores. Então viajaram para conhecer pessoalmente cada uma das cinco empresas selecionadas. Em cada empresa, conferiam se elas seriam mesmo capazes de cumprir os rígidos termos da licitação.

Quando o processo de licitação já estava chegando à fase final, com todas as visitas realizadas, o coronel Hélio do Rosário pediu que Rui considerasse conversar com os representantes da Fairchild em particular.

Rui acabou aceitando a reunião e recebeu em sua sala a comitiva da empresa, formada por um responsável por contratos, o sr. Hammer, além de um engenheiro e de um relações-públicas. Ao cumprimentá-los, o sr. Hammer apertou sua mão e disse que se tratava de um amigo pessoal do brigadeiro Eduardo Gomes, o que de cara lhe causou incômodo sem saber se era uma tentativa de intimidade ou de intimidação. E, assim que sentaram, sem demora, o sr. Hammer colocou um novo contrato sobre a mesa.

– Coronel Rui, gostaríamos de que o senhor considerasse a possibilidade de fechar uma parceria com a Fairchild. Sabemos que o senhor não é muito familiarizado com os acordos da FAB, então trouxemos um contrato nos padrões que costumamos fechar sempre. Na primeira cláusula já deixamos claro nosso compromisso...

Rui, incomodado, interrompeu a explicação:

– Sr. Hammer, o senhor me desculpe mas eu não quero o contrato dos senhores. Nós já temos um contrato. O senhor diz que eu não estou familiarizado com os acordos da FAB, mas o senhor está errado. Essa pode ser minha primeira licitação na CAB, mas eu já participei de muitas compras de aviões para a FAB, já estive algumas vezes nos Estados Unidos para levar aviões para o Brasil. E, para compensar minha inexperiência com as leis e a burocracia americanas, nós contratamos um excelente advogado, o sr. Shaw, para que nosso contrato ficasse perfeito. Então, o senhor pode guardar seu contrato, que ele não nos interessa. Se a Fairchild estiver interessada em se adequar ao nosso contrato será muito bem-vinda na licitação; se não, eu agradeço a visita dos senhores.

O sr. Hammer, em uma explosão, levantou-se da mesa e, apontando o dedo em riste na cara de Rui, gritou:

– Quem o senhor acha que é para mexer com os contratos da Fairchild?!

Rui, pacientemente e sem se alterar, reuniu todos os papéis sobre a mesa, olhou placidamente para o sr. Hammer e respondeu:

– Eu sou o dono dessa casa. Então só eu posso gritar aqui. Além de mim, o coronel Rosário pode gritar comigo e ninguém mais.

Estendeu a mão com os contratos da Fairchild para o sr. Hammer, que permaneceu rígido, impassível, fervendo em ódio. Depois de alguns segundos com o braço esticado tentando devolver os contratos, Rui, num rompante, jogou os papéis na cara do representante.

— Fora daqui!

A chuva de folhas de papel despertou o sr. Hammer de sua paralisia, mas sua raiva ficou ainda maior. Enquanto o relações-públicas recolhia os papéis espalhados pelo chão, ele passou a ameaçar e xingar Rui de todas as formas que podia. Rui abriu a porta de sua sala para que saíssem e, assim que todos saíram, deram de cara com o sr. Shaw que, percebendo a situação, não perdeu a deixa:

— Vim aqui para alertar que este grupo foi ao meu escritório tentar me acuar por causa deste contrato. Me questionaram como eu podia fazer um contrato desses para um estrangeiro. Respondi que meus clientes são vocês e não a *Fairchild* e os coloquei para fora. Pelo visto, o senhor está fazendo o mesmo.

Os representantes foram embora prometendo represálias, mas Rui os ignorou e os tirou da lista dos habilitados para a licitação, que se reduziu a cinco finalistas.

No dia seguinte, Ferris entrou na sala de Rui com um envelope na mão. Foi falando sobre a saída da *Fairchild* da disputa, de como a concorrência não era leal e então abriu o envelope, revelando um contrato assinado com uma empresa do Texas, que não fazia parte dos selecionados.

— O que é isso? — questionou Rui, entre confuso e irritado.

— Eles são ótimos, Rui. Fazem todos os serviços de que precisamos e aceitaram o contrato.

— Mas eles não fazem parte dos selecionados, Ferris. Por que você está me trazendo um contrato assinado com eles?

— Porque a gente já resolve esse problema de uma vez, já que a *Fairchild* tá fora.

Rui ficou alguns segundos em silêncio olhando para Ferris. Não sabia nem o que dizer, de tanta raiva que sentia.

— Você estava achando que eu ia me vender pra *Fairchild*? E agora você está achando que eu vou me vender pra essa empresa aí do Texas? Tá achando que eu tô de brincadeira? Você passou mais de noventa dias comigo, Ferris, visitando os hangares, vendo cada detalhe, e agora você tem a cara de pau de vir aqui me trazer esse contrato achando que eu vou aceitar pular o muro? Eu não sei quanto eles te prometeram, mas nem você e nem eles vão ganhar. Você saia da minha sala e da CABW agora. Por favor, retire-se.

Ferris foi embora sem falar com ninguém. Todos estranharam a saída, mas, com o andar da carruagem, acharam melhor nem perguntar o que tinha acontecido. Rui ligou para o sr. Shaw e garantiu que estava tudo em pé: o processo continuava sem Ferris, e agora só restavam quatro empresas: a Temco, de Atlanta; a PanAir, de New Orleans (que fazia parte da Consolidate); SALA, empresa americana da Costa Rica; e Hamilton Aircraft, de Tucson.

Rui ainda precisava visitar a empresa da Costa Rica e a de New Orleans. Foi primeiro para a Costa Rica e, lá chegando, surpreendeu-se ao encontrar um velho colega, da época da guerra, para sua recepção. Descobriu que não eram apenas boas-vindas fraternais, ele estava lá como negociador. Rui não hesitou e quebrou logo o gelo:

– Fiquei muito feliz em revê-lo, mas ganha essa licitação quem tiver o melhor preço para o serviço determinado no contrato, e não vai ser nossa história que vai interferir nisso.

O colega desconversou, concordou e seguiram para a visitação. Rui ficou satisfeito com as instalações e seguiu para a última empresa que faltava.

Quando chegou a New Orleans foi recebido no aeroporto por um representante. Ainda no carro, a caminho da empresa, o homem falou:

– Coronel, isso é sério?

– Como é que é? – Rui não entendeu de pronto o questionamento do representante, ou preferiu não acreditar.

– Essa licitação. Ah, qual é! A FAB nunca fez isso! Não é sério isso, é? O que o senhor está querendo levar com isso?

Rui ficou furioso. Transtornado, tinha vontade de bater naquele homem, mas controlou sua fúria e apenas disse:

– Não precisamos mais seguir. O senhor pode me deixar na próxima parada de ônibus.

O representante ficou chocado com a reação de Rui, ainda tentou rir e argumentar, mas ele, sério, apenas repetiu que o deixasse na próxima parada.

Assim foi feito. Só que o representante não foi embora. Ficou parado em seu carro até que Rui pegasse o ônibus para o Centro de New Orleans. Ao chegar à rodoviária da cidade foi abordado novamente pelo homem, que havia seguido o ônibus e agora oferecia carona para um hotel. Rui negou, pegou um táxi e seguiu para o hotel sozinho.

Mais tarde, quando desceu ao restaurante para jantar, lá estava o representante o esperando. Ia dar as costas e voltar para o quarto, quando foi abordado pelo homem.

– Coronel Lima, me dê um minuto. Deixe-me lhe pagar uma bebida e conversar com o senhor. Posso me explicar.

Cansado e com fome, a possibilidade de voltar para o quarto sem jantar era mais desagradável do que tomar um drinque e ouvir o que o sujeito tinha a dizer, então Rui acabou por aceitar o convite.

– O senhor me desculpe se o ofendi, coronel Lima. Não tive a intenção. É porque quando me disseram que eu iria receber o coronel Lima, não achei que fosse o senhor. É que, o senhor sabe, existem dois ooronéis Lima na CAB, o senhor e o coronel Osvaldo Lima. Ninguém conhecia o senhor até pouco tempo... e está claro para todos que o senhor é um homem sério, mas o outro coronel Lima, não. Então peço desculpas e convido o senhor para nos visitar, assim como estava planejado. Ficaremos muito satisfeitos em participar de sua concorrência.

Rui ouviu tudo com atenção, calmamente, enquanto jantava e ficou um tempo em silêncio, mastigando sua comida, para a angústia do sujeito.

— Olha, senhor, compreendi seus argumentos, mas eu não deveria reconsiderar porque não se pode questionar e ofender a honra de um homem como o senhor fez. Mas o senhor não é a sua empresa, e como sua empresa apresentou uma boa proposta para a FAB, e não estamos aqui nem por sua nem por minha causa, vou aceitar o convite para fazermos a visita amanhã. Espero que os senhores tenham estrutura para executar tudo o que prometeram para que possamos dar seguimento com a licitação.

O representante concordou e, satisfeito, voltou no dia seguinte para acompanhar Rui na visita à empresa, que foi muito produtiva. A empresa provou que tinha condições de executar o serviço e, assim, mantinha-se na concorrência.

De volta a Washington, Rui finalmente marcou uma data e, no dia escolhido, os representantes das quatro empresas que haviam sobrado compareceram para a abertura dos envelopes e o anúncio do ganhador: a Temco, de Atlanta, ganhava com grande vantagem, numa diferença de preço bem abaixo dos concorrentes.

Todos se cumprimentaram, agradeceram a Rui e se foram. Rui passou o contrato vencedor para o coronel Hélio dar seguimento aos trâmites e ficou surpreso quando, algumas horas depois, foi chamado por ele em sua sala.

— Coronel Rui, eu bem que estranhei o preço da Temco estar tão abaixo das outras! É que o senhor errou o contrato, olha aqui. Você colocou nove aviões em vez de dez.

— Não, claro que não. O sr. Shaw revisou tudo cuidadosamente. Todos os contratos eram iguais, dez aviões *Catalina*.

— Não é o que está escrito aqui.

Rui pegou o contrato e folheou com atenção. Foi quando se deu conta de que não tinha rubricado as páginas internas do contrato, o que possibilitou à Temco a cópia dos termos com as adulterações que lhe fossem convenientes. A empresa só não contava com o olho clínico do coronel Hélio: sem essa observação, uma vez que o serviço começasse a ser feito, o contrato não poderia mais ser cancelado.

Rui agradeceu o colega, voltou para sua sala e ligou imediatamente marcando nova reunião com os quatro participantes e o advogado, sr. Shaw. Novamente reunidos, Rui comparou os contratos na frente de todos, desmascarando a fraude da Temco. Enfurecido, falou o que podia e o que não podia aos representantes da empresa e os expulsou da licitação e da sala. Farsa terminada, parabenizou a PanAir, nova ganhadora, na frente de todos, e mais uma vez agradeceu por terem participado.

Alguns dias depois, Rui estava em sua sala quando foi avisado que tinham mandado lhe entregar um presente. Ao abrir a caixa, deparou-se com uma placa prateada, assinada pelas três concorrentes finais, agradecendo-lhe pela licitação mais justa das quais já tinham participado. Rui sorriu, orgulhoso, e mandou uma carta de agradecimento para cada uma das empresas. O coronel Hélio, sabendo da homenagem, quis saber em qual parede ela entraria.

– Não vai pra parede, não.

– Ué, mas por que não? Uma placa tão bonita, uma homenagem e tanto de empresas tão importantes!...

– Mas é uma placa que me parabeniza por ter feito o meu trabalho. Eu não fiz nada de extraordinário, coronel. É uma pena que o mundo tenha chegado a isso, de ter que homenagear quem não fez mais do que a obrigação.

O coronel Hélio riu, chegou a dizer que Rui era exigente demais, e não se falou mais nisso.

Mas a história dos Catalinas rendeu dentro da CABW e, obviamente, da FAB. Acharam um ótimo trabalho de Rui. Por isso, o coronel Passos já o encumbiu logo em seguida de tratar da aquisição de novos aviões em Tucson, no Arizona. Foi exatamente nesta época que Pedro Luiz tinha tido a crise nervosa e estava hospitalizado já há cinco dias; então Rui ainda tentou declinar da convocação, pedindo ao coronel Passos que o deixasse ficar em Washington com seu filho, já que Julinha não falava inglês fluentemente, mas o coronel fez questão. Rui chegou a ficar desconfiado e ameaçar o coronel de porrada caso o estivesse enganando de alguma forma para fazer transações ilícitas em suas costas, mas não teve como se livrar da missão. Com o coração na mão, deixou seu filho no hospital e pegou um avião para o Arizona.

Sua missão era comprar aviões B-26, que eram os que o Pentágono havia indicado para o Brasil. Ao pisar na Davis-Monthan Air Force Boneyard, ficou realmente impressionado com o que viu: um pátio gigantesco, até onde a vista podia alcançar, com centenas de aviões, de todos os tipos, estacionados. Saiu andando calmamente, analisando os aviões, e começou a perceber que havia alguma coisa estranha na indicação do Pentágono para a FAB. Havia aviões de todo tipo ali, por que tinham indicado os B-26?

Viu um mecânico mexendo em um motor. Parou ao lado do rapaz e ficou observando, até que ele o notasse também.

– Olá. Você é mecânico aqui, né?

– Sou, sim senhor.

– Eu sou o coronel Rui Moreira Lima, da Força Aérea Brasileira, mas você pode me chamar de Rui. E o seu nome, qual é?

– Meu nome é James Strawsberg, senhor. Mas aqui todos me chamam de Jimmy.

– Esqueça o senhor, Jimmy. Rui está bom. Você poderia me contar um pouco mais sobre esse lugar? Estou impressionado. Não sabia que os Estados Unidos tinham um lugar desses.

O rapaz desceu do avião todo animado e desatou a falar:

– Isso aqui era uma base comum, começou em 1925, mas durante a Segunda Guerra eles começaram a trazer os aviões avariados pra cá, porque aqui tinha espaço suficiente pra fazer um cemitério gigante. Aqui tem mais de 4 mil metros! Como isso aqui é um deserto, quase nunca chove e a umidade no ar é mínima, virou o lugar perfeito pra fazer manutenção dos aviões, já que as peças podem ficar aí, nos aviões parados, sem estragar. Então, quando chega um avião quebrado, eles saem buscando peças nos que estão parados pra poder trocar, entendeu? E como os Estados Unidos se tornaram grandes fornecedores de aviões para o mundo todo na guerra, a base também virou um grande estoque de aeronaves que a gente não quer mais, mas ainda dá pra revender.

— Poxa, você sabe mesmo sobre esse lugar!

Jimmy sorriu orgulhoso.

— Sou um grande fã da aviação americana, senhor... digo, Rui. É uma honra trabalhar aqui.

— Mas eu não entendi uma coisa... então tudo que está aqui pode ser vendido?

— Não, nem tudo. Muitos desses aviões não têm mais condição de voo, estão aqui como estoque de peças de reposição. Mas, ó, daquela fileira pra lá são todos aviões bons, só precisando de manutenção.

Eram fileiras e mais fileiras de "aviões bons", de diversos modelos, todos perfeitamente alinhados. "Aviões melhores do que o *B-26*", pensou, "Então por que o Pentágono nos ofereceu justo eles?".

— Jimmy, vou ser sincero com você. Vim aqui representando a Força Aérea Brasileira. Pediram pra eu vir aqui só pra assinar uns papéis e comprar cinquenta *Douglas B-26*. Mas eu estou vendo que vocês têm aviões melhores do que ele por aqui e acho que seria bom pro Brasil ter aviões melhores, você não acha?

— Claro! Temos aviões muito melhores e mais baratos que os *B-26* por aqui.

— Jimmy, me diz uma coisa, quem é o responsável pelos aviões aqui? Quem libera pra venda?

— É o coronel Jack Lind. Sujeito muito bom e muito sério. Ele que passa pro Pentágono os aviões disponíveis.

— Então é ele que eu preciso conhecer. Jimmy, você é um grande cara! Vou falar com o coronel. A gente se vê de novo em breve.

Rui foi ao escritório do coronel Lind e se apresentou como representante da FAB para a compra dos *B-26*. O coronel, um senhor já quase na casa dos 70 anos, o recebeu muito cordialmente e mandou que um funcionário lhe mostrasse os aviões reservados, muito inferiores aos vistos com Jimmy.

Rui foi para o hotel e entrou em contato com o coronel Passos e com o coronel Lara, no Gabinete de Materiais, o GM4, no Rio, contando a situação. Mandou relatórios sobre a situação dos aviões e pediu autorização para negociar, já que o Brasil ainda não tinha assinado nenhum contrato, o que lhe foi concedido.

No dia seguinte, Rui voltou direto para o escritório do coronel Lind. Usou todo seu carisma para puxar uma conversa amigável, contou de sua família, de seu filho Pedro Luiz no hospital, e foi abrindo a guarda do coronel, que lhe contou que também era casado, com filhos já crescidos e casados. Contou sobre seu amor pela aviação e conseguiu autorização para percorrer o pátio e ver o que tinha por lá.

Procurou Jimmy e descobriu que ele era funcionário da Hamilton Aviation Incorporated, uma empresa especializada em manutenção de aeronaves, que era contratada pelos compradores para consertar os aviões ainda dentro da base e deixá-los prontos para voo. Foi à sede da empresa e teve autorização do proprietário, o sr. Hamilton, para que Jimmy o acompanhasse na busca por bons aviões pelos pátios nos próximos dias.

Rui então mandou um cartão de agradecimento para o coronel Lind e passou os dias que se seguiram rodando o pátio na companhia do mecânico.

– Jimmy, a FAB precisa de aviões como os *B-26*, mas você disse que tem melhores...

– Ah, com certeza! Dentro da mesma linha nós temos os *North American T-6G*, por exemplo, e ele custa a metade do preço do B-26. Vem ver.

Rui e Jimmy andaram um bocado pelo pátio até alcançar as longas fileiras de *T-6G*, todos aparentemente muito bem conservados.

– Eles custam a metade do valor do *B-26*?

– Podem custar até menos. Vou te contar isso, mas se você disser que fui eu que disse, eu vou negar até morrer: a França comprou 350 deles a 10% do valor.

– Dez por cento?!

– Sim! Mas foram 350, né? A França sempre compra muitos aviões, então eles sempre vêm aqui e escolhem os filés.

Olhando todos aqueles aviões, Rui entendeu que eles indicavam aviões de pior qualidade para países da América Latina, provavelmente porque não compravam em grande quantidade, ou seja, reservavam os melhores modelos para os melhores clientes. Por isso a indicação dos *B-26*, mesmo tendo *T-6G* melhores e mais baratos.

Com a ajuda de Jimmy, selecionou cinquenta e dois aviões North American *T-6G* que precisavam apenas de poucos reparos e troca de pintura. Agora só faltava convencer o governo americano a trocar a indicação.

Ao fim de cada dia, na volta para o hotel, Rui mandava relatórios para Washington e para o Rio contando a situação. Foram muitas semanas no Arizona, então teve bastante tempo de fazer amizades.

Uma delas era um mecânico brasileiro chamado Benedito, mas que todos conheciam por Benny. Ele morava em Los Angeles Vista com a família e, assim como Rui, cumpria suas missões em diferentes partes do país. Era um cara baixinho, meio atarracado, bem temperamental, mas com um carisma incrível, que fazia com que todos o adorassem.

Num final de semana insistiu que Rui e mais seis oficiais brasileiros tinham que conhecer Las Vegas. Colocou todos eles em seu carro e partiram, a 130 km/h, numa viagem de sete horas, rumo à capital dos cassinos. Foram parados pela polícia na estrada por excesso de velocidade, conseguiram camarote em show lotado, viram Benny perder cinco mil dólares na roleta, ficaram sem combustível na volta, bateram o carro em uma casa e acabaram recebidos pelos donos para o café da manhã enquanto esperavam resgate – esse era o ritmo frenético de Benny. Rui, claro, não contou nem metade para Julinha para não preocupá-la. Mas, meses depois, Benny apareceu em Washington e fez questão de levar Rui e toda a família para a Disney, numa viagem de doze horas de carro. Na volta, quis pescar trutas para o jantar em um pesque e pague, mas já era tão tarde que só conseguiram peixes de tanque, que ficavam reservados para os hotéis. Jantaram mais de meia-noite. As crianças riram de tudo, mas Julinha, já exausta no final da viagem, não se aguentou: "Mas de onde é que você tirou esse homem, Ruizinho? Ele parece que tomou um choque!".

Também foi ganhando intimidade com o sr. Hamilton, que chegou a emprestar-lhe seu avião pessoal para que passasse finais de semana em Phoenix. Iam para bares e restaurantes no final do dia, onde conversavam, e Rui era introduzido aos veteranos locais. Em um desses jantares, um jornalista presente no local registrou o encontro dos dois com um veterano da Esquadrilha *Nice Girl* e publicou no dia seguinte, fazendo deles breves celebridades locais. A publicação acabou rendendo um convite para que Rui desse uma palestra aos estudantes da Universidade do Arizona, a maioria estudantes de geologia, interessadíssimos nas riquezas minerais brasileiras. Rui, que acabara de se formar na Escola de Estado-Maior, tinha ainda tudo muito fresco na cabeça, e foi merecidamente ovacionado.

Além da amizade com o sr. Hamilton, foi ganhando intimidade também com o coronel Lind, com quem saiu para jantar duas vezes, acompanhado pela esposa.

O segundo jantar foi num restaurante dançante da cidade. Rui levou um cachimbo de presente para o coronel e flores para sua esposa. Falaram de suas famílias e da paixão pela aviação. Rui, respeitosamente, tirou a sra. Lind para dançar, uma vez que o coronel já não podia mais fazê-lo. Riram e se divertiram. Já no final da noite e da conversa, Rui falou:

– O senhor me entende, coronel. Eu sou apaixonado pela aviação e pela Força Aérea Brasileira. Faço tudo pela FAB e pelo Brasil.

– Claro, coronel. O senhor é um oficial dedicado ao seu país como todos devem ser.

– É por isso, coronel, que eu acredito que nós merecemos ter bons aviões, o senhor não acha?

– O Brasil, com certeza, merece bons aviões.

– O *B-26* é um bom avião, coronel, mas o senhor, como bom conhecedor de aviões, sabe que o *T-6G*, por exemplo, é um avião melhor.

– Ah, com certeza o *T-6G* é melhor.

– Eu quero o melhor para o meu país, coronel. Eu sei que existem cinquenta e dois *T-6G* disponíveis no seu pátio que vão ser muito importantes pra nós. Eu só preciso que o senhor me ajude indicando esses aviões no lugar dos *B-26*, coronel.

– Coronel Lima...

O coronel Lind hesitou por um segundo, mas foi imediatamente interrompido por sua esposa:

– Jack, você não pode negar isso para o coronel Lima. Ele é um oficial dedicado como você. Tenho certeza de que você faria pelos Estados Unidos o mesmo que ele está fazendo pelo Brasil.

Sem argumentos, o coronel sorriu e, no dia seguinte, indicou as aeronaves para o Pentágono negociar com o Brasil. Coronel Passos e coronel Lara mandaram cartas parabenizando pela negociação e logo chegou o coronel Amarante para cuidar da manutenção dos aviões. Rui tentou indicar a Hamilton Aviation, contando como nada daquilo teria sido possível sem a colaboração deles, mas Amarante preferiu transferir as aeronaves para uma empresa em outro estado, cujo trabalho já era conhecido da CABW. Apesar de achar injusto, nada pôde fazer a não ser agradecer o já amigo Hamilton por tudo o que tinha feito e voltar para casa.

Julinha sentia mais a falta de Rui nos Estados Unidos do que quando estava no Brasil, apesar de entender que as longas ausências do marido eram inevitavelmente parte de seu trabalho. Mas ali, em um país estrangeiro, sentia-se muito sozinha sem suas amigas, sua família, com a sensação de estar sempre deslocada. Isso pesou muito na decisão da família de voltar para o Brasil quando acabou o período de dois anos combinado, em julho de 1958, mesmo sabendo que as animosidades dos golpistas no Rio não seriam fáceis de encarar.

Como não mandaram um substituto para Rui, seu colega coronel Ernani Fittipaldi, conhecido desde a Escola da Aeronáutica e que já estava bem estabelecido nos Estados Unidos muito antes de Rui chegar, assumiu suas funções.

Com férias atrasadas, Rui não foi desligado da CAB imediatamente e a família ainda ficou na América do Norte mais uns meses. Nos meses de julho e agosto, Rui finalmente pôde passar um tempo em casa com sua família e, aproveitando o verão, fizeram uma longa viagem de férias pelo Canadá. Foi quando começou a sentir dores mais fortes na coluna e passou a usar uma espécie de bastão para auxiliar em suas caminhadas. No mês de setembro, com as férias terminadas, foi escalado para cumprir suas últimas semanas nos Estados Unidos com uma missão de reabilitação de aviões *CA-10 Catalina* além de dirigir operações do Correio Aéreo Nacional em Washington. A missão só fez com que as dores piorassem e Rui acabou internado por alguns dias. O médico americano insistiu que ele precisava ser operado o mais rápido possível, que só assim pararia de ter dores, mas que isso restringiria sua mobilidade. Rui se negou a ser operado, descobriu um quiroprático alemão que aliviava muito suas dores, mesmo que por tempo limitado, e foi vivendo assim até sair sua transferência para o Brasil.

Em 29 de outubro de 1958, depois de dois anos, Rui, Julinha, Soninha, Pedro Luiz e dona Sílvia embarcaram em um navio de volta para o Brasil. Durante a viagem, Rui passava o dia inteiro imóvel, deitado em uma espreguiçadeira do deque, só saindo dali para comer e dormir, com muita dor.

O mês de novembro daquele ano era para ser de felicidade, matar as saudades de casa e dos amigos, de organizar a vida depois de dois anos fora do Rio de Janeiro, mas acabou sendo um martírio. Rui sentia muita dor o tempo todo, passou a caminhar apoiado em um cajado, o que lhe dificultou muito a volta à rotina. O lindo Oldsmobile 1959 que a família trouxe acabou sendo vendido logo, já que o carro tinha um custo altíssimo de manutenção e Rui, com tantas dores, mal conseguia dirigir.

A esperança de que a situação tivesse se acalmado durante os dois anos em que se manteve longe foi rapidamente soterrada. Ainda em outubro de 1958, o ministro da Aeronáutica Correia de Melo teve que se ausentar para uma viagem aos Estados Unidos e o presidente Kubitschek, que lutava para controlar a turbulência dentro das Forças Armadas desde que assumira o cargo (especialmente na Aeronáutica), nomeou seu ministro da Guerra, marechal Teixeira Lott, como interino. A nomeação intensificou a crise, uma vez que o oficialato golpista da FAB tinha muito ressentimento de Lott desde a "Novembrada" de 1955.

Rui, recém-chegado e enfrentando um momento particular especialmente doloroso, não conseguiu se manter afastado dos acontecimentos e fez o que pôde para, junto de outros colegas, evitar que a situação se tornasse crítica. Já na posse de Lott como interino, no dia 2 de novembro, o clima ficou tenso, com a ausência de vários oficiais e o desrespeito de outros, que simplesmente não cumprimentaram o ministro após a posse, o que rendeu a demissão do brigadeiro Ivo Borges, então inspetor geral da Aeronáutica, um dos fundadores da FAB e também um dos incentivadores do golpe contra JK no Campo de Marte, em São Paulo, que fora abafado pela "Novembrada".

Dois dias depois, uma carta aberta assinada por 42 oficiais da FAB circulou parabenizando os oficiais ausentes da posse e acusando Lott de aproximação com os comunistas, o que levou o marechal a decretar no dia 6 de novembro a prisão da maioria dos oficiais que assinaram a carta que, àquela altura, já tinha corrido os estados e recebido mais o dobro de assinaturas.

Neste mesmo dia estava marcada a cerimônia de formatura da Escola de Comando de Estado-Maior da Aeronáutica (ECEMAR). Sabendo da presença do presidente Kubitschek e do marechal Lott, os Coronéis João Paulo Burnier e Hipólito da Costa começaram a organizar uma grande vaia ao marechal durante o evento. A notícia chegou aos ouvidos de Rui e de outros oficiais aliados que, sabendo do impacto que essa situação teria na imagem do marechal Lott quando a notícia chegasse à imprensa e às Forças Armadas, imediatamente formaram um grupo e se encaminharam à formatura para evitar que a vaia acontecesse.

Quando Rui, Lara, Alvarez e outros oficiais chegaram ao Campo dos Afonsos, o evento ainda não tinha começado. Perguntaram pelos agitadores e souberam que estavam na sala do oficial do dia. Entraram na sala e pararam diante do grupo, que estava sentado à mesa de reuniões. Em silêncio, todos se encaravam e já começavam a posicionar as mãos sobre os coldres das armas quando Lara, um homem grande e forte, herói de guerra do Senta a Pua com mais de oitenta missões cumpridas, calmamente sentou-se à mesa diante dos agitadores chamando a atenção de todos para si. De repente, colocou os pés sobre a mesa, tirou os sapatos e as meias e começou a limpar com a mão entre os dedos dos pés.

— Que calor filho da puta que faz aqui nos Afonsos... — disse Lara, cutucando os pés.

A reação imediata do grupo de agitadores foi torcer o nariz, num misto de nojo e raiva. E Lara continuou:

— É muito bom poder fazer isso aqui — disse movimentando os dedos dos pés diante dos presentes. — Eu tô há horas suando nesse calorão, tava precisando mesmo tirar os sapatos.

O coronel Burnier então olhou para seus companheiros, todos se levantaram e, propositalmente expressando desdém pelos colegas opositores, deixaram a sala e o evento, levando Rui e seus colegas às gargalhadas.

– Porra, Lara, de onde você tirou essa ideia? – perguntou Rui.

– Ah, Rui, esses caras são uns merdas, uns covardes. Tinha certeza de que eles não iam enfrentar a gente. Por isso esfreguei meu chulé na cara deles, porque tinha certeza de que iam arregar.

– E como arregaram! Mas também com esse chulé! – brincou Rui.

– O importante é colocar esses covardes golpistas no lugar deles – comentou Lara, enquanto calçava novamente os sapatos. – Quem sabe um dia a história possa contar o episódio "O Chulé Que Acabou com o Golpe".

Todos riram, mas, apesar de evitar a vaia ao marechal Lott, não conseguiram conter todas as manifestações: além dos oficiais não participarem da solenidade, o que chamou muito a atenção da imprensa, diversos alunos não compareceram para receber o diploma; no único discurso do evento, o brigadeiro Carlos Rodrigues Coelho não citou o nome do marechal e boicotaram a vitrola para que o "Hino dos Aviadores" não fosse executado ao final do evento.

Os jornais não deixaram o acontecimento passar em branco e noticiaram com exagero os acontecimentos, afirmando terem acontecido centenas de prisões e adesões aos revoltosos. Em resposta, o licenciado ministro Melo expediu uma nota de apoio a Lott, dizendo que os agitadores precisavam voltar à Escola de cadetes para aprender educação e disciplina, mas apenas isso. Em contrapartida, o almirante José Augusto Vieira aproveitou a situação para acusar textualmente o presidente Kubitschek pela desunião na FAB e nas Forças Armadas, causada por seu revanchismo devido aos acontecimentos de 1954 e 1955.

A situação foi controlada em 10 de novembro, com o retorno do ministro Melo dos Estados Unidos. Rui comentou entre os colegas que acreditava que a ausência de Melo era proposital para desgastar a imagem de Lott e do Governo JK, mas eram apenas suposições.

Quando entrou dezembro e sua nomeação pelo gabinete do ministro da Aeronáutica Francisco de Assis Correia de Melo para voltar ao GTE saiu, não conseguiu assumir pois, mesmo com a ajuda do cajado, caminhar já estava se tornando uma tarefa inviável. Também tinha sido convidado pelo brigadeiro Martinho Candido dos Santos, a quem tinha conhecido nos Estados Unidos e de quem tinha ficado amigo, para ser diretor da unidade de voo da Escola da Aeronáutica e ficou arrasado por ter que declinar do convite. "Não vão me respeitar, brigadeiro, vão me chamar de aleijado", justificou.

Em pouco tempo, a notícia da invalidez de Rui se propagou pela FAB. Em casa, afundou em uma grande tristeza. Seu corpo e sua mente de atleta não aceitavam a ideia de não mais andar. Julinha passava o dia atendendo o marido, tentando fazê-lo não desanimar, mas a cada dia a situação piorava. Os amigos o visitavam, ofereciam conforto e ajuda, mas nada podiam fazer. Até que Darci Vargas, viúva do presidente Getúlio Vargas, soube da situação e pediu para visitar Rui.

– Rui, você não quer ser operado pelo Lutero? Ele te operaria com muita satisfação.

– Agradeço pela oferta, dona Darci, mas o Lutero é meu colega de guerra, meu amigo, não quero ser operado por ele, não. Se acontecer alguma coisa comigo na cirurgia, ele vai ficar péssimo. Não posso dar essa responsabilidade pra ele.

– Pensa bem, Rui, meu filho é um excelente cirurgião. Ele tem uma equipe preparada, estudou fora do país com os melhores profissionais, se especializou. O Lutero pode te ajudar, tenho certeza.

Sem querer se indispor com dona Darci, Rui aceitou ser visitado pelo amigo para um diagnóstico, o que aconteceu alguns dias depois. Lutero e um colega neurologista fizeram um detalhado exame em Rui e o diagnóstico foi contundente.

– É, Rui, a situação não é nada boa... – disse Lutero, ao final do exame. – Você tem uma hérnia de disco grave que está pressionando seu nervo. Você precisa ser operado com urgência. Por mim, te opero amanhã. Se continuar assim, você vai perder sua perna.

– Perder a perna, Lutero? Tem certeza? – questionou Julinha, preocupada.

– Infelizmente sim, Julinha. Os danos estão muito avançados. Aparentemente essa hérnia existe há muito tempo e já deveria ter sido tratada. Por que você não procurou um médico antes, Rui?

– Ah, sei lá, Lutero. A vida é sempre muito corrida... Passei os últimos anos em longas viagens, até pensava em procurar um médico quando voltasse pra casa, mas em casa eu descansava um pouco e as dores melhoravam. Fui deixando pra depois.

– Faz muito tempo que você sente essas dores? – quis saber Lutero.

– Assim, desse jeito, faz uns três anos ou um pouco mais, mas desde que voltei da guerra eu sentia um incômodo nas costas. Sempre passava, principalmente quando eu me exercitava, então não achei que fosse grave. Mas, nos últimos anos, eu parei de correr, e desde Jacareacanga não tive muito tempo para me exercitar, então comecei a sentir mais.

– Você teve um acidente feio na guerra, não teve? Bateu em uma árvore ou coisa assim?

– Bati numa árvore e num poste, quase caí, mas consegui controlar o avião. Foi um tranco forte. Fiquei com dor nas costas por vários dias, mas depois diminuiu, e achei que tivesse passado.

– Pelo visto, teu corpo te enganou. Mas vamos dar um jeito nisso, Rui, fique tranquilo. Fiz uma especialização em cirurgia de reabilitação nos Estados Unidos com um médico fantástico. Ele atende muitos feridos de guerra e já recuperou muita gente; aprendi essa técnica com ele. Vou te operar e você vai sair dessa, fica tranquilo.

– Que técnica é essa, Lutero? – perguntou Rui.

— É uma correção que se faz no disco com cartilagem animal. Eu aprendi com esse médico italiano que vive nos Estados Unidos, doutor De La Pietra. Ele revolucionou esse tipo de cirurgia que antes demorava umas quatro horas e meia e, com os métodos desenvolvidos por ele, demora agora em torno de uma hora e meia só. A cirurgia substitui o disco danificado por um novo com cartilagem de bacalhau, ou com osso de vitela, que é como eu faço aqui. Tem gente do mundo inteiro indo pra lá pra ser operado por ele. Eu tive a honra de me tornar seu aluno e amigo, passei seis meses lá estudando e morando em sua casa.

— Eu sei quem é esse doutor De La Pietra. Assisti a uma palestra dele quando as dores começaram a aumentar. Cheguei a marcar uma consulta, mas a espera era de seis meses e não deu tempo, tive que voltar para o Brasil. Julinha, pega aqueles panfletos das palestras e mostra pro Lutero. Tenho certeza de que é a mesma pessoa.

Julinha buscou dentre os papéis da viagem e entregou para Lutero os panfletos, que confirmaram que se tratava do mesmo médico.

— Lutero, eu não quero jogar nas suas costas a responsabilidade de me operar. Nós somos amigos e, se acontecer alguma coisa comigo, eu sei que você não vai se perdoar. Então, eu quero saber se você fica chateado se eu quiser me operar com o doutor De La Pietra.

— Ô, Rui, de jeito nenhum. Eu vou ficar muito feliz se for ele, porque sei que você vai estar em boas mãos.

— Já que você o conhece tão bem, você poderia me ajudar a marcar a consulta com ele?

— Não precisava nem pedir, Rui. E consulta, não! Cirurgia. Você precisa ser operado o quanto antes. Vou procurá-lo ainda hoje e a gente vai te mandar pros Estados Unidos.

Era uma sexta-feira e Lutero conseguiu encontrar o doutor De La Pietra num congresso, que disse "Volto do congresso amanhã

para Waterburry, então mande-o para meu consultório amanhã."
E assim começou uma corrida contra o relógio.

Rui pediu à Julinha que fizesse a mala dos dois imediatamente e se organizasse com dona Sílvia para que ela ficasse com os netos. Enquanto isso, ligou para Nero Moura, que estava trabalhando na PanAir, e pediu ajuda para conseguir passagens aéreas para o próximo voo. Nero conseguiu com Eric de Carvalho, então diretor da Varig, uma passagem gratuita para Rui e outra pela metade do preço para Julinha. Pegaram os 3 mil dólares economizados durante a temporada em Washington, que Rui escondia debaixo de seu travesseiro e, na manhã do sábado, escoltados por Lutero, partiram para o Aeroporto do Galeão.

O avião saiu do Rio no sábado ao meio-dia, pousou em Trinidad-Tobago e seguiu para Nova York. Rui foi de maca num lugar improvisado de onde foram tirados os bagageiros, com uma aeromoça tomando conta dele. Na escala, em Trinidad-Tobago, Rui espirrou e isso desencadeou uma dor horrenda. Tomou então uma das três cápsulas com um sedativo "para apagar cavalo" que Lutero tinha providenciado já prevendo esse tipo de imprevisto, e Rui finalmente dormiu até chegar a Nova York.

O pouso foi bem complicado, já no domingo, com a cidade atravessando uma grande nevasca. Rui foi desembarcado em uma maca e um médico da clínica do doutor De La Pietra os estava esperando no aeroporto com uma ambulância. Assim que entraram na ambulância, o médico avisou que seria uma longa viagem e ofereceu uma pílula para dormir para Rui, que recusou, agradecendo e dizendo para dar para Julinha, que estava há dias sem dormir. Seguiram por quase três horas de viagem conversando, enquanto Julinha dormiu um sono profundo.

Quando desembarcou da ambulância na clínica, Rui tomou um susto: a CAB inteira estava lá esperando por ele. Scaffa, o diretor coronel Passos, Fittipaldi, os despachantes, e todos os outros colegas, além de diversos outros amigos que fizera pelos EUA. Cumprimentou a todos, emocionado, enquanto era homenageado com uma grande festa que só se desfez quando Rui foi chamado para a consulta.

Finalmente, diante do doutor De La Pietra e sua equipe, o médico pediu para que Rui ficasse de pé, mesmo sentindo muita dor, para que ele pudesse examiná-lo. Baseado no exame e nas muito boas radiografias que Rui já tinha, o médico identificou os achatamentos nas vértebras 3 e 4 e explicou a ele e a Julinha que faria um enxerto com os ossos do próprio fêmur de Rui para regenerar as vértebras numa cirurgia no dia seguinte.

A cirurgia aconteceu logo no primeiro horário da segunda-feira: o médico deu a Rui um sedativo que o fez dormir antes mesmo de chegar ao centro cirúrgico e ele só acordou no quarto, muitas horas depois, amarrado na cama, ainda com dores, mas menos intensas do que antes – e à base de calmantes.

Em sua primeira consulta após a cirurgia, doutor De La Pietra disse:

– Muito bem, coronel Lima. Sua cirurgia foi muito boa e o senhor deve voltar a andar em dez dias.

Rui e Julinha se olharam, boquiabertos. Rui mal conseguia se mover, como voltaria a andar tão rápido?

No décimo dia após a cirurgia, doutor De La Pietra apareceu novamente no quarto, logo de manhã, com enfermeiros, muletas de braços e uma cadeira de rodas.

– O senhor vai andar daqui até a janela – disse o médico, oferecendo-lhe o par de muletas e indicando aos enfermeiros que se posicionassem junto a Rui para ampará-lo.

– Vem cá, eu voei 10 mil quilômetros pra chegar até aqui pro senhor me dar muletas? Não, de jeito nenhum! Eu quero andar! – disse Rui, decidido.

Doutor De La Pietra então piscou para Julinha e deixou que Rui tentasse, em vão – sentiu tanta dor que mal conseguiu ficar em pé. O médico lhe deu pílulas, receitou massagens na coluna e o deixou dormir.

No dia seguinte, voltou novamente com os enfermeiros, as muletas e a cadeira de rodas, mas Rui insistiu em tentar sozinho: deu dois passos, urrou de dor e desmaiou nos braços dos enfermeiros.

No terceiro dia, o médico voltou já sem as muletas, e Rui começou a dar mais passos. Em poucos dias, ele já andava até a porta do quarto e depois até o relógio que ficava no corredor – sempre com dor, mas suportável. Depois de quinze dias, Rui já andava longe no corredor, tomava banho e fazia suas necessidades sozinho, para o orgulho de Julinha e da equipe do hospital.

Com os dias, Rui passou a circular pelos corredores do Hospital Nossa Senhora de Fátima que, por coincidência, era sua santa de devoção. Sempre acompanhado por Julinha, começou a frequentar a capela do hospital, onde comungou e passou a se confessar todos os dias. Em algumas semanas, foi liberado para passear de carro pela cidade de North Providence. Como a cidade tinha grande colonização de portugueses, não demorou muito para Rui e Julinha se enturmarem, chegando até a dar entrevista para o jornal local.

Após noventa e três dias de internação, Rui recebeu alta com festa da equipe, dos pacientes, dos conhecidos da cidade e amigos da FAB nos Estados Unidos. Apesar de algumas dificuldades e de alguma dor, estava pronto para voltar para casa e recomeçar a vida.

Quando a família Moreira Lima retornou para o Brasil, muita coisa tinha acontecido. A Seleção Brasileira de Futebol havia conquistado seu primeiro título na Copa da Suécia, no ano anterior, e o clima era de animação e transformações. Juscelino Kubitschek estava tocando a todo gás a construção da nova capital, no coração do país, hidrelétricas e reatores nucleares. Sua política de desenvolvimento acelerado era muito vistosa e fez com que lacerdistas e eduardistas se acalmassem por um tempo, mas a alta inflação provocou um início de 1959 bastante conturbado, com greves de trabalhadores e pressão de empresários para que o governo rompesse com o FMI, o que favoreceu o cenário golpista, que começou a se aquecer novamente.

Particularmente, o ano de 1959 foi de batalhas pessoais para Rui. Retornar à vida comum não foi nada fácil. Com a mobilidade ainda comprometida, foi reintegrado ao GTE em janeiro, mas em um cargo burocrático. Passou alguns meses de 1959 sentado atrás de um mesa de escritório a contragosto, mas tendo certeza de que era uma situação temporária. Em seu tempo livre, se esforçava em exercícios de fortalecimento para poder retomar a vida e a carreira de forma plena.

Sua persistência rendeu resultado e, em alguns meses, pôde voltar a voar e, finalmente, retomar o rumo de sua carreira. Foi nomeado pelo ministro da Aeronáutica, Francisco de Assis Correia de Melo, de volta ao Comando do GTE. Sem alarde, com uma passagem de comando simples dentro do gabinete e o aviso discreto aos comandados no dia seguinte.

Mas o ano da retomada ainda lhe reservava duas provações: a primeira aconteceu em sua primeira missão no Comando do GTE. Rui foi escalado como copiloto para um voo em uma aeronave Beechcraft entre Brasília e o Rio de Janeiro, transportando dois embaixadores, a esposa de um deles e o assessor do outro. A decolagem foi por volta das dez da noite mas, quando estavam no meio do trajeto, sobre o estado de Minas Gerais, foram surpreendidos por uma tempestade. Logo Rui e o comandante se viram completamente isolados, sem comunicação nenhuma com o pessoal de terra, e sem nenhuma visibilidade, em meio à forte chuva e ventos de até 90 km/h. Passaram a voar por instrumentos e por instinto, assumindo que, pelo tempo de voo, já estavam no estado da Guanabara. Mas o tempo continuava passando e, ainda presos dentro da tempestade, começaram a se preocupar com a falta de condições para descer e com o combustível, que já não aguentaria muito tempo. Com poucas perspectivas, Rui pediu permissão ao comandante para avisar os passageiros sobre a gravidade da situação:

— Senhores, estamos no meio de uma tempestade, sem contato com a terra e sem condições de pouso. Nosso combustível já está se aproximando do limite, mas estamos fazendo tudo para encontrar uma forma de pousar. Peço para, caso os senhores tenham fé, que rezem e se preparem para o pior.

Rui voltou à cabine e sugeriu ao comandante que se revezassem no comando para poderem também rezar. Então Rui assumiu o *manche* e, depois de orar, o piloto retomou o comando para si. Era a vez de Rui.

– Nossa Senhora de Fátima, a Senhora já me protegeu tantas vezes que já não tenho memória de quantas... Estou preparado espiritualmente para morrer e digo, sinceramente, com muito medo. Só peço, caso o pior aconteça, que Julinha, Soninha e Pedrinho estejam fortes e preparados para me perder. Pode me levar, mas caso não queira, aí peço à Senhora outro milagre: nos salve. Verinha, minha filha, dá seu apoio à sua mãe, sua irmã e seu irmão.

Rui estava realmente preocupado em como sua família receberia a notícia de sua morte caso isso acontecesse. Há algumas semanas, a esposa de um de seus vizinhos no Edifício Jambock pulara do quarto andar por não aguentar a perda do marido em um acidente aéreo, deixando seus dois filhos órfãos. A perda dupla tinha impactado todos os vizinhos, mas especialmente Pedro Luiz, que era muito amigo de um dos filhos do casal. Por isso se apegou à filha Verinha para que confortasse a mãe e os irmãos caso ficassem sozinhos.

Alguns minutos após retomar seu lugar como copiloto, um raio riscou o céu e a intensidade de sua luz tornou possível a visão de uma brecha nas nuvens de onde pôde ver o solo. Saíram do meio da tempestade finalmente, mas em local completamente ermo, no meio de um mar de morros, e ainda sob chuva forte. O piloto então avistou uma margem de terra plana e preparou o pouso de emergência. Rui comunicou aos passageiros sobre a manobra e, chocando-se com as copas das árvores, com muito barulho e solavancos, o piloto, com rara maestria, conseguiu pousar de barriga, parando diante de uma imensa barreira de pedra.

Um silêncio profundo se fez por alguns segundos, enquanto assimilavam a ideia de que tinham conseguido sobreviver. Logo, Rui correu a anunciar aos passageiros:

– Saltem agora! Não tentem pegar nada! O avião pode explodir! Todo mundo pra fora agora!

Rui e o comandante ajudaram todos os passageiros a saírem e então todos correram para o mais longe que puderam da aeronave.

A chuva caía forte e, no escuro e quase sem visibilidade, conseguiram apenas admirar o grande paredão de pedra, uma imagem de Nossa Senhora de Fátima e a porteira de uma fazenda com o mesmo nome. Após alguns minutos, perceberam que o avião não explodiria, então se aproximaram para buscar qualquer coisa que fosse útil para protegê-los da chuva enquanto esperavam socorro. Usaram escombros para fazer um abrigo e acenderam uma fogueira para driblar o frio.

Já haviam se passado quase duas horas quando surgiu finalmente um homem em uma mula. Era o caseiro da fazenda que, depois de ouvir o barulho, saiu para ver o que tinha acontecido. Diante dos fatos e vendo que estavam bem e seguros, foi em busca de ajuda, voltando algumas horas mais tarde com mais mulas, água e mantimentos para os sobreviventes.

Seguiram por uma longa trilha no lombo das mulas até chegarem à sede da fazenda, onde puderam tomar um banho e descansar. No dia seguinte, depois de um farto café da manhã oferecido pelo rapaz, voltaram às mulas rumo à estrada principal, onde poderiam pegar um ônibus para a cidade mais próxima.

Já eram quase sete horas da manhã quando a FAB finalmente recebeu a ligação de Rui informando onde estavam e o que tinha acontecido. Foram resgatados por colegas e levados diretamente para o Aeroporto Santos Dumont, onde passaram por exames médicos que constataram que estavam todos bem, apenas um pouco arranhados e com muitas picadas de insetos.

Quando Rui chegou em casa, já no meio da manhã, foi recebido com abraços e lágrimas de Julinha e dos filhos, que passaram a noite acordados, angustiados, sem notícias. Rui contou à família toda a saga pela qual tinha passado, dizendo ter sido um milagre a sobrevivência de todos.

Para agradecer, uma semana depois Rui organizou uma missa de Ação de Graças na Igreja de Nossa Senhora de Fátima e convidou todos os envolvidos, que compareceram com suas famílias e alguns amigos, além dos donos da Fazenda Nossa Senhora de Fátima e do caridoso caseiro.

A segunda provação aconteceu no início de dezembro. Com as eleições presidenciais se aproximando e as chapas sendo formadas, os golpistas contavam com a participação de Jânio Quadros, então governador de São Paulo, apoiado pelos partidos de oposição, mas ele declinou. A situação tornou-se ainda mais tensa com a atuação do governador do Rio Grande do Sul, Leonel Brizola, sendo classificada pelo grupo como uma conspiração comunista. E, com a justificativa de conter tais situações, Veloso, desta vez acompanhado por João Paulo Moreira Burnier, Washington Mascarenhas e Eber Teixeira Pinto, sequestraram duas aeronaves da FAB e duas de empresas particulares e partiram para Aragarças, tentando iniciar um levante e um golpe para derrubar o governo de JK.

Rui imediatamente reviu em sua mente toda a atuação em Jacaeracanga, anos antes, se repetindo, e imediatamente se preparou para mais uma vez intervir para evitar o complô. Mas, desta vez, o grupo não conseguiu adesões nem mesmo de Carlos Lacerda, que inclusive denunciou os rebeldes para o ministro da Guerra, e o levante durou apenas 36 horas, com seus líderes fugindo para Paraguai, Bolívia e Argentina, diante da possibilidade de serem presos.

Depois de tantas provações, o ano de 1960 começou melhor para Rui, sendo diplomado ainda em janeiro como Piloto de Guerra Honorário da Força Aérea Chilena.

Em 21 de abril de 1960, finalmente, Juscelino inaugura a nova capital, Brasília, mas, apesar da transferência dos Ministérios, as mudanças foram sendo feitas de forma gradual e a atuação do Ministério da Aeronáutica continuou ainda forte na cidade do Rio de Janeiro.

Com o trabalho para o Grupo de Transporte Especial, Rui se qualificou para o transporte de passageiros, concluindo curso da aeronave Viscout em junho. Na mesma época, foi convocado para a comissão que recebeu os jatos executivos *MS-760* Paris, adquiridos pela FAB para o GTE, e se tornou o responsável pela definição das rotinas de voo dessas aeronaves.

No dia a dia, além do Comando do GTE, foi convidado a assumir provisoriamente o cargo de oficial de gabinete do ministro Melo, o que lhe rendeu bastante status, admiração e inveja dentro da FAB. Passou a receber pedidos de favores constantemente, tanto no gabinete quanto em casa. Rui ouvia todos, ponderava e ajudava quando achava coerente. O assédio passava do horário de expediente e Julinha implorava que o marido não atendesse o telefone na hora do jantar, pois sabia que, se o fizesse, não terminaria de comer. Mas Rui sempre atendia e, frequentemente, a família não completava a refeição.

Julinha, Soninha e Pedro Luiz adoravam a hora do jantar. Era quando conseguiam todos se reunir e contar sobre seu dia, os acontecimentos e ouvir as histórias das missões de Rui. Frequentemente recebiam algum veterano amigo, e Pedro Luiz, ainda um garoto com 10 anos, não desgrudava do convidado em momento algum, querendo ouvir tudo o que pudesse para depois contar na escola aquelas histórias incríveis como as dos filmes, mas gabando-se de serem reais.

– Foi ele mesmo que me contou! Um herói de guerra! – dizia para os outros garotos, que ouviam e muitas vezes duvidavam.

Pedrinho também levava para a escola os assuntos polêmicos que Rui compartilhava em casa, como as questões do petróleo, da soberania nacional e coisas do gênero. Diferentemente das histórias dos heróis, a politização precoce de Pedrinho muitas vezes levava os garotos para a briga, e Julinha era chamada na escola para tomar bronca junto com o menino. "Ele não deve falar dessas coisas! É uma criança!", irritava-se a professora. Mas, com o marido que tinha, como ela poderia evitar?

As ligações telefônicas dos colegas competiam em frequência com os trotes que o chamavam de traidor para qualquer pessoa que atendesse o telefone, exatamente como acontecia antes da mudança para os Estados Unidos. Rui irritava-se um pouco porque incomodavam sua família; Pedro Luiz e Soninha ficavam um pouco assustados, mas Julinha tirava de letra: "Não fiquem preocupados e nem se deixem acuar. Seu pai só está fazendo o que é certo. Vocês não têm do que ter medo."

A tensão política voltava a rondar os corredores da FAB com a iminência da eleição presidencial. Dentre os candidatos, Jânio Quadros finalmente aceitou participar do pleito e concorrer contra o marechal Lott, que recebeu notoriedade pública depois da "Novembrada" que garantiu a posse de Juscelino, e contra o então prefeito de São Paulo, Ademar de Barros.

Rui, assim como seus colegas que participaram da "Novembrada", fez questão de apoiar a campanha do marechal Lott. Por outro lado, boa parte da FAB ainda nutria grande ressentimento pela atuação de Lott no mesmo episódio e passou a hostilizá-lo sempre que tinha oportunidade. Formou-se então uma disputa interna, entre os que apoiavam e os que repudiavam o marechal.

Apesar da boa atuação do marechal Lott, Jânio Quadros conseguiu o apoio de Carlos Lacerda e da UDN e acabou se elegendo, numa campanha que frisava a antipolítica e o combate à corrupção, com 48% dos votos válidos. Como vice, João Goulart levou vantagem contra seus oponentes Milton Campos e Fernando Ferrari, sendo eleito com 36% dos votos válidos. No estado da Guanabara, Carlos Lacerda garantiu o cargo de governador, o que foi muito comemorado por seu grupo fiel dentro das Forças Armadas.

No apagar das luzes do Governo JK, Rui informou o ministro Melo sobre sua intenção de fazer o Curso Superior de Comando e sobre seu sonho de um dia comandar a Base Aérea de Santa Cruz. O ministro, muito satisfeito com a atuação de Rui ao longo de seu mandato, ordenou o deferimento de sua matrícula, independentemente do número de vagas disponíveis, e no início de 1961 Rui passou a fazer parte da turma de Comando na Escola Superior de Guerra.

Naquele ano, Rui recebeu em setembro a medalha militar de vinte anos de serviços prestados e, em 22 de dezembro, foi condecorado pelo presidente Juscelino Kubitschek no quadro ordinário do corpo de graduados efetivos da Ordem do Mérito Aeronáutico com o grau de cavaleiro. E, logo nos primeiros dias do Governo Jan-Jan, em 1º de fevereiro de 1961, Rui foi promovido por merecimento ao posto de coronel-Aviador.

Mas, no dia seguinte de sua promoção, percebeu que a vida seria cada vez mais difícil agora que o grupo de golpistas sentia-se ainda mais à vontade diante de uma Presidência um tanto insólita. As provocações aumentaram, a ponto de muitos não se constrangerem mais em agir em público. Num desses confrontos, durante uma missão para Brasília, Rui acabou perdendo a cabeça com um colega que o provocou. Retrucou, partiram para a briga e acabaram presos. Rui cumpriu pena de três dias em Brasília, depois foi transferido e terminou sua pena com mais dois dias no Rio. Ao voltar para casa, ouviu de Julinha:

— Eles não vão te deixar em paz, Ruizinho. Se você cair na conversa deles toda vez, não vai mais sair da prisão.

Os dias de trabalho passaram a ser de tensão, sabendo que muitos de seus colegas se sentiam cada vez mais encorajados a se insurgirem. Nas aulas de Comando, pouco falava com os colegas para evitar atritos.

As afrontas, que já aconteciam desde Jacareacanga, em 1956, aumentaram e a maior preocupação de Rui era com sua família. Tinha medo de que acuassem Soninha e Pedrinho e, principalmente, que provocassem Julinha, grávida mais uma vez. Passou a planejar mandar a filha mais velha para o exterior assim que possível, para que se livrasse das afrontas que a família recebia quase que diariamente, e conversou muito com Pedrinho, explicando o momento que o país e seu pai passavam e como se defender de possíveis agressões.

Em 30 de junho de 1961, nasceu a quarta filha de Rui e Julinha. Soninha, autoritária e de personalidade forte, informou à família:

— Vai se chamar Claudia.

Aceitaram, apesar de Julinha preferir Mariana.

Na volta da maternidade, uma grande festa foi marcada no apartamento da família para apresentar a nova integrante. Muitos amigos de todas as partes compareceram e a comemoração seguiu noite adentro.

No dia seguinte, ao chegar à ECEMAR para o curso de Comando, foi interpelado por um colega:

— Aê, Moreira Lima! Que festa subversiva foi essa que tinha até senha pra entrar? "Mato Grosso"? Você ficou fissurado em Jacareacanga, rapaz!

Rui se zangou um pouco com o colega, achando se tratar de uma brincadeira sem graça, mas logo entendeu que o assunto poderia ser sério. Começou a perguntar entre os não muito chegados e logo descobriu que tinha acontecido uma denúncia contra ele e a festa de nascimento de sua filha como se fosse um "encontro comunista". Descobriu também que o responsável pela denúncia era um vizinho seu, Almirante de mais de 80 anos, reacionário até o osso e que costumava implicar com todos do condomínio. Em retribuição, os vizinhos também o encaravam, mas o toleravam por respeito à sua esposa, uma doce e gentil senhora.

Ao voltar para casa depois de buscar Pedrinho na escola, tiveram a infelicidade de encontrar com o almirante no elevador. O silêncio e o constrangimento imediatamente se instalaram, pesado.

– Pedrinho, você seja bonzinho com a sua mãe que ela está muito sobrecarregada com o bebê, está certo? – disse Rui ao filho, em voz alta, para que o vizinho também ouvisse.

O almirante olhou um pouco desconcertado para os dois. Pai e filho, de mãos dadas. Não um guerrilheiro ou um rebelde. Um colega com seu filho de 11 anos.

Percebendo o olhar do Almirante, Rui não hesitou:

– Mato Grosso, Almirante? – questionou Rui.

O homem imediatamente abaixou a cabeça, constrangido.

– O que tem o Mato Grosso, papai? – perguntou, inocente, Pedro Luiz, aumentando o clima de constrangimento.

– Nada com a gente, Pedrinho. Coisas do Almirante. Mas isso não é assunto pra criança – respondeu ao filho, enquanto encarava o vizinho.

Apesar da situação quase infantil, Rui sabia que não havia nada de inocente naquele episódio, especialmente porque ele continuou repercutindo durante algum tempo. Na ECEMAR sentia os olhares dos colegas mais conservadores, e sabia que falavam dele pelas costas. "Fofocas, Ruizinho! Tudo sem fundamento", tentava amenizar Julinha, mas ele tinha consciência do grande estrago que uma história mal contada poderia fazer.

Os meses que se seguiram foram de tensão. Jânio não estava agradando na Presidência, com medidas confusas e banais como proibir cassinos e rinhas de galo, ao mesmo tempo em que insistia em aprofundar a política de independência, política iniciada por JK, que desagradava a direita, e a austeridade econômica junto ao FMI, que desagradava a esquerda. Ao oferecer uma homenagem ao guerrilheiro argentino Che Guevara, viu-se pressionado por todos os lados e, num rompante mal calculado, em 25 de agosto de

1961, anunciou sua renúncia devido a "forças terríveis". Sabendo que o vice-presidente estava em visita oficial à China, Jânio supunha que o Congresso negaria sua renúncia e lhe daria total apoio, rejeitando a posse de um vice que muitos consideravam comunista. Mas seus cálculos não vingaram, sua renúncia foi aceita e o presidente da Câmara, Ranieri Mazzilli, assumiu interinamente a presidência, acompanhado de uma junta militar composta pelos ministro brigadeiro Gabriel Grum Moss, almirante Silvio Heck e marechal Odílio Denys, que à boca pequena acabaram conhecidos como "Os Três Patetas", pela dificuldade que tinham de se entender.

Ainda no dia 25, Mazzilli e sua comissão militar comunicaram ao Congresso Nacional a "inconveniência" do retorno de Jango ao Brasil. Na FAB, a informação que circulava era a de que estava autorizada a "Operação Mosquito", para abater o avião de Goulart caso ele tentasse retornar ao país. Diante de tais fatos, Leonel Brizola, então governador do Rio Grande do Sul e cunhado do vice-presidente, pronunciou-se à imprensa anunciando um movimento de resistência, pregando a legalidade e o cumprimento da Constituição com a posse do vice-presidente. Apoiado por um protesto popular nas ruas de Porto Alegre, sua primeira ação foi tentar contato com os militares de primeiro escalão, mas não obteve grande receptividade, a não ser do marechal Lott que, utilizando de seu prestígio político e militar, distribuiu um comunicado naquela noite apoiando a posse de Jango e convocando o povo a preservar a ordem legal e a Constituição.

A atitude de Lott levou a junta militar a decretar estado de sítio não oficial e sua prisão imediata. Rui, que estava no curso de Comando, quando recebeu a notícia da renúncia e de que a ordem era prender qualquer civil ou militar que se opusesse ao governo, voltou para casa atento aos acontecimentos.

No dia seguinte à tomada do governo, Mazzilli e a junta militar mandaram censurar todas as rádios do país como parte das restrições para evitar que incitassem revoltas. Brizola, entretanto, conseguiu apoio da Brigada Militar do Rio Grande do Sul e transferiu os equipamentos da Rádio Guaíba para o Palácio Piratini, com a ideia de propagar nacionalmente a resistência ao golpe na chamada "Rede da Legalidade". Diante das ações repressivas do governo, o governador também mandou distribuir armas à população disposta a resistir e estimulou comitês organizadores da resistência junto com as classes operárias.

Em 28 de agosto, o comandante do III Exército do Rio Grande do Sul, general Machado Lopes, recebeu ordens para atacar Brizola, o Palácio Piratini e qualquer um que se opusesse às medidas do governo, mas, ao se deparar com a multidão nas ruas, o general recuou, informando ao ministro da Guerra, marechal Odílio, que o cumprimento da ordem significaria o início de uma guerra civil.

A resistência ao golpe de Mazzilli acabou se estendendo por outros estados até chegar a Goiás cujo governador, Mauro Borges Teixeira, aderiu ao modelo de resistência gaúcho, isolando o Palácio das Esmeraldas e utilizando a Rádio Brasil Central como difusora da resistência pela legalidade.

Na FAB, as reações às ordens do governo eram extremas. De um lado, a parte dos oficiais aliada aos golpistas utilizava-se de seus equipamentos para intimidar os resistentes, fazendo voos rasantes de aviões de caça sobre o Palácio das Esmeraldas, por exemplo. De outro lado, a parte dos oficiais defensores da Constituição e da legalidade opunha-se às ordens, como o Grupo de Caça da Base Aérea de Canoas, que se recusou a fazer o mesmo sobre o Palácio Piratini.

Como de costume, naquela noite Rui foi para o quarto de seu filho Pedro Luiz para estudar. O quarto, que ficava nos fundos do apartamento, era o local mais silencioso do imóvel, perfeito para concentrar-se em matérias difíceis como cálculo, e ainda contava com o interesse de seu filho, que o acompanhava com muita atenção. Por estar assim, isolado e concentrado, Rui não notou a confusão que começava a se estabelecer do lado de fora daquele quarto.

Já era madrugada quando o telefone tocou. Julinha atendeu e ouviu sua vizinha dona Alzira, esposa do Pamplona, alertá-la:

– Julinha, pelo amor de Deus, não deixa o Rui sair de casa! – disse, bastante aflita.

– Mas o que aconteceu? Por que essa aflição?

– Meu filho Sergio acabou de chegar em casa, tinha saído com uns amigos. Quando estava entrando no prédio, foi rendido por um grupo armado com metralhadoras perguntando em qual apartamento morava o coronel Rui. O Sergio falou que não tinha nenhum coronel Rui no prédio. Os caras ficaram bravos, deram uns tapas nele pra ver se ele cedia, mas ele manteve a história, então o deixaram entrar. Soube que o filho da vizinha do sexto andar também apanhou deles quando entrava. Fica esperta, Julinha! Apagaram a luz da entrada pra não ficarem expostos. O Rui não pode sair do apartamento nem do prédio! Esses trogloditas estão atrás dele e, pelo visto, não querem conversar!

Julinha agradeceu à vizinha e se viu com a dúvida de avisar ou não ao marido sobre o que estava acontecendo. Sabendo do temperamento de Rui, achou por bem deixá-lo lá, no isolamento dos estudos, o máximo que pudesse. Na manhã seguinte, durante o café, finalmente começou a contar os dois episódios para o marido, mas apenas depois de ele prometer manter a calma e não agir.

Rui ficou furioso. Como podiam bater em dois jovens inocentes? Como podiam querer matá-lo assim, descaradamente, na sua casa? Quis descer, ver se eles ainda estavam lá, confrontá-los; chegou a pegar sua pistola .45, mas Julinha não deixou. Telefonou para amigos, que também recomendaram que ele mantivesse a calma e ficasse em casa. Resolveu improvisar uma tipoia no braço direito, escondeu nela sua arma e, mesmo sob os protestos de Julinha, foi para a rua, mas já não havia ninguém. Tomou então o ônibus para a Escola de Comando e seguiu para o Campo dos Afonsos.

Assim que entrou na ECEMAR, ouviu que iriam prendê-lo e se apresentou ao comandante da escola, o coronel Ari Presser Bello.

– Coronel, o senhor sabe que essa noite a polícia cercou minha casa?

– É verdade.

– Mas o senhor sabe que eu não seria preso na minha casa nem pela Aeronáutica e muito menos pela polícia. Considero essa violência um atentado contra a minha vida; portanto, adquiri o direito também de tirar a sua. Como o senhor está armado e eu estou armado, vamos conviver aqui, mas nesse clima de desconfiança absoluta.

– Mas eu estou cumprindo ordens superiores.

– Ordem de quem?

– Do brigadeiro Márcio Melo e Souza.

– Mas esse brigadeiro, quando vestia a camisa integralista, era capitão, sua célula era comandada por um taifeiro! Que diabo é isso? Que moral tem ele pra me prender?

– É que ele é o comandante da Força Aérea nos três estados, Rio de Janeiro, Espírito Santo e Minas Gerais.

– Pois é. Mas não cometi crime nenhum e não vou aceitar essa ordem.

Rui olhou em volta e viu que todos já tinham ido, com exceção de Assis, Pessoa Ramos e Meirinha, que sabiam do risco da prisão do amigo e tinham decidido acompanhá-lo.

– Agora vou lhe fazer uma proposta para que possamos conviver nessa prontidão, enquanto durar essa patacoada inconstitucional dos três ministros militares. Vamos ficar presos aqui com o portão da escola fechado a cadeado e, se aparecer algum golpista tentando entrar... ele que se cuide!

Passaram o cadeado no portão e entraram até a sala do comandante, onde ficaram até anoitecer. Durante a madrugada, Rui não aguentou e perguntou ao coronel:

– Qual seu problema comigo, comandante? O que foi que eu te fiz afinal pro senhor ter essa raiva de mim? – questionou Rui.

– Ora, coronel... – resmungou o comandante Bello.

– É verdade! O senhor não pode negar que desde o primeiro dia em que eu entrei aqui o senhor me hostilizou. Nunca me quis aqui, mesmo eu sendo um bom aluno. Fala a verdade, comandante, qual é o problema?

O comandante ficou em silêncio por alguns instantes encarando Rui, até que finalmente disse:

– Você sempre foi muito soberbo, Moreira Lima. Sempre metido nas coisas. O que você estava fazendo lá no Duque de Caxias pra participar da "Novembrada"? O que você foi fazer em Jacareacanga? Por que você sempre está nos lugares, coronel? Não pode ser um oficial como todos os outros, tem que querer aparecer?

– Eu não quero aparecer! – contestou Rui. – Eu estava no Duque de Caxias e em Jacareacanga defendendo a Constituição. Eu sou como deve ser um militar, pronto para servir meu país dentro da lei!

– O senhor é metido! Quer ser sempre o centro das atenções! Desde o Maranhão. Não sei se o senhor se lembra de mim de São Luís, mas eu me lembro do senhor. Todo cheio de marra, aprontando todas nas ruas, mexendo com a namorada dos outros! E na Escola Militar? Já chegou fazendo cena, depois ficou desfilando com aquela faixa azul de um lado pro outro, todo metido.

– Do que o senhor está falando? – interrompeu o Rui, perplexo. – O senhor guarda mágoas de mim por causa de picuinhas de garoto? Por causa de desentendimentos da época de São Luís, é isso? – O comandante engoliu em seco e Rui, finalmente, compreendendo a situação, não deixou que ele voltasse a falar. – Olha aqui, comandante, eu fiz minhas peraltices assim como imagino que o senhor deve ter feito as suas, e isso faz parte de ser jovem. Então eu acredito que o senhor, como um homem adulto e esclarecido que é, que chegou até esse Comando tão importante, não tem mais justificativa pra ficar se pegando em futilidades. Podemos até ter nossas diferenças, comandante, o senhor pode achar que está fazendo a coisa certa ficando ao lado desse grupo de lacerdistas que querem tomar o poder à revelia da lei. Eu respeito sua opinião. O que não posso aceitar é que o senhor me desrespeite por causa de pinimba de guri, sinceramente!

O comandante manteve-se calado por alguns segundo olhando para Rui, como que procurando o que dizer. Até que Rui colocou sua pistola no coldre, levantou-se da cadeira e estendeu a mão para o comandante.

— Podemos resolver isso agora então, certo? Acabamos com esse mal-entendido?

O comandante, um pouco hesitoso, levantou-se e apertou a mão de Rui, num cumprimento forte. Os dois se olharam com seriedade e respeito.

— Não vamos ser amigos, Moreira Lima, mas você tem o meu respeito. Apesar de nossas diferenças, sei que o senhor sempre foi um grande defensor da FAB. Por mim, está acabado.

— Melhor assim. Vou buscar alguma coisa pra gente comer.

Rui foi até o refeitório e voltou com sanduíches para todos. No dia seguinte, não abriram o portão da escola, por mais que chamassem do lado de fora. O coronel ainda tentou persuadi-los a abrir os portões, mas sem sucesso. Quando a hora do almoço se aproximou, Pessoa Ramos e Meirinha decidiram tomar conta da cozinha e preparar comida de verdade para todos ali. Fizeram arroz, feijão e bife. Sentaram-se todos à mesma mesa para a refeição e, depois de comerem, cada um seguiu para um canto diferente, deixando Rui e o coronel Bello sozinhos outra vez.

— Quando recebi ordem para te prender, ninguém da escola quis aceitar a missão — comentou o coronel Bello, bebericando uma xícara de café recém-passado por Meirinha. — Tentei junto à oficialidade do Comando de Transporte Aéreo e também ninguém quis te prender.

Rui olhou para o coronel com atenção. Ele continuou:

– Todo mundo tirou o corpo fora, até que chegou o coronel Firmino Ayres de Araújo.

– Que coronel Firmino? – perguntou Assis, que acompanhava a conversa de longe.

– O Zé. Lembra dele da Escola da Aeronáutica, que chamava todo mundo de Zé? A gente foi aluno dele e depois eu fui copiloto dele nas Patrulhas Aéreas de Salvador.

– Ele mesmo – confirmou o coronel. – Quando ele chegou, me disseram que ele era o cara, que ele fazia qualquer coisa. Perguntei pra ele: "Firmino, você cumpre qualquer ordem?". Ele me respondeu: "Cumpro qualquer ordem". "Então vai prender o Rui", eu informei e ele me respondeu: "Ah. Zé Rui não vou não". Foi essa expressão que ele usou: "Zé Rui é meu amigo". Ficou todo mundo olhando. Se o Firmino não ia, quem ia? Não foi ninguém.

– Sobrou pra você – comentou Assis.

– Pois é – concordou.

– Fico satisfeito de ouvir isso, coronel. Só que agora eu só saio daqui quando tiver a garantia de que não vou virar preso político por conta de política que não fiz.

Passaram mais um dia inteiro naquele espaço, esperando notícias do mundo exterior. Até que, no terceiro dia em que já estavam de quarentena na escola, finalmente notícias chegaram de que João Goulart tinha conseguido voltar ao país através da fronteira com o Uruguai e, numa negociação intermediada por Tancredo Neves, para evitar que a crise aumentasse, chegou-se ao acordo de que seria instaurado o Parlamentarismo no país até a realização de um plebiscito para que a população decidisse se legitimaria ou não Jango como presidente. Com o clima mais ameno, entenderam que a prontidão chegava ao fim – assim como os pedidos de prisão.

Naquele dia, Rui voltou para casa com um certo peso. Apesar de saber que alguns mal-entendidos podem ser desfeitos, como aquele, percebeu que talvez houvesse mal-entendidos demais para serem controlados e que talvez as circunstâncias não fossem favoráveis para resolver situações tão adversas como aquelas.

Em 7 de setembro de 1961, João Goulart finalmente foi empossado presidente da República, com poderes restritos de chefe de Estado, e Tancredo Neves tornou-se seu primeiro-ministro, como efetivo chefe de Governo.

8
DO CÉU AO INFERNO

O ano de 1962 começou com novidades na vida profissional de Rui. Recém-formado no curso de Comando em 9 de dezembro de 1961, logo em 5 de janeiro foi designado para funções na Secretaria Geral do Conselho de Segurança Nacional e, em 2 de fevereiro, para a função de adjunto do Serviço Federal de Informação e Contrainformação, o SFICI. Não que sua intenção fosse trabalhar com espionagem, ao contrário, sentia que era um homem de voo, "da graxa" como costumava dizer, mas as circunstâncias de sua carreira acabaram o encaminhando para isso. Sua participação como 3º conselheiro no Conselho de Segurança Nacional, por indicação de Fittipaldi e Afonso Ferreira Lima, que era para ser breve, acabou se estendendo e aflorando habilidades para a divisão de inteligência que chamaram a atenção de seus colegas (apesar de constantemente arquivar pedidos de investigação que começavam com "consta que", ou "parece que", chegando a queimar tais fichas para que depois não fossem desarquivadas, alegando que a falta de provas chama-se *fofoca* – o que consternava alguns colegas mais exaltados).

Logo, não foi uma grande surpresa quando o general Kruel o escalou para ser o comandante da 3ª turma de oficiais encaminhada para um curso de Especialização em Informação na República Federal Alemã, a Alemanha Ocidental, no final de junho daquele ano.

Rui e outros quatro oficiais – major Mário Orlando Ribeiro Sampaio, tenente-coronel de Artilharia Luadyr Matos, major de Infantaria João Olímpio Filho e o capitão de Fragata Fernandes Quadra – foram enviados para a Alemanha e lá transportados em veículo fechado para que não soubessem a localização do escritório próximo à cidade de Munique. Também não sabiam os nomes dos oficiais que encontrariam, apenas seus codinomes. Fazia parte das regras impostas pelos alemães que nada fosse divulgado sobre o que fariam, veriam ou ouviriam por lá.

Ao chegarem ao escritório, foram recebidos pelo chefe de Contrainformação Alemã, um homem de quase dois metros de altura, com um alemão rústico e um inglês ruim, de codinome Doutor Kroll.

– Os senhores vão fazer o mesmo curso que seus colegas das turmas anteriores fizeram. É o que temos. Nós não temos tempo de aplicar um curso de verdade, já que nosso país está dividido, com uma cerca nos protegendo de ataques da Tchecoslováquia, com problemas para resolver com a Áustria.

– Então nós vamos fazer o quê? – perguntou Rui.

– Vocês vão ter algumas palestras. No tempo que restar, vão poder visitar nossos castelos, que são muito bonitos, além do rio Reno e mais outros locais da região, que são realmente bonitos.

Rui ficou confuso com a informação e, sem pestanejar, questionou:

– Nós viemos pra cá pra fazer um curso. Eu estou ganhando mais dinheiro pra vir pra cá porque nosso pagamento está sendo feito em dólar, e não é justo gastarmos o dinheiro do nosso país assim. Então eu e meus colegas não vamos ficar satisfeitos de vir até aqui e não ter um curso para nós. Não viemos pra cá para fazer turismo.

Doutor Kroll ficou perplexo com a contestação de Rui, algo que nunca tinha acontecido, e confrontou irritado:

– Mas eu não posso fazer nada! É o que temos!

Rui, então, falou sério, com a maior calma do mundo:

– Escuta, senhor, lá no Brasil está acontecendo uma porção de coisas, uma crise grande de abastecimento está rolando, e nós soubemos, assim que chegamos, que hoje mesmo teve saques com quebra-quebra. Eu quero voltar pra lá. Se não vamos ter curso, eu quero voltar para o Brasil.

Todos se encararam seriamente por alguns instantes. Doutor Kroll não conseguia acreditar no que tinha acabado de ouvir e simplesmente não sabia como responder. Pediu licença para Rui e o grupo brasileiro e saiu. Após alguns minutos, voltou.

– Senhores, conversei com meus colegas e chegamos à conclusão de que ficaria muito desagradável se vocês retornassem agora. As turmas anteriores mal tiveram o curso, mas pudemos colaborar com alguma coisa na formação deles. Se vocês voltarem imediatamente, nós teremos problemas. Decidimos, então, que amanhã pela manhã montaremos um currículo do que podemos ensinar. Vamos montar um curso para os senhores.

Rui apertou a mão do oficial, satisfeito, e todos foram encaminhados para o veículo fechado que os levaria ao hotel. No caminho, um dos colegas questionou Rui.

– Por que você fez isso, coronel? O senhor nos indispôs com os alemães. As outras turmas fizeram as palestras e pronto, contaram no relatório e ficou tudo bem. Se tivesse algum problema, a FAB não teria mandado uma segunda e agora uma terceira turma.

– Coronel, eu não vim aqui pra ganhar dólar nem fazer turismo, vim para fazer um curso. O Brasil está lá, atolado em problemas, numa situação difícil, inclusive financeira. Ou fazemos o curso ou voltamos para casa para sermos úteis sem gastar o dinheiro da FAB – respondeu Rui, incisivo.

Sem resposta, o coronel manteve-se quieto até chegar ao alojamento reservado para eles. Era um sítio num local um pouco afastado do centro de Munique, mas próximo de uma estação de trem. Além da casa grande e aconchegante, o local era cercado por um bonito jardim com um lago e protegido por meia dúzia de cachorros dobermanns assustadoramente grandes e fortes.

Quem os recebeu foi a governanta, para quem foram apresentados pelo chofer. Elizabeth, uma senhora de uns 50 anos, muito séria, apresentou a cada um seus quartos e informou-lhes sobre as refeições. Foram instruídos também a evitar contato com estranhos e a não fazer muitas perguntas.

No dia seguinte, acordaram cedo e tomaram um susto quando, ao voltar do banheiro, já encontraram suas camas arrumadas e o café servido. Elizabeth, com sua eficiência, tornou-se imediatamente a "Ligeirinha".

Foram pela primeira vez de trem para o centro de estudos, numa viagem não muito longa, mas que tinha de ser complementada com uma caminhada de cerca de dois quilômetros. Lá, a equipe liderada por Doutor Kroll já os esperava para montarem o currículo do curso que, com bastante esforço, ficou definido naquela manhã. Estavam incluídas aulas como: perseguição (escondida, a pé e de automóvel), registro fotográfico de perto com máquinas fotográficas especiais que podiam ser escondidas em pastas, escrita de mensagens em caso de prisão usando fuligem, entre outras coisas. Ao final do curso, fariam uma espécie de treinamento completo para consolidarem o aprendizado. Ao fim da manhã, com dificuldade e boa vontade, saíram brasileiros e alemães satisfeitos.

À tarde apareceu no centro de estudos um homem diferente. Todos os outros oficiais se levantaram quando ele passou e demonstraram um respeito acima do normal. Era nitidamente o chefe. Quando soube da situação, quis conhecer os brasileiros. Primeiro, por terem se posicionado para que o curso acontecesse, e depois pelo profissionalismo que demonstraram deixando claro que queriam aprender e levando o curso tão a sério. Seu codinome era Berger e tornou-se o principal mentor do grupo. Gabava-se de ter passado seis meses na União Soviética durante a Segunda Guerra Mundial sem ter despertado nenhuma desconfiança na KGB. Depois disso, tinha sido preso pelo Exército dos Estados Unidos, mas negociou sua libertação por treinamento em espionagem, ajudando a criar a CIA, e assim acabou passando dez anos na América. Contou que tinha levado todas as suas fichas de prontuários (segundo ele, mais de um milhão de pessoas) para a implantação do escritório, tendo trazido todos os documentos originais de volta para a Alemanha depois. Era considerado uma lenda e nunca tinha sido fotografado por ninguém.

Berger aparecia de vez em quando, mas o principal instrutor do grupo foi o doutor Kroll, responsável por ensinar o bê-á-bá da espionagem aos brasileiros, mas sempre comentando sobre a dificuldade de ensinar sem revelar informações restritas ao Serviço Secreto alemão. Dava detalhes sobre técnicas de espionagem e perseguição e contou até que carregava consigo, escondida em sua gravata, uma bolinha de cianeto para usar em caso de captura. "Pouquíssimos homens resistem à tortura", dizia.

Durante os quase três meses de curso, o grupo visitou a fronteira entre as Alemanhas duas vezes e sempre foram recebidos com xingamentos e pedras pelos alemães orientais. Rui observou e perguntou sobre tudo: as duas cercas isolando a divisa, a terra finamente arada nas bordas da divisa para denunciar tentativas de aproximação, as torres de controle no lado oriental com soldados armados a cada cem metros. Tudo ali era milimetricamente controlado, o que justificava a forma restrita com que seus anfitriões tratavam todas as informações.

Tendo as restrições em mente, Rui resolveu jogar abertamente com seus anfitriões. Abordou Kroll individualmente e contou que o Governo brasileiro havia lhe pedido que "espionasse os espiões", levando para o Brasil a maior quantidade de informações que pudessem ser úteis para nossa defesa, especialmente em relação à aviação de caça. "Estamos aqui como aliados, não tenho por que espionar vocês", justificou Rui. Kroll ficou surpreso com sua honestidade, entendeu sua posição e se dispôs a ajudar, disponibilizando todas as informações que podia passar sem se comprometer. Em outro momento, durante uma palestra, pediu informações sobre o que sabiam a respeito do avanço comunista no Brasil e no mundo. Sempre que possível, tentava perguntar o máximo que podia, o que geralmente deixava seus anfitriões bem impressionados com sua ousadia.

A relação honesta que Rui propôs ao doutor Kroll acabou por aproximá-lo do grupo brasileiro. Aquele homem forte e alto, orgulhoso de ter sido o mensageiro para os generais de Hitler, Wilhelm Keitel, Alfred Josef e Ferdinand Jodi, em uma viagem para encontrar o general Rommel, comandante da Afrikan Korps na Segunda Guerra Mundial, aos poucos foi se tornando íntimo dos brasileiros.

Um dia, no meio de agosto, Rui foi chamado para atender a uma ligação do Brasil. Era do Ministério da Aeronáutica e o convidaram para assumir o Comando da Base Aérea de Santa Cruz. Mal desligou o telefone e foi chamado para atender a outra chamada, desta vez de Pessoa Ramos e Assis numa ligação em viva-voz.

– Rui, soubemos que você foi convocado para ser comandante da BASC. Você tem que declinar – pediu Pessoa Ramos.

– De jeito nenhum. Foi pra isso que estudei e me dediquei todos esse anos.

– Rapaz, você não está pensando direito. Eu sei que comandar a base sempre foi um sonho, mas a situação está conturbada demais por aqui. Vai acontecer com você o que aconteceu com o Lafayette, que achou que estava comandando a base, mas logo começaram a se rebelar e mandar cartas de adesão a outras bases em protesto.

– Pessoa Ramos, eu tenho curso de Estado-Maior, tenho a Adaptação e tenho agora o Conselho de Segurança. Meu segundo curso é para comandar uma grande unidade. Tá na hora de eu comandar uma grande unidade! – retrucou Rui.

– Rui, pensa direito. Se você for pra lá, você vai comandar por um tempo, depois vai acabar fazendo o que o Goulart fez, pedindo pra passar pra reserva porque não comandou. Você vai ser traído, esses caras não vão te aceitar lá no comando, só vai haver você.

– Assis, não tem importância. Eu vou e peço para passar pra a reserva se eu não puder comandar – disse Rui. Então, respirou fundo e continuou: – Eu sou muito grato por ter amigos como vocês dois, que se preocupam comigo a ponto de me pedir para não aceitar esse comando, mas não posso deixar de aceitar essa oportunidade. É o reconhecimento por todos os meus anos de dedicação, vocês entendem? É minha chance de fazer o meu melhor no cargo que sempre quis ter.

Pessoa Ramos e Assis compreenderam, desejaram sorte e parcimônia ao amigo e uma boa viagem de volta. Rui desligou o telefone e passou o resto da noite pensando. Sabia que tudo estava contra ele, mas que não podia negar. Não conseguiria viver sabendo que abriu mão de seu sonho por medo.

Nos últimos três dias do curso, foram feitas comemorações para homenagear os brasileiros. No primeiro dos três dias, Berger os convidou para conhecer seu vice-presidente numa cerimônia organizada no que chamavam de "Toca do Leão", uma espécie de Itamaraty alemão. Foi cada um em uma kombi diferente, por caminhos distintos, para que não guardassem a localização do prédio, em um casarão muito bonito e luxuoso com palmeiras, um lago com cisnes e muitos seguranças. Cumprimentaram o vice-presidente e, com muita formalidade, foram homenageados.

No segundo dia, o doutor Kroll organizou um grande banquete na casa onde estavam hospedados. Ligeirinha (que eles desconfiavam falar italiano e espreitá-los para tentar colher alguma informação de suas conversas) foi muito solícita e preparou-lhes pratos típicos. Com todos os instrutores presentes, eles riram e contaram histórias. Ao final de uma das incríveis histórias de Kroll sobre suas sagas na África, Rui (que ainda no Brasil tinha lido o livro *Rommel, raposa do deserto*, sobre sua missão além na África durante a Segunda Guerra) comentou:

– Então eu já sei seu nome!

Todos olharam para Rui, impressionados e curiosos. Em silêncio, esperaram a revelação, que foi cortada por Kroll:

– Coronel Lima, não diga meu nome. Eu sei que o senhor já me reconheceu pela minha história. Eu geralmente não conto minhas histórias, mas eu fico feliz em me abrir com vocês.

Rui, então, levantou um brinde e, na sequência, Alberto, um dos oficiais brasileiros, comentou:

– Doutor Kroll, o coronel Lima sabe cantar ópera!

– Ora! Que maravilha! – entusiasmou-se Kroll.

– É uma ópera especial. Eu e mais alguns colegas a compusemos durante a guerra, quando um dos nossos reapareceu depois de semanas sumido nas linhas inimigas. O nome é "Ópera do Danilo", em homenagem ao nosso companheiro valente. Mas é muito difícil de cantar sozinho, ela foi feita pra várias vozes.

– Não seja tímido, coronel Lima! Cante pra gente! – insistiu o anfitrião.

Rui então cantou um trecho como a *Traviata* e foi ovacionado por todos, com sorrisos e palmas.

No último dia, enfim, Berger convidou-os para outro jantar, mais uma vez na Toca do Leão. O esquema de transporte era o mesmo, para que não conhecessem o local, mas Rui juntou o grupo e sugeriu a todos que gravassem o itinerário, prestando atenção nos pontos principais de passagem, como tinham sido treinados a fazer. Também aconselhou a todos que maneirassem na bebida já que a *Schnaps*, uma aguardente típica local, era bem forte e não seria bom que dessem algum vexame (o que quase todos os seus comandados acataram, com a exceção do capitão de Fragata que ficou bêbado, para a irritação de Rui).

Durante o jantar, todos foram muito gentis, mas ainda muito formais. Até que Rui pediu ajuda a um dos instrutores, que entendia bem o português por ter morado alguns anos em Florianópolis, e fez um belo discurso de agradecimento a Berger e a todos os seus oficiais pelo excelente curso que tinham oferecido. Berger, que praticamente só falava em alemão com eles, agradeceu, mas logo foi surpreendido por uma intromissão do Doutor Kroll:

– General, o coronel Lima canta ópera!

Berger o olhou com curiosidade e convidou, ainda em alemão:

– Então, dê o tom e cante qualquer coisa de ópera pra nós!

Rui, muito despachado, respondeu ao intérprete:

– O senhor diz aí ao general que eu só canto ópera pra ele se o doutor Kroll cantar o "Chapéu de três pontas".

O tradutor ficou invocado e não queria traduzir, pois o "Chapéu de três pontas" era uma conhecida canção sem letra que fazia com que seu intérprete fosse batendo na própria boca, cabeça e peito, sendo assim um pouco palhaço aos presentes. Mas, sob a insistência do general, viu-se obrigado a traduzir. O general não titubeou:

– Então vamos lá, Kroll! Cante o "Chapéu de três pontas".

Kroll levantou-se e, divertindo-se muito, cantou para todos, que riram e aplaudiram, animados. Em seguida, Rui se levantou e cumpriu seu desafio, cantando a "Ópera do Danilo", como haviam lhe pedido. Ao final das apresentações, todos aplaudiram e riram, animados, finalizando com um brinde em homenagem aos brasileiros.

No fim da festa, Berger os acompanhou até uma grande porta de ferro que levava para a rua e ficava no final de um caminho ao redor do lago. Ali, o general falou com Rui, pela primeira vez em inglês:

– Coronel Lima, o senhor não sabe quanta alegria trouxe a esta casa. Nesta casa, desde que eu a conheci no tempo da Alemanha em guerra, quando nós estávamos aqui lutando, e até hoje quando eu voltei, nunca ninguém riu e nunca ninguém cantou. O senhor cantou pela primeira vez e nos fez muito bem. Só faltou eu cantar – disse, para então terminar, emocionado. – Eu quero agradecer ao senhor por ter vindo aqui e pela maneira como o senhor se portou. O discurso do senhor foi muito bom para nós também.

Rui e Berger então deram um aperto de mão firme e confiante, e antes de sair, Rui comentou:

– Ah, general Berger! Nós não precisamos ir separados. Já sabemos onde estamos. Suas aulas foram excelentes, as técnicas realmente funcionam.

Ao fim da missão, Rui esboçou o relatório sobre o curso e entregou a dois membros do grupo para que o terminassem, já que precisava se apresentar para assumir o Comando da BASC. Ao ler os detalhes, entretanto, o comandante do Setor de Inteligência achou que o relatório estava excessivo e pediu para que os oficiais o resumissem. Quando Rui soube que todas as boas relações firmadas com os agentes alemães tinham sido cortadas do relatório final e que não havia ficado muito diferente dos relatórios dos anos anteriores, apesar das diferenças no curso, já era tarde. Rui ficou triste, mas ele não tinha como se ocupar com isso naquele momento.

Quando Rui voltou ao Brasil, encontrou um cenário extremamente confuso e delicado. As eleições gerais se aproximavam e com elas a pressão de parte dos políticos para a antecipação do plebiscito sobre a efetivação ou não do presidencialismo e do presidente João Goulart. O primeiro-ministro Brochado da Rocha tinha acabado de assumir e seu pedido de poderes específicos para governar ao Congresso fora negado, o que aumentou ainda mais a tensão entre os grupos pró e contra Jango. As crises de abastecimento comprometiam especialmente o Nordeste do país e manifestações e greves se tornaram notícias frequentes nas páginas dos jornais. O país parecia sem controle e isso se refletia em praticamente todas as instituições.

Em 12 de setembro de 1962, um sábado, Rui recebeu em ato solene, com a presença de Julinha, seus filhos e colegas mais próximos, o Comando da Base Aérea de Santa Cruz, do coronel Coutinho Marques. Para Subcomandante escolheu o coronel Múcio Scorzelli, colega de sua confiança e extremamente hábil em questões burocráticas. Estava muito feliz e realizado, apesar das inúmera advertências que ouviu dos amigos durante os cumprimentos.

Na primeira segunda-feira de comando, todos se concentraram em uma parada antes do início do dia de trabalho para prestarem continência à bandeira e se apresentarem ao novo comandante. Foi durante essa cerimônia que Rui notou que havia quatro rapazes com roupas de civis em meio ao pessoal – e não eram simples trajes comuns: os rapazes trajavam tênis, calças jeans e camisas de coqueiros e outras estampas bem extravagantes para fora das calças, chamando muita atenção. Perguntou ao major José Carvalho de Menezes, ou José Louro, seu ajudante de ordem:

– Quem são esses quatro rapazes "chamativos", que não estão uniformizados?

– São dos Estados Unidos, trabalham pra a PADM. São responsáveis pela administração dos instrumentos de bordo e das parafernálias eletrônicas da Aviação Embarcada contra submarinos – respondeu o major.

– Mas por que eles estão vestidos como civis?

– Não sei, sempre foi assim. Eles têm essa "liberdade".

Rui refletiu por alguns segundos sobre a situação e então perguntou:

– Eles falam português? – recebendo uma afirmativa do major com a cabeça, completou: – Então, chame-os, por favor, que eu quero falar com eles.

Quando chegaram, Rui pediu que se apresentassem e falou ao *Master Sargent*:

– Ótimo ter vocês na nossa base. Mas a partir de amanhã vocês estão irregulares aqui. De amanhã em diante, eu quero vocês fardados durante o trabalho, como todo mundo. Há uma facilidade: vocês vêm no trem à paisana, quando chegarem aqui mudam a roupa no alojamento e se apresentam para mim na hora da revista. Eu quero vocês aqui também na hora da formatura, ok? É a regra da base, vale para todos.

Os rapazes entreolharam-se um pouco desconfortáveis, e então o *Master Sargent* se manifestou:

– Mas nós temos autorização do outro comandante.

– Mas isso era o outro comandante. Esse comandante aqui, eu, coronel Rui Moreira Lima, coronel-aviador, me fiz aqui na base e vou te dizer uma coisa pra vocês tomarem conhecimento: eu tenho um ano e quatro meses nas bases americanas. Olha, rapaz, se vocês andassem à paisana numa base americana seria um vexame danado. Na mesma hora vocês tinham que se fardar. Vocês sabem disso. Estão assim, porque abriram mão disso, mas eu não abro mão.

– Sim, senhor – concordaram os quatro.

– Vocês têm alguma dúvida? – Rui questionou e diante do silêncio do quarteto completou: – Agora, se vocês não quiserem isso, se não estiverem satisfeitos, é bom não virem à paisana porque se eu vir algum de vocês sem a farda eu vou prender, mas vou prender lá no xadrez e para tirar do xadrez... E como quem vai mandar sou eu, então, até virem a Justiça, a diplomacia, essas coisas, vai ser uma aporrinhação danada. Acho melhor vocês virem fardados.

No dia seguinte, os rapazes não apareceram para trabalhar, mas Rui tinha outras coisas para se ocupar e não deu muita importância. Sua primeira atitude de comando foi entender como andava o funcionamento geral da base. Para isso, procurou o responsável pelo Grupamento de Serviços de Base (GSB), coronel Cláudio Carvalho, e marcou uma reunião com todos os representantes das subunidades. Queria saber quem eram os chefes e ter entendimento da dinâmica de funcionamento habitual. A reunião aconteceu normalmente e seguiu noite adentro até que, quando já estava praticamente encerrada, o coronel Carvalho falou:

– Olha aqui, ô Rui, eu quero dizer pra você o seguinte, eu não vou ficar aqui na base.

Todos fizeram silêncio e olharam imediatamente para Rui, esperando sua reação. Rui sabia que esse tipo de confronto aconteceria e que a forma com que lidasse com o primeiro seria fundamental para seu sucesso ou fracasso como comandante.

– Coronel Cláudio. Primeiro, é coronel Rui. E eu vou te chamar de coronel Cláudio. Quem foi que te deu a autorização pra me chamar de Rui? Rui é um cara que é amigo, camarada, companheiro... Você nunca foi companheiro de ninguém. Seu apelido é Claupião. Agora você vai ficar de castigo. Você vai ficar aqui por mais um mês como meu guia pra me dizer tudo o que tem na base. Todo dia você se apresenta a mim e nós vamos andando. Se te chamarem, você vai dizer pra esperar: "Tô defendendo aqui, agora não vou." Vou te botar de castigo e você vai dizer que quem manda aqui sou eu! O comandante da Base Aérea de Santa Cruz sou eu! Não há dúvida pra vocês, tenho certeza, todos me conhecem, mas para o coronel Cláudio, colega de turma, não, ele acha que é íntimo meu.

Rui falou e o coronel Cláudio, em silêncio, apenas ouviu cada esculacho do seu novo comandante. Rui sabia que aquele momento era crucial para impor sua autoridade junto aos seus comandados, especialmente aquele momento de tensão, quando uma ponta solta na mão de um golpista poderia desfazer todo o novelo. No fim da conversa, coronel Cláudio não se manifestou, apenas pediu licença e saiu. Outros comandados tentaram intervir, pedindo para dispensar o coronel, mas Rui não o dispensou. Nos dias que se seguiram, convocava o coronel para acompanhá-lo nas inspeções da base e, inclusive, gostou do seu trabalho. Um mês depois, decidiu que era melhor deixar o coronel Cláudio ir embora e finalmente o dispensou, sem conflitos.

Com essa atitude diante do primeiro insurgente, o clima pareceu ficar um pouco mais tranquilo na BASC. Rui sabia das conversas pelos cantos que as "células golpistas" promoviam, mas não havia insubordinações nem sinais de conflito, o que lhe parecia suficientemente bom para fazer um comando bem-sucedido.

No final de sua primeira semana de comando, recebeu uma ligação do brigadeiro Melo, chefe do Estado-Maior.

– Comandante Rui, como vão as coisas na base?

– Tudo muito bem, brigadeiro. Tenho esse lugar como minha segunda casa, está sendo uma grande felicidade comandar a base que me formou. O trabalho de todos está fluindo muito bem, então só tenho elogios a fazer.

– Que bom, coronel. Mas eu estou ligando por causa dos sargentos do PADM. Eu dei a autorização para eles andarem à paisana, para evitarem chamar atenção.

– Desculpe, brigadeiro, mas evitar chamar atenção? Os caras com camisa de palmeira por fora da calça, como se estivessem no Havaí? Não, não vai dar, não. Aqui, durante o expediente, todos os sargentos andam fardados. Podem chegar à paisana, mas todos trabalham fardados. Então eu não vou abrir mão disso, o senhor vai me desculpar.

– Mas isso é uma ordem, coronel.

– Então, vamos fazer o seguinte: eu recebo a sua ordem, mas o senhor fala com o presidente João Goulart, já que ele fez um decreto me nomeando comandante da Base. Então, se ele falar comigo e me tirar, eu nem discuto e saio. Continuo seu amigo. Mas na minha base quem manda sou eu, quem faz as regras sou eu. O senhor me desculpe.

– O senhor está criando caso! – disse o brigadeiro, já um tanto irritado.

– Então eu estou criando caso, o que que eu posso fazer? Mas se vierem à paisana, eu meto no xadrez.

A ligação foi encerrada, mas o clima não, nem com o brigadeiro nem com o quarteto de soldados, que sempre encaravam Rui de cara fechada. Mas, a partir daí, eles passaram a trabalhar fardados.

Um dia, Rui foi avisado por um dos sargentos americanos que um coronel havia lhe mandado dar o recado de que no dia seguinte haveria uma inspeção de um general no PADM. Ele nunca tinha visto aquilo, mas disse que o aguardaria.

No dia seguinte Rui chegou antes, se fardou todo e deixou seu jato pronto para sair. Então, chamou o José Louro e disse:

– Vou ter que dar uma lição nesse general. Ele mandou um sargento me dizer que vinha aqui fazer a inspeção, já viu isso, mandar recado por sargento pra comandante? Eu não vou aceitar isso.

Com a ajuda de José Louro, avisou ao oficial de operações para deixar um carro à disposição do general, para que ele não precisasse caminhar em nenhum momento dentro da base. Algumas horas mais tarde, apareceram então o general, o coronel e mais o brigadeiro Balancier (conhecido como Babalu) e o major Albuquerque.

O general tratava Rui como "Lima" porque, por coincidência, no navio *SS Brazil*, que o havia trazido para o Rio de Janeiro, ele tinha conhecido a Gladys, irmã do piloto do 1º Grupo de Aviação de Caça e seu amigo Cordeiro, que falou muito bem de Rui para ele. Então, assim que se instalou na cidade, ele fez uma reunião social oficial na Hípica e convidou Rui por telefone, onde se conheceram.

Assim que avistou o general se aproximando, Rui abriu um sorriso e disse, propositalmente em português (porque sabia que o general falava seu idioma):

– Mas que surpresa que o senhor está me fazendo agora!... O que o senhor veio fazer aqui? Como é que eu posso servir? – e antes mesmo que o general pudesse dizer uma palavra Rui continuou: – É que eu estou com compromisso agora na cidade então eu vou sair, mas não se preocupe que eu vou deixar o comandante da Embarcada com o senhor. Uma pena! Mas por que não me avisou?

O general obviamente ficou zangado, olhou para Rui e para o coronel e disse:

– Coronel, o que é que eu disse para o senhor anteontem? Para o senhor avisar à base que eu estava a caminho para fazer uma visita ao comandante, se ele estaria à disposição.

O coronel tentou responder, gaguejou e o general interrompeu:

– *No excuse!* A partir de agora você não serve mais comigo, vai voltar para os Estados Unidos. Com todo o treino que você tem, com toda sua experiência, vai voltar para os Estados Unidos, não vai mais ficar comigo.

Então, Rui se intrometeu:

– Eu faria a mesma coisa, general, porque chegar um sargento pra mim e falar "o general mandou eu dizer isso", eu nunca vi isso! Eu passei um ano e quatro meses voando e servindo na USAF e nunca vi essa intimidade ou essa falta de respeito com o oficial superior.

– Coronel Lima, eu vou me retirar e vou pedir para marcar outra visita – disse o general.

– Mas o senhor já está aqui, pode ficar. Infelizmente, eu tenho que sair, tenho um compromisso com o brigadeiro Barroso – inventou.

– Não, acho melhor não.

– O senhor quer ir comigo? Meu jatinho já deve estar pronto.

– Está inviável. Nós viemos de carro – disse, reticente.

Rui então perguntou a um de seus homens se o jatinho já estava realmente pronto, ouvindo uma resposta afirmativa. Foi quando brigadeiro Balancier finalmente interferiu:

– Ô, Moreira Lima, você tá fazendo uma tempestade em copo d'água. Eu sou brigadeiro e vim com ele! – impôs-se.

– Brigadeiro, essa sua afirmação é porque o senhor me considera um coronel de merda. Mas eu não sou um coronel de merda, esse é o engano que o senhor teve. Aqui, pra entrar, tem que ser convidado. Aqui não é Casa da Mãe Joana, não pode ficar entrando e saindo sem convite, ou sem comunicar que vem. Essa é uma comunicação importante, tanto que o próprio general está punindo o coronel por ele não ter feito. E olha, não quero conversa. Assunto encerrado.

Meio a contragosto, o brigadeiro não respondeu, todos se despediram e eles então foram embora. Rui deu uma voltinha com o jatinho em cima da base para não levantar suspeitas e pousou outra vez.

No dia seguinte, recebeu um comunicado oficial do general agendando sua visita à base, como deveria ter sido, e não poupou o coronel, mandando-o de volta para os Estados Unidos. O pessoal da Aviação Embarcada ainda fez um abaixo-assinado para aliviar o coronel americano, mas Rui não cedeu. Afirmava que isso era importante para a vida militar dele e que ele deveria saber que, não importava em que país ele estivesse, tinha de respeitar a hierarquia militar.

Depois desses incidentes, as tensões diminuíram e a base seguiu com alguns meses de calmaria. Rui aproveitou para investigar por onde andavam os filmes feitos, durante a Segunda Guerra, das missões do 1º Grupo de Aviação de Caça, e acabou descobrindo que eles haviam sido completamente retalhados: cada um que chegava pedindo para ver ou usar para alguma reportagem, cortava e levava o pedaço sem devolver depois. De horas de filmes de combate sobraram apenas dois rolos, com cerca de 12 minutos. Indignado, percebeu que os filmes não estavam seguros ali e que o melhor a fazer era preservá-los ele mesmo. Mandou colocá-los em um cofre, em seu gabinete. Agora, as pessoas só teriam acesso aos filmes sob sua supervisão.

Ainda com pouco tempo de comando, soube que o tenente-brigadeiro Ajalmar Mascarenhas, que tinha sido adido durante sua temporada nos Estados Unidos e com quem tinha se desentendido, estava se retirando da ativa. A nota publicada no jornal dizia que ele tinha prestado quarenta e sete anos de serviço sem férias nem benefícios, o que deixou Rui muito impressionado. Entrou em contato com o comandante da 3ª Zona Aérea, brigadeiro Teixeira, e sugeriu homenageá-lo, já que era muito raro um oficial tão dedicado e decente. Enviou um convite para o brigadeiro, para um almoço na FAB, e ele aceitou. Rui mandou seu comandado Becker buscá-lo de avião e ele chegou para o almoço de macacão e capacete. Ambos foram cordeais, mas não chegaram a refazer a relação. Rui não sabe se foi por causa desta homenagem, mas a partir de então todo brigadeiro que ia para a reserva passou a ganhar um almoço de homenagem organizado pela FAB, o que sempre lhe pareceu muito justo.

Na base, Rui se sentia em casa. Conhecia cada canto tinha abertura com boa parte dos comandados, com quem convivia há muitos anos. Isso lhe dava condição para lidar de forma tranquila com todas as hierarquias, de cabos a coronéis.

Foi por causa dessa liberdade que um dia bateu à porta de seu gabinete um grupo de cabos. Pretendiam montar uma associação para reivindicar alguns direitos e queriam a ajuda de Rui. De início, não quis se envolver, mas prometeu analisar o estatuto e, caso fosse pertinente, levaria o assunto ao gabinete do ministro Reinaldo Joaquim Ribeiro de Carvalho Filho.

Lendo o estatuto, percebeu que as reivindicações dos cabos não eram nada demais: casar (um direito civil que lhes era negado), estabilidade (o que todos buscavam) e o direito de votar. Achando justo o pedido, aceitou levar o caso ao ministro.

No gabinete, depois de analisar o documento, o ministro pediu a opinião de Rui. Ele fez sua análise e sugeriu para o ministro que aceitasse o pedido, uma vez que nada ali requisitado comprometia a FAB ou o trabalho dos cabos – sugestão que foi aceita. Logo, foi marcada uma reunião com a presença dos dois e mais os comandantes da Base Aérea do Galeão, dos Afonsos e do Parque, além dos representantes da Associação de cabos da Força Aérea Brasileira (ACAFAB), para que tudo fosse formalizado. Os cabos ficaram muito gratos pela ajuda de Rui, que acabou estreitando sua relação com vários deles, sendo até padrinho de casamento de um.

Também bateu em seu gabinete um tenente chamado Sérgio Ribeiro Miranda de Carvalho. Conhecido como "Sérgio Macaco", ele tinha a ideia de montar um esquadrão especializado em salvamento e foi pedir ajuda ao comandante. Rui ouviu sua proposta e, acreditando na ideia do tenente, o acompanhou ao Comando da Aeronáutica para apresentá-la aos superiores, que acataram a sugestão. Em alguns meses, criaram o PARA-SAR, capitaneado por Sérgio Macaco. O esquadrão logo ganhou notoriedade e o respeito dos colegas, que sabiam que, talvez um dia, poderiam precisar dele.

Aos poucos, foi contrariando as expectativas e fazendo um comando bastante harmônico.

No geral, Rui foi descobrindo formas de agradar um pouco a cada um dos grupos, o que lhe possibilitou continuar no comando. Não era fácil, especialmente em período tão estressante.

Em 6 de janeiro de 1963, foi realizado o plebiscito que oficializou o presidencialismo novamente como modelo de governo e deu posse efetiva ao presidente João Goulart, o que não era exatamente o plano do Congresso, que pretendia realizá-lo só em 1965. A posse de Jango lhe deu segurança para impor sua agenda, que era vista com ressalvas por um parte da sociedade mais conservadora, incluindo os militares lacerdistas e eduardistas. Suas propostas de reformas estruturais e aprofundamento da independência na política externa geraram alarde e trouxeram à tona uma grande discussão sobre a implantação do comunismo no país, o que era alardeado de forma aterrorizante.

Certamente esse alarde chegou à base e não era incomum conversas de corredor sobre a possibilidade de algum militar ser ou não comunista. Até que um comandante de grupo adentrou o gabinete de Rui com uma denúncia anexada a quatro fichas.

– Eles são comunistas! Precisam ser punidos, presos, expulsos! – condenou o oficial.

Rui olhou com atenção cada uma das fichas. Oficiais com fichas limpas, alguns exemplares, nenhum problema.

– Eles são comunistas? – questionou Rui, para a surpresa do oficial.

– Como assim? Estou dizendo! Eles são comunistas! – garantiu.

– Mas eles têm tempo de ser comunistas? Eles entram no trem às 6 horas, chegam aqui às 7:30, fazem uma ginástica, tomam banho, tomam café e entram às 9 horas. Sinceramente, acredito que eles não têm tempo de ser comunistas. Mas eu vou fazer o seguinte, eu vou deixar de vir de avião e vou vir de trem para observá-los no caminho. Se apresentarem alguma atitude suspeita, de investigar mais a fundo e, se preciso for, tomamos as providências.

No dia seguinte, pegou o trem seguindo os rapazes. Notou que um ia dormindo, o outro lia um livro, outro ia batendo papo e o quarto, solteiro, namorava uma professora. Ao chegar à BASC, Rui chamou o comandante do grupo em sua sala, rasgou os inquéritos e queimou-os. O oficial ficou indignado:

– O senhor não pode fazer isso!

– Posso. Sou o comandante dessa base. Deixa de perseguir esses rapazes, que eles não estão fazendo nada de errado – e percebendo que o oficial, raivoso, pretendia interrompê-lo, completou: – E, se facilitar, eu entro aqui com uma anotação de desrespeito ao superior, um RDAE e te prendo. Vamos deixar os rapazes trabalharem, ficamos entendidos?

Ficaram, mas não sem causar uma certa bronca. Logo o rótulo de "comunista" foi sorrateiramente sendo colado em Rui também.

O deputado padre Antonio de Oliveira Godinho escreveu um artigo para um jornal apontando todos os militares em posições de poder que eram comunistas e, estimulando ainda mais a fagulha acesa, incluiu o nome de Rui na lista. Ele ficou revoltado, retrucando entre familiares e amigos que não era nem nunca tinha sido comunista – nunca lera nada de Marx, não tinha conhecimento nem formação sobre o comunismo, como poderia ser comunista? Era, sim, um democrata e um legalista. Inconformado, procurou o comandante da 3ª Zona Aérea, brigadeiro Teixeira, para exigir que as Forças Armadas se posicionassem contra o artigo. O brigadeiro quis botar panos quentes, mas Rui não se conformava:

– Se você não se importa em ser rotulado pelo que não é... Não sei se você é comunista ou não, mas acho estranho um comunista conservador, que toma hóstia na missa do domingo, eu sim me importo.

O brigadeiro disse que pensaria em uma forma de lidar com o caso, mas depois de uma semana sem solução, Rui decidiu que o melhor seria ir a Brasília para falar diretamente com o ministro Reinaldo Joaquim Ribeiro de Carvalho Filho. Disse ao ministro que se a Força Aérea não se pronunciasse com repúdio ao artigo, ele invadiria o Congresso e com sua faca bem afiada rasgaria a barriga de Godinho e aí seria um escândalo. O ministro, talvez impressionado pelo discurso de Rui, mandou que publicassem o repúdio, o que fez com que Godinho se retratasse, dizendo que era tudo um mal-entendido e que não tinha comunista nenhum. Mas a retratação não ajudou a diminuir os burburinhos de corredor.

Muitas das fofocas não chegavam até ele, outras ele não ligava, mas de vez em quando lhe subia o sangue e respondia atravessado, aos provocadores, mesmo de brincadeira.

– Diz aí, comandante? Esse curso de espionagem que você fez foi na Alemanha Oriental ou Ocidental? – brincou o tenente Peixe Lima.

Rui ficou muito irado, deu uma banana para eles e respondeu:

– Não admito sacanagem comigo. Tá encerrada a reunião. Alguma dúvida? Alguma pergunta sobre o assunto?

Um dos oficiais depois contou que todo mundo saiu rindo, de tão bravo que Rui ficou. Mas ele sabia que, naquele momento, tudo poderia virar motivo para um conflito, uma insurgência, uma falsa denúncia. Melhor não deixar solto.

Em 1963, já coronel-aviador por merecimento, Rui foi condecorado pelo presidente João Goulart com a medalha de prata Santos Dumont de Aviação, e pelo ministro da Marinha, Sílvio

Borges de Souza Mota, com a medalha Mérito Tamandaré. Além disso, nesse mesmo ano, recebeu o diploma da Ordem do Mérito Militar no grau de Oficial. Eram sinais de reconhecimento pelo trabalho de uma vida, mas especialmente, acreditava ele, pelo trabalho que vinha fazendo na Base Aérea de Santa Cruz. Não se gabava, mas tinha consciência de como era difícil fazer o que estava fazendo: aplacar os ânimos em momento tão acirrado dentro das Forças Armadas.

Inspirado pelos planos do governo, Rui propôs programas diferentes, como usar as áreas ociosas da base para a plantação de alimentos como arroz, por exemplo, além de promover conferências sobre assuntos que seus comandados tinham curiosidade ou dificuldade de entender. As conferências, que tinham temas e palestrantes extremamente variados, passando de padre para explicar os significados de feriados e ritos religiosos a ministro da Justiça explicando a diferença entre ditadura e democracia, eram muito bem-aceitas e amplamente frequentadas, especialmente pelos militares de patentes inferiores.

Diante do sucesso das ações na base, o próprio presidente da República fez questão de ir até lá conhecer os projetos. Foi recebido por Rui, que apresentou orgulhoso a plantação de arroz nas áreas de escape da pista de pouso e contou sobre como as conferências e debates dos militares com os convidados estavam ajudando a manter as coisas sob controle por lá. No fim do dia, voltou feliz para casa, e contou para Julinha e para as crianças que o presidente da República tinha dito a ele que estava fazendo a coisa certa.

Rui não se gabava por seu trabalho na base – não para os outros, apenas para si e para sua família –, mas sabia que estava conseguindo "operar milagres", de certa forma. Manter os comandados em ordem apesar da inquietação que crescia nos grupos militares opositores ao governo por todo o país não era uma tarefa fácil, exigia muita diplomacia.

Os grupos militares opositores, que tinham começado suas manifestações timidamente no Governo Vargas, já não eram tímidos nem se constrangiam em fazer declarações políticas, especialmente contra o presidente e seu governo. Pleiteavam lugares no debate político, não se sentiam satisfeitos em serem representados pelos ministros das Armas, passaram a exigir o direito de se candidatar a cargos legislativos. Mas o Supremo Tribunal Federal (STF) não concordou com essa ideia, negando as candidaturas, e em 12 de setembro de 1963, praças da Marinha e da Aeronáutica (sargentos, cabos, Soldados e Marinheiros) decidiram promover uma revolta tomando a Base Aérea de Brasília, situação que acabou conhecida como "Rebelião dos sargentos". A ideia era tomar outras bases, como a de Santa Cruz, mas os comandantes conseguiram conter os revoltosos e logo tudo foi contido.

O presidente Jango, tentando não colocar mais lenha na fogueira, se manteve neutro sobre o episódio. Carlos Lacerda, então, deu uma entrevista ao jornal *Los Angeles Times* incitando os militares a "derrubar os comunistas que estavam no poder", instigando os grupos de militares opositores, especialmente os oficiais, gerando rebuliço nas bases e quartéis.

Com medo de que o episódio de Brasília se repetisse em maior escala, os ministros militares pediram ao presidente que decretasse estado de sítio e mandasse prender Lacerda, mas o pedido foi negado pelo Congresso e retirado pelo presidente, o que acabou aumentando ainda mais a base de militares desfavoráveis a Jango.

No Rio de Janeiro, os sargentos passaram a procurar os comandantes em busca de negociação. O comandante da 3ª Zona Aérea, brigadeiro Teixeira, mediou algumas reuniões entre suboficiais, sargentos e oficiais para tentar apaziguar os ânimos sem quebra de hierarquia, assim como Rui na Base Aérea de Santa Cruz. Mesmo assim, Rui foi sentindo a hostilidade aumentar quando entrou o ano de 1964. Conflitos passaram a ser valorizados, justificados como falta de posicionamento do governo em relação às questões militares. Na Base Aérea de Santa Cruz, essa relação veio à tona pela questão da Aviação Embarcada.

Desde a compra do porta-aviões *Minas Gerais* no governo de Juscelino Kubitschek, em 1956, a Aviação Embarcada tinha se tornado motivo de discórdia entre a Marinha e a Aeronáutica. Ambas as forças requisitavam o controle sobre o grupo no porta-aviões, mas até aquele momento nada tinha sido definido, o que afligia muito os membros do grupo, que ficavam parados na Base Aérea de Santa Cruz sem poder embarcar.

As questões envolvendo o Grupo de Aviação Embarcada (AE) não eram novas. Desde a compra do porta-aviões, as indefinições rondaram o grupo. Foram selecionados pilotos de todas as regiões do país para formar o grupo que deveria ser de excelência. O grupo de pilotos e pessoal de terra foi enviado para os Estados Unidos, para Fort Lauderdale, para um treinamento que durou dois anos. Na volta, chegaram preparados para voar em aeronaves *P-36* e utilizar os mais modernos equipamentos de combate a submarinos, mas, diante da indecisão entre Marinha e Aeronáutica sobre qual seria a força de comando do grupo, eles foram mandados de forma provisória para a Base Aérea de Santa Cruz, onde ficaram em modo de espera. A indecisão, entretanto, foi se prolongando muito mais do que o esperado e logo começaram a pipocar problemas entre o grupo e até com seus familiares.

Quando Rui assumiu o Comando da BASC, soube dos distúrbios e achou por bem investigar o que estava levando o grupo ao colapso e acabou descobrindo que grande parte dos membros vivia em situação precária. Descobriu que, diferentemente da época da guerra, os militares enviados para o exterior não tinham recebido em dólar, o que tornou seus rendimentos mais restritos para sua estada no exterior e a manutenção da família no Brasil. Na volta, como foram todos transferidos de suas cidades para a BASC, muitos conseguiram vagas para morar com suas famílias dentro da própria base, mas outros tiveram que se instalar de forma precária nas proximidades, no bairro de Santa Cruz. Chocado pela situação dos colegas, Rui mandou construir e recuperar residências dentro da base para receber as famílias que não tinham conseguido vagas e, deste modo, conseguiu amenizar os transtornos.

Ainda assim, todos ficavam extremamente aflitos por não poderem embarcar. E a aflição acabou virando revolta quando a Marinha criou um Grupo de Helicópteros Embarcados, que ficou conhecido como "Mariscos" e promoveu um voo rasante sobre o Ministério da Aeronáutica, no Rio de Janeiro, numa provocação clara.

Diante da provocação, a AE encontrou na inércia de Jango motivo para estourar.

— Comandante, preciso conversar com o senhor — disse um dos membros da Embarcada, amigo de Rui, ao bater à porta de seu gabinete. — É o pessoal da Embarcada, eles estão querendo pedir transferência de base.

— Entra. Como assim? Por que isso? — questionou Rui, enquanto o colega se sentava a sua frente.

— Eles acham que é uma forma de pressionar o presidente a assinar o decreto pra permitir à Marinha embarcar o grupo.

— Isso não faz sentido! O presidente não vai aceitar ser coagido ainda mais porque essa não é uma questão dele, são os ministros que precisam decidir.

— Eu entendo, comandante, mas eles não aguentam mais ficar parados, esperando, sem poder embarcar. Estão achando que é um bom momento pra fazer pressão no presidente, e uma forma de fazer isso é pedindo transferência daqui.

— Isso é uma ofensa! O grupo sempre teve tudo o que precisou aqui na base, nunca lhes neguei nada! A transferência deles é um atestado de incapacidade dessa base! Eu não permito! Fala pra eles que eu desafio qualquer um deles a pedir transferência! Quero ver saírem daqui! — disse Rui, furioso.

O amigo saiu com o recado para o grupo, mas Rui sabia que a situação requeria mais ação do que somente uma advertência. Ele, como aviador, também não gostaria de ficar tantos anos sem poder voar por causa de jogos de poder.

Depois de algumas ligações, avisou em casa que não poderia voltar naquela noite e partiu sozinho, de carro, sob chuva forte, para Petrópolis, onde soube que estava o presidente.

Já eram duas horas da manhã quando Rui bateu à porta do Palácio Rio Negro, a residência presidencial de férias no Rio de Janeiro. Foi atendido por um assessor do presidente, que obviamente não esperava visitas.

– O presidente não pode atendê-lo. São duas horas da manhã. O senhor sabe que não funciona dessa forma. É preciso agendar um encontro, ele o receberá se puder.

– Eu sei que seu trabalho é resguardar o presidente, mas eu não teria me deslocado do Rio de Janeiro pra cá, debaixo desse temporal, em plena madrugada, se o assunto não fosse sério. Eu preciso falar com ele.

O assistente olhou-o num misto de curiosidade e temor e, depois de alguns segundos em silêncio, questionou:

– Qual seria o assunto tão importante para o senhor me pedir para acordar o presidente de madrugada?

– Eu sinto muito, mas não posso adiantar. Preciso mesmo falar com o presidente.

Mais uma vez o assessor olhou para Rui de forma enigmática e saiu, sem pedir licença, deixando-o sozinho no hall de entrada. Alguns minutos depois, voltou para avisar que o presidente o receberia na sala de estar.

João Goulart desceu as escadas de roupão sobre o pijama, cabelos emaranhados e cara de quem não estava feliz em ser acordado no meio da madrugada. Ainda assim, recebeu Rui com um aperto de mão amistoso.

– O que de tão grave o fez se despencar até aqui a essa hora, coronel? – disse, enquanto se sentava no sofá apoiando sua perna no assento. Rui sentou-se na poltrona ao lado.

– Eu sinto muito pelo horário, senhor presidente, mas hoje aconteceu algo na Base Aérea de Santa Cruz que me deixou muito preocupado e eu presumi que era de máxima importância para o seu Governo. Um dos oficiais do Grupo de Aviação Embarcada me procurou dizendo que eles estão se mobilizando para pedir transferência para outra base. Querem com isso forçar o senhor a assinar o decreto que os coloca sob tutela da Marinha. Mas o senhor sabe como estão as coisas... Se eles fizerem isso, vão dar espaço para a ala golpista recriminar o senhor, e isso pode virar uma bola de neve. Esse pode ser o gatilho que eles estão procurando para incitar os militares golpistas contra o senhor. É preciso agir agora para que as coisas não saiam de controle.

– Essa situação está enrolada há anos, coronel. Os ministros não se entendem. Eles não vão fazer nada, não fizeram até agora, não se preocupe.

– Sinto muito, mas eu discordo do senhor. Eles me avisaram que vão fazer, então vão fazer. E aí a situação pode sair de controle. O senhor vai ter que decidir pelos ministros, senhor presidente. Ou pelo menos dar alguma posição pro grupo. Deixá-los incitar uma revolta contra o governo não é uma boa opção.

O presidente pensou um pouco e então respondeu:

– Coronel, diga pra eles que vou resolver isso em breve. Vou falar com os ministros. Eles vão embarcar logo.

– Eu preciso de algo mais concreto, senhor presidente. Preciso de um prazo. Preciso dizer pra eles que daqui a exatos tantos meses eles vão voar.

O presidente pensou mais um pouco e disse:

– Três meses. Diga a eles que em três meses tudo estará resolvido.

Rui agradeceu e foi embora do Palácio Rio Negro da mesma forma como chegou, sob a chuva forte da madrugada, mergulhado em preocupações. O prazo dado pelo presidente era uma carta na manga para ajudar a apaziguar a situação, mas no fundo ele sentia que não era o suficiente, que o impasse da Embarcada era só uma gota d'água em um copo que já estava cheio. A pergunta que não lhe saía da cabeça era: quão cheio?

Na manhã seguinte, logo cedo, convocou uma reunião com todos os membros da AE no teatro da BASC.

– Senhores, todos estão sabendo da provocação da Marinha, então resolvi convocar esta reunião. Pensei que os senhores estariam indignados, que partiriam para a retaliação, talvez sobrevoando o porta-aviões *Minas Gerais*... Confesso que se os senhores se articulassem pra esse tipo de ação, eu pouco ou nada poderia fazer para dissuadi-los. Ao contrário, confesso que ficaria do lado dos senhores. No entanto, fui avisado por um colega de vocês ontem que o plano não é uma retaliação, mas pedir a mudança de base! Pedir transferência de comando? Mas que diabos de ação é essa? O que vocês acham que vão conseguir com isso? Estive com o presidente da República ontem, falei sobre o caso de vocês e ele me garantiu que, no máximo em três meses, a situação vai estar resolvida. Ele acredita nos senhores assim como eu também. Achei que os senhores eram homens corajosos, militares honrados, não ratos desorientados! – e, diante do olhar perplexo da plateia, Rui completou: – Agora essa reunião está encerrada. Eu vou para o meu gabinete e estou esperando o covarde que vai lá me entregar o pedido de transferência!

Para o alívio de Rui, nenhum integrante da AE apareceu em seu gabinete para lhe entregar o pedido de transferência. Confessou depois para seu amigo no grupo que não tinha ideia do que faria caso alguém aparecesse, mas, diante de crise tão grave, estava disposto a qualquer coisa – qualquer mesmo.

Nos dias que se seguiram, Rui conseguia sentir que havia uma tensão no ar. A conversa com o Grupo de Aviação Embarcada havia sido positiva, apesar de não terem ficado completamente satisfeitos, mas, pelo menos, garantiu que dali não sairia o estopim para uma revolta. Ainda assim, o clima na base e nas repartições militares e civis que frequentava não estava normal. Pairava no ar uma certa altivez por parte dos opositores; já não tinham vergonha de esconder suas intenções.

A confirmação de que as coisas não estavam bem veio para Rui em um evento no Clube de suboficiais e sargentos, em meados de fevereiro de 1964. Rui e Julinha adentraram o salão nobre e sentiram na hora um clima pesado, que comentaram entre si. Sentaram-se à mesa com o brigadeiro Teixeira e sua esposa, e dali assistiram a uma sequência de discursos desrespeitosos e debochados, mesmo diante do próprio presidente da República. Ao final, Rui comentou com o amigo que não frequentaria mais reuniões como aquela, em que não havia respeito nem às senhoras presentes e nem mesmo ao chefe da nação.

Alguns dias depois, foi convidado para outra reunião, desta vez no Automóvel Clube do Brasil, e, lembrando do que tinha ocorrido, declinou.

– Rui, foi absurdo – disse Teixeira ao telefone. – Você não faz ideia do tom dos discursos. Se você ficou horrorizado com o evento dos suboficiais, com esse então!...

– Como pode isso, brigadeiro? Como podem perder a linha desse jeito? Não respeitam mais nada? Nem as Forças Armadas? Nem o presidente?

– Parece que não. Nunca vi nada igual.

– O Jango precisa se respaldar... ele não está preparado para lidar com os militares.

– Os rebeldes estão se movimentando, coronel. Não têm mais medo nem dos comandantes militares nem do governo.

– Ele tinha que ter um bom líder militar do lado dele. Se bem que, do jeito que as coisas vão, acho que, mesmo que o general Lott estivesse no comando, ele não poderia dar jeito.

– Bom, pode ser que a gente esteja exagerando. De repente é só esse grupinho daqui, desses golpistas ressentidos.

– Não sei...

— Não vai dar em nada. Eles não podem ir contra a Constituição.

Os acontecimentos seguintes porém não colaboraram. Em busca de uma solução política para o fracasso de seu Plano Trienal, Jango promoveu um comício no Centro do Rio de Janeiro, em que prometeu reformas de base (reformas tributária, política, urbana e agrária), desapropriou terras para a reforma agrária e estatizou refinarias de petróleo. Ao seu lado, Brizola, então considerado seu principal sucessor nas eleições seguintes, insuflou o povo por medidas sociais mais extremas, chegando a cogitar o fechamento do Congresso.

As reações foram imediatas. Jornais posicionavam-se contra os rompantes de Jango, políticos pediam sua deposição e militares passaram a cogitar mais seriamente intervir no Governo.

Na noite seguinte, durante o jantar, Julinha comentou com o marido:

— Hoje as senhoras aqui da rua vieram bater na nossa porta com um abaixo-assinado. Ruizinho, você acredita que era um abaixo-assinado contra a reforma agrária? Eu fiquei doida! Disse que sou a favor e mais um monte praquelas desalmadas! Onde já se viu? Não assinei nem nunca vou assinar! E ainda me chamaram de comunista, acredita?

— Você, comunista? Essas senhoras estão loucas.

— Disseram que em São Paulo vão marchar "pela família" e "por Deus". Como se deixar as pessoas sem ter onde morar, sem ter o que comer, fosse coisa de Deus.

— Vão marchar? Mas quem está organizando isso? — desconfiou Rui.

— Não sei, acho que é a Igreja. Onde já se viu, Ruizinho, a Igreja organizando passeata política?

Rui continuou seu jantar com aquela história na cabeça: uma marcha de senhoras. Definitivamente, as coisas não estavam normais.

Em 19 de março, na cidade de São Paulo, movimentos de mulheres, a Igreja Católica e entidades privadas promoveram a

"Marcha da Família com Deus pela Liberdade", que tachava Jango como comunista e pedia sua saída. O burburinho rapidamente se espalhou pelo país.

Alguns dias depois, no dia 21 de março, o telefone de sua casa tocou em plena madrugada de sábado. Era da base.

– comandante, o senhor precisa vir pra cá. O capitão Juarez está tentando tomar a base.

Sem nem respirar, Rui desligou a ligação e ligou para o Conselho de Segurança para informar o ocorrido. Foi informado de que homens seriam mandados para lá para verificar, mas, como já era alta noite, achou melhor esperar até o dia seguinte.

Logo cedo, no domingo, rumou para a BASC. Passou o dia recolhendo informações junto aos seus comandados de confiança e acabou descobrindo que Juarez tinha sido plantado lá para incitar um levante. Inicialmente estava acompanhado de outro militar, major Mascarenhas, e tentaram persuadir os graduados na Vila dos sargentos da Base a prenderem e tomarem a unidade. Falaram justamente com o sargento Mascarenhas, irmão do major, que protestou e denunciou a tentativa de golpe. Diante da recusa do irmão, o major desistiu e fugiu, assim que soube da chegada de Rui.

Logo que foi preso, o capitão Juarez calou-se e assim ficou, até chegar à 3ª Zona Aérea para ser interrogado pelo brigadeiro Teixeira. Horas mais tarde, Rui foi até lá para saber como estavam as sindicâncias.

– Eu o mandei embora, é um garoto – disse o brigadeiro.

– Então esse capitão vai pra Vila dos sargentos tentar tomar a base, eu o mando preso pra cá e o senhor simplesmente o liberta?! – indignou-se Rui, muito aborrecido. – Francamente, o caso é real e o senhor não está levando a sério. Estou comandando uma base onde existem três mil e tantas pessoas, entre civis, sargentos e oficiais. Tenho três unidades aqui sediadas, o 1º Grupo de Caça, o 1º Grupo de Aviação Embarcada e o Grupo de Controle e Alarme. Venho dormindo na base quatro dias por semana, como se eu estivesse de mal com a minha mulher, e o senhor faz uma coisa dessas?

– Calma, rapaz. Isso não vai dar em nada – disse o brigadeiro Teixeira.

Rui foi embora da sala do brigadeiro injuriado. Gostava muito dele, tinha muito respeito por sua trajetória e por suas ações, mas sentia que aquela situação não tinha sido bem resolvida. Não era o momento de deixar acontecimentos como aquele passarem em branco.

Já passava da metade de março quando Rui recebeu uma ligação de general Disosway, seu amigo americano da época da guerra, a quem ele tinha convidado para as comemorações do Dia da Caça, em 22 de abril, na BASC. O amigo lamentava ter que negar o convite, mas suas atribuições no alto escalão da OTAN não o permitiriam viajar ao Brasil naquele momento. Rui lamentou a ausência – estava realmente ansioso pela comemoração daquele ano, já que seria um oásis rever pessoas tão queridas no meio de tanto caos.

No final de semana seguinte, na volta da sorveteria com os filhos, como de costume, encontrou por acaso com um agente americano, num bar de Copacabana perto de sua casa. Cumprimentaram-se com alegria de domingo, apesar do semblante sempre sóbrio do colega americano.

– Como vai, coronel Rui?

– Tudo muito bem, e com o senhor?

– Tudo bem também. Como vai indo a Base?

– Está ótima! Nossos programas estão agradando aos comandados e à FAB, o que me deixa muito feliz. Tivemos até a presença do presidente da República para conhecer nossos programas! E no próximo mês, no dia 22, vamos ter a comemoração do Dia da Caça. O senhor está convidado, aliás.

– Ah, maravilha! Obrigado, coronel.

– E sabe quem vem ao encontro? O general Disosway! – disse Rui, gaiato.

Ele sabia que Disosway não viria, mas fez questão de puxar a brincadeira com o agente, já que a presença do amigo de guerra sempre impressionava seus conterrâneos por sua importância. O que ele não esperava era a reação do agente:

– É impossível que ele tenha dito isso! Ele não pode vir! – disse, grave, o americano.

Rui, de imediato, não notou o quão sério aquilo soou para o agente e, rindo, continuou a brincar:

– Vem sim! Acabei de falar com ele e ele confirmou!

O agente, travado, não aceitava a notícia de jeito nenhum.

– Ele não pode vir ao Brasil!

Percebendo finalmente a aflição do homem, Rui resolveu parar com a brincadeira.

– É verdade, ele não vai mesmo poder vir ao Brasil, infelizmente. Era brincadeira.

O agente riu um riso amarelado, e logo se despediu, ainda afoito. Rui seguiu com as crianças para casa com aquele momento se repetindo na cabeça. Parecia algo estranho, mas o quê?

No dia 25 de março, ao chegar à FAB, deu de cara com o José Louro, aflito.

– Comandante, já está sabendo? Um grupo de mais de dois mil marinheiros e taifeiros se amotinaram no Sindicato dos Metalúrgicos da Guanabara e estão reivindicando o reconhecimento de uma entidade representativa, assim como a dos cabos. Mas eles não querem só casar e votar, também querem poder se candidatar a cargos políticos – e tão se manifestando a favor das reformas propostas pelo Jango. Aí, o ministro da Marinha, o Almirante Sílvio Mota, tentou acabar com a revolta mandando fuzileiros navais para prender os líderes, mas os caras acabaram aderindo ao movimento e a revolta saiu do controle. O Alto Comando da Marinha tá alegando quebra de hierarquia e tá ameaçando pegar pesado.

Rui ouviu tudo atento e preocupado. Sua participação na Associação de cabos era notória dentro da FAB, mas até então não tinha sido nada demais. Com a revolta lhe veio à mente que os golpistas poderiam usar o caso dos marinheiros como pretexto para voltar atrás na Associação dos cabos, ou, até pior, acusar os cabos de serem motivadores de revoltas contra a hierarquia militar.

Passou o resto do dia atento às notícias sobre a negociação do governo com os amotinados e, no fim do dia, depois de o ministro Mota ser demitido após ameaçar invadir o sindicato à força, ficou aliviado ao saber que os marinheiros tinham entrado em acordo e deixado o prédio sem confrontos. No dia seguinte, entretanto, soube que os líderes do movimentos tinham sido presos assim que voltaram ao trabalho, o que lhe soou como uma ação óbvia por parte do Alto Comando da Marinha e, no final do dia, foi surpreendido pela notícia de que o presidente tinha mandado soltar e anistiar todos os líderes.

Estava claro para Rui que o presidente tinha simpatia pelos movimentos populares – suas propostas de reforma deixavam isso bem claro –, mas interferir nos códigos militares lhe pareceu bastante inconsequente naquele momento pelo qual estavam passando, com os opositores e golpistas se sentindo tão à vontade para apontar o dedo publicamente contra o governo.

Os dias que se seguiram tinham um peso no ar, assim como a chuva que não parava de cair sobre a cidade do Rio de Janeiro. Parecia que segredos rodavam pelos corredores, o que incomodava profundamente Rui. No rádio, na televisão e nos jornais o discurso era de que Jango precisava sair. Alguma coisa estava para acontecer, era só uma questão de tempo.

Na tarde de 31 de março de 1964, Rui foi chamado por Múcio até a pista. Chovia muito, mas, em meio à água e à névoa, era possível ver tanques, canhões e centenas de homens do Exército circundando a Base Aérea de Santa Cruz.

– Mandei um cabo até lá. São do REI, o Batalhão da Escola da Vila Militar, e do Batalhão de Engenharia de Combate. Não quiseram dizer mais do que isso – disse Múcio, em tom grave. – O que o senhor quer fazer, coronel?

– Por enquanto, nada. Se eles não têm nada a nos dizer, então não temos nada a fazer. Temos de esperar ordens. Vou ligar pro brigadeiro Teixeira pra saber do que se trata.

De volta ao seu gabinete, ligou para a 3ª Zona Aérea.

– Brigadeiro, colocaram tanques e canhões cercando a base. O que está acontecendo?

– A situação está complicada, coronel Rui. Aparentemente é um levante que começou em Juiz de Fora. Os generais Olímpio Mourão Filho e Odílio Denys estão em marcha rumo ao Rio de Janeiro com a intenção de derrubar o presidente.

– Como assim? Como é que eles acham que vão derrubar o presidente? Vou juntar o Grupo de Caça agora e mandar alcançar esses insurgentes.

– Ainda não, coronel. O presidente está conversando com o Alto Comando das Forças Armadas pra tentar entender a situação. Parece que os generais não estão sozinhos. Não faça nada por enquanto. Se eu tiver novidades, entro em contato.

Rui desligou o telefone e demorou alguns minutos sem conseguir acreditar no que estava acontecendo. Pela primeira vez, os golpistas estavam se mobilizando e o governo não os estava reprimindo de imediato. Por quê?

Ainda meio tonto, pegou novamente o telefone.

– Julinha.

– Oi, Ruizinho.

Rui ficou em silêncio por alguns segundos, sem saber exatamente o que dizer.

– Ruizinho? Você tá aí?

– Estou sim, Julinha.

– Tá tudo bem? O que foi? Que voz é essa?

– Acho que estão planejando tomar a base... Na verdade, acho que estão planejando tomar o governo.

– De novo, Ruizinho? Mas esses caras não desistem dessa sandice?

– Parece que não.

– Você vai precisar viajar de novo, é por isso que está me ligando?

– Não sei. Dessa vez eles estão demorando a tomar decisões. Eu não sei ainda o que eles vão querer que eu faça. Eu vou defender a minha base até o fim. Só saio daqui com ordem do presidente ou morto.

– Ai meu Deus, Ruizinho! Eu vou praí, ficar com você!

– Não! Não vem! Eu não sei o que vai acontecer. Melhor você ficar em casa.

– Você tem que resistir contra esses calhordas!

– Eu vou. Mas eu não sei quanto tempo isso vai levar. Eu ligo de novo assim que eu souber mais alguma coisa.

– Eu te amo. Você se cuida.

– Eu também te amo. Vou me cuidar.

Colocou o telefone no gancho e respirou fundo. A base precisava dele, o país precisava dele.

Ficou esperando por notícias. De tempos em tempos, ligava para a 3ª Zona Aérea.

– Rui, dá uma corrida nessa coluna do Mourão. Basta uma passagem que você faz o serviço nele. Eles vão embora – sugeriu um colega do Conselho de Segurança.

– Olha, tenho uma cadeia de comando e a cadeia de comando é o brigadeiro Teixeira. É ele quem manda na Zona Aérea e na minha base. Se der a ordem e eu puder cumpri-la, vou lá e faço. Hoje, no entanto, com esse mau tempo, parece que não há jeito. Atacar uma coluna de blindados é fácil. Sou doutor em coluna, porque só fiz isso na guerra. Se eu quiser parar a coluna, sem morrer ninguém, basta atirar no carro da testa e no último. Com esse procedimento, o pessoal foge. Depois é só botar fogo nos outros. Mas não vou fazer. Sem ordem, eu não faço isso.

Mas as horas foram passando e, às quatro da tarde, Rui decidiu que não ia ficar parado esperando. Foi até a sala do 1º Grupo de Aviação de Caça, apontou para o comandante, tenente-coronel Berthier Figueiredo Praça, e disse:

– Coronel, me acompanhe.

Saíram andando pelo hangar, Rui na frente e o tenente-coronel Berthier atrás.

– Preciso de um copiloto. Vamos sair.

– Mas coronel Rui, está chovendo muito. Não é um bom momento para sairmos de caça.

– Não vamos de caça. Vamos de jato.

– Para onde nós vamos, coronel?

– Procurar os malditos golpistas.

Entraram em um jato executivo Paris, de quatro passageiros, que voava até 7 mil metros de altura e que Rui dominava bem. Levantaram voo com dificuldade e seguiram rumo à estrada Rio-Juiz de Fora e seu mar de morros.

Com céu escuro em pleno dia, turbulência da tempestade e baixíssima visibilidade entre as nuvens e a chuva, foram voando com a ajuda do radar do Galeão em busca da coluna mineira. Na altura da cidade de Paraíba do Sul, ele foi descendo em espiral até baixa altitude, desligou boa parte dos equipamentos e se escondeu em uma nuvem baixa, grudada no chão; depois, pegou a estrada para Areal e, finalmente, avistou a coluna. Anotou a localização exata em um mapa da revista *Quatro Rodas* e então desceu o quanto pôde, dando um rasante sobre os caminhões lotados de homens que ficaram atordoados como baratas ao acender das luzes, saindo correndo para todos os lados. Visivelmente temiam ser atacados, mas, com a surpresa da abordagem, não conseguiram notar que se tratava de um avião de luxo, de passageiros, sem armamentos.

Rui então voltou para a nuvem e, quando retornou a 17 mil pés, tornou a chamar o Galeão, informando a localização dos Generais

Mourão e Denys e de seus homens. Depois de alguns segundos de silêncio, Berthier, de maneira formal, comentou:

– Comandante, na primeira nós escapamos, mas na segunda a gente vai morrer.

Rui olhou para Berthier com seriedade e, sem pestanejar, respondeu:

– Olha, Berthier, a gente só morre uma vez.

De soslaio, Rui percebeu o coronel acenando positivamente com a cabeça e seus olhos se fixarem ainda mais nos controles. Estavam prontos para fazer o que fosse preciso.

Fizeram um novo rasante sobre a coluna e novamente a correria dos homens em terra deixou claro que eles não estavam prontos para se defender de um possível ataque. Eles perceberam que era possível parar a coluna.

Voltaram a subir. Quando chegaram novamente a 17 mil pés, voltaram a chamar o sargento Barbosa, que falava com eles do Galeão, pelo rádio.

– Sargento, eles estão vulneráveis, é possível pará-los antes de chegarem ao Rio de Janeiro. Se me derem autorização, posso pedir reforço na BASC imediatamente. O tempo e o terreno não estão propícios para os Gloster Meteors, mas podemos usar outras aeronaves.

– Um minuto, coronel, vou informar o brigadeiro Teixeira.

A ausência do sargento Barbosa no rádio pareceu demorar uma eternidade.

– Coronel, o brigadeiro Teixeira quer que o senhor venha para o Santos Dumont imediatamente. O espaço aéreo está fechado, mas daremos autorização para seu pouso.

– Diga ao brigadeiro Teixeira que vou deixar o comandante do Grupo de Caça, que está aqui comigo, na Base Aérea de Santa Cruz, onde ele vai ficar numa esquadrilha de alerta, e depois sigo para vê-lo.

No caminho de volta para a BASC, Rui instruiu Berthier para juntar todos os melhores pilotos e ficarem de prontidão para qualquer ação. A ideia era deixar todos os aviões preparados, de caça ou não, já que a tempestade não estava dando trégua – o que conseguisse decolar serviria ao propósito de defender o governo.

Demoraram um pouco para conseguir pousar em Santa Cruz, e a parada foi apenas o tempo suficiente para Berthier saltar do avião e Rui taxiar e decolar novamente rumo ao Aeroporto Santos Dumont.

Chegou lá e o brigadeiro Nicoll, o brigadeiro Teixeira, o coronel Neiva Figueiredo, comandante da Base Aérea do Galeão, e mais os outros Coronéis e majores do Estado-Maior estavam andando apressados, de saída para a pista. Rui correu para se juntar ao grupo, posicionando-se ao lado do brigadeiro Teixeira.

– Brigadeiro, por que fui chamado aqui?

– A Vila Militar entregou a rapadura – respondeu, sério e duro, enquanto caminhava rápido.

– Como entregou a rapadura?

– A Vila Militar não quis combater... Parece que o general Kruel, do II Exército, condicionou o apoio ao presidente se ele fechasse o Comando Geral dos Trabalhadores e prendesse os líderes, mas como o Jango se recusou, a fazer isso, ele se uniu ao cara da coluna e ao general Médici, que colocou o pessoal das Agulhas Negras junto com os golpistas. Eu acho que o Jango não quer reação.

– E agora?

– Estamos indo agora para a casa do ministro Botelho ouvir suas instruções. Vamos no meu avião.

Todos foram em um avião C-47 e Rui foi com o Paris, que pousou por instrumentos na Base do Galeão. De lá, seguiram todos para a casa do ministro.

Ao entrarem na sala de estar, encontraram o ministro Anísio Botelho, conhecido como Gaguinho, inquieto e emocionado, andando de um lado para o outro. Alguns se sentaram nos sofás e poltronas, outros, tão inquietos quanto o ministro, ficaram mesmo em pé, incluindo Rui.

— O presidente estava aqui no Rio. Mas ele, sem consultar ninguém, decidiu voar para Brasília. Lá de Brasília ficamos esperando que ele dissesse alguma coisa, mas ele não disse nada; voou pro Rio Grande do Sul. Lá nós sabemos que ele está com o general Ladário. Ele não quer derramar sangue brasileiro — disse gaguejando e, imediatamente, sua voz embargou; respirou e continuou: — Então, se ele não deixou ordem, a ordem ficou conosco. Eu não dou ordem sem ter alguém acima de mim para dar ordem, que é o presidente da República, comandante das Forças Armadas. Eu não dou ordem pra vocês, mas vou dizer o que eu vou fazer. Não é ordem, é conselho. Vou esperar o próximo ministro e, entregar o cargo. E vocês vão para as suas bases, pras suas unidades e, quando chegar o substituto, entreguem. E acabou, voltem pra casa. Ou vão presos, não sei. — Terminou a frase já chorando.

Todos ficaram em silêncio por alguns minutos. Esperavam que o ministro falasse mais alguma coisa, mas tudo o que ele conseguia era controlar o choro de desilusão que lhe subia do peito para a face. Alguns olharam-se esperando uma ordem, tentando entender o que aconteceria a partir de então, mas nada aconteceu. Sem mais a falar ou fazer, o brigadeiro Teixeira se aproximou do ministro e deu-lhe um abraço, em silêncio. O ministro então abraçou cada membro da comitiva que, em silêncio, foi saindo.

Como já eram sete da noite e aparentemente não havia o que ser feito, a comitiva decidiu jantar no refeitório da Base Aérea do Galeão. Sentaram-se a uma grande mesa e pouco falavam, apenas comiam.

Nesse momento, apareceram dois oficiais, o major Tenildo Tavarez, conhecido como Baliú, e o capitão Hugo Hartz, acompanhados do sobrinho ou primo do brigadeiro Nicoll, o coronel Nicoll e, ignorando todos os presentes, se dirigiram diretamente a Rui:

— Coronel Rui, nós estamos com dois C-54. Temos vinte sargentos e muito armamento que tiramos do depósito de material bélico. Vamos voar agora para Porto Alegre, onde nos uniremos às forças que estão defendendo o presidente e a Constituição. O senhor quer vir conosco?

Todos os presentes, que tinham parado de comer e voltado a atenção para os oficiais, olharam imediatamente para Rui esperando sua reação.

— Meus caros, essa pergunta é impertinente. Deveria, por questão de hierarquia, ser dirigida ao brigadeiro Teixeira, que é o mais antigo e é o comandante da 3ª Zona Aérea. Mas não os deixarei sem resposta, até porque não gostaria de ser influenciado pela resposta do brigadeiro Teixeira. Em suma, sua pergunta, no mínimo, não foi delicada. Aqui está minha resposta. Há dois fortes motivos para não aceitar o convite. Todos nós aqui presentes estivemos juntos na residência do ministro Botelho que, em resumo, nos disse: "O presidente, sem consultar e sem avisar, pelo menos a mim, seu ministro, voou para Brasília e, também sem dizer nada, decolou para Porto Alegre. No momento, desconheço onde realmente ele está." Essa atitude é um indicador de que ele quer evitar o confronto entre irmãos, uma guerra civil. Seguir com vocês me soa uma aventura. Acho até que vocês, provavelmente, não o encontrarão mais em território brasileiro. É um motivo para não aceitar o convite. O segundo motivo, mais forte ainda, é que deixei Santa Cruz dizendo aos meus comandados que voltaria.

O convite foi imediatamente dirigido ao brigadeiro Teixeira, que respondeu:

— O Rui tem razões suficientes para não ir. Eu faria o mesmo se não fosse o ódio que esse pessoal tem contra mim. Se eu ficar aqui, serei crucificado. Vou com vocês.

Seguindo as orientações do ministro, o grupo dispersou, e cada um seguiu para um lado. Soube-se mais tarde que o brigadeiro Teixeira mudou de ideia e voltou para a 3ª Zona Aérea. Rui tentou pegar seu avião, mas o local onde ele estava estacionado ficou completamente alagado. Pediu um C-47 e um copiloto emprestado para o Neiva e foi com o Dallalana, oficial que tinha sido comandado de Rui na Aviação Embarcada, para Santa Cruz. O tempo continuava tão ruim que foram três tomadas para pousar: a iluminação estava embaixo d'água e, tanto na primeira quanto na segunda tentativa, ele simplesmente não conseguiu ver a pista.

De volta, com os tanques e homens ainda cercando a base, reuniu todos os oficiais no cinema e contou o que aconteceu.

– Ninguém vai reagir, ninguém vai fazer nada. Então, acabou a prontidão. O golpe militar venceu.

Todos ficaram em silêncio durante alguns segundos, desconcertados. Rui então disse para o seu subcomandante Múcio:

– Recomenda só a prontidão pro pessoal de serviço normal. Eu não quero ninguém aqui armado. – Passou a falar então para todos os presentes: – Vocês ouviram? Não quero ninguém armado na base. Os únicos que ficam armados aqui sou eu e o pessoal de serviço. Os outros podem até usar a arma discretamente. Mas se eu encontrar qualquer um ostentando arma no coldre ou de qualquer outro jeito vai estar me desafiando. E aí é chato, porque pode acontecer qualquer coisa entre a gente e eu não quero que aconteça nada. Está encerrada a reunião. Boa noite.

Disse isso em voz alta, no meio de todos os oficiais, pois sabia que alguns estavam apoiando os golpistas e tudo o que ele não queria era um confronto direto entre militares, a exemplo do ocorrido no Levante Comunista de 1935 na Praia Vermelha.

Conversou pouco com alguns de seus homens que, incrédulos, ainda custavam a acreditar que o governo não resistiria. Pediu cautela e calma, mas, por dentro, estava se sentindo em chamas. Queria muito resistir, porém sabia que só poderia defender a legalidade se essa fosse a ordem; caso contrário, seria parte de um motim. Era quase um paradoxo.

Eram quase dez da noite e Rui se recolheu para dormir. Ao retornar ao seu gabinete, tomou um susto ao ver Julinha sentada em uma cadeira. Sua feição estava séria, quase impávida, mas Rui reconheceu em seu pé, balançando copiosamente, o extremo nervosismo que sentia. Assim que o viu, ela se levantou para recebê-lo.

– Julinha, o que você veio fazer aqui? Você nunca vem à base. Aconteceu alguma coisa?

– Aconteceu. O país está desmoronando e eu não aguentei ficar em casa, impotente.

– Onde estão as crianças?

– Em casa com Alexandra. Eu não consegui, Ruizinho, eu só pensava em você. Eu quero ficar com você, aconteça o que acontecer. Se te prenderem, eu vou ser presa junto; se te matarem, eu morro com você.

Rui a abraçou forte. Por alguns segundos, o tempo parou para eles. Ele tomou o rosto dela em suas mãos, olhou-a nos olhos com ternura e determinação e disse:

– Julinha, eu não vou entregar essa base. Eu vou passar o comando, como deve ser.

– Você está fazendo mal, Rui – disse ela, com medo.

– Eu não vou ser escorraçado daqui. Eu fui tenente, capitão, major, tenente-coronel e coronel aqui. É uma base profissional, uma base de pilotos de caça e eu sou um piloto de caça, e eu só vou passar o comando em forma. Mas podem não deixar eu passar o comando em forma.

– Eu te entendo, Ruizinho. Eu tenho medo, mas eu te entendo.

– Eu não tenho escolha, Julinha. Eu vou ficar.

– E vou ficar aqui com você o tempo que for.

Abraçaram-se novamente, com muita força. Então Julinha ficou ali, muito discreta e valente, sentada ao seu lado no gabinete, sem falar nada. Eles sabiam o quanto era importante para ele que ela estivesse ali, simplesmente.

Durante algumas horas, nada aconteceu. Todos ficaram à espera, em silêncio, atentos. Até que às duas horas da manhã um major, que estava de serviço, bateu na janela.

– Coronel, está aí o coronel Pires, Eron Sadanha Pires, que quer conversar com o senhor.

Rui tinha recebido uma mensagem algumas horas antes que ordenava que passasse o comando imediatamente ao substituto legal que estava sendo providenciado – pois este deveria ser ele.

– Diga ao coronel Pires para ele fazer o favor de se desarmar e colocar a pistola em cima da minha mesa.

Deu um beijo em Julinha e ordenou que um cabo a acompanhasse e a resguardasse em uma sala de pilotos, mais confortável e segura. A partir daquele momento, ele era o alvo e ela não tinha que virar alvo com ele.

Quando chegou a seu gabinete, encontrou o coronel Pires sentado e a arma sobre a mesa. Rui guardou a arma dentro de uma gaveta e disse:

– Pires, qual é o problema, o que é que você quer?

– Não há problema. Estou com esse telegrama aqui e vim assumir o Comando da Base.

– Pires, não me lembro de alguma vez ter visto você em Santa Cruz, e olha que servi nessa Base por quase onze anos. Não me lembro mesmo de tê-lo visto aqui visitando, ou em qualquer solenidade, ou mesmo por curiosidade para ver o Hangar do Zeppelin.

– Não, Rui. Realmente, nunca vim à Base de Santa Cruz.

– Você, um coronel antigo, não conhece a base mais equipada da FAB... – Rui respirou fundo e disse, com franqueza e respeito: – Então, você não é o homem indicado para comandar essa Base. Nosso efetivo, militar e civil, é da ordem de três mil e poucas pessoas, com 178 oficiais e cerca de 750 sargentos e, mais ou menos, 700 cabos e soldados e aproximadamente 300 civis.

– Puxa, mas estou com essa ordem.

— Olha, Pires, eu acho que você foi mal escolhido pra vir pra cá. Porque eu sou dessa Base, eu moro nessa base, vou pra lá e pra cá e caio nessa Base outra vez. Agora estou comandando a Base, mas você nem sequer a conhece. Tem um hangar que foi do Zeppelin. É uma obra de arte que engenheiros de fora vêm pra ver como é. Tem duas portas de quarenta toneladas que você roda com a mão pra fechar. É uma curiosidade e nem por curiosidade você veio aqui. E vem pra cá pra me substituir? É mal pra você. Eu acho que você não está bem colocado aqui. Acho que você deveria falar com o brigadeiro Francisco de Assis Correia de Melo.

— Sinto muito, Rui, mas não vou falar com ele, não.

— Pode não parecer, mas estou fazendo isso pro o seu bem. O pessoal aqui está bem revoltado, podem ameaçar sua integridade física. Se eu sair daqui às duas da manhã e, de repente, você aparecer como comandante, vai todo mundo questionar: "Cadê o coronel Rui?".

Ele pensou um pouco e então concordou.

— Então vamos falar, mas você fala.

— Não tem problema, eu falo.

Rui tirou o telefone do gancho e ligou para o Gabinete do ministro da Aeronáutica. Atendeu o brigadeiro Dario Azambuja, que estava como chefe de gabinete.

— Quem está falando?

— É o Rui Moreira Lima! Quem está falando?

— É o Dario, Rui. É o Dario.

— Já pegou um galho, brigadeiro? – questionou ironicamente.

— Pegou um galho, não! O Melo que me botou aqui! – contestou o brigadeiro, irritado.

— Desculpe. Trata-se do seguinte. Está aqui o coronel Pires, que acho que não é o homem certo para comandar a base nesse momento. Acho que quem deveria vir pra cá seria, como sugestão, o coronel Burnier ou o coronel Becker, ambos da minha turma. O Becker, porque foi meu comandado quando eu comandava o

1º Grupo de Aviação Embarcada. Sua presença seria bem recebida e não haveria problema de continuidade. Quando me ausentava da base para voar no CAN era ele o meu substituto. Quanto ao Burnier, tem experiência suficiente como comandante, tem presença, tem voz de comando e exerce liderança.

– Ah, mas isso aí, Rui, é melhor você falar com o Melo.

Ligou então para a sala do ministro Francisco de Assis Correia de Melo, ou "Melo Maluco", a quem considerava amigo. Nunca tinham brigado e Rui havia comandado o GTE de dentro de seu gabinete. Tinham uma boa relação.

– Moreira Lima, você não recebeu meu telegrama, o meu rádio?

– Recebi sim, senhor.

– Pois passe o comando dessa merda agora.

A resposta de Rui veio em tom plácido:

– Não, não. Não é assim, não. O senhor considera merda porque o senhor sempre considerou a FAB uma merda, porque quando o uniforme era sapato preto, o senhor usava sapato amarelo, quando era amarelo, o senhor usava preto. Quando um cadete era desligado por indisciplina de voo, o senhor desacatava seu colega brigadeiro Fontenelle, comandante da Escola da Aeronáutica, voando o Boeing P-12, fazendo acrobacia à baixa altura sobre a pista dos Afonsos, impedindo o tráfego normal dos cadetes. Isso é indisciplina, brigadeiro. É mau exemplo. O senhor pode até me considerar "uma merda", mas respeite minha base. Dessa maneira, nós não podemos conversar.

– Mas você tem que passar, o comando agora!

– Não, não vou passar, não. O senhor me conhece, fui seu oficial de gabinete. Duas vezes, aliás. Quando o senhor era ministro eu fui comandante do GTE. Então o senhor me conhece bem e sabe minha maneira de ser, a minha franqueza, a minha lealdade, inclusive agora, com o senhor. E o senhor vem agora com esse telegrama me escorraçando de madrugada da minha base? Olha, brigadeiro, vou lhe dizer uma coisa que o senhor não vai gostar de ouvir. Vou passar o Comando da Base às nove horas da manhã com a tropa em forma, como manda o Regulamento de Continência da Aeronáutica, cumprindo todos os itens. Leitura do seu telegrama, leitura da ordem do dia e do boletim, tudo direitinho. E o senhor pode vir, é meu convidado. Na ocasião, o senhor poderá repetir aquelas palavras que disse em julho de 1962, quando recebi o comando do coronel Coutinho Marques, que eu era um oficial padrão.

– Coronel, vá pra puta que te pariu! Entrega esse comando logo e chega de palhaçada! – irritou-se o ministro.

– Vá o senhor pra puta que pariu, brigadeiro! – retrucou Rui – e a base, só amanhã às nove.

Desligaram o telefone sob o olhar admirado do coronel Pires. Rui então chamou os comandantes de todos os grupos e, com eles perfilados, falou ao Pires:

– Esses homens são leais a mim, pelo regulamento, e mais tarde a você pela nova ordem que iremos enfrentar. São homens que estão aqui trabalhando, não estão pensando com o meu pensamento. Mas até amanhã às nove horas, Berthier, quem é o comandante?

– É o senhor, meu comandante – respondeu de pronto o tenente-coronel Berthier.

Rui perguntou para outro oficial, e depois para para mais outro, e todos responderam a mesma coisa. Todos em posição de sentido.

– Ouviu, Pires? Todos são leais. Então vai ser amanhã às nove horas. Vou repetir o que eu disse no cinema: não quero ninguém armado, inclusive você, Pires. Vou deixar sua arma dentro da minha gaveta, está fechada. Não quero conflito aqui dentro.

Dispensou os comandantes, liberou o coronel Pires para que fosse aonde quisesse, mas deixou gente de sua confiança perto dele, para o que ele precisasse e para que não fizesse bobagem.

Decidiu tentar dormir. Foi para a sala onde estava Julinha, deitou abraçado a ela em um sofá e lá ficou, durante algumas poucas horas. Julinha cochilou, mas Rui não conseguiu sequer fechar os olhos. A cabeça a mil, pensando em tudo o que estava acontecendo e no que ainda poderia acontecer. O medo de um combate na base, o medo de machucarem Julinha, o medo de irem atrás de seus filhos sozinhos com a babá. O medo.

Assim que saiu de seu dormitório, por volta das oito horas, soube que durante a madrugada um grupo esboçou uma tentativa de tomada da sala do material bélico, que obviamente não vingou, porque se depararam desarmados com os oficiais de serviço munidos de submetralhadoras Ina.

Às nove horas da manhã, como planejado, Rui passou o comando em forma para o coronel Paiva dentro do Hangar do Zeppelin. Aos olhos emocionados de Julinha, sua ordem do dia começou com a leitura da carta que seu pai, Bento Moreira Lima, tinha lhe escrito quando entrou para a Escola Militar de Realengo, aquela em que tinha pautado sua vida como militar e seu apreço pela legalidade. E disse em seguida:

— Eu quero dizer uma coisa antes de passar o comando para o coronel Eron Saldanha Pires. Neste momento, existem dois governos. Um, o de fato, o que me obrigou a passar o comando para o coronel Pires, ao qual estou obedecendo agora. O outro, o legítimo, estava aqui no Rio, foi para Brasília, foi para o Rio Grande do Sul, e não sei onde é que está nesse momento. Esse não existe mais, considero o governo antigo. O coronel Eron Saldanha Pires, meu colega, meu companheiro, contemporâneo de Escola Militar e meu amigo, será o comandante da Base. Nós dois aqui, nesse palco, somos apenas dois atores e vocês os espectadores. Tudo que recebi de vocês nessa base, em lealdade, disciplina, respeito à hierarquia, em profissionalismo e trabalho, passem tudo para ele porque nós, eu e ele, não temos culpa de estarmos vivendo esse momento histórico.

Dirigiu-se então para os pilotos do 1º Grupo de Aviação de Caça:

– Quero fazer uma recomendação antes de terminar a minha ordem do dia, que é verbal, não escrevi. Vocês têm uma responsabilidade muito grande com os aviões sob suas guardas. Essa carta de meu pai diz que o povo desarmado merece o respeito das Forças Armadas. Este povo que deve inspirá-los nos momentos graves e decisivos. No momento de loucura coletiva, vocês devem ser prudentes, não atentando contra a vida de seus concidadãos. Vou repetir: um soldado não conspira contra as instituições e no momento de loucura coletiva deve ser prudente não atentando contra a vida de seus concidadãos. Eu estou dizendo isso porque vocês aí do Grupo de Caça estão montados em *Glosters Meteors*, um avião que, aqui na América do Sul, é um dos mais velozes, mais modernos. O ponto dele é ponto 8, 8.5, 9, quase na velocidade do som; eles têm quatro canhões hispano-suíços de vinte milímetros que, a seiscentos e cinquenta metros, fazem um estrago lá na frente; com quatro canhões, leva foguete nas asas, leva duas bombas, bomba gelatinosa. Essa bomba queima até o chão, queima tudo, até a alma do sujeito. Ou então, bomba de demolição e incendiárias. O *Gloster Meteor F8*, se mal empregado, é perigoso.

Virou-se então para os membros da Aviação Embarcada:

– Vocês da Embarcada, comandando P-16, esse avião de vocês é cheio de parafernália, de instrumentos contra submarinos. Mas leva também metralhadoras e as bombas de profundidade. E se você largar uma bomba de profundidade, mesmo que não seja dentro d'água, você faz um estrago danado. Então pensem nisso porque Perón não pensou! E Perón tinha um MAG-4, e ele matou o povo argentino lá.[8] É por isso que eu estou fazendo esse discurso. Então, cuidado. É apenas uma chamada de atenção de um cara que é mais velho e que já viu o que aconteceu num país vizinho ao nosso.

---

[8] Rui se enganou na afirmação, uma vez que foram os militares golpistas da Aeronáutica argentina que tomaram os aviões e lançaram tiros e bombas contra a população, que tentava defender o governo.

Todos o ouviram com atenção e respeito. Ao final, alguns vieram cumprimentá-lo. Quando toda a solenidade terminou, ele e Julinha entraram no gabinete para que ele retirasse suas coisas e, a portas fechadas, ele a abraçou e chorou. Um choro silencioso e profundo. Pegou suas coisas e também os filmes de combate do 1º Grupo de Aviação de Caça que estavam no cofre pois ficou com medo de que os destruíssem como retaliação.

Por volta de onze da manhã, seguiram para um carro que a base ofereceu para levá-los em casa. Rui, na verdade, apenas deixaria Julinha e suas coisas, e depois seguiria para a 3ª Zona Aérea, onde era esperado.

Sentados no banco de trás, Rui aos prantos, deram as mãos. O carro foi deixando a base, passando pelos homens do Exército e pelos tanques, até finalmente alcançar o bairro de Santa Cruz. Tudo ali parecia triste. Pela janela, Rui e Julinha viram as pessoas nas padarias, nas bancas de jornal com uma amargura no semblante. Algumas choravam lendo a notícia da queda de Jango nos jornais pendurados pelos grampos. Outras conversavam e se manifestavam quando viam Rui fardado na janela, indignadas com o fim das promessas de dias melhores para eles, ali do subúrbio.

Conforme o carro ia avançando rumo a Copacabana, os cenários e as reações iam mudando. Quando as casas iam ficando mais caras, as roupas mais chiques, o choro dava lugar ao riso e ao aplauso. Nos bairros ricos da Zona Sul do Rio de Janeiro, ao contrário do subúrbio, o clima era de celebração. Pela janela, Rui e Julinha observaram impressionados as pessoas nas bancas de jornais e padarias festejando o golpe de Estado e, quando o viam fardado, acenavam satisfeitas, sem imaginarem que ele estava resistindo ao golpe.

Rui deixou Julinha em casa e seguiu de carro para a 3ª Zona Aérea. Ela ainda insistiu para que ele comesse alguma coisa, afinal já era meio-dia, mas ele não tinha fome.

Julinha entrou em casa e deu um longo abraço nos filhos. Quando souberam que o pai não subiria para casa, Pedrinho e

Claudinha correram para a janela, a fim de tentar vê-lo. Julinha saiu fechando as cortinas.

– Pedrinho, não quero você ou sua irmã nem perto da janela, você me entendeu? Hein, Claudinha? É perigoso, podem tacar uma pedra ou alguma coisa. Quero vocês dois quietos aqui dentro, escutaram? – disse Julinha aos filhos, firme e com a voz embargada, ao mesmo tempo.

Ligou para José Guilherme, nos Estados Unidos, para saber de Soninha. Ele tinha se tornado um grande amigo da família quando moraram lá e recebeu Soninha quando ela foi contratada para trabalhar na CABW, virando seu chefe. Julinha estava muito receosa de que a filha sofresse represálias por causa de Rui, mas José Guilherme garantiu que estava tudo bem. Soninha ficou triste por não poder falar com o pai, disse que estava bem, e que os amigos estavam cuidando para que nada ocorresse.

Na sede da 3ª Zona Aérea, Rui se apresentou ao brigadeiro Francisco Teixeira e ao coronel Carlos Alberto Martins Alvares.

– Estávamos te aguardando para irmos nos apresentar ao brigadeiro Correia de Melo, no Ministério da Aeronáutica – disse Alvares.

Encaminharam-se para a sala do chefe do Estado-Maior, brigadeiro Melo, agora representante do Governo militar na Aeronáutica. Lá, um grupo com mais de trinta oficiais, trabalhava agitadamente, com gente entrando e saindo do gabinete a todo momento.

O primeiro a se apresentar foi o brigadeiro Teixeira. Pediu suas ordens e foi ordenado a voltar para casa e aguardar.

Era a vez de Rui.

– Brigadeiro Melo, essa madrugada terminamos uma conversa num desaguisado que poderia ter sido evitado, mas aconteceu. Assim, eu queria fazer mais uma ponderação.

– Qual é a ponderação? – questionou o brigadeiro em atitude de desafio.

– A ponderação é a seguinte. Moro na rua Raul Pompeia, 240, praticamente há quarenta anos. O porteiro do prédio foi mestre de obras na construção, os meus vizinhos são, na maioria, meus amigos, todo mundo ali me conhece. Em frente mora um colega da turma do Liceu do Maranhão, e tem ainda o irmão do Getúlio, que se dá comigo. Ali todo mundo me conhece, menos o Tom Zé, que é o bicheiro que domina o morro do Cantagalo e o Pavãozinho. Então, não gostaria de ser preso por uma patrulha da Força Aérea Brasileira chegando num jipe, com equipamento de combate, capacete, metralhadora Ina, e tudo, me dando voz de prisão como se eu fosse um zé da ilha qualquer.

– O Moreira Lima disse que não vai ser preso!... – o brigadeiro ironizou em voz alta para todos os presentes, deixando claro sua contestação à apresentação de Rui.

– O senhor está torcendo minhas palavras. Eu não disse isso. Eu disse que não vou ser preso com essa exibição, com show. – Então, olhou firme para o brigadeiro e questionou: – Brigadeiro, eu já estou preso ou estou solto?

O brigadeiro encarou Rui também com firmeza.

– Tá solto, porra! – respondeu, irritado.

– Desculpe minha insistência, senhor ministro. Vou ser preso, se vocês quiserem me prender. Mas eu não fiz nada de errado, não vou fugir. Se eu quisesse fugir, pegaria um jato Gloster e iria para o Paraguai ou para a Bolívia, mas não vou a lugar nenhum. Estou ciente de que não fiz nada de errado. Daqui a trinta minutos, estarei em casa. Se o senhor ou qualquer um chegar ostensivamente e em uniforme de campanha em minha casa, eu vou perguntar ao comandante da patrulha: "O senhor veio aqui me prender ou o senhor veio me visitar?". E se a resposta for: "Estou cumprindo ordens, coronel Rui, o senhor está preso", eu vagarosamente desabotoarei os dois últimos botões do dólman, tirarei a pistola e direi: "Dou um tiro em quem puser o pé neste batente." Pode ser que eu seja baleado, antes que eu use minha arma. É isso que você quer, me matar, porra?!

– Não, ninguém quer te matar! – retrucou Melo, impaciente. – Então, como é que você vai ser preso?

– Por telefone. Você me liga e eu venho. Pego minha escova de dentes, uma cueca e uma toalha, e venho.

O brigadeiro ficou em silêncio por alguns segundos encarando Rui em sua empáfia. A seguir, sentenciou:

– Você pode se retirar e ir para a sua casa, coronel.

Rui saiu do gabinete à flor da pele. Tinha sorte de o brigadeiro Melo ser destrambelhado, mas um homem corajoso. Tinham tido uma conversa dura, mas em nenhum momento foram desrespeitosos um com o outro. Ele compreendeu que Rui estava ferido e não se aproveitou disso.

De volta a casa, tirou a farda e chorou no colo de Julinha. Não se tratava de quixotismo nem de valentia barata, ele só não queria ser humilhado. Tinha consciência de que poderia ter morrido, considerando que estava contrariando um fato novo, um Governo novo. Mas tinha certeza de que, certo ou errado, não queria passar por humilhações, não sairia de casa preso andando – só baleado ou morto. Chorou por sua situação, mas também pelo país e por tudo o que não conseguira evitar depois de tantas tentativas.

No dia 2 de abril, em casa, começou a se inteirar de outras coisas que tinham acontecido nos últimos dois dias. Soube que um dos motivos que levou o Presidente a não resistir foi a chegada da 4ª Força-Tarefa da Esquadra Americana em um porta-aviões na costa brasileira. Posicionou-se no litoral de Vitória de onde, estrategicamente, conseguiria alcançar rapidamente o Rio de Janeiro ou Brasília. Lembrou-se do ministro falando, emocionado, "Ele não quer derramar sangue brasileiro", e entendeu. Soube também que seu irmão Abelardo, que trabalhava como piloto para o GTE, e o general Argemiro de Assis Brasil tinham sido os responsáveis por levar João Goulart para o exílio no Uruguai. Ficou preocupado com o irmão, com medo de que sofresse represálias, mas sabia que tinha feito o que era certo.

Passou o dia vendo as notícias sobre a vacância na Presidência e a nomeação do presidente da Câmara, Ranieri Mazilli, mais uma vez ele, para Interino, acompanhado mais de uma vez de uma junta militar. Mas, desta vez, não haveria Campanha da Legalidade, não haveria resistência pela Constituição.

No dia 3 de abril, Julinha insistiu que Rui saísse de casa, que tentasse espairecer. Ele então combinou de almoçarem na casa de seu amigo Hélio Tavares Fonseca, padrinho de seu filho Pedro Luiz. No meio do almoço o telefone de Hélio tocou, e era para Rui.

– Rui, você poderia dar um pulinho aqui no Estado-Maior? – perguntou o brigadeiro Nelson Baiena de Miranda.

– Tem que levar escova de dentes, toalha, chinelo? – previu.

O brigadeiro ficou um pouco sem jeito.

– É melhor você trazer.

Rui não falou mais nada. Despediram-se rapidamente dos amigos e voltaram para casa. Tomou um banho e fardou-se, sob o olhar atento e preocupado de Julinha.

– Vou chamar o Hélio, meu irmão. Ele vai te acompanhando – sugeriu Julinha.

– Ok, se ele topar...

Julinha correu para o telefone e pediu ajuda ao irmão, coronel da reserva do Exército. Era importante ter alguém de confiança junto, como testemunha. Não faziam ideia do que viria pela frente.

Meia hora depois, Rui se despediu dos filhos com um abraço carinhoso. Ajoelhou-se diante de Pedro Luiz.

– Meu filho, você é o homem da casa. Se comporte, estuda, não tenha medo. Cuida da sua mãe e de suas irmãs.

Despediu-se de Julinha com um prolongado beijo e olhares aflitos, e entrou em um táxi junto com o cunhado, rumo ao prédio do Estado-Maior, na avenida Marechal Câmara, no Centro da cidade.

Desceram do táxi, Rui com sua malinha de mão, a que sempre levava em seus voos. Deram de cara, ainda na rua, com o brigadeiro Baiena, o coronel Zamir e mais dois ou três curiosos, entre eles o major Antonio Henrique, caçador de Santa Cruz.

– Quero ver meu mantado de prisão – questionou de imediato.

O brigadeiro entregou o documento e Rui pôs-se a lê-lo enquanto caminhavam todos para a sala do brigadeiro. O documento dizia que ele ficaria preso incomunicável, que seria encaminhado à Marinha e que o responsável por seu inquérito seria o tenente-brigadeiro Antonio Guedes Muniz.

– Tem um erro aqui nesse mandato.

O brigadeiro Baiena tomou um susto e logo se desconcertou.

– Como assim, Moreira Lima? O que tem de errado aí? – perguntou gaguejando.

– O que tem de errado é que o brigadeiro Muniz é corrupto. brigadeiro Baiena, com a má fama que o Muniz tem, não o reconheço com moral para me inquirir nesse IPM. Se acontecer, eu vou declarar isso em público e não vou responder suas perguntas.

– Espera aí, Moreira Lima...

O brigadeiro começou a gaguejar, de tão nervoso. Rui ignorou e notou que o brigadeiro estava com uma calça antiga, de um uniforme que já não se usava mais, da década de 1920, de tecido fino, com a túnica de Ducal azul, e com uma arma no bolso.

– Ô brigadeiro! O senhor está fora do uniforme. Eu estou de uniforme, o coronel Zamir está de uniforme. E o senhor está com a pistola no bolso! Como é que o senhor usa uma pistola no bolso?

E tirou abruptamente a arma do bolso do brigadeiro, num movimento que chegou a rasgar um pouco sua calça. Ele ficou ainda mais assustado, pensando que Rui fosse praticar qualquer violência, mas ouviu:

– Tá vendo? O senhor vê o que acontece quando não está com a pistola no coldre? Tá no bolso, a pessoa chega e tira e ainda rasga o senhor. O senhor me desculpa que eu não queria rasgar suas calças não. Mas tá rasgado agora, paciência, depois conserta. Antonio Henrique, me empresta teu coldre aqui!

Antonio Henrique tirou seu coldre, daqueles de caça da Itália, e deu a Rui, que o vestiu no brigadeiro.

– É assim que se usa. – Aproximou-se e começou a vestir o coldre no brigadeiro. – O senhor tem que usar um coldre. Se o senhor não quiser usar assim, como piloto de caça, o senhor bota aqui de bolsinho. Conserta aqui pra ficar da altura que o senhor puder puxar, de um lado ou do outro. Agora não pode é ficar com essa arma assim pra gente rasgar suas calças. Temos que arranjar um coldre pro senhor. Não faça mais isso, não.

Assim que terminou de ajustar o coldre no brigadeiro Baiena, perguntou:

– Me responde, brigadeiro, o senhor que é um grande caçador de corruptos na FAB. O senhor, o Scaffa e aquele da Marinha que agora me foge o nome. O senhor, que sempre foi escalado para fazer inquéritos sobre improbidade administrativa, diz se não estou certo de que o brigadeiro Muniz deixou a FNM por improbidade administrativa.

– Não sei nada sobre isso, Moreira Lima.

Virou-se então para o coronel Zamir:

– Ô, Zamir! Você que é coronel. Ele tá com medo de dizer que o Muniz é corrupto. O que você me diz sobre isso? O brigadeiro Muniz é ou não é culpado?

– Estou fora, gaúcho velho! Eu não sei nada disso – respondeu o coronel Zamir, constrangido.

– Não sou gaúcho nem velho. Você está com medo de falar a verdade, assim como o brigadeiro Baiena.

– Bom, Rui... – inquietou-se ainda mais o coronel Zamir.

– Essa é a diferença que existe entre o brigadeiro, o coronel e eu. Daqui a pouco vou ser metido num porão de um navio da Marinha e não tenho medo de afirmar que o meu futuro inquiridor não tem moral para me inquirir e eles, covardemente, se encolhem.

Rui virou para o Antonio Henrique, que conversava com um outro capitão.

– Antonio Henrique, você é major. Eu estou indo agora à merda, não sei o que vai acontecer comigo, mas eu tenho a coragem de dizer que o cara que vai me inquirir é corrupto e eu não vou deixar ele me inquirir. Eu não sei se você sabe que o Muniz é corrupto, mas se não sabia, agora está sabendo.

O brigadeiro, assustado e gaguejando, desconversou:
– Bom, Moreira Lima, você quer tomar um cafezinho?
– Não quero tomar café. Vou lá pra baixo agora com meu cunhado esperar por quem vai me levar para a Marinha.

Virou as costas, pegou o elevador e foi para a entrada do prédio. O que Rui não tinha notado era que o coronel Zamir era seu carcereiro, então, pouco tempo depois, ele chegou dizendo:
– Rui, eu estou numa situação muito difícil. Estou metido nisso… Fui escalado pra te acompanhar.
– Você não tá "metido nisso", é uma missão. Você é mais antigo do que eu, está de um lado e eu de outro, eu estou preso e você vai me acompanhar. Você tem não sei quantos anos na minha frente, então você não está fazendo nada mais do que cumprir seu dever. Agora, tem umas pessoas cumprindo dever felizes, não sei se você está feliz cumprindo essa missão…
– Não, não estou feliz. Estou chateado.
– Então, se você está chateado, mas aceitou, não tem que me pedir desculpas por isso. Me leva preso.

Virou-se para Hélio e despediu-se:
– Diz à Julinha que eu vou lá pra a Marinha, me arrumaram um porão de navio.

E foi levado.

9
PRIMEIRO ATO

O carro da Aeronáutica partiu da sede do Estado-Maior com um ajudante de ordem, o coronel Zamir e Rui, com sua malinha no porta-malas. Quando chegaram ao 1º Distrito Naval, havia um capitão-tenente e dois fuzileiros na entrada esperando por eles.

– Estou trazendo o coronel Moreira Lima, que vai ficar detido – disse o coronel Zamir ao capitão-tenente, entregando o ofício de prisão.

O capitão-tenente deu ordem para armarem as metralhadoras e disse:

– Ok. Está entregue.

Diante daquela situação inusitada, Rui disse:

– Assim não, Zamir. Você observe que nós dois estamos com a nossa farda, somos Coronéis, isso é o azul-barateia do nosso uniforme, é a nossa glória, é a nossa honra, é a nossa dignidade. Está me entregando para um oficial... não sei nem o que o senhor é. Honre seu azul-barateia. Não aceito que um capitão me receba aqui com ofício, como se eu fosse um prisioneiro qualquer. Desta forma, eu não aceito. Deve haver lá em cima uma autoridade responsável por isso.

Rui e Zamir então entraram no prédio e se encontraram com um Almirante. Era um homem magro, de uma delicadeza enorme, e estava acompanhado de outros oficiais.

O almirante então pediu que ele se sentasse e lhe ofereceu um café.

– Almirante, eu agradeço, mas eu não quero café. Já recusei o café do brigadeiro.

– O senhor quer então uma água ou alguma outra coisa?

– Não, muito obrigado. Almirante, eu estou exausto, muito cansado mesmo. Por favor, me mande logo pra a prisão.

Um oficial, que tinha sido colega de Rui durante o período de Escola Militar, e também tinha sido corredor, só que de 800 e 1.500 metros, campeão na Taça Lage, se apresentou para acompanhá-lo. Reconheceram-se e se cumprimentaram com uma leve cumplicidade. Antes de sair, Rui comentou:

– Almirante, eu queria fazer um apelo ao senhor.

– Qual é?

– Que o senhor me revistasse, não quero ser revistado mais tarde por um oficial de patente inferior à minha. Levo muito a sério a hierarquia militar.

– O senhor traz alguma arma, alguma coisa?

– Não, senhor.

– Então, vale a sua palavra.

– Não, senhor. Eu quero que o senhor me reviste.

– O senhor tem a minha palavra de que eu já o revistei.

– Muito bem, almirante, eu agradeço muito pela sua palavra, a sua atitude, de um companheiro para outro companheiro, mas eu realmente quero ser revistado.

Disse isso e abriu a mala, uma valise pequena vermelha que carregava consigo embaixo do banco durante suas viagens de jato. Jogou todas as coisas no chão, em uma ação quase birrenta.

– Não faça isso, coronel, por favor não faça isso! – disse o almirante, desconcertado.

Rui, então, abriu a túnica e baixou as calças, balançando os bolsos.

Rui apresenta ao presidente João Goulart a plantação de arroz implementada nas áreas ociosas da Base Aérea de Santa Cruz, em 20 de outubro de 1962

José Vieira, coronel Rui e coronel Múcio Scorzelli: o Alto Comando da Base Aérea de Santa Cruz em 1962

O ministro Vanderley condecora o coronel Rui com o Mérito Santos Dumont, em 23 de outubro de 1963. Menos de seis meses depois o mesmo lhe cassaria o cargo, a patente, as condecorações e a licença de voo

Rui sobre a roçadeira durante o plantio de arroz na BASC, em 1963

Promovendo o encontro da filha Claudia com o Papai Noel na BASC, em 20 de dezembro de 1963

Telegrama recebido no meio da madrugada, informando que o golpe de Estado estava consolidado e ele deveria entregar o comando da BASC, em 2 de abril de 1964

Mandado de prisão contra Rui assinado pelo ministro da Aeronáutica, em 5 de abril de 1964

Segundo mandado de prisão contra Rui, poucos dias após sua liberação da primeira prisão, dessa vez assinado pelo brigadeiro Vinhaes, em 17 de agosto de 1964

Habeas corpus conferido em 30 de outubro de 1964 pelo Superior Tribunal Militar após a segunda prisão de Rui, considerada injustificada

Com parte dos amigos da vida civil: os jogadores de vôlei de praia da rede da Rua Sá Ferreira, em Copacabana, em 21 de junho de 1970

Rui e Alvarez na Jacel Jambock nos anos 1970: militares reformados, amigos e sócios

Tarde de autógrafos do livro *Senta a Pua!*, na Livraria Muro, no Rio de Janeiro, em 28 de abril de 1980

Rui com o amigo e comandante Nero Moura

Entrega da Medalha *Presidential Unit Citation* aos veteranos do 1º Grupo de Aviação de Caça, em abril de 1986

Veteranos comparecem à cerimônia de homenagem ao *Brazilian Squadron* no monumento do *350th Fighter Group*, onde estão citados. Daytona, Estados Unidos, maio de 1988

Novamente aceito nas dependências da Força Aérea, Rui posa ao lado de um F-15 na BASC, em 1986

Amigos de toda a vida, Rui e Meirinha durante uma das palestras proferidas no Museu Aeroespacial (MUSAL), nos anos 1990

Em um Almoço dos Veteranos, realizado mensalmente no Clube da Aeronáutica do Rio de Janeiro, nos anos 2000

Veteranos cantando "Carnaval em Veneza", hino do Grupo de Caça, ao lado de um P-47 Thunderbolt, no Campo dos Afonsos, durante a filmagem do documentário "Senta a Pua!", em 1999

Erik de Castro, diretor do documentário, e brigadeiro Rui acompanham as filmagens no Musal, em 1999

Recebendo o Título de Cidadão Fluminense na Assembleia Legislativa do Rio de Janeiro, em 1988

Brigadeiro Rui recebe a Medalha Santos Dumont, em outubro de 2000

Reconhecido com a Medalha do Mérito Operacional Nero Moura, oferecida a "Comandantes de unidade aérea pela conduta em prol da operacionalidade da sua organização e da Força Aérea Brasileira" no ano de sua criação, em abril de 2010

Rui inaugura o busto do comandante Nero Moura na Base Aérea de Santa Cruz, em 1999

Veteranos na inauguração do Monumento Xavante na Base Aérea de Santa Cruz, em 2007. Em pé: Machado, Miranda Corrêa, Marinho, Osias, Rodrigues, brigadeiro Saito (ministro da Aeronáutica), Guizan, Rui, Damasceno, João Rodriguez, Alvarenga, Meira, Ed e Perdigão. Sentados: Spínola, Furtado, Correia Netto e Rocha

"O GLOBO" 23/04/79

O GLOBO Segunda-feira, 23/4/79 — O PAÍS • 5

Délio: Verdadeiro destino do Brasil é a democracia

Presença de punidos mostra conciliação na Aeronáutica

O Globo noticia em 1979 a volta dos militares cassados à Base Aérea de Santa Cruz depois de quase 15 anos renegados

A perícia condecorada

41 anos depois, os EUA redescobrem pilotos brasileiros na Itália

Lutando pela anistia

Reportagem do *Jornal do Brasil*, sobre a condecoração com a *Presidential Unit Citation*, cita Rui e outros colegas cassados em luta pela anistia, em abril de 1986

Reportagem de página inteira no jornal *Extra*, do Rio de Janeiro, sobre a trajetória de Rui Moreira Lima e sua luta por justiça, em 23 de maio de 2010.

Homenagem da Comissão de Anistia ao brigadeiro Rui Moreira Lima por sua heroica atuação em defesa dos valores democráticos

Ministério da Justiça
Comissão de Anistia

Homenagem

A Comissão de Anistia do Ministério da Justiça do Brasil tem a honra de homenagear

BRIGADEIRO RUI MOREIRA LIMA

Pela sua heróica atuação em defesa dos valores democráticos e resistência ao regime ditatorial brasileiro

Paulo Abrão
Presidente da Comissão de Anistia
Ministério da Justiça

Reunião na casa do brigadeiro Rui com o comandante da Marinha, Luiz Carlos Moreira de Souza, o presidente da Comissão de Anistia, Paulo Abrão, e o coronel Baère, nos anos 2000

Rui e seu companheiro de luta por justiça e liberdade, o jornalista Barbosa Lima Sobrinho, na Associação Brasileira de Imprensa, em 2000

Lançamento na BASC da terceira edição do livro *Senta a Pua!* e da primeira edição traduzida para o Inglês, *Hit'em Hard*, em dezembro de 2011

Com o filho Pedro Luiz, a nora Jussara, o amigo Godoy, a esposa Julinha e os netos Clarissa e Pedro Henrique, na mesma ocasião

Hospitalizado, Rui não pôde comparecer ao lançamento do livro *Diário de Guerra*, na BASC, em dezembro de 2008

Pedro Luiz e Rui, com uma miniatura de seu D-4

Rui e os filhos Pedro Luiz, Claudia e Sonia, nos anos 2000

O último encontro com a família no Maranhão durante a cerimônia de entrega da Condecoração Manoel Beckman, na Assembleia Legislativa do Maranhão, em março de 2012

Condecorado pelo Governo do Maranhão

Ministério da Aeronáutica
🕊 Fundador 🕊

O Ministro de Estado da Aeronáutica, no ano do Cinqüentenário deste Ministério e conforme a Portaria nº 943 / SCC de 18 de Nov de 1992, confere ao Maj Brig Rui Barbosa Moreira Lima o título de **FUNDADOR DO MINISTÉRIO DA AERONÁUTICA** pela sua colaboração, em 1941, na criação desta Instituição.

BRASÍLIA-DF 18-Nov-92

LÉLIO VIANA LOBO
MINISTRO DA AERONÁUTICA

Diploma de Fundador do Ministério da Aeronáutica recebido em 18 de novembro de 1992

Certificado

Certifico que *Rui Barbosa Moreira Lima* é anistiado político brasileiro nos termos da Lei n.º 10.559, de 13 de novembro de 2002.

Por meio desta manifestação pública o Estado brasileiro reconhece seus atos de resistência contra o regime autoritário e em prol da liberdade e da democracia de nosso país.

Pela anistia política constrói-se a reparação aos que foram violados em seus direitos fundamentais, bem como a memória e a verdade histórica.

Para que não se esqueça,
Para que nunca mais aconteça.

Rio de Janeiro, 30 de abril de 2011

José Eduardo Cardozo
Ministro de Estado da Justiça

O incomum Certificado de Anistiado Político, oferecido pelo ministro da Justiça, José Eduardo Cardozo, em abril de 2011

— Não faça isso, coronel. O senhor não precisa fazer isso, o senhor já disse que não está armado – falou, agora realmente constrangido.

Quando foi juntar suas coisas, Rui encontrou um punhalzinho para limpar unha que carregava consigo.

— Olha aqui a arma. Está aqui. Pega aqui, Zamir, e entrega para a Julinha.

Rui então chamou o oficial que tinha sido seu colega de atletismo.

— Então você me acompanha. Que honra pra mim você estar me acompanhando, poderia ser um inimigo.

Rui pediu que alguém levasse sua mala. O oficial então falou com o comandante – Rui não trocou uma única palavra com ele –, que designou outro oficial para encaminhá-lo ao porão do navio.

O *Barroso Pereira* era um navio de transporte de tropas que ficava ancorado na Marinha, não muito distante do prédio de comando. Fizeram todo o trajeto a pé, Rui e seu antigo colega de Escola Militar, em silêncio.

Já dentro do navio, o oficial o entregou ao comandante, que não trocou nenhuma palavra sequer com Rui. Ele designou outro oficial para levar Rui até o porão. Foram em silêncio até lá e, ao chegar, a única coisa que o oficial falou foi: "É aqui que o senhor vai ficar", trancando Rui com cadeado logo em seguida.

O porão era um local amplo e sujo, com uma cama de campanha, um chuveiro e uma latrina do tipo "olho de boi". Rui achou aquilo o fim da picada: um coronel preso no pior local do navio. Fazia muito calor, havia só um pouco de luz, e era possível sentir o casco do navio batendo no cais.

Já anoitecia, por volta de umas sete da noite, quando bateram na porta e trouxeram um prato esmaltado com comida de aparência horrenda. Rui pegou o prato e jogou na porta, decidindo iniciar uma greve de fome. Todas as vezes que vinha comida, ele a jogava contra a porta. Decidiu não recusar a água, pois sabia que não sobreviveria muito tempo desidratado, mas recusava toda e qualquer comida. Após um dia inteiro passado, o espaço entre a cama e a porta estava todo sujo de comida, o que fez juntar ratos e baratas, numa situação completamente insalubre.

No terceiro dia, sem ninguém ainda ter falado com Rui, apareceu um capitão e disse: "coronel, o senhor por favor se prepare e arrume suas coisas porque o senhor vai sair desse navio e vai passar para outro navio." Rui fez a barba, tomou um banho, fardou-se o melhor que pôde. Foi retirado do porão e levado para falar com um oficial, um capitão de Corveta, que ele não sabia ser um bom ou um mau encontro, já que não estava familiarizado com as patentes da Marinha.

O capitão estendeu a mão para Rui, que olhou para a mão dele e disse:

– Qual o seu posto, por favor?

– Eu sou capitão de Corveta.

– É um direito, no regulamento de continência das Forças Armadas, de o superior dar a mão ao inferior. O senhor está me dando a mão, mas eu não vou responder ao seu aperto de mão porque o senhor já me julgou. O senhor me pegou sem me conhecer e me jogou nesse porão horrível do seu navio e eu fiquei três dias num lugar onde pouca gente sobrevive, de tanta porcaria, de tanta safadeza, de tanta sujeira que existem aí. Então, não vou te dar a mão. Só não ouvi o nome que o senhor falou.

– Serpa! – respondeu o capitão bem irritado, em tom ríspido e alto.

– O senhor podia ter falado mais baixo, mas eu não vou esquecer mais, obrigado. Quais são as ordens agora?

– Vou encaminhar o senhor para o navio *Princesa Leopoldina*.

Rui pouco sabia sobre o *Princesa Leopoldina*, apenas que era um navio de turismo que a Marinha tinha adquirido e que tinha ar-condicionado em todos os ambientes, então, pior do que estava, não poderia ficar.

Foi mais uma vez escoltado por um oficial e dois fuzileiros em uma lancha até o navio. Já era noite. Durante o trajeto, foi pensando que estava sendo burro, que deveria melhorar a forma de tratamento com eles para talvez receber um tratamento melhor. Estava cansado de ser durão com eles. Estava preso, era fato, então o jeito era jogar o mesmo jogo deles.

Foi deixado no camarote do comandante, que se apresentou como capitão de Fragata Santos Lima, sobrenome que lhe soou familiar.

– O que o senhor é do Santos Lima, médico dos Hospital dos Servidores?

– Ele é meu irmão – disse o homem em tom amistoso.

– Você sabe que ele me operou?

– Sei que te operou, que recebeu uma caixa de uísque de presente do senhor e eu ganhei uma garrafa. Ele gostou do senhor.

– Você é parecido com ele.

Sorriram de leve pela lembrança e o papo então se amenizou. Papearam um pouco sentados, enquanto todo o movimento do navio acontecia em volta, até que Rui falou:

– Santos Lima, acho que agora que nos conhecemos melhor, você já pode me mandar para o porão deste belo navio – disse, rindo. – Eu estou muito cansado. Eu passei esse mês todo com ingratidão na base, depois eu fui preso... Essas coisas que você entende mas não sofreu, graças a Deus. Então eu queria que você me mandasse logo pra prisão em que eu vou ficar.

– Não, o senhor não vai pra um porão do navio. O senhor vai pra um camarote, com ar-condicionado, com água gelada, com tudo a que o senhor tem direito. Aqui não há nenhum prisioneiro oficial ou sargento preso em porão, todos estão em camarotes com ar-condicionado.

Rui expressou um misto de surpresa e alívio.

– Que bom, isso é ótimo, porque no *Barroso Pereira* amarguei um porão.

— O senhor tem amigos que o querem muito bem, coronel Rui. Foi o brigadeiro Nero Moura quem intercedeu no Comando da Revolução, junto ao general Castelo Branco, a seu favor, assim que soube para onde haviam te mandado. Mas foi graças ao seu currículo que o senhor está aqui. É um currículo impressionante, devo dizer.

— Obrigado, capitão. Fico satisfeito em saber que não vou para um porão, apesar de continuar preso. Mas estou realmente cansado e gostaria de ir para minha cela, ou meu camarote... como o senhor quiser chamar.

— Claro. Mas, coronel, antes do senhor sair, tenho um pequeno problema.

— Qual é?

— Tenho que fazer uma revista no senhor.

— Olha, capitão... — Rui respirou fundo antes de continuar. — Eu já fui revistado antes de entrar no navio *Barroso Pereira*. Confesso que estava um pouco estressado e não fui muito amistoso com os oficiais que me receberam... mas a revista foi feita. O almirante não quis me dar um documento comprovando quando lhe pedi, disse que sua palavra bastaria. Sugiro que lhe pergunte por telefone ou telex. Pois então o senhor vai me desculpar, mas eu vou me recusar a ser revistado novamente.

Surpreendido, o capitão Souza Lima pediu licença e foi até um canto da sala conversar com seu assessor de segurança, Ferraciú.

— Coronel, eu sinto muito, mas infelizmente teremos que revistá-lo, sim. São os procedimentos da rotina de segurança. Veja só, tenho aqui punhal, peixeira, navalha, revólver, tudo confiscado de oficiais prisioneiros.

— Está bem. Você quer e vai me revistar. Vou facilitar sua tarefa.

Rui apontou para um fuzileiro parrudo e mais três que acompanhavam a conversa.

– Agora venham me revistar. São seis contra um. Terão que me agarrar, bater, me jogar no chão, rasgar minha roupa e tudo mais. De graça, não vão revistar. Isso é uma violência, abuso de autoridade, covardia e uma indignidade. É isso mesmo que o senhor quer? – disse, já inquieto na cadeira, pronto para se levantar e brigar.

Ferraciú então chamou o capitão e, mais uma vez, conversaram em sigilo.

– Está bem, coronel. O senhor está dispensado da revista – disse Souza Lima, voltando a sentar-se diante de Rui. – O senhor aceita um café?

Rui levantou-se, já impaciente.

– Não, não quero café. Não quis o café do brigadeiro Baiena, não quis o do almirante e agora não quero o seu. Eu não quero café. Eu só quero me retirar, tenho permissão?

Rui saiu com uma escolta, um soldado na frente andando de costas e um outro atrás. Foi colocado em um camarote com quatro camas e um banheiro separado. Havia mesmo ar-condicionado, um frigobar com garrafas d'água, uma mesa e uma cadeira. Em cima da cama, além de lençóis e cobertores, um uniforme tipo macacão e um pijama.

Quando chegou, soube que a interferência de Nero Moura junto ao presidente Castelo Branco se devia à sua esposa, Julinha. Assim que o marido foi preso, ela foi atrás de informações e soube que todos os oficiais eram mandados para o navio *Princesa Leopoldina*, apenas Rui estava no *Barroso Pereira*. Indignada, procurou o Nero Moura.

– Brigadeiro, eu não peço nada para o Rui, apenas que ele não seja discriminado. Ele está num navio diferente, sozinho.

Confirmada a informação de Julinha, ele procurou o presidente, que prontamente o atendeu.

Ainda nos primeiros dias, concederam-lhe o direito de receber e enviar cartas para sua família. Recebeu a primeira carta de Julinha, emocionada, contando que Soninha estava bem em Washington, com a ajuda do amigo José Guilherme; Pedro Luiz estava assustado mas bem, e Claudinha ainda não entendia a situação, mas sentia saudades. Achou melhor não comentar que a professora de Pedro Luiz tinha falado em sala de aula que os militares estavam sendo brandos, que "tinha mais que matar esses comunistas todos e que estão presos", que o filho defendeu o pai em sala de aula, chorando, e estava muito magoado com a professora e os colegas. Também achou melhor não comentar que a família estava sendo vigiada o tempo inteiro, com militares à paisana de prontidão vinte e quatro horas por dia na frente do prédio deles e que ela até tinha mandado Pedro Luiz levar café para eles num dia de chuva fria. Achou melhor também não dizer que tinha recolhido todas as recordações militares de Rui, de condecorações a suas armas, e escondido na casa do amigo Goulart, que morava no mesmo prédio deles, depois que souberam que um grupo paramilitar tinha invadido a casa do Alvarez e mandado seus filhos ficarem com as mãos na cabeça, de frente para a parede, e cantando o Hino Nacional, enquanto eles reviravam todas as coisas do pai. Não estava sendo fácil, mas achou melhor não contar problemas por carta. Assim como na guerra, Rui já tinha problemas demais.

Quando recebeu a carta, Rui chorou e respondeu de imediato, dizendo que também estava bem, finalmente. Pediu para que Julinha procurasse Nero Moura e advogados, e que se cuidasse.

Rui ficava sozinho, sem falar com ninguém. Era levado junto de um grupo de mais sete prisioneiros para as refeições, mas cada um ficava em uma mesa sozinho. O grupo era acompanhado por dois fuzileiros navais armados com metralhadoras – um na frente virado para eles, andando de costas, e outro no final – e um capitão-tenente. Depois era levado de volta ao seu dormitório, onde ficava até a próxima refeição.

Foi nas visitas ao refeitório que ficou sabendo quem estava preso também no navio. Entre os prisioneiros, havia os oficiais: O almirante Suzano, almirante Goiano e mais um outro almirante; dois generais do Exército muito simpáticos; e três brigadeiros, Teixeira, Nicolls e Dirceu; além do seu amigo de Grupo de Caça Fortunato. E muitos tenentes, como o Santa Rosa, o Luis Carlos Moreno e mais dois irmãos, Ribamar (um guarda-marinha), Ernani, José Carlos de Oliveira, Alvarez, Juarez, Vânio, entre tantos outros. Descobriu que, ao todo, eram cerca de 170 prisioneiros da Marinha, do Exército e da Aeronáutica.

Rui foi observando atentamente todos os que passavam pelo refeitório. A prisão de alguns oficiais ali, como o brigadeiro Teixeira, o deixou chocado. Ficou claro que o "Comando da Revolução" não estava poupando ninguém que pudesse, de alguma forma, ser contrário ao que estavam fazendo.

Depois de uma semana nessa rotina, já estava bem irritado com o isolamento. No oitavo dia, foi chamado por Souza Lima em seu gabinete:

– Coronel Rui, eu queria merecer um favor seu. Eu estou pegando os prisioneiros que estão muito fora de si, que estão mal-criados, mal-educados, estão querendo desmoralizar a gente, e eu não quero fazer uma coisa dessas com meus colegas. Todos são colegas meus. Então, eu queria que o senhor os recebesse no seu quarto para conversar.

– Capitão, estou muito bem sozinho e não é minha atribuição tomar conta dos meus pares – dissimulou, já que na verdade andava sonhando em ter alguém com quem conversar.

– É que o senhor é um líder.

– Líder de minoria não manda nada, rapaz!

Eles riram e ele continuou.

– Mas é um apelo que eu faço.

Rui o olhou com atenção, um pouco desconfiado, mas entendeu que era um pedido sincero.

– Quem são os caras?

– Os dois filhos do almirante Suzano, Márcio e Paulo Suzano, um corveta e outro capitão do Exército; o corveta Enéias, que é oficial de máquinas; os capitães-aviadores Daudt e João Carlos Gomes de Oliveira; e um tenente mecânico de aviões, tenente José Nerval, do ITA, de São José dos Campos.

Rui então os recebeu. Quando entraram, foi um monte de palavrões.

– O senhor fez muito mal em se responsabilizar por mim porque o senhor queira ou não queira, eu vou fugir desta merda – falou Daudt.

– Shhhh... fala baixo! Se você for fugir, eu também quero fugir. Vamos dar um jeito de fugir. Então eu quero que você me diga: você é bom de natação? Você nada bem? – disse Rui.

– Mais ou menos... – respondeu.

– Mais ou menos? Então você vai morrer afogado porque aí tem uma correnteza, na Barra, enorme. Porque você vai ter que sair pela Barra. E depois... vem ver uma coisa – disse, levando Daudt até a escotilha –, olha aqui pela vigia, lá pra baixo. Quantos metros tem isso aqui? Uns três metros? São três metros que você faz "bloft" lá embaixo. Os caras estão lá em cima doidinhos pra te dar uns tiros nos cornos. Então, vamos planejar bem isso, que eu também quero fugir contigo.

Daudt ficou olhando pela escotilha, pensando, e começou a baixar a bola um pouco. E da mesma forma que conversou com Daudt, Rui foi conversando com um e com outro.

– Filhos da puta! Roubaram meu rádio! – contou João Carlos.

– Poxa, João Carlos! Roubaram o rádio? Nós estamos incomunicáveis, rapaz! O papel deles é tirar tudo, pra gente não se comunicar com ninguém lá fora. Mas como é que foi isso? Vamos roubar esse rádio de volta, eu tenho cacife para voltar lá – sugeriu Rui.

– Mas como nós vamos roubar o rádio? – interessou-se João Carlos.

– Nós vamos até o gabinete do Santos Lima. Vou te apresentar, contar que você é filho do senador Gomes de Oliveira, e que você quer pedir desculpas por suas grosserias anteriores. A essa altura, você já localizou o rádio e o Santos Lima, que é um homem de paz, já o desculpou. Aí eu entro em cena pedindo licença pra quebrar o protocolo e lhe dar um abraço. A cena vai tomar a atenção de todos pra mim, então é quando você vai colocar seu quepe paraguaio em cima e roubar o rádio.

– Mas eles podem pegar...

– Se eles pegarem, nós estávamos roubando o rádio, ué. Nós temos direito de fazer isso, faz parte do direito do preso, se escafeder, roubar, qualquer coisa, até fugir.

Ele concordou. Eles então foram lá, Rui fez a cena e eles voltaram com o rádio. Era um rádio japonês, de pilha recarregável, que vinha já com carregador, bastando colocá-lo na tomada – uma novidade para a época. Rui combinou com os outros que ninguém ia "cortar sangue", dizendo que não ia usar o rádio, mas que o rádio ficaria com ele porque pretendia fazer um jornal lá dentro.

De manhã, às oito horas, Rui ouvia a Rádio Tupi e, à noite, o *Repórter Esso*. Então pegava guardanapos de papel de seda no refeitório e fazia um resumo das notícias do mundo fora do navio e notícias internas. Algumas eram sérias, para que soubessem o que acontecia entre eles, outras mais engraçadas, como "comandante Vânio não tomou banho", para amenizar o clima. Rui distribuía os jornaizinhos na hora do rancho, e, à noite, jogava as bolinhas de papel para os outros prisioneiros.

Com o tempo, a tripulação do navio começou a se dar conta do que estava acontecendo. Viam Rui entregando as bolinhas de papel e, quando conseguiam pegar alguma, percebiam que as notícias batiam com as que tinham sido dadas na Rádio Tupi e no *Repórter Esso*. Isso fez com que passassem a caçar o rádio em todos os lugares, aumentando as revistas nos camarotes. Mas apenas aquele pequeno grupo de "revoltados" sabia da existência do rádio e nenhum deles sabia onde o rádio estava: ele ficava o tempo todo com Rui. Como seu macacão era largo, ele fez uma rede com cordões do lado de dentro, entre as pernas, e escondia o radinho ali, na certeza de que todos tinham respeito suficiente por ele para que não o revistassem.

Obviamente, a circulação de notícias levantou a curiosidade dos companheiros. Perguntavam para Rui e para os "rebeldes" como é que eles sabiam daquilo e eles inventavam muitas histórias para justificar a origem. Uma delas era que eles colavam os ouvidos nos canos hidráulicos na hora dos jornais e conseguiam ouvir o som que vinha de outros camarotes, levando o jornal a ficar conhecido como CanoPress.

A curiosidade era tanta que alguns prisioneiros passaram a conjecturar teorias de física para tentar entender como a tal transmissão poderia ser possível. O coronel Alvarez ficou tão cismado que insistiu que queria ouvir pessoalmente a CanoPress no camarote de Rui, que até tentou impedir, mas ele insistiu tanto que não teve jeito. Ao chegar lá, ele colou o ouvido no cano esperando ouvir a rádio. Rui, sabendo que não tinha nada para ouvir ali e preocupado com a presença do colega chamar a atenção da tripulação, abriu o registro e a água salgada começou a jorrar pelo cano. O coronel ficou irritadíssimo, querendo brigar com Rui e, com a confusão, não demorou para aparecer um tripulante questionando. Rui, gaiato, disse logo que o cara era doido, que apareceu mesmo sem ser o camarote dele, dizendo que queria tomar banho. E, no dia seguinte, a confusão era notícia na CanoPress, levando todos os colegas às gargalhadas.

Ouvir as notícias de fora não ajudava muito a aplacar a angústia dos presos. Souberam via CanoPress que o general Humberto Castelo Branco tinha sido nomeado presidente da República pelo Comando da Revolução e referendado pelo Congresso Nacional, e que, junto com sua posse, tinha saído um decreto chamado Ato Institucional nº 1, que autorizava afastamentos, reservas, cassações, expulsões e prisões de servidores públicos, militares e políticos que se opusessem à nova ordem nacional – ou seja, deixando incerto o destino de todos os que estavam presos naquele navio.

Os dias passavam e a pressão sobre os prisioneiros continuava constante, especialmente por parte da tropa de menor patente, que de alguma forma sentia o peso da responsabilidade de tomar conta de presos tão "importantes". Os fuzileiros estavam sempre sisudos, com armas em punho e prontos para atirar, o que deixava todo mundo extremamente tenso. Incomodado, comandante Vânio, que era comandante de frota de submarino, foi conversar com o capitão Santos Lima, pedindo que ele repensasse a escolta armada de fuzileiros que sempre tinha que acompanhar os grupos de prisioneiros. Disse ao comandante que, além daquilo ser um acinte, aqueles rapazes eram recrutas e muito jovens e poderiam esbarrar o dedo no gatilho de uma daquelas armas e acabar matando um dos prisioneiros. Um acidente desses, além de ser muito desagradável para a família de quem fosse atingido, também azedaria o clima entre os presos, podendo gerar vingança.

O capitão Santos Lima prometeu pensar, mas, alguns dias depois, viu-se obrigado a tomar uma atitude sobre os fuzileiros de escolta, já que um deles deu uma rajada para o alto com a justificativa de manter a ordem, e todos os prisioneiros se jogaram no chão, assustados. A manifestação de todos foi imediata, inconformados por tal tratamento, e o capitão acabou decidindo por mudar o esquema, ordenando que os fuzileiros não andassem mais com o dedo no gatilho nem mesmo com bala na agulha.

Apesar das bolinhas de papel da CanoPress, durante quase trinta dias de prisão o contato direto entre os presos não era permitido, a não ser em situações especiais autorizadas pelo capitão; mas, com o passar dos dias, os prisioneiros começaram a interagir, especialmente no refeitório, sob vista grossa dos tripulantes.

Numa noite, Rui ficou sabendo que o coronel Jarbas Ferreira de Souza, que estava debilitado fisicamente, mas fazia questão de não usar o macacão e sim de se fardar impecavelmente todos os dias, estava fazendo aniversário. Resolveu, por impulso, entrar na cozinha, pegar uma caixa de fósforos e, assim que todos se aproximaram, ele subiu em cima de um banco e anunciou:

– Atenção, atenção, rancho! O coronel Jarbas está completando mais um ano e nós vamos soprar a velinha dele e cantar o "Parabéns pra você"! Atenção! – e puxou a canção – na Glória! Parabéns pra você...

Cantou, seguido por todos e, no fim, acendeu um palito de fósforo, que foi soprado pelo Jarbas.

O Ferraciú, chefe da segurança. ficou louco.

– O senhor não pode fazer isso!

– Mas ele está fazendo anos... é um velho cansado, talvez nem comemore outro aniversário...

Ferraciú, irritadíssimo, mandou que todos voltassem para seus camarotes imediatamente e levou o ocorrido ao comandante Santos Lima.

No meio da madrugada, bateram na porta do camarote de Rui, que foi orientado a se fardar para ir falar com o comandante. Eram duas horas da madrugada quando Rui adentrou no gabinete e ouviu:

– Poxa, coronel Moreira Lima, o senhor não pode imaginar a alegria que o senhor me deu em quebrar esse gelo cantando "Parabéns"! Que ideia fantástica!

Rui ficou surpreso e feliz. O capitão continuou.

– Então, eu queria fazer mais. Eu queria que o senhor fosse meu convidado e convidasse mais cinco companheiros seus para levar para o meu camarote às cinco da tarde de hoje, pra a gente tomar um coquetel lá em homenagem ao aniversário do coronel Jarbas.

E assim foi feito. Rui convidou o Machadão e o Silva, que eram alcoólatras e estavam sofrendo muito com a abstinência; convidou também o Juarez, o Alvarez e o Caldeira, que andavam muito sensíveis, chorando e dando socos nas paredes, além do aniversariante coronel Jarbas, obviamente. No dia seguinte, às cinco, um coquetel com canapés, docinhos, bolo e uísque foi servido para o coronel Jarbas, com a presença do capitão Souza Lima, de Ferraciú e dos convidados-prisioneiros, que cantaram parabéns e se divertiram como se o navio não fosse uma prisão.

Como não podiam interagir, o dia a dia dos prisioneiros era muito solitário e angustiante, o que fazia com que ficassem bastante inquietos. E, como os presos foram percebendo que Rui tinha abertura com o capitão, passaram a tentar aliciá-lo para um plano de fuga.

– Coronel Rui, você tem que ajudar a gente a fazer a planta baixa do navio – argumentou Daudt num almoço no refeitório.

– Eu não sou bom de desenho, Daudt.

– Não precisa desenhar. O João Carlos é um ótimo desenhista técnico, ele faz isso. Mas você circula bem pelo navio, tem que ajudar a gente a medir tudo pra gente poder bolar um plano de fuga.

– E o que eu tenho que fazer? – concordou Rui.

– Arruma uma desculpa pra falar com o capitão e conta quantos degraus tem aquela escada – animou-se Daudt.

Rui então passou a arrumar desculpas para ir de um lado ao outro do navio, voltando com as informações pedidas por Daudt e João Carlos. Numa das visitas aleatórias ao gabinete, comentou com o capitão Souza Lima:

– Eu só estou aqui porque o pessoal está planejando fugir do navio e eles precisam de informações.

O comandante ficou alvoroçado.

– Mas como é que vão fugir daqui? Vão cair na água, morrer afogados! Você está ajudando eles, coronel Rui? Que loucura é essa?

– Calma, capitão. Eu estou distraindo o pessoal... vai ficar tudo bem. Eles estão fazendo a planta baixa do navio, então de vez em quando eu venho aqui pra falar contigo e contar as escadas. Então, pra facilitar, eu queria a planta baixa do navio.

– Mas isso eu não posso dar! – respondeu horrorizado.

– Que é isso, capitão? Pode sim. Aquela planta baixa que vem para os passageiros, que tem as saídas de emergência, como as dos aviões. Não tem nada demais.

O capitão ficou olhando para Rui alguns segundos, desconfiado, conjecturando. Então levantou de sua mesa, foi em um dos arquivos e buscou um desses mapas, mas, antes de entregá-lo a Rui, certificou-se:

– O senhor fica responsável por isso?

– Deixa comigo – garantiu Rui.

O comandante Santos Lima acabou cedendo e deu a planta de emergência do navio para Rui.

– Veja como uma atividade de recreação, capitão. Esses homens são inteligentes, qualificados, e estão enlouquecendo de ócio. Eles não pretendem de verdade fugir do navio; no fundo, o senhor sabe disso.

Rui entregou o mapa nas mãos de Daudt, que ficou contentíssimo. Passaram os próximos dias fazendo planos que obviamente não pretendiam executar. O capitão passava por eles e observava, de início preocupado, mas aos poucos foi entendendo melhor a situação.

Alguns dias depois, o comandante chamou Rui para outra conversa.

– Como vão os preparativos para a fuga, coronel Rui? – disse sorrindo o capitão.

– Ah não, comandante. Não vão mais fugir. Vão tomar o navio.

O capitão teve um sobressalto na cadeira, assustado.

– Que história é essa, coronel? O senhor falou pra mim que era um passatempo!

– Pois é, mas desistimos da fuga e decidimos por um motim. Já sabemos até como fazer. Tudo aqui no navio vocês dão um apito e anunciam "Atenção *Princesa Leopoldina*, Fulano comparecer ao portaló". Então. Nós resolvemos que vamos tomar o portaló, assim vocês não vão ter onde se reunir.

O comandante entendeu imediatamente a piada e caiu na gargalhada.

– Coronel, o senhor é uma figura!

– É preciso passar o tempo e temos muitas mentes brilhantes por aqui, comandante. Melhor ficar de olho no portaló – disse, rindo.

De fato, os presos ali não eram comuns. A maioria deles exercia ou já havia exercido funções importantes dentro das Forças Armadas em algum momento. O coronel João Carlos Oliveira, por exemplo, tinha sido comandante da Aviação Embarcada na Base Aérea de Santa Cruz. Ele estava trabalhando no Instituto de Tecnologia Aeronáutica (ITA) e, quando o golpe irrompeu, roubou um avião com outro oficial de publicações e partiu para Porto Alegre, esperando fazer parte de uma possível resistência, o que não aconteceu.

Mas, para a surpresa de Rui, assim que eles tiveram a autorização para socializar, começou o "campeonato de prisões". Um dos que se gabava do próprio histórico era o Fortunato, que ficou disputando ponto a ponto com um almirante que tinha sido preso mais vezes.

Sobre isso Rui não se manifestava. Tirando as prisões de alguns dias por conflitos hierárquicos ou brigas, aquela era sua primeira prisão. Era sua primeira prisão política. Não que isso fizesse muito sentido em sua cabeça, porque não defendia nenhum partido ou ideologia específica – defendia apenas a Constituição e a democracia.

Com os dias, as regras foram sendo afrouxadas e os prisioneiros passaram a circular mais livremente pelo navio. Em mais ou menos vinte dias de prisão, o capitão Souza Lima liberou a saída dos prisioneiros para o deque do navio. Esse fio de liberdade ajudou e muito a diminuir as tensões.

No deque, eles finalmente podiam tomar banho de sol, se exercitar e até pescar. Ficavam horas calmamente esperando alguma cocoroca morder a isca e depois as levavam para a cozinha, para serem preparadas para o almoço ou jantar. E, já que não podiam nadar, transformaram a piscina do navio em um grande aquário dos peixes que não eram comestíveis. Rui virou um dos maiores adeptos da pescaria que, de alguma forma, lhe matava a saudade dos tempos de garoto no Maranhão e ajudava a manter a paz de espírito.

Mas as idas ao deque acabaram tendo uma outra função muito importante: conversar sobre tudo o que estava acontecendo fora dali. As notícias não eram nada boas. Rui e vários outros oficiais finalmente souberam que tinham sido cassados pelo brigadeiro Melo "Maluco" logo após ser decretado o AI-1. Rui, inclusive, soube de uma tentativa de expulsá-lo. Só não conseguiram porque Nero Moura interveio junto do presidente Castelo Branco que, conhecendo muito bem Rui como seu aluno na Escola Militar de Realengo e também por terem se encontrado nas batalhas na Itália, revogou a decisão.

Mas a pior notícia era a indireta.

– Eu acho que esse golpe não é igual aos outros golpes que aconteceram anteriormente; esse golpe veio pra ficar – disse Rui a um grupo de colegas.

– Que é isso, Moreira Lima? Quantos golpes já houve no Brasil! Esse é só mais um. Daqui a pouco passa – contestou o Almirante.

– Discordo. Sabe por quê? Porque como é que eles pegam brigadeiros, põem aqui, depois põem o brigadeiro pra fora, passam pra reserva e depois reformam... Isso não pode acontecer de graça. Esses caras não vão se redimir de uma situação dessas, não vão pedir desculpas, não. Isso é um golpe militar que veio pra ficar.

Fez-se silêncio por alguns instantes. Rui tinha razão. Estavam humilhando oficiais de alta patente como nunca tinha acontecido antes.

– Mas e aí, Rui? Se é assim, o que vai ser da gente? Você acha que não vai acabar? Não vai ter anistia? – perguntou preocupado o Alvarez.

– Uma hora com certeza acaba, mas não acredito que vai ser agora, não. Acho que não tem mais jeito. Não sei quanto tempo isso vai durar, mas depois a gente vai acabar voltando. Vem uma anistia daqui a um ano, dois ou três anos e fica tudo como dantes no castelo de Abrantes. Pelo menos nos outros casos, em todas essas revoluções que aconteceram no Brasil, nessas revoltas em que botaram os caras pra fora, eles voltaram. Teve até gente que voltou capitão sem ter terminado o curso de cadete no Exército. Chamavam eles de Picolés. Entre eles tem inclusive o grande Tássio Lívio Reis de Freitas, o maior defensor da Amazônia e do petróleo. Não deve ser muito diferente dessa vez.

– E até lá a gente faz o que da vida?! Três anos parados? Não dá pra ficar nem seis meses parado! Ninguém aqui é mais garoto pra começar do zero! – rebateu João Carlos, inconformado.

– Mas é o que vai ser. A gente não vai sair daqui e voltar pras nossas funções, isso você pode ter certeza. Fomos cassados, as Forças Armadas acabaram pra gente, pelo menos por enquanto. Então o que acho que a gente deve fazer é ir pra uma escola dessas, como a Fundação Getúlio Vargas, fazer um curso de administração ou coisa assim, e ir pro o mercado de trabalho procurar um emprego. Isso é que a gente tem que fazer.

Sair daquela prisão e ter que recomeçar toda a vida ainda era uma ideia abstrata demais para a maioria dos que estavam ali. Nada daquilo parecia real, na verdade. Apesar de estarem sentindo na pele a exclusão, eles tinham longas carreiras, construídas com muita dedicação. E era especialmente difícil para os mais velhos, já no final de suas carreiras, aceitar que, depois de tantos anos de serviços prestados e tanta dedicação às Forças Armadas e ao país, estavam sendo simplesmente descartados, sem recurso.

A dureza da realidade da prisão era amenizada graças à sensibilidade do capitão Souza Lima. Apesar de saber que eram prisioneiros, ainda assim ele enxergava a todos ali como colegas e, conforme foi sentindo segurança, foi fazendo o máximo possível para que não ficassem tão tristes e amargurados.

Logo depois de liberar os banhos de sol no deque, passou a permitir que assistissem aos jogos de futebol na televisão do anfiteatro do navio. Depois veio a liberação dos jogos de cartas e, com ela, o primeiro campeonato de *king*.

Quase ninguém sabia jogar *king* ali, mas, como era um jogo simples, Rui passou a ensinar para todos os que se interessassem, a fim de que pudessem organizar um campeonato. Em poucos dias, tanto prisioneiros como a tripulação já estavam engajados, num grande torneio com quase oitenta participantes. As apostas eram em dinheiro, assim como o prêmio, o que serviu de motivação.

As rodadas eram de quatro jogadores e os ganhadores iam jogando entre si até que sobraram apenas quatro para a grande final: Rui, Araquém, Suzano e um fuzileiro da tripulação. Suzano e o fuzileiro nunca tinham jogado *king* antes e acabaram virando os queridinhos da torcida. No dia da final, no lugar de Araquém apareceu o brigadeiro Teixeira e ninguém entendeu nada.

– Eu fiz uma proposta pra ele e ele vendeu o lugar dele pra mim. Agora quem disputa essa final sou eu – explicou o brigadeiro.

– Ah, não pode não! – reclamou o fuzileiro.

– Eu vim até a semifinal. Era pra eu estar nessa mesa de qualquer jeito – justificou.

O burburinho cresceu. Ninguém se conformava. Rui propôs fazer uma comissão para analisar o caso, mas disse que deixaria sua reclamação por escrito. Juntaram finalmente meia dúzia de jogadores para julgar a situação, e a comissão acabou deliberando que a manobra era ilegal e que a vaga tinha de ser do Araquém, senão ele seria desclassificado. O brigadeiro Teixeira não gostou e Araquém teve que devolver o dinheiro, mas finalmente o jogo pôde acontecer.

Depois de uma partida emocionante, com uma plateia de quase oitenta pessoas, o navio prisão *Princesa Leopoldina* tinha seu primeiro campeão de *king*: Suzano, que foi aclamado e carregado pelos colegas, felizes por um novato no jogo ter vencido. Era um alívio e, de alguma forma, um renovar de esperanças.

No dia 18 de maio, Rui finalmente foi convocado para ir à terra responder ao Inquérito Policial Militar (IPM). Não era seu primeiro inquérito, mas, assim como sua prisão, era a primeira vez que o faziam com justificativa política. Foi logo depois do almoço, em uma lancha, acompanhado de outro oficial, para o gabinete do ministro da Guerra, na avenida marechal Câmara. Outros prisioneiros já tinham sido chamados e eles sempre conversavam sobre o que tinha sido perguntado e como tinha sido, mas sabiam que cada caso era um caso e tudo poderia acontecer.

O responsável por seu inquérito era o brigadeiro Ajalmar Mascarenhas e quem fazia as perguntas era o promotor Nelson Barbosa Sampaio. Além deles, havia duas testemunhas: um rapaz tranquilo, que jogava basquete, e outro que também jogava basquete e era irmão de um brigadeiro, ambos contemporâneos de Rui na Escola da Aeronáutica, e ambos tenentes-Coronéis. Por ter sido juiz de soldado em auditoria da Aeronáutica, Rui sabia que o inquirido fala apenas o que quer falar, ninguém é obrigado a falar nada. Mas ele não tinha nada a esconder, então foi respondendo todas as perguntas. "O senhor fez isso, isso, isso?", e Rui: "Fiz, por ordem de meu comandante, brigadeiro Teixeira. Nunca houve uma ordem lá que não fosse dada por ele e por escrito. É um sujeito muito honrado, muito sério e excelente comandante. Um líder, um homem de inteligência fora do comum. Todo mundo o conhece aqui, Vossa Excelência deve conhecer o brigadeiro Teixeira porque serviu com ele na 3ª Zona Aérea."

As primeiras perguntas do inquérito eram relacionadas à Rebelião dos sargentos de 1963 e suas consequências. Perguntavam como Rui tinha se posicionado diante das ameaças e seu grau de envolvimento com os sargentos.

Rui foi respondendo as perguntas, até que perguntaram algo que o deixou muito irritado:

– Coronel Rui, o senhor promoveu conferência de caráter subversivo com os indivíduos João Pinheiro Neto e Abelardo Jurema?
– Promotor, modifica essa pergunta porque eu não fiz isso. O senhor está querendo que diga uma coisa que eu não fiz. O senhor tem que respeitar essas pessoas.
– O senhor está aqui para responder minhas perguntas.
Impaciente, Rui ignorou a indagação do promotor e se reportou ao brigadeiro:
– Brigadeiro, com todo o respeito que eu devo ao senhor, essa é uma pergunta canalha e eu não vim aqui para responder perguntas canalhas, ser provocado dessa maneira.
O clima ficou tenso. Então, o brigadeiro Ajalmar pediu que a audiência fosse paralisada por um momento. Levantou-se e pediu que Rui o seguisse até sua sala.
– Coronel Rui, não perca sua calma, tenha paciência e responda as perguntas que você quiser, você é o dono da pergunta – disse o brigadeiro em tom conciliador.
– Eu sei, brigadeiro, isso o senhor não precisa me ensinar. Mas ele me feriu muito com essa pergunta.
– Não deixe ele te ferir, coronel. As perguntas são suas.
Voltaram, então, para a sala de audiência e recomeçaram. O promotor, prático, não perdeu tempo:
– Brigadeiro, o coronel Rui, dizendo que eu fiz uma pergunta canalha, está me chamando de canalha.
– Olha, você está se adiantando – interferiu Rui. – Eu não chamei você de canalha, eu disse que você está fazendo uma pergunta canalha e que pergunta canalha eu não respondo, porque canalhas são esses dois oficiais – disse, apontando para os oficiais sentados, observando. – Um é o Hipólito da Costa e outro é o Souza Mendes. Eles é que estão fazendo a pergunta, entendeu? Fazendo pra você, lhe dando a cola. Agora, se você assumir, eu não respondo pergunta canalha.

Fez-se um grande silêncio. O promotor ficou entalado, querendo conduzir o processo sem saber como, e disse:

– Mas o senhor está aqui para responder minhas perguntas!

Rui, então, levantou-se da cadeira e foi até o promotor, que estava há uns seis metros dele, segurou-o pelo pulso e disse:

– Olha, Sampaio, eu vou sentar lá e você vai refazer essa pergunta. Eu estou preso, mas não se esqueça de que eu estou vivo. Quer ver como eu estou vivo, ó? – E deu uma profunda inspirada, soltando o ar de bife acebolado do almoço no navio na cara do promotor.

Voltou ao seu lugar, enquanto todos o observavam, sem reações, quase chocados. Sentou-se e, calmamente, falou:

– Pode fazer a pergunta.

O promotor, já fora de rumo, engoliu em seco e retomou:

– coronel, eu conheço o senhor desde tenente, quando o senhor veio da guerra, e seria eu a última pessoa a querer agredi-lo fazendo alguma pergunta de que o senhor não gostasse. Então o senhor faz a pergunta e o senhor mesmo responde.

Rui respirou fundo.

– Então vamos começar do começo. Eu, quando estava no Comando da Base Aérea de Santa Cruz, promovi várias conferências de caráter nacionalista falando sobre reforma agrária, falando sobre a hóstia consagrada, falando sobre o papa, falando sobre o petróleo... Isso é que eu fiz lá. Meu primeiro conferencista foi o padre Dom Helder Câmara. Porque muita gente, sabe Sampaio, na Páscoa dos Militares... eu vejo, ali dá muito Ibope, todo mundo vai tomar a hóstia. Eu tomei agora noventa e três hóstias lá nos Estados Unidos, seguidas! Porque era um hospital religioso e eu começava o dia com o padre indo cama por cama dando hóstia pra gente. Eu acredito na hóstia. E sei por que é dada a hóstia e sei por que existe a Páscoa dos Militares. Mas muita gente não sabe. Então, chamei Dom Helder Câmara, esse santo padre, pra ir falar sobre a Páscoa dos Militares e dizer o que é o sujeito ser cristão, por que toma hóstia, pra poder pelo menos seguir a missa. Eu pedi pra ele. Eu nunca fiz a Páscoa dos Militares, mas eu quero fazer a Páscoa dos Militares. Eu já sabia, mas eu queria que meus comandados soubessem. É por isso que eles estão aqui. O senhor está falando sobre a Páscoa dos Militares, então, o senhor fale sobre isso. Dom Helder Câmara é um santo, vai dizer que não é, Sampaio?

– Sim... – respondeu o promotor, desconfortável.

– Não é, brigadeiro? – questionou Rui.

– É, sim, coronel – concordou o brigadeiro.

– E ele fez uma conferência linda sobre a Páscoa dos Militares. Como ele é um homem muito culto e muito religioso, então ele leu *"pacem in terris"* de João XXIII para os presentes e, por causa disso, no final da conferência de quarenta e cinco minutos, um sargento perguntou: "Dom Helder, o que o senhor acha da reforma agrária aqui no Brasil, que está demorando tanto?", e eu disse: "Padre, não responda porque esse não é o tema. O tema é a Páscoa dos Militares." Então, acabou ali e fomos tomar um lanche e, só por curiosidade, ele tomou meio copo de laranjada e uma torradinha com queijo. Depois, mandei-o de volta em um jatinho.

Todos continuaram mudos, quase hipnotizados por Rui.

– Perguntado quem foi o segundo – continuou – foi o ministro da Justiça, dr. Abelardo Jurema. Ele é doutor em ciências e letras, é formado em direito, o sujeito mais conservador do mundo. Campeão sul-americano em conservadorismo. Ele é do PSD, partido que não é tão conservador como a UDN, mas é igual à UDN, todos os dois são conservadores. Então, vamos respeitar. E ele, quando era ministro, o senhor ia lá sempre, pra recebê-lo. Você não tinha problema de sair lá da auditoria para receber o ministro e agora vem chamar de "indivíduo"? Que coisa! O cristão, quando vê o outro se afogando, dá a mão e tira o outro da água. Se ele está se afogando e está nesse problema de ser preso, e ser exilado, e andar corrido aí... Poxa! Seja condescendente, seja cristão, porra! Ele foi ministro! Ele foi o segundo conferencista e o tema dele foi

"A ditadura e a democracia". Ele estabelecer um paralelo. Então, ele terminou dizendo aquela frase já conhecida: "A melhor das ditaduras ainda é pior do que a pior das democracias." Perguntaram também pra ele sobre reforma agrária e eu não deixei.

Rui parou e tomou um gole de água, calmamente, sem que ninguém desviasse o olhar. E continuou:

– O terceiro foi coronel Carlos de Meira Mattos, da Casa Militar do presidente Castelo Branco. Sujeito conservador, teve um dos maiores auditórios aqui e o tema foi a projeção mundial do Brasil. O tema foi geopolítico, ele defendeu Brasília. Como eu tinha na base oficiais que se negavam a ir a Brasília pra não constatar que Brasília estava existindo e ia ficar pronta em cinco anos, então eu levei esse homem pra fazer isso lá. Era um brilhante conferencista e está na Casa Militar. E aí ele fez a conferência e aí um sargento perguntou: "O que o senhor acha da reforma agrária?", e eu disse "Não responda, coronel Meira Mattos. Isso é uma ansiedade que está no povo brasileiro, principalmente dentro dos quartéis, porque até hoje o Brasil não fez"; mas então o coronel Meira Mattos falou "Ô Rui, deixa eu responder." E então ele deu uma aula sobre reforma agrária, disse o que era reforma agrária.

O promotor desviou o olhar de Rui para tentar obter cumplicidade dos outros presentes, mas todos continuavam atentos à narrativa dele.

– O seguinte foi João Pinheiro Neto, que era da Supra, Superintendência para a Reforma Agrária. Eu pensei: "Então vocês querem falar em reforma agrária? Então eu vou trazer aqui o campeão sul-americano em reforma agrária". É um sujeito que já foi ao Clube de Engenharia, já foi ao Clube Militar, já fez umas três vezes a mesma conferência, então eu vou chamá-lo para fazer uma conferência aqui. E ele foi, fez uma conferência sobre a Supra. Sabe? Localizada logo ali no subúrbio, atrás de Santa Cruz, onde existe todo o material dele e eu até estou me utilizando do material dele para plantar o arroz que eu tô plantando nas áreas vazias da base. Aí vieram as perguntas e ele respondeu todas. Por causa disso, houve uma reunião em duas unidades minhas, com dois majores comandantes das subunidades, um comandante do 2º Grupo de Caça e outro do ECA, pra fazer uma crítica às conferências que eu estava proferindo, porque o Pinheiro Neto, em sua linguagem solta, disse que o Brasil estava devendo esta reforma agrária, mas que o Congresso não estava colaborando para fazer a reforma. Aí, por causa desse pequeno detalhe, os dois comandantes, o major Bezerra e o major Alcântara, em vez de virem a mim e discutir comigo, foram falar que o comandante estava fazendo coisa que não devia fazer. Eu aí chamei os dois e chamei o major José Carvalho, que era meu assessor lá. O José Carvalho é um homem que pensa de maneira completamente contrária a mim, mas é um profissional dos mais corretos e honestos que eu tive lá. Pedi a ele que pegasse o RDAE, o Regimento Disciplinar da Aeronáutica, e visse o que diz o artigo 10, "Crítica ao superior". Então chamei um por um e perguntei: "Você confirma que fez a reunião da sua tropa e disse isso?", e eles "Confirmo sim, senhor", e eu "Então você está preso por oito dias, e ficará fazendo serviço". Chamei o José Carvalho e ele fez o enquadramento no artigo 10, que foi feito normalmente num boletim reservado. Aí eu achei que era um desafio muito grande e que o João Pinheiro Neto tinha realmente feito uma crítica ao Congresso. Por isso, eu chamei o Osvaldo Lima Filho, ministro da Agricultura, pra vir fazer outra conferência sobre a reforma agrária. Ele assombrou com a conferência, foi muito além do que eu queria, respondeu todas as perguntas. Repare que não tem nenhum "indivíduo" aí, apenas sujeitos credenciados.

Rui continuou:

– O seguinte era o presidente Juscelino, que ia falar sobre a OPA e a Operação Pan-Americana. O presidente ficou muito zangado comigo porque eu tinha feito o convite pra ele, ele me passou a agenda dele e eu agendei. Mas aí o PSD o escolheu como candidato à Presidência da República. Eu, ao saber disso, fui ao

Palácio e disse a ele: "Eu vou cancelar a sua conferência porque se o senhor for eu me torno um cabo eleitoral do senhor", e ele respondeu: "Mas o senhor não vai ser cabo eleitoral, não, eu vou falar sobre o tema da Operação Pan-Americana, isso não tem nada a ver com eleições". E eu disse: "Sinto muito, mas não vai falar, não. Tá cancelada." Ele ficou muito zangado comigo, mas ele é um homem muito bom e tudo ficou bem. O outro foi o José Garcia de Souza. Eu pensei que ele era um homem entendido em Santos Dumont, porque ele fez Correio Aéreo e tem outros livros que ele fez sobre a FAB, e é um grande jornalista. Aí, quando ele começou a falar, começou a elogiar os irmãos Wright, e eu disse: "Olha, eu vou cortar a conferência do Garcia porque eu achava que ele entendesse de Santos Dumont", e disse pra ele: "Você não vai mais falar aqui, não. Quem voou mais pesado, pra quem não sabe, foi Santos Dumont e está encerrada a sessão."

Rui, calmamente, olhou para cada presente e finalizou:

– Então, essas foram as minhas conferências. Convidei também o professor do ITA, Ari Procópio, que ia falar sobre aviação comercial estatal, mas não tivemos oportunidade de agendar a conferência. Chamei também o presidente da Varig, sr. Rubem Bertha, para falar sobre a aviação não estatal, mas também não chegamos a agendar. Essas foram minhas conferências, foi isso que eu fiz, brigadeiro. As conferências eram abertas e muitos oficiais assistiram a elas, inclusive o comandante da 3ª Zona Aérea, brigadeiro Teixeira. Eu fiz tudo dentro do regulamento e não passei nenhum minuto dos trâmites do respeito.

O promotor Sampaio nada mais quis saber sobre as conferências, mas voltou a questionar sobre a relação dele com os sargentos, suas mobilizações e relações políticas. Quis saber se Rui sabia da ligação dos sargentos com deputados, o que ele negou, e se tinha ciência do conturbado evento realizado no Clube de Suboficiais e sargentos, o que ele confirmou, lembrando que lá estava presente o presidente da República.

Ao fim, Rui fez questão de frisar que todas as suas atividades eram públicas e, inclusive, saíram na imprensa através da coluna de jornal *Notícias da Aeronáutica* e do *Canal 100*, transmitido na televisão e no cinema.

O brigadeiro confirmou que estava satisfeito com as respostas e o liberou para que retornasse ao navio-prisão. Naquela noite, Rui dormiu mal, revirando-se em pensamentos inconformados sobre como conferências para instruir pessoas podiam ser vistas como subversivas. "Só pode ser uma desculpa", pensou. E nos dias que se seguiram assuntou por todos os lados até que descobriu que o responsável pela abertura dos inquéritos tinha sido o coronel Burnier, que inclusive tinha sido colocado no lugar do coronel Paiva como comandante da BASC. Sentiu-se mais aliviado. "Não é pelas conferências. É pessoal mesmo", concluiu.

Depois de quarenta e seis dias no navio-prisão, um aviso soou em todos os corredores:

– Atenção, *Princesa Leopoldina*, os oficiais da FAB que são prisioneiros aqui serão transferidos para a 3ª Zona Aérea amanhã. Fiquem com suas bagagens prontas.

No dia seguinte, todos foram transferidos para a sede, no Aeroporto Santos Dumont. Foram recebidos pelo comandante, brigadeiro João Adil de Oliveira, que os reuniu em um pátio e disse:

– Os senhores são prisioneiros aqui, mas são meus colegas, então todo o QG está disponível para vocês. Podem circular por todo o Comar, ir até o aeroporto, toda a área está liberada, apenas não podem sair. Mas os telefones não estão censurados e podem ser usados à vontade para ligarem para quem os senhores quiserem.

Cada um foi alocado em uma sala improvisada como dormitório, com cama e ar-condicionado, e passaram a poder receber visitas.

Rui não se sentiu aliviado pelas mudanças, afinal, apesar do simpático "coleguismo", continuava preso. Então negou boa parte das regalias, mantendo-se sempre no QG, indo no máximo até as pedras à beira-mar para pescar.

Mas, para sua surpresa, apenas dois dias depois de sua transferência, foi avisado de que tinha uma visita: o brigadeiro Ajalmar Mascarenhas.

– Coronel Rui, é um prazer vê-lo bem.

– Obrigado, brigadeiro. O que traz o senhor aqui?

– Vim notificá-lo de que o inquérito foi encerrado e o senhor vai ser liberado. Fiz questão de vir pessoalmente dizer que acredito que não haja nada de subversivo em sua conduta e que o senhor irá para casa amanhã mesmo.

Os olhos de Rui imediatamente marejaram de felicidade. "Eu estava certo", pensou. E ficou feliz por não ter sofrido injustiça em seu julgamento, uma vez que o brigadeiro tinha todas as oportunidades para descontar o desentendimento que tiveram na ocasião de sua mudança para os Estados Unidos, mas não o fez.

– Fico muito grato por sua seriedade e correção, brigadeiro. Obrigado por vir me trazer essa notícia pessoalmente.

Despediram-se com um firme e cordial aperto de mãos e Rui seguiu imediatamente para a sala do comandante, para usar o telefone. Ligou com as mãos trêmulas para casa.

– Julinha?

– Ruizinho? Ah, meu Deus, que felicidade falar com você!

– Julinha, me inocentaram. Eu vou pra casa amanhã!

E os dois choraram juntos ao telefone.

Em 22 de maio de 1964, depois de três dias no porão do navio *Almirante Barroso*, quarenta e cinco dias preso no navio *Princesa Leopoldina* e três dias preso na 3ª Zona Aérea, Rui finalmente era um homem livre de novo.

Assim que pisou em casa, foi recebido com um longo e forte abraço de Julinha. Beijaram-se, cheios de saudade, mas logo Rui sentiu as pequenas e delicadas mãozinhas de Claudia abraçarem suas pernas. Agachou-se e foi envolvido por Claudinha e Pedrinho, que o apertavam fortemente, enquanto choravam emocionados. Ele mal sabia o que dizer, mas a inocência da caçula logo quebrou o gelo, falando de sua boneca nova. Entendeu imediatamente que seria assim, a vida continuava apesar de tudo o que tinha acontecido e do que ainda estava por vir.

Durante o almoço, foi atualizado sobre a situação da família enquanto esteve preso. Soube da vigília constante dos militares à paisana na frente do prédio e riu dos bules de café com biscoitos que Julinha mandava Pedrinho levar para eles. Sentiu-se triste por saber que tinham dispensado Soninha da CAB por ser sua filha e que ela teria que voltar para o Brasil, mas feliz por saber que ela estava bem e logo estaria em casa de novo. Soube que seu irmão Abelardo estava enfrentando animosidades dentro da FAB por sua causa, mas que ainda não tinham conseguido uma justificativa para cassá-lo. Também soube que seu sobrinho Marcos Loureiro tinha ficado chateado com Pedrinho porque ele, com medo da repressão, tinha quebrado seu disco *O povo canta*, da UNE. "Mas nada se perdeu, papai, eu decorei todas as músicas para guardar para a posteridade", justificou Pedrinho. Soube também que Abelardo tinha aconselhado Bento Jr. a queimar todos os livros e papéis que tratassem de revolucionários, especialmente porque andava ajudando perseguidos do governo, então poderia virar alvo de uma batida policial a qualquer momento.

À tarde ligou para Nero Moura para agradecer por ter se envolvido em sua prisão, não deixado que fosse expulso nem permanecesse naquele porão horroroso. Nero emocionou-se:

– Rui, você não merecia ter passado por nada disso. É uma tremenda de uma injustiça. Você sempre foi um militar correto, sempre cumpriu suas obrigações com as Forças Armadas e com o Brasil. Eles estão errados, você sabe disso.

– Eu sei, brigadeiro.

– Eles estão pesando a mão com gente que não merecia. Onde já se viu cassar você, o Fortunato, o Eudo, o Múcio, o Michelloni?

– Cassaram o Michelloni? – interrompeu Rui, surpreso.

– Sim. Ele e mais dois sargentos foram cassados sem a menor justificativa. Perguntaram pra eles se tinham tido uma reunião com você e, mesmo eles negando, falaram que estavam mentindo e mandaram cassar e prender.

Imediatamente se sentiu triste. Percebeu que tinha mesmo se tornado *persona non grata* para as Forças Armadas a ponto de cassarem seus colegas apenas pela suspeita de eles terem se reunido.

– O que vai ser da gente agora, brigadeiro? – perguntou Rui, numa esperança longínqua de ouvir uma boa notícia ou, pelo menos, um bom conselho de um experiente e bom amigo.

– Eu não sei, Rui. Acho que a única coisa que eu posso te dizer é que isso tudo não vai acabar logo, então é melhor você olhar pra a frente e seguir sua vida. Eu vou lutar por você e por todos os amigos que foram injustiçados, mas eu não estou com a maioria, você sabe disso.

– Obrigado, brigadeiro.

"Isso tudo não vai acabar logo, então é melhor você olhar pra a frente e seguir sua vida." O conselho de Nero Moura ficou martelando o dia inteiro na cabeça de Rui. Se a vida agora era aquela, então era hora de encará-la de frente.

Após uma noite praticamente em claro, tentando pensar o que faria de sua vida e como manteria o padrão de vida da família agora que teria seu pagamento reduzido apenas ao soldo de reservista, acordou com uma ideia estalando na cabeça. Sob protestos de Julinha, nem sentou para tomar café e já correu para o telefone.

– Alvarez, aqui é o Rui!

– Fala, Rui! O que manda?

– Fiquei aqui pensando a noite toda. Esses caras marcaram a gente, não vão deixar a gente voltar tão cedo, então a gente tem que começar a se coçar.

– Tá. E o que você tem em mente?

– Acho que a gente tem que fazer alguma coisa a curto prazo e enquanto isso fazemos um curso de administração ou alguma coisa que abra mercado pra gente. Pensei em a gente dar um pulo lá na FGV, se inscrever em algum curso desses e depois ir até o mercadão procurar alguma coisa que a gente possa vender e fazer dinheiro rápido.

– Por mim, tudo bem. Vamos só nós?

– Não, vamos chamar os cassados todos que foram soltos. Todo mundo vai precisar recomeçar e, juntos, a gente vai ter mais dinheiro pra investir.

Ligaram então para o Fortunato, o João Carlos, o Ernani e mais alguns e combinaram a ida à FGV, seguida de uma busca pela oportunidade de negócios perfeita.

Escolheram o curso que tinha a data de início mais próxima, já na semana seguinte. Ficaram animados porque era um curso de Administração de Empresas, mas teriam se inscrito no curso que fosse, desde que os capacitasse para serem contratados como civis. De lá seguiram para o mercadão e logo já deram de cara com o que poderia ser o negócio da China: um caminhão de bananas.

"Todo mundo come banana!", concluíram animadamente e fecharam a compra de todo o lote do caminhão. O plano era levarem para a rua do Acre, no Centro da cidade, local conhecido por ser um ponto de encontro entre compradores e fornecedores, para fazer negócio no atacado.

No dia seguinte, ainda de madrugada, seguiram todos para a rua do Acre com o caminhão de bananas e um sorriso de esperança estampado no rosto. Acharam um canto e estacionaram o caminhão. Mas o movimento foi começando e nada de clientes. A todos que eles ofereciam, a resposta era sempre igual: "Obrigado, mas eu já tenho fornecedor." Ao longo do dia o sorriso foi amarelando, assim como as bananas. Baixaram o preço para não perderem o produto, mas ainda não foi suficiente. Com o dia acabando e as bananas encalhadas, eles decidiram circular de caminhão pela cidade oferecendo a quem quisesse comprar. Anunciavam aos gritos da caçamba, enquanto o caminhão circulava devagarinho pelas ruas e vendiam uma penca aqui e outra acolá. No fim do dia, ainda sobrando bananas, passaram até a distribuir a pessoas carentes que encontravam pelo caminho.

Voltaram para casa arrasados, já com noite alta. Quando pisou em casa, Rui contou para Julinha sua maratona e foi acolhido com um sorriso e cafuné: "Vai dar tudo certo, Ruizinho. Pode não ser com banana, mas vai ser com alguma outra coisa."

Não deu tempo. Em meados do mês de agosto, Rui recebeu um telefonema do Estado-Maior mandando que se apresentasse novamente à 3ª Zona Aérea.

– Levo uma mala?

– Acho melhor – disse novamente o brigadeiro Baiena um pouco constrangido.

E mais uma vez Rui se despediu de Julinha e de seus filhos com uma mala com seus pertences pessoais rumo à prisão – sem nenhuma acusação.

Foi recebido outra vez pelo brigadeiro Adil de Oliveira, que lhe apertou a mão assim que chegou.

– coronel, o senhor é meu colega e todos aqui estão instruídos a te tratar com todo o respeito. O senhor já esteve aqui e sabe que todo o QG está à sua disposição, a circulação está liberada, inclusive no aeroporto.

– Obrigado, brigadeiro. Mas eu só quero saber uma coisa: vou poder receber visitas?

– Tudo leva a crer que sim, coronel. Receber visitas, enviar e receber cartas, e usar o telefone da minha sala. A única restrição é que seja durante o dia.

– Tudo bem, brigadeiro. Não quero muito mais do que isso, não. Se estou preso, estou preso, não é isso?

O brigadeiro concordou discretamente, de uma forma quase resignada. Sabia que Rui não era de forma alguma uma ameaça, mas havia mais um inquérito contra ele e, até que tudo estivesse esclarecido, ser cordial era tudo o que ele podia fazer.

Ainda no primeiro dia, ligou para casa e contou a Julinha sobre o que estava acontecendo, pedindo para que avisasse Nero Moura e um advogado. Contou sobre a abertura para visitas, mas pediu que ela não levasse as crianças, pelo menos por enquanto. Despediu-se com os olhos marejados, mas escondendo a emoção de sua voz para não abalar a esposa. "Você vai ver, daqui a pouco eles me soltam de novo."

Rui foi levado a outro quarto, com cama, uma mesa e uma cadeira, uma janela e um ar-condicionado. Não era um espaço muito grande, mas pelo menos era melhor que o camarote do navio *Princesa Leopoldina* (especialmente porque não balançava).

Os dias que se seguiram foram monótonos e tristes. Reencontrou vários companheiros da FAB que conhecera no navio, trocou histórias sobre o que tinham feito naqueles poucos dias de liberdade e quem tinham deixado do lado de fora. Falaram de seus inquéritos, e Rui soube que alguns estavam lá direto, emendando dois IPMs, uma vez que o segundo nada mais era do que um desmembramento do primeiro. Souberam também que nenhum dos advogados tinha conseguido acesso aos processos. Em comum, a sensação de que, apesar da simpatia do brigadeiro Adil, tudo poderia acontecer.

Soube que tinha uma ordem de prisão de cinquenta dias, que seria o tempo que deveria durar a apuração de seu IPM, então tudo o que podia fazer era esperar. Passava os dias pescando nas pedras à beira-mar e batendo papo com o coronel Múcio e o brigadeiro Dirceu, num momento em que todos iam contando como andavam seus processos. Sentia-se desanimado, apesar do incentivo dos outros prisioneiros. Recebia visitas da Julinha, de Nero Moura e de outros amigos do 1º Grupo de Aviação de Caça, que sempre diziam não entender por que ele estava lá. Ele entendia, e muito bem: era uma vingança pessoal.

Logo na sua primeira audiência no Estado-Maior, soube que a abertura do 2º IPM tinha sido feita pelo coronel Burnier, agora comandante da BASC. Ele, assistente do caso, acusava Rui mais uma vez de subversivo, mas o encarregado pelo inquérito, brigadeiro Manoel José Vinhaes, não deixava muito claro o que justificava a acusação. Foi chamado para depor diante do brigadeiro Délio Jardim de Mattos, do coronel Machado (do Cisa), do coronel Camargo (Superintendente do Grupo de Caça na Itália) e de mais um superintendente. Rui foi acompanhado de seu advogado Evaristo.

— Meu advogado, doutor Evaristo, que vai se manifestar por mim. Não posso falar, senão vou desacatar a corte presente — decretou Rui.

— Coronel Moreira Lima, é importante que o senhor fale, afinal este é o seu momento de se expressar, já que a primeira audiência é apenas para ouvir o réu. É só a partir da segunda audiência que o advogado se manifesta — disse o responsável pela condução, procurador José Manes Leitão.

— Olha, eu não vou deixar de honrar meu pai nem a carta que recebi dele. Vocês sabem, é o Burnier, "o comandante da Base Aérea de Santa Cruz", que deveria ser julgado e preso, não eu. Ele, golpista e irresponsável, não honra o regulamento da FAB, tá me colocando aqui de novo, me acusando de ser subversivo. Eu já ganhei esse processo, por que abriram outro? Por que vocês permitem que o Burnier faça todo mundo trabalhar à toa?

— Então, senhores. Podemos dar seguimento ao inquérito. Na próxima audiência, o réu não precisa estar presente se não quiser, pode ser representado pelo advogado. Podemos encerrar por hoje — disse o procurador, incomodado, interrompendo a fala de Rui e tentando finalizar seu depoimento, o que o deixou ainda mais revoltado.

— Ah, péra lá! Eu não queria falar, aí vocês me cutucaram, agora, que eu estou falando, vão me cortar? Não, não e não. Agora os senhores vão me ouvir! Essa denúncia não é do senhor, doutor Manes Leitão, eu sei que não é. O senhor é um jurista inteligente, que sempre denuncia os casos e prende os culpados. Qual é a história, então? O senhor está fazendo uma denúncia alheia? Isso eu tenho certeza: alguém fez essa denúncia e o senhor assinou! O senhor é um covarde!

— Protesto! O réu está se rebelando! — indignou-se o jurista, adicionando em seguida mais um monte de termos jurídicos para contestar.

— Não vou parar de dizer isso. Só paro com um esparadrapo na boca e amarrado. Então, não vou parar! Você é covarde! Não foi você que escreveu isso e eu vou pedir uma correição disso aí.

A audiência foi encerrada sob tensão e Rui pediu que seu advogado entrasse com o pedido de correição, que foi julgada sem sua presença.

Na segunda audiência, apesar de Rui não precisar se manifestar, resolveu que falaria. Durante a audiência, foi interpelado novamente sobre as conferências promovidas na base.

— Já respondi sobre isso no primeiro inquérito — respondeu Rui, irritado.

— Mas eu quero que o senhor responda agora — insistiu o promotor.

— Já falei sobre e inclusive fui inocentado, não vou falar de novo — decretou, sisudo, para desconforto geral.

Tentando desconcertá-lo, o promotor ainda tentou provocá-lo:

— E sua passagem pela Alemanha? Foi para a Alemanha Ocidental ou Oriental?

Rui manteve a seriedade e, com o olhar fulminante, respondeu ao promotor e aos demais.

— Isso é uma piada. Eu não admito que falem assim comigo. Alguma outra pergunta ou vocês vão ficar aqui de molecagem?

Cada ida de Rui para as audiências no Estado-Maior aumentava seu desânimo. Não havia horário para as sessões, que poderiam acontecer no meio do dia ou no meio da madrugada. Insistiam nas mesmas perguntas, na mesma acusação sobre as conferências, nas mesmas justificativas ocas para mantê-lo ali. Julinha tentava animá-lo durante suas visitas, com sua visão positiva.

– Eles vão ter que te liberar, Ruizinho. Eles não têm nada contra você.

– Mas eles não têm nada contra mim e olha eu aqui, preso. Eles não precisam de uma justificativa pra me manter aqui, só precisam me manter aqui. E ponto.

Apesar de saber que o marido estava certo, ela tentava não esmorecer para que ele também não emorecesse. Depois das primeiras semanas, conseguiu convencê-lo de que seria bom receber a visita dos filhos. Primeiro recebeu Soninha, já uma mulher, que fez uma visita rápida a pedido do pai, que não achava aquele um bom ambiente para uma moça. Depois recebeu Pedrinho, que passou boas horas com ele, entre pescaria e brincadeiras junto aos outros prisioneiros. Pedrinho estava tão sensibilizado com a prisão do pai que não soube lidar nem com as brincadeiras dos seus colegas de prisão.

– Tá feio, hein Rui? – disse um colega prisioneiro ao cruzar com Rui de barba e bigode acompanhado do garoto de 14 anos.

– Feio é você! – respondeu Pedrinho, enlouquecido de raiva. Defender seu pai passou a ser uma das principais atividades de sua vida desde aquele 31 de março.

– Tá tudo bem, Pedrinho. Ele só estava brincando – disse ao filho, rindo.

Depois Julinha levou Claudinha, mas numa visita mais rápida. Ela, ainda muito pequena, se divertiu passeando pelas pedras junto do pai sem ter ideia do que se passava. Na saída, pediu para que Rui não demorasse em sua missão e voltasse logo pra casa. "Eu já vou, meu amor. Assim que eu terminar aqui, eu vou", respondeu emocionado.

Apesar da generosidade do brigadeiro Adil, alguns de seus comandados se incomodavam profundamente com os prisioneiros e tentavam penalizá-los com os poucos poderes que tinham. Um desses foi o coronel Claudio Carvalho, que passou a barrar visitas aos prisioneiros sem justificativa e nem sequer avisar aos presos que as visitas tinham estado lá. Rui descobriu por acaso que um amigo já tinha sido barrado duas vezes e foi direto tomar satisfações com o brigadeiro Adil, querendo saber se as regras tinham sido alteradas.

– Não, coronel. As visitas são permitidas durante o dia.

– Então o senhor converse com o coronel Claudio Carvalho porque parece que ele se esqueceu disso, que preso tem direito de receber visita e que dezessete horas ainda é dia claro. Um amigo esteve aqui e foi barrado duas vezes, sem qualquer justificativa.

– Vou conversar com ele, coronel. Eu me comprometi com vocês e as regras estão mantidas.

E realmente as visitas foram normalizadas. Essas visitas de amigos ajudavam muito a manter o emocional mais estável e a não esmorecer. A maioria de seus companheiros de 1º Grupo de Aviação de Caça foi à 3ª Zona Aérea. Mesmo Kopp, que inicialmente resistiu à visita, acabou indo ver o amigo depois de um empurrãozinho de Rui através do major Toledo. "Diz pra ele que ele se tornou um amigo de fim de carta, daqueles que a gente manda um abraço antes de assinar", avisou. Quando Kopp finalmente apareceu, abraçaram-se e choraram juntos. Não estava sendo fácil para ninguém.

Cinquenta dias passados, o inquérito ainda não tinha terminado e logo foi anunciada a prorrogação da prisão. Como já tinha passado por um inquérito, ficou extremamente claro para Rui que o atraso era proposital, uma forma de mantê-lo preso.

Um dia, o brigadeiro Vinhaes disse:

– Vamos acareá-lo com o sargento Fragoso.

– Brigadeiro, eu não me incomodo de ser acareado com quem o senhor quiser, mas esse tipo de acareação inverte a posição do acusado. No caso, o subversivo é o senhor, porque um oficial como eu, comandante da Base Aérea de Santa Cruz, com a fé de ofício que tenho, com as minhas atitudes, muito amplas, muito abertas, claramente não sou. O senhor vai me pôr na frente de um sargento para ver quem está falando a verdade? Pare com isso, brigadeiro, essa coisa é uma humilhação...

– Não, mas você vai ver. Agora você vai se encrencar.

Entrou para a acareação o sargento Fragoso, com o sargento Tavares e o suboficial Michelloni. Todos os três, quando ficaram diante de Rui, começaram a chorar. O sargento Fragoso foi induzido a dizer que Rui fazia reuniões com sargentos mas, ao fim, por covardia ou vergonha, chorou e se retratou. Quem os instruiu para a acareação foi o padre Berganini e, provavelmente por isso, não mentiram.

Alguns dias mais tarde, foi invocado novamente pelo brigadeiro Vinhaes:

– Hoje você vai ser acareado com um major.

– Então fui promovido. Pensei que fosse baixar para cabo. Sendo major, é sinal de que fui promovido – provocou Rui.

O major apareceu acompanhado por cinco coronéis: Veloso, Paulo Victor, Souza e Silva, Vespaziano Ramos e Coqueiro. Os cinco oficiais golpistas e, com exceção de Veloso, todos adversários de Rui.

– Como foi que o senhor, no dia citado, encontrou o coronel Rui? – questionou Vinhaes ao major.

– Eu estava na porta do Comando, conversando com o coronel Rui, logo depois da parada, quando se apresentaram a ele o suboficial Michelloni e o sargento Fragoso. Tomou a palavra o Michelloni: "coronel, o Fragoso quer falar com o senhor", e o coronel Rui respondeu: "Então fale, o que você quer?", e o coronel abraçou o sargento e foi para o banheiro com ele.

Rui indignou-se e interferiu de imediato:

– Pera aí! Mas o que o major está dizendo aqui é pura pederastia! Agora, estou preocupado com o seu inquérito, brigadeiro!

O senhor quer perguntar ao major se ele realmente me viu abraçar o sargento?

O brigadeiro se viu obrigado a repassar a pergunta para o major, que respondeu:

– Não, ele botou a mão no ombro do sargento.

– Ah! "A mão no ombro do sargento" já melhorou muito! Isso é diferente de ter abraçado. Agora o senhor pergunte pra ele o seguinte: se eu, com a mão no ombro do sargento, entrei no banheiro com ele.

Mais uma vez a pergunta foi repassada, tendo como resposta do major:

– Não, ele foi na direção do banheiro. Foi na direção do banheiro.

– O que eu quero saber é se ele me viu entrar no banheiro, brigadeiro.

– Não, senhor. Não vi entrar no banheiro – confirmou o major, já bastante constrangido.

– Então, com a mão no ombro do sargento eu fui na direção do banheiro. O senhor quer perguntar a ele quantos metros tem da porta do Comando à porta do banheiro? – inquiriu Rui.

– Cinco metros – respondeu o major.

– Tenho o passo aferido. – Saiu andando pela sala, com passos largos. – Um, dois, três, quatro, cinco... – Então parou, no que calculou ser cinco metros da sua cadeira. – É aqui. Aqui tem mais ou menos cinco metros de distância. Então pergunte a ele se me viu, com a mão no ombro do sargento, entrar no banheiro, parar no meio do caminho ou, então, distraído, acertar os cornos na parede?

O brigadeiro repassou a pergunta mas o major, já no limite do constrangimento, não respondeu.

– Ele não viu nada, brigadeiro! Esse sujeito não viu nada! É um mentiroso e um covarde também! Certa vez ele fez uma brincadeira de mau gosto com meu irmão, tenente Carlos Augusto, piloto do GTE. A piada era altamente ofensiva contra meu pai. Fez a piada sem o conhecer. Carlos me contou só seis meses depois e me disse que não tinha reagido porque era tenente e o senhor aí era capitão. Eu disse ao Carlos que ele deveria ter lhe dado um murro na boca, porque ninguém tem o direito de falar assim. Isso não é brincadeira, ele nos ofendeu. Eu estava nos Estados Unidos na época; então, quando cheguei ao Brasil e assumi o Comando do GTE, esse sujeito me procurou e pediu pra voar no meu grupo. Eu respondi pra ele: "Olha aqui, meu caro, vamos ao banheiro." O banheiro ali serviu de palco, assim como era na Escola Militar de Realengo. Eu dei uns empurrões nele e o xinguei de covarde. Ele ainda argumentou que "Aquilo foi uma brincadeira com o Carlinhos", mas eu não admito esse tipo de brincadeira. Agora, brigadeiro, ele está se vingando. Ele é covarde e só veio aqui porque pediu proteção ao Paulo Victor, ao Souza e Silva, ao Vespaziano, ao Coqueiro e ao Veloso. – Rui virou-se para Veloso e disse:

– Aliás, Veloso, não me admiro da presença dos outros, mas você não pode estar aqui. Não me faça perder o respeito que tenho por você. Vá embora.

Veloso não hesitou, levantou-se sem dizer nada e saiu da sala. Rui então continuou:

– Finalizando, brigadeiro Vinhaes. Eu não sou advogado. O meu advogado é o Evaristo de Moraes. Isso vai ser um prato cheio pra ele, porque se eu, não sendo advogado, constatei e provei que esse sujeito é um mentiroso, imagina o que ele não vai conseguir.

O brigadeiro Vinhaes finalmente interveio.

– Nós vamos anular essa acareação com o major.

– Negativo, brigadeiro! – Rui se rebelou. – Tudo o que foi dito aqui constará nesse inquérito e não abrirei mão porque é muito importante para minha defesa futura.

– Não, mas o nosso escrivão, capitão Santori, anula isso.

– Então vou ficar mudo se essa acareação for anulada. Comprova que esse inquérito está sendo fraudado.

– E você vai ficar preso a vida inteira.

– E o senhor vai morrer antes de mim, porque eu sou mais novo. O senhor também vai ficar preso a vida inteira para terminar o inquérito. Vai ser uma coisa sem nexo, uma discussão sem pé nem cabeça.

O brigadeiro ficou encarando Rui por alguns segundos e era possível ver a raiva no fundo de seus olhos.

– Está bem. Você assina e a acareação será mantida.

Depois de cem dias, Rui ainda não tinha uma sentença e sua prisão foi mais uma vez prorrogada, para o desespero de toda a família e dos amigos. Rui pediu então que Julinha acionasse o advogado Evaristo de Moraes para que ele entrasse com um mandado judicial, forçando aos envolvidos liberarem sua sentença. Foi marcada mais uma audiência para Rui. Durante seu depoimento, um marechal presente o questionou:

– Ah, eu estou aqui encabulado. Porque eu sou do Maranhão e sei que você também é, mas eu queria fazer uma pergunta: por que é que a FAB diz que você é comunista?

Rui respondeu meio grosso:

– Olha, marechal, não vou deixar o senhor sem resposta. Mas o senhor que diz que é meu amigo, que é amigo do meu pai, sabe que já fui submetido a dois inquéritos por duas pessoas: o marechal Ajalmar Mascarenhas e o brigadeiro Vinhaes, também do Maranhão. Poxa, marechal, eu já fui inquirido pelo marechal Ajalmar, pelo brigadeiro Vinhaes, pelo assistente do brigadeiro Vinhaes que ficou no meu calcanhar e nunca me olhou nem me encarou, mas não deixou de fazer essas perguntas todas. Então eu respondi essas perguntas todas e disse que quando um sujeito quer destruir uma pessoa nas Forças Armadas, e não é só na Aeronáutica, não, ele diz que ele é comunista, que ele é corno, que ele é pederasta, ou diz que ele é ladrão, e tá cheio deles aí! Então o senhor veio me perguntar se eu sou comunista? Não sou comunista não, marechal. Não sou comunista.

Agora, tem ladrão aí! Eu não vou dizer porque eu estou aqui numa situação de inferioridade e, se eu disser, vai atingir até Vossa Excelência.

E o marechal terminou o interrogatório dizendo:

– É, eu não quero mais fazer esse inquérito. São uns filhos da puta esses caras e eu não vou mais fazer esse inquérito.

E acabou a audiência, com apenas uma pergunta. Se tivesse continuado, eles poderiam pedir a prisão preventiva de Rui por mais cinquenta dias, o que não aconteceu.

Diante dos resultados das audiências, o doutor Evaristo entrou com um pedido de *habeas corpus* para Rui. O relator foi o doutor Octávio Murgel de Rezende, juiz togado do STM. Na reunião colegiada, o relator fez uma defesa muito boa de Rui. Quando começou a votação, o general Lima Câmara disse:

– Quem deveria estar preso não era esse coronel, quem deveria estar preso era o coronel Burnier, que foi quem fez Aragarças. Voto com o relator.

O general Floriano Lima Brayner, que não conhecia Rui, começou um discurso sobre a trajetória de Rui. Falou por vinte minutos sobre a conduta de Rui na guerra e fora dela e votou com o relator.

Em seguida, o general Mourão Filho, o mesmo que tinha avançado com as tropas de Minas ao Rio de Janeiro no dia do golpe, votou com o relator e comentou:

– Olha, depois de ouvir o relator falar e vendo aqui as folhas de alterações deste oficial, quem deveria estar preso era eu, que saí do quartel pra depor um presidente eleito.

Os próximos votos foram do Almirante José Espíndola, seguido por João Romeiro Neto e finalizado pelo presidente da sessão, Vaz de Mello. Todos votaram com o relator.

Por unanimidade, todos os juízes votaram favoráveis ao *habeas corpus* de Rui e, finalmente, a sentença foi proferida assumindo que um homem com a ficha militar de Rui e sem argumentos que justificassem sua permanência na prisão não poderia continuar detido. E, naquela mesma noite de 30 de outubro de 1964, depois de setenta e quatro dias de prisão, Rui novamente foi liberado para voltar para casa.

Voltar para casa da segunda prisão foi ainda mais doloroso do que da vez anterior, pois estava claro que poderiam mandá-lo prender a qualquer momento, mesmo sem qualquer justificativa plausível, o que colocaria em xeque tudo o que tivesse feito até então para se reestruturar com sua família. A incerteza de estar ao lado e de poder bancar sua família passou a consumi-lo diariamente, mas sabia que sua única alternativa era tentar. Sua família dependia disso.

Apesar dos apelos de Julinha para que descansasse um pouco junto à família, Rui estava ansioso para deixar tudo aquilo para trás e começar uma vida nova. Abriu a agenda de telefones e começou a acionar seus contatos na aviação civil em busca de um trabalho: afinal, era antes de tudo um excelente e qualificado piloto.

Ligou para seu amigo brigadeiro Átila, dono da Paraense Transportes Aéreos, que o atendeu com carinho e, ao ouvir o pedido de emprego, não pestanejou em oferecer uma vaga. Naquela noite, reunidos em volta da mesa de jantar, Rui, Julinha, Soninha, Pedrinho e Claudinha brindaram à nova vida que se iniciava.

No dia seguinte, Rui apresentou-se na empresa para ser admitido, preencher formulários e requerer sua licença de voo comercial. Depois de esperar alguns minutos, o brigadeiro Átila voltou de seu escritório com um semblante bastante sério.

– O que houve, brigadeiro?

– Coronel, eu sinto muito, mas a sua licença de voo foi negada.

– Que história é essa, brigadeiro? – admirou-se Rui.

– Eu tentei. Mandei o pedido e recebi a recusa. Daí liguei para o Estado-Maior para saber o que estava acontecendo e fui informado de que em junho o ministro Wanderley assinou uma portaria reservada,⁹ que impede que aeronautas militares cassados possam atuar na área de aviação.

– Eles tiraram meu brevê?! – indignou-se.

– Mais do que isso, coronel. Eles estão te impedindo de trabalhar em qualquer empresa de aviação nacional, pequena ou grande. Eles te baniram da aviação. Eu ainda tentei que você fosse nosso diretor de manutenção, sem voar, mas o brigadeiro Clóvis Travassos, que está dirigindo a DAC, me procurou e disse que, se eu o contratasse, nós sofreríamos sanções. Me disse: "Se vocês o empregarem, nós vamos cortar seus subsídios, vamos cortar todas as vantagens que vocês têm."

Rui ficou em silêncio, atônito, por alguns segundos.

– Eu sinto muito, coronel. Seria uma honra ter você conosco.

– Tudo bem, brigadeiro. Eu agradeço pela sua generosidade. Mas acho que não tem nada que eu possa fazer aqui então.

– Infelizmente.

A notícia da cassação de seu brevê lhe caiu como uma bomba. Não conseguia aceitar tamanha crueldade por parte de pessoas que até tão pouco tempo eram seus colegas. E o brigadeiro Wanderley, justamente ele, homem que Rui admirava tanto, que fora seu ala[10] em dez missões de guerra, aceitando se dignar a assinar algo tão injusto?

A sensação era de um grande pesadelo. Perambulou sem rumo pelas ruas durante algumas horas, tentando encontrar uma forma de despertar, sem sucesso.

Voltou para casa já à noite e encontrou Julinha preocupada com o sumiço do marido. Ela o abraçou forte assim que ele entrou.

---

[9] Portaria reservada S-50-GMS assinada pelo ministro brigadeiro Nélson Freire Lavanére-Wanderley.

[10] Ala é o piloto responsável por fazer a retaguarda do piloto principal em missão. Sua função é seguir todos os movimentos de seu líder e defendê-lo, numa relação de total confiança.

— Que bom que você está em casa! Você disse que voltava logo e sumiu, não deu notícias! Tive medo de que tivessem prendido você ou, Deus me livre, algo pior!

Rui abraçou a esposa e os dois ficaram ali, abraçados no meio da sala por alguns segundos, completamente calados, até Julinha quebrar o silêncio.

— O que houve, Ruizinho? Que cara é essa?

— Eles me tiraram tudo, Julinha. Eles tiraram o que eu mais sabia fazer da minha vida, o que eu mais amava depois de você e das crianças. Eles cassaram meu brevê — disse, sentando-se, arrasado.

— Não podem ter feito isso!...

— Fizeram. E fizeram pior. Eles me proibiram de trabalhar com aviação, fazer qualquer coisa na aviação, qualquer coisa. Me Baniram, Julinha — contou emocionado.

— Então vamos chamar o doutor Evaristo! Vamos recorrer! Eles não podem fazer isso com você.

— Não é uma decisão só pra mim, é uma portaria contra todos os cassados. Eu, Fortunato, Eudo, Múcio... somos aviadores que não podem mais voar. Na Bíblia, em qualquer lugar, ninguém negou o direito de o homem trabalhar para o sustento dele. Isso me foi negado. Eles me negaram minha profissão, Julinha, a que eu tinha direito, que eu estudei e me esforcei tanto pra ter.

— Que canalhas! Como puderam fazer uma covardia dessas? É a profissão de vocês! O que vocês vão fazer agora?

— Eu não sei, Julinha. Eu não sei.

Julinha sentou-se ao lado de Rui, o abraçou e ele chorou com a cabeça em seu ombro. Ela, chocada, apenas afagava os cabelos do marido, como quem tenta dizer que tudo vai ficar bem.

— E se a gente for embora daqui? Se a gente se mudar pros Estados Unidos? Você tem amigos lá, eles podem te dar emprego e a gente começa uma vida nova longe desses canalhas, longe dessa perseguição, longe desse horror.

Rui levantou a cabeça do ombro dela, a olhou diretamente nos olhos e disse, firme:

— Eu não vou fugir do meu país. Eu podia ter pegado um avião lá no aeroporto enquanto eu estava preso e fugido, mas eu nunca quis, porque eu não fiz nada de errado pra ter que fugir. Não sou bandido, não sou traidor. Traidores são eles, esses golpistas que usurparam o governo e rasgaram a Constituição! Eu não me arrependo de nada do que eu fiz, não me arrependo de ter defendido a legalidade, faria tudo de novo se precisasse. Eu jurei proteger meu país, proteger o povo. Eu cumpri o que tá lá no juramento, o que meu pai disse naquela carta quando eu passei pra Escola Militar. Eu fiz o meu dever de não conspirar contra o meu país. Então, eu não vou dar esse gostinho pra eles, Julinha, não vou mesmo.

— Mas, Ruizinho, eles não vão te deixar em paz.

— Eu não fiz nada de errado, então eu não tenho do que ter medo. Se eles quiserem me perseguir, vão ter que ser muito bons, porque eles não vão me pegar.

— Mas sem poder trabalhar na aviação, você vai fazer o quê?

— Eu vou fazer qualquer coisa. Vou começar do zero, vou aprender uma profissão nova, vou voltar a vender banana na rua se for o jeito. Eu prometo que vocês não vão passar necessidade. Mas eu não vou me dobrar, Julinha. Eu não vou fugir.

— Você tá certo. E eu estou com você. Vamos ficar e mostrar que eles é que estão errados! Eu posso trabalhar também, se precisar.

— Não vai. A gente vai ter que segurar os gastos por um tempo, até eu conseguir alguma coisa, mas com meu soldo a gente não morre de fome. As crianças precisam de você, não quero você na rua e elas sozinhas. Mas escreve o que eu estou dizendo, Julinha, um dia eles vão ter que admitir que erraram, vão me chamar de volta, vão me implorar pra voltar. Um dia, eles vão ter que admitir a canalhice que fizeram e, quando isso acontecer, eu vou estar firme pra olhar no olho de cada um desses filhos da puta e mostrar quem estava do lado certo da história.

10
CORTANDO AS ASAS

Em setembro de 1964, tudo o que se passava pela cabeça de Rui era que ele precisava recomeçar. A grande maioria de seus contatos profissionais civis ou de militares reformados estava no setor de aviação, então as opções não eram muito boas. Resolveu sentar ao lado do telefone com sua agenda e telefonar para os amigos, tentar descobrir um novo rumo.

Ligou para um coronel da reserva que sabia que trabalhava numa empresa de transportes:

– Bom dia. Gostaria de falar com o coronel.

– Quem gostaria de falar com ele? – perguntaram do outro lado da linha.

– É o coronel Rui Moreira Lima.

– Um minuto, por favor – respondeu a atendente, seguido por alguns minutos de silêncio até retornar. – Oi... sinto muito, o coronel não está.

– Não está? Mas achei que você tinha ido chamar.

– Eu achei que ele estava, mas saiu. Quer deixar algum recado?

– Diz apenas que o coronel Rui Moreira Lima ligou e que está querendo falar com ele. Pede pra ele me retornar, por favor, ele tem meu snúmero.

– Sim, senhor.

Desligou e passou para o próximo número que, por uma estranha coincidência, a pessoa também não estava. O seguinte estava muito ocupado e o próximo também. Depois de muitos telefonemas, finalmente foi atendido.

– Brigadeiro! Aqui é o coronel Rui Moreira Lima. Que satisfação falar com o senhor!

– Como vai, coronel?

– Eu vou bem, brigadeiro. Espero que o senhor esteja também. Vou ser bem direto com o senhor. O senhor já deve estar sabendo da minha situação.

– Sim, coronel, fiquei sabendo. Uma pena. Uma grande injustiça.

– Pois é. E me tiraram inclusive minha profissão. Então eu estou precisando recomeçar, brigadeiro. Tenho uma esposa e três filhos, não posso nem quero ficar parado em casa. Aí lembrei que o senhor se estabeleceu muito bem no setor privado. Pensei que talvez o senhor pudesse me dar uma oportunidade. Sou muito bom com logística.

– Coronel, seria ótimo ter o senhor trabalhando conosco... mas não tenho vagas abertas no momento.

– Eu imagino, mas eu posso mandar o meu currículo pro senhor e, se o senhor precisar de alguém, o senhor me liga.

– coronel, eu também vou ser sincero com o senhor. Eu não posso empregar o senhor agora nem depois. Eu sinto muito, mas o senhor agora... sabe como é.

– Não, brigadeiro, eu não sei como é – irritou-se Rui.

– É que o senhor e os outros que foram cassados não são muito interessantes para a imagem de uma empresa neste momento.

– Eu sempre fui um profissional muito sério e competente, brigadeiro. Não há motivos para eu manchar o nome de empresa nenhuma!

– Tenho muitos parceiros comerciais militares e ex-militares, coronel, e infelizmente a sua situação seria um peso para a imagem da minha empresa, sim, uma vez que o senhor foi cassado. Eu gostaria muito de ajudar, mas...

– Não gostaria nada! – Rui interrompeu o brigadeiro, nervoso. – O senhor é um hipócrita, isso sim! Enquanto eu estava bem dentro da FAB, no Ministério, no Comando da BASC, o senhor era só gentilezas. Agora que eu estou realmente precisando das suas gentilezas, o senhor me vem com essa?

– Eu sinto muito... – ainda tentou se justificar o brigadeiro.

– Sente nada. Passar bem, brigadeiro.

E desligou o telefone.

Ficou um tempo ainda nervoso refletindo sobre o acontecido, até que se deu conta de que o brigadeiro não era a exceção e sim a regra, e que provavelmente a maioria dos colegas com quem tentou falar antes estava sim, e não quis atendê-lo. "Tornei-me um pária", pensou.

Como os militares lhe dariam as costas, decidiu mudar a estratégia. Preparou um belo currículo e começou a enviar para as empresas de transportes, área na qual tinha mais experiência. Depois de alguns dias, recebeu retorno de uma fabricante de ônibus de São Paulo, a Grassi, bastante interessada em sua experiência. Após uma pequena entrevista por telefone, marcaram um encontro na sede.

Rui combinou com Julinha que iria primeiro, para se apresentar e começar no trabalho. Quando estivesse com o contrato assinado, começaria a procurar um lugar pra eles e só então a família toda se mudaria.

Logo na chegada, foi recebido muito bem pelo sr. Bruno Grassi, o proprietário. Conversaram enquanto caminhavam pela empresa e Rui aproveitou a oportunidade para dar ideias que foram muito bem-aceitas. Ao final da entrevista, deram um firme aperto de mão.

– Vai ser muito bom ter o senhor conosco, senhor Rui – comentou satisfeito o sr. Grassi.

À noite, na pensão próxima à empresa onde se hospedou, Rui telefonou para Julinha para dar as boas-novas. Contou, empolgado, sobre como tudo era grande e organizado e como o proprietário tinha ficado animado com suas ideias. Julinha colocou as crianças na linha e todos ficaram muito animados com a ideia de começar uma vida nova em São Paulo. "Vamos fechar o contrato e vou começar a procurar nossa nova casa. Vamos ser muito felizes aqui em São Paulo, você vai ver!", garantiu, animado.

No dia seguinte, já levou seus documentos e começou a trabalhar. Sua função era ser gerente administrativo, cuidando da logística da empresa, da produção à venda. Em poucos dias, mostrou que dominava bem o assunto, o que agradou o sr. Grassi, e logo começou a se enturmar com os colegas.

Na segunda semana, decidiu começar a procurar uma casa. Saía do trabalho e andava por ruas próximas, para conhecer o bairro. Os colegas foram lhe dando opiniões sobre bairros e escolas para as crianças. Alguém lhe deu o número de telefone de uma imobiliária de um primo. As coisas estavam indo muito bem.

No final da semana, o sr. Grassi pediu que Rui passasse em seu escritório.

– Sr. Rui, quando o senhor fez sua apresentação aqui não me disse que era coronel.

O sorriso que Rui carregava imediatamente fechou-se. Sério, respondeu:

– Eu não era, sr. Grassi, eu sou. Sou coronel reservado. E não falei porque não me perguntaram. Queriam saber se eu sabia dirigir o pessoal, se conhecia as leis, se sabia lidar com o INPS, esses impostos, essas coisas todas. Eu estudei isso e já fiz isso. O que me perguntaram eu respondi.

– Está bem. Mas o senhor, tão novo na reserva, como coronel...

– É verdade. Só que eu não pedi para ir pra a reserva. Me puseram na reserva.

– O senhor foi cassado.

– Fui cassado por defender meu país. Não fiz nada de errado, tanto que não fui expulso, fui pra reserva. Ainda sou coronel.

– Olha, senhor Rui... – disse lentamente, quase constrangido, estalando os dedos –, eu entendo. Entrei em contato com alguns amigos e soube que o senhor trabalhou com o presidente Vargas, trabalhou no Ministério, o senhor era um oficial importante.

– Eu sempre fiz o meu trabalho, sr. Grassi. Fiz tudo com muita seriedade e dedicação. Fui piloto na guerra, representei meu país como atleta, servi o país e também o governo. Infelizmente, o atual governo não acha que tudo o que eu fiz foi importante o suficiente para me deixar continuar meu trabalho, mas eu não tenho medo de começar de novo nem de trabalhar. Então eu estou aqui para fazer tudo o que eu puder pela empresa do senhor, usar toda a minha experiência pra isso.

– Eu acharia ótimo mas, infelizmente, não vai ser possível...

– O senhor não está gostando do meu trabalho?

– Ao contrário, Senhor Rui. O senhor tem se mostrado um excelente profissional, tem acrescentado muito à minha empresa, todos estão muito satisfeitos com sua presença.

– Mas, então...

– São os financiamentos, senhor Rui. Eu dependo deles. E eles só acontecem se minha empresa mantiver boas relações com o Banco Banespa. E, o senhor já deve estar sabendo, os militares estão de olho em tudo. E hoje eu estava conversando com um gerente de lá e ele me perguntou pelo senhor, porque o seu nome apareceu em um documento. Eu disse que o senhor era nosso novo gerente, e aí ele me disse que não queria cancelar nossos financiamentos, mas se eu fosse começar a contratar subversivos...

– Eu não sou subversivo, sr. Grassi!

– Tenho certeza de que não. Eu vi como o senhor trabalha, está claro pra mim que o senhor não é um subversivo.

– Esse dedo-duro que disse ao senhor que eu sou coronel deve ter influído nisso. Agora eu peço que o senhor abra o jogo e diga logo o que tenho que fazer, porque já estou pronto, tenho até passagem de volta.

– Não precisava, senhor Rui, eu ia pagar a passagem do senhor.

– Então não pague não, sr. Grassi, porque eu trouxe a passagem de volta.

Ambos se levantaram e apertaram as mãos, mas, antes de sair, o sr. Grassi disse:

– Eu tenho um amigo no Rio de Janeiro que tem uma corretora e vende ações da minha empresa. Não é um trabalho com carteira assinada como seria aqui, mas pode ser uma oportunidade. Vou recomendar o senhor pra ele, se o senhor quiser, claro.

– Eu agradeço, sr. Grassi.

Rui passou em sua sala, pegou suas coisas, despediu-se com um sorriso triste de seus novos ex-colegas e se foi para a pensão. De lá, ligou para casa.

– Julinha, tô voltando.

– Mas por que, Rui? Aconteceu alguma coisa?

– Aconteceu. Eu fui dispensado. O sr. Grassi foi ameaçado pra não me manter no cargo.

– Que absurdo! Pra que isso, meu Deus?

– Eu não sei. Eu estou voltando. Vai haver outra coisa melhor pra mim, Julinha, fica tranquila.

De volta ao Rio, procurou o amigo do sr. Grassi, que concordou em contratá-lo como corretor. Explicou como funcionava o mercado de ações e como se faziam as vendas, e acertaram o pagamento por comissão. Rui achou o mercado de ações interessante mas não se adaptou muito à corretora e as comissões não estavam à altura do que esperava ganhar para complementar a renda da casa.

Na saída de uma visita a um cliente, ao passar pelos caminhões estacionados pela rua do Acre, parou, por ter visto um rosto familiar. Aproximou-se de um caminhão de carne-seca e reconheceu o Almirante Goiano, seu companheiro no navio-prisão *Princesa Leopoldina*.

– Almirante!

– Coronel Rui! Que bons ventos te trazem pra cá? – cumprimentaram-se com um forte abraço.

– Estava visitando um possível cliente aqui perto. A carne-seca é sua?

– É. Estou conseguindo clientes aos poucos, as vendas estão melhorando. A vantagem da carne-seca é que ela não estraga fácil, então o prejuízo é mínimo. Não tá fácil arrumar trabalho, não é?

– Não tá, não.

– Está trabalhando com o quê, coronel?

– Mercado de ações. Estou como corretor, vendendo ações de uma empresa de São Paulo, mas não está tão bom quanto eu queria... se você precisar de ajuda pra vender essa carne-seca, olha, eu sou bom de negócio!

– Olha, coronel, se você estiver disposto, é só chegar! Não é um trabalho fácil e o lucro ainda não é dos melhores, mas pode dar uma complementada no teu orçamento.

Acertaram já para o dia seguinte e Rui passou a vender carne-seca junto com o almirante. Passava a manhã na rua do Acre e, à tarde, ia para a corretora, onde dava telefonemas e marcava visitas aos clientes. Chegava em casa à noite esgotado e não com todo o dinheiro que esperava chegar. Definitivamente, era muito esforço por pouco retorno.

Pouco tempo depois, indo a um coquetel no Copacabana Palace, reencontrou o amigo coronel Souza Leão, dono do mercado Peg & Pag, que o apresentou a um amigo seu francês, dono de uma firma de representação de alimentos no Brasil. Depois de uma entusiasmada apresentação de Rui por parte de Souza Leão, o francês perguntou:

– O que o senhor faz, afinal, senhor Rui?

– Estou disponível para trabalhar.

– O senhor quer ser meu gerente de vendas, da representação que tenho aqui?

– Se o senhor confiar, vou tentar. Asseguro-lhe, porém, que nunca vendi nada comercialmente. Fui nove vezes aos Estados Unidos e nunca trouxe um automóvel pra vender, porque achava que não podia fazer comércio como oficial da Força Aérea Brasileira. No meu entender, qualquer coisa que comprasse na América e vendesse no Brasil era comércio. Outros faziam e nunca ninguém deixou de ser honesto por isso, mas eu não quis. Vai contra a minha ética. Mas o que o senhor tem, qual o produto?

O francês lhe contou sobre seu vasto catálogo de produtos, de fubá mimoso a óleo de girassol, todo tipo de produto de armazém, embalados em sacos de 250 ou 500 gramas. Então, além da carne-seca do Almirante, Rui passou a vender também os produtos do francês, visitando mercados e organizando os produtos nas prateleiras.

Rui tornou-se representante do francês também na rua do Acre. Um dia, chegando lá, ouviu de um comerciante português:

– Lá vem aquele vendedor filho da puta...

– Sabe que penso a mesma coisa quando chego aqui? "Lá está aquele português filho da puta!" Mas de filho da puta pra filho da puta, por que não fazemos negócio?

O português achou graça, fecharam negócio e Rui passou a fornecer produtos para ele. Depois de algum tempo nessa relação, um dia Rui chegou lá e o português o abraçou emocionado.

– Soube que o senhor não é o "Seu Rui"! O senhor não disse nada, mas eu sei quem é o senhor! O senhor é um herói de guerra, herói da FAB que lutou pelo Brasil. Então, vou logo dizendo! – ergueu a voz para que todos pudessem ouvir: – Se algum patrício filho da puta não comprar do senhor, eu vou lhe dar porrada!

Rui o abraçou forte emocionado, e riu. Foi embora feliz por saber que toda sua jornada até ali não tinha sido em vão e que, apesar das tentativas de alguns, ele não seria esquecido. "Ainda sou o coronel Rui Moreira Lima e sempre vou ser", pensou, orgulhoso.

Bom de papo, Rui foi conquistando cada vez mais clientes para o francês e acabou deixando a corretora para se dedicar só aos mercados. Em pouco tempo, a carteira de clientes vinte e nove mercados clientes da empresa se transformou em quinhentos. Mas o que parecia um sonho, logo virou um pesadelo: os produtores não conseguiram dar conta da demanda de pedidos, o francês não entregou aos compradores que, irritados, cancelaram as compras e não quiseram nem mais conversa. O resultado foi sua imagem manchada com os compradores e nenhuma comissão pra levar para casa.

Queimado no mercado de alimentos, precisou procurar um outro caminho. Soube por um amigo que uma empresa de engenharia falida estava precisando de um vendedor para comercializar seu maquinário e aceitou o bico, já que o calote do francês tinha deixado um buraco no orçamento da família. Mas sabia que era um trabalho temporário e que precisaria encontrar outra coisa com uma certa urgência – mais uma vez.

Já era 1965 e nenhuma das tentativas de negócio tinha dado certo. As relações pessoais também não estavam muito agradáveis. Como já tinha percebido nos telefonemas, muitos colegas passaram a evitá-lo quando o encontravam na rua ao acaso. Alguns o cumprimentavam um pouco constrangidos, de longe, e outros simplesmente fingiam que não o conheciam – o que o deixava completamente transtornado.

– Ei! Você! Por que não tá falando comigo? Você falava comigo, não vai falar por quê? Me cumprimenta, senão te quebro a cara!

Sua reação era tão inusitada e agressiva que o cumprimentavam, sempre constrangidos. Julinha questionava por que fazer daquela forma: "Não precisamos deles", ela insistia, mas Rui discordava.

– Quando eu estava lá no Ministério ou na base, todo mundo me cumprimentava, alguns até me bajulavam, e sempre viram me pedir coisas. Agora não dá pra fingir que nunca me viu na vida! Se não forem no mínimo educados, vão passar vergonha por falta de educação mesmo!

A situação também ficou delicada no 1º Grupo de Aviação de Caça. Em meados de março de 1965, Rui recebeu uma ligação de Nero Moura.

– Rui, enviaram os convites para a comemoração do 1º Grupo de Caça, mas eu soube que não vão enviar pra nenhum dos cassados.

– Como assim?! Quer dizer que agora vão tirar a nossa história da gente também? Vão falar o que, que eu não fui pra guerra? Que o Fortunato não desenhou o Senta a Pua?

– Pois é. Eu achei absurdo também. Liguei primeiro para a BASC, mas com o pessoal do Burnier não dá nem pra começar uma conversa. Aí liguei pro Ministério e eles disseram que não podem fazer nada.

– Isso é muito injusto, brigadeiro! Injusto, não! Isso é feio, é baixo! Nós lutamos pelo Brasil de um jeito que nenhum grupo de nenhum outro país lutou. Vão tirar nossas medalhas também?

– Eu não permito, de jeito nenhum! Se eles estão querendo comemorar o grupo sem o grupo, eu não participo. Simples assim.

– Você não precisa fazer isso, brigadeiro. Vai se indispor com a FAB, vão acabar perseguindo você também.

– É como tem que ser, Rui. Nós continuaremos a nos encontrar, como vem sendo desde que voltamos, é isso que importa. Sábado todo mundo na minha casa, como amigos, como deve ser. E, quando a FAB entender que somos um grupo, a gente volta a se reunir com eles também.

Rui ficou emocionado com o posicionamento de Nero Moura. Sempre soube de sua correção e amizade, mas era uma briga grande a se comprar e nem todos os membros tinham a mesma força. Apesar de se reunirem sempre nos encontros no apartamento de Nero e lá se abstraírem de situações e posicionamentos políticos, fora dali muitos passaram a evitar o contato com os cassados. Não chegaram a romper relações, mas não estavam mais próximos como antes. Ele entendia que muitos tinham medo de retaliações, já que o simples fato de ser amigo de um cassado já tinha sido motivo de cassação. Mas que era triste, ah, isso era.

A maioria dos membros do 1º GAvCa acabou liberada da prisão em poucos meses, assim como Rui, pois todos estavam sendo acusados de subversão sem provas e sem histórico. Mas a mesma coisa não aconteceu com o brigadeiro Teixeira e com o tenente-coronel Múcio, por exemplo.

Rui foi convocado para testemunhar no julgamento do brigadeiro Teixeira. O procurador Eraldo Gueiros Leite, que conduzia o inquérito, começou perguntando:

– O senhor é militar?

– Eu tenho uma carta patente de coronel. Mas o senhor deve saber disso, já que eu fui intimado por uma carta com o título "Ao coronel Rui Moreira Lima". Então acho que não preciso responder a pergunta – respondeu já irritado.

– Mas o senhor sabe que foi cassado?

– Se eu fui convocado como testemunha por ser cassado, o senhor me pergunta se eu sou cassado? Eu também não vou responder isso, não. Aliás, o senhor poderia me dizer por que eu fui cassado?

– Sem mais perguntas! – finalizou, irritado, o relator.

– Ah, não. Eu vim até aqui falar do brigadeiro Teixeira e não vou embora sem falar dele. Ele é um dos homens mais inteligentes que eu já conheci, mais do que todos juntos naquela mesa – disse, apontando para a banca julgadora. – E se ele tiver as convicções dele? Deve ter, todo mundo tem convicção de alguma coisa, mas ele nunca tentou me convencer sobre as convicções dele. Sempre foi muito respeitoso, nunca tentou me cooptar pra ser comunista, se é que é assim que funciona. A única coisa que eu sei é que o brigadeiro Teixeira sempre foi um excelente profissional, leal e muito companheiro. Um sujeito formidável.

O relator, ainda irritado, dispensou Rui, que depois soube que o brigadeiro tinha conseguido a absolvição e a liberdade. Também acabou reservado e cassado, com direitos civis retirados, e oficialmente designado como "morto" nas Forças Armadas, o que rendeu à sua esposa uma pensão de viúva. Mas, pelo menos, estava livre – diferentemente de Múcio, a quem mantiveram preso e adiando o julgamento por um longo período de tempo.

O clima de exclusão logo aumentou: ainda em 1965, Rui recebeu uma carta do Clube da Aeronáutica, assinada por seu então presidente, brigadeiro Moss, usando o Ato Institucional nº 1 para acusá-lo de subversão e mau uso de dinheiro público como justificativa para sua expulsão. Obviamente, Rui apelou ao Conselho Administrativo do Clube, uma vez que o presidente não tinha plenos poderes para esse tipo de ação, mas recebeu outra carta igual, também assinada pelo Moss, expulsando-o. Magoado, tentou argumentar por uma última vez, mas foi ignorado. Assim como ele, soube que outros colegas da FAB tinham sido também expulsos do Clube da Aeronáutica. O que os confortava era que o mesmo não se repetiu no Clube Militar.

As exclusões constantes obrigaram os cassados a procurar novos amigos, novos hábitos e novos locais para frequentar. Rui, que sempre fora um esportista, descobriu na praia um novo ponto para se exercitar, se divertir e fazer amigos.

Perto de sua casa, na altura da rua Sá Ferreira, na praia de Copacabana, havia uma rede de vôlei de praia onde um grupo de homens de várias idades se encontrava constantemente para jogar. Rui enturmou-se, foi convidado e passou a frequentar a rede sempre que podia. Lá ele ria, fazia amigos e, ao final de cada partida, deixava na areia, junto com o suor, as mágoas, as frustrações e o peso do novo dia a dia.

Inevitavelmente, começou a ficar preocupado que, com essa vida instável, alguma hora o orçamento do mês simplesmente não fechasse. Estava claro que era preciso encontrar uma nova profissão.

Incentivado por um amigo, inscreveu-se num curso de corretor de imóveis, tirou o registro no Creci e começou a trabalhar em uma grande corretora vendendo vagas de garagem e pequenas salas comerciais no Centro da cidade. O dono da empresa, um judeu muito influente na comunidade judaica, ficou muito empolgado com o empenho de Rui, chegando a zombar dos outros corretores, a maioria rapazes muito jovens, dizendo que, enquanto eles não queriam trabalhar na hora do almoço, o coronel-Aviador estava fazendo a festa de tanto vender. A relação entre eles foi se estreitando e ele passou a apresentar Rui à comunidade, o que lhe rendeu alguns clientes e vários amigos.

Um desses contatos lhe contou que a deputada Sandra Cavalcanti estava coordenando a venda de imóveis populares em conjuntos habitacionais através do Banco Nacional de Habitação, o BNH, e que estavam aceitando inscrições para corretores. Era a oportunidade de montar seu próprio negócio.

Alugou uma loja na avenida Princesa Isabel, em Copacabana, e ligou para todos os militares que tinham sido presos e cassados com ele, oferecendo emprego. Com a equipe de vendas montada, começaram as atividades.

Como se tratava de um projeto popular, em pouco tempo havia fila na porta para comprar os apartamentos. Eles só tinham que explicar aos compradores como funcionava e preencher o contrato. Em sua maioria, eram pessoas muito simples, muitas analfabetas, que estavam empolgadas com a possibilidade de comprar um imóvel próprio. Todos saíam felizes: os compradores, realizando um sonho, e os corretores, com as comissões das fartas vendas.

O projeto durou meses e Rui aproveitou a fartura para reformar o apartamento e, com o dinheiro que sobrou, já conhecendo um pouco do mercado de ações, procurou uma corretora para começar uma conta de investimento. Já tinha aprendido que, sem salário fixo e com três filhos, era importante se precaver para o futuro.

No final de 1965, entretanto, as mudanças na política econômica para frear a alta da inflação se mostraram austeras para os assalariados, que deixaram de receber reajustes reais de salários. Isso, somado à correção monetária do saldo devedor, implantada pelo BNH no ano anterior, fez com que as pobres famílias que tinham se comprometido com um certo valor vissem as parcelas aumentarem consideravelmente em contraponto aos seus rendimentos e não conseguissem arcar com as dívidas, perdendo os apartamentos. O medo de investir num futuro incerto fez com que as vendas caíssem drasticamente e logo Rui percebeu que era hora de sair do tal negócio. Conversou com a equipe e, antes que perdessem mais dinheiro, decidiram fechar o escritório. Na saída, mais uma vez, não lhe pagaram todas as comissões devidas.

Apesar da sensação de fracasso vez, o impacto era menor, afinal, agora Rui tinha uma nova carreira e boas referências para dar. Então, ele não demorou muito para conseguir um novo trabalho.

A Simplex Engenharia era uma construtora pertencente a dois irmãos, velhos conhecidos de Rui da FEB, Andrade e Miranda. O primeiro era uma pessoa muito séria e dedicada, o segundo nem tanto.

E era com Andrade que Rui tratava de negócios. A proposta era ser gerente de vendas de um residencial com setecentas unidades, controlando uma equipe de corretores e recebendo 1% do valor das vendas. Como eram muitos apartamentos, Rui achou a porcentagem excessiva e sugeriu diminuir para 0,5%, além da comissão pelas vendas dos corretores, e assim foi acordado. Ficou acertado também que, inicialmente, ele receberia um salário fixo de 250 mil cruzeiros por mês e que, com o tempo de vendas, a empresa pagaria os valores acumulados.

Passou a comandar a equipe e, assim como previa, as vendas foram muito boas. Com uma situação mais confortável e estável, a família passou a poder gastar dinheiro com coisas mais supérfluas: compraram roupas, trocaram de carro e passaram a fazer viagens mais frequentes ao Espírito Santo, para visitar a família de Julinha.

Certo dia, Rui foi ao financeiro da empresa pedir para que pagassem suas comissões, já que estava querendo comprar o título de um clube no Espírito Santo e precisava do dinheiro. O responsável pelo setor lhe informou que Andrade tinha cortado suas comissões e que, assim, ele não tinha quase nada para receber.

Rui argumentou que tinha um contrato assinado, que tinha documentação comprovando o acordo e as vendas, mas o rapaz foi irredutível. Rui já estava bem zangado quando viu Andrade passar com um casal de clientes rumo à sua sala. Pediu para conversar e ele insistiu para que esperasse o fim do atendimento dos clientes, fechando sua porta.

O tempo foi passando, Andrade não saía da sala e o rapaz do financeiro não resolvia seu problema. Sentindo-se desrespeitado e trapaceado, o sangue lhe subiu à cabeça e jogou uma cadeira contra a parede. Já num ataque de fúria, passou a quebrar móveis e objetos, dizendo que só pararia quando encontrassem uma solução, o que não aconteceu. Algum tempo depois, Andrade saiu de sua sala com o casal, que passou assustado pela sala completamente destruída.

– O que é isso? O que foi que aconteceu aqui? – impressionou-se Andrade.

– O que aconteceu? Eu aconteci, Andrade! Eu quebrei tudo isso aqui e vou sair quebrando essa empresa toda se você não for honesto e cumprir o acordo que fez comigo! Onde já se viu mandar tirar minhas comissões?

– Rui, não é bem assim. É que nós tivemos que rever todas as comissões...

– Rever unilateralmente não existe, Andrade! – interrompeu Rui. – Eu tenho um contrato assinado, eu tenho os comprovantes das vendas, eu tenho direito a esse dinheiro. Você queria fechar 1%, eu achei muito, lembra? E sugeri 0,5%. Se vocês não sabem lidar com dinheiro e agora tá faltando, eu não tenho nada com isso. Eu vendi aquelas unidades, fiz dinheiro pra vocês, então eu quero a minha parte e ponto!

– Rui, olha, veja bem...

– Não tem "veja bem", Andrade! Eu já quebrei essa sala e vou quebrar sala por sala até você autorizar esse rapazinho aí a me pagar o que você me deve.

Andrade olhou para o rapaz completamente assustado e autorizou que fizesse o pagamento. Rui voltou para casa irado sabendo que, a partir daquele momento, sua relação com a empresa já não seria mais a mesma – e estava certo. Andrade não teve coragem de dispensar Rui, mas logo no dia seguinte mandou avisá-lo de que estava sendo transferido das vendas para a obra. Seu cargo era o de chefe de obras, fiscalizando a construção dos edifícios, e com salário fixo. Ficou claro que a intenção era fazer com que Rui pedisse demissão, mas, só de raiva, ele não pediu. Ia trabalhar normalmente e fazendo o melhor possível para não dar motivo para comentários.

Um mês depois, percebendo que Rui estava muito bem como chefe de obras, mandou informá-lo de que ele seria transferido para Valença, no interior do estado do Rio de Janeiro, e assumiria a função de supervisor da olaria da empresa. Rui negou-se e, agora sim, pediu a rescisão de contrato, apresentando todos os comprovantes do que a empresa ainda lhe devia. Andrade tentou contestar, tentou negociar, mas Rui se manteve irredutível. Ao final, sob ameaça de abrir um grande processo, acabou recebendo tudo aquilo a que tinha direito.

Com o dinheiro da rescisão, Rui conseguiu ter tempo para procurar um novo trabalho. Estava cansado do mercado imobiliário, muito instável, na sua opinião. Era hora de encontrar algo melhor.

Foi durante esse tempo que encontrou, por acaso, um velho amigo do Maranhão. Paulo Travassos, o Paulinho, um cara que Rui sempre admirou por ser muito inteligente e que estava trabalhando no mercado de ações e incentivos fiscais. De ações, Rui já entendia alguma coisa por conta de seus investimentos na fase das vendas do BNH, mas incentivos fiscais eram uma novidade.

– É uma forma que o governo encontrou de empresas bem estabelecidas ajudarem novas empresas a crescerem – explicou Paulinho. – Então eu, como corretor, ofereço para grandes empresas incentivo fiscal pra que elas invistam dinheiro em projetos aprovados pelas agências do governo. Eu trabalho especificamente com a Mombasa, na Amazônia, mas existem outras. Tudo através da Superintendência de Desenvolvimento da Amazônia, a Sudam, da Superintendência de Desenvolvimento do Nordeste, a Sudene, ou da Empresa Brasileira de Turismo, a Embratur.

– Será que tem como eu tentar entrar num troço desses? Eu sou bom de vendas, fiz bons contatos no último ano, acho que posso me dar bem.

Firmaram parceria e Rui passou a vender projetos indicados pelo amigo com porcentagem de 0,5%. Mas, conforme foi se inteirando do assunto, percebeu que o negócio era realmente bom e começou a vender bem. Com o aumento das vendas, tentou renegociar a porcentagem com Paulinho, que não cedeu. Confiante, sabendo que poderia ganhar muito mais se tratasse diretamente com as empresas investidoras, decidiu arriscar.

Já era 1966 quando Rui explicou para o amigo Alvarez tudo o que tinha aprendido naqueles últimos meses sobre o mercado de incentivos fiscais. Queria montar uma corretora e queria o amigo de sócio. Alvarez, assim como Rui, pulava de trabalho em trabalho desde a prisão, sem muito sucesso.

– Você acha que dá pé, Rui? – perguntou Alvarez.

– Tenho certeza! A gente aluga uma sala no Centro. Você, que é bom com papelada, fica no escritório e eu vou pra rua atrás das vendas. A gente contrata só uma secretária pra começar. Aí, quando os projetos entrarem, a gente contrata mais. Existe um monte de gente na mesma situação em que estamos: engenheiros, economistas... Um monte de caras cheios de currículo fazendo bico. Vai ser bom pra todo mundo. E, olha que beleza, a gente trabalha, bota todo mundo pra trabalhar e ainda ajuda o Nordeste, o Norte, a Amazônia, o reflorestamento, a pesca!

– Se você tá falando, eu acredito! Se tem um cara cabeçudo é você, Rui. E qual vai ser o nome da nossa empresa?

– Queria Jambock. A gente usa o termo Jambock pra falar dos caras durões que lutaram na guerra junto com o Grupo de Caça ou ajudaram a gente de alguma forma. Jambock pra marcar que a gente é firme, que a empresa é firme – sugeriu Rui.

– Então fica Jambock Comércio e Engenharia Limitada. No fim das contas, Jacel. JA de Jambock, C de comércio, E de engenharia e L de limitada. Jacel.

– Jacel Jambock. Soa bem.

Para deixar a empresa funcionar, obviamente o governo deu um jeito de pegar no pé de Rui. A papelada entrou em análise e ele foi chamado à sede do Serviço Nacional de Informação, o SNI, para dar explicações. Depois de um longo chá de cadeira, o funcionário voltou dizendo que, como Rui "só tinha sido cassado", eles dariam a licença de funcionamento. Legalizados, alugaram uma sala no Edifício Avenida Central, que tinha sido inaugurado alguns anos antes, onde ficava a Galeria Cruzeiro. Era um local afetivo para Rui, o que considerava um bom sinal. Não era um escritório muito grande, mas havia espaço suficiente para Alvarez e Elizabeth, a secretária. Rui, como combinado, ficava mesmo era na rua, atrás de clientes.

Abriu a nova agenda de contatos, feita depois da prisão, com os telefones dos clientes do mercado de alimentos, de imóveis, da comunidade judaica, da rede de vôlei. Ligou para todo mundo que conhecia para contar as novidades. Achava graça quando perguntavam quem era Jacel e, gaiato, respondia: "É um judeu que eu conheci e agora tô trabalhando pra ele." Então riam e marcavam um encontro.

Em poucos meses eles já estavam fechando bons negócios, com 50% de isenção de imposto de renda para que empresas investissem em projetos através da Sudam ou da Sudene, e 25% através da Embratur. E, assim, a Jacel Jambock se firmou.

Rui e Alvarez ficaram bem felizes em trocar a salinha do 25º andar do Edifício Avenida Central por duas boas salas no Edifício Bank of Tokio, no número 553 da avenida Presidente Vargas. Apesar da boa localização do primeiro endereço, com frequência o prédio ficava sem luz, o que os obrigava a parar o trabalho até a luz voltar – e eles ainda tinham que subir ou descer os vinte e cinco andares de escada. As novas salas ficavam no 12º andar e eram divididas em "secretaria" e "diretoria". Eram inicialmente alugadas, mas as vendas cresceram rapidamente e eles decidiram comprá-las.

Fizeram questão de contratar uma porção de cassados e militares da reserva: Lafayette (que era da reserva), um comandante espanhol que tinha lutado contra Franco, o almirante Goiano, que tinha sido preso junto com Rui, além de um comandante golpista que, após passado para a reserva, se uniu à equipe, entre outros. Sabiam como tinha sido difícil para eles chegarem até ali, então o mínimo que podiam fazer era ajudar outros em situações parecidas.

Janeiro de 1967, entretanto, veio romper a paz que estava se instalando. Rui, de férias com Julinha e as crianças em Guarapari, no Espírito Santo, recebeu um telefonema da FAB: seus irmãos Abelardo e Antonio tinham sofrido um acidente aéreo.

Alguns dos antigos colegas de Rui no GTE, grupo que Abelardo também tinha integrado, contaram detalhes do acidente. Abelardo estava trabalhando como instrutor na Academia da Força Aérea de Pirassununga, em São Paulo. Ele pediu ao coronel Leigh, comandante da escola, um avião para ir buscar a família em Fortaleza. O irmão mais novo, Antonio, que era engenheiro elétrico, foi convidado por Abelardo para ir junto. Ele pegaria uma carona do Rio de Janeiro até Fortaleza e depois seguiria até São Luís, sozinho, para passar férias. Foram os dois, o copiloto Mario José Cabral Simões e o mecânico Antonio Juventino da Silva e, de carona, a esposa do sargento Albino de França, Maria do Socorro, com seus dois filhos, Maria Soreth e Carlos Alberto, e mais a sra. Terezinha Cordeiro de Oliveira. O voo ia tranquilo quando, na altura de Aracruz, pouco depois de Vitória, Abelardo percebeu que o avião começou a tremer. Em poucos segundos, a asa direita dobrou, em pleno voo, e a aeronave entrou em parafuso.

Antes de cair, ele tentou contato e conseguiu comunicação com uma aeronave comercial da Vasp, que sobrevoava Ilhéus. Só teve tempo de dizer: "Meu avião perdeu a asa, entrei em parafuso, vou bater. Cuidado, pilotos dessa série de Beechcraft. Mandem verificar a causa desse acidente. Nós vamos morrer." O piloto da Vasp pouco pôde fazer além de avisar o Comando da 2ª Zona Aérea sobre o ocorrido. Quando o socorro chegou não restava nada, a não ser destroços.

Rui ficou em choque. Desligou o telefone e ficou ali, parado, por algum tempo. Julinha perguntava o que tinha acontecido e ele não era capaz de responder, não conseguia dizer nada. Demorou até que pudesse contar para a esposa o que tinha acabado de ouvir e, só contando, conseguiu realmente compreender o que tinha acontecido: num único golpe, a vida lhe tirou dois irmãos de uma vez.

Abelardo e Antonio eram os dois "pais" dos Moreira Lima. Sensatos e calmos, tinham o hábito de aconselhar sempre que surgia um desentendimento ou sempre que alguém estava passando por um problema, inclusive o pai Bento e a mãe Heloísa. Eram os responsáveis pelo equilíbrio na família. Não seria nada fácil assimilar a perda dos dois simultaneamente.

Rui sentiu que era sua responsabilidade ligar para o Maranhão e dar a notícia. Contou primeiro para o pai, a quem julgava mais forte e equilibrado. Não esperava o pranto copioso do outro lado da linha, que logo foi acrescido pelo da mãe. Desesperado e impotente, tudo o que pôde dizer é que faria com que os corpos chegassem até São Luís e que acompanharia toda a investigação, até descobrir o motivo da queda.

Ligou para amigos na FAB e partiu para a Base de Vitória para fazer o reconhecimento dos corpos. Levou Abelardo e Antonio até o Rio de Janeiro para que as investigações fossem feitas. Pessoa Ramos voluntariou-se para transportá-los para São Luís, onde foram feitos velório e enterro, sem a presença de Rui e Julinha.

Sentiu que seus pais tinham sido muito afetados pelo ocorrido, mas só conseguiram chegar para a missa de sétimo dia. Com o coração apertado, voltou logo para o Rio de Janeiro e pediu à Helosine que cuidasse dos pais e mandasse notícias. Tinha que acompanhar a investigação do acidente.

Em casa, percebeu que o telefone não tocava. Apesar da carreira impecável de Abelardo, poucos foram os amigos e colegas de FAB que ligaram para desejar condolências. Eles preferiam ignorar a existência de Abelardo e todos os seus anos de dedicação à Força Aérea a telefonar cordialmente para um cassado – e isso doeu em Rui como nada antes tinha doído. Porque não desonravam apenas a vida dele, mas também a de seu irmão, que nada tinha feito de errado. Porque os desumanizavam. Ele, que tinha perdido ao mesmo tempo dois irmãos, não era digno de receber um telefonema de conforto por ter sido cassado. Estavam virando as costas para ele e para Abelardo de uma forma cruel como não imaginava que pudesse acontecer.

A ciência desse grau de rejeição provocou em Rui uma mágoa muito grande. Ficou muito decepcionado com a falta de solidariedade dos FABianos, gente que ele julgava ainda como companheiros apesar do golpe. Sentiu-se sozinho e isolado, e isso fez com que, pela primeira vez, deixasse de contar com a FAB, de esperar por um possível retorno, de sonhar com a reintegração. Se a FAB não o aceitava mais como parte, então não tinha por que continuar tentando ser parte.

Apesar da mágoa, Rui cumpriu sua promessa e participou de toda a investigação sobre o acidente. Por sorte, o inquérito foi encaminhado para um grande amigo de seu irmão, o coronel Guerra Filho, que se solidarizou com a dor da família e passou a informar Rui de cada descoberta da investigação por seu subordinado, o tenente Peixe Lima. Até que descobriram que a ordem técnica de revisão da longarina mestra da asa tinha sido enviada pelo fabricante para ser feita em 1964 e fora "engavetada" sem querer pelo tradutor, que era civil e não militar. Tal peça vinha com uma tarja vermelha e tinha como procedimento padrão que a aeronave deveria ser parada onde estivesse para que fosse feita a intervenção definida, tal sua importância. Com a ordem engavetada, o avião fora revisado de forma incompleta durante dois anos, o que levou ao acidente. A partir dessa informação, o coronel Guerra Filho proibiu o tenente Peixe Lima de continuar contando a Rui o andamento do inquérito, mesmo sob insistentes protestos. No fim, o resultado das investigações foi abafado pela FAB por receio de que as famílias a processassem, e encerraram o inquérito culpando Abelardo sob um suposto excesso de peso no avião.

Rui ficou indignado com o desfecho e parte da família chegou a cogitar mesmo um processo, mas Bento e Heloísa estavam tão fragilizados que acharam que seria muito sofrimento continuar com tudo aquilo. Acharam por bem encerrar tudo ali, ele inclusive.

No mês seguinte, numa infeliz coincidência, foi a vez de Rui retribuir a solidariedade ao amigo Pessoa Ramos, indo ao Rio Grande do Sul para a missa em homenagem a seu irmão, também falecido em um desastre aéreo.

Durante a cerimônia, foi abordado por um antigo colega que lhe disse:

– Tire o Múcio de Santa Cruz, porque ele tá ficando maluco. Ele tá tomando dois Atroverans por dia, ele não dorme mais, está alucinando. Tem mais de sessenta e sete dias que ele não vê nem sol.

Rui ficou horrorizado com a notícia. Como podiam deixá-lo preso por tanto tempo? Assim que voltou ao Rio, foi procurar Nero Moura para pedir ajuda.

– Brigadeiro, pelo amor de Deus, esse homem foi seu ajudante de ordens, depois foi ajudante de ordens do Juscelino. É um piloto fantástico e um homem de uma seriedade... e foi meu Subcomandante lá na Escola da Base Aérea de Santa Cruz. Eu queria que o senhor tirasse ele de lá. Não é pra tirar da cadeia não, mas bota ele num QG e o inquérito então prossegue no QG, num comando aqui da cidade.

– Olha, Rui, você tem mais força do que eu para pedir pro Wanderley.

Rui então telefonou para o ministro Wanderley, ainda da casa de Nero.

– Brigadeiro, eu queria falar com o senhor, mas como eu já estou de pijama, como já me reformaram... me passaram primeiro para a reserva depois me reformaram, e eu sou um mulambo dentro da FAB. Então, eu queria falar com o senhor, mas queria falar com o Wanderley, aquele cara que voou comigo lá na Itália, que voou 13 missões lá na guerra.

– É só assim que eu entendo falar com você – respondeu ele.

– Posso ir aí agora?

– Não é um bom momento, coronel. Está acontecendo um coquetel no Ministério, tudo está muito cheio por aqui. Mas amanhã vou a Deodoro, e, se você puder, me encontre lá.

No dia seguinte, Rui cruzou a cidade para encontrar o ministro na Vila Militar de Deodoro. Fechados em um gabinete, defendeu Múcio para Wanderley.

– Olha, ministro, eu queria falar com você o seguinte. O Múcio foi ajudante de ordens do ministro Nero Moura e depois do Juscelino, e foi meu Subcomandante na Base Aérea de Santa Cruz. Se não fosse ele, eu me perderia lá. Ele é um sujeito muito organizado, e Subcomandante é o sujeito que faz toda a parte burocrática e operacional da base. Ele está preso na Base Aérea de Santa Cruz desde abril do ano passado e está sofrendo muito. Eu queria que você tirasse ele da base e colocasse num QG. Ele vai continuar respondendo o inquérito dele, mas pelo coronel Adil de Oliveira em vez de ser pelo coronel Burnier – pediu Rui.

– Olha, Rui, eu não posso fazer isso porque o dono do inquérito é onipotente, ele faz o que ele quiser.

– Mas você não vai fazer nada, vai só tirar daqui e botar ali. Ele está sendo subjulgado, tá dentro de um quarto, a mulher dele não pode vê-lo. Todo mundo, depois de vinte dias, a família vai visitar, mas esse coronel tá segurando ele – insistiu.

– Olha, eu não posso.

– Pode. Quem é que faz a portaria para nomear esse coronel? É você! Então tira esse coronel e bota outro coronel pra fazer! – apertou Rui.

– Tá encerrado o papo – irritou-se o ministro.

Rui ficou tão chateado que o desacatou e disse grosserias muito fortes. Ainda mais irritado, o brigadeiro pediu que ele se retirasse. Na hora de sair, irado, deu porrada em uma porta, quebrando-a, dizendo que aquilo ali era uma grande covardia. Diante da cena apareceu um oficial armado para tentar conter a situação. Rui olhou firme para o homem, olho no olho, e disse:

– Cuidado, levanta esse revólver, que isso aqui tá cheirando a merda!

O oficial, perdido, levantou o revólver e deixou que ele fosse embora.

Com a negação de Wanderley para transferir Múcio, Rui voltou a procurar Nero Moura pedindo, do mesmo modo como tinha feito para tirá-lo do porão do navio, que procurasse o presidente Castelo Branco e interviesse por Múcio. Assim aconteceu e o presidente concedeu a transferência.

Coronel Meira Mattos, amigo de Rui do 1º Grupo de Aviação de Caça e amigo pessoal de Múcio e de sua família, ofereceu-se para ir com o mandado até a BASC fazer a transferência, mas o comandante Burnier não permitiu.

– Daqui ele não sai. O dono do inquérito é o dono do prisioneiro.

– Não faça isso, coronel, é uma ordem do presidente da República... – questionou Meira Mattos.

– Não quero saber de onde veio a ordem. Está no regulamento. Meu inquérito, meu prisioneiro. Daqui ele não sai.

– Posso pelo menos falar com ele, ver como ele está? A família está preocupada – insistiu.

O comandante hesitou um pouco, mas autorizou.

Meira Mattos foi levado para a cela de Múcio. Então, aproveitando que estavam sozinhos, Meira Mattos ajudou Múcio a recolher suas coisas às pressas, levou-o correndo para seu carro, colocou-o no banco de trás, escondido sob lençóis, e saiu da BASC sem se despedir ou dar satisfações a ninguém. Fugiu com ele diretamente para a 3ª Zona Aérea, no Aeroporto Santos Dumont, como mandava o ofício.

Múcio, muito estressado e magro, foi recebido pelo brigadeiro Adil, que lhe ofereceu o "tratamento de colega" oferecido a seus presos, autorizando imediatamente o encontro com a família.

Assim que soube da transferência forçada, o comandante Burnier mandou um ofício requisitando a devolução de Múcio. O brigadeiro Adil negou, informando que continuaria com o preso e seu inquérito seria julgado lá, seguindo as ordens do presidente da República. Inconformado, o comandante mandou outro ofício e, como resposta, o brigadeiro falou que, se continuasse insistindo, ele soltaria o prisioneiro e mandaria prendê-lo por insubordinação. Sem saída, o coronel Burnier foi obrigado a desistir e Múcio, enfim, pôde ter seu inquérito julgado e foi sentenciado como inocente.

Em março de 1967, o general Castelo Branco passou a Presidência da República para o general Artur da Costa e Silva, contrariando as expectativas de novas eleições. No mesmo ano, também foi promulgada a 5ª Constituição Brasileira, que concretizava o Estado de Exceção. Diante do quadro que se desenhava, ficava cada vez mais claro para Rui que a FAB deveria se tornar uma lembrança, uma antiga vida, um passado.

A prova disso veio num encontro fortuito que teve com um primo de Julinha, coronel Guilherme Ribeiro e Silva, o "Caguíra".

Esbarraram-se por acaso no Centro da cidade e, para botar a conversa em dia, decidiram almoçar em um restaurante por ali. No meio da conversa, Rui comentou:

– Sabe, rapaz, eu tenho curiosidade de saber por que é que me cassaram.

– Ah, Rui! Como assim? Não é óbvio?

– Não! Eu nunca fui subversivo, do jeito que eles quiseram alegar, eu não tinha nada na minha ficha que me desabonasse, não tinha por que terem feito isso comigo! Era só me tirar do Comando da BASC, me colocado numa burocracia qualquer, não precisavam me cassar.

– Rui, eu tava no *petit comité* da sua cassação. De todos os oficiais ali, só eu e o Fleiuss votamos a seu favor. Eu ainda tentei argumentar, sugeri que te botassem como adido ADP.[11] Falei "Ele vai lá, se apresenta todos os dias em horários determinados, passa o dia lá sob o olhar de todo mundo, depois a ADP dispensa ele", mas aí me rebateram dizendo que você se comunica muito bem com todo mundo, e que não ia demorar nada pra você botar um monte de gente contra a gente lá.

– Tá falando sério, Caguíra?

– Opa, se estou! Você foi cassado porque era uma pedra na chuteira da gente, Rui, e não se joga com pedra na chuteira. Disseram lá: "Ele vai atrapalhar a gente. Se der uma função pra ele, ele vai atrapalhar também porque ele não vai se dobrar aos caprichos de ninguém. Então é melhor cassar." Foi assim.

– Foi bom você me dizer com essa franqueza e com essa lealdade – disse Rui, pensativo e aliviado ao mesmo tempo.

– Eu gosto muito de você, sempre gostei muito de você. Nós sempre fomos muito amigos e estamos conversando livremente. Estou só contando pra você porque te cassaram. Te cassaram

---

[11] Militar que fica sem função profissional esperando por avaliação para ser requalificado e reposicionado.

porque você é uma pessoa que tem uma linha de conduta, só por isso.

– Mas por que cassaram minha carteira de voo?

– Isso eu não concorri, tô fora, não me perguntaram nada, também não te defendi, não fui lá. Mas sei que o voo tiraram de você porque você ia pousar, e onde você pousasse seria complicado... sua presença é uma presença nacional, uma presença que impressiona. Se você ficasse falando contra em todo lugar que pousasse, ia ser ruim pra gente. Então, não queríamos isso.

– Por esse motivo vocês me puseram pra trabalhar como vendedor?

– Foi o jeito que eles encontraram de te controlar, Rui, te botando pra escanteio. Você não acatou a ordem nem de entregar a Base quando eles mandaram, como é que você queria que eles reagissem?

– Tá. Mas, olha, vou te dizer, tenho o maior orgulho de ter sido o único, o único!, a ter passado o comando, de não ter saído escorraçado como todo mundo saiu.

– E você pode ter certeza de que isso fez diferença – comentou Guilherme.

Quando chegou em casa depois de horas e horas de conversa, já à noite, contou pra Julinha tudo o que seu primo tinha lhe dito. Ela ficou irada, inconformada de um parente seu ter feito isso com seu marido. "Família, Ruizinho! Não aceito!". Rui ainda tentou acalmar a esposa, dizendo que ele fez o que tinha que ser feito e que não tinha por que eles se ressentirem, mas ela não o perdoou.

Com novas perspectivas sobre o passado e também sobre o futuro, Rui passou a dedicar-se ainda mais aos estudos e aprendeu as artimanhas das leis e os detalhes de cada órgão e de cada projeto, tornando-se um especialista em incentivos fiscais.

A Jacel Jambock já estava se firmando quando soube que uma empresa americana estava querendo investir na modernização de suas fábricas no Brasil: a Cimento Mauá, em São Paulo, e a Cimento Aratu, na Bahia. Eles tinham inscrito o projeto da Aratu na Sudene, mas a documentação caiu em exigência e eles já tinham perdido um ano de dois que lhes eram permitidos para a aprovação, sem resolver as pendências. Rui então entrou em contato com os gestores da empresa e os ensinou a resolver o problema, para que o projeto pudesse ser aprovado. Os gestores ficaram encantados com o trabalho de Rui e o convidaram para ser funcionário. Ele negou, afirmando que já tinha sua própria empresa, mas disse que ficaria feliz se pudesse ter alguma prioridade na hora da escolha do representante para a captação dos incentivos, mas nenhuma posição dos americanos foi definida.

Aberto o processo de concorrência, a Jacel Jambock mandou sua carta-proposta como todas as outras empresas. No dia de abrir as cartas para definir o vencedor, o gestor americano, Mr. Kibble, deixou o envelope de Rui por último. O penúltimo envelope aberto foi o do Banco União Comercial (BUC) representado por Roberto Campos, que pedia 2% de comissão. Rui desanimou, pois sabia que sua proposta era de 4%, mas, quando o gestor abriu o envelope de Rui, em vez de falar o valor escrito, anunciou 2%. Logo em seguida, agradeceu pela participação de todos, afirmando que quem entendia de lei de incentivo era Rui. Assim que todos saíram, Rui foi ao Mr. Kibble.

– Com licença, Mr. Kibble, mas acho que houve um engano. A proposta que estava no meu envelope era de 4%.

– Eu vi, mas eu aceito rasura no contrato, você não?

Rasuraram o contrato, trocando a porcentagem de 4% para 2%, e assinaram, dando exclusividade para a Jacel Jambock na captação.

A notícia da exclusividade da Jacel Jambock com a Cimento Aratu acabou ganhando todos os jornais, o que deixou Rui e Alvarez bem impressionados – e lhes rendeu muitos clientes, dinheiro e portas abertas para novos projetos. A partir de então, mesmo pequena (era a menor de todas as captadoras de incentivos), a Jacel

Jambock ficou conhecida por sua alta capacidade de trabalho e passou a ser procurada e paparicada por todos os bancos de investimentos.

Bem conceituado no setor, agora Rui tratava diretamente com os diretores das empresas e também com os Presidentes da Sudam e da Sudene. Esta última, inclusive, passou a manter uma ótima relação com Rui, sempre o convidando para conhecer os projetos antes de divulgá-los para o grande público. Chegou, inclusive, a ser convidado pelo editor da Revista *Bolsa de Valores* a fazer artigos para eles sobre incentivos. Ele dizia que Rui era o único que entendia realmente do assunto. Tudo isso lhe rendeu credibilidade e visibilidade no mercado, a ponto de ser contratado algumas vezes por bancos para dar cursos aos gerentes, para que pudessem oferecer os incentivos como opção de investimento.

Mas, apesar do reconhecimento no meio e de não trabalhar com nada ligado ao seu passado profissional, os militares ainda assim faziam de tudo para tumultuar sua vida. Diferentemente de todas as outras corretoras, forçaram a ida de Rui ao Serviço Nacional de Informação, o SNI, para liberar o funcionamento da empresa. Ao analisarem os documentos de Rui e perceberem que nada tinham contra ele além da cassação, acabaram liberando o alvará. Mas a forma mais explícita de perseguição era através de fiscalização. De dois em dois meses, o Banco Central requisitava fazer uma inspeção na Jacel Jambock, algo que era muito trabalhoso e incômodo, uma vez que os fiscais chegavam na hora que queriam e todos tinham de parar tudo o que estavam fazendo para atendê-los. Toda vez que apareciam para a inspeção ficavam surpresos por outros fiscais terem passado por lá há tão pouco tempo. E, ao saber das atividades da empresa, olhavam para Rui e falavam: "Mas você está vendendo ações incentivadas? É exatamente o que o governo precisa que se faça!", e liberavam a Jacel com sorrisos de satisfação.

A alta procura para investimentos na Cimento Aratu virou uma ótima oportunidade para que Rui oferecesse outros projetos menores aos clientes. Numa dessas sondagens, Rui mandou como proposta para a Bourroghs, uma grande empresa do setor de máquinas, o investimento em uma empresa de móveis como condição para investir na Aratu.

Alguns dias depois, ao chegar ao escritório, havia um recado para que Rui voltasse à Bourroghs para conversar. Ele foi à empresa confiante, pensando que o negócio estava feito, mas, ao chegar, foi recebido na sala do presidente, Wiker, junto com toda a diretoria.

– Eu chamei o senhor aqui para conhecer uma pessoa que foi muito corajosa. Porque teve coragem de fazer uma proposta dessa para a Bourroghs. Isso é chantagem, o que o senhor quer fazer. Quer botar uma empresa sem valor nenhum, que a gente nem sabe se vai sair, e quer botar a Bourroghs nisso – disse Wiker em tom sério.

Rui ficou irritadíssimo e bateu de frente:

– O senhor já terminou? O senhor, se for lá embaixo, não vai dizer isso pra mim a céu aberto, pois eu vou te dar um tapa! O senhor pode me dar outro, a gente briga lá embaixo, já que o senhor é muito maior do que eu! Mas ninguém faz isso comigo! Isso é um tratamento desprezível! O senhor me respeita! Eu sou corretor aqui!

Um dos diretores comentou discretamente com o presidente:

– Ele é coronel.

– O senhor é coronel? – questionou Wiker, ainda sério.

– Não, sou corretor, porra! Não sou mais coronel porque essa merda dessa Revolução me cassou! Eu sou corretor! Eu estou aqui como corretor, não como coronel! Isso que eu quero dizer pro senhor. E o senhor é que é chantagista, que fica atrás desse balcão aí! Tá há vinte anos aqui no Brasil porque o senhor fala português e deve ter sido nomeado. Isso é uma corporação particular e o senhor deve ter sido nomeado presidente.

– Quais aviões voou pela FAB? – perguntou, interessado.

– Todos! Eu voei todos os aviões da FAB.

– Eu também sou capitão-aviador da USAF.

A afirmação de Wiker desarmou Rui.
– O que o senhor voou durante a guerra?
– Eu voava B-25.
– Em que teatro?
– Não voei em nenhum teatro, eu era instrutor de voo.
Rui riu e, já relaxado, perguntou:
– Qual é o seu nome?
– Wiker.
– Eu fiz 94 missões de guerra, voando e tomando tiro pelo *350th Fighter Group*. Meu grupo, para efeito de missão, era subordinado ao 350th. Você passou quatro anos de guerra como instrutor de B-25, você não queria era ir à guerra! Eu não sei quem é mais chantagista, eu ou você...
– Qual é seu nome? – disse Wiker, rindo.
– Rui.
– Ô Rui... – estendeu-lhe a mão – *Shake*.[12] Daqui por diante só você que vai fazer incentivos fiscais para a Bourroghs do Brasil. Só você.

Daquele momento em diante, Rui e Wiker se tornaram grandes amigos, tendo ele e Julinha, inclusive, sido padrinhos do casamento do americano com sua secretária brasileira.

A grande visibilidade também trouxe de volta Andrade, da Simplex, que procurou Rui querendo que a Jacel Jambock fizesse um projeto para sua empresa entrar no programa de incentivos fiscais. Rui mal acreditou ao vê-lo no escritório e não teve pudor nenhum em lhe dizer diretamente que, apesar de adorar Miranda, seu irmão, não faria seu projeto de forma alguma. Andrade tentou dissuadi-lo e Rui acabou aceitando fazer o perfil da empresa, mas só. Para a captação, ele que encontrasse outro corretor – e que não deixasse de pagar a comissão dele.

---

[12] *Shake*, abreviação da expressão "*Shake my hand*", que significa "Aperte minha mão."

Com a prosperidade da Jacel Jambock, a família começou a ter um pouco mais de conforto. Rui conseguiu comprar um Fusca e pouco depois um apartamento em Teresópolis, cidade onde outros companheiros do 1º Grupo de Aviação de Caça também tinham imóveis. Como a família passou a viajar quase todos os finais de semana para lá, tornaram-se sócios do Clube das Iúcas, uma associação muito conservadora e elitista, mas que os recebeu muito bem, tendo inclusive convidado Rui para ser o diretor esportivo do clube.

Quando passou a focar exclusivamente em sua família, sua empresa e seus novos amigos, a vida de Rui começou a ficar mais tranquila.

Desapontado com a maioria de seus antigos companheiros de Forças Armadas após o episódio da morte de Abelardo e Antonio, Rui se fechou aos militares e passou a frequentar mais os amigos do vôlei de praia. Ali o chamavam de "coronel", posto tirado pela FAB, mas prezado pelos amigos do esporte.

A turma do vôlei era bem variada, com "jovens e velhos", sendo que Rui fazia parte dos "velhos". Os amigos de rede mais frequentes eram o Inglês, dr. Celso, Djalminha, Manoel Gomes Gaúcho, Wilson Gomes Carneiro, Jean, Condorcet Rezende, entre outros, que iam e vinham ao longo dos anos. Rui era muito assíduo e quase sempre dos primeiros a chegar, ajudando a montar a rede. Nos finais de semana, eles jogavam até uma da tarde e depois iam para o Alcazar, um restaurante que ficava na esquina da praia com a rua Almirante Gonçalves, para tomar um chope juntos e, às vezes, almoçar – quando tinha cabrito, Rui ficava para o almoço. Outras vezes reuniam suas esposas e iam todos ao Cadeg comer e fazer compras, em passeios que duravam horas.

Um dos frequentadores das areias era Condorcet Rezende, famoso advogado tributarista, de quem se tornou muito amigo. Com o tempo, Condorcet passou a trazer o filho para treinar – rapaz que anos depois se tornaria jogador e mais tarde técnico da

Seleção Brasileira de Vôlei, Bernardinho. Sua família estava sempre por perto, então um dia ele chamou Rui, que jogava na praia, para atravessar a rua e conhecer seu pai. Foi apresentado para Octávio Murgel de Rezende, ministro do Tribunal Militar, que tinha sido relator e dado voto favorável à sua soltura nas duas prisões, e pôde agradecê-lo por ser realmente um homem justo.

Já havia quatro anos que Rui estava afastado da FAB, e ainda assim, por ter sido cassado e reservado, esse fantasma rondava sua vida de tempos em tempos: alguns antigos companheiros o ignoravam, alguns golpistas o perseguiam, mas ele fazia de tudo para não se deixar abalar por nada disso, e seguia sua vida. Sabia que sua casa ainda era vigiada, pedia cautela à Julinha e aos filhos, mas não os impedia de viver normalmente. Na Jacel, encarava as fiscalizações com bom humor, o que contagiava inclusive os fiscais, que também já não levavam a sério as ordens de visitas exageradas que recebiam. Mas a sensação de perseguição não parava de aumentar.

Na manhã de 2 outubro de 1968, o telefone da casa dos Moreira Lima tocou bem cedo.

– Oi, Rui. É o Fortunato. Eu sei que tá cedo, mas você já leu o jornal de hoje?

Não eram nem sete horas da manhã, o jornal ainda estava no capacho, do lado de fora da porta de entrada. Rui foi lá buscar e voltou para a ligação enquanto folheava o jornal.

– Vai direto pra página 3 – indicou Fortunato.

Quando Rui abriu o jornal na página indicada, deu de cara com uma grande manchete: "Exonerado e preso brigadeiro."

Rui seguiu lendo em voz alta:

– "O presidente Costa e Silva exonerou ontem o major-brigadeiro Itamar Rocha do cargo de diretor-geral de rotas aéreas do Ministério da Aeronáutica, nomeando para substituí-lo o major-brigadeiro Nei Gomes da Silva. O decreto presidencial de demissão é sem número e o major-brigadeiro Itamar Rocha foi preso por dois dias. A exoneração e o ato da prisão, segundo fonte credenciada, foram consequência dos episódios ligados ao PARA-SAR, corporação de choque e salvamento do Ministério da Aeronáutica. O deputado Maurílio Ferreira Lima, do MDB de Pernambuco, em discurso pronunciado ontem na Câmara Federal, denunciou um plano de oficiais da Aeronáutica que consistia em usar oficiais e sargentos do PARA-SAR – especializados em ações rápidas de salvamento na selva – para 'o assassinato das principais lideranças estudantis' e de políticas de oposição e cassados 'irrecuperáveis', que seriam raptados e lançados de aviões, a 40 quilômetros da costa, no oceano."[13] – Parou por um segundo e então comentou: – Que maluquice é essa?

– O capitão Sérgio do PARA-SAR denunciou o Burnier uns dias atrás dizendo que ele tentou desviar a finalidade do grupo pra virar um esquadrão de terrorismo. O brigadeiro Itamar Rocha acatou a denúncia e acabou exonerado e preso. Aí o pessoal da FAB se mobilizou pelo brigadeiro, mas como não adiantou, o brigadeiro Teixeira pediu pro deputado Maurílio Ferreira Lima levar a denúncia pro Congresso e foi o maior alvoroço. Tem noção disso? Transformar um grupo de salvamento em grupo terrorista? Tem que ser muito doente.

– Que absurdo! Como é que podem manter um cara desses chefe do Serviço Secreto do Estado-Maior? Aliás, como é que mantêm um cara desses na FAB?

– E, pode ter certeza, não vai ser pra ele que vai sobrar.

Fortunato estava certo. Rui ligou para o capitão Sérgio "Macaco" Ribeiro Miranda de Carvalho, logo depois de desligar com o amigo caçador.

– Capitão Sérgio? Aqui é o coronel Rui Moreira Lima.

---

[13] Além dessas ações, também foi proposto ao PARA-SAR explodir o Gasômetro da cidade do Rio de Janeiro durante o horário de pico e a represa de Ribeirão das Neves, na cidade de Piraí. Ambas as ações seriam atribuídas "aos comunistas" para justificar o endurecimento do regime ditatorial.

— Coronel! Que honra falar com o senhor! Eu não sou a pessoa que as pessoas querem por perto nesse momento, mas eu fico muito contente de receber uma ligação sua.

— Nesse momento do nosso país infelizmente quem se atreve a fazer a coisa certa não é muito bem-visto. Estou ligando para saber se você está bem. Li a matéria sobre o PARA-SAR agora e fiquei muito orgulhoso da sua postura.

— Ah, eu estou do jeito que dá, né coronel? Eles abriram um inquérito contra mim e contra meu comandante, o brigadeiro Itamar Rocha. O brigadeiro Burnier é que desvia função e eu é que sou indiciado. Mas eu sabia que seria assim, só que não dava pra deixar passar. Eles estavam planejando matar muita gente boa, gente decente, usando o PARA-SAR. Alguém tinha que parar essa história antes que ela deslanchasse.

— Matar pessoas! Era esse o nível!

— Se era! Tinha uma lista de famílias a serem executadas. Famílias inteiras, coronel. Famílias boas, decentes, que não fizeram nada de errado. O nome da sua família estava lá, coronel. O senhor, que sempre foi tão justo com todo mundo, que sempre foi um profissional sério e um militar dedicado. Como é que eles podem ter feito uma lista dessas? Como é que eu ia deixar matarem sua esposa, seus filhos, as esposas e os filhos de tanta gente? Não dava.

— Eles me botaram numa lista de execução, capitão?

— Infelizmente, coronel.

Rui ficou em silêncio por alguns segundos e então continuou.

— Olha, capitão Sérgio, eu agradeço demais por você e pelo brigadeiro Itamar Rocha terem sacrificado a carreira de vocês por nós.

— Coronel, eu entrei pra a FAB pra salvar as pessoas, não pra fazer terrorismo, pra matar gente inocente. Eu não poderia compactuar com isso nunca. Nem eu nem o brigadeiro Itamar.

— Capitão, eu não sei qual vai ser o fim do seu inquérito, eu espero que eles sejam justos e tudo dê certo pra você. Mas, sabendo que as coisas não andam muito boas, eu já quero me botar à disposição pro que você precisar. É só me procurar.

— Eu te agradeço muito, coronel. O senhor não merece o que estão fazendo com o senhor.

Desligaram o telefone e Rui ficou ali, sentado no sofá, pensando sobre o que tinha acabado de saber. Sentiu-se culpado de deixar sua família viver normalmente, mesmo sabendo que estavam sendo vigiados o tempo todo. E se tivesse acontecido alguma coisa? E se tivessem feito mal aos seus filhos, à Julinha? Entendeu que a perseguição era real, era cruel e tinha objetivo. Era preciso mudar toda a rotina, tomar cuidado — eles queriam matá-los.

Assim que os filhos se sentaram à mesa para tomar o café da manhã, já arrumados para sair, Rui anunciou que naquele dia ninguém iria para a aula nem Soninha iria para o trabalho. Julinha contestou:

— Claudinha não pode faltar à escola. E, se Soninha faltar, vai ser descontada, pode até ser demitida.

— Não importa. Hoje ninguém vai pra a rua. A gente precisa conversar seriamente.

Rui, então, colocou o jornal aberto na matéria sobre o PARA-SAR em cima da mesa.

— O que é isso? — perguntou Julinha, pegando o jornal para ler.

— O Fortunato me ligou cedo para avisar dessa matéria e eu liguei para o capitão Sérgio pra saber dele, já que fui eu que ajudei ele a montar esse grupo. O PARA-SAR era um grupo de socorristas da FAB, só gente competente e séria. Mas aí o Burnier, que agora é chefe do Serviço Secreto do Estado-Maior, sádico, quis desvirtuar o grupo. Ele quis transformar em um grupo terrorista. Só que o capitão Sérgio e o brigadeiro Itamar Rocha, que são homens muito íntegros, não compactuaram com isso. O capitão denunciou, o brigadeiro Itamar acabou preso e foi o deputado Ferreira Lima que acabou explanando tudo no Congresso.

— Que absurdo, Ruizinho!

— Só que o problema é o que o capitão Sérgio me contou. Ele disse que fizeram uma lista com algumas famílias que eles iriam exterminar. Famílias, não uma pessoa só, a família inteira. E a gente tava nessa lista.

Fez-se silêncio. Rui podia notar o pânico no olhar de Julinha. Claudinha, que não entendia muito bem o que estava acontecendo, ficou paralisada, olhando assustada para cada um deles. Pedrinho, também em pânico, controlou o choro e ficou olhando para Rui, à espera da próxima frase. Soninha, chorando, não se aguentou e interferiu:

— E agora, pai? Eles vão vir matar a gente? — questionou, às lágrimas.

— Ruizinho, por que você contou isso assim, na frente das crianças? Por que você não falou só comigo antes? Olha como eles estão assustados!

— Porque é um assunto muito sério e muito grave e tem que ser tratado assim, de forma séria e grave. Não dá pra fingir que não aconteceu, Julinha. Todo mundo agora tem que saber o que está acontecendo, porque a gente vai mudar tudo nessa casa, a gente vai mudar toda a rotina, todo mundo tem que levar isso a sério. Sabe esses caras que ficam na esquina vigiando a gente? Não tem mais café, não tem mais papo com eles. Não quero nenhum de vocês quatro perto deles. E vai todo mundo ligar pra casa pra avisar onde está, sempre. Foi na casa do vizinho, tem que ligar avisando que chegou lá. Você, Soninha, se for sair depois do trabalho, tem que avisar pra onde vai e não pode voltar sozinha pra casa fora de hora.

— Pai, será que você não tá exagerando? Será que precisa disso tudo?

— Eu não sei se eu tô exagerando, Soninha. A gente vai descobrir com o tempo. Eu sei que eu acabei de descobrir que eles tinham uma lista com o nome da minha família, então eu não vou fingir que isso não aconteceu. Se acontecer qualquer coisa com qualquer um de vocês os eu morro, mas eu mato primeiro!

– Pai... – choramingou Claudinha, cabisbaixa.

Rui foi até a filha e se agachou ao seu lado.

– Claudinha, não vai acontecer nada. Mas eu preciso que todo mundo tome cuidado, tá bem? E que vocês me contem qualquer coisa estranha que acontecer. Se alguém estranho perguntar qualquer coisa sobre a nossa família pra vocês, se alguém diferente ligar, qualquer coisa diferente vocês têm que me contar, tá bom?

Todos consentiram. Rui então se direcionou para o filho:

– Pedro Luiz, você já é um rapaz. Quando eu estiver fora de casa, na Jacel, em qualquer lugar, é você quem toma conta delas. Eu preciso que você me ajude a ficar de olho em tudo.

– Pode deixar, pai – disse com os olhos marejados, mas engolindo o choro.

Conforme conversaram, todas as rotinas da casa mudaram. Claudinha ia e voltava da escola sempre acompanhada, Pedro ia para seu primeiro emprego sempre muito atento, enquanto Rui levava Soninha para o trabalho, antes de ir para a Jacel, e a trazia de volta para casa sempre que podia. Julinha ficou mais atenta aos vigias e não ficava mais de papo na rua. A ordem agora era prestar atenção em tudo.

A preocupação foi se agravando com o decreto do Ato Institucional nº 5 alguns meses depois, que restringiu drasticamente liberdades civis, acabando inclusive com o *habeas corpus*, o que dava ao governo a permissão para manter qualquer pessoa presa sem justificativa e sem direito a requerer liberdade. Em 1969, o general Garrastazu Médici assumiu a Presidência da República no lugar de Costa e Silva, o que deixava claro que as diretrizes do governo não estavam nem perto de abrandar, uma vez que Médici era conhecido por sua rigidez.

Pedro Luiz, já com 19 anos, entrou para a Faculdade de Economia e parou de frequentar os movimentos estudantis. Desde os 17 anos, vinha participando de mobilizações, mas tinha muito medo de que seu pai fosse preso de novo, de ele mesmo ser preso, de falar demais, de apanhar nas passeatas, de vaiar a banda da PM que executava o Hino Nacional nos jogos do Maracanã, ou quando pichava "Abaixo a ditadura" pelos muros da cidade. De medo e raiva, vomitava e voltava para casa sem dizer uma palavra sobre o que tinha feito. Mas, depois do caso PARA-SAR e do AI-5, achou mais prudente não colocar sua vida e de sua família em risco.

No início de 1970, Rui foi surpreendido por uma visita inesperada. Pelo interfone, um soldado disse que precisava subir para falar com coronel Rui Moreira Lima pessoalmente. Rui permitiu que subisse, mesmo contra a vontade de Julinha.

– Se ele quisesse fazer alguma coisa contra mim, não iria se anunciar, me esperava de tocaia na rua.

Rui o recebeu na porta da sala, com sua arma no coldre, bem visível. O rapaz apresentou-se, prestou continência, e disse:

– Fui enviado pelo brigadeiro Moss. Ele quer que o senhor me entregue sua carteira de oficial da ativa.

– Como é que é?

– Sua carteira de oficial da ativa. Fui enviado para confiscá-la.

– Você só pode estar brincando! – riu irônico. – Eu não vou entregar. É um desaforo mandarem um soldado aqui confiscar minha carteira. Isso é quebra de hierarquia, é um desrespeito com a minha patente! Rapaz, você vai voltar pro seu comandante e vai dizer pra ele que, se ele quiser minha carteira, ele vai ter que vir aqui pessoalmente buscar. Ou vem ele ou eu não entrego a ninguém.

O soldado saiu e Rui percebeu que, por algum motivo que lhe era estranho, mesmo cassado e fora da FAB há seis anos, sua existência ainda incomodava alguns a ponto de quererem confiscar sua carteira, coisa que não tinham feito nem quando estava preso.

Havia muita tensão no ar, por todos os lados. As notícias de pessoas desaparecendo, as pessoas deixando o país exiladas, a guerrilha armada contra o governo, tudo isso gerava um burburinho incômodo, mas era melhor não falar muito sobre o assunto. Rui sentiu, pela visita do soldado, que havia uma necessidade de demonstração de poder – e era melhor ficar atento.

Na manhã de domingo, 1º de novembro de 1970, feriado, Pedro Luiz estava sozinho em casa quando a campainha tocou. Ainda zonzo pelas poucas horas de sono devido à noitada típica de um jovem, foi até a sala e abriu a janela espelhada da porta de vidro. Do outro lado, um homem de roupa esporte, bem-vestido.

– Bom dia. Você é filho do senhor Rui Guimarães?

– Não, não é aqui, não... – disse Pedro, naturalmente já fechando o vidro da porta.

– Perdão, me enganei. Gostaria de falar com o coronel Rui – disse o homem educadamente, antes que o vidro se fechasse por completo, fazendo Pedro voltar a abri-lo.

– Sim, sou filho do coronel Rui. O que o senhor deseja?

– Estou chegando de São Paulo e tenho um negócio importante que queria tratar com seu pai. Ele está?

– Não. E o senhor vai me desculpar, mas é domingo, negócio o senhor faz no escritório dele, durante a semana, não na nossa casa.

– É, eu sei. Você me desculpa, mas é que é um negócio importante, envolve muito dinheiro. Vim de São Paulo só pra falar com ele.

– Mas, como eu já disse, ele não está. Ele, minha mãe e minha irmã foram passar o final de semana em Teresópolis. Ele só volta amanhã à noite, não tem nada que eu possa fazer. Procura por ele no escritório na terça. O senhor me dá licença – disse Pedro Luiz, mais uma vez fechando a porta de vidro.

Enquanto se arrumava para ir para a praia, ele ainda tentou telefonar para a portaria do prédio de Teresópolis para avisar o pai sobre a visita inusitada, mas não obteve sucesso. No dia seguinte à noite, quando Pedro Luiz voltou do encontro com a namorada, e Rui, Julinha e Claudinha chegaram de viagem, os assuntos foram se misturando e a tal visita passou sem ser anunciada.

Na manhã do dia seguinte, entretanto, quando Pedro Luiz voltava da faculdade, repentinamente se viu cercado por meia dúzia de homens na calçada diante de seu prédio. Dentre eles, reconheceu o visitante do dia anterior.

— Quem são vocês? – perguntou Pedro Luiz, já aflito.

O homem apresentou sua carteira de identidade do Exército e disse:

— Sou o sargento Souza e tenho uma intimação para entregar pro seu pai.

Conhecedor da hierarquia militar, Pedro Luiz imediatamente retrucou alto:

— Um sargento entregando uma intimação para um coronel? Isso fere a hierarquia militar!

Olhando para os lados, tentando evitar chamar a atenção, o homem respondeu em tom baixo:

— Calma, rapaz. O comandante me entregou a intimação para entregar ao seu pai.

— É só me entregar, então! Eu entrego pra ele! – impôs-se Pedro Luiz, sem acompanhar o tom do sargento, enquanto, com a chave na mão, tentava avançar em direção à portaria do seu prédio.

Os homens colocaram-se ainda mais hostis junto a Pedro, impedindo que conseguisse alcançar a porta. O sargento Souza chegou ainda mais perto dele e falou:

— Olha, a gente só quer entregar a intimação, não queremos nada com você, então fica calmo. Estou fazendo um convite para você nos levar até o escritório do coronel Rui.

— Se isso é um convite, eu não aceito. E vocês me dão licença, que eu vou pra casa! – resistiu, tentando, sem sucesso, burlar o cerco, já visivelmente assustado.

Um outro homem do grupo levantou levemente a camisa, mostrando que estava armado e, apoiando a mão nas costas de Pedro Luiz, comentou:

— É um convite que não pode ser recusado, rapaz.

Os homens conduziram-no para um automóvel Chevrolet anos 1960. Atrás, outro automóvel esperava. Um deles abriu a porta e, antes de entrar, Pedro Luiz ainda tentou chamar atenção:

– Estou sendo sequestrado pelo Doi-Codi! – anunciou para uma rua vazia.

No banco de trás do carro, sentado ao lado de um deles, ainda tentou abrir o vidro e a porta, mas nada funcionava. O sargento, sentado no banco da frente junto com mais dois homens, percebendo a ansiedade de Pedro Luiz, disse:

– Calma, rapaz. Isso já vai acabar. A gente só precisa que você nos dê o endereço do escritório do seu pai.

– Como assim?! Vocês são meganhas! – disse, quase gritando. – Como é que não sabem o endereço do escritório dele? Eu é que não vou dar!

Os homens entreolharam-se, já impacientes. Um outro homem, sentado na parte central do banco da frente, disse ao sargento:

– Tá chato isso já... O que faremos com esse presunto?

Pedro Luiz sentiu a espinha gelar. Não tinha ideia de quem eram aqueles homens e ninguém sabia que o tinham sequestrado, qualquer coisa poderia acontecer.

– Avenida Presidente Vargas, 583. Décimo segundo andar – disse, contido, assustado e triste.

De Copacabana ao Centro da cidade foram todos em silêncio. Quando os automóveis pararam em frente ao prédio, os homens do banco da frente desceram, enquanto um ficou no carro, ao lado de Pedro, e outro de prontidão ao volante.

Cinco homens entraram no prédio e subiram até a Jacel. O sargento responsável pela missão entrou no escritório acompanhado de outro militar, enquanto o resto se manteve no corredor, atento à circulação. Elizabeth, a secretária, os atendeu.

– Posso ajudá-los? – perguntou lentamente.

– Viemos falar com o coronel Rui Moreira Lima – respondeu o sargento.

– Vocês têm hora marcada?

– Não. Mas é importante. Peça que ele nos atenda, por favor.

Elizabeth interfonou para a sala de Rui avisando da presença dos dois homens. Achando que pudesse se tratar de algum empresário interessado em captação de incentivos fiscais, Rui autorizou a entrada deles em sua sala. Ficou surpreso quando, assim que entrou, o sargento tirou uma carteira de identidade de segundo-sargento do Exército para se identificar.

– Estou aqui para convidar o senhor a nos acompanhar até a Polícia do Exército para prestar declarações.

– O senhor tem alguma ordem escrita? Porque nunca me ocorreu que um segundo-sargento pudesse prender um coronel, mesmo coronel reformado atingido pelo Ato Institucional – questionou, surpreso.

– Infelizmente, não tenho. E não há por que se surpreender por um sargento estar cumprindo esta missão, nosso quartel estava com poucos oficiais disponíveis na ocasião em que recebeu a ordem de te levar preso.

– Isso é um absurdo! Vocês estão rompendo a hierarquia militar! Tenho certeza de que nenhum dos seus superiores apoia isso. Me dê o telefone de seu comandante para que eu possa falar diretamente com ele!

– Não vou dar. E mesmo que eu desse, o meu comandante não te atenderia. A ordem é expressa, está dada há três dias. Estivemos no seu prédio desde domingo, fizemos uma barreira na estrada Rio-Teresópolis ontem para buscar o senhor. O senhor tem que ir com a gente de qualquer jeito, nem que seja à força.

Abismado, Rui imaginou a cena do carro da família sendo parado na estrada por aqueles homens no dia anterior. Como jamais deixaria sua esposa e filha na estrada, sozinhas, imaginou-se discutindo e sendo levado à força por eles, numa situação lamentável. Entendeu que, se não fosse naquele momento em que estava sozinho e todos os seus estavam bem, alguma coisa pior poderia vir a acontecer. Era melhor ir.

Saiu de sua sala acompanhado pelos dois homens sem nada dizer à secretária. No corredor, encontraram-se com os outros homens e desceram pelo elevador, todos quietos. Já na portaria, pôde ver os automóveis parados bem diante do prédio, mas só quando chegou mais perto identificou Pedro Luiz no banco de trás, com um semblante que misturava pavor e revolta.

– Que absurdo é esse?! Libertem meu filho agora, seus filhos da puta! Ele não tem nada com isso! Isso é uma ordem! – bradou Rui, irritado e atordoado.

– Vamos liberá-lo. – concordou o sargento, dando um aceno para que um dos outros homens abrisse a porta.

Assim que Pedro Luiz desceu do carro, Rui foi em sua direção, mas sentiu a mão do sargento em suas costas, conduzindo-o para o banco de trás do carro. Abraçaram-se rapidamente.

– Você tá bem, filho?

– Estou. Mas e você? O que vão fazer com você? Desculpe por ter dado o endereço...

– Você fez o que tinha que fazer. Vão me levar para a sede da PE. Vai pra casa e avisa sua mãe, pede pra ela avisar seu tio Hélio. Fala que eles têm que procurar o general Sizeno Sarmento, comandante do Comando Militar do Leste. E têm que chamar o doutor Evaristo.

O sargento, sem cerimônia, pressionou o braço de Rui para que ele soltasse o filho e seguisse para o carro. Rui sentou no banco de trás, todos os homens entraram nos carros e Pedro Luiz ficou ali, na calçada, vendo-os partir rapidamente.

Assim que os carros avançaram alguns metros na avenida em direção à Zona Norte da cidade, o sargento perguntou:

– O senhor sabe onde fica a rua Barão de Mesquita?

– Sei.

– É que na sede da PE tem uma porta secreta e o comandante quer que ela continue em segredo. Então eu vou pedir licença, mas o meu colega aí do seu lado vai ter que lhe encapuzar.

O homem ao lado de Rui, de imediato, colocou um saco de aniagem em sua cabeça. Naquele instante, lembrou-se da sensação de atacar nazistas na Itália e sentiu-se profundamente abalado. Jamais havia passado por humilhação tão grande, por tamanha indignidade. Aqueles homens tinham conseguido abalar seus alicerces.

Diante do nítido constrangimento, o sargento responsável pela missão passou a falar compulsivamente. Explicou que Rui estava sendo preso em virtude da proximidade das eleições, que ele seria bem tratado, que seria recebido e ouvido apenas por oficiais superiores, que ele era conhecido e merecia respeito, além de mais algumas palavras de consolo que, em vez de consolar, deixavam ainda mais explícita a violência daquele ato e causavam em Rui mais tristeza e indignação.

Depois de mais ou menos uma hora e vinte rodando, o carro finalmente parou. Pelo tempo de percurso, era claro que não estavam na Tijuca, na sede da PE. Pelo pouco que conseguia ver por vultos e por uma fresta na abertura do saco, e também por uma voz que mencionava ao longe o 3º Esquadrão, Rui achou que estavam em uma unidade do Exército, na Vila Militar. Abriram as portas, alguém o puxou para fora do carro e o conduziu para dentro de um prédio, por corredores, até finalmente alguém o colocar em uma sala, sentado em uma cadeira.

Achou melhor ficar em completo silêncio e imóvel. Conseguia entrever alguns vultos, então sabia que não estava sozinho. Pela fresta da boca do saco, conseguia enxergar seu relógio e as mãos pousadas sobre as pernas. Durante duas horas foi tudo o que viu, os ponteiros do relógio se movendo. Até que, finalmente, um grupo de militares chegou. Tiraram-lhe o capuz e Rui viu vários homens com rostos e patentes cobertos. Revistaram-no, retiraram todos os seus pertences, listaram-nos e o fizeram assinar um recibo, deixando que ficasse apenas com seus óculos, seu lenço e um ágnus-dei. Durante a conferência, Rui notou a falta de um cartão de visitas do brigadeiro Newton Neiva de Figueiredo, no qual havia anotado também os contatos do comandante Fernando Correia de Rocha, do coronel Jorge da Silva Prado (os três veteranos do 1º Grupo de Aviação de Caça na Campanha da Itália), além do contato de seu irmão. Reclamou, mas foi ignorado.

Rui então comentou sobre seus problemas circulatórios e que era assistido pelo médico Raymundo Dias Carneiro. Os militares se entreolharam, encapuzaram-no novamente e, depois de alguns instantes, sentiu alguém medir-lhe a pressão. O provável médico receitou-lhe Luminal Infantil, e se foi.

Tiraram o capuz apenas quando chegaram a uma espécie de quarto com chão precaríssimo e sujo, uma cama faltando uma perna, uma cadeira e uma mesinha de cabeceira. Na cama, um forro muito rústico, típico de camas de soldados. No teto, a lâmpada não acendeu, mas nenhum deles ligou para o fato.

Um dos homens então se apresentou com Subcomandante do local e disse:

– O senhor vai ficar preso aqui, mas será tratado com toda a consideração. Peço que compreenda minha situação e facilite minha tarefa, não quero ser hostil de forma alguma.

– Então, o comandante poderia começar por me ajudar. Preciso que liguem para meu escritório e avisem meu sócio que tem dois títulos pessoais a vencer, eles estão no meio da minha pasta de trabalho.

– Eu sinto muito, mas não posso fazer isso.

– Se esses títulos não forem pagos, eles vão para cartório, vão ser protestados, e isso vai me prejudicar muito. Por favor, comandante, não é um grande favor que lhe peço.

– Se o senhor precisar ir ao banheiro, tem que bater na porta e chamar um dos vigias para acompanhá-lo – desconversou o Subcomandante, antes de sair e trancar a porta.

Rui então se viu em uma espécie de masmorra de pouco mais de seis metros quadrados com um fio de luz vindo da fresta da porta.

Sozinho naquele cômodo, sentiu raiva. De terem sequestrado seu filho, de ser preso sem motivo, de desconsiderarem sua história, de subjugarem sua patente, sendo conduzido e preso por oficiais de patentes inferiores de outra arma naquela masmorra infecta. Mas então lembrou dos dias no porão do navio *Barroso Pereira*, da greve de fome, dos ratos e baratas naquele lugar fétido. Não estava disposto a passar por tudo aquilo novamente. "Preciso me controlar pra ter uma chance de melhorar isso daqui", pensou.

Enquanto isso, Pedro Luiz estava sozinho em uma sala da sede do Destacamento de Operações de Informação – Centro de Operações de Defesa Interna (Doi-Codi), na Polícia do Exército da Tijuca, esperando que alguém lhe desse notícias. Contrariou as ordens de seu pai e não foi para casa, não avisou sua mãe, muito menos seu tio ou o advogado. Esperava ter certeza de aonde tinham levado seu pai para chegar em casa com uma notícia melhor do que as que tinha. Sentia-se extremamente mal, culpado e com raiva por ter entregado o pai tão facilmente. "Nem precisaram me torturar pra que eu traísse meu pai", se martirizava. Ficou torcendo para que o sequestrassem, torturassem ou prendessem, para que, de alguma forma, pudesse se redimir, mas nada aconteceu. Quatro horas passadas, depois de insistir algumas vezes para que lhe falassem qualquer coisa, lhe devolveram seu documento negando terem notícias de Rui. Pedro Luiz, então, se deu conta de que ninguém lhe diria onde seu pai estava, mesmo que estivesse na sala ao lado.

Correu para casa já à noite. Entrou esbaforido e, num misto de raiva e vergonha, contou para Julinha tudo o que havia acontecido e as orientações que seu pai tinha lhe dado. Angustiada mas sem nem respirar, ela pegou o telefone e começou a botar em prática as ordens de Rui, no entanto, caída a noite, nada mais poderia ser feito naquele dia.

Preso naquela cela tão pequena e precária, ele praticamente ficou no escuro quando anoiteceu. Bateu na porta pela primeira vez para pedir para ir ao banheiro. O soldado armado que lhe atendeu fez sua escolta até um velho banheiro e lhe apontou a latrina, ficando de guarda o tempo todo, havendo ainda o olhar curioso de seus companheiros, enquanto Rui fazia suas necessidades. De volta à sua cela, Rui entendeu que não teria privacidade ou amenidades.. Era um preso comum naquela masmorra e, se seu cunhado não conseguisse falar com o general Sizeno Sarmento, aquilo se tornaria muito pior do que o porão do navio. Encostou-se em um canto da cama imunda e tentou dormir, mas, assim que caía no sono, a cama se desequilibrava e ele acordava com o tranco. De cochilos em cochilos, passou a primeira noite.

Hélio, assim que acionado por Julinha, entrou em contato com o velho amigo de Guerra, general Sizeno Sarmento, como sugerido por Rui. Contou sobre a prisão, notícia que foi recebida com surpresa pelo general, afinal, nada constava nos registros de operações sobre o assunto. Sarmento prometeu a Hélio que encontraria Rui, aonde quer que o tivessem levado.

Ainda naquela noite, Julinha também entrou em contato com o coronel Otávio Costa, colega de Realengo, companheiro de guerra e velho amigo da família, então relações-públicas da Presidência da República. Pediu para que recebesse Pedro Luiz para uma conversa, que aconteceu logo em seguida na casa do coronel, diante de toda a família.

Pedro Luiz contou tudo o que havia acontecido até aquele momento e como estavam aflitos, sem notícias do paradeiro de Rui. Otávio ouviu tudo calado e, visivelmente triste, constrangido e solidário.

– Vou fazer tudo o que estiver ao meu alcance para encontrar e liberar Rui o mais rápido possível, Pedrinho. Te dou minha palavra.

– O seu Exército é responsável pela vida e segurança do meu pai – frisou, Pedro. – Se algo acontecer com ele, vou responsabilizar o senhor e todo o Exército Brasileiro!

Antes de ir, o coronel comentou com sua esposa e filhos:

– O que fizeram com Rui foi uma violência e uma indignidade. Fizeram isso com um dos oficiais mais dignos da FAB. Eu não sei de nada, e também nada saberia se fizessem algo assim com vocês, meus filhos, mas vou averiguar onde está o Rui – e, segurando Pedro Luiz pelos ombros, lhe disse: – Pedrinho, vá pra casa tranquilizar sua mãe, que eu já estou de prontidão para saber o que houve e, principalmente, encontrar seu pai.

Na manhã seguinte, Hélio ligou dizendo que estava tentando agendar uma hora com general Sizeno Sarmento, não estava conseguindo, mas não pararia de tentar. Enquanto isso, Pedro Luiz resolveu visitar dois amigos seus em Niterói, um deles filho de um coronel da Intendência e o outro filho de um dos chefes do Departamento de Ordem Política e Social (Dops) no Rio. Pediu ajuda aos amigos, que prometeram intervir junto aos pais, mas Pedro Luiz voltou para casa ainda sem notícias.

Rui acordou com a porta abrindo, já pela manhã, com um soldado deixando para ele um pão com manteiga e um café. Comeu devagar e, logo em seguida, recebeu a visita de um enfermeiro que mediu sua pressão: 19 por 13. Saiu e voltou minutos depois com um medicamento cuja indicação teria sido dada por um médico do local. Sem escolha, Rui tomou. O enfermeiro também lhe entregou uma manta, uma toalha de rosto, sabonete, pente, escova e pasta de dentes.

Mais tarde, bateu na porta e pediu ao vigia que lhe arrumasse uma caneta para escrever e um *Jornal dos Esportes* para ter algo para ler, mas foi completamente ignorado. Passou todo o dia 4 sozinho, em silêncio, saindo apenas para ir ao banheiro de forma vigiada e para receber a alimentação, um "prato feito" decente, mas bem simples. À noite, escuridão e silêncio.

Em sua casa, o telefone tocava a todo momento com ligações solidárias, mas sem notícias. "Ainda", frisavam. No final do dia, finalmente Hélio ligou dizendo que tinha conseguido uma reunião com o general Sarmento para o dia seguinte, às onze horas da manhã, em seu gabinete no Palácio Duque de Caxias.

Na manhã do dia 5, indignados e exaustos, sem conseguir pregar os olhos à noite, Pedro Luiz e Julinha chegaram antes da hora marcada ao Palácio e se dirigiram ao recepcionista.

– Bom dia. Estamos procurando o gabinete do general Sizeno Sarmento. Meu nome é Pedro Luiz Moreira Lima e essa é minha mãe, Julia Gonçalves Moreira Lima. Temos uma reunião agendada com ele.

Depois de mais de duas horas esperando, foram encaminhados à antessala do gabinete, onde foram recebidos na porta por seu ajudante de ordens, um major jovem, forte e bem-apessoado, que se apresentou, estendeu a mão e perguntou em que poderia ajudá-los.

Julinha, nervosa, não retribuiu o cumprimento do major. Em tom seco, educado porém sério, respondeu:

– major, o senhor deve ser uma pessoa muito educada, civilizada e cordial. Não vou estender a mão para o senhor mas, não é pelo senhor, mas pelo seu uniforme. A sua farda agora é minha inimiga pessoal e eu sou inimiga pessoal da sua farda. Sou uma inimiga leal e desejo apenas que o senhor também seja um inimigo leal. A única coisa que desejo é falar com o general e não receber desculpas de que ele não está ou qualquer outra bobagem do tipo. Meu irmão coronel Hélio, seu colega de FEB, agendou essa reunião, então eu quero ser atendida!

O major, surpreso, retrucou:

– Senhora, tanto a farda que eu uso como eu mesmo jamais seremos seus inimigos. O que houve?

Pedro Luiz então se manifestou, em tom firme e grave, relatando quase de forma explosiva tudo por que estavam passando até aquele momento.

Depois de ouvir com atenção, o major pediu que entrassem na antessala e se sentassem, e então se dirigiu ao gabinete, voltando alguns minutos depois.

— Olha, senhora Julia, tenho uma grande notícia para a senhora. Seu marido foi encontrado, já está solto e o general está oferecendo uma viatura para a senhora ir buscá-lo.

— Não, não quero. Porque, por ora, enquanto o meu marido não estiver em casa, a sua farda é minha inimiga. Ele sabe voltar pra casa.

— Não sou inimigo da senhora, mas entendo sua preocupação. Mas, fique tranquila. A senhora e o seu filho podem ir embora sossegados, que hoje mesmo ele vai para casa.

Saíram do Palácio esperançosos, já quase duas horas da tarde, e foram para casa.

Já era o terceiro dia preso e Rui começou a se preocupar com o tempo que aquilo tudo levaria. Nenhum oficial tinha se dignado mais a falar com ele nem lhe dar explicações, então não tinha tido a oportunidade de dialogar, tentar reverter a prisão. Três dias como preso incomunicável, assim como no navio *Barroso Pereira*, mas desta vez de forma sorrateira e não oficial. Era realmente preocupante.

No meio da tarde finalmente a porta se abriu e o comandante da unidade entrou. Para sua surpresa, era o coronel Mário Orlando Ribeiro Sampaio, seu antigo comandado no Conselho de Segurança e durante o curso que fizeram na Alemanha Ocidental.

— Boa tarde, coronel. Foi uma enorme surpresa pra mim descobrir que o senhor estava aqui, no meu Regimento! Não tinha sido informado. Peço desculpas, porque, se eu soubesse que o senhor estava aqui, já tinha vindo antes.

— Onde eu estou?

— Esse é o 15º Regimento de Cavalaria Mecanizado, o RC-MEC. Estamos na Vila Militar.

— Por que é que eu estou preso aqui? – questionou Rui.

— Pois bem, aparentemente o senhor está sob investigação. Mais tarde, vou lhe trazer um questionário para que o senhor responda e nos ajude a desfazer essa situação. Mas quero dizer que, enquanto o senhor estiver aqui no meu Regimento, eu me encontro completamente à disposição para auxiliá-lo no que estiver ao meu alcance. Se quiser mandar cartas para sua casa, peço que lhe tragam papel e caneta e eu mesmo enviarei. Também posso facilitar a visita de sua esposa, caso ela deseje vir.

– Obrigado. Quero enviar uma carta, sim. Minha família deve estar desesperada, sem notícias minhas. Gostaria de pedir que me arrumasse também uma cueca e um aparelho de barbear, pois fui metido aqui de repente.

– Vou pedir que tragam papel, caneta e mais alguns itens de higiene e, daqui a pouco, volto para pegar a carta.

O comandante saiu e, alguns minutos depois, um dos vigias apareceu trazendo o prometido. Rui se trocou, fez a barba, escreveu a carta e, conforme combinado, o próprio comandante voltou para buscá-la, estendendo-se em conversa mais uma vez. No meio da conversa, quase uma hora depois da chegada do comandante, o Subcomandante entrou na cela e anunciou:

– Comandante, o 1º Exército entrou em contato e liberou o prisioneiro.

Feliz pela notícia, mas estranhando não ter prestado as tais declarações anunciadas pelo Segundo-sargento enquanto se dirigiam à prisão e nem sequer respondido o questionário mencionado pelo comandante, Rui questionou:

– Eu não estava aqui para ser investigado? O que aconteceu? Não vou depor? Eu não fui preso porque tinha que dar uma declaração?

– Coronel, já foi averiguado que não há nada contra o senhor, então não é necessário prestar nenhuma declaração. – E dirigiu-se para o subcomandante: – Devolvam os pertences ao coronel e o liberem o quanto antes. – Voltou-se novamente a Rui: Aliás, coronel, peço desculpas por não ter condução disponível para levá-lo de volta. Como já está anoitecendo, aconselho que o senhor pegue um táxi. Vou ordenar que peçam um táxi para o senhor.

– Olha, comandante, o senhor vai me desculpar, mas eu não aceito isso, não. Se eu fui preso para esclarecimento, então eu quero tudo esclarecido. Se vocês não vão mais tomar meu depoimento, então quero responder aquele questionário de que o senhor falou.

– Não é mais preciso, coronel – disse, meio constrangido, o coronel Sampaio.

– Eu faço questão.

– Se você faz questão, vou pedir para que lhe entreguem junto com seus pertences. Mas não precisa responder hoje. Leve pra casa, responda com calma e mande me entregar quando quiser.

Despediu-se rapidamente e deixou a cela, enquanto Rui foi encaminhado novamente para a sala onde fora revistado. Lá devolveram seus pertences – novamente sem o cartão do brigadeiro Neiva – e o colocaram no táxi, a caminho de casa.

Quando entrou em seu apartamento, no bairro de Copacabana, quase uma hora depois, sentiu um alívio tão intenso que chorou. Julinha, ouvindo o barulho da porta, veio correndo.

– Ruizinho!

Encontrou o marido parado no meio da sala, imundo, chorando. Abraçou-lhe com força e chorou com ele. Vieram então Claudinha e Pedro Luiz, que também abraçaram o pai até finalmente sentirem paz.

– Ruizinho, que alívio! Nós ficamos tão aflitos! Por que te levaram? O que aconteceu? – perguntou Julinha.

– Eu não sei. Ninguém me falou nada, nem quando me prenderam nem durante a prisão nem quando me soltaram. Foi muito estranho. Só hoje à tarde apareceu o comandante do Regimento onde eu estava preso, Julinha. Era um comandado meu da época do Conselho de Segurança. Disse que não sabia que eu estava lá nem por que eu tinha sido preso. Não teve nada, Julinha, nem declaração nem acusação nem inquérito.

– Graças a Deus você está de volta e bem, papai! – disse Claudinha.

– Foi o general Sarmento? Vocês conseguiram falar com ele?

– Acho que foi. O Helinho ligou pra ele assim como você pediu, mas só conseguimos uma reunião com ele hoje. Saímos do gabinete quase duas da tarde com a promessa de que liberariam você. Mas a gente ligou pra todo mundo, Ruizinho, a gente acionou todo mundo que a gente conhecia. Ninguém encontrava você, tua prisão não foi registrada – contou Julinha.

– Me levaram pra um Regimento do Exército lá em Campinho. Fiquei numa masmorra, incomunicável esse tempo todo. Isso deve ter sido coisa da Aeronáutica mancomunada com o Doi-Codi.

– Mas por que o Doi-Codi iria atrás de você, pai? Você não fez nada! – comentou Pedro Luiz.

– Não fiz nada e eles me prenderam mesmo assim. Se o general Sarmento não tava sabendo é porque é coisa do Doi-Codi.

– Ruizinho, não pense mais nisso agora. Vai tomar um banho quente, vou preparar uma comidinha gostosa pra você. Descansa. Você tá em casa agora.

Rui seguiu os conselhos da esposa, mas ficou encucado e, logo depois de comer, ligou para o cunhado.

– Hélio, muito obrigado, meu amigo. Obrigado de verdade. Mas me conta, o que o Sarmento falou?

– Não muito. Ele não sabia da sua prisão. Disse que ia te encontrar, demorou mas acabou encontrando você. Não tinha registro. Ele falou com o comandante de lá e te liberaram.

– Sabe quem era o comandante lá? O coronel Sampaio, que foi meu comandado no Conselho de Segurança e na viagem pra a Alemanha.

– O coronel Sampaio? Você tá falando sério? Mas por que o Sampaio ia querer te prender?

– Ele falou que não sabia que eu estava lá.

– Como é que você ia estar preso dentro do Regimento dele sem ele saber?

— Pois é. Também acho improvável, mas foi o que ele disse.
— Você acha mesmo que foi coisa do Doi-Codi? – questionou Hélio.
— Pode ser. Pelo que você falou, pelo jeito como tudo aconteceu, sem registro, sem nada, faz sentido. Você sabe quem é o comandante do Doi-Codi?
— O coronel Leônidas Pires Gonçalves.
— Ah, Hélio! Como assim? O Leônidas estudou comigo em Realengo! Quer dizer que todo mundo me conhece, mas ninguém sabia que eu tinha sido preso? Se foi o Leônidas que mandou me prender, o Sampaio não ia ficar sabendo? Se foi o Sampaio, o Leônidas não ia saber? Ah, tá bom!
— É, Rui, alguém mandou te prender, mas nem o general Sarmento descobriu quem foi, então acho que a gente não vai saber.
— O Sampaio... que decepção. As pessoas podem ser muito cruéis, Hélio. Me prender desse jeito. Imperdoável.

Alguns dias depois, mandou entregar o questionário ao coronel Sampaio, no RCMEC. Respondeu tudo de forma seca, quase irônica, mas sem ser desrespeitoso.

Rui ainda tentou falar com alguns amigos, mas ninguém sabia dizer o motivo de sua prisão. A única coisa que conseguiu descobrir foi que o brigadeiro Burnier é que tinha pedido sua prisão.

Inconformado, escreveu uma carta ao amigo e Relações-Públicas do Exército, coronel Otávio Costa, denunciando o ocorrido e as barbaridades de Burnier. Esperou resposta, mas ela não veio. Com os dias passando, Julinha o convenceu a desistir de saber. "Agora, que diferença vai fazer? Deixa eles com a raiva deles pra lá", justificou ela.

Apesar de ter "deixado pra lá", Rui não conseguia esquecer. Em 1971, meses depois de sua prisão, foi procurar Otávio Costa para desfazer o nó na garganta.

— Poxa, Otávio, escrevi uma carta pra você contando todas as atrocidades do Burnier e fui completamente ignorado. Eu não merecia uma resposta? Nem que fosse um "vamos averiguar", só pra calar a minha boca?

– Não é isso, Rui. Eu não te respondi porque estávamos investigando tudo o que você me enviou. A sua prisão, o caso PARASAR... Sua carta percorreu o Planalto e o Alto Comando. E depois que você me enviou aquela carta, ainda teve o caso daquela estilista, a Zuzu Angel, que parece que também pode ter sido coisa do brigadeiro Burnier, então foi mais um caso para ser investigado. Você fique tranquilo que tudo está sendo averiguado e, caso as acusações sejam confirmadas, nós não vamos ignorar.

Rui ficou surpreso com a resposta do amigo, ainda mais quando soube que o brigadeiro Burnier tinha sido substituído do Serviço Secreto do Estado-Maior e, logo em seguida, reformado junto com o então ministro da Aeronáutica, brigadeiro Márcio de Souza e Mello. Aos poucos, outros como eles, considerados "linha-dura", foram sendo retirados de suas funções, de tanto que suas ações ficaram difíceis de sustentar em suas relações com as Forças Armadas.

As perseguições, entretanto, não pararam. Vez ou outra, uma ameaça ou xingamento vinha por telefone, um vigia à paisana era visto rondando pela rua, algum órgão implicava com o funcionamento da Jacel. Rui e sua família tentavam ignorar, levar a vida normalmente, mas havia sempre uma desconfiança, afinal já não era necessário motivo para sequestro ou prisão.

Rui ficava realmente magoado com a crueldade, mas tinha para si que as Forças Armadas não tinham nada a ver com isso. A "Revolução" era uma coisa e aquelas pessoas que torturavam e violentavam eram outra. Elas fariam a mesma coisa em qualquer lugar porque fazia parte da índole delas. Não era a FAB ou o Exército glorioso de Caxias e nem a Marinha de Guerra que faziam essas maldades com as pessoas, que humilhavam os colegas. Rui, inclusive, admirava muitos feitos dos governos militares, com suas ações nacionalistas de criação de grandes empresas de eletricidade, telecomunicações e com o incentivo à Petrobras. Mas no cesto de maçãs algumas eram podres, e numa ditadura isso não se pode evitar.

A essa altura, a Jacel Jambock já era uma das principais empresas de incentivos fiscais do país. As duas salas do Edifício Bank of Tokio tinham se multiplicado para treze, com dezenas de funcionários e vinte e quatro linhas telefônicas. Eram os especialistas da área, respeitados inclusive pelos bancos de grande porte e pelas grandes empresas. Mas, durante o Governo Médici, Mário Henrique Simonsen assumiu o Conselho Monetário Nacional e alterou as regras para incentivo fiscal: a partir de então, apenas firmas filiadas ao mercado de capitais (bancos, financeiras, corretoras de valores e distribuidoras de títulos de valores) poderiam exercer tal atividade. A Jacel Jambock não se enquadrava na regra, então Rui e Alvarez se viram obrigados a vender bens e fazer esforços para comprar uma distribuidora para poder continuar atuando com incentivos.

No processo de registro da distribuidora pela Jacel Jambock, entretanto, Rui percebeu que o processo não estava andando. Três meses de tentativas e nada. Foi procurar o Banco Central e, conversando com um antigo companheiro seu de corrida do Fluminense, que era funcionário do banco, descobriu que seu nome estava "vetado" por ser cassado. Rui ficou uma fera e foi até o SNI para tirar satisfações, já disposto a ser preso.

Ao chegar lá, extremamente irritado, pediu para falar com um coronel da Marinha, da Aeronáutica ou do Exército. Apareceu para conversar com ele um oficial do gabinete do ministro da Aeronáutica.

– Boa tarde, coronel Rui Moreira Lima. Eu sou o coronel Murad, da Cavalaria, e vou acompanhar seu caso – disse o oficial, enquanto oferecia uma cadeira para que Rui se sentasse.

Rui sentou-se ainda muito irritado, mas ficou cabreiro com a sensação de que aquele nome não lhe era estranho.

– Coronel Murad, eu não sei o que vocês querem mais de mim. Estou tentando trabalhar honestamente. O governo mudou as regras e eu estou tentando adaptar a minha empresa pra cumprir as ordens do governo, mas já faz três meses que meu processo está parado. Eu estou perdendo dinheiro, o senhor entende? E eu não sei nem por quê.

– Vou te dizer, coronel. Seu processo parou, porque o senhor é cassado.

Rui começou a resmungar alguma coisa, mas foi logo interrompido pelo coronel.

– Eu olhei o seu processo, coronel, e vi que o senhor foi cassado, mas só isso. Foi liberado dos inquéritos, não foi expulso. E tem outra coisa: olhando seu histórico, eu descobri que foi o senhor que salvou a vida do meu irmão quando vocês eram garotos, vindo de Ita do Ceará pro Rio.

– Poxa, eu sabia que seu nome não me era estranho! Murad! Foi o rapaz que pulou do Ita e não conseguiu pegar a escada. Lembro bem! Como vai o seu irmão? – perguntou, já mais ameno.

– Meu irmão vai muito bem, graças a Deus e ao senhor. Minha família lhe tem uma dívida de gratidão. Se o senhor não tivesse ficado no mar com ele, nós, com certeza, não o teríamos mais com a gente. Eu me lembro bem do senhor, lembro do meu irmão contando pros meus pais, lembro de como ficamos todos muito emocionados.

– Foi só uma brincadeira de garoto. A gente fazia dessas coisas. Eu vi que seu irmão se desesperou quando perdeu a escada, não tinha como deixar ele lá no mar sozinho.

– E minha família lhe vai ser eternamente grata por isso. Então, coronel, eu não posso deixar de fazer o mínimo, que é ajudar o senhor a regularizar sua situação para que sua empresa possa voltar a funcionar. Não existe nada que a impeça, só um monte de burocracias, e isso eu sei bem como resolver. Vai ser um prazer. Então, fique aqui, por favor, e não fale mais nada.

Rui ficou surpreso e feliz. Murad deixou a sala e conversou com pessoas do gabinete e, ao deixar o prédio, a Jacel Jambock era uma empresa licenciada novamente. Não que o impedimento por três meses não o tivesse deixado inconformado, mas, mais uma vez teve certeza de que nada daquilo era fundamentado, era só mais perseguição.

Uma vez regulamentada, a Jacel Jambock pôde trabalhar novamente e Rui acabou eleito vice-presidente da Associação das Distribuidoras de Valores (Adaval). O presidente era o coronel Wolfango de Mendonça, que tinha sido capitão no Batalhão do Regimento do então major Sizeno Sarmento, na guerra. Ele era titular de uma Distribuidora de Títulos e Valores Mobiliários (DTVM) registrada no Banco Central e convidou Rui para fazer parte da chapa junto com ele. Foram vitoriosos, assim como todas as chapas nos dezesseis anos consecutivos em que Rui se manteve como vice-presidente. Apesar do apelo dos colegas, ele não podia ser candidato a presidente por ordens do SNI, mais uma vez.

Adaptada às novas regras, a empresa conseguiu superar o investimento inesperado e manteve seu espaço como uma das principais distribuidoras de valores especializadas em incentivos fiscais do país, e foi por isso que Rui foi convidado para representar as pequenas distribuidoras de valores num encontro que o ministro da Fazenda, Mário Henrique Simonsen, organizou no auditório do Banco Central em 1971.

O auditório, lotado de grandes executivos, diretores de instituições, Presidentes de bancos e todo tipo de influenciadores do mercado de valores, ouviu Simonsen comunicar que a lei de incentivos fiscais seria extinta e só sobrariam os incentivos em reflorestamentos. Em seu lugar, seria feito um fundo governamental que receberia todo o dinheiro que antes as empresas destinavam a projetos específicos, e o governo seria o responsável pela escolha dos projetos aptos a receber incentivos e pela quantia que receberiam. Para justificar as mudanças, culpou a qualidade dos projetos inscritos. Na plateia, a massa engravatada aplaudia bovinamente e sem ânimo cada notícia ruim que o ministro dava, o que foi incomodando Rui. Até que, em certo momento, se levantou e falou diretamente para o ministro:

– Com licença, senhor ministro, mas eu gostaria de pedir a palavra. Eu quero falar umas coisas, mas o microfone nunca chega aqui. Sou coronel, trabalho há anos com incentivos fiscais e tem algumas coisas que estão ficando de lado nessa reunião.

O ministro, sem saber exatamente o que fazer, pediu que mandassem o microfone até Rui e que ele se apresentasse, afinal.

– Meu nome é Rui Moreira Lima. Eu sou dono da Jacel Jambock, distribuidora de ações incentivadas. Trabalho exclusivamente com incentivos e, por ter uma distribuidora pequena, fui convidado como representante da Adaval e das distribuidoras pequenas. Agora, vou dizer uma coisa ao senhor, essa história de que a lei vai acabar porque não tem bons projetos é balela. Tem uma porção de projetos bons por aí, projetos que fazem o mercado andar. O problema não são os projetos, e sim a corrupção. Se tem gente que coloca projeto ruim no meio pra servir de fachada pra desvio de dinheiro é isso que deve ser resolvido. A solução não é acabar com a lei, que é ótima e funciona, é acabar com os desvios. E eu tô vendo todo mundo aqui batendo palma, mas eu sei exatamente o que todo mundo aqui tá pensando porque, assim como eu, as pessoas sabem que, se a lei deixar de existir, elas vão deixar de ter um ótimo investimento pra oferecer pros clientes delas e que isso vai atrapalhar todo o mercado. Mas tá todo mundo aplaudindo porque o senhor é ministro e aí as pessoas acham que têm que aplaudir. Mas é como a lagartixa maranhense. O senhor conhece a história da lagartixa maranhense?

– Não, senhor – respondeu o ministro, um tanto contrariado.

– Pois quando eu era menino, lá no Maranhão tinha uma lagartixa na sala de aula em que eu estudava. Ela sempre aparecia e eu passei a fazer perguntas pra ela e ela passou a me responder com a cabeça, sim ou não, balançando. Era como um oráculo. Uma lagartixa oráculo. Mas ela balançava a cabeça pra dizer sim quando eu alimentava ela; quando eu confrontava a bichinha, ela dizia era que não. Então eu vou fazer como a lagartixa, como o Chacrinha no programa dele: vou pedir uma salva de palmas pras ideias que o senhor tá trazendo, de acabar com o incentivo, e depois uma salva de palmas pra manter o incentivo, e a gente vai sentir o que alimenta essa turma aqui. Uma salva de palmas pro fim do incentivo!

O público do auditório aplaudiu timidamente, para a surpresa do ministro. E Rui continuou:

– Agora, uma salva de palmas para a manutenção do incentivo!

Desta vez, as palmas foram fortes e animadas, deixando bem claro para todos os presentes, incluindo o ministro, a vontade da maioria.

– Então, senhor ministro, diante da manifestação dos meus colegas, eu penso que se deveriam procurar os focos de corrupção, fazer regras para se punirem os corruptos, e não terminar com a lei.

Um burburinho tomou conta do auditório, uma pessoa apareceu e tirou o microfone da mão de Rui e, antes que alguém pudesse comentar qualquer outra coisa a respeito, o encontro foi encerrado – e obviamente a proposta do ministro foi mantida, levando ao fim a lei de incentivo.

Diante do novo cenário, a Jacel Jambock se viu obrigada a repensar seu caminho. Eles já tinham tentando o mercado de ações algumas vezes, mas sempre acabavam tomando prejuízo e voltavam atrás. Alvarez sugeriu tentar mais uma vez, mas Rui resistiu: "É um mercado sem nenhum controle", defendeu. O sócio, então, propôs entrar para o mercado de turismo, mas Rui negou, afinal eles ainda tinham os reflorestamentos.

Para trabalhar com incentivos fiscais de reflorestamento, era necessário conhecer todo o processo, do plantio ao corte, até à queima, no caso das carvoarias. Rui tinha estudado sobre isso e já trabalhava com o setor, mas as irregularidades sempre o deixavam desanimado. Agora, sem grandes opções, esse era o grande alvo da Jacel. Mas sempre que via irregularidades, Rui apontava e dizia que aquilo precisava ser resolvido ou ele mesmo faria as denúncias, o que gerava um certo desconforto entre ele e os responsáveis pelos projetos; mas as coisas se resolviam, já que todo mundo precisava trabalhar.

No ano de 1972, durante uma negociação de projeto com a petroleira Texaco, Rui contou ao diretor da empresa, A. C. Colson, a história de seu pouso forçado na Polônia durante a guerra. Era muito comum que, ao saberem que ele era coronel e que havia estado como piloto na guerra, que fizessem mil perguntas, interessadíssimos. Com Colson não foi diferente.

Um dia, então, recebeu um convite do diretor para almoçar num restaurante do Edifício Avenida Central. Ficou intrigado, já que geralmente era o corretor que pagava a conta. Mas Colson disse que lhe faria uma surpresa.

Ao chegar ao restaurante, sentado à mesa junto com Colson, estava um homem que Rui reconheceu de imediato: Frederick C. Tate, o curitibano-inglês que o socorrera no pouso forçado da base polonesa! Os dois cumprimentaram-se animados, como se não estivessem há quase trinta anos sem se encontrar. Juntos, beberam vodca e riram muito, contando histórias da guerra para Colson, que ouviu tudo com muito interessado. Ao final do jantar, trocaram telefones e Rui fez questão de convidá-lo para o próximo encontro dos veteranos na casa de Nero Moura, onde foi recebido com festa. Tate foi nomeado "Jambock Honorário", título que passou a ser oferecido às pessoas importantes para o 1º Grupo de Aviação de Caça, e começou a participar dos almoços dos veteranos – Colson, o interessado colaborador, virou presença constante também. Além dos encontros com o grupo, Rui e Tate firmaram uma amizade sólida a partir de então, com encontros em casa com as famílias. Era um grande alívio saber que, apesar de tudo, ainda podia contar com bons amigos que tinha feito na FAB.

11
LUZ NO FIM DO TÚNEL

Com a nomeação de Geisel para a Presidência da República, em 1974, surgiu uma ponta de esperança em Rui e em seus amigos também cassados. Diferentemente de Médici, a postura do novo Presidente era de conciliação.

Rui também estava entrando em um momento conciliador. A raiva que tinha sentido pelos colegas FABianos na ocasião da morte de seus irmãos já praticamente não existia mais, assim como sua mágoa por ter sido cassado. Ao contrário, sentia saudades e ficava extremamente feliz quando algum editor de jornal ou revista especializada lhe pedia para falar ou escrever sobre sua passagem pela Segunda Guerra ou pelo 1º Grupo de Aviação de Caça. E seus artigos geralmente faziam sucesso, lhe rendendo telefonemas, telegramas e abraços de felicitações e saudosismo.

E foi nesse clima de lembranças que Rui e seus amigos comemoraram em 6 de outubro de 1974 o aniversário de trinta anos do desembarque do grupo em Livorno. No encontro, muita comida, bebida e histórias entusiasmadas. Rui, como sempre um dos mais falantes, lembrava as histórias de todo mundo.

– O Rui deveria escrever um livro sobre o grupo! – defendeu Torres. – Nunca vi uma memória assim. Lembra de cada detalhe, de cada história. Se duvidar, sabe mais de mim do que eu mesmo!

Todos riram e concordaram e Rui, estimulado pelos amigos e pelo uísque, topou o desafio. Combinou que cada um deles lhe mandaria um relato de suas principais missões de guerra, com o máximo de detalhes que pudesse lembrar. Ele se encarregaria de alinhavar todas as histórias.

– Tem que escrever mesmo, hein, Rui! Senão daqui a pouco a gente morre e ninguém mais vai saber o que a gente passou – instigou o Rocha.

– A geração dos nossos filhos já não lembra bem, os nossos netos não vão saber é nada de nada! – concordou Coelho.

No dia seguinte, assim que acordou, Rui nem sentou à mesa para o café da manhã. Julinha foi procurar por ele e o encontrou em seu escritório, concentrado, batendo a máquina de escrever.

– Ruizinho, você não vem tomar café?

– Mais tarde, Julinha. Combinei com os rapazes que vou escrever nossa história, do 1º Grupo de Aviação de Caça na guerra.

– Mas agora? Não dá nem pra tomar café da manhã?

– É que eu tô com uns negócios na cabeça, queria botar logo no papel. Daqui a pouco eu vou.

Julinha acabou levando o café para o marido no escritório, já que ele não apareceu, e teve quase que brigar com ele pra que largasse a máquina e fosse almoçar. No fim do dia, ligou para o Torres e contou que já tinha escrito algumas páginas.

– E você? Escreveu alguma coisa? – perguntou Rui.

– Ainda não. Mas vou escrever.

– Não vai dar furo, hein, Torres!

– Eu vou escrever. Mas, ô Rui, se eu fosse você eu não ficava afobado assim, não. O bom de escrita aqui é você, a gente vai fazer o que a gente conseguir.

Rui captou a mensagem. Não era exatamente o que ele queria ouvir, mas era a realidade: os outros iam precisar de mais tempo – e talvez de ajuda – para entregar suas partes.

Botou na cabeça que faria esse livro de qualquer forma, mesmo que demorasse dez anos. Durante o dia, ia para a Jacel e, à noite, escrevia ou ligava para algum amigo para estimular que escrevesse logo suas histórias.

Enquanto isso, ia levando a vida. A Jacel Jambock tinha ficado muito fragilizada, já que incentivar somente reflorestamento não se mostrou tão rentável. Depois de anos de conversa, finalmente Alvarez convenceu Rui a entrar para o mercado de turismo. Rui, que sempre tinha se negado, alegando que eles não conheciam bem o mercado e já estavam velhos demais para se aventurar tanto, aceitou, sob a condição de que Alvarez controlaria de perto as novas atividades. A Jacel Turismo passou a ocupar uma sala extra no 12º andar do Edifício Bank of Tokio. Como os dois não tinham experiência no mercado de turismo receptivo, contrataram um profissional para coordenar as operações. Isaac Schilinder contratou uma grande equipe que criava pacotes de turismo pelo Brasil e os vendia para agências estrangeiras.

A empresa seguiu com as atividades de ações incentivadas, mas o que empolgava Rui mesmo era a perspectiva de ver o livro pronto. Ficava animado com a ideia de contar a história e a luta de seu grupo e das Forças Armadas Brasileiras, já que realmente temia que tudo caísse em esquecimento. E eis que um dia recebeu um telefonema:

– Bom dia, eu gostaria de falar com o coronel Rui Moreira Lima.

– Você está falando com ele.

– Meu nome é major Batista, sou o responsável pelo Grupo de Aviação de Caça da Base Aérea de Santa Cruz e queria conversar com o senhor sobre o museu que foi construído durante o seu comando aqui na BASC.

– Estou ouvindo... – disse Rui, ressabiado.

– É que a Força Aérea está construindo um museu no Campo dos Afonsos e por isso coletando todo o material importante da história da FAB de todo o país. E eles queriam juntar lá no museu o material que está exposto aqui. Como nós sabemos que o senhor foi um dos responsáveis por esse projeto e que conhece bem o material, queremos a autorização do senhor e dos veteranos do grupo para mudar a exposição pra lá.

— Isso é um trote? — perguntou Rui, perplexo.

— Não, senhor — respondeu o homem do outro lado da linha, seriamente.

— Você está me ligando pra pedir autorização pra mudar a exposição de lugar?

— Sim, senhor.

— Qual o seu nome mesmo, porque eu não te conheço...

— Major Batista.

— Major Batista, o seu superior sabe que o senhor está entrando em contato comigo?

— Sim, senhor.

— E quem é esse superior que está sustentando esse contato?

— É o brigadeiro Araripe Macedo, coronel.

— Sei... — disse, ficando em silêncio por uns instantes. — Me conta uma coisa, o cabo Dalmário ainda é responsável pela manutenção da exposição?

— É ele sim, coronel — respondeu, estranhando a pergunta.

— Ele ainda toma aqueles porres e depois faz a limpeza de tudo aí?

— Sim, senhor — respondeu, rindo.

— Olha, major, então é melhor entregar tudo pro pessoal desse museu. Chama eles e fala pra levarem tudo. Lá, eles vão ter museólogos e mais um monte de gente pra tomar conta dessas coisas do grupo, vai ser melhor mesmo, vão cuidar bem.

O major confirmou, agradeceu e disse que daria notícias sobre a mudança do acervo. Ao desligar o telefone, Rui ficou um tempo parado, pensando, com um leve sorriso nos lábios. Era gratificante saber que, assim como ele, outras pessoas também não queriam que aquela história morresse.

Rui e major Batista acabaram se tornando amigos e, como prometido, ele o manteve atualizado sobre a mudança da exposição e sobre a construção do Museu da Aeronáutica. A equipe do novo museu entrou em contato e contou quais eram os planos e todos os cuidados que eles estavam tomando, o que o animou bastante. Passou a ajudar informalmente a equipe, a dar informações e até a coletar material entre os colegas para enviar para o novo museu. De sua parte, doou fotografias, alguns documentos e os filmes de combate do 1º Grupo de Aviação de Caça, que estavam guardados sob sua vigilância extrema e ele havia prometido que nunca mais sairiam de sua vista.

Rui tinha encontrado os filmes com muitas partes faltantes quando assumiu o Comando da BASC e os levara consigo quando passou o comando, naquele fatídico 1º de abril de 1964, por medo das decisões de quem assumiria o comando a seguir – decisão pela qual nunca se arrependeu. Mas quase perdeu para sempre os filmes por causa de uma confusão da faxineira do Rocha.

Ao contar para o amigo que estava com os filmes em casa, Rocha pediu para vê-los e disse que poderia enviar para um profissional "costurar os pedaços". Rui concordou sob a condição de que tratasse aqueles rolos como se fossem seus filhos. Ao chegar em casa, Rocha comentou com a esposa, empolgado, que dentro daquelas latas tinha "ouro" e as guardou em cima de seu armário.

Alguns dias depois, procurou pelas latas e não as encontrou. Perguntou para a esposa e ela também não tinha visto. Foi quando ligaram os pontos: a faxineira da família tinha pedido demissão no dia seguinte da chegada dos filmes. Rocha, desesperado, contou para Rui, mas já sem esperanças de recuperar as latas – e, obviamente, ouviu poucas e boas.

Rui lembrou que o irmão de um amigo seu era delegado de polícia e os dois o procuraram pedindo ajuda. Conseguiram o endereço da faxineira e foram todos lá, acompanhados de dois policiais, procurar o material. Sob pressão, a moça acabou devolvendo as latas para Rui.

– Ouvi o seu Rocha dizer que aqui tinha ouro. Quando contei pro meu namorado, ele falou "Se é ouro, a gente vende e muda de vida." Eu acreditei nele, peguei as latas e pedi minhas contas, mas, quando cheguei aqui, só tinha essas tiras dentro. Aí não tinha mais como devolver, né?

Depois desse episódio, Rui guardou as latas em sua casa em um lugar que apenas ele sabia qual era e prometeu que só sairiam de sua casa quando ele tivesse certeza de que seriam bem guardadas – e esse momento finalmente chegou com a inauguração do Musal, em 1976. O museólogo tenente Monteiro ficou completamente fascinado pelos filmes e, com a ajuda de Rui, passou a procurar os pedaços "emprestados", mas não encontraram. Por fim, fizeram cópias dos filmes para garantir que nunca mais se perderiam e Rui pôde finalmente respirar aliviado.

O que Rui não sabia era que estava sendo roubado também em sua empresa. Como as atividades da Jacel Turismo ficavam sob a coordenação de Alvarez, que era o responsável por controlar o trabalho de Isaac Schilinder, Rui não suspeitou do que estava acontecendo: como as operações eram internacionais, eles usavam dólar como moeda; então, todos os dias, depois de fechar o expediente, Isaac trocava os dólares por moeda nacional e fazia o fechamento; mas, depois de algum tempo, percebeu que os sócios não ficavam tão atentos às transações e passou a não mais fazer as conversões, embolsando o dinheiro. Quando Rui e Alvarez se deram conta, já era tarde demais e a empresa tinha dívidas enormes. Rui não se conformava.

– Não quero mais sócio! Você era nosso controle e você não controlou, então esse cara nos roubou. Eu vou pagar a dívida. Vou pagar todos esses hotéis, e não tem nenhum dos hotéis cinco estrelas que a gente não tenha uma dívida de pelo menos três mil cruzeiros. E depois eu caio fora.

– Que é isso, Rui! A gente vai dar a volta por cima – argumentou Alvarez.

– Eu já estou velho, tenho 60 anos, não tenho mais força pra isso, não. Vou fazer o que eu tenho que fazer, porque não vou dar calote em ninguém, mas, depois disso, acabou.

Ambos ficaram muito chateados, mas Alvarez acabou aceitando. Rui tinha medo de Alvarez brigar com ele porque sempre foi muito brigão, desde a escola, mas acabaram se acertando.

Como não havia mais dinheiro, Rui passou a ir de hotel em hotel negociando com o que tinha: projetos de reflorestamento.

– Eu tenho esse projeto de reflorestadora aqui e esse cara paga 5%. Quero pagar o que eu devo a vocês e essa é a forma que eu tenho de pagar.

Acabou conseguindo negociar as dívidas com os credores, mesmo os mais ressabiados. Quando tudo estava pago, dissolveu a Jacel Turismo e, voltando atrás, permaneceu com a parte que fazia incentivo fiscal de reflorestamento, mas já num ritmo bem mais lento.

Enquanto isso, a elaboração do livro continuava, mas a empreitada se mostrou mais difícil do que podia imaginar – os anos foram se passando e nada de alguns textos chegarem em suas mãos. Chegou a enfrentar a resistência de Motta Paes e de Assis, que não queriam que Rui contasse no livro que eles tinham ficado presos em campos nazistas de prisioneiros de guerra, mas Rui insistiu que era preciso que a verdade viesse a público – inclusive a negligência do embaixador brasileiro na França para com os prisioneiros recém-libertos, que só conseguiram retornar ao Brasil graças à mobilização pessoal de Nero Moura. Mas, no início de 1979, finalmente, com a ajuda de Torres, conseguiu juntar todas as histórias, fotografias e documentos e finalizar o livro sobre a história do 1º Grupo de Aviação de Caça na Segunda Guerra Mundial. Batizou-o como obviamente deveria ser batizado: *Senta a pua!*

Mas, para ser um livro, precisava ser publicado, o que também não se mostrou uma tarefa muito simples.

A primeira tentativa foi enviar os originais à Editora da Biblioteca do Exército, a Bibliex, responsável por todas as publicações das Forças Armadas. Recebeu como resposta uma carta mal-educada dizendo que ele não tinha direito de publicar um livro lá nem fazer nada pelas Forças Armadas por ter sido cassado. Ficou enfurecido porque, além de ter escrito um livro que contava uma parte da história das Forças Armadas, ele também era leitor dos livros da Bibliex, mesmo não sendo mais parte da FAB.

Inconformado com a resposta, Rui comprou três exemplares de publicações da editora sobre a guerra e, junto com seus originais, voou para Brasília para uma reunião com o ministro do Exército, general Walter Pires. Foi para a reunião com medo de sair de lá preso, mas, antes de entrar, encontrou seu amigo Otávio Costa pelos corredores. Contou sobre o motivo da visita, a relevância do projeto e pediu ajuda para ser realmente recebido para a reunião.

Otávio Costa prontificou-se a falar com o ministro. Entrou no gabinete, lembrou-o quem era Rui (pois eles já se conheciam), contou sua trajetória e o que ele queria. Então, voltou para a antes-sala e disse:

— Só responda ao que ele disser. Se ele te cumprimentar, você cumprimenta. Se ele te estender a mão, retribua.

Entraram na sala e o ministro o recebeu amigavelmente:

— Ô, meu amigo! Como é que vai você, rapaz? Vai bem?

— Como vai, Vossa Excelência? – respondeu Rui, contido.

— Mas que formalismo é esse? Que é isso! É Walter! Pode me chamar de Walter!

— Não me atrevo a te chamar de Walter... porque o presidente Figueiredo, quando quer ameaçar alguém, diz "Olha que eu chamo o Walter!".

Os três riram e quebrou-se o gelo. O ministro, então, continuou.

— Olha, Rui, o general Otávio Costa me disse que você quer publicar um livro sobre o 1º Grupo de Aviação de Caça pela Bibliex. Eu já mandei ele ler o seu livro. Ele é um intelectual, conhece tudo das Forças Armadas; então, se ele gostar do seu livro, a gente publica.

Rui agradeceu ao ministro e, já fora da reunião, pediu ao amigo que, se possível, gostaria de aproveitar o Almoço dos Caçadores para o lançamento, já que era uma data próxima ao Dia da Caça, também muito significativa para eles. Otávio concordou.

Uma semana depois, sem respostas, Rui ligou para o amigo, que disse que ainda nada tinha acontecido. Chateado, pediu os originais de volta, falando em cancelar tudo e desistir da editora, mas Otávio insistiu para que ficasse quieto e aguardasse, que ele ia resolver. Alguns dias depois, ligaram para ele para marcar as primeiras reuniões de correções para a edição. Soube depois que, para o livro ser aceito, o presidente e dois diretores da Bibliex tinham sido demitidos. Apesar das tentativas, o lançamento do livro não concidiu com a comemoração do Dia da Caça, como tanto desejava Rui. Mas, mesmo assim, ele e seus colegas cassados foram recebidos para a comemoração do dia 22 de abril na Base Aérea de Santa Cruz, pela primeira vez, desde o golpe. Acompanhados de Nero Moura, foram todos juntos, como continuava sendo nos encontros mensais na casa do comandante, e lá encontraram outros companheiros que não viam há muitos anos, alguns já bem doentes. A FAB fez uma grande festa para os veteranos, que foram acolhidos pelos pilotos ativos do 1º Grupo de Aviação de Caça com muito respeito e homenagens. Rui estranhou o novo grito de guerra, "*A La Chasse! Bordel!*", incorporado por eles depois de um treinamento na França, mas achou que era melhor não tocar no assunto assim, pelo menos não no primeiro reencontro. No fim do dia, de lá felizes por poderem finalmente voltar a participar de eventos por cuja criação eram responsáveis.

Em 28 de abril de 1980, depois de quase seis anos, finalmente o livro *Senta a pua!* foi lançado, num total de 53 mil exemplares, em uma noite de autógrafos na Livraria Muro, no bairro de Ipanema, no Rio de Janeiro. Com vários dos veteranos presentes, a noite ainda contou com surpresas como o ex-ministro brigadeiro

Wanderley, responsável pela cassação de Rui, presente na fila para um autógrafo em seu exemplar.

A edição do *Senta a pua!* e a participação no 22 de abril se mostraram uma porta de entrada, na verdade. A partir dali, a FAB voltou a contatar Rui e outros veteranos cassados para alguns eventos, fossem palestras, homenagens, representações ou, simplesmente, consultorias informais. Não era uma reintegração formal – continuavam cassados e reformados –, mas passaram a ser acolhidos de novo como veteranos.

Essa reabertura informal era uma prévia do que oficialmente se aproximava: a anistia. Rui e os outros cassados ficaram muito animados com a possibilidade de uma lei de anistia levantada pelo Governo Figueiredo, mas que acabou se mostrando pouco efetiva. A lei criada atingiu apenas parte dos militares, pois permitia a promoção dos cassados até o limite da patente de coronel. Os militares que já tivessem esta patente ou acima simplesmente foram excluídos da reparação.

Inconformado, Rui marcou uma audiência com o ministro Délio Jardim de Matos que lhe disse que ele deveria entrar com um requerimento e assim teria sua patente devida.

Rui contratou um advogado jurista, que trabalhava dentro do Departamento de Pessoal da Aeronáutica, para que o documento ficasse impecável. Por conselho de seu advogado, entregou o requerimento diretamente ao ministro, porque, se fizesse isso no Departamento de Pessoal, o pedido seria negado. Entregou e pouco depois foi chamado pelo chefe do Comando-Geral do Pessoal (COMGEP), brigadeiro Saulo Matos Macedo, que elogiou muito o requerimento, mas disse que não poderia aceitá-lo. Rui argumentou que o brigadeiro de quatro estrelas não seria presidente da República, ministro da Aeronáutica ou juiz do STM, logo não tinha nada a temer caso aceitasse o requerimento – argumento que acabou aceito.

Algumas semanas depois, o ministro Délio chamou Rui.

– Rui, que requerimento é esse que você entregou? Como você faz uma coisa dessas comigo?

– Como assim, ministro? – perguntou Rui, confuso.

– Está muito bem escrito, argumentado, embasado. Tá muito bom. Você não devia ter feito uma coisa dessas comigo.

– O senhor que me incentivou a entregar o requerimento.

– Eu sei, Rui, mas você fez um documento tão bom que complicou minha situação.

– Poxa, ministro, se meu requerimento é bom, é porque eu tenho chance.

– Não é simples assim...

– Então faz o seguinte: acata meu requerimento e manda pro o presidente Figueiredo com uma nota, diz que fica por conta dele tomar a decisão.

– Você sabe que ele provavelmente vai arquivar, não sabe, Rui?

– Provavelmente. Mas eu tenho que tentar, ministro. E se o requerimento é bom, então é a minha chance.

Délio acabou concordando com a estratégia e, para a frustração de Rui, o requerimento foi arquivado mesmo pelo Presidente, baseado no artigo 181 da Constituição que impedia que atingidos por Atos Institucionais pudessem acionar a Justiça para reparação.

Esse engajamento de Rui, mesmo cassado, fez com que passasse a ser procurado por seus colegas – cassados ou não – para que os ajudasse junto ao Ministério da Aeronáutica. Ele não entendia exatamente por que depositavam tanta confiança nele, já que não era Presidente da ADNAM nem tinha nenhuma relação direta com o Ministério, mas de alguma forma o viam ainda como uma pessoa influente dentro da FAB e sua boa relação com o ministro, brigadeiro Délio Jardim de Matos, ajudava a corrente a ganhar força. Assim como na época em que trabalhava para o Ministério, colegas ligavam para pedir ajuda para conseguir tratamento de saúde e resolução de burocracias. Rui tentava ajudar todo mundo, sem distinção.

— Mas ele sempre foi um canalha! — reclamou Julinha em um dos casos.

— Sim, mas está doente, a família não tem dinheiro e ele tem direito de ser tratado. Não me custa nada tentar — justificou.

Com a posição positiva do Ministério em relação aos cassados, as animosidades também foram diminuindo. Não que todos tivessem esquecido tudo o que tinham passado nos anos anteriores — Rui, inclusive, fazia questão de lembrar. Numa tarde, ocasionalmente, seu carro parou ao lado do carro em que o brigadeiro Moss estava sentado no banco do passageiro, num sinal de trânsito. Assim que se viram, Rui acenou e abriu a janela. Moss retribuiu o gesto sorrindo e abriu também.

— Boa tarde, brigadeiro Moss!

— Oh, Rui! Como vai você? Vai bem? — respondeu o brigadeiro, sorrindo.

— Eu vou bem, e o senhor, como é que vai com sua consciência? — disse, referindo-se à sua expulsão injustificada do Clube da Aeronáutica.

O semblante do brigadeiro fechou na hora com ele respondeu uma série de xingamentos que, com um sorriso irônico, Rui deixou para trás assim que os carros andaram.

Mas a relação com a FAB, definitivamente, foi restabelecida em 1979. Rui sentia-se feliz quando o chamavam para uma participação qualquer e sonhava que, assim que a anistia fosse decretada, ele e seus colegas seriam reintegrados oficialmente; era só questão de tempo.

Sentindo as mudanças no ar, sentou para conversar com Julinha e decidiu que já era hora de diminuir o ritmo. Tinha conseguido quitar todas as dívidas da Jacel, as economias que tinha guardado ao longo dos anos eram o suficiente para sustentar os dois e mais a filha caçula tranquilamente — Soninha e Pedrinho já estavam casados e tinham as próprias vidas. Poderia trabalhar autonomamente quando quisesse e passar mais tempo em casa. Em acordo com Alvarez, encerraram as atividades da Jacel Jambock, depois de quase dez anos, vendendo a carta patente de distribuidora de valores. Era hora de pegar mais leve.

Com mais tempo livre, pôde dedicar-se mais aos amigos. Passou a ir com mais frequência ao vôlei de praia da Sá Ferreira, a marcar almoços em casa e encontros para bater papo com velhos e novos amigos, e viajar mais com Julinha.

Um dos novos amigos foi justamente o rapaz para quem vendeu a carta patente. Dorio Ferman tinha só a idade de sua filha Soninha, mas o entrosamento entre os dois foi imediato. Logo os telefonemas para falar sobre a transição da empresa viraram animados bate-papos. Além de grandes amigos, Rui acabou se tornando um de seus primeiros clientes, investindo parte do que tinha recebido pela venda da Jacel Jambock.

– Vou fazer o possível pra que sua família fique tranquila pelo resto da vida, coronel – garantiu o rapaz.

Rui visitava o amigo pelo menos duas vezes por semana em seu pequeno escritório e os telefonemas eram praticamente diários. Mas, além dos assuntos de negócios, conversavam sobre a vida, as perspectivas de futuro, sobre o país. Nem sempre concordavam, especialmente quando o assunto era política, mas o respeito e o bom humor falavam sempre mais alto – além do amor pela legalidade e pela democracia.

Nas buscas para o livro, acabou descobrindo uma associação de pilotos de avião P-47 Thunderbolt sediada nos Estados Unidos, a *P-47 Thunderbolt Pilots Association*. Levou a novidade para o grupo de veteranos no encontro mensal, incentivando que todos se associassem. E se surpreendeu quando recebeu a primeira carta de Bill Marshall, piloto do *350th Fighter Group*, do qual não tinha notícias desde a volta da guerra. Marshall, que descobriu o endereço de Rui através da associação, contou que eles e outros tantos veteranos tinham ficado muito felizes em ter notícias dos veteranos brasileiros e que esperavam que em breve pudessem ir aos Estados Unidos, em uma das reuniões do grupo.

O primeiro reencontro com os veteranos americanos aconteceu em 1981, no aniversário de quarenta anos do P-47 Thunderbolt, numa cerimônia realizada no Museu Aeroespacial de Ohio, nos Estados Unidos. Rui foi recebido com muito carinho pelos velhos colegas e contou as notícias daqueles mais de trinta anos passados, incluindo sua incursão pelo mundo da literatura para contar a história do 1º Grupo de Aviação de Caça. Entusiasmados, os americanos o estímularam a traduzir o livro para o inglês e o ajudaram a procurar os filmes de combate do grupo, que nunca tinham chegado ao Brasil. Depois de muita pesquisa, foram encontrados os arquivos no Pentágono e Rui encaminhou um ofício para cinco oficiais da FAB sugerindo a aquisição dos filmes.

Apesar da retomada das relações com a FAB e com a aviação, sentia-se frustrado por sua situação oficial. A lei da anistia de 1979 não tinha gerado nenhum avanço real nem para ele nem para nenhum outro colega e a sensação era de que nada mudaria.

Até que um dia recebeu um telefonema com o convite para participar de uma reunião. A ideia era formar um grupo para brigar pela recuperação dos direitos dos militares cassados. Na reunião, militares que foram impedidos de exercer suas profissões e presos após o golpe de 1964, assim como Rui. Discutiram o que eles reivindicariam e, em julho de 1982, decidiram formar a AMIC, Associação de Militares Cassados. O objetivo era revogar os Atos Institucionais, portarias e decretos que os impediram de trabalhar, além de lutar por reparação. Rui foi eleito o presidente e, na hora de filiar os membros, ainda brincou: "Vamos dar nossos nomes e endereços? Assim o trabalho do SNI vai ficar mais fácil!".

Com o passar das semanas, entretanto, mais militares de todas as patentes passaram a procurar a AMIC e o brigadeiro Teixeira sugeriu que a mistura de tantos grupos diferentes poderia prejudicar o objetivo de todos. Assim, com a colaboração do jornalista Barbosa Lima Sobrinho, acharam por bem desmembrar a AMIC em associações para cada causa específica, ficando Rui e outros oficiais na Associação Democrática e Nacional de Militares (Adnam) sob a presidência do brigadeiro Teixeira.

A Adnam foi fundada em 11 de agosto de 1983 e seu trabalho era exatamente o mesmo da AMIC, mas com foco na situação de oficiais, o que incluía análise de patentes, objetivo que não interessava aos cabos ou aos civis, por exemplo. Além disso, Rui fez questão de incluir na associação militares perseguidos em outros momentos históricos, como o Estado Novo, o Petróleo É Nosso, além de integralistas e comunistas. A ideia era dar suporte a todo e qualquer oficial banido pelo Estado.

Apesar de bastante abrangente, os membros decidiram limitar o acesso apenas a oficiais, excluindo sargentos e Suboficiais, como forma de evitar questionamentos e acusações de subversão – como tinha acontecido no segundo IPM de Rui, por exemplo. Apesar de não poderem se associar, Suboficiais e sargentos eram bem-vindos nas reuniões.

Com o apadrinhamento de Barbosa Lima Sobrinho, presidente da Associação Brasileira de Imprensa (ABI), a Adnam passou a ocupar uma sala no 9º andar do prédio deles, que também disponibilizavam sua estrutura aos colegas. A associação iniciou com 419 membros de todo o país, de todas as Forças. Nunca se reuniam em sua totalidade, mas boa parte deles era extremamente ativa, participando até por carta. Rapidamente, formaram um grupo organizado e começaram a fazer contato com congressistas em Brasília para pressionar por mudanças na lei de anistia.

Foi nessa época que Rui soube por John Buyers que o governo americano tinha intenção de condecorar o 1º Grupo de Aviação de Caça com a Presidential Unit Citation. Diferentemente da maioria das condecorações que são dadas por bravura individual, a Presidential Unit Citation foi criada pela Presidência dos Estados Unidos para condecorar unidades inteiras que tiveram demonstrações de bravura. Além do 1º Grupo de Aviação de Caça, apenas dois esquadrões da RAF Australiana tinham recebido tal honraria fora dos Estados Unidos. Buyers mostrou a Rui um documento vindo do governo americano levantando as estatísticas do 1º Grupo de Aviação de Caça do Brasil na Itália durante a ofensiva da primavera (entre maio e abril de 1945): apesar de serem apenas 5% da força aliada, eles foram responsáveis por 86% dos ataques a armazéns de munição, entre outros ataques, uma média extremamente impressionante para um grupo tão pequeno.

Foi quando soube que o processo não era recente, estava parado há quase quarenta anos, porque o dossiê com quarenta e oito páginas feito por uma comissão americana dando referências para a condecoração tinha simplesmente desaparecido. Na época, foram produzidos dois exemplares desse dossiê em elogio ao grupo, um para Nero Moura e outro para a 12ª Força Aérea, ainda em Florença. O general Darcy, da 12ª FA de Florença, tinha ficado impressionado com a eficiência dos brasileiros, especialmente com uma missão do Horácio – quando ele se recusou a bombardear uma coluna de tanques por notar a olho nu que eram americanos. Depois desse episódio, o 1º Grupo de Aviação de Caça passou a ser conhecido como "os mudadores da linha de frente", já que os pilotos brasileiros eram ótimos em visualização de campo, então todos esperavam nossos aviões aterrarem para saber o posicionamento do inimigo.

Rui procurou os dossiês na FAB e não os encontrou. Explicou para o coronel Silvio Potengy, então comandante do 1º Grupo de Aviação de Caça, a importância para a FAB da condecoração e pediu que encontrasse o documento. Algumas semanas depois, Potengy ligou para Rui contando que tinha encontrado "em algum lugar extraoficial", mas não quis contar onde. O que importava era que o processo poderia andar novamente. Rui mandou fazer seis cópias, que enviou para Buyers mandar aos Estados Unidos, ofereceu uma cópia para os membros do 1º Grupo de Aviação de Caça e deu o original para o Musal. E em 1986, depois de 41 anos do final da guerra, os veteranos do 1º Grupo de Aviação de Caça foram finalmente agraciados com a Presidential Unit Citation em uma cerimônia realizada na comemoração de 22 de abril na Base Aérea de Santa Cruz, com a presença de dezenas de veteranos do *350th Fighter Group* e representantes dos governos dos Estados Unidos e do Brasil.

A Presidential Unit Citation foi um grande marco para Rui e outros veteranos do grupo que tinham sido cassados, porque os condecorava novamente por suas ações militares, mesmo depois de tanto tempo afastados. Diante de tal situação, a FAB viu-se na obrigação de revalidar seus certificados de condecorações nacionais que tinham sido cancelados depois do golpe. As insígnias de metal guardadas com tanto carinho por Rui em um quadro de madeira e vidro na parede de sua casa voltavam finalmente a ter seu real valor.

Para aumentar ainda mais seu orgulho, no mesmo ano, o estado do Maranhão criou uma condecoração de mérito judicial em homenagem a seu pai, desembargador Bento Moreira Lima, falecido em outubro de 1979. Rui foi com Julinha e Claudinha para São Luís, onde acompanhou a solenidade ao lado dos irmãos e irmãs.

O momento era mesmo de mudança. José Sarney, o primeiro Presidente civil do país desde 1964, já prenunciava o fim de uma era. Os grupos começaram a se articular com a perspectiva de uma Constituinte, incluindo os militares cassados. Com a morte do brigadeiro Teixeira, em 1986, Rui tinha sido convencido por outros membros a se candidatar a presidente da ADNAM: alegavam que seu nome tinha força, que ele era muito bem recebido por onde passava e que possuía livre acesso ao Congresso Nacional. Rui, inicialmente, não queria porque não tinha tempo para se dedicar a todas as tarefas destinadas à presidência, mas a diretoria concordou em assumir grande parte delas com a contrapartida de que ele assumisse o cargo.

Como presidente, Rui fez questão de deixar claro que a associação era lugar de luta pelo coletivo, então todas as questões individuais deveriam ser resolvidas de forma particular e fora dali – tanto em relação aos processos quanto às opiniões e filiações políticas. A posição firme de Rui em relação ao que considerava uma gestão democrática acabou gerando alguns conflitos com membros que se sentiam incomodados com o "aquartelamento" da associação. Rui, entretanto, se manteve firme em suas posições de que aquela era a melhor forma de manter a democracia dentro da associação, e quem estivesse descontente poderia ir embora e seria bem-vindo para voltar quando quisesse. Alguns dissidentes acabaram deixando o grupo, mas muitos voltaram tempos depois.

Em 1987, com a confirmação do processo que criaria a sexta Constituição Brasileira, Rui e os membros da ADNAM se viram diante da oportunidade perfeita para tentar desfazer as regras que cerceavam seus direitos. Mas não seria fácil.

Os associados juntavam recursos e bancavam viagens a Brasília. Às vezes, ficavam em hotéis, mas o mais comum era usar a "rede de hospitalidade" disponível: amigos ou amigos de amigos cediam camas, colchões no chão ou sofás para que os representantes enviados pudessem pernoitar durante a estadia na cidade. Mas, na maior parte das vezes, Rui se hospedava na casa de seu irmão, Bento Jr., e aproveitava para matar as saudades.

Em uma de suas primeiras visitas a Brasília, Rui encontrou Osvaldo Lima Filho, então deputado federal, que o reconheceu prontamente: fora um dos palestrantes das tão famosas conferências que embasaram suas duas primeiras prisões. O deputado, que então era ministro da Agricultura de João Goulart, tinha visitado a Base Aérea de Santa Cruz junto com o presidente e apoiado o plano de plantio em áreas improdutivas da base; logo, tinha grande simpatia por Rui e fez questão de não só declarar seu apoio à causa da ADNAM, como ceder a eles um espaço em seu gabinete para que pudessem articular mais apoio de dentro do Congresso.

Com a ajuda de Osvaldo Lima Filho, que faria a emenda, o primeiro objetivo dos membros da ADNAM era conseguir assinaturas para derrubar o artigo 181.

Na Constituição de 1967, no título V, artigo 181, foi decretado que qualquer cidadão atingido por Atos Institucionais estava proibido de acionar a Justiça reivindicando direitos administrativos ou financeiros. Na prática, isso impedia que militares cassados reivindicassem promoções em inatividade. Logo, se o artigo fosse mantido na nova Constituição, inviabilizaria a anistia dos militares.

Rui, Baère e vários outros, revezavam-se pelos corredores do Congresso argumentando em troca de assinaturas para viabilizar a emenda. Por fim, conseguiram que ela fosse aprovada.

O segundo objetivo passou a ser aprovar a anistia ampla, geral e irrestrita na comissão que analisaria o texto referente à anistia que entraria na nova Constituição.

Começaram a conquistar apoio de alguns congressistas, como o senador Alexandre Costa que, apesar de ter apoiado o golpe em 1964, acabou se mostrando um grande apoiador dos cassados durante as conferências da Comissão de Anistia. O relator era o deputado Bernardo Cabral, um advogado de anistia manauense que, apesar de apoiador da causa, com frequência almoçava com o ministro do Exército, general Leônidas Pires Gonçalves, notório por sua posição contrária à anistia. Os associados o pressionavam e ele apenas dizia para confiarem nele que tudo daria certo. Em um certo ponto, entretanto, a comissão resolveu se voltar contra os militares cassados, negando-lhes a anistia.

Rui, ao saber disso, foi a Brasília para falar com Ulysses Guimarães, um dos líderes da Constituinte. Chegou a seu gabinete, mas foi informado de que ele estava ocupado e que precisaria esperar ou voltar em outro momento. Durante sua espera, viu entrar oficiais representando Marinha, Exército e Aeronáutica, o que supôs que fosse para fazer lobby contra a anistia dos militares. Esperou por mais de seis horas até que o deputado finalmente saísse. Rui o interceptou:

– Com licença, deputado. Estou esperando há horas para falar com o senhor. Podemos conversar um momento?
– Sinto muito, coronel, mas não tenho tempo agora, estou atrasado para me apresentar no plenário – disse, andando rapidamente.
– Prometo que vai ser muito rápido. Preciso de dois minutos só – disse Rui, seguindo-o.
– Tudo bem. Você tem o tempo até o plenário.
– Deputado, o senhor sabe que só está caminhando aqui no Congresso Nacional porque houve militares que resistiram ao golpe, não sabe? Se não tivéssemos resistido, se não tivéssemos feito força contrária, por dentro, não haveria evidência para o povo de que um golpe estava em curso, não teria político capaz de fazer com que eles deixassem o poder. Então não é justo que, justamente nós, que lutamos contra o golpe durante todo o tempo, sejamos prejudicados pela comissão que está analisando o texto da anistia.

Mediante o discurso de Rui, Ulysses decidiu mudar de trajeto e ir até a comissão, que ficava uns 15 minutos mais distante do que o plenário. Lá, convocou os deputados para uma conversa privada e pediu que Rui esperasse do lado de fora. Voltou apresentando o resultado a Rui, com a aprovação da anistia aos militares.

– Está bom pra você? – perguntou Ulysses.
– Está ótimo! – concordou, feliz.

Com o relatório da comissão aprovado, a matéria foi finalmente para votação no Congresso. Mas, no dia da votação, rolou um boato de que, se a anistia ampla, geral e irrestrita passasse, os militares mandariam fechar a Casa. O boato foi lançado pelo ministro do Exército, Leônidas Pires Gonçalves, para pressionar os congressistas a votar contra a lei.

Rui acompanhava com apreensão a sessão, quando o deputado Lysâneas Maciel chegou contando que o senador Afonso Arinos, que faria o discurso em defesa da anistia, tinha desistido. Ambos foram falar com Arinos, que alegou que tinha perdido o ânimo porque estava preocupado com a saúde de Ulysses Guimarães, o qual tinha sido hospitalizado com um problema cardíaco naquele dia. Era claro para Rui que Arinos, na verdade, era gato escaldado e estava com medo da ameaça de fechamento do Congresso, se sentindo impotente. Procurou indicação de outro parlamentar para fazer o discurso, mas não conseguiu.

Lysâneas acabou por sugerir que fossem falar com o senador Mário Covas. Foram à sua sala, mas a luz vermelha estava acessa, proibindo a entrada. Rui entrou mesmo assim, encontrando na sala os senadores Covas, Fernando Henrique Cardoso e José Richa.

– Senador, o senador Afonso Arinos não vai mais fazer o discurso que prometeu para defender a anistia. Gostaria de pedir ao senhor que fizesse.

– Veja bem, coronel... O ministro Leônidas andou falando umas coisas, ameaçou fechar o Congresso se a gente continuar falando disso. Acho que a gente deveria ter cautela...

– Eles não vão fechar o Congresso, senador, e o senhor sabe disso! Eles passaram 21 anos aí e perderam, eles não têm mais força pra isso!

– Ô, Moreira Lima! Tem coisas que são inevitáveis. Isso é um fato novo que surgiu, a política tem disso.

– Não tô falando com você, Fernando Henrique. Não tem conversa com você porque eu não sei se você vai votar pela anistia. Você se diz cassado, mas eu não sei se foi realmente cassado. Você foi pro Chile e ficou lá num emprego muito bom, com carro na porta, ganhando 5 mil dólares. Então não vem que eu não quero conversa com você. Me desculpe, mas eu não quero conversa. Dirigiu-se novamente a Covas: – Senador Covas, o senhor pode nos ajudar?

– Sinto muito, coronel, mas acho que não é um bom dia pra isso...

Rui deixou o gabinete às pressas, atrás de outro congressista, tentando não perder as esperanças. Tentou o gabinete de Espiridião Amin mas, ao entrar na sala, encontrou com Bornhausen que, imediatamente, bradou: "Se é sobre a anistia, fora daqui!".

Rui então foi falar com o deputado Roberto Freire:

– Freire, você que tem que fazer esse discurso e defender a anistia. Ninguém mais vai fazer isso porque está todo mundo com medo. O Leônidas não pode fazer nada: o Exército entregou isso aí porque não podia mais comandar. Não tem mais oficial pra assumir a presidência. Tá rolando Diretas Já, com o povo na rua, os estudantes na rua. Então, o Exército não pode mais se expor. Eles não vão se expor, nem o Leônidas vai se meter numa coisa dessas – eu conheço o Leônidas, foi meu colega de turma, pô. Ele vai fazer o que mandam, mas ele não vai fechar o Congresso.

– Mas, coronel, eu sou do Partido Comunista. Eu falar é a mesma coisa que não falar.

– Não, deputado, não é mesmo. Alguém precisa falar e eu ficaria feliz que fosse o senhor.

Foram juntos para a plenária. Enquanto esperava o discurso, percebeu que todos os deputados tinham medo do Leônidas fechar o Congresso. Roberto Freire então subiu para fazer o discurso que defendeu a anistia, mas não adiantou e a votação foi perdida. Nas sessões seguintes, conseguiram aprovar boa parte da emenda, mas a anistia como queriam – ampla, geral e irrestrita – não saiu. Pela primeira vez na história, os militares, depois de anistiados, não foram reintegrados às Forças Armadas. Mas, pelo menos, conseguiram derrubar o artigo 181 e, finalmente, os cassados poderiam requerer seus direitos de reparação.

Promulgada a nova Constituição, Rui e seus colegas entraram com um Mandado de Injunção no STF para saber se a nova lei estava valendo, e a resposta foi afirmativa. Mas foram informados de que deveriam começar os processos de novo, do início, na primeira instância, e quem definiria o valor que cada um receberia seria o juiz – apesar de afirmar que, o que constasse na Constituição, era direito deles. Todos os membros da ADNAM então entraram com processos na justiça comum pedindo suas devidas promoções e reparações ainda no ano de 1988. Rui entrou na Justiça requerendo seu direito por tempo de serviço e por serviço de guerra a duas promoções: passaria de coronel para major-brigadeiro.

– Rui, é Justiça comum, não é STM. Tenha paciência, que isso vai demorar anos – alertou Hermann Baeta, seu advogado.

Pela primeira vez, Rui sentiu uma ponta de esperança. Seu advogado dizia que o processos demoraria, mas desde 1979 a FAB já não o excluía mais nem seus colegas cassados das atividades e, com a retirada do artigo 181 da Constituição, tudo caminhava para uma anistia e, quem sabe, até para a reintegração dos membros cassados. Ver um horizonte, pela primeira vez em décadas, o deixou muito feliz.

12
BATALHA POR BATALHA

Ainda era 1988 quando uma notícia chegou de repente, dos Estados Unidos, através do companheiro Bill Marshall: a USAF estava construindo um monumento em homenagem ao *350th Fighter Group* e, em consequência, homenagearia também o 1º Grupo de Aviação de Caça.

Sem hesitar, Rui acionou a FAB, que ajudou a organizar uma grande viagem para os veteranos poderem participar do evento. Em 10 de junho de 1988, um grupo de quarenta veteranos brasileiros, acompanhados de suas companheiras, participou da cerimônia de inauguração do monumento na sede do *350th Fighter Group* em Daytona, Ohio. Inscrito na pedra, para a história, a incrível marca de 86% de eficácia nas missões sobre depósitos de munição.

– Vocês não ganharam essa guerra sozinhos – desdenhou um americano.

– Mas são vocês que estão dizendo isso na placa. Então destrói esse monumento e constrói outro! – brincou Rui, acompanhado dos risos de todos.

Após o lançamento, uma festa para comemorar tantos veteranos reunidos. Muitos risos e abraços, enquanto rememoravam uma fase tão difícil e inesquecível na vida de todos ali.

Em certo ponto, Rui foi informado de que havia um veterano que não estava na festa, mas queria vê-lo. No dia seguinte, ele foi até um hotel, onde encontrou um homem muito doente, acamado. O homem pediu que ele se aproximasse. Falou com sua voz fraca:

— Coronel Moreira Lima, o senhor talvez não se lembre de mim, mas eu nunca me esqueci do senhor. Em 1943, fui deixado para morrer de malária no meio da floresta pelo meu país, mas o senhor contrariou as ordens de todos e foi me resgatar.

— Eu me lembro de você, claro que me lembro.

— Que bom. Eu não deveria estar aqui, meu médico ficou bastante irritado comigo mas, quando eu soube que o senhor viria aos Estados Unidos, eu pensei que talvez essa fosse minha única oportunidade de te agradecer. Eu tive uma vida muito boa e feliz, mas isso só aconteceu, porque o senhor ousou me resgatar. Muito obrigado.

— Eu fiz o que qualquer um deveria fazer.

— Não, o senhor fez algo que ninguém queria fazer. E eu nunca vou poder agradecer-lhe o suficiente.

Sam Allen estendeu a mão e Rui a apertou, como companheiros, e sorriram emocionados. Passaram horas conversando, contando as reviravoltas que a vida tinha lhes oferecido. Ao final, trocaram telefones e endereços, e prometeram manter contato, afinal, eram amigos da vida.

De volta ao Rio de Janeiro, Rui não conseguia pensar em outra coisa que não o *Senta a pua!*. Deu-se conta de que seu livro já ia completar dez anos. Com todas as homenagens dos últimos anos, nada mais justo do que uma reedição.

Entrou em contato com a Bibliex, mas eles não demonstraram interesse. Numa conversa com o brigadeiro Nero Moura, veio a ideia:

— Posso sugerir ao conselho do INCAER para que publiquem por lá. É um livro excelente, vai fazer aniversário, acho que tem tudo para ser aceito.

O Instituto Histórico-Cultural da Aeronáutica, o INCAER, tinha sido fundado alguns anos antes pelo tenente-brigadeiro Deoclécio Lima de Siqueira, veterano de missões de patrulhamento antissubmarino durante a Campanha do Atlântico na Segunda Guerra Mundial. O instituto tinha o objetivo de coordenar os esforços de guarda e divulgação de todo o acervo referente à FAB, de todas as unidades. Formado por um diretor e um conselho com 16 patronos, a ideia era valorizar a história da FAB – e o livro de Rui se adequava a isso como uma luva.

Em 1989, com a aprovação de todo o conselho do INCAER, o *Senta a pua!* teve sua 2ª edição lançada. Rui aproveitou a revisão do livro para alertar em suas páginas sobre o sumiço – pela segunda vez – dos documentos fornecidos para a condecoração Presidential Unit Citation, desta vez dentro do próprio Musal. Esperava que, com a explanação, o ladrão sentisse vergonha e devolvesse os documentos, mas isso não aconteceu.

Os anos que se seguiram foram de idas a audiências, papeladas e conversas com o advogado. No país, as coisas mudavam rapidamente. Em 1990, pela primeira vez em 28 anos, um presidente da República civil fora eleito diretamente, por votos populares. Fernando Collor de Mello era jovem e prometia mudanças. Era o que todos esperavam.

Numa segunda-feira de 1991, Rui recebeu um telefonema de Nero Moura convidando-o para ir à sua casa. "Nada de especial", garantiu Nero Moura, quando Rui o questionou se era algum assunto importante.

Na hora marcada, foi à casa do amigo. Ao entrar, de bermuda e sandálias acompanhado de seu filho Pedro Luiz, encontrou o ministro da Aeronáutica de Collor, Sócrates da Costa Monteiro, e todo o seu Estado-Maior, todos finamente fardados. Além deles, alguns de seus amigos veteranos, também bem trajados. Assim que entrou, todos pararam de conversar e se viraram para ele.

– Opa! Quanta gente! O que estão fazendo aqui assim, dessa forma, em vez de estarem em Brasília? – brincou Rui.

– Nós estamos aqui para cumprir um dever com Vossa Excelência – disse o ministro, se aproximando.

Sócrates, então, recebeu da mão de outro oficial um canudo e uma caixa forrada de veludo azul. Estendeu ambos em direção a Rui, com um sorriso de satisfação no rosto.

Rui abriu o canudo e tirou de lá uma carta patente de major-brigadeiro. Ao abrir a caixa, a passante de três estrelas referente ao posto. Sorriu.

– É uma honra para mim poder lhe entregar sua merecida patente e dizer que agora você está anistiado! – disse o ministro, satisfeito.

O sorriso de Rui imediatamente se desfez. Olhou nos olhos do ministro e, sem pestanejar, retrucou:

– Mentes tu! Isso aí são duas leis que me fizeram brigadeiro! Isso não foi a lei de anistia, não! A lei de anistia me leva a tenente-brigadeiro e eu estou muito longe disso! Eu quero a aplicação da lei e pode ter certeza de que eu vou brigar por ela até conseguir, mesmo que eu morra antes!

Todos ficaram em silêncio, constrangidos. O ar de festa no ambiente, de repente, se transformava em uma saia justa.

– Ô, Rui, alivia... – tentou amenizar Nero Moura.

– Não vou aliviar nada! O Sócrates é meu amigo e ele vai sair dizendo que me anistiou! Não anistiou, não! Foram três anos em que eu tive com advogado, assistindo à sessão, indo lá, e ganhei por unanimidade. Foram 18 votos de 18 desembargadores, ali na rua do Acre.

Rui sentiu a raiva o comer por dentro. Lembrou-se de cada dia que esperou por uma resposta do advogado, desde o primeiro processo em 1979, da esperança com a Constituinte, da comemoração e da frustração na resposta ao Mandado de Injunção. Tinham sido longos anos de muita batalha. No julgamento de seu processo, um dos desembargadores votou contra sua promoção, mas, ao final da votação, com dezessete votos favoráveis, pediu para corrigir seu voto dando ganho de causa por unanimidade. Rui ganhou patente abaixo da requerida e não levou a reparação econômica à qual tinha direito.

Por isso, ao ouvir do ministro que "estava anistiado", só conseguiu sentir raiva. Mas, diante de todas aquelas pessoas, olhando para ele espantadas, percebeu que tinha que ser inteligente e usar sua raiva para algo melhor.

— Agora, se você quiser fazer uma coisa bonita, faça isso administrativamente. Tem o Neiva, tem o Gerp, tem o Fittipaldi, tem o Fortunato, o Eudo... todos eles deveriam ser promovidos, só falta que se cumpra a lei de anistia.

O ministro olhou em volta, todos o observavam.

— Tem alguém aqui na mesma situação do brigadeiro Rui?

Fortunato e Eudo manifestaram-se.

— Vocês podem requerer suas patentes, pois vamos dar prioridade aos processos de vocês. Podem avisar aos outros, que estão na mesma situação, que vamos resolver isso administrativamente.

Alguém puxou palmas e o clima se amenizou. Ao fim da noite, Rui se despediu do ministro Sócrates amigavelmente. Quando foi se despedir de Nero Moura, mais uma vez, ouviu:

— Você não deixa passar uma, né, Rui?

Algumas semanas depois, Rui soube que os processos de promoção dos cassados tinham realmente sido atendidos pelo ministro, como prometido. Ligou para Nero assim que soube:

— Tá vendo por que não dá pra deixar passar?

— Ficou feliz agora? — perguntou Nero.

— Claro que não. Só vou ficar feliz quando eles cumprirem a lei da anistia e me derem minha patente de tenente-brigadeiro, e tudo a que eu tenho direito. Se eles não me derem espontaneamente, vão ter que me dar no tribunal.

As mudanças nos governos obviamente influenciaram as Forças Armadas e a FAB passou a receber os cassados com mais naturalidade, apesar de não nos reintegrar. Os veteranos do 1º Grupo de Aviação de Caça puderam finalmente se reencontrar em locais oficiais, como no Clube da Aeronáutica, que passou a sediar os encontros mensais e, especialmente, o aniversário de 6 de outubro.

Voltaram também a ser convidados para as comemorações nas bases, onde eram posicionados na frente, como veteranos orgulhosos. Alguns membros, como Rui e Meirinha, por suas carreiras bem-sucedidas dentro da FAB, viraram "professores" especiais, dando aulas inaugurais a cada semestre para turmas iniciantes da Universidade da Força Aérea, além de palestras em unidades de todo o país.

Uma das missões especiais oferecidas para Rui foi negociar um acordo com os Estados Unidos relativo à autoria do primeiro voo. Na ocasião, os estadunidenses tinham aprovado uma portaria afirmando que os irmãos Wilbur e Orville Wright eram os responsáveis por tal feito e queriam um acordo com o Brasil para oficializar a decisão, o que obviamente causou um grande desconforto diplomático.

Rui, Nero Moura e mais alguns militares formaram uma comissão brasileira que foi enviada para Washington D.C., com o objetivo de participar de uma série de eventos que debateriam o assunto. O primeiro deles, que contou com a participação do presidente George Bush, teve uma tentativa de replicar o voo dos irmãos Wright, sem sucesso: o avião caiu. Em um outro evento no Museu Smithsonian, assistiram a uma palestra de um americano de uns 40 anos, afirmando que o primeiro voo tinha sido dos americanos, o que deixou Rui engasgado, cheio de vontade de contestar.

– Brigadeiro, eu vou melar isso! Eu vou acabar com o discurso desse grosseiro, mal-educado, que traz a gente aqui nesse local pra falar esse monte de bobagem! Nós sabemos que não foi nada disso! – resmungou Rui ao amigo Nero Moura.

– Fica quieto. Fica quieto, rapaz, vamos ouvir, nós estamos na casa deles – pediu Nero, sussurrando.

Inquieto, Rui continuou assistindo à palestra. Quando o rapaz terminou seu discurso, foi a vez de um senhor americano, que foi ao microfone e disse:

– Eu tenho 80 anos de idade, meu nome é Paul Garber, eu fui fundador do Smithsonian. Tenho aqui nesta pasta uma medalha de Alberto Santos Dumont e foi ele que voou mais pesado que o ar. Ele tirou o avião do chão, voou e pousou o avião – disse, deixando todos mais tranquilos.

A comissão brasileira teve então a palavra e passou horas apresentando provas e argumentos para refutar o decreto estadunidense. No fim do evento, uma sobrinha-neta dos irmãos Wright presenteou Rui com um quadro em homenagem a Santos Dumont. Todos os presentes despediram-se muito cordialmente e concordaram em retirar o decreto, mas não oficializaram a autoria do voo ao brasileiro.

Em um dia qualquer do ano de 1993, o telefone da casa de Rui tocou. Do outro lado da linha, uma voz jovem lhe disse:

– Brigadeiro Rui, é um grande prazer falar com o senhor. Meu nome é Erik de Castro e estou ligando porque quero fazer um documentário sobre o Senta a Pua.

– Você quer fazer o quê?

– Um documentário. Quero fazer um filme contando a história do 1º Grupo de Aviação de Caça.

– Ah, é? Mas você conhece a história do grupo?

– Conheço, sim senhor. Li seu livro três vezes e pesquisei bastante a respeito.

– Então me diz qual avião nós pilotamos na Itália.

– O *P-47 Thunderbolt*, mas antes vocês treinaram com o *P-40*.

Desconfiado, Rui seguiu com uma sabatina de perguntas para se certificar de que o rapaz sabia mesmo sobre o que queria falar. Depois de muitas perguntas bem respondidas, Rui se convenceu de que Erik poderia estar falando sério.

– Mas como é que é essa história de documentário?

– Se o senhor me autorizar, eu transformo o seu livro em um roteiro. Com sua supervisão, se o senhor preferir. Depois, a gente filma.

No almoço dos veteranos, não se falava em outra coisa. Todos estavam animados com a ideia de ver a história do grupo na tela do cinema. Rui, que já estava convencido, teve o aval de todo o grupo para dar sequência ao roteiro.

No ano seguinte, os veteranos do grupo foram recebidos com grandes homenagens durante a cerimônia de cinquenta anos do 1º Grupo de Aviação de Caça na Base Aérea de Santa Cruz. No almoço dos veteranos daquele ano, Nero Moura leu um emocionante discurso sobre como tinham conseguido se manter unidos durante todos aqueles longos anos cheios de adversidades. Foram homenageados com reportagens em jornais, revistas e até na televisão. Mas toda a alegria se ofuscou dois meses depois, quando Nero Moura faleceu repentinamente, em 17 de dezembro de 1994, aos 84 anos, sendo proclamado então oficialmente como Patrono da Aviação de Caça no Brasil.

No início de 1995, Rui foi surpreendido com um telefonema informando que ele tinha sido indicado para assumir a cadeira 16 no conselho do INCAER, no lugar do falecido Nero Moura. Emocionado por substituir o amigo e tutor, e honrado por finalmente ver seus esforços pela valorização da história da FAB reconhecidos, assumiu o posto de conselheiro em 26 de abril daquele ano, em uma cerimônia emocionante, que contou com a presença de sua família, muitos amigos e veteranos.

A ausência de Nero foi especialmente sentida alguns dias depois, na comemoração do cinquentenário do fim da Segunda Guerra Mundial. Pela primeira vez, o grupo todo foi reunido e, representando a FAB, voltou à Tarquínia, na Itália, para uma cerimônia junto com os veteranos do *350th Fighter Group* em uma homenagem. Oitenta e cinco membros do 1º Grupo de Aviação de Caça e oitenta e três membros do *350th*, além de pilotos italianos, tanto da Aviação Régia como da Aviação Republicana,[14] participaram de uma cerimônia em que ouviram discursos de três

---

[14] A Aviação Régia defendia o governo de Mussolini enquanto a Aviação Republicana lutava ao lado dos Aliados.

representantes de religiões distintas e de autoridades locais. Também receberam um farto e divertido almoço, além de assistirem a um show aéreo com ultraleves jogando pétalas de rosas sobre os veteranos e bonecos-paraquedistas levando faixas com nomes e datas dos mortos em combate. Emocionados, todos se confraternizaram pela importância da paz entre os povos.

Nos anos seguintes, Rui fez questão de ajudar Erik, Márcio Bokel e Carlos Lorch o máximo que pôde no roteiro do documentário, que finalmente ficou pronto em 1997. Foi feita uma reunião com os veteranos para que todos conhecessem o texto e este foi aprovado por unanimidade.

Com o projeto respaldado por leis de incentivo, os veteranos passaram a contatar antigos colegas para conseguir patrocínios e apoios para a realização do filme. Por sua clara importância, não demorou muito para que a equipe tivesse o suficiente para começar a produção.

As filmagens finalmente aconteceram em 1998, com depoimentos de vários integrantes do 1º Grupo de Aviação de Caça, além de filmagens na Base Aérea de Santa Cruz com o B-4, um dos poucos aviões *P-47 Thunderbolt* remanescentes. Eles contaram as histórias vividas na Itália e também no Brasil. Rui e Meirinha fizeram questão de frisar em seus depoimentos o quanto a guerra era algo terrível e que não deveria nunca ser glamorizada.

A estreia do filme foi em uma sessão especial, no Cinema Odeon, no Centro do Rio de Janeiro, em setembro de 1999. Disseram algumas palavras antes da sessão e foram todos muito aplaudidos no final. O sucesso repetiu-se em outras estreias e em festivais dos quais o filme participou, sendo muito bem-aceito pelo público e aclamado pelos críticos.

O sucesso do documentário reacendeu o interesse sobre o grupo. Em junho daquele ano, o ministro da Aeronáutica, tenente-brigadeiro Walter Werner Brauer, autorizou a realização de uma comissão para desenvolver um monumento em homenagem ao

1º Grupo de Aviação de Caça e sua atuação no Teatro de Operações da Itália durante a Segunda Guerra Mundial. Rui foi convidado para compor a comissão composta pelo comandante da BASC, coronel Jorge Cruz de Souza e Mello, o comandante do 1º Grupo de Aviação de Caça, tenente-coronel Paulo Henrique Russo, e seus colegas de Senta a Pua major-brigadeiro Fortunato Câmara de Oliveira, major-brigadeiro José Rebello Meira de Vasconcellos e capitão Osias Machado da Silva. Deu-se início então à construção de um Memorial na BASC com projeto presenteado pelo arquiteto Oscar Niemeyer.

A atenção ao grupo consequentemente reacendeu também o interesse pelo livro *Senta a pua!*. Rui e outros veteranos foram convidados a dar entrevistas em jornais, revistas e até no programa de entrevistas de Jô Soares.

Em uma entrevista, perguntado sobre o que achava da guerra, Rui disse:

– A guerra foi um grande aprendizado e uma grande transformação pra mim. Eu não gosto de falar sobre ter que matar pessoas na guerra. Minha esposa Julinha também não gosta que eu fale disso. Mas as primeiras pessoas que eu matei, que eu vi morrer, foram em combate. Vomitei, reclamei, pensava que aqueles alemães tinham a "Julinha" deles esperando também e isso me deixava sempre muito triste. Fui provocado por outros militares por vomitar quando tinha que matar o inimigo. Me perguntavam se eu estava medrando. Eu respondia que simplesmente não gostava de fazer aquilo. Mas, depois de algumas missões, comecei a pensar que, se eu não atirasse, aquelas pessoas atirariam em mim e em meus companheiros. Isso é a crueza e a safadeza da guerra: meia dúzia de caras decidindo, roubando o que é dos outros, enquanto homens se matam. E, no final da guerra, eu me tornei um matador – eu era um cara jovem que nunca tinha matado ninguém, mas tinha me transformado num matador, porque, se eu não matasse, aqueles caras tomariam mais terreno e mais armamentos e matariam mais gente. Era "ou eles ou a gente". Nos dias seguintes ao fim da guerra, começaram a passar aquelas filas de prisioneiros de guerra e eu e os outros militares brasileiros dávamos chocolate para os alemães, conversávamos, trocávamos suvenires com eles. Éramos todos humanos, no fim, e estávamos todos finalmente indo para casa. É uma coisa inacreditável a guerra – deu uma pequena pausa e continuou – se o Brasil não tivesse entrado na guerra ao lado dos Aliados, os Estados Unidos teriam invadido o país e seria uma carnificina. Então foi "útil" o Brasil ter lutado ao lado dos Aliados porque se evitou muita coisa. Mas muitos homens foram para a guerra sem propósito, apenas para proteger o país. Eu, não. Eu fui porque era contra o nazismo. O que a Alemanha, a Itália e o Japão fizeram foi muito errado e cruel, mas especialmente Hitler era monstruoso. Ao final da guerra, começaram a chegar às mãos dos militares arquivos *top secret* contando sobre os campos de extermínio e o que faziam com as pessoas antes de exterminá-las. Eles faziam coisas horrendas, como tirar os dentes para depois queimá-las. Todos ficaram muito horrorizados. Eu ainda sinto raiva de lembrar o que Hitler falou sobre o Brasil em seu livro, dizendo que era uma terra de mestiços, fácil de ser dominada. Engano dele. Eu tenho convicção de que todas as vezes que algum Exército invade algum lugar, por ganância, por petróleo, por riquezas, esse acaba se dando mal, porque a terra não é deles. A Amazônia, por exemplo. Eu não tenho medo de que invadam a Amazônia porque existem por lá algumas unidades do Exército chamadas "Selva", que de forma firme interagem e conhecem tudo da região. É possível sentir que aqueles sujeitos não estão roubando nada, estão lá defendendo a terra deles. E, se alguém quiser descer na Amazônia, vai se estrepar porque não está com o coração dele ali como eles estão. Então, você pergunta o que eu acho da guerra e eu te digo que eu sou contra a guerra. Sou contra a guerra demais.

Apesar dos bons momentos proporcionados pelo filme, a vida de Rui e dos outros cassados continuava pautada pelas batalhas judiciais. Ainda no ano de 1999, um grupo de cabos da Aeronáutica pediu que Rui os recebesse para uma conversa. Dois cabos apareceram em sua casa, Océlio e Pimentel.

– Brigadeiro, queremos a sua ajuda porque a FAB não quer nos dar acesso à portaria restrita 1.104/GM3/64, que foi o Ato Institucional da cassação dos cabos. E, sem a portaria, a gente não tem como entrar na Justiça e recorrer – contou Pimentel.

– Mas quem é que não quer dar acesso à portaria? Vocês têm direito! É lei. Tem que acionar o ministro!

– Pois é, mas é exatamente o ministro quem não quer liberar a portaria... – completou Océlio.

– O senhor está fazendo um trabalho tão importante na Adnam para os oficiais... achamos que poderia nos ajudar. Sem essa portaria, a gente não tem como fazer nada – disse Pimentel.

Sabia que o presidente do STM era o brigadeiro Batista. Tinham se tornado amigos depois que Batista comandou a transferência do acervo do 1º Grupo de Aviação de Caça para o Musal. Por sua preocupação com a história e os veteranos tinha também se tornado um "Jambock Honorário". Rui lhe escreveu um cartão: "Quem está falando aqui não é o filho do dr. Bento, não é o brigadeiro Rui, não é o caçador, não é o veterano – é um cara que é filho de um juiz falando a outro juiz: pra você começar um processo tem que ter uma petição inicial, e a petição inicial é o que os cabos estão querendo da FAB: uma cópia da portaria 1.104 para eles poderem encaminhar o processo."

Em resposta, o brigadeiro Batista telefonou para Rui.

– Olha, chefe, o ministro não vai dar não...

– Batista, é melhor ele dar. Porque eu vou te dizer uma coisa. Você me conhece, eu sou seu amigo demais, mas com um troço desses eu vou na televisão e vou dizer que pedi a você e você falou com o ministro que disse que não dá porque tá de beicinho e não dá.

– Peraí, chefe, então não pede, não! Vou tentar de novo.

Batista voltou a falar com o ministro, que acabou liberando a cópia da portaria. Assim que tiveram acesso ao que queriam, os cabos fizeram um cartão agradecendo Rui pela ajuda e entraram finalmente com os processos na Justiça.

Com o Governo do presidente Fernando Henrique Cardoso, várias pautas de soberania nacional se tornaram foco e Rui, percebendo que tinha voz ativa em vários meios, aproveitou para se dedicar às lutas nacionalistas que sempre admirou. Voluntariou-se junto à Associação dos Engenheiros da Petrobras, a AEPET, lutando pela soberania na cadeia do petróleo e pelo fortalecimento da Petrobras. Participava constantemente de palestras, reuniões e assembleias, chegando a dar entrevistas estimulando os funcionários do setor a não desistirem da luta.

Especialmente enquanto Barbosa Lima Sobrinho era vivo, participou ativamente das discussões levantadas na ABI sobre temas como privatizações e atuações governamentais, por exemplo. Era convidado para fazer palestras e discursos em eventos dos mais variados defendendo a legalidade e o humanismo, como um ocorrido no Palácio do Itamaraty, no Rio de Janeiro, sobre o Holocausto judeu.

Mas um dos temas que mais o mobilizava era a cessão da Base Aérea de Alcântara para o governo dos Estados Unidos. Rui era radicalmente contrário à entrega de qualquer área do território brasileiro a outro país e usava sempre como exemplo a atuação do brigadeiro Eduardo Gomes durante a Segunda Guerra Mundial, que monitorou de perto a atividade dos Estados Unidos na Base Aérea de Natal, sem deixar que se apossassem de patrimônio brasileiro. Rui tinha estado em Alcântara e ficou indignado pela forma como o Brasil estava conduzindo o acordo de uso da base com os Estados Unidos, deixando que os americanos controlassem completamente a entrada de pessoas e não revertendo em nada para o país os avanços tecnológicos conquistados e utilizados em solo brasileiro.

Em 2001, com os debates sobre Alcântara em destaque por toda a mídia, Rui foi convidado para falar em um evento do Movimento Sem Terra (MST) no Teatro João Caetano, no Centro do Rio de Janeiro, sobre a cessão da base e sobre a auditoria da dívida externa do Brasil. Foi acompanhado de seu filho Pedro Luiz e, quando chegou ao evento, notou que havia muitas bandeiras de movimentos sociais e de partidos políticos, a maioria delas vermelha, e apenas uma bandeira do Brasil ao fundo, o que lhe causou um certo incômodo.

O evento começou e o público se comportava de forma barulhenta e hostil, vaiando os palestrantes, como Waldir Pires e Leonel Brizola. Pedro Luiz, receoso de hostilizarem seu pai já idoso, chamou o dirigente do PSTU para um canto:

– Como é que vai ser isso aqui? Meu pai tem 82 anos. Vocês o convidaram ele pra falar aqui e agora vão vaiar ele?

– Fica tranquilo, Pedro. Todos aqui conhecem a história do teu pai. Ninguém vai vaiá-lo.

Tudo estava muito confuso e isso fez com que os discursos fossem atrasando, um após o outro. Quando chegou o horário previsto para sua fala, às oito da noite, Rui avisou aos organizadores que sua hora já tinha passado e que queria falar logo. Brizola ainda tentou dissuadi-lo, dizendo que, se ele tinha sido vaiado, talvez fosse melhor Rui nem falar. Não deu ouvidos e pediu para ser o próximo.

Assim que subiu ao palco, ouvindo o burburinho do público, disse:

– Atenção aí, por favor! Olha, eu tô aqui mas acho que eu vim errado. Porque eu pensei que o tema aqui era Alcântara. Um negócio que eu conheço, que eu sei defender, que eu fui lá. Eu fui a Alcântara pra aprender sobre Alcântara, porque eu sou do Maranhão e tal. Aí eu chego aqui e só tem bandeiras vermelhas e de partidos? De tudo quanto é partido. Respeito essas bandeiras todas, mas estamos todos aqui por um objetivo comum, o Brasil, e estou vendo apenas uma bandeira do Brasil aqui. Lá no fundo. Você, da bandeira, vem pra cá.

A bandeira pertencia ao "capitão Brasil", um personagem de passeatas, que foi ao palco e elevou sua bandeira junto a Rui, enquanto todos na plateia baixaram as bandeiras partidárias.

– E ninguém falou aqui em Alcântara. O próprio dr. Waldir Pires já falou aqui e não falou em Alcântara. Então eu tô errado aqui. Mas como eu não tô errado, já que eu fui convidado, aqui o convite – levantou o papel em que constava sua participação no evento, mostrando ao público –, então eu quero falar sobre Alcântara. E como quem convida dá banquete, eu quero falar com silêncio.

E fez-se um silêncio sepulcral no teatro. Rui então falou sobre Alcântara, sobre soberania nacional e sobre a auditoria da dívida pública. Quando terminou, foi ovacionado e, no final do evento, foi cumprimentado pela multidão.

Sua presença, assim como a de seus companheiros de Senta a Pua, passou a ser cada vez mais comemorada. Com o avançado da idade, o grupo sentia o peso do tempo e a falta de vários companheiros. Nos almoços dos veteranos, realocados para o Clube da Aeronáutica, foram sentindo as ausências, assim como nas comemorações do Dia da Caça, na Base Aérea de Santa Cruz. No ano de 2001, quando finalmente o Memorial em homenagem ao 1º Grupo de Aviação de Caça foi inaugurado, o grupo de veteranos já contava com menos da metade dos membros. Numa cerimônia bonita, com a presença do arquiteto Oscar Niemeyer, que cortou a fita inaugural, Fortunato fez um discurso que deixou todos emocionados. Na placa colocada no monumento foram inscritos os nomes de todos os veteranos, com destaque especial aos mortos em combate e ao comandante Nero Moura, que teve seus restos mortais transferidos do Mausoléu da FAB, no Cemitério São João Batista, para o local.

Rui, Fortunato e os outros cassados foram recebidos com apreço pelos colegas da ativa, mas nada se falava sobre suas condições legais. Aceitos, mas não reintegrados, tinham caído no limbo da história.

Com a pressão das associações naquele mesmo ano, o governo finalmente deu início à Comissão de Anistia, subordinada ao Ministério da Justiça. E em 13 de novembro de 2002, o presidente FHC lançou a lei 10.559 para regulamentar o artigo 3º das disposições constitucionais transitórias, devolvendo aos militares cassados seus direitos à promoção e à reparação. Era finalmente a luz no fim do túnel que todos esperavam.

As atividades da comissão, entretanto, só passaram a ser mais efetivas após a mudança para o Governo de Luiz Inácio Lula da Silva, no ano seguinte. Ainda assim, os processos não caminhavam como eles esperavam.

Como as análises dos processos não saíram naturalmente, coronel Hélio de Castro Alves Anísio e Rui entraram com mandados de segurança em 2003, pedindo prioridade de julgamento, conforme o Estatuto do Idoso. Mas a Comissão de Anistia não se mostrou "a luz" que todos esperavam.

Um dos primeiros impactos negativos aconteceu em 2004, assim que Márcio Thomaz Bastos assumiu o Ministério da Justiça. O ministro resolveu analisar e cancelar a anistia dada aos duzentos e setenta cabos da Aeronáutica, desfazendo a portaria publicada por José Alves Paulino alguns meses antes, sem qualquer justificativa plausível. Essa situação deixou claro para Rui como a comissão era frágil, já que as portarias ficavam sob controle dos ministros da Justiça, os quais poderiam ser trocados a qualquer momento.

Em 2004, finalmente, o coronel Anísio foi o primeiro a ter seu processo de anistia julgado. Sua sentença foi animadora, tendo computado corretamente como tempo de serviço faltante 18 anos e reparação proporcional. Alguns meses depois, já em 2005, o caso julgado foi o de Rui que, apesar de mais tempo de profissão, teve apenas nove anos de tempo de serviço faltante calculado com reparação proporcional.

O julgamento aconteceu através da Comissão de Anistia. Rui estava presente, mas não lhe permitiram que falasse. A sessão foi acontecendo diante de seus olhos, com informações erradas, sem que pudesse corrigi-las, o que foi deixando Rui extremamente indignado. Em certo momento, um dos membros, comandante Wanderley, da Marinha, ficou defendendo que Rui não tinha direito a ser comandante de aeronave fora da FAB, o que claramente não condizia com a realidade. Durante os argumentos, ficou claro que alguns membros não tinham conhecimento técnico o suficiente para tal análise. Ainda assim ganhou por 5 votos a 4, mas com reparação por nove anos, e não 18 como devido, o que deixou Rui extremamente revoltado.

Na saída, um dos membros veio parabenizar Rui por ter sido anistiado.

– Não me sinto feliz, não. Eu fui garfado aí. Eu devia ter ganhado de 9 a 0 e foi 5 a 4 por causa desse comandante aí – disse, apontando para o comandante Wanderley, que claramente ouviu a acusação. – Isso aí não é juiz, não! Isso é um filho da puta.

Com um clima de constrangimento instalado, nenhum dos juízes respondeu à afronta de Rui.

Indignado, Rui procurou Paulo Abrão, presidente da Comissão de Anistia.

– Como isso é possível, dr. Paulo? Minha situação é praticamente igual à do coronel Anísio. Como é que minha reparação ficou em metade da dele?

– Olha, brigadeiro Rui, tem muita coisa envolvida. Tem gente dando palpite dentro da comissão. A indenização do coronel Anísio acendeu uma luz vermelha no governo. E, não tenho como provar, mas acredito que seu processo tenha sido mal analisado propositalmente para estancar o valor das indenizações.

Após o processo de Rui, a comissão julgou, de uma vez só, vinte outros processos que tiveram reparação negada, o que de alguma forma confirmava a suspeita de Paulo Abrão.

Com a sentença decretada, mesmo sendo sobre metade do tempo de serviço trabalhado, Rui foi informado pela Justiça de que receberia sua indenização apenas no ano de 2016 – e que o processo não lhe renderia a patente de tenente-brigadeiro devida, assim como não lhe rendeu classificação de anistiado político.

– Em 2016 eu vou estar com 97 anos! E eu tenho direito à patente de tenente-brigadeiro! Eu não abro mão disso!

Na ocasião, já com mais de 90 anos, Rui entrou com um recurso alegando leucemia crônica para que recebesse pelo menos parte do dinheiro antes da data definida. O recurso foi aceito, mas para isso foi preciso que se mobilizasse até Brasília, mesmo com sua idade e saúde debilitada, para que fizesse um exame comprobatório da doença. Foi adiantada então uma quantia aproximada de 300 mil reais e uma pensão mensal de 6 mil reais referente aos retroativos, ficando o valor restante para ser depositado apenas no final de 2016. E um novo processo foi aberto requerendo a patente.

Diante da sequência de processos militares sabotados, Rui e outros membros da ADNAM ficaram sabendo que o comandante Wanderley estava interferindo intencionalmente nos processos de anistia dos militares cassados junto à Comissão de Anistia. Rui conseguiu agendar uma reunião com o então ministro da Defesa Waldir Pires. Expôs a incoerência da situação e recebeu de volta a promessa de que o tal comandante seria retirado da comissão. Assim o fez, mas seu afastamento durou muito pouco – em poucos meses, com a substituição de Waldir Pires por Nelson Jobim, ele já estava de volta à comissão com a mesma conduta, prejudicando os processos dos cassados.

Ao mesmo tempo que se sentia desestimulado pelos andamentos dos processos, sentia-se feliz com o acolhimento cada vez maior de seus colegas da FAB na ativa. Além das comemorações mensais no Clube da Aeronáutica, que volta e meia contavam com a participação de algum colega ilustre, todos os anos o Dia da Caça era comemorado na Base Aérea de Santa Cruz em grande estilo, com direito à demonstração dos aviões de caça e encenação da *Ópera do Danilo*. Em 2007, inclusive, Rui e os outros veteranos foram surpreendidos pela notícia de que naquele ano a apresentação seria especial: uma noite de gala no Theatro Municipal com direito a exposição de um *P-47 Thunderbolt* em plena praça da Cinelândia, no Centro do Rio de Janeiro.

Neste mesmo ano, durante uma arrumação nas coisas da família, Pedro Luiz encontrou os manuscritos que seu pai havia começado em 1948, durante o tempo que tirou com a família para se recuperar da morte de Verinha.

– O que é isso, pai? – questionou Pedro Luiz, mostrando os papéis amarelados.

– Eu pretendia fazer um livro sobre minhas missões de guerra. Não consegui levar adiante. Primeiro eu não tive cabeça, depois eu não tive tempo, depois não tive vontade. Acabei esquecendo – disse, olhando os manuscritos.

– O que você acha de finalizarmos ele?

– Você acha? Eu não estou muito velho pra uma empreitada dessas?

– Eu te ajudo.

Pedro Luiz entrou em contato com Fernando Mauro, um amigo historiador, e juntos organizaram toda a documentação das missões de guerra e Rui pôde, finalmente, terminar o trabalho começado sessenta anos antes.

Apresentaram o material para Sandro Dinarte, proprietário da Editora Adler, e em 18 de dezembro de 2008, na comemoração do dia da criação do Grupo de Caça, *O diário de guerra*, segundo livro de Rui, foi lançado numa tarde de autógrafos repleta de amigos e admiradores na Base Aérea de Santa Cruz, sem sua presença – estava hospitalizado por complicações do quadro de uma leucemia descoberta há não muito tempo.

Aos 91 anos, Rui tinha se tornado uma figura marcante da história. Há alguns anos já tinha dado depoimentos para a Biblioteca do Exército, que foram publicados nos livros *História oral do Exército: 1944-1945* e *História oral do Exército: 1964*, e também para o Centro de Documentação da Fundação Getúlio Vargas, contando toda a sua trajetória. Em 2010, foi a vez de deixar um depoimento registrado no INCAER, em que fez questão de fazer a leitura da carta que recebeu de seu pai naquele longínquo 31 de março de 1939, quando foi admitido na Escola Militar de Realengo, dando início a toda a sua saga.

Com o sucesso de *O diário de guerra*, Carlos Lorch, proprietário da editora Action, que tinha trabalhado na equipe de roteiro do documentário, propôs lançar uma nova edição do *Senta a Pua!* e trouxe à tona um velho sonho de Rui: traduzir o livro para o inglês. Começaram então um longo processo de tradução com a ajuda de veteranos brasileiros e americanos.

Em 2011, finalmente, foi lançada uma terceira edição atualizada do livro *Senta a Pua!* acompanhada da versão traduzida para o inglês, *Hit'em Hard*. A noite de autógrafos foi na Livraria Cultura do Shopping Fashion Mall, no Rio de Janeiro, e contou com muitos colegas de FAB e amigos. Rui, orgulhosíssimo, enviou exemplares para bibliotecas de vários lugares do mundo conhecidas por seus acervos sobre a guerra, como a da Força Aérea Italiana, a da USAF e a Biblioteca do Congresso Americano. Enfim, a história da Aviação Brasileira estava eternizada junto aos seus colegas veteranos estrangeiros.

Com a saúde instável, aos poucos Rui passou a restringir os eventos de que participava, mas fazia questão de fazer as palestras introdutórias das novas turmas da Universidade da Força Aérea junto com Meirinha, quando contavam a história da FAB e também as suas para jovens que ficavam encantados com seus carismas e força.

Neste ano, mesmo com os processos ainda em aberto, finalmente Rui recebeu um convite do Governo Federal para receber um certificado de anistiado político da Comissão de Anistia. Rui e sua família ficaram esperançosos sobre as consequências do evento.

No dia 30 de abril de 2011, com sua esposa e filhos, Rui foi à ABI para a cerimônia comandada pelo ministro da Justiça, José Eduardo Cardozo, e pelo presidente da Comissão, Paulo Abrão. Sem muito alarde na imprensa, Rui e outros homens e mulheres receberam um documento que, para a sua surpresa e frustração, não era exatamente o que prometia: um papel comum, sem qualquer timbre, carimbo ou autenticação, dizendo que aquela pessoa tinha sido anistiada pelo governo. Em pouco tempo, a esperança de que aquele documento facilitasse os processos de alguma forma também caiu por terra – a tal "anistia" documental em nada alterou a burocracia nem os equívocos nos processos judiciais. Mais uma vez, o governo entregava uma anistia sem anistia.

Resignado, mas sem desistir da Justiça, Rui manteve-se presidente da ADNAM com o apoio dos colegas, sempre atuante nas causas dos cassados e perseguidos pelo governo militar. Sua participação se dava mais por telefonemas, cartas e e-mails do que por sua presença física, uma vez que o avançado da idade e os problemas de saúde já não lhe permitiam extravagâncias. Deu depoimento para o documentário *Militares da Democracia*, do cineasta Silvio Tendler, e mesmo seu depoimento para a Comissão Nacional da Verdade, em 2012, que Rui considerava de extrema importância para se chegar à anistia ampla, geral e irrestrita, foi tomado em sua casa. A pedido da então presidente da Comissão, Rosa Cardoso, tanto ele como Pedro Luiz contaram individualmente, durante horas, sobre cada detalhe de que se lembravam, sobre cada acontecimento. Falavam porque acreditava na Justiça.

E foi pela Justiça que neste mesmo ano Rui conseguiu vencer mais uma etapa das promoções devidas, a de tenente-brigadeiro. Mas não chegou a ter em mãos sua tão esperada carta patente: em 13 de agosto de 2013, faleceu no Hospital da Aeronáutica, no Rio de Janeiro, por falência múltipla dos órgãos, aos 94 anos.

Conforme havia pedido, não foi enterrado no Mausoléu da FAB, no cemitério São João Batista, e sim ao lado de sua filha

Verinha, no jazigo da família, numa cerimônia emocionante com pompas militares e caças F-4 de sua amada Base Aérea de Santa Cruz dando seu derradeiro adeus. Em sua homenagem, foram rezadas missas na Igreja Santa Cruz dos Militares, com a presença de toda a família e de amigos. Revistas e jornais noticiaram com pesar o falecimento, contando a história do homem que sonhou ser aviador e acabou enfrentando as Forças Armadas e o governo para provar sua inocência, lutar pela legalidade e por justiça.

Apenas em 23 de maio de 2016 a promoção à qual Rui tinha direito, para tenente-brigadeiro, foi conquistada na Justiça comum, mas anulada pelo Tribunal Regional Federal da 2ª Região em 2019. A parcela final de sua reparação não foi devidamente quitada, estando até hoje (2021) em processo judicial para ser liberada. Nem sequer sua esposa, Julinha, pôde ver tais conquistas, uma vez que faleceu pouco mais de três anos após o marido, em 17 de janeiro de 2017.

Pedro Luiz, que passou a fazer a manutenção dos processos quando Rui começou a sentir a saúde debilitada demais, permanece ativo nas batalhas judiciais pelos direitos que foram negados, em vida, ao pai.

EPÍLOGO

Rui Barboza Moreira Lima viveu 94 anos, tendo em seu histórico as seguintes conquistas:

jun. 1943	Formação na Escola da Aeronáutica – aspirante
20 jun. 1944	Combat Fighter Pilot
30 nov. 1944	**Carta Patente – 1º tenente-aviador**
26 fev. 1945	Medalha de Guerra Air Medal (4 Clusters)
18 jun. 1945	Medalha de Guerra Distinguished Flying Cross (EUA)
6 dez. 1945	Medalha de Guerra Croix de Guerre
26 jun. 1946	Medalha Cruz de Aviação da FAB (Fita A – 3 estrelas)
31 jul. 1946	Medalha de Campanha da Itália
1950	Curso de Tática Aérea – 1ª Turma
13 jan. 1950	Medalha Cruz de Aviação da FAB (Fita B)
7 jul. 1950	Medalha de Campanha do Atlântico Sul
10 out. 1950	**Carta Patente – major-aviador**
31 dez. 1951	Medalha Albdón Calderón (Equador)
20 abr. 1953	Medalha Militar de Bronze
jan. 1954	Piloto Honorário de Aviação a Jato da USAF
30 dez. 1955	Curso de Estado-Maior
1956	Comandante do Grupo de Transporte Especial (GTE)

jan. 1957	**Carta Patente – tenente-coronel aviador**
27 set. 1957	Medalha Militar de Prata
27 out. 1959	Curso Superior de Comando
out. 1960	Piloto Honorário de La Fuerza Aerea de Chile
20 out. 1960	Medalha do Mérito Aeronáutico – Cavaleiro
12 set. 1962	Comandante da Base Aérea de Santa Cruz (BASC)
11 jun. 1963	Medalha Mérito Tamandaré
17 jul. 1963	Medalha Mérito Santos Dumont
19 ago. 1963	Ordem do Mérito Militar – Cavaleiro
17 out. 1963	Medalha do Mérito Aeronáutico – Oficial
1968	Abertura da Jacel Jambock
4 jul. 1978	Medalha marechal Mascarenhas de Moraes
13 ago. 1978	Medalha Comemorativa 25º Aniversário da Associação dos Combatentes Poloneses – SPK
28 abr. 1980	Lançamento do livro *Senta a pua!*
11 ago. 1983	Fundador da Associação Democrática e Nacional de Militares (ADNAM)
29 abr. 1985	Cidadão do estado do Rio de Janeiro
5 mar. 1986	Medalha de Mérito do Ex-Combatente do Brasil
22 abr. 1986	Medalha Presidential Unit Citation
8 mai. 1986	Medalha da Vitória da Associação dos Ex-Combatentes do Brasil
4 abr. 1988	Medalha Pedro Ernesto
9 jan. 1991	**Carta Patente – major-brigadeiro**
18 nov. 1992	Diploma de Fundador do Ministério da Aeronáutica
26 abr. 1995	Conselheiro do INCAER – Cadeira 16
4 mar. 1997	Medalha Croix du Combattant de L'Europe
set. 1999	Lançamento do Documentário *Senta a pua!*
18 abr. 2000	Medalha Comemorativa da Instalação do Grande Oriente do Estado do Rio de Janeiro (GOERJ)
22 out. 2000	Medalha Santos Dumont (Governo de Minas Gerais)
21 abr. 2002	Medalha Tiradentes (RJ)

4 jul. 2003	Medalha da Vitória da Associação dos Ex-Combatentes do Brasil
31 mar. 2005	Medalha Jubileu de Ouro da Vitória na Segunda Guerra Mundial
9 mai. 2006	Insígnia Acadêmica da Academia Valenciana de Letras
10 mai. 2006	Medalha general Plínio Pitaluga
28 ago. 2007	Cavaleiro Honorário #14 da Ordem da Cátedra da UFA
3 dez. 2008	Medalha marechal Zenóbio da Costa
18 dez. 2008	Lançamento do livro *O diário de guerra*
22 abr. 2010	Medalha Mérito Operacional brigadeiro Nero Moura
28 out. 2010	Medalha Ordre National de la Légion D'Honneur
30 abr. 2011	Certificado de Anistiado Político
8 mai. 2011	Medalha da Vitória do Ministério da Defesa
30 mar. 2012	Medalha Manuel Bequimão
23 mai. 2016	**Carta Patente – tenente-brigadeiro aviador**

Rui foi militar da ativa da Força Aérea Brasileira de junho de 1943, quando foi admitido como aspirante, a 9 de abril de 1964, quando, já coronel, foi reformado compulsoriamente, sem acusação formal, pelo artigo 7 do Ato Institucional nº 1. Em 19 de junho de 1964, foi atingido pela portaria reservada S-50-GMS, que impediu que aviadores militares ou civis atingidos pelo AI-1 continuassem a exercer tal atividade profissional; e em 24 de julho de 1964, teve a condecoração da Ordem do Mérito Aeronáutico suspensa.

Por consequência, foi implicado em dois Inquéritos Policiais Militares (IPM) e em três prisões.

O IPM nº 155 teve início em 4 de abril de 1964 com acusações de subversão, com o coronel João Paulo Moreira Burnier como encarregado. Um mandado de prisão foi expedido em 5 de abril de 1964, o que levou Rui à detenção em navios da Marinha e nas instalações da 3ª Zona Aérea por 48 dias, até 22 de maio de 1964. Oficialmente, a justificativa para a soltura seria a falta de provas sobre a participação de Rui em atividades subversivas imediatamente anteriores a 31 de março de 1964, entretanto o encarregado deixa claro ter dúvidas sobre a decisão de soltura.

O IPM nº 173, derivado do IPM nº 155, teve início em 24 de abril de 1964 para investigação de subversão especificamente na Base Aérea de Santa Cruz (BASC). A troca de responsabilidade sobre o inquérito foi transferida do coronel Burnier, que deixa observações a respeito da sua suspeita sobre o envolvimento de Rui diretamente em atividades subversivas, para o novo encarregado, brigadeiro do ar Manoel José Vinhaes. Expediu-se novo mandado de prisão em 17 de agosto de 1964. Rui foi mantido preso por cerca de 74 dias em instalações da 3ª Zona Aérea, até 30 de outubro de 1964, quando foi inocentado da acusação.

A terceira prisão ocorreu em 3 de setembro de 1970, sem mandado ou qualquer tipo de amparo legal, com a justificativa de prestar esclarecimentos. Rui ficou preso ilegalmente e incomunicável no 15º Regimento de Cavalaria Mecanizado, o RCMEC, na Vila Militar do Rio de Janeiro, por três dias, aparentemente sob ordens do Departamento de Ordem Política e Social (DOPS). Acabou liberado sem processo legal e apresentou esclarecimentos por escrito após insistência do próprio.

No ano de 1971, Rui foi arrolado em processo que o governo reabriu, investigando atividades de alguns dos oficiais cassados, dentre eles o brigadeiro Teixeira. Mais uma vez nada foi constatado e o processo foi arquivado em 1972.

Com a primeira Lei de Anistia (Lei 6.683/79), decretada pelo presidente João Batista Figueiredo em 28 de agosto de 1979, Rui foi transferido para a reserva remunerada com a mesma patente que possuía antes da demissão em 1964. Ele e outros oficiais ficaram excluídos da lei, que permitiu apenas promoções de anistiados até a patente de coronel, estagnando a evolução dos que já tinham chegado a tal promoção antes de 1964.

Em 1984, Rui deu entrada no processo administrativo 04-01/364/84 requerendo promoção devida a tenente-brigadeiro.

Seu processo chega até a avaliação do então presidente da República José Sarney, mas é negado.

Com a transferência para a reserva remunerada, teve contabilizados 38 anos de tempo de serviço ativo (com adicional de guerra e de instrução) e 15 anos de serviço inativo (de 9 de abril de 1964 a 28 de agosto de 1979), passando a receber proventos relativos ao posto de major-brigadeiro e 57 anos de serviços a partir de 1979, apesar de continuar com a patente de coronel.

A emenda constitucional 26/85 e a T.R.I. 777/86, entretanto, alteraram o cálculo de tempo de serviço de Rui para 45 anos totais de serviço. Rui abriu processo nº 92.3445-4 na Justiça Federal, pedindo restituição para o tempo de serviço definido em 1980.

Durante a tramitação do processo citado, os cassados conquistam na Constituinte de 1987 a retirada do título V, artigo 181, da Constituição Federal, que impedia cidadãos atingidos por atos institucionais de acionar a Justiça reivindicando direitos administrativos ou financeiros.

Com a abertura jurídica, Rui e outros oficiais em posição similar acionaram a Justiça Federal em 13 de maio de 1988, requisitando as promoções devidas. No processo nº 88.0002552-8, depois alterado para 90.02.10450-2, Rui pleiteou as promoções a brigadeiro do Ar e a major-brigadeiro, além de ressarcimento de valores devidos. O processo foi deferido em primeira instância e, mesmo após apelação da União, Rui venceu e foi promovido a major-brigadeiro com recálculo de proventos, em decreto assinado pelo presidente Fernando Collor de Melo em 8 de janeiro de 1991. A União recorreu contra a promoção, mas perdeu.

Entretanto, no recálculo de proventos de Rui, diminuíram mais seu tempo de serviço, desta vez para 35 anos. Ele recorreu e o cálculo foi corrigido para 53 anos, 6 meses e 23 dias em 1992.

Em 2001, a União Federal entra com ação rescisória nº 2001.02.01.006287-7 pedindo mais uma vez revisão do tempo de serviço, sugerindo correção para 45 anos.

O processo de Rui foi analisado através da Comissão de Anistia, em 2005. Por 5 votos a 4, teve sua reparação deferida, mas apenas nove dos 18 anos de tempo de serviço faltante foram calculados com reparação proporcional.

Para a definição da reparação foi feito novo cálculo e o tempo de serviço foi reduzido para 33 anos e 22 dias de serviço ativo, e 47 anos, 4 meses e 22 dias totais de serviço. Rui estava presente na audiência, mas não pôde se manifestar para se defender das informações erradas que foram colocadas e impactaram negativamente em seu processo.

Com recurso na Justiça contra tal contabilidade mas com sentença decretada, inicialmente a indenização aconteceria apenas no ano de 2016, mas alegando idade avançada e leucemia crônica, conseguiu um adiantamento de parte do valor, com uma entrada e parcelas mensais; o restante deveria ter sido pago em 2016, mas a União não cumpriu o acordo combinado até a finalização desta edição.

Em 1993, Rui e Hernani Hilário Fittipaldi entram em nova ação nº 1993.51.01.022312-8 contra a União Federal, requerendo promoção devida a tenente-brigadeiro e reajuste dos proventos de acordo com a patente requerida.

Em primeira instância, a ação foi julgada improcedente por entender que a Anistia Constitucional do art. 8º do ADCT não garantia as promoções condicionadas ao critério de "merecimento", isto é, entendia-se que as promoções só poderiam ser atingidas pelo critério de antiguidade. Os autores recorreram em segunda instância no Tribunal Regional Federal (TRF-2), revertendo a decisão a seu favor. A União, mais uma vez, recorreu e o processo foi levado ao Superior Tribunal de Justiça (STJ).

A controvérsia a respeito do tema o levou à análise do Superior Tribunal Federal (STF), que proferiu em 4 de junho de 2014 julgamento ARE nº 799.908/DF, reconhecendo a procedência de promoções por "merecimento" a militares anistiados.

Com a decisão do STF, em 19 de fevereiro de 2015 transitou em julgado a decisão que reformou a sentença de primeiro grau e condenou a União Federal a promover os autores ao posto de "tenente-brigadeiro-do-ar", com decreto assinado pelo presidente Michel Temer e publicado em Diário Oficial no dia 23 de maio de 2016. Em 2017, entretanto, a União Federal entrou com nova ação rescisória nº 2017.00.00.000230-9 que resultou na Ação Rescisória nº 0000230-54.2017.4.02.0000 proferida pelo TRF-2 e assinada em 20 de agosto de 2019 pelo presidente Jair Bolsonaro, através do Ministério da Defesa, tornando sem efeito as promoções já consolidadas e rebaixando Rui e Fittipaldi às suas patentes anteriores.

Em 25 de maio de 1994, Rui Barboza Moreira Lima, Sergio Cavallari, Maurício Martin Seidl, Fausto Amélio da Silveira Gerpe, Arthur Tubentini Macagi, Mathias Baliú, Eudo Candiota da Silva, Jayme Martins, Múcio Scevola Ramos Scorzelli e Fortunato Câmara de Oliveira entraram com ação coletiva nº 1994.002.002782-5 contra a União Federal pelo que deixaram de receber desde que foram impedidos de atuar profissionalmente em razão dos seus afastamentos da Aeronáutica pelo AI-1 e pelo AI-5, e pela suspensão de suas licenças de voo pelas portarias S-50-GMS e S-285-GM5. Pediram indenização suplementar e pensão vitalícia.

Com a implementação da Comissão de Anistia, em 2001, e o lançamento da lei nº 10.559 em 13 de novembro de 2002 para regulamentar o artigo 3º das disposições constitucionais transitórias, devolvendo aos militares cassados seus direitos à promoção e à reparação, a ação entrou em pauta e foi julgada procedente, condenando a União a pagar, em um único ato, a indenização declarada, após a sua liquidação de sentença, porém negando pensão vitalícia. Definiu-se que a indenização fosse fixada no valor equivalente à remuneração de um comandante de Boeing 737 de rota internacional (cargo que todos os autores tinham capacidade de ocupar quando impedidos), contando da data em que foram impedidos de atuar profissionalmente até a data prevista nas normas pertinentes à aviação como idade limite para a atuação (60 anos).

Tal ação prolonga-se na Justiça e, até o fechamento desta edição, não havia ainda acordo sobre os cálculos a serem usados e a sentença não tinha sido liquidada.

Em 27 de setembro de 2001, o presidente Fernando Henrique Cardoso readmitiu Rui no quadro Suplementar do Corpo de Graduados Efetivos da Ordem do Mérito Aeronáutico e o promoveu, na mesma Ordem, ao grau de Grande-Oficial.

Rui faleceu em 13 de agosto de 2013, aos 94 anos, após mais de vinte anos de processos judiciais, sem ter recebido o diploma de anistiado político, a íntegra da reparação de anistia, a reparação por ter sido impedido de voar e sua carta patente de tenente-brigadeiro.

REFERÊNCIAS BIBLIOGRÁFICAS

15º REGIMENTO DE CAVALARIA MECANIZADO (ESCOLA). "Cel. Mario Orlando R. Sampaio". Disponível em: <http://www.15rcmec.eb.mil.br/cel-mario-orlando-r-sampaio>.

_____. "Histórico do 15º Regimento de Cavalaria Mecanizado – Escola. Disponível em: <http://www.15rcmec.eb.mil.br/o-historico>

ACERVO O GLOBO. "Tragédia do navio Baependi". Disponível em: <https://acervo.oglobo.globo.com/incoming/tragedia-do-navio-baependi-21695401>

AIRPLANE BONEYARS. "Davis-Monthan Air Force Boneyard in Tucson: Boneyard Layout, Operations, Tours, and Maps". Disponível em: <https://www.airplaneboneyards.com/davis-monthan-afb-amarg-airplane-boneyard.htm>.

ARRIGUCCI JR., Davi. "O sumiço de Fawcett". *Folha de S. Paulo*. São Paulo, 2 fev. 1997. Disponível em: <https://www1.folha.uol.com.br/fsp/1997/2/02/mais!/6.html>

BARROSO, Maria das Graças Saraiva. "Escravidão e a crise do escravismo no antigo município de Picos – MA". Maranhão: Centro de Ciências Exatas e Naturais, Universidade Estadual do Maranhão, 2006. Monografia.

BLOOMBERG. "Company Overview of Hamilton Aviation Inc". Disponível em: <https://www.bloomberg.com/research/stocks/private/snapshot.asp?privcapId=2150686>

BRASIL. Constituição Federal (1988). "Parlamentares Constituintes". Brasília: Câmara dos Deputados. Disponível em: <https://www2.ca-

mara.leg.br/atividade-legislativa/legislacao/Constituicoes_Brasileiras/constituicao-cidada/constituintes/parlamentaresconstituintes>

Lei nº 1.111, de 25 de maio de 1950 - Autoriza a abertura de crédito especial para pagamento à Fundação Brasil Central e dá outras providências. Câmara dos Deputados. Disponível em: <http://www2.camara.leg.br/legin/fed/lei/1950-1959/lei-1111-25-maio-1950-361610-publicacaooriginal-1-pl.html>

BRAZILIAN AERONAUTICAL COMISSION WASHINGTON D.C. "CABW". Disponível em: <https://www.cabw.org/>

CACHAÇA SENTA A PUA. "Homenagem aos heróis de guerra". Disponível em: <http://www.cachacasentaapua.com.br/historia.php>

CADEG. "A origem da CADEG". Disponível em: <https://www.cadeg.com.br/historia>

CALLADO, Antonio. *Esqueleto na Lagoa Verde: ensaio sobre a vida e o sumiço do coronel Fawcett*. São Paulo: Companhia das Letras, 2010. Disponível em : <https://www.companhiadasletras.com.br/trechos/12859.pdf>

CAMBAÚVA, Daniella. "Veterano da 2ª Guerra, Brigadeiro contrário à ditadura vai de morto-vivo a cassado". Rede Brasil Atual. 28 mar. 2013. Disponível em: <https://www.redebrasilatual.com.br/cidadania/2013/03/veterano-da-2a-guerra-brigadeiro-contrario-a-ditadura-vai-de-morto-vivo-a-cassado/>

CAMBESES JÚNIOR, Manuel. *A saga do Correio Aéreo Nacional*. Rio de Janeiro: INCAER. Disponível em: <http://www2.fab.mil.br/incaer/images/eventgallery/instituto/Opusculos/Textos/opusculo_can.pdf>

CARLONI, Karla G. "Embates internos: militares x militares no Governo JK". Anais do XXVI Simpósio Nacional de História (ANPUH). São Paulo, julho de 2011. Disponível em: <http://www.snh2011.anpuh.org/resources/anais/14/1300058786_ARQUIVO_CARLONI.pdf>

CAVALCANTE, Geová Lemos. "A família do senador Miguel Lemos". In: *Revista do Instituto do Ceará*. Ceará, p. 135-167, 2014.

CAVOK ASAS DA INFORMAÇÃO. "Veteranos da FAB na 2ª Guerra Mundial recebem Medalha Brigadeiro Nero Moura". Disponível

em: <http://www.cavok.com.br/blog/veteranos-da-fab-na-2%C2%AA-
-guerra-mundial-recebem-medalha-brigadeiro-nero-moura/>

CLUBE MILITAR. "Há 50 Anos – acontecimentos de 1962". Disponível em: <http://clubemilitar.com.br/ha-50-anos-acontecimentos-de-1962/>

COLOMBO, Sylvia. "Diários inéditos de explorador ajudam a desvendar mistério". In: *Folha de S. Paulo*. São Paulo, 26 jul. 2017. Disponível em: <https://www1.folha.uol.com.br/ilustrada/2017/06/1895945-diarios-
-ineditos-de-explorador-ajudam-a-desvendar-misterio.shtml>

CORREIO DA MANHÃ. "Inquisição". Rio de Janeiro: Ed. A21788 e B21788, 15 abr. 1964. Acervo Hemeroteca Digital da Fundação Biblioteca Nacional. Disponível em: <http://memoria.bn.br/DocReader/DocReader.aspx?bib=089842_07&PagFis=39076&Pesq=Ruy%20Moreira%20Lima>

CORREIO DA MANHÃ. "Exonerado e preso brigadeiro. Rio de Janeiro: 1º Caderno, p. 3, 2 out. 1968. Acervo Hemeroteca Digital da Fundação Biblioteca Nacional. Disponível em: <http://memoria.bn.br/DocReader/docreader.aspx?bib=089842_07&pasta=ano%20196&pesq=sergio%20ribeiro>

DAVIS-MONTHAN AIR FORCE BONEYARD. "Davis-Monthan Air Force Boneyard". Disponível em: <https://www.dm.af.mil/>

DECOURT, Andre. "Rua Acre, anos 50. Foi um Rio que passou". Rio de Janeiro, 22 ago. 2011. Disponível em: <http://www.rioquepassou.com.br/2011/08/22/rua-do-acre-anos-50/>

DINIZ, Bruno. "Conversão hipotética dos réis para o atual real". Brasil, 3 nov. 2015. Disponível em: <http://diniznumismatica.blogspot.com/2015/11/conversao-hipotetica-dos-reis-para-o.html>

DONATO, Hernâni. *Dicionário das batalhas brasileiras - dos conflitos com indígenas aos choques da reforma agrária*. 2ª edição revista, ampliada e atualizada. São Paulo: IBRASA, 1996. Disponível em: <https://books.google.com.br/books?id=xeyuqtq3ImUC&pg=PA346&lpg=PA346&dq=Wolfango+de+Mendon%C3%A7a&source=bl&ots=HeWZfmO0cP&sig=ACfU3U3Ja0qu_qXzYuysoPrzIuOwn5t-moQ&hl=pt-BR&sa=X&ved=2ahUKEwiCgN6vvNjkAhUnD7k-

GHf4KCC8Q6AEwBHoECAkQAQ#v=onepage&q=Wolfango%20 de%20Mendon%C3%A7a&f=false>

ESTEVES, Martin. "Atletismo (1941-1957). Derrota digna". Argentina, 25 mai. 2017. Disponível em: <http://martinestevez.blogspot.com/2016/08/atletismo-1941.html>

FERIAN NO AR. "Rota aérea Rio/Manaus II". Disponível em: <http://www.feriannoar.com/Memorias/RotaAerea.htm>

FGV CPDOC. "Adir Fiúza de Castro". Disponível em: <http://www.fgv.br/cpdoc/acervo/dicionarios/verbete-biografico/adir-fiuza-de-castro>

_____. "Aragarças, Revolta de". Disponível em: <http://www.fgv.br/cpdoc/acervo/dicionarios/verbete-tematico/aragarcas-revolta-de>

_____. "brigadeiro Francisco Teixeira". Disponível em: <http://www.fgv.br/cpdoc/acervo/dicionarios/verbete-biografico/teixeira-francisco>

_____. "Carlos de Meira Mattos". Disponível em: <http://www.fgv.br/cpdoc/acervo/dicionarios/verbete-biografico/carlos-de-meira-matos>

_____. "Castro, Caiado de". Disponível em: <http://www.fgv.br/cpdoc/acervo/dicionarios/verbete-biografico/aguinaldo-caiado-de-castro>

_____. "Comando Geral dos Trabalhadores (CGT)". Disponível em: <http://www.fgv.br/cpdoc/acervo/dicionarios/verbete-tematico/comando-geral-dos-trabalhadores-cgt>

_____. "Comício das Reformas". Disponível em: <http://www.fgv.br/cpdoc/acervo/dicionarios/verbete-tematico/comicio-das-reformas>

_____. "Costa, Zenóbio da". Disponível em: <http://www.fgv.br/cpdoc/acervo/dicionarios/verbete-biografico/euclides-da-zenobio-costa>

_____. "Golpe de 1964". Disponível em: <http://www.fgv.br/cpdoc/acervo/dicionarios/verbete-tematico/revolucao-de-1964>

_____. "Gomes, Eduardo". Disponível em: <http://www.fgv.br/cpdoc/acervo/dicionarios/verbete-biografico/gomes-eduardo>

_____. "Gonçalves, Leônidas Pires". Disponível em: <http://www.fgv.br/cpdoc/acervo/dicionarios/verbete-biografico/leonidas-pires-goncalves-1>

_____. "Guillobel, Renato". Disponível em: <http://www.fgv.br/cpdoc/acervo/dicionarios/verbete-biografico/renato-de-almeida-guillobel>

_____. "João Café Filho". Disponível em: <http://www.fgv.br/cpdoc/acervo/dicionarios/verbete-biografico/joao-cafe-filho>

_____. "Jobim, Nelson". Disponível em: <http://www.fgv.br/cpdoc/acervo/dicionarios/verbete-biografico/nelson-azevedo-jobim>

_____. "Kubitschek, Juscelino". Disponível em: <http://www.fgv.br/cpdoc/acervo/dicionarios/verbete-biografico/juscelino-kubitschek-de-oliveira>

_____. "Lott, Henrique". Disponível em: <https://cpdoc.fgv.br/producao/dossies/JK/biografias/Henrique_Teixeira_Lott>

_____. "Marcha da Família com Deus pela Liberdade". Disponível em: <http://www.fgv.br/cpdoc/acervo/dicionarios/verbete-tematico/marcha-da-familia-com-deus-pela-liberdade>

_____. "Melo, Correia de". Disponível em: <http://www.fgv.br/cpdoc/acervo/dicionarios/verbete-biografico/francisco-de-assis-correia-de-melo>

_____. "Moura, Nero". Disponível em: <http://www.fgv.br/cpdoc/acervo/dicionarios/verbete-biografico/moura-nero>

_____. "Pires, Waldir". Disponível em: <http://www.fgv.br/cpdoc/acervo/dicionarios/verbete-biografico/francisco-waldir-pires-de-sousa>

_____. "Quadros, Jânio". Disponível em: <http://www.fgv.br/cpdoc/acervo/dicionarios/verbete-biografico/janio-da-silva-quadros>

_____. "Ramos, Nereu". Disponível em: <http://www.fgv. br/cpdoc/acervo/dicionarios/verbete-biografico/nereu-de-oliveira-ramos>

_____. "Ribeiro, Darci". Disponível em: <http://www.fgv. br/cpdoc/acervo/dicionarios/verbete-biografico/ribeiro-darci>

_____. "Vargas, Getúlio". Disponível em: <http://www. fgv.br/cpdoc/acervo/dicionarios/verbete-biografico/getulio-dornelles-vargas>

_____. "Vaz, Rubens". Disponível em: <http://www.fgv.br/ cpdoc/acervo/dicionarios/verbete-biografico/rubens-florentino-vaz>

_____. "Veloso, Haroldo". Disponível em: <http://www. fgv.br/cpdoc/acervo/dicionarios/verbete-biografico/haroldo-coimbra-veloso>

_____. "Wainer, Samuel". Disponível em: <http://www. fgv.br/cpdoc/acervo/dicionarios/verbete-biografico/wainer-samuel>

FORÇA AÉREA BRASILEIRA. "Galeria dos ex-ministros e ex-comandantes e a Aeronáutica". Disponível em: <http://www.fab.mil.br/ex-comandantes>

_____. "Histórico do INCAER". Disponível em: <http://www2.fab.mil.br/incaer/index.php/historico>

GÁVEA SKYWALKERS. "Pato Branco e o olho de bruxa". Disponível em: <http://www.gaveaskywalkers.com.br/gaveasky/artigo93.htm>

GOOGLE MAPS. "Mapas do Brasil". Disponível em: <https://www.google.com.br/maps>

HISTÓRIA DA FORÇA AÉREA BRASILEIRA. "Instituto Histórico-Cultural da Aeronáutica - preservando a História Aeronáutica Brasileira". Disponível em: <http://www.rudnei.cunha.nom.br/FAB/br/incaer.html>

JAMBOCK – O 1º GRUPO DE AVIAÇÃO DE CAÇA DA FAB NA CAMPANHA DA ITÁLIA (1944-1945). "A origem do Adelphi". Disponível em: <http://www.jambock.com.br/v4/87-historia/origens>

_____. "A origem do avestruz guerreiro". Disponível em: <http://www.jambock.com.br/v4/historia/origens/simbolo>

_____. "Monumento Memorial ao 1º GAvCa - Base Aérea de Santa Cruz, RJ". Disponível em: <http://www.jambock.com.br/v4/memoria/monumentos/268-memorialbasc>

JUSBRASIL. "Processos judiciais envolvendo Rui Barboza Moreira Lima". Disponíveis em: <https://www.jusbrasil.com.br/>

LEMOS, Vinícius. "Historiadora tenta solucionar sumiço de explorador britânico na Amazônia". In: *Folha de S. Paulo Online*. São Paulo, 26 nov. 2017. Disponível em: <https://www1.folha.uol.com.br/cotidiano/2017/11/1938334-historiadora-tenta-solucionar-sumico-de-explorador-britanico-na-amazonia.shtml>

LIMA, Rui Moreira. Correspondências e documentos pessoais. Brasil, Estados Unidos e Itália, 1919-2013.

_____. Entrevistas. Rio de Janeiro, 2007-2013. Entrevistas concedidas a Pedro Luiz Moreira Lima e Fernando Mauro.

_____. *O diário de guerra*. Compilado por Fernando Mauro Fonseca Chagas e Pedro Luiz Moreira Lima. Rio de Janeiro: Adler, 2008.

_____. "O primeiro herói - parte 1". In: *Correio da Manhã*. Rio de Janeiro: ed. 21047, 4 nov. 1961. Acervo Hemeroteca Digital da Fundação Biblioteca Nacional. Disponível em: <http://memoria.bn.br/DocReader/DocReader.aspx?bib=089842_07&PagFis=23678&Pesq=Rui%20Moreira%20Lima>

_____. "O primeiro herói - parte 2". In: *Correio da Manhã*. Rio de Janeiro: ed. 21048, 5 nov. 1961. Acervo Hemeroteca Digital da Fundação Biblioteca Nacional. Disponível em: <http://memoria.bn.br/DocReader/DocReader.aspx?bib=089842_07&PagFis=23678&Pesq=Rui%20Moreira%20Lima>

_____. *Senta a pua! - A Força Aérea Brasileira na Segunda Guerra Mundial (1944-1945)*. 3ª edição. Rio de Janeiro: Ed. Action, 2012.

MALIN, Mauro. "*Correio da Manhã* foi decisivo no caso Para-Sar". Observatório da Imprensa. Ed. 699, 19 jun. 2019. Disponível em: <http://observatoriodaimprensa.com.br/caderno-da-cidadania/_ed699_correio_da_manha_foi_decisivo_no_caso_para_sar/>

MINISTÉRIO DA JUSTIÇA, COMISSÃO DE ANISTIA. "Rui Barboza Moreira Lima". In: *Livro dos Votos da Comissão de Anistia: verdade e reparação aos perseguidos políticos no Brasil*. Brasília e Florianópolis, p. 148-158, 2013. Disponível em: <https://www.justica.gov.br/central-de-conteudo/anistia/anexos/livro-dos-votos-versao-final-20-08-2013.pdf>

MORAIS, Fernando. *Olga*. São Paulo: Companhia das Letras, 1994.

MOURA, Nero. *Um voo na História*. Reimpressão. Rio de Janeiro: Editora FGV, 2006.

MUNHOZ, Dercio Garcia. "Inflação brasileira - os ensinamentos desde a crise dos anos 30". In: *Economia Contemporânea* nº 1, jan-jun, 1997. Disponível em: <http://www.ie.ufrj.br/images/pesquisa/publicacoes/rec/REC%201/REC_1.1_03_Inflacao_brasileira_os_ensinamentos_desde_a_crise_dos_anos_30.pdf>

MY HERITAGE. "Família Moreira Lima". Disponível em: <https://www.myheritage.com.br/site-family-tree-553000641/moreira-lima?showTutorial=0>

NASCIMENTO, Milton. "Morro velho". In: *Travessia*, 1967.

NATIONAL LIBRARY OF AUSTRALIA. "Fawcett's Bones Found in Brazilian Forest". In: *The Barrier Miner*. Camberra, 9 abr. 1951. Disponível em: <https://trove.nla.gov.au/newspaper/article/48637664>

NETTO, Irinêo Baptista. "Morte e mistério na região do Caluene". In: *Gazeta do Povo*. Curitiba, 12 jun. 2010. Disponível em: <https://www.gazetadopovo.com.br/caderno-g/morte-e-misterio-na-regiao-do-culuene-0dh7t2bitqvy364l5l0xpt9ou/>

OPPORTUNITY. "Quem somos: Dorio Ferman". Disponível em: <https://www.opportunity.com.br/QuemSomos/QuemSomos>

ORICCHIO, Luiz Zanin. "O mistério do coronel Fawcett". In: *O Estado de S. Paulo*. São Paulo, 12 jun. 2010. Disponível em: <https://cultura.estadao.com.br/noticias/geral,o-misterio-do-coronel-fawcett-imp-,565328>

O SABICÃO. "O ataque ao navio *Baependi*". Disponível em: <https://osabicao.com.br/o-afundamento-do-baependi/>

PRONTO. "Regras do atletismo". Disponível em: <https://www.ebah.com.br/content/ABAAAhIj4AA/pronto?part=3>

R7. "Inflação e dívida pública explodiram no Brasil no final da ditadura militar". Disponível em: <http://www.r7.com/r7/media/2014/20140331-info-ditadura/20140331-info-ditadura.html>

SENTANDO A PUA. "Ópera do Danilo - Ato I". Disponível em: <http://www.sentandoapua.com.br/portal3/1o-grav-de-caca/cancioneiro/a--opera-do-danilo>

_____. "Roteiro da viagem". Disponível em: <http://www.sentandoapua.com.br/portal3/1º-grav-de-caca/roteiro-da-viagem-mainmenu-105/mapa-da-viagem>

_____. "Veteranos receberão Medalha Nero Moura". Disponível em: <http://www.sentandoapua.com.br/portal3/leitura/artigosa-historia-nos-dias-de-hoje/334-veteranos-receberao-medalha-nero-moura>

SISTEMA COFECI-CRECI. "Artigos – Década de 60". Disponível em: <http://www.cofeci.gov.br/index.php?option=com_content&view=article&id=98:decada-de-60&catid=50>

TENDLER, Silvio. *Militares da Democracia: os militares que disseram não*. In: YouTube. Projeto Marcas da Memória da Comissão de Anistia. Rio de Janeiro, 1º abr. 2014. Disponível em: <https://www.youtube.com/watch?v=6hD8JIHbu3w>

TERCEIRO COMANDO AÉREO REGIONAL. "Histórico". Disponível em: <http://www2.fab.mil.br/comar3/index.php/historico>

THOMAS, Jennifer Ann. "Os EUA derrubaram o Presidente do Brasil?". In: *Revista Super Interessante*. São Paulo, 12 ago. 2014. Disponível em: <https://super.abril.com.br/historia/os-eua-derrubaram-o-Presidente-do-brasil/>

TRIBUNA DO PARANÁ. "A correção monetária do saldo devedor de contratos no Sistema Financeiro da Habitação". Disponível em: <https://www.tribunapr.com.br/noticias/a-correcao-monetaria-do-saldo-devedor-de-contratos-no-sistema-financeiro-da-habitacao/?fbclid=IwAR0szqCgr--fYQlrGdfJqxUGWMqBoRifOTzgWg6-LQiUafaQXlMd8KibgYug>

TUMMINELLI, Roberto. "Avenida Rio Branco - Galeria Cruzeiro". Flickr. Disponível em: <https://www.flickr.com/photos/carioca_da_gema/66201198>

VIZEU, Rodrigo. "Presidente da semana". In: *Folha de S. Paulo*. Ep. 1-26. São Paulo, abr.-out. 2018. Disponível em: <http://Presidentedasemana.libsyn.com/rss>

WIKIPEDIA. "1958 no Brasil". Disponível em: <https://pt.wikipedia.org/wiki/1958_no_Brasil>

_____. "1959 no Brasil". Disponível em: <https://pt.wikipedia.org/wiki/1959_no_Brasil>

_____. "1960 no Brasil". Disponível em: <https://pt.wikipedia.org/wiki/1960_no_Brasil>

_____. "1962 no Brasil". Disponível em: <https://pt.wikipedia.org/wiki/1962_no_Brasil>

_____. "Argemiro de Assis Brasil". Disponível em: <https://pt.wikipedia.org/wiki/Argemiro_de_Assis_Brasil>

_____. "*Baependi* (navio)". Disponível em: <https://pt.wikipedia.org/wiki/Baependi_(navio)>

_____. "Campanha da Legalidade". Disponível em: <https://pt.wikipedia.org/wiki/Campanha_da_Legalidade>

_____. "Campo de Provas brigadeiro Veloso". Disponível em: <https://pt.wikipedia.org/wiki/Campo_de_Provas_brigadeiro_Veloso>

_____. "Central do Brasil". Disponível em: <https://pt.wikipedia.org/wiki/Esta%C3%A7%C3%A3o_Central_do_Brasil>

_____. "Cronologia da migração japonesa". Disponível em: <https://pt.wikipedia.org/wiki/Cronologia_da_imigra%C3%A7%C3%A3o_japonesa_no_Brasil>

_____. "Curtis P-40". Disponível em: <https://pt.wikipedia.org/wiki/Curtiss_P-40>

_____. "Davis-Monthan Air Force Boneyard". Disponível em: <https://en.wikipedia.org/wiki/Davis%E2%80%93Monthan_Air_Force_Base#Origins>

_____. "Edifício Avenida Central". Disponível em: <https://pt.wikipedia.org/wiki/Edif%C3%ADcio_Avenida_Central>

_____. "Eleição Presidencial no Brasil em 1960". Disponível em: <https://pt.wikipedia.org/wiki/Elei%C3%A7%C3%A3o_presidencial_no_Brasil_em_1960>

_____. "George H. W. Bush". Disponível em: <https://pt.wikipedia.org/wiki/George_H._W._Bush>

_____. "Golpe de Estado no Brasil em 1964". Disponível em: <https://pt.wikipedia.org/wiki/Golpe_de_Estado_no_Brasil_em_1964>

_____. "Grupo de discussão do usuário GVLIMA: Voto de deferimento de anistia política militar – ex-cabo pós-1964". Disponível em: <https://pt.wikipedia.org/wiki/Usu%C3%A1rio_Discuss%C3%A3o:GVLIMA>

_____. "Hierarquia Militar do Brasil". Disponível em: <https://pt.wikipedia.org/wiki/Hierarquia_militar_do_Brasil>

_____. "Irmãos Villas-Boas". Disponível em: <https://pt.wikipedia.org/wiki/Irm%C3%A3os_Villas-B%C3%B4as>

_____. "Irmãos Wright". Disponível em: <https://pt.wikipedia.org/wiki/Irm%C3%A3os_Wright>

_____. "Ita (navio)". Disponível em: <https://pt.wikipedia.org/wiki/Ita_(navio)>

_____. "Lista de governadores do Maranhão". Disponível em: <https://pt.wikipedia.org/wiki/Lista_de_governadores_do_Maranh%C3%A3o>

_____. "Lista dos ministros da Aeronáutica do Brasil". Disponível em: <https://pt.wikipedia.org/wiki/Lista_de_ministros_da_Aeron%C3%A1utica_do_Brasil>

_____. "Lista dos Presidentes do Brasil". Disponível em: <https://pt.wikipedia.org/wiki/Lista_de_Presidentes_do_Brasil>

_____. "Noel Nutels". Disponível em: <https://pt.wikipedia.org/wiki/Noel_Nutels>

_____. "North American T-6 Texan". Disponível em: <https://en.wikipedia.org/wiki/North_American_T-6_Texan>

_____. "Operação Mosquito". Disponível em: <https://pt.wikipedia.org/wiki/Opera%C3%A7%C3%A3o_Mosquito>

_____. Quarta Frota dos Estados Unidos. Disponível em: <https://pt.wikipedia.org/wiki/Quarta_Frota_dos_Estados_Unidos>

_____. "Serra do Roncador". Disponível em: <https://pt.wikipedia.org/wiki/Serra_do_Roncador>

_____. "Três Setes". Disponível em: <https://pt.wikipedia.org/wiki/Tr%C3%AAs_setes_(jogo_de_cartas)>

ANEXOS

Meus velhos queridos:

Depois de minha passagem por São Luiz, muita coisa já aconteceu por êste Brasil de N.S.Jesus Cristo. Coisas tristes naturalmente, pois, o Brasil é o logar onde só as coisas tristes acontecem.

Estamos alcançando o final das prisões dos facínoras que liquidaram o Rubem Suponho que talvez ainda hoje, o último dos quatro executantes dêsse crime seja trancafiado tambem.

O Segundo capítulo virá depois. -Quem foi o mandante? Lutero, Getulio, ou foi inspiração do "anjo" Gregorio. Ninguem sabe. O Inquérito Policial Militar esclarecerá, e pelo que está acontecendo, a suspeita mais forte está sôbre o Lutero.

País desgraçado êsse nosso.

Não se entende como um Presidente da República mantem uma guarda pessoal composta de vigaristas, falsários e assassinos.

Vamos à punição dos culpados. Confiemos mais uma vez na Justiça. O Pessoal da F.A.B. dirigiu as pesquisas, passando, por falta de confiança, por cima dos poderes públicos.

Nêsse caso a Fôrça Aérea deixou de acreditar na POLÍCIA tomando à si a responsabilidade de entregar à Justiça os assassinos, executantes e intelectuais.

Como disse, êsse problema está em seu capítulo final, e brevemente teremos a satisfação de apreciar o JURI sorteado entre cidadãos idôneos de nossa Terra, condenando os bandidos matadores, cuja condenação é a do próprio Governo da República.

Assim estão situadas as coisas. A politica e os politicos desmoralisados. Não há líders infelizmente. O velho Eduardo em quem já acreditei, anteriormente, não passa de um manhoso e esperto politiqueiro.

Se estabelecermos um paralélo entre êle e PINHEIRO MACHADOS, vamos encontra-los trilhando o mesmo caminho, com a diferença de que êste não queria nem a Presidência da República, enquanto que aquele, trama, política, reza e intriga, para conseguir essa investidura.

Já lhe dei meu veto duas vezes, agora não o terá mais, e como não há líders, votarei desta vez, em branco mesmo.

Resumindo contar-lhes-ei o que foram os acontecimentos após minha chegada no Rio.

Cheguei dia 10 exatamente na hora da reunião do Clube de Aeronáutica. Saí do Aeroporto diretamente para lá.

Aberta a sessão e lida a agenda que deu motivo à Assembléia Geral dos sócios, tomou a palavra o velho Eduardo.

Falou brandamente, aconselhando serenidade e pedindo o respeito pela Constituição. - Muitas palmas, demoradas palmas, e fui um dos que mais entusiasmo teve pelas palavras de ponderação do Velho.

Depois dêle muita gente falou, tendo se destacado o Brigadeiro Franco de Faria, Cel Vaz (não é parente do outro) e Cel Médico Alvim (companheiro do 1º Grupo de Caça na Itália.

Três grandes personalidades negativas dentro da FAB. Homens sem expressão pessoal nem moral. Com licença da palavra - uns escrotos - de mão cheia . Pois foram estas praças que fizeram discursos inflamados, insuflando as classes armadas à uma revolução, cuja imprensa, escandalosamente e visando o lucro da venda dos seus jornais, poz em destaque as imbecilidades dos três "grandes revolucionários".

Foram presos após seus rasgos de valentía, o que era de se esperar. Quando aqui cheguei já existia o Cel JOÃO ADIL DE OLIVEIRA como fiscal da FAB junto à Polícia. - Dia 12 os Majores que estavam de ôlho nas investigações da Polícia, solicitaram ao Ministro a abertura de um Inquérito Policial Militar. O Ministro, imediatamente, os atendeu, nomeando o ADIL para chefiar o Inquérito, tendo a liberdade de usar tôdos os meios possíveis da FAB, para descobrir os culpados.

Assim, foi feito, e já ôntem, dia 19, a FAB prendeu o último dos 4 bandidos que tomaram parte ativa na execução do crime.

Voltemos ao dia 12 - quinta-feira -

Nêsse dia passei a noite no Gabinete junto com o Cel Nero e seus oficiais de gabinete. Na parte da tarde (14:00 horas) o Chefe do Estado Maior, Brig.Ajalmar, comunicou ao Nero que haveria uma reunião de Chefes Militares no Gabinete do Ministro da Guerra às 17:00 horas.

Não tendo sido avisado da reunião, o Cel Nero deter-

Continúa........

minou que o Brig Ajalmar comparecesse à mesma, chegando lá por "acaso".
Às 20:00 horas regressou o Brig Ajalmar, dizendo que n[a] reunião foram tratados dois assuntos: Demissão do Nero e renuncia do P[resi]dente.

O primeiro foi lançado pelo próprio Ministro da Guer[ra] argumentando que o Nero tinha perdido o comando da Fôrça Aérea.

Houve ligeira "discordância" do Brigadeiro Ajalmar, e [a] questão ficou decidida. O segundo assunto foi lançado em pauta, mas o B[rig] Ajalmar não declarou quem tinha levantado a lebre.

Imediatamente o General Zenobio disse que absolutament[e] toparia a RENUNCIA, declarando que, se quizesse, êle tiraria o Presidente [e] ficaria mandando. Os outros que não são burros, não foram na conversa, e assim terminou a tal reunião.

Logo que o Brig Ajalmar poz o Cel Nero a par das not[i]cias, êste se despediu de nós, e foi ao Catete para a demissão, antes da chegada do Salvador da Pátria, Sr Zenobio.

Getulio ouviu o Nero e disse que iria à Belo Horizon[te] dia 13, e que, no regresso, conversaria sôbre o assunto. Após a entrevist[a] Nero-Presidente, chegou o Zenobio, encontrando-se com o Nero na grande S[a]la de espera do Catete. -Como era natural e como esperava, o Nero part[iu] para o Zenobio insultando-o, e pondo as cartas na mesa sôbre o papel in[di]gno que estava fazendo com êle e com o Presidente. Dos insultos cata[lo]gados, estavam as palavras mentiroso, desleal, desonesto, traidor e covard[e].

Tudo isso foi ouvido por mais de seis pessôas, inclui[ndo] a Alzirinha, que no final, quando as coisas iam transformar-se em bofetã[o] disse tambem umas verdades ao Salvador da Pátria.

Voltou o Nero ao Gabinete mais ou menos às 05:00 hor[as] do dia 13 com a bôa notícia de que as coisas estavam calmas e que no re[g]resso do Presidente, dia 14, êle sairia. No Aeroporto, bota-fóra do Pres[i]dente, o Zenobio tentou falar com o Nero, tendo sido repelido grosseiramente. Não satisfeito, chamou o Guilhobel, e ambos os "salvadores" segur[a]ram o Nero obrigando-o a os cumprimentar esportivamente.

Ia esquecendo, Tomaram parte na reunião de 5a. feira Zenobio, Gal. Fiuza (Chefe do E. Maior do Exercito) Gal Juarez, Ministro Gui[l]bel, Almirante Perdigão (Chefe do E. Maior da Armada) Brigadeiro Eduardo e [Ma]rechal Mascarenhas de Morais. O Marechal chegou quando o Brigadeiro se retirava, o que dá a impressão de que somente na hora, o velho foi lembr[a]do a comparecer. Sôbre a saída do Brigadeiro, nos dá a impressão que nã[o] ficou satisfeito do Zenobio não haver topado a RENUNCIA.

Por que não topou a renuncia o Zenobio? Por que a co[isa] feita legalmente, assumiria a Presidencia o Café Filho, e imediatamente [o] espirraria do Ministério da Guerra. Isto êle não quer, pois se fez Mini[stro] e seu grande sonho ainda maior, deseja governar o Brasil.

Este é o perigo atual. O homem é aventureiro, sargent[ão], burro, vaidoso e com uma fome de ambição de mando incrivel. Suponho que [êle] está preparando de algum modo um GOLPE. Sem duvida, e isto já devem te[r] chegado a conclusão por aí, que êle o atual sustentáculo do Governo.

Não fosse o Zenobio e a renuncia já teria sido assi[na]da, pois a desmoralisação do Governo é completa.

Darei agora minha opinião e posição em tudo isto.

Não topo golpe. Acho que valerá a pena morrer briga[ndo] contra qualquer sujeito que tente rasgar a Constituição.

Usarei meus játos e os usarei para valer.

Será uma desgraça para mim morrer e presenciar a mo[rte] de companheiros defendendo o Governo do Getulio, mas assim o farei.

Não defendo o Getulio, mas a Constituição, pois o GO[LPE] levará o Zenobio ao Poder, e isto será o fim. Tenho certeza que êste su[jei]to fará uma "noite de São Bartolomeu" se encontrar resistencia pela fre[nte].

Quanto ao caso doméstico, fiquei ao lado do Nero todo [o] tempo, pois ~~sou~~ sou seu amigo e admirador. As calúnias levanta[das] contra êle pela imprensa Brigadeirista, e por colegas políticos, indigno[s] portanto de vestirem o uniforme militar, já ainda no meio do tormente, es[tão] caindo por terra. Sôbre sua administração o tempo dirá se foi bôa ou má. Não sou Nerista, sou amigo do Cel Nero, a quem repito, respeito e ad[mi]ro pela sua dignidade de atitudes tomadas durante tôdo o tempo que mant[ive] com êle relações: 17 ~~MARÇO~~ até a presente data. (17 Mar 54).

Voltando atráz aos acontecimentos. No dia 18 afinal, [foi] aceita a demissão do Nero, com a agravante da carga feita contra êle pe[lo]

Brigadeiro, e pela quasi imposição do Zenobio. Assim é o Getulio, sacrifica tudo para se manter em posição de mando.

Subiu outro Ministro. Homem politico e violento.

Não tem meias medidas. Para os amigos TUDO, aos indiferentes NADA, e aos inimigos PERSEGUIÇÃO tenaz. Suponho que não irá longe, devendo vir outro mais calmo.

Minha suposição se baseia no fato da inimizade existente entre êle e o Eduardo. O Brigadeiro gosta de sentir que esteja com a espinha mole para seus caprichos. O Nero se indispõe na FAB por intriga dêste velho farsante, pois nunca recebeu recadinhos e insinuações dele.

O tempo está aí mesmo, e tenho fé que ainda em vida verão a grande administração feita pelo meu velho companheiro de guerra Cel Nero Moura.

A situação de ôntem para cá está fervendo novamente.

Hoje é 23 de agôsto 54. O Cel Adil deu uma entrevista à imprensa e foi muito seguro em sua afirmação de que o Lutero não tem nada com o crime. Isto como é evidente, surpreendeu a tôdos, à mim inclusive, e vai contra a orientação da imprensa e politicos da oposição.

Com isto o Governo melhorou no páreo da renuncia, e parece que as coisas vão pretear, pois, naturalmente vão querer forçar a situação com mais rapidez. Vejamos os acontecimentos e aguardemos.

Continuando em minha opinião pessoal, me reportarei novamente ao crime particado contra o Rubens. Existe na FAB e o Rubens era um dêles, um bloco que depois de ouvido o velho Eduardo, passou a acompanhar o Carlos de Lacerda em sua campanha de agitação, venda de seu jornal e preparação para as próximas eleições.

Esse bloco servia de capanga nos comicios feitos por êste aventureiro. Isso ninguem sabe, e a FAB ignorava essa capangagem dêles. Pois bem, veio o caldo a entornar, perdendo a vida o bom Rubens que morreu como um anjo, por acreditar em Eduardo, Lacerdas e outros que tais.

Sou pela apuração do crime. Já tomei parte em diligências noturnas, fechando estradas etc., mas sou honesto e desmascaro à tôdos que vêm com subterfugios politicos, e manhas Eduardistas, falar em golpes inconstitucionais, renuncias e mais palavras da moda, no momento.

Devo estar manjado por essa ralé desmoralisada.

Não tenho, entretanto, papas na lingua. Digo o que penso, assumindo a responsabilidade das palavras. Na noite de domingo dia 22, repeti dentro do Catete, que não era, não sou, nem nunca fui Getulista, e que me sentiria desgraçado em defender lutandopelo seu Governo, mas que lutaria com tôdas as minhas fôrças contra o Golpe que o Zenobio está arquitentando. Paro aqui. Tudo bem em casa. Tôdos pedem abenção.

Julinha aniversariou dia 18 Ago.

Essa carta vai em mão e deve ser rasgada, pois, no Brasil a intriga campeia, e não falta quem queira tirar partido às minhas custas. Não falei da reunião do Clube Militar e Naval pela grande divulgação dada pela imprensa.

Continuando. - Hoje é 24. Ontem, finalmente, o Presidente pediu licença. Parece que agora tudo vai entrar nos eixos em PAZ.

Deve assumir Café, que por sua vez deixará para Nereu, que tambem não quer, indo como em 45, cair no Judiciário, nas mãos do Linhares. Novos empregos, novos parentes enriquecendo às custas da Nação, com a agravante de Linhares agora dispôr de mais tempo. Por êsse lado é só.

O nosso Inquérito está em franco progresso. O arquivo do Gregorio trouxe mais sujeira à tôna. Esse é o quadro infeliz que o Brasil se apresente perante o Mundo. Fala-se em redenção, e que as coisas vão mudar. Sou pessimista. Não vai mudar nada. Subirá outro Grupo que ainda não roubou. Dentro da FAB, que é um pequeno quadro, digo, quadro do Brasil, afirmo que nada mudará. Os Chefes são os mesmos de 15 anos atrás.

Velhos borocochôs e desmoralisados que só tomaram essa atitude, empurrados por nós de baixo e endossados pelo velho Eduardo.

Digo estas coisas para não deixa-los iludidos.

Papai e Zenrique sonham muito, e estão mal informados dos homens que têm o poder nas mãos, nêsse Brasil!

Voltando ainda à situação. Parece que tudo está calmo,

Fl.4

entretanto desconfio ainda fortemente do Gal Zenobio.
Suponho que talvez se derrâme sangue por causa dêsse sujeito, e não duvido que o meu côrra primeiro.

Os comunistas ativaram-se bastante nêstes últimos dias
Como gostam de confusão e adoram o cáos, fizeram um arri
medo de apoio ao Presidente. A coisa andou se complicando de ônten
para cá em virtude dessas notícias.

Agora vou terminar mesmo.

Afirmo que somente dois homens têm fôrça realmente den
tro das Fôrças Armadas. São êles Eduardo Gomes e Juarez Távora.
O mais é molecada Zenobiana. Os dois fortes, como já di
anteriormente, não me entusiasmam. Estou sem lider, como aliás sempre
estive. Continúo amigo do Cel Nero, mesmo sabendo que ninguem aí de
casa gosta dêle. Paciência, a amisade foi feita na luta real e não
se acaba por paixões políticas.

Acabo de ouvir, nêsse instante, que o Presidente RENUNCI
à vida, suicidando-se com um tiro no coração. Isso é grave.

Vamos mergulhar num regime de ÓDIO E SANGUE, e como diz
Danton à Robespierre antes de morrer, de MÊRDA também.

Estamos de PRONTIDÃO, e hoje desci à cidade cump
eus superiores às 11:00 da manhã. O Rio está triste. O povo que elegeu Getulio
o meu, O quebra-quebra já constitue problema. A onda começou. Será
? Talvez, pois as FORÇAS ARMADAS deverão assumir o contrôle de
. Café Filho nomeou o Brigadeiro para Ministro de Aeronáutica
perto. O velho deverá controlar as ações na FAB. Estou satisfeito
 nomeação, pois acredito que agora caia a máscara de IDOLO
undo. O deputado Euvaldo Lodi está sendo caçado pela FAB, poi
ando ia ser preso em seu edifício, fugiu pelo telhado. Nosso Be
 fechou à Rio-S.Paulo, e suponho que até à noite e
 no xadrez do Galeão. Carlos de Lacerda onde agora assustado
 côelho. O povo está com ódio, e se o encontrar, mesmo
 espancas que tem como escudo (alguns colegas meus), morrer
 cachôrro, o que aliás não me entristece.

Estou chocado com a morte do Presidente
ito de chôque e inesperada. O velho cumpriu sua promessa
sair morto do Catete. Deixou bilhetes, e uma carta. Não tive
tunidade de vê-los publicados. Que Deus o guarde, do
 real, já se foi para o outro Mundo, e de min
o menos, merece respeito sua memória. Acho que deveri
 renunciado logo de início, mas esse era seu problema, e a
solvê-lo somente ele sabia.

Abençoem-me e desculpem-me pelo
rio.

MINISTÉRIO DA AERONÁUTICA
DIRETORIA DE ROTAS AÉREAS
MENSAGEM RECEBIDA
(SERVIÇO FIXO)

ZONA: TERCEIRA
ESTAÇÃO: ZWSC
Nº DE ARQUIVO: 02 ABR 64
DESPACHANTE: RIZZUTO CB

M. Aer. — 3.ª Z. Aer.
BASE AÉREA DE SANTA CRUZ
ZWSC
02/04/64
PNI

02 SC/7

JJ ZONAER 3 SBRJ INFO BASAER SBSC

25/SCPL/0204 - EM CONSEQUENCIA MEU RADIO 23/SCPL/0204 VG COMUNICO VOSSENCIA DESIGNEI CEL AV ESRON SALDANHA PIRES COMANDANTE BASE AEREA SANTA CRUZ PT SOL PROVIDENCIAS TRANSMISSAO URGENTE COMANDO PT

TEN BRIG FRANCISCO DE ASSIS CORREA DE MELLO

020810Z/

ZWSC

MINISTÉRIO DA AERONÁUTICA

MANDADO DE PRISÃO

O MINISTRO DE ESTADO DOS NEGÓCIOS DA AERONÁUTICA manda, na forma da lei, e com fundamento no artigo 156 do Código da Justiça Militar, seja preso e recolhido à prisão, incomunicável, à disposição do Exmº. Sr. Maj Brig Av Eng - ANTONIO GUEDES MUNIZ - Encarregado de um Inquérito Policial-Militar, o Coronel Aviador RUY BARBOSA MOREIRA LIMA, contra quem se estão procedendo a investigações policiais para apurar-se o fato narrado em a Portaria nº 290, de 04 de abril de 1964, dêste Ministério.

Rio de Janeiro, 05 de abril de 1964.

Ten Brig - FRANCISCO DE ASSIS CORREA DE MELLO
Ministro da Aeronáutica

MANDADO DE DETENÇÃO

MANOEL JOSÉ VINHAIS, Brigadeiro do Ar, Encarregado do IPM, manda, na forma da lei, e com fundamento no artigo 156 do Código de Justiça Militar, seja detido no Quartel General da Terceira Zona Aérea, RUI BARBOSA MOREIRA LIMA, Coronel Aviador R/R, contra quem se estão procedendo a investigações policiais para apurar-se o fato de desenvolver atividades subversivas, cuja autoria lhe é atribuida.

Rio de Janeiro, 17 de agosto de 1964.

Brig Ar MANOEL JOSÉ VINHAIS
Encarregado do IPM

PODER JUDICIÁRIO
JUSTIÇA MILITAR
2ª AUDITORIA

MANDADO DE PRISÃO

Ao Exmo. Snr. Comandante da 3ª Zona Aérea -------------

O Doutor JOSÉ BEZERRA FILHO --------------------
Auditor da 2ª Auditoria da Aeronáutica, usando da atribuição que lh
confere a Lei e em virtude dos artigo 149, combinado com o artigo 156,
3º do Código da Justiça Militar, MANDA que seja preso preventivamen
te, à disposição dêste Juizo, o Cel. Av. R/R RUI BARBOSA MOREIRA L
MA, indiciado no Inquérito Policial Militar, em curso na Base Aérea
Santa Cruz, ---

visto ter sido, nesta data, decretada a prisão preventiva contra o ref
rido indiciado, por êste Juizo. ----------------------------

Cumpra-se, de conformidade com a Lei
Eu, Corynth Braymner Nunes dos Santos ------- Escrivão
o escrevi.

Rio de Janeiro, 2 de Setembro de 1964

AUDITOR

> Prisão preventiva. Não se justifica se o próprio juiz que a decretou considera que "o comportamento do indiciado na fase judicante pode tangenciar crime previsto no art.134 do C.P.M.", quando a lei exige veementes indícios de responsabilidade.

Vistos êstes autos, em que o advogado A. Evaristo de Morais Filho requer uma ordem de "habeas-corpus" em favor do Cel. Av. R.R. RUI BARBOSA MOREIRA LIMA que se acha detido há mais de 80 dias em virtude de prisão preventiva decretada pelo Auditor da 2ª Auditoria da Aeronáutica, ACORDAM em conceder a ordem por isso que, segundo se declara no despacho, que decretou aquela medida, "o comportamento do indiciado na fase judicante pode tangenciar crime previsto no art. 134 do C.P.M.".

O art. 149 do C.J.M., porém, requer a existência de indícios veementes de responsabilidade.

Além disso, não bastam veementes indícios; é de mister ainda se justifique a prisão pela necessidade da ordem, da disciplina ou do interêsse da justiça, o que não se fêz.

Corte-se a linha e restituam-se os autos de prisão preventiva à Auditoria.

Superior Tribunal Militar, 30 de outubro de 1964.

Min. Dr. W. Vaz de Mello, Presidente em exercício.

Min. Dr. O. Murgel de Rezende, relator. Concedo ainda a ordem pelo excesso de prazo da prisão e ilegalidade da mesma, por falecer competência ao Auditor para decretar prisão preventiva de pessoa contra quem não haja sido oferecida denúncia.

cont. h.c. 27.344.

_____
Min. Gen. F. A. J. de Lima Camara.

_____
Min. Alte. Esq. José Espindola.

_____
Min. Gen. Ex. F. de Lima Brayner.

_____
Min. Dr. João Romeiro Neto.

_____
Min. Gen. Ex. Olympio Mourao Filho.

Rio de Janeiro, 11 de novembro 1970

Ao
Cel. Mário Orlando Ribeiro Sampaio
Regimento Reconhecimento Mecanizado
Campinho, GB

Ref: Questionário Oficial

Sr. Coronel

Passarei a responder o questionário da referência, atendendo as instruções que me foram transmitidas pessoalmente por V. Sa., nesta data, quando recebemos sua visita cordial ás instalações de nossas emprêsas:
Jacel-Jambock Comércio Engenharia Ltda e
Jacel-Jambock Distribuidora de Títulos e Valôres Mobiliários Ltda.

Questionário

1º "Endereço e telefone do indiciado"?
R. a. Residência
    Rua Raul Pompéia 240/502 - Copacabana
    Tel: 256-2940

   b. Residência em Terezópolis (fins de semana)
    Rua Jorge Lóssio 405/119 - Alto
    Tel: sòmente na portaria do Edifício

   c. Escritório
    Av. Presidente Vargas 583 - s.1206/10 e gr. 1301 - Centro, Rio
    Tel: 221-5170; 221-4549; 221-5126; 221-4891

2º "Atual ocupação, endereço e telefone do local de trabalho"?
R. a. Sou diretor das emprêsas:
    Jacel-Jambock Comércio Engenharia Ltda.
    - planejamento, assessoria e projetos.

    Jacel-Jambock Distribuidora de Títulos e Valôres Mobiliários Ltda
    - mercado de capitais e incentivos fiscais.

continua

continuação

    b. O endereço e telefone constam na resposta da pergunta 1 letra c.

3ª "Qual a sua opinião em relação às tentativas de tomada de poder pela força através de ações terroristas que têm sido realizadas no Brasil"?

R. Por tradição e religião sou contra qualquer ato de violência, não acreditando que tais ações levem a nada.

4ª a. "Que pensa da atuação do 1º Govêrno Revolucionário"?

R. Esse Govêrno me prendeu, processou, passou-me para a Reserva, me Reformou e me impediu de exercer minha profissão de aviador. Não tenho condições de emitir opinião.

    b. "Que pensa da atuação do 2º Govêrno Revolucionário"?

R. O 2º Govêrno Revolucionário deixou-me trabalhar livremente, permitindo que pudesse desenvolver minhas emprêsas e colaborasse diretamente com sua política financeira principalmente no setor de incentivos fiscais. Acho que o mesmo teve êxito na execução do seu programa de Govêrno, pois conseguiu, na época, a estabilidade empresarial.

    c. "Que pensa da atuação do 3º Govêrno Revolucionário:
       - em relação ao esfôrço empreendido para afirmação do prestigio internacional do Brasil"?

R. O esfôrço que o Govêrno vem fazendo para afirmação do prestigio do Brasil no exterior é válido, porém de efeitos duvidosos. Aí está o meu caso pessoal para mostrar que "para se ser bom é necessário que se pareça ser bom também". Passei seis anos sem ser molestado pela Revolução e de repente, ainda com o posto de CORONEL, fui prêso por um 2º Sargento, encapuzado, procurado nas barreiras das estradas como se fosse um fugitivo, paralelamente ainda prenderam meu filho como refém, para que o mesmo indicasse onde me encontrava e outras violências que prefiro não mencionar. Positivamente isso não leva a nada, ao contrário, destorce a imagem que o Govêrno deseja projetar no exterior.

       - "em relação a valorização do homem brasileiro"?

R. A valorização do homem é o caminho certo para o desenvolvimento do País e concorrerá diretamente para promover o Brasil do exterior.

continua

continuação

- "em relação ao desenvolvimento nacional de forma planejada, integrada e acelerada que conduza à posse efetiva do Brasil desenvolvido pelos brasileiros e para os brasileiros"?

R. Por coincidência, minha atuação através das emprêsas que dirijo, coincide exatamente com o pensamento do Govêrno, logo estou plenamente de acôrdo com essa política.

- "em relação ao fortalecimento e aprimoramento da democracia brasileira"?

R. O Govêrno está no caminho certo e as próximas eleições diretas do dia 15.11.70 são o testemunho, da vontade do mesmo em fortalecer a democracia brasileira.

Como não há mais outras perguntas e respondi integralmente ao que me foi apresentado pelo Cel. Sampaio, dou por encerrado o assunto.

Diante das respostas dadas, espero não ser mais prêso por simples suspeitas ou por constar de alguma lista de suspeitos. Desejo trabalhar em paz para assistir a minha família e as emprêsas que dirijo.

Sem mais para o momento, subscrevo-me

Atenciosamente

Rio de Janeiro, 06 de novembro de 1970

Cel. Otávio Costa
M. D. Relações Públicas da Presidência da República
Gabinete Militar da Presidência
Palácio do Planalto
Brasília - D.F.

Querido amigo Otávio

    Não te surpreendas com a leitura desta. Por favor vai até o fim. Quem a assina é o Rui Moreira Lima, teu amigo de 30 anos. Começamos nossa carreira militar em Realengo. Convivemos juntos por dois saudosos anos formando com garbo no Batalhão de Infantaria com o famoso "2º Ano Fú".

    Em 40 fui para os Afonsos. Em setembro de 42 tu e eu ingressávamos no oficialato como Aspirantes. Daí para cá, nossas próprias atividades no Exército e Força Aérea nos separaram. Encontramo-nos apenas nas reuniões de turma e poucas outras reuniões sociais. Nem por isso a amizade forjada no Realengo diminuiu. Tudo que tem bom começo é perene.

    Pois é, infante Otávio, soldado da velha guarda de Realengo, ouve com atenção o que te vou narrar. Não é sòmente para teu uso. O Presidente precisa saber, os órgãos de segurança do govêrno também devem tomar conhecimento. Confio em ti para essa missão.

    Começarei com a Revolução de 1964. Fui atingido pelo Ato Institucional duas vezes: na primeira passaram-me para a Reserva, na segunda fui Reformado. Respondi a dois IPM, tendo sido prêso por 153 dias. Após essa violência, permaneci até a presente data, como Coronel Aviador Reformado. Chamo bem tua atenção para o fato de, mesmo reformado, permanecer com o posto de CORONEL.

    Imediatamente após minha liberdade, fui convidado a voar em uma emprêsa de transporte aéreo. Quando ia exercer a profissão fui surpreendido por uma violência que considerei terrível na época — Tiraram-me o direito de voar. Sòmente um aviador, um profissional dedicado, pode imaginar o que isto significa. Sofri calado. A mesma emprêsa insistiu em que eu ficasse chefiando o Departamento de Manutenção. Aceitei. Dias depois

continua

continuação -2-

veio a ordem para me despedirem.

Diante do quadro, após um exame de situação, resolvi ser vendedor de qualquer coisa. Em minhas andanças vendi fubá mimoso, milho pipoca, grão de bico, arroz, alpiste, óleo girassol, cêra "Tacolac", máquinas pesadas usadas, vagas de garagem no Edifício Garagem localizado à Av. Presidente Vargas, caminhões Mercedes Benz, títulos de clubes, lages pré-moldadas, motores elétricos e os famosos apartamentos da COHAB, no tempo em que D. Sandra Cavalcante era a dirigente dessa Cooperativa. Após essa fase, fui gerente da firma Venza - Organização Técnica de Vendas Ltda, subsidiária da CIBRAFI e GRASSI de S. Paulo, passando em seguida a trabalhar na Simplex Engenharia como diretor comercial.

Foram dois anos duros companheiro. Venci os obstáculos com determinação, sem me queixar de ninguém, embora te diga como amigo, sentindo a barbaridade da violência com que a revolução me atingiu.

Com um ano de Simplex, resolvi estabelecer-me por conta própria. Fundei a JACEL-JAMBOCK COMÉRCIO ENGENHARIA LTDA. Depois de algumas tentativas no comércio, descobri os incentivos fiscais. Senti que isso era um ramo novo e inexplorado. Organizei-me para enfrentar o mercado. Grças a Deus obtive êxito. A firma cresceu. Os contatos comerciais cresceram também. Para expandir, teria que ingressar no Mercado de Capitais. A duras penas adquiri uma Carta Patente do Banco Central para poder operar no mesmo.

Quando digo a duras penas Otávio é que realmente o foi. O Banco Central, após 3 meses de delongas, exigiu que o SNI se manifestasse a respeito de minha situação e do meu sócio Coronel Aviador Carlos Alberto Martins Alvarez. Fômos ambos ao SNI. Por sorte, chefiava-o o General Emílio Garrastazu Médici. A informação foi dada favorável a nós. A Carta Patente foi registrada. O espírito de justiça e a grandeza do General Médici nos mostraram naquela ocasião a figura humana do atual Presidente. Claro que não foi um ato gracioso. A seriedade do órgão não permitiria que a boa informação fosse dada se realmente eu e o Carlos Alberto não estivéssemos absolutamente desligados de qualquer coisa que viesse a importar na segurança do govêrno.

Pois bem Otávio, passaram-se seis anos sem que nunca fosse molestado. Tenho certeza que os serviços de segurança, por força de sua própria função, vez por outra ou periòdicamente deveriam se informar a meu respeito. Como tenho endereço fixo e ser diretor de duas em-

continua

continuação
-3-

prêsas em que detenho 50% das quotas, uma a Jacel-Jambock Comércio Engenharia Ltda, com capital registrado de Cr$ 140.000,00, e outra, a Jacel-Jambock Distribuidora de Títulos e Valôres Mobiliários Ltda, Carta Patente do Banco Central nº A-68/1901, com capital registrado de Cr$ 80.000,00, ambas sediadas à Av. Presidente Vargas 583 salas 1206 a 1210 e grupo 1301, nunca me passou pela cabeça que viesse a sofrer qualquer violência por parte dos órgãos de segurança do govêrno, já que estou aplicado inteiramente em dirigi-las.

Infelizmente tal não aconteceu, e é êste o motivo principal porque estou te escrevendo. A partir de agora, dividirei a narrativa por itens, a fim de que possas analisá-la no seu todo.

1. No dia 03.11.70, um grupo de 5 homens em traje esporte, chefiados por um cidadão em traje de passeio, prendeu meu filho de 20 anos, na porta de minha residência - Rua Raul Pompéia 240 Ap. 502 - alegando que assim agiam para que êle dissesse onde eu me encontrava.

2. O Pedro Luiz, êsse é o nome de meu filho, com a violência e a surprêsa do sequestro (usé a palavra porque os policiais não se identificaram), teve a presença de espírito de lhes declarar que eu estaria em meu escritório pois ali era meu local de trabalho há mais de 3 anos.

3. Soube, posteriormente, pelo porteiro diurno do edifício, que o mesmo grupo ali estivéra sábado, dia 31.10.70 e domingo dia 01.11.70 à minha procura, ameaçando-o de prendê-lo se êle não dissesse onde me encontrava.

4. O pobre homem sòmente sabia que eu estava com a família passando o feriado em Teresópolis, não lhes dando o enderêço por desconhecê-lo.

5. Aproveito para por à disposição do amigo e família, um apartamento que possuo naquela cidade, localizado à Rua Jorge Lossio 405 Ap. 119, onde passo freqüentemente meus fins de semana.

6. O Pedrinho, prêso, trouxe os algozes à Av. Presidente Vargas 583, dando lhes os números das salas que ocupamos.

7. Cêrca de 10:30, a recepcionista me comunicou pelo inter-fone que haviam duas pessoas que desejavam falar-me.

continua

continuação   - 4 -

8. Apesar de não ter nenhum cliente com hora marcada para êsse horário, julguei tratar-se de algum empresário que desejava realizar captação de incentivos fiscais.

9. Ordenei que as pessoas entrassem para a entrevista. Qual não foi a minha surprêsa quando o cidadão em traje passeio tirou uma carteira de identidade de 2º Sargento do Exército para se identificar, declarando-me, sem mais preambulos, que ali estava para convidar-me a comparecer a P.E. do Exército para prestar declarações.

10. Surpreendido, perguntei-lhe se êle tinha alguma ordem escrita, pois nunca me ocorrera que um 2º Sargento pudesse prender um Coronel, mas no Coronel Reformado e atingido pelo Ato Institucional.

11. Declarou-me que não tinha e que eu não me surpreendesse por ser prêso por sargento, pois seu quartel estava com poucos oficiais disponíveis na ocasião em que recebeu a ordem de me levar prêso.

12. Ponderei sôbre o absurdo do ato de ser prêso por um 2º Sargento, solicitando-lhe que me desse o número do telefone do seu Comandante.

13. Respondeu-me que não daria pois, mesmo que o desse, o Cmt. Sampaio não me atenderia.

14. Declarou-me ainda que segunda-feira, dia 02.11.70, me esperou com seus homens na Barreira Policial, na estrada Rio-Teresópolis, deixando aquele posto às 19 horas dêste dia.

15. É um absurdo, é como se eu fosse um fugitivo e estivesse me escondendo da justiça. Graças a Deus êle não foi muito paciente, pois se tivesse me esperado na estrada, com minha mulher e minha filhinha de 9 anos, no carro, eu sômente as abandonaria sob violência o que seria lamentável.

16. Diante do fato consumado no item 11, acompanhei o 2º Sargento e seus cinco comandados até o automóvel que me esperava ostensivamente parado na porta do prédio 533 da Presidente Vargas.

17. Ali tomei um choque terrível, pois vi dentro do carro a fisionomia, mixto de apavorado e revoltado do meu filho. Ordenei ao 2º Sargento que o liberasse imediatamente o que foi feito. Esse ato de terrorismo covarde, me revoltou e abalou profundamente, para o que protesto contra êle com tôda veemência.

continua

continuação
— 5 —

18. Sôlto meu filho, entrei no carro seguindo êste seu itinerário. Dois ou três minutos depois de estar rodando na Av. Presidente Vargas, na direção da Zona Norte, o 2º Sargento perguntou-me se eu sabia onde era a Rua Barão de Mesquita. Respondi afirmativamente. Disse-me êle então, que na P.E. havia uma porta secreta que o Cmt. desejava mantê-la em segredo, daí me pedia licença para meter-me um saco de aniagem na cabeça o que foi feito. Naquele instante repassei minha vida e, de repente, me vi atacando os nazistas na Itália. Abalaram meus alicerces pela primeira vez, pois nunca vi nem sofri humilhação maior antes. O ato de encapuzar-me foi uma indignidade, ato típico de autoridades discricionárias. Protesto contra essa ignomínia e peço-te que isso seja levado ao conhecimento do Presidente. Ele, como tu e como eu é um soldado e não pode estar de acôrdo com tamanha indignidade.

19. O 2º Sargento, constrangido pelo fato de ser o meu escoltador, conversou durante todo o trajeto, dizendo que eu estava sendo prêso em virtude da proximidade das eleições, que eu seria bem tratado, que eu seria recebido e ouvido apenas por oficiais superiores, que eu era conhecido e merecia todo respeito e mais algumas palavras de consôlo que, ao invés de consolarem, mais mostravam a nú a violência do ato e mais me entristeciam e indignavam.

20. Depois de rodar mais ou menos 1 hora e 20 minutos, o carro entrou em um local que me pareceu ser uma Unidade do Exército. Pelo tempo decorrido e por ter ouvido uma voz de comando em que o chefe mencionava o 3º esquadrão, imaginei que estivesse entrando em uma Unidade Mecanizada da Vila Militar.

21. No quartel, fui introduzido em uma sala onde, após mais ou menos uma espera em completo silêncio de duas horas, revistaram-me e inventariaram meus pertences. Após o inventário tiraram-me o capuz, fizeram-me conferir o material e assinar um recibo. Declarei que estava faltando um cartão de visitas do Brig. Newton Neiva de Figueiredo, diretor das Centrais Elétricas de São Paulo - CESP, onde havia no mesmo mais os endereços do Cmt. Fernando Correia da Rocha, Cel. Jorge da Silva Prado, os três veteranos da Campanha da Itália no 1º Gp Ca (Senta Pua) e mais o telefone do meu irmão, que trabalha em uma subsidiária da CESP, em S. Paulo. Falei para mudos, pois não se dignaram a responder-me. Naturalmente o cartão foi alvo de acuradas investigações.

22. Após a assinatura do têrmo do inventário, encapuzaram-me novamente e levaram-me para um quarto de chão precaríssimo e sujo, onde tinha uma

continua

continuação — 6 —

cama, uma cadeira e uma mesinha de cabeceira. Não havia lençol, apenas uma manta de lã tipo militar. A lâmpada estava queimada, sendo isso do conhecimento dos sargentos da minha guarda e do oficial do dia 4 para 5. Esta sòmente foi mudada quando o Cel. Sampaio veio visitar-me, pràticamente, na hora em que fui libertado. Traduzindo, Otávio, jantava na penumbra, aproveitando apenas a luz da privada que penetrava indiretamente, pois a segurança impedia que até durante o jantar a porta ficasse aberta para iluminar meu quarto. No dia seguinte ganhei mais uma manta e uma toalha de rosto. Compraram-me escova, sabonete, pente e pasta de dentes.

23. Ainda na sala de recepção, como tivesse declarado que tinha problemas circulatórios e que era assistido pelo Dr. Raymundo Dias Carneiro, chefe do serviço de cardiologia do Hospital dos Servidores e diretor do Prontocor da Rua Canning em Copacabana, um cidadão que não sei se era médico, porque estava com o malfadado capuz, tirou minha pulsação, receitando-me luminal infantil.

24. No dia 04.11.70 o enfermeiro do Rec-Mec tirou minha pressão, estando a mesma com 19/13. Como estivesse muito alta disse-me que telefonou a um médico de fora do Rec-Mec que recomendou o medicamento chamado CORATON, não identificado pelo meu médico, posteriormente.

25. Passei no tal quarto, o resto do dia 3, o dia 4 e dia 5 até as 17:30 quando fui libertado.

26. Ali tôdas as vezes que ia satisfazer uma necessidade, tinha que bater na porta dos guardas. O ritual era grotesco, pois me satisfazia sob a vista do sentinela armado de fuzil, em posição de alerta tendo ainda o olhar curioso dos seus companheiros. Humilhação completa.

27. Pedi ao oficial de dia do dia 3 para 4 que gostaria de ter uma caneta para escrever e um "Jornal dos Esportes" para ler qualquer coisa. Conversa de surdo. Não me respondeu nem me falou no assunto em sua última aparição do dia.

28. Não me faltou alimentação, tendo os guardas sido atenciosíssimos comigo.

29. No dia 03.11.70, após tirar o capuz no quarto prisão, apresentou-se a mim o Sub-Cmt. que declarou-me que eu seria tratado com tôda consideração, pedindo-me que eu compreendesse sua situação e que lhe facilitasse a tarefa. Pedi-lhe que telefonasse ao meu escritório, avisando ao meu sócio que tinha dois títulos pessoais a vencer e que os mesmos se

continua

continuação
-7-

encontravam em minha pasta de trabalho. Declarou-me que não poderia fazer isso. Argumentei que o não pagamento, redundaria em protesto em cartório, o que me seria bastante prejudicial. Não o motivei, a resposta continuou a ser não.

30. No dia 05.11.70, finalmente foi quebrado o gêlo da prisão, com a presença do Cmt. Sampaio, meu ex-comandado no Conselho de Segurança (S.F.I.C.I.) e durante o curso que junto fizemos na Alemanha Ocidental.

31. O Cel. Sampaio foi delicadíssimo, pondo-me à vontade para escrever para casa, facilitando a visita de minha mulher se ela o desejasse, e declarando que eu estava no Rec-Mec. Isto se deu às 16:30 do dia 05.11.70.

32. Após êsse encontro, o Cel. Sampaio retornou para apanhar a carta, voltando a sentar-se para conversar. Aproximadamente às 17.10 o Sub-Cmt. se apresentou a êle, declarando que o 1º Exército havia me liberado.

33. Apesar de ficar contentíssimo com a notícia, estranhei ser liberado sem haver prestado as declarações que o 2º Sargento me falou ao prender-me. Indagando ao Cel. Sampaio, êste disse-me que nada havia contra mim e que não era necessário prestar nenhuma declaração. Mandou devolver meus pertences (continuava faltando o cartão do Brig. Neiva), pediu-me desculpas por não ter uma condução disponível e sugeriu-me que pedisse um taxi para meu regresso. Isso foi feito, tendo eu pago Cr$ 12,00, quando o Exército tinha obrigação de levar-me ao ponto onde me prendeu, principalmente por não ter sido apurado nada contra mim. A afirmativa de que nada foi apurado contra mim é verdadeira, mas é estranho que houvessem chegado a essa conclusão sem que eu prestasse a declaração citada pelo 2º Sargento que me prendeu.

CONCLUSÃO

Diante dos fatos narrados desejo protestar contra os seguintes atos:

1. A violência feita contra mim e meu filho.

2. A violência feita contra um CORONEL que foi prêso por um 2º Sargento. Aí não fui eu sòmente o violentado, foi a classe inteira. Eu apenas fui o instrumento da violência. Isso é inversão. O modo de prender-me contrariou tôdas as normas regulamentares. Não foi prisão, foi um sequestro, pois puzeram-me um capuz para que ignorasse meu destino. Pergunto: E se o tal 2º Sargento não pertencesse ao serviço de segurança do Exército ? A pergunta é válida.

continua

continuação   - 3 -

3. A violência de ser obrigado a satisfazer minhas necessidades fisiológica diante de um soldado imberbe armado de fuzil em atitude de alerta, observado ainda por seus pares.

4. A violência de ficar num quarto sujo, sem luz e sem um lençol para isolar meu corpo da manta militar.

  Agora meu apêlo que peço transmitas ao Presidente. Não quero mais ser prêso por simples suspeitas, e êsse caso é típico de um infor de alguém que quis me prejudicar. Esse individuo deveria ser responsabilizado. O Presidente não estará de acôrdo com isto Otávio, tenho certeza. Ele foi soldado antes de ser Presidente e como Presidente continua a ser um soldado digno. Por favor expõe êsse caso a êle. Ele tem que tomar conhecimento dêsse fato. Como já disse anteriormente tenho endereço fixo em apartamento próprio desde 1952. Estou estabelecidocom duas emprêsas, onde ocupo sete salas, com quatro telefones, figurando ambas nas listas telefônicas, inclusive nas páginas amarelas. Trabalham sob minha direção 20 funcionários. Não estou escondido nem nunca me escondi antes. Não conspiro nem ataco o govêrno. Sou empresário e necessito de estabilidade para levar meus negócios à frente. Estou trabalhando no mercado mais rígido em têrmos de fiscalização do govêrno - o Mercado de Capitais, com uma Carta Patente expedida pelo Banco Central. DEsejo pouco Otávio: Quero trabalhar em paz para que possa dar assistência a minha mulher, meus filhos, meu neto e as emprêsas que dirijo.

  Hoje, por coincidência, é 06 de novembro. Há 26 anos fiz minha primeira missão de combate. Nesta data perdemos nosso primeiro piloto de guerra - 2º Ten. Av. Jonh Richardson e Silva. Tu entendes onde quero chegar.

  Acho que me estendi demais. E que nem todos têm o dom da linguagem escrita do jornalista Otávio Costa.

Teu amigo certo e agradecido

P.S. Junto a cópia da carta que meu pai Bento Moreira Lima me escreveu quando ingressei na Escola Militar do Realengo em 1939. Tenho-a em um quadro em meu escritório e foi o meu vademecum durante minha vida militar.

Rui Moreira Lima
Residência: Rua Raul Pompéia 240/502 - Copacabana - Tel. 256-2940

Fins de Semana: Rua Jorge Lossio 405/119 - Alto, Teresópolis

Escritório: Av. Pres. Vargas 583 - gr. 1206/10 e gr. 1301 - Centro
Tel. 221-5170 221-4549 - 221-5126 e 221-4891

RUI

"És cadete, amanhã, depois, mais tarde...general. Agora deves dobrar os teus esforços, estudar muito... Obediência aos teus superiores, lealdade aos teus companheiros, dignidade no desempenho do que te for confiado, atitudes justas e nunca arbitrárias. Sê um patriota verdadeiro e não te esqueças de que a fôrça sòmente deve ser empregada ao serviço do direito. O povo desarmado merece o respeito das fôrças armadas. Estas não devem esquecer que é êste povo que deve inspirá-las nos momentos graves e decisivos. Nos momentos de locura coletiva deves ser prudente, não atentando contra a vida dos teus concidadãos, roubando-as inultilmente. O soldado não pode ser covarde nem fanfarrão. A honra é para êle um imperativo e nunca deve ser mal compreendida. O soldado não conspira contra as instituições pelas quais jurou fidelidade. Se o fizer, trai os seus companheiros e pode desgraçar a Nação.
O soldado nunca deve ser um delator se não quando isso importar em salvação da Pátria. Espionar os companheiros, denúnciá-los, visando interêsses próprios, é infamia, e o soldado deve ser digno. Aí estão os meus pontos de vista".

* Bento Moreira Lima

(Carta de meu pai, março de 1939)

* Na época Juiz de Direito na Comarca de Caxias, Maranhão

Hoje Desembargador aposentado - foi Presidente do Tribunal em S.Luiz, Ma.

PRESIDÊNCIA DA REPÚBLICA
GABINETE DO PRESIDENTE
ASSESSORIA ESPECIAL DE RELAÇÕES PÚBLICAS

Brasília, 3 de junho de 1971

Ruy, meu velho e querido amigo

Tenho nas mãos e na alma o seu cartão e o seu recorte. Não direi que foi uma injustiça, porque realmente não foi — que em verdade foi profundamente justo. Direi que foi um imenso azar.

Tantas vezes na vida a gente magoa as pessoas a quem mais quer. E talvez você nem bem saiba o quanto eu lhe quero bem: ontem, hoje, sempre.

Acontece que a sua carta não tinha resposta escrita. Foi a carta mais bonita que eu recebi em tôda minha vida. Sincera, magoada, ferida, verdadeira. Cheia de grandeza. Só os realmente muito bons sentiriam aquêles fatos como você os sentiu. E você confirmou tudo o que eu sabia de você. Tive orgulho de meu amigo, tive orgulho de merecer uma carta assim tão cheia de confiança.

E comecei a caminhar. Falei com gente, Presidente, Ministros, assessores, companheiros e generais. Discuti, expus, demonstrei e apelei. Abalei convicções e radicalismos com a sua carta em minha mão. Ela foi mais longe do que você pensou. E mais fêz pela causa da compreensão em que me empenho.

Pensava responder sua carta em pessoa, casa a casa. A seu lado, sem tempo contado e sem limitações. Pensava dizer com os meus olhos e com a autenticidade que você sentisse no meu jeito de lhe falar o que não consigo dizer nestas palavras. Acontece que no atropelo de minha vida de angústias e de tensões, de quefazeres e frustrações, a hora não chegou de ir a você agradecer o serviço que prestou. E antes que a hora viesse, vieram o cartão e o recorte.

Agora me julgue, não sem ouvir o testemunho de seu filho e de Julinha, a quem tanto quero também. Nunca lhes faltei, ainda que não tivesse qualquer compromisso. O meu único compromisso é com a minha consciência. E ainda agora ela me diz que eu estou no caminho certo.

Com a homenagem à Julinha, tôda a amizade do Vicam,

Este livro foi impresso pela Edigráfica.